독일어의 구조와 의미

독일어의 구조와 의미

신수송 편

도서출판 역락

머리말

세월의 흐름과 함께 변하지 않은 것은 아무것도 없다. 영원히 아름다운 것도, 영원히 추한 것도 없으며, 영원히 선한 것도, 영원히 악한 것도 없다. 또한 영원히 진실인 것도, 영원히 거짓인 것도 없다. 이처럼 만물이 유전한다는 것을 고대 희랍의 철학자 헤라클레이토스(Herakleitos)는 이미 2,500년 전에 역설한 바 있다. 변하는 것은 현상계에 존재하는 사물만이 아니다. 영원한 진리로 자리매김할 것 같았던 노암 촘스키의 보편문법도 시간의 힘을 이기지 못하고 마모되어 그 형체를 알아 볼 수 없는 모양으로 변형되어 가고 있다.

현대 언어학의 시조를 변형생성문법을 제안한 촘스키로 볼 것인가, 아니면 시대를 더 거슬러 올라가 구조주의를 창시한 소쉬르로 볼 것인가에 대한 논쟁이 완전히 막을 내리지 않았지만, 한국에서의 현대독어학 연구를 점화한 저서가 1984년에 출간된 이병찬/신수송의 『독어학개론』이라는 사실을 부인하는 독어학자는 흔하지 않다. 20여년 전에 출판된 이 저서에서 논의된 많은 언어학적 사실들이 아직도 타당하지만, 강산이 두 번이나 바뀔 수 있는 정도의 긴 시간이 지남에 따라 독어학의 각 하위분야에서 주류이론들이 개발되고 그와 더불어 연구자의 주목을 받는 언어현상들의 폭이 넓어지고 깊이도 심화되었다는 사실 또한 부인하기 어렵다.

그 증거의 하나로 우리는 최근 10여년 동안 독일과 미국, 혹은 영국에서 언어학의 각 세부영역별로 방대한 분량의 총서가 『Handbuch …』이나 『Handbook …』의 이름으로 출판되고 있음을 목격해 왔다. 이러한 외부적인 환경의 변화를 진지한 자극으로 받아들이며, 각 세부분야에서 현대독어학적인 연구방법론에 따라 길게는 30년, 짧게는 10년 동안 독일어의 여러 현상들을 연구해 온 연구자들이 뜻을 합쳐서 본서의 집필을 기획하게 되었다. 비록 그 규모에 있어서는 앞서 언급한 총서들에 비할 수 없다 하더라도, 품질에 있어서는 결코 뒤지지 않는, 그럼으로써 최근 20여년 동안의 독어학 발전을 정밀히 기록하고자 한 것이 집필자 모두의 공통된 의도이다. 충실한 기록자로서의 공동집필진의 노력이 그 열매를 맺고 독어학계에 나름의 기여로 평가될 수 있기 위해서는, 본서의 공동집필에 참여하지 않았으나 뜻을 같이 하는 독어학 전공 교수님과 대학에서 독어학을 강의하시는 강사선생님들의 지원이 절대적으로 필요할 것이다. 본서는 학부수준에서 독어학 전공과목의 교재로 사용될 수 있도록 집필되었으므로 학부생들이 읽고 이해하는데 어려움이 없어야 하는데, 이러한 집필진의 기대가 현장에서 어느 정도로 충족될 수 있을 지에 대해 확신이 서지 않는다. 또한 본서가 공동집필의 산물인 만큼 문체상의 통일성 결여나 형식상의 불균형 등이 우선 외형적인 문제로 적잖이 드러날 것이 우려되는 한편 내용적인 면에서도 개별적인 사실들의 기술오류가 드물지 않게 발견될 것을 염려하지 않을 수 없다. 본서에서 발견되는 내용적 혹은 형식적인 오류에 대한 동학들의 비판을 겸허히 수용하여 개정판을 출판할 때에 적절히 반영할 것이므로 동학여러분들의 기탄없는 비판을 기대한다.

　만물이 유전하는 가운데서도 드물게 변하지 않는 것이 있다면 저서에 머리말을 붙이는 저자들의 습관일 것이다. 이러한 머리말 붙이기 습관이 저자들의 보수적인 태도로 이해되기보다는 독자에 대한 친교적인 태도로 이해되기를 바란다.

2002년 가을

저자 일동
신수송, 유시택, 구명철, 신효식, 류병래
이해윤, 강창우, 홍우평, 이민행

목차

■ 머리말 ‖ 5 ‖

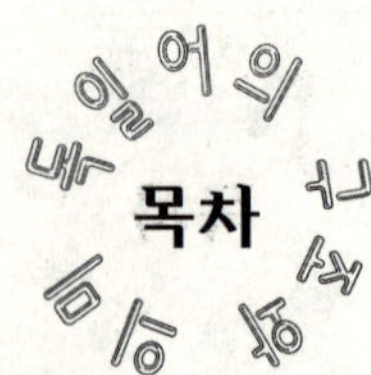

목차

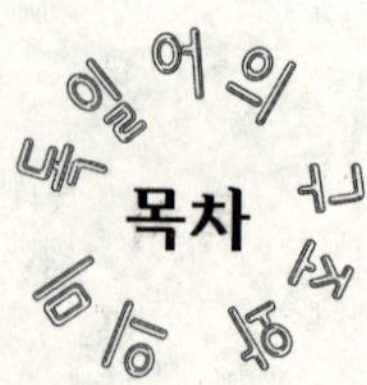

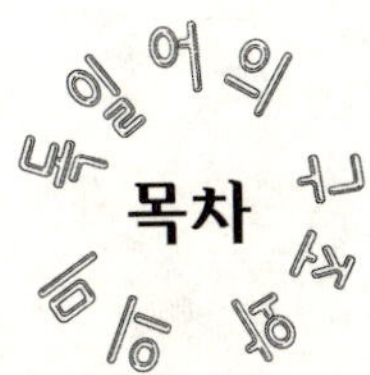

목차

독일어 구조와 의미기술을 위한 언어학적인 소고

신 수 송 (서울대학교)

　우리는 외국인으로서 독일어를 모국어로 말하는 사람들처럼 독일어를 배우고 또한 글로 읽거나 일상대화에서 사용하려고 한다. 독일어의 구조와 의미기술을 위한 이론과 응용은 단순히 독일어의 습득을 위한 이론의 연구나 그 응용에 국한된 것이 아니고 독일어를 모국어로 하는 사람들의 언어능력을 기술하려는 데에 관한 것이다. 이러한 일은 한국어를 모국어로 사용하는 화자로서의 우리의 언어능력을 기술하고 그 이론을 응용하는 한국어학자의 연구와 다를 바 없다.

　언어는 인류가 호모사피엔스로서 존재하여온 이래로 줄곧 사용되어 왔으리라 추측할 수 있다. 그러나 언어에 대해 관심을 갖고 연구하기 시작한 것은 불과 3000년 이래로 추정된다. 이러한 근거는 언어연구에 관한 흔적이 최초로 고대의 인도와 희랍에서 발견되었기 때문이다. 그후 현재에 이르기까지 언어연구에 관한 장구한 역사적인 변천과정을 거치면서 오늘날의 발전된 다양한 언어이론들이 나오게 되었다. 20세기 초 Saussure에 의해 언어연구가 언어변천과정을 연구하는 통시적인 방법(diachronische Methode)과, 언어를 사용하는 당대의 언어구조를 연구하는 공시적인 방법(synchronische Methode)으로 나뉘게 되었다. 그 후 지금까지의 언어에 관한 연구는 주로 다음 세 가지로 분류할 수 있을 것이다. 즉 모든 언어에 근저한 보편적인 원리를 밝히려는 이론언어학(theoretische Linguistik)과 어떤 특정언어에 대한 규칙과 구조를 연구하는 기술언어학(deskriptive Linguistik), 그리고 언어들 간의 유사성과 차이점을 연구하는 비교언어학(komparative Linguistik) 등이 언어학의 연구분야에 주류를 이루는 것들이다. 그러나 우리는 아직까지 언어학의 어떤 분야에서도 자연언어의 현상들을 완벽하게 기술하고 설명해 줄 수 있는 이론들을 찾아내지는 못하였다. 다만 20세기 중반 이전까지 만해도 설명할 수 없었던 많은 언어현상들을 매우 타당하게 그리고 명확하게 설명 수 있는 다양한 이론들이 언어학의 여러 분야에서 수립되어가고 있다. 이 책에서 제시된 음성음운론, 통사론, 의미론, 화용론 등 언어학의 기초이론들과 외국어로서의 독일어 습득, 인지언어학의 한 분야로 간주될 수 있는 문법적인 범주로서의 시제와 상, 그리고 전산언어학의 이론들은 모두 독일어를 연구대상으로 하는 기술언어학의 이론들이다. 이제 이러한 이론들이 있기까지의 인류의 언어연구 발전사를 개괄해 봄으로써 현대 독일어의 구조와 의미를 이해하는데 도움이 되는 배경적인 지식을 얻게 될 것이다.

1. 언어연구의 역사적인 발자취

1.1 희랍-로마(Greco-Roman)의 언어학으로로부터 중세에 이르기까지

언어를 기술하는 일은 희랍인들에게는 처음부터 주위 세계를 탐구하고 사회제도를 연구하는 철학의 한 분야였다. 언어가 자연적으로 주어진 것인가 아니면 사회적인 인습에 따라 창조된 것인가 하는 문제는 희랍 사변철학의 핵심과제였다. 만일 언어가 자연적으로 주어진 것이라면 아마도 언어 속에는 인간의 어떠한 통제에서도 벗어난 영원불변의 원리가 내재해 있을 것이다. 그러나 만일 언어가 인간의 사회적인 인습에 의해 만들어 진 것이라면 이는 사회구성원들 간의 암묵적인 동의와 계약에 의한 것일 수 있으며 이는 다시금 사회구성원들에 의해 위배되거나 포기될 수도 있었을 것이다. 이러한 언어발생에 관한 '자연(Natur)'과 '인습(Konvention)'이라고 하는 대립적인 주장은 언어의 표현과 의미사이의 관계가 필연적인가 아니면 자의적인가(arbiträr)하는 문제와 직접적인 관계를 갖게 된다. 전자는 특히 현상계의 사물 이면에는 영원불변의 실재가 존재한다고 생각한 Cratylos와 같은 철학자들에 의해 주장된 것이다. 이러한 주장을 뒷받침 할 수 있는 근거는 근대 언어학 연구에서도 동물의 울음소리를 흉내내거나 사람들의 속삭이는 소리들을 나타내는 의성어(Onomato-poeia)들에 의해 부분적으로나마 뒤받침 되었다. 예를 들어 독일어에서, 뻐꾸기 울음소리로서 Kukuck, 닭 울음소리로서 Kikeriki, 소 울음소리로서 muhen, 개 짖는 소리로서 Wauwau 등은 모두 언어의 표현과 의미사이에 있어 직접적인 관계가 있음을 보여주는 예가 될 수 있다. 그러나 이러한 의성어들의 예는 그 수가 지극히 한정되어있고, 이러한 관계가 필연적이라면 모든 언어에서 동일하게 나타나야 하지만 의성어들조차도 언어에 따라 각각 다른 표현을 가지고 있다는 것을 우리는 알고 있다. 독일어의 Kikeriki와 같은 닭 울음소리만 하더라도 영어에서는 cock-a-doodle-do, 불어에서는 coquerico로서 표현의 차이가 있다. 속삭이는 사람의 목소리는 독일어에서는 flüstern, 영어에서는 whisper, 불어에서는 churoter, 스페인어에서는 susurar로 표현되어 언어마다 일치하지 않는다.

언어의 표현과 의미사이의 관계가 자연적으로 주어진 것인가 아니면 사회적인 인습에 의해 굳어진 자의적인 것인가 하는 논쟁은 그후 B.C. 2세기 경 언어는 규칙이고 체계적인 구조를 가지고 있다는 주장과 그 반대인 주장, 즉 모든 언어가 다 규칙적이고 체계적인 것이 아니라는 주장의 대립으로 이어지게 되었다. 전자는 유추론자(Analogist)의 주장으로 그리고 후자는 변칙론자

(Anomalist)의 주장이라고 하며, 특히 플라톤, 아리스토텔레스가 유추론자들의 시조라 할 수 있다. 유추론자들은 언어마다 명사의 단수와 복수를 표현하는 규칙적인 형태소가 있다거나 동사에는 현재, 과거, 미래를 표현하는 시간 범주의 문법적인 형태소를 찾아볼 수 있다고 주장하였다. 이러한 주장에 맞서 변칙론자들은 언어에 규칙성이 있다는 것은 부인하지 않지만 많은 불규칙적인 예들이 나타나고 있음을 주시한다. 예를 들어 희랍어의 명사 paidion '어린아이'는 중성인 문법적인 성(Genus)을 갖게 되는데 이는 사람은 남성이나 여성의 자연성을 갖게 되는 것과 대치되어 문법적인 성이 자연성과 일치하지 않는 것을 보여주는 경우이다. 이 예는 독일어의 명사 Kind '어린아이'의 경우에 그대로 해당되는 것이다. 만일 언어의 표현과 내용의 관계가 서로 일대일의 관계를 갖는 필연적인 것이라면 우리는 어느 언어에서도 찾아볼 수 있는 동의어(Synonimie)와 동음이의어(Homonimie)와 같은 변칙현상이 존재하리라 기대할 수 없을 것이다.

언어에 관한 '자연'과 '인습'의 대립적인, 그리고 '유추론'과 '변측론'의 대립적인 문제는 당시의 상황에서는 해결될 수 있는 성질의 것이 아니었다. 이러한 대립과정에서도 우리는 이 시대의 언어 연구에 있어서 몇 가지 중요한 성과를 볼 수 있다. 플라톤은 최초로 문법적인 범주로서 명사와 동사를 구분한 사람이었다. 그러나 그의 명사에 대한 정의는 오히려 문법적인 주어의 기능에 관한 것이었고 동사의 정의도 주어의 행위나 주어가 처한 상태를 서술하는 술어에 해당하는 것이었다. 이때만 하더라도 동사와 형용사에 대한 구분이 없었으며 이들의 품사적인 분류는 중세에 이르러서야 가능하게 되었다. 다음으로 아리스토텔레스는 명사와 동사이외에도 품사분류에 접속사(Konjunktion)를 추가하였는데 이때 접속사는 근대언어학에서 볼 수 있는 문법적인 품사로서 접속사가 아니라 명사와 동사이외의 모든 범주들을 통합한 것이었다. 그후 관사(Artikel)가 추가되어 희랍어의 문법적인 품사는 명사, 동사, 접속사, 관사로 분류되었다.

다음으로 명사의 문법적인 성에 관한 희랍시대의 연구를 고찰하여 보자. Protagoras는 명사에 '남성', '여성' 그리고 '중간성'으로 문법적인 성을 붙인 최초의 사람이었다. 이 '중간성'은 남성도 여성도 아닌 것으로서 그후 라틴어로 번역되어 오늘날의 중성(Neutrum)이란 명칭을 얻게 된 것이다. 동사범주에 대한 연구는 희랍어 동사에 의해 표현되는 문법적인 범주로서의 시제연구를 들 수 있다. 아리스토텔레스는 희랍어에 실제세계의 시간인 현재, 과거, 미래시간에 해당하는 현재, 과거, 미래시제가 있다고 주장하였다. 그러나 그후 희랍 언어학자들은 희랍어에 3개의 시제가 아니라 6개의 시제가 있다는 것을 발견하게 되었고 시제연구는 따라서 실제 세계에서의 시간과 문법적인 범주로서의 시제간에 불일치를 설명하는 방향으로 나아가게 되었다. 시제연구 이외에도 아리스토텔레스는 동사의 시간표현에서 나타나는 문법적인 범주로서 상(Aspekt)을 주시하게 되었다. 다음은 그의 형이상학(Theta 6, 1084 영문번역판)에 제시된 상의 구분을 우리말로 옮긴 것이다.

> "따라서 네가 어떤 것을 관찰하고 있는 중이라면 너는 이미 그것을 관찰한 바가 있었고 생각하고 있는 중이었다면 이미 그것을 생각한 일이 있었던 것이다. 이와는 대조적으로 만일 네가 어떤 것을 배우고 있는 중이라면 너는 그것을 이미 다 배운 것이 아니고, 건강을 회복하고 있는 중이라면 이미 건강하게 된 것은 아니다. 그러나 만일 네가 잘살고 있다면 잘 살아본 적이 있었던 것이며, 만일 지금 행복하다면 행복한 적이 있었던 것이다."

이 인용문에 나타나고 있는 완성과 미완성으로서의 상의 개념은 오늘날까지 telic(완성)-동사와 atelic(미완성)-동사로 구분되어 동사의 동작태(Aktionsart)나 문법적인 범주로서의 상의 연구에 중요한 역할을 하고 있다.

희랍철학의 여러 학파 중 언어에 가장 관심을 기울였던 학파는 다름 아닌 스토아 학파였다. 그들은 언어의 표현과 의미가 필연적인 관계를 가지며, 또한 자연적으로 주어진 것이라는 주장을 반박하고 언어의 불규칙성과 비논리적인 면들을 언어의 기본현상이라고 가정하였다. 이들의 업적으로 눈에 띄는 것은 보통명사(Appellativnomen)와 고유명사(Eigennamen)의 명사분류였으며 명사와 동사간에 일치관계를 나타내는 어미변화(Inflektion), 그리고 명사의 격을 주격(Nominativ-Kasus)과 사격(Oblique-Kasus)으로 구분한 것이었다. 이들은 동사를 자동사와 타동사로 구분하였을 뿐만 아니라 이미 능동 - 수동 - 중간태(Medium)와 같은 동사의 양태(Genus verbi)를 발견하였다.

스토아학파의 연구에 이어 그후 알렉산드리아에서 언어학연구가 성행하게 되었다. 이곳의 언어학자들은 앞서 언급한 유추론자들로서 문법의 규칙성을 강조하면서 희랍의 규범적인 문법체계를 확립하였다. 이들 중 대표적인 인물이 Dionysius Thrax(B.C. 2세기 후반부)로서 그는 서구세계에 있어서 최초로 체계적인 문법책을 완성한 사람으로 지목된다. 그에 의해 앞서 언급한 플라톤에서부터 시작된 품사분류는 명사, 동사, 접속사, 관사이외에도 부사, 분사, 대명사, 그리고 전치사에 이르기까지 형용사를 제외한 모든 품사들이 분류될 수 있었다. 또한 희랍어의 명사 및 동사 어휘들은 격(Kasus), 문법적인 성(Genus), 수(Numerus), 시제, 태(Genus verbi) 및 화법(Modus) 등을 통해 분류되었다.

희랍시대의 화려한 언어연구는 그후 로마시대로 들어오면서 별다른 변화 없이 로마 문법학자들에 의해 전수되었다. 그러나 그들의 언어관은 희랍학자들의 언어구조에 관한 기술적인 성격의 연구로부터 벗어나, 언어를 무엇보다도 대화를 목적으로 하는 하나의 사회현상으로 보았다는 점과, 다음으로 언어학의 역할을 논리학과 철학의 탐구를 위한 도구로서 간주하는 것이었다. 로마시대를 대표하는 Marcus T. Varro(B.C.116~27)는 De lingua("라틴어에 관하여")라는 26권이나 되는 방대한 책에서 어원 Etymologie, 통사론, 형태론 등을 다루었는데 불행히도 이들 중 다만 1/4정도가 남아있을 뿐이다. A.D.로 넘어가는 세기말에는 Cicero가 '문체론'에 관한 글을 쓴 것과, 그리고 Julius Caesar가 알프스산을 넘어가는 군대 캠프에서 '문법적인 규칙성'에 관한 글을 쓴 것이 알려져 있다. 다음으로 Aelius Donatus(A.D. 4세기 경)의 라틴어 문법책과 Priscian(A.D. 6세기 경)의 Institutiones grammaticae("문법적인 범주")는 중세까지도 이용되었으며 라틴어 문법의 가장 완벽한 책으로 평가되었다.

1.2 중세의 언어관 : 대상과 보편개념의 존재론적인 관계

유럽의 중세 암흑기에는 이렇다 할만한 언어 연구가 알려져 있지 않다. 13, 14세기에 발전된 사변철학적인 문법(spelulative Grammatik)도 스콜라 철학의 범위 내에서 문법적인 개념을 재해석하는 정도였고, 개별언어의 문법이란 어디까지나 보편문법의 존재를 전제로 한 피상적인 것으로 생각하게 되었다. 이때는 철학이 궁극적으로 언어의 전반적인 문법규칙을 탐구하는 임무를 맡게 되었다. 그러나 스콜라 철학연구의 중심과제였던 보편개념(Universalienbegriff)은 현대 언어학의 의미론 연구에서 지시의미론(Referenzsemantik)과 밀접한 관계를 갖기 때문에 여기서 개략적인 논술이 필요하다. 우리는 대상과 이 대상에 대응되는 보편개념 사이의 존재론적인 관계에 대한 논쟁을 '보편논쟁(Universalienstreit)'이라 부르게 되는데 이러한 논쟁은 스콜라 철학의 전 시대에 걸쳐 진행되었다. 보편논쟁에 관해 스콜라 철학의 시대를 3개의 시대로 구분한다면, 첫 번째 시대는 플라톤적인 특성을 갖는 시대로서 "보편개념이란 실재로 존재하는 것이고 또한 이 개념이 지시하는 모든 대상에 앞서 존재한다는 것"이다(Universalie sund realia, Universalia sunt ante res). 이는 바로 플라톤의 이데아를 연상케 한다. 당시 이러한 사상을 실재론(Realismus)이라고 하였는데 이는 플라톤적인 이데아에 객관적인 실재가 부여되었기 때문이며 오늘날의 관념론에 해당하는 것이다. 실재론은 11세기에 Canterbury Anselmus와 Wilhelm von Champeux에 의해 전성기를 맞이하게 된다. 스콜라 철학의 두 번째 시대는 질료(Stoff) 안에 형상(Form)이 내재한다는 아리스토텔레스의 영향을 받아 "보편개념은 실재로 존재하지만 그러나 대상에 앞서 존재하는 것이 아니라 대상 안에 존재한다(Universalia sund realia, Universalia sunt in rebus)."라고 하는 온건실재론(gemäßigter Realismus)의 시대였다. Abelar, Thomas Aquinas 등이 이 이론을 대표하였다. 스콜라 철학의 마지막 시대는 보편개념보다는 실존하는 개별존재에 더 많은 가치가 부여되어, "보편개념은 단지 명칭 뿐이며 대상 다음에 존재한다(Universalia sunt nomina, Universalia sund post res)."는 사상을 제시하게 되었다. 즉 보편개념은 대상에 앞서 존재하는 것(= 실재론Realismus)도 아니고, 대상 안에 존재하는 것(= 온건실재론 gemäßigter Realismus)도 아니며 그 자체는 실재세계의 대응물이 없고 다만 인간의 정신에서만 존재하는 사고의 산물이라는 것이다. 이 이론은 Duns Scotus에 의해 대변되었는데 이후 이러한 견해를 유명론 Nominalismus이라 칭하게 되었다.

대상에 앞서 혹은 대상 안에 보편개념이 존재한다고 하는 실재론과, 이러한 보편개념이 실재로 존재하는 것이 아니라 다만 인습적으로 배워서 알고 있는 명칭에 불과하다는 유명론은 현대 언어학의 의미론에서 중요한 분야를 차지하고 있는 지시의미론 Referenzsemantik의 연구와 밀접한 관계가 있다. 즉 지시의미론에서 언어와 세계의 관계를 논의할 때 지시는 바로 언어적 표현이 나타내는 개념과 대상과의 관계에 해당된다. 예를 들어 Mensch, Katze, Tulpen 등 어휘들은 생물학적인 분류에 따른 보편개념으로 나타낼 수 있을 것이며, 이 보편개념을 기본적인 속성으로 갖는 대상을 지시한다. 나아가 Tisch, Kühlschrank, Dach와 같은 어휘는 형태, 크기, 사용용도에 따른 속성들을 보편개념으로 갖고 이 보편개념을 기본적인 속성으로 갖는 인공물의 대상을 지시한다. 그리고 이들 대상의 보편개념은 물리적인 실재세계에 존재하는 사물의 속성으로서 간주될 수 있기 때문에 실재론자들의 주장이 타당한 것으로 보인다. 우리는 감각기관을 통해 인지할 수 있는 대상이 객관적으로 존재한다는 것에 대해 이를 더 이상 문제삼지 않는다. 이들 대상들은 시간과 공간상의 위치를 점유하고 비록 인간에 의해 지각되지 않는다고 하더라도 객관적으로 존재한다는 것은 자명한 것이다. 문제는 지시가 비단 객관적으로 존재하는 대상뿐만 아니라 실재세계에 존재하지 않는 가상적인 대상들, 예를 들어 Einhorn(외뿔소), Zentaur(머리는 인간 그리고 몸은 말인 괴물)과 같은 신화적 대상이나 픽션 속의 대상에 존재를 부여한다는 데에 있다. 나아가 Schönheit, Böse(악) 등은 객관세계에 실재로 존재하는 대상물을 지시하지는 않는다. 여기서 우리는 "모든 언어적인 표현이 사물을 지시하는가?"라는 질문을 하지 않을 수 없다. 예를 들어 개념을 가지지 않은 기능어들, 접속사, 전치사, 부사들에 속하는 많은 어휘들은 사태의 관계를 표현하지만 직접 사태나 대상을 지시하지 않는다. 역사적으로 볼 때 지시란 다만 명사와 명사구를 통해서만 가능하다는 주장이 지배적이었다. 앞서 언급한 생물이나 인공물들의 개념은 보편개념으로서 실재세계의 대상물을 지시할 수 있다. 그러나 liegen, tanzen, schlafen와 같은 동사나, schön, rot와 같은 형용사 등은 무엇을 지시하는가. 이러한 문제에서 우리는 중세 스콜라 철학의 실재론자와 명목론자들의 대립적인 견해가 쉽게 해결될 수 있는 성질의 것이 아님을 알게 된다. 실재론자들에게 이들은 실재로 존재하는 보편개념을 나타낸다. 그러나 명목론자들에게는 이들이 지시할 수 있는 보편적인 개념이 존재하지 않는다. 현대 언어학의 지시의미론에서는 이들은 지시되는(구체적 혹은 추상적) 대상을 술어로서 그 특성을 기술하며 분류하는 기능을 갖지만 그러나 자신이 직접 지시기능을 갖는 것이 아니다. 이러한 점에서 명사들을 제외한 품사들의 경우 이들에 속하는 어휘들에 대해 명목론은 실재론보다 현대언어학의 지시의미론에 가깝다고 하겠다.

1.3 계몽주의 시대 이후
: Port Royal 학계의 문법과 Humboldt의 언어 결정론

르네상스 시대의 희랍고전에 대한 재 탐구는 언어연구에 있어서 새로운 방법론을 도입하지는 못하였고, 다만 선교사들의 활동으로부터 아랍어와 히브리어의 문헌학적인 연구, 특히 성서와 관련하여 다양한 언어자료, 예를 들어 어휘목록을 수집하는 일과 성서와 주기도문을 번역하는 일과 같은 활동이 눈에 띄는 정도였다. 근대에 들어와서야 비로소 철학적인 문제와 관련되어 언어연구의 새로운 지평이 열리게 된다. 17~18세기 유럽은 합리론자들과 경험론자들의 이론이 대립되었던 시대였다. 예를 들어 합리론자인 Descartes의 생득관념론에 있어서는 지식이란 선천적으로 인간에게 부여된 것으로 확신하는 반면, 영국의 Locke, Hume, Berkeley 같은 경험론자들은 이러한 선천적인 지식을 부인하고 지식은 단지 외적인 감각인상에 대해 정신이 활동하는 방식에 따라 습득된다고 하는 이론을 제시하였다. 언어연구와 관련지어 생각해 볼 때 이러한 이론적인 대립은 언어지식이 인간의 생득관념론적인 사고에 근거한 것인가 아니면 백지상태(tabula rasa)로부터 시작해서 경험적으로 습득하게 되는 지식인가 하는 논쟁을 가져오게 한다.

이미 17세기 말부터 학문적인 규범으로서의 라틴어 사용이 축소되고 유럽의 여러 근대언어들이 학문적으로 사용되기 시작한다. 또한 Descartes 철학에 힘입어 언어의 보편성에 관한 연구가 Port Royal-학계를 중심으로 심도 있게 이루어졌다. 즉 언어의 구조와 원리는 보편적인 인간이성의 산물이라고 하는 주장은 이 학계의 대표적인 인물인 Claude Lancelot(1616~1695), Antoine Arnauld (1612~1694)에 의해 Grammaire ge'ne'rale et raisone'e("일반언어학과 이성")이라는 책을 통해 제시되었다. 이들의 문법연구에 대한 구체적인 사례로서 명사의 지시와 규정에 대한 기술, 시제의 분류와 특히 통사론에 근거한 언어 보편적인 구조의 탐구를 들 수 있다. 다음은 독일어의 예문을 Port Royal학자들의 방법에 따라 기술한 것이다.

(1) Der alte Mann nahm von seiner Frau einen traurigen Abschied.

이 문장에서 명사의 부가어로 사용된 형용사는 다음과 같이 관계문으로 분석될 수 있다.

(2) Der Mann, der alt war, nahm von seiner Frau einen Abschied, der traurig war.

이 문장은 다시금 다음과 같은 기본 문장으로 해체되어 기술된다.

(3) - Der Mann war alt.
 - Der Mann nahm von seiner Frau einen Abschied.
 - Der Abschied war traurig.

이상의 문장분석을 위한 통사론적인 방법론은 최근 N. Chomsky의 초기 변형생성문법과 아주 유사하다는 사실을 발견할 수 있다. 즉 겉보기에 복잡한 문장구조는 기본적인 핵문(Kernsatz)으로 환원되고 이 핵문은 언어보편적인 기본 문장구조로 환원될 수 있다는 이론적인 주장을 읽을 수 있다. 이러한 인간 이성에 근거한 Port Royal학계의 문법연구는 프랑스 국내외에 상당한 영향을 미쳤지만 그러나 더 이상 이론적인 발전으로 이어질 수가 없었다. 그 이유는 이성에 기반을 둔 문법이론이 언어현상을 설명하는데 있어서 그후에 등장한 실증적인 비교 문헌학(Komparative Philologie)에 비해 선험적(a priori) 혹은 논리적 설명방식을 따르고 있다는 점에 대한 불만과 역사적인 사고에 대한 당시대의 선호도 때문인 것으로 볼 수 있다. 즉 언어란 어떤 특정한 시대에 국한해서 추상적인 원리에 따라 만족스럽게 설명될 수 있는 성질의 것이 아니고 이전 단계의 여러 상태로부터 변화를 겪으면서 발전하여온 과정에 의해 더 잘 설명될 수 있다고 믿었었다.

19세기 낭만주의시대에는, 계몽주의와 고전주의 시대의 인간 이성에 근거한 언어보편성에 관한 연구를 거부하고, 유럽 여러 나라는 자신들의 고대 언어에 대한 연구에 몰두하게 된다. 독일에서도 고트어 Gotisch나 고대 고지독어 Althochdeutsch의 연구가 언어연구의 중심을 이루었고 자신들의 모국어와 민족성간의 정신적인 유대관계를 찾으려고 노력하였다. Herder와 W. von Humboldt, H. Steinthal 등은 바로 이러한 연구 주제를 내세운 대표적인 인물들로서 모든 개별언어는 이 언어를 사용하는 사람들의 사고와 표현방법을 반영하는 특별한 구조를 가지고 있다고 생각하였다. Humboldt에게 있어서는 언어란 인간이 대화의 수단으로 사용하기 위해 단순히 정적으로 존재하여 있는 것(= 작품 Ergon)이 아니라 사고를 표현하고 세계를 발견하려는 정신활동(Energia)을 의미하였다. Humboldt의 이러한 주장은 나아가 인간은 언어를 통해서 자신의 지각과 사고에 대해 말할 수 있기 때문에 언어란 인간의 사고를 지배한다고 하는 언어결정론 Sprachdeterminismus에 이르게 된다. 따라서 각각의 언어에는 언어외적인 형태를 결정 짓는 언어 내적인 형태(innere Sprachform)가 화자의 정신에 내재해 있음을 말하고, 이로서 개별언어와 이 언어를 사용하는 화자의 사고행위간에 밀접한 관계가 있음을 주장하였다. 언어의 특성을 기술한 그의 글 중에 가장 괄목할만한 것으로서 언어가 인간으로 하여금 어떻게 무한한 정신활동을 가능하게 하느냐 하는 문제를 서술한 것이 있다. 그는 이 문제를 인간에게는 유한한 언어자료를 반복 사용함으로써 무한히 많은 말을 생성을 할 수 있는 보편적인 정신능력이 있기 때문이라고 설명하였는데 이는 현대의 N. Chomsky에 의한 생성문법의 사상적인 기초를 이루는데 결정적인 영향을 미치게 하였다.

1.4 19세기의 역사언어학

Humboldt의 언어결정론과, 민족언어와 민족성과의 관계에 대한 시사는 고대 독일어에 대한 연구에 관심을 불러일으키는데 자극을 주었고 그후 19세기 전체는 개별언어의 역사와 비교연구에 비중을 둔 역사언어학 historische Linguistik으로 특징 짓게 된다. 이미 1786년에 영국에서는 W. Johnes경 이 산스크리트(Sanskrit), 희랍어, 라틴어 그리고 게르만어가 놀라울 정도로 음운론적인 유사성을 가지고 있다는 사실을 발견하고, 이들 언어들이 하나의 공통적인 원어(Proto-Sprache)부터 변천하여 왔으리라고 확신하였다. 이러한 발견은 당시의 여러 언어학자들에 의해 공통적으로 확인되었다. 그들의 연구 활동은 인도-유럽어족을 구성하는 언어들의 상이한 언어 형태들을 서로 비교 분석하는 일이었고, 또한 이들 구성언어들이 유래된 최초의 인도-유럽어 (Indo-Europäisch)를 재구성하는 연구가 병행되었다. 1822년 J. Grimm은 댄마크 학자인 R. Rask에 이어 게르만어가 라틴어와 희랍어 그리고 인도의 산스크리트로부터 변천된 단서를 제공하는 하나의 법칙(Grimms Gesetz)을 제시하였다. 다음은 게르만 어족의 하나인 고트어(Got.)의 음운과 라틴어 (Lat.), 희랍어(Griech.) 그리고 산스크리트(Sankr.)의 음운들을 비교한 것이다.

(4) Sankr.	padas(= Fuss)	daisa(= Zehn)
Griech.	podo's	de'ka
Lat.	pedis	decem
Got.	fotus	tai'hun

이 도표에서 우리는 고트어의 f음은 인도-유럽어인 산스크리트, 희랍어, 라틴어의 p음이 변천된 것으로 고트어의 t음은 인도-유럽어인 산스크리트, 희랍어, 라틴어의 d음이 변천된 것으로 알 수 있다. Grimm은 이러한 인도-유럽어와 고트어가 속한 게르만어(Germ.)와의 관계에서 다음과 같은 일련의 음운변천 Lautverschiebung 규칙을 발견하게 된다.

(5) Ind-eur.   Germ.

---

p t k 〉 f Þ h
b d g 〉 p t k
bh dh gh 〉 b d g

위 도표에서 인도-유럽어(Ind.-eur.)의 무성자음 p, t, k는 게르만어(Germ.)의 기식을 동반한(aspiriert) 자음 f, Þ, h로 변하였다. 이때 Þ는 영어의 thick, thin의 th에서 볼 수 있는 무성 마찰음을 나타낸다. 또한 인도-유럽어의 유성자음 b, d, g는 무성자음 p, t, k로 변하고 기식을 동반한 자음 bh, dh, gh는 단순한 유성자음 b, d, g로 변한 것을 볼 수 있다. Grimm과 당시대의 사람들은 이러한 법칙이 일반화되기 위해 많은 예외를 허용하지만 그러나 언어변화의 법칙이 모든 경우에 완전히 적용되는 것이 아니라는 관점에서, Grimm 자신이 말한바 데로 그의 규칙의 발견은 언어연구에 있어서 획기적인 것이었고 어원학 Etymologie의 학문적인 타당성을 입증하는 것이었다.

Grimm의 규칙적용에서 발견된 많은 예외적인 음운현상은 50년이 지난 후 소위 독일의 소장문법학파(Junggrammatiker)들에 의해 부분적으로 설명될 수 있는 계기가 마련된다. 이들 소장문법학파란 19세기 말 독일의 Leipzig 대학을 중심으로 인도-유럽어를 연구하였던 H. Ostoff, K. Brugmann, A. Leskien, W. Braune 등과 같은 학자들로 구성된 학파를 말한다. Leipzig 대학의 F. Zarnicke가 이들이 젊은 층의 나이에 속한 이유로 소장문법학파라 부르던 것이 그후 이 학파의 이름이 얻게된 이유이다. 19세기의 중반기는 Darwin이 Origin of Species("종의기원")을 발표하면서 진화론이 전개되는 시대였다. A. Schleicher의 Darwinische Theorie und Sprachwissenschaft ("다윈의 이론과 언어학")에서 제시된 바와 같이 자연법칙을 따르는 언어의 진화 과정에 대한 연구가 당시로서는 자연스러운 일이었을 것이다. Grimm의 민족언어와 민족성의 관계 차원에서의 어원이나 언어비교 연구 그리고 Humboldt, Steinthal 등의 생득관념론에 의한 인간의 사고와 언어의 관계 규명에 관한 연구는 그후 진화론과 같은 실증과학의 방법론을 따르는 소장문법 학파들에 의해 밀려나게 된다. 소장문법학파들은 Grimm시대와는 달리 음운규칙은 예외를 허용하지 않는 자연법칙과 같다고 주장하고 만일 언어현상에 예외가 있다면 이는 예외가 아니라 아직 이를 설명해 줄 수 있는 규칙이 발견되지 않은 까닭이라고 주장한다. 예를 들어 Grimm의 법칙에서 예외로 취급되었던 다음과 같은 음운변화가 K. Verner의 "문법적인 교체"(der grammatische Wechsel)라고 하는 음운규칙에 따라 완전히 설명될 수 있게 되었다.

(6) Sankr.   bhra´tar-(= Bruder)   pita´r(= Vater)
    Lat.   fra´ter   pater

    ____

    Got.   bro´Þar   fadar

Verner는 산스크리트가 인도-유럽어의 악센트 위치를 그대로 유지하고 있는데 반해 게르만어의 초기단계에서는 악센트의 위치가 단어의 첫 번째 음절로 옮겨가기 전에 자음추이 Lautverschiebung현상이 일어나게 되었다고 가정한다. 이러한 가정 하에서 d음의 출현은 다음과 같이 설명된다. 인도유럽어의 p t k는 만일 앞음절에 악센트가 있으면 Grimm의 법칙에 의해 f Þ h로 변하게 되었다. 그러나 이들이 악센트를 받는 강음절 앞에 놓이거나, 악센트를 받는 강음절 다음 다음 음절에 놓이게 될 경우는 유성자음인 b d g로 변하게 되었다. 이 관계를 다음과 같이 나타내 보자.

(7)   Ind-eur.   Germ.

    ____

    _´p _´t _´k   > f Þ h
    _´_p _´_t _´_k > b d g
    p_´ t_´ k_´   > b d g

앞 도표에서 산스크리트의 bhra´tar-가 고트어의 bro´Þar로 바뀌는, 즉 t가 Þ로 되는 이유는 Grimm의 규칙에 의해 설명되지만, 그러나 산스크리트의 pitar가 고트어의 fadar로 바뀌는 즉 t가 d로 되는 이유는 Grimm의 규칙으로는 설명되지 않는다. 이러한 현상은 위 도표에 제시된 Verner의 음운법칙에 따라 잘 설명되고 있다.

소장문법학파들의 언어연구는 예외를 허용하지 않는 분석적이고 실증과학적인 방법을 이용하였다는 점과 언어의 내용보다는 음운변천과 같은 형식적인 면의 연구에 치중하게 되었다는 점은 언어의 연구를 언어를 사용하는 인간으로부터 분리시키기는 결과를 가져오게 되었고 이는 다음 세기의 일반언어학의 출현을 낳게 하였다.

1.5 20세기 초의 일반언어학

1.5.1 Saussure의 언어학과 유럽의 구조주의

스위스 언어학자인 Ferdinand de Saussure(1857~1913)는 겐프(Genf) 대학에서 Le Cours de Linguistique("일반언어학 강의")강의를 통하여 당시의 역사언어학의 방향을 바꾸어 놓는 새로운 언어연구의 방법론을 제시하였다. 먼저 언어 연구를 공시적 연구(synchronische Untersuchung)와 통시적 연구(diachronische Untersuchung)로 구분하였는데, 통시적 연구란 언어가 어원으로부터 변천하여온 역사적인 발전과정의 연구를, 공시적 연구란 어떤 특정한 시대에 사용되고 있는 혹은 사용되었던 언어의 체계를 연구하는 것으로 정의된다. 통시적 연구에 비추어 공시적 연구의 중요성이 강조되었는데, 예를 들어 지금 우리시대에 사용되는 독일어는 공시적 연구의 대상이 된다. 다음으로 독일어를 공시적으로 연구한다는 것은 독일어의 구조를 연구한다는 것이다. 이는 다시 말해 독일어에 내재되어 있는 어휘들 및 이 어휘들로 구성된 문장들의 규칙체계 langue와 실제로 이들 어휘와 문장을 활용하는 발화 parole를 연구한다는 것을 의미한다. Saussure 이전의 역사언어학에서는 이미 우리가 고찰한 바와 같이 음운이나 어휘, 그리고 이들과 결합하는 문법적인 어미(접사)들의 역사적인 변천과정을 연구하는 것이 언어연구의 주류를 이루고 있었다. 그러나 Saussure는 이러한 음운, 어휘, 접사등과 같은 구성소들은 독립적으로 존재하는 것이 아니라 다른 구성소들과 함께 그물과 같은 연결망을 이루는 언어체계 langue를 나타낸다고 주장한다. 구체적으로 언어체계는 수평적인 구조로서 통합적인 관계(syntagmatische Beziehung)와 수직적인 구조로서 병렬적인 관계(paradigmatische Beziehung)로 기술된다. 독일어 문장 Er liebt die schöne Frau를 예를 들면 대명사 er는 주어로서 타동사 liebt와 그리고 타동사 liebt는 목적어인 die schöne Frau와 각각 통합적인 관계를 이룬다. 다음으로 주어인 대명사 er를 der Mann, der Lehrer 등과 같은 명사구와 대치(Substitution)하여도, 그리고 타동사 liebt를 beneidet, bewirtet등 다른 타동사와 대치하여도, 그리고 목적이인 die schöne Frau를 대명사 sie나 einen Bettler와 대치하여도 역시 문법적인 문장을 이룬다. Saussure는 이러한 문장 구성소들과 이들을 대치할 수 있는 다른 구성소들은 서로 병렬적인 관계에 있다고 하였다. 통합적인 관계와 병렬적인 관계로 인해 문장은 다음과 같은 구조를 나타내게 된다.

(8)

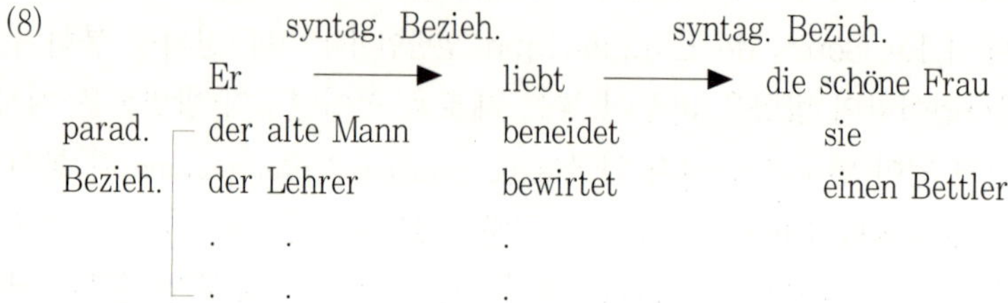

이러한 통합적인 관계와 병렬적인 관계가 화자와 청자가 사용하는 언어의 구조적 특성을 나타낸다면 언어를 나타내는 언어기호는 어떤 특성을 갖는 것일까? Saussure는 다음과 같이 언어기호의 양면성을 주장한다.

(9)

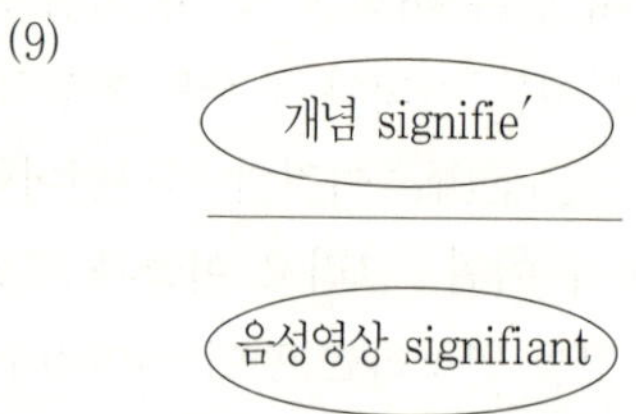

예를 들어 'Baum'이라는 언어기호는 나무라는 대상과 말소리를 직접 연결하는 것이 아니고 나무라는 개념과 음성영상(lautliches Bild)을 연결하는 것이다. 음성영상이란 실제의 물리적인 말소리가 아니라 이 말소리에 대한 청

자의 심리적인 인상을 말한다. Saussure는 언어기호의 개념과 음성영상의 관계를 '기의(記意 signifie)'와 '기표(記標 signifiant)'라는 용어로 대치하여 사용하였다. 또한 이들의 관계가 자의적이라는 것이 주장된다. 그 이유는 예를 들어 독일어에서 〈Baum : 나무〉라는 개념이 b-a-u-m이라는 표현에 필연적으로 연결되어야만 할 아무런 동기도 찾을 수 없기 때문이다. 나무가 모양이나 크기 색상 등의 성질 혹은 기타 속성의 내용 때문에 Baum이라는 표현에 연결된 것이 아니다. 만일 이들의 관계가 필연적인 동기를 갖는 경우라면 〈Baum : 나무〉라는 개념이 언어에 따라 그 표현이 달라질 수 없을 것이다.

Saussure의 언어 연구는 실로 획기적인 것이었다. 언어 구성소들이 독립적으로 존재하는 것이 아니라 그물 망과 같은 구조를 이루면서 언어의 구조를 구성한다고 하는 그의 주장은 구조주의언어학(strukturelle Linguistik = Strukturalismus)을 낳게 하였고 그후 구조주의는 유럽에서 Prague학파, Kopenhagen학파, 프랑스의 구조주의로 분파되어 발전되었고 미국에서는 분류 구조주의 taxonomischer Strukturalismus가 이와는 독립적으로 발전한 것을 볼 수 있다.

Prague학파는 1920년도 말 V. Mathesius, A.V. Isacenko 등과 구 소련에서 이주한 N.S. Trubetzkoy, R. Jacobson 등에 의해 성립된 학파를 말하는데, 이들의 연구는 개별적인 말소리들이 나타내는 물리적인 음성적 특성보다 이 말소리들이 하나의 언어체계 안에서 어떠한 기능을 갖게 되는가를 연구하는 음운론 Phonologie이 체계적으로 제시된다. Trubetzkoy는 Grundzügen der Phonologie("음운론의 기초", 1939)에서, 말소리들의 최소 단위인 음성 Phon들을 분류해서 이 음성들이 동일한 환경에서 단어의 의미차이를 야기시킨다면 이러한 단위를 언어의 최소단위인 음소 Phonem라고 정의하였다. 즉 음소는 독립적으로 정의되는 것이 아니라, 단어라고 하는 언어의 위계적인 관계 속에서 갖게 되는 기능에 따라 의미차이를 야기 시키는 추상적인 단위로 정의되었던 것이다. 독일어의 예를 들면 Wald와 Rand는 w와 r을 제외한 나머지의 환경 '_ald'가 동일하고, 오직 이 위치에 나타나는 음성에 의해 두 단어의 의미 차이가 나기 때문에 두 음성 [v]와 [r]은 상이한 음소들의 실현체이며, 이때 음소를 음성과 구분되게 /v/, /r/과 같이 표기한다. 또한 /v/, /r/은 Wald와 Rand의 의미차이를 가져오는 최소 쌍(Minimalpaar)이라고 한다. 이처럼 최소 쌍을 이루면서 서로 대립관계에 있는 rot : tot, Bahn : Zahn, Rose : Hose, Meise : Weise 등과 같은 예들에서 음소들을 계속 찾아가게 되면 결국 독일어에 속하는 모든 음소를 발견하게 된다. 한편 의미의 차이를 가져오지 않지만 서로 다른 음가를 갖는 한 음소의 변이음 Allophon들이 있다. 변이음들은 두 가지 종류로 나누어 볼 수 있는 데 첫 번째 것은 동일한 음성적 환경에 나타나는 변이음들로서 예를 들어 rauchen에서 음소 /r/의 변이음인 치경음 〔r〕과 목젖음 〔R〕이 있다. 이들을 수의적 변이형 fakultative Variante이라고 한다. 다른 종류의 변이음으로서 예를 들어 Kiel과 Kahl의 〔k〕음을 생각해 볼 수 있다. 전자는 모음 〔a〕 앞에서 발음되는 경구개음으로서의 〔k〕음이고 후자는 모음 〔i〕 앞에서 발음되는 연구개음으로서의 〔k〕음이며, 이들은 결코 대립되어 의미차이를 가져오는 일이 없다. 이들은 다른 환경적 분포를 갖는 동일한 음소 /k/의 변이음인 것이다. 이러한 변이음들은 앞서 수의적인 변이형에 대해 결합변이형kombinatorische Variante이라고 하며 이들의 분포를 상보적 분포(komplementäre Distri-bution)이라고 한다. 상보적 분포를 이루는 변이음들 중 ch로 표기된 추상적인 음소 /ch/로부터의 변이음들인 /ç/와 /x/를 볼 수 있다. 예를 들어 Bach, nach, lach 등의 〔a〕음, noch, doch 등의 〔o〕음, Buch, such 등의 〔u〕음 등 후설모음 다음에서 추상적 음소 /ch/는 〔x〕음으로 실현된다. 그러나 mich, echt, nächst, löcher, Bücher에서 전설모음인 〔i〕, 〔e〕나 움라우트음인 〔æ〕, 〔œ〕, 〔y〕 다음에서는 〔ç〕로 실현된다. 따라서 /ç/와 /x/는 상이한 환경적 분포를 갖는 추상적인 음소 /ch/의 변이음인 것이다.

이처럼 Prague학파에서 음소는 음향적 실체로서가 아니라 언어 체계 내에서 갖게 되는 위치와 분포에 따라 추상적인 단위로서 정의되었다. Trubetzkoy의 음운론은 그후 Jakobson의 음운자질 이론으로 이어지게 되는데, 이때 음운자질이론이란 조음장소나 조음방식에 따라 서로 대립되는 자질들(konträre Merkmale), 예를 들어 vokalisch vs. konsonantisch, nasal vs. oral 등과 vokalisch vs. nicht vokalisch, konsonantisch vs. nicht konsonantisch 등과 같이 어떤 자질의 있고 없음에 따른 모순된 자질들을 가지고 기술되는 자질들을 말한다. 따라서 한 음소는 이 음소가 다른 음소와 대립되는 데에 따라 변별자질들의 묶음(Bündel von distinktiven Merkmalen)으로 나타낼 수 있는데 예를 들어 음소 /p/는 자음이고 폐쇄음이고 무성음의 변별자질 묶음을 갖는 것으로 자음이고 폐쇄음이며 유성음의 자질묶음을 갖는 음소 /b/와 구분된다. 이러한 음소들의 구분을 위한 변별자질의 도입은 공시적인 연구로서 현대언어학의 음운론 연구에 이어지고 있다.

음운론에서 음소가 갖는 언어체계 내에서의 기능적 분석은 그후 V. Mathesius, P. Sgall 등에 의해 문장에서 특정 구성소가 갖는 기능적 분석으로 확대되었다. 먼저 문장의 구조를 담화기능적인 관점에서 고찰해 볼 때 주제역 Thema과 서술역 Rhema로 구분하고 주제에 대한 긴장감이 서술역을 통해 해소되는 담화상에서의 긴장상태로 파악한 것이다. 독일어를 예로 들어 이 관계를 설명하여 보자(Heidelph/Motch, Grundzüge einer dt. Grammatik 1981:730 참조).

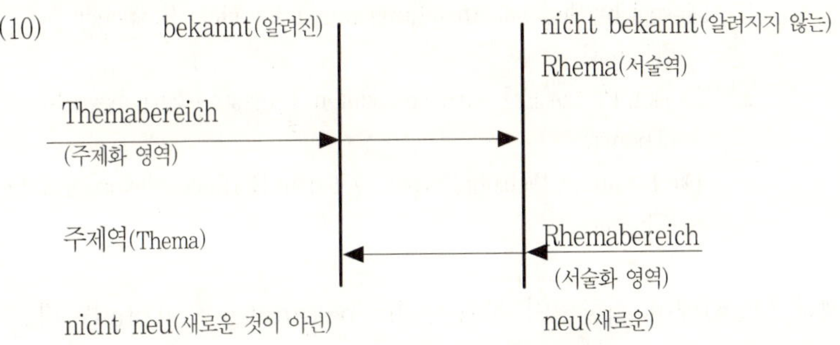

이 도표에서 주제화 영역은 텍스트에서 이미 알려진 대상이나 사태에 관한 영역을 말하고 대상일 경우 이는 한정적이거나 비한정적일 수 있다. 서술화 영역이란 이전 텍스트에서 등장하지 않는 새로운 정보를 갖는 대상이나 사태들을 말하고 대상의 경우 한정적이거나 비한정적일 수 있다. 한정적이거나 비한정적인 부류의 대상들은 행성이나 달, 지구등 자연적인 대상이나 인간, 개, 독수리같은 유개념을 나타내는 대상일 수 있다. 다음으로 주제화 영역에 나타나는 대상들은 주제역이 되어 문두에 위치하게 되고 나머지 문장 구성소는 이 주제 역에 새로운 정보를 전해주는 서술어가 되는데 이때 서술어 중 특정한 구성소가 서술역을 맡게된다. 이 서술역이 정해지는 이유는 다음 대화의 상황에서 이 서술역이 이미 알려진 대상 혹은 사태로서 주제 역으로 바뀌기 때문이다. 따라서 담화란 문장들간의 주제역과 서술역의 연결을 통해 이루어진 다음과 같은 구조를 갖는다.

(11) Thema - Rhema   Thema - Rhema   Thema - Rheme

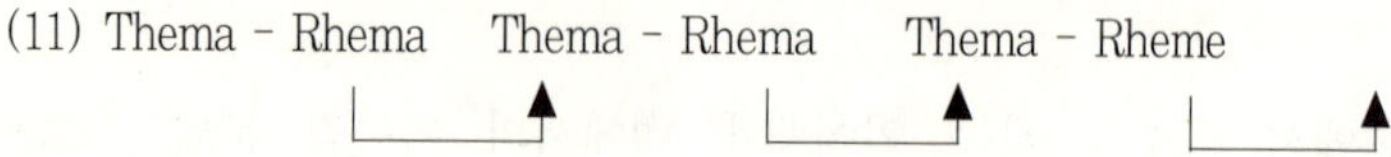

이러한 진행과정에 따라 주제역을 잘못 부과하면 비문법적인 문장이 되는 이유를 다음과 같은 담화구조에서 알 수 있다.

(12) a. 〔Auf dem Berliner Alexanderplatz〕 steht 〔die bekannte Weltuhr〕.
        〔Thema〕   〔Rhema〕

    b. 〔Diese Uhr/Sie〕 ist Anziehungspunkt für viele Besucher.
       〔Thema〕
    c. 〔*Dieser Platz/*Er〕 wird von vielen Touristen gern besucht.
       〔Thema〕
    a'. 〔Die bekannte Weltuhr〕 steht 〔auf dem Berliner Alexanderplatz〕.
        〔Thema〕

예문 (12a)에서 서술역이 부과된 die bekannte Weltuhr는 다음 예문 (12b)에서 주제역이 부가되어 문법적인 문장이 되지만 그러나 예문 (12a)에서 주제역이 부과된 auf dem Berliner Alexanderplatz에 다시금 주제역을 부과하여 담화를 계속하면 비문법적인 문장을 만들게 된다. 따라서 (12c)에서 dieser Platz/er가 주제구성소가 되기위해서는 예문 (12a)는 (12a')처럼 되어야한다. Prague학파가 문장 구성소의 기능적인 역할에 따라 담화분석을 시도한 것은 현대언어학의 화용론 분야와 택스트 언어학 분야에 교두보 역할을 하였다는 점에서 의의가 크다.

다음으로 Kopenhagen 학파에 대해 언급해보자. 이 학파는 1930년대 L. Hjelmslev, V. Brøndal, K Togeby 등이 주축을 이루어 성립된 학파이고, Hjelmslev의 Omkring sprogteoriens grundlggeles("언어이론 서설")은 지금까지도 잘 알려진 이 학파의 대표적인 연구서이다. Hjelmslev는 앞서 Saussure에서 언급한 언어기호의 양면성인 음성영상과 개념을 표현면 Ausdrucksseite과 내용면 Inhaltsseite으로 구분하고 이들에게 각각 형태(Form)와 실체(Substanz)를 부여하여 언어학 분야를 다음과 같은 세분화하였다.

<pre>
(13) 표현실체(Ausdruckssubstanz)   음성학
     표현형태(Ausdrucksform)   음운론 ┐
                                           ├ 언어학의 주요 연구 분야
     내용형태(Inhaltsform)   문법론 ┘
     내용실체(Inhaltssubstanz)   의미론(언어와 독립된 개념)
</pre>

Hjelmslev에게 있어서 표현실체란 물리적인 말소리의 연구분야이고, 또한 내용 실체란 언어 이전에 인간에게 보편적으로 주어진 개념을 말함으로써 이들은 언어의 연구에서 제외된다. 따라서 언어의 주요 연구분야는 표현형태인 음운론과 내용형태인 문법론이 되는데 이 둘은 언어의 양면성을 이루는 Saussure의 기표 signifiant와 기의signifie′에 대응된다. Hjelmslev가 음운론과 문법론에서 제시한 구조주의의 특성은 문장을 구성하는 구성소들의 문법적인 기능들이 서로 의존관계에 있다는 것이다. 예를 들어 어떤 구성소는 다른 구성소와 상호의존적인 관계 Interdependenz에 있거나 혹은 일방 의존적인 관계 Determination 혹은 상호 비의존적인 관계 Konstellation에 있다. 이러한 문장구성소들 상호간의 기능적인 의존관계는 그후 프랑스의 L. Tesnie′re와 독일의 P. v. Polenz, H.-J. Heringer 등의 의존문법 Depen-denzgrammatik의 골격을 이루게 된다.

1.5.2 Sapir/Whorf의 언어학적 상대주의와
독일의 언어내용 문법(Inhaltbezogene Grammatik)

유럽의 구조주의와 때를 같이 하여 나타난 또 다른 부류의 언어연구는 미국에서 Sapir/Whorf에 의해 대변되는 언어학적 상대주의를 들 수 있다. 미국에서는 인류학의 후예로서 언어학이 등장하게 되었는데 그 이유는 20세기의 초반기에 인류학자들은 사멸해 가는 인디안 종족들의 문화를 기록하고자 하였고 언어학 연구도 이러한 시도의 일환으로 진행되었다. Saussure가 일반언어학에 대한 강의를 하고 있을 때 F. Boas(1858~1942)는 인디안 문화에 대한 탐구가 그들의 언어에 대한 연구를 전재하고 있음을 깨닫고 미국의 언어학자들로 하여금 그들의 언어를 배우도록 유인하였다. E. Sapir(1884~1939)와 그의 제자였던 B. L. Whorf는 언어와 문화사이의 관계를 밝히고자 노력하여 언어의 구조가 어느 정도 인간이 세계를 지각하는 방법을 결정한다고 하는 주장을 내세운다. 즉 언어구조에 의해 인간의 세계에 대한 경험이 형성되고 결정된다는 것이다. 결과적으로 개별언어들은 각각 나름대로의 고유한 세계상을 형성하기 때문에 세계는 언어에 대해 상대적이라는 언어학적인 상대주의가 성립한다.

그러나 이러한 언어학적인 상대주의에 문제가 있음이 곧 드러나게 된다. 색상의 언어를 가지고 구체적으로 이 문제를 논의하여보자. 독일어에는 색상어로서 schwarz, weiß, rot, blau, grün, gelb, braun, lila, rosa, grau, orange 등이 존재한다. 일반적으로 풍부한 색상어를 가진 언어와는 달리 다만 두 가지 색상, 즉 schwarz와 weiß만이 있는 다니(Dani)족의 언어가 있다. Sapir/Whorf의 언어학적 상대주의 가설이 성립하는 경우라면 다니족 사람들은 자신들의 언어에 다만 두 가지 색상어인 schwarz와 weiß가 있기 때문에 다만 이 두 가지 색상만을 인지할 것이다. 그러나 이러한 가설은 최근 생물학적이고 뇌 신경학적인 연구결과로 허위임이 드러나게 되었다. 즉 색상인지에 관한 보편적인 법칙이 인간의 정신구조에 있다는 것이다. 비록 두 가지 색상어 밖에 없는 언어를 사용하는 화자라도 이 두가지 색 이외의 다른 색상에 대해서도 인식하고 또한 식별하는 것이 가능하다는 것이다. 이는 색상인지가 개별언어의 표현에 구속을 받는 것이 아니고 뇌의 구조에 신경생리학적으로 고정되어 있는 시각체계에 의해 인간에게는 누구나 동일하게 결정되기 때문이다. 한편 자연언어의 색상표현에 관해 최근 인종학과 생물학의 연구를 통해 보편적인 특성이 밝혀지게 되었다. 즉 두 가지 색상만이 있는 언어의 경우 그 색상어는 schwarz와 weiß이고, 세 가지의 색상어가 있는 언어에서는 rot가 추가되어 이 언어는 schwarz, weiß, rot의 세개의 색상어가 있게 된다. 다시금 이 세 가지 색상어에 또하나의 색상어가 추가된 경우라면 그 색은 gelb나 grün이 되고 그리고 다음으로 blau나 braun이 추가되고 마지막으로 rosa, violett, orange 등이 추가된다는 사실이 밝혀졌다.

Sapir/Whorf의 언어학적 상대주의는 우리가 이미 고찰한 Humboldt의 언어가 사고를 형성한다고 하는 언어결정론과 유사한 주장을 하고 있다. 그러나 이러한 주장이 언제나 타당한 것은 아니다. 예를 들어 미국 인디안 호피족의 언어에는 시제 표현이 없다. 그렇다면 호피족들에게는 시간 개념이 없다는 것인가 아니면 시간에 대한 생각조차도 할 수 없다는 것인가? 인류학자인 E. Malotki는 호피어에도 시간에 대한 은유, 시간단위(예를 들어 어제와 내일, 주, 달, 달의 변화, 계절, 연도 등을 포함), 그리고 시간단위들을 수량화하는 방법 등이 있다는 것을 제시했다. 즉 시제가 없는 언어가 있을 수 있지만 이러한 언어라고 할지라도 시간부사나 풀어쓰기 방법 Paraphrasierung을 통해 시간개념을 표현할 수가 있다. 따라서 언어가 사고를 결정한다고 하는 언어 결정론이나 언어 상대주의는 맞지 않다는 것이 밝혀진 셈이다.

이러한 미국의 Sapir/Whorf에 의해 대변되는 언어학적 상대주의는 지난 세기말까지 지속되어왔던 그리고 아직도 그 명맥이 유지되고 있는 독일의 Weisgerber, Glinz, Brinkmann, Erben, Moser, Grebe 등의 언어내용학파 (Inhaltbezogene Grammatik)의 주장과 일맥 상통한 점이 있다. Weisgerber는 언어의 본질을 단순히 대화의 수단으로 사용되는 형식적인 표현면으로 보는 것을 반대하고 "인간의 정신과 문화를 창조하고 역사를 이끌어 가는 힘"으로써 파악한다. 그는 Humboldt보다 더 극단적으로 언어가 인간존재의 사고를 지배한다고 보고 이를 "언어의 인간지배 법칙"이라 하였다. 그는 또한 이 법칙에 속하는 것으로서 모국어의 법칙, 언어공동체의 법칙, 언어에 의존된 현존재의 법칙 등이 속하는 것으로 가정하였다. 인간은 어려서 모국어를 습득하게 되는데 이 모국어는 다양한 언어들 중에 하나이며 이 언어들은 현존재로서의 인간을 다른 동물들과 구분하게 한다. Weisgerber의 언어연구는 형태적 고찰, 내용적 고찰, 기능적 고찰 및 작용적 고찰 등 4단계의 방법론을 가지고 제시되었다. 이때 형태론적 고찰은 음운론, 형태론, 통사론 분야로, 내용적 고찰은 정신적, 개념적 내용의 분야로, 기능적 고찰은 세계를 언어화하는 과정을 연구하는 분야로, 작용적 고찰은 언어가 인간두뇌에 개념적인 세계를 만들고 인간의 사고와 생활에 영향을 미치는 단계를 연구하는 분야로 각각 나뉘어진다. Weisgerber의 이러한 언어 연구 중에 오직 내용적 고찰만이 주목을 끌만 한 것이었다. 형태론적인 고찰은 Prague학파의 음운론 연구나 기능문법연구에 비해볼 때 구체적인 연구 성과가 없고 또한 기능적 고찰과 작용적 고찰은 Humboldt의 언어가 사고를 결정하는 언어결정론과 Spir/Whorf의 언어학적 상대주의에서 보았던 문제점들을 안고 있다. 그의 이론에서 가장 성과를 얻은 내용적 고찰은 언어내용학파의 문법기술에 이론적인 기초를 마련한 것으로 평가된다. 이 이론에 따라 기술한 비교적 근대의 문법책으로 Grebe의 Duden-Grammatik을 들 수 있다. 이 책에서 Grebe는 모든 품사들을 언어내용면의 역할에 따라 정의하고 있는데, 예를 들어 명사 Substantiv에 속하는 말은 생물이나 사물을 지시하는 내용을, 동사 Verb에 속하는 말은 발생하고, 지속하고, 소멸하는 세상사태를 나타내는 것으로 정의한다. 또한 기능범주인 주어, 술어, 목적어, 보어, 상황어 등의 정의에서도 이러한 언어내용면의 역할이 강조된다. 주어란 동작의 주체이거나 변화를 야기시키는 행위자로서 문장의 테마를 담당하는 구성요소이고, 술어란 주어를 서술하는 역할을 담당하는 문장구성요소로 정의된다.

언어가 우리의 의식과 세계를 지배한다고 하는 언어내용학파의 이러한 이론적인 주장은 다른 한편 여러 가지면에서 문제점을 안고 있다. 품사의 내용적인 정의에서 보더라도 명사범주가 생물이나 사물을 지시하는 것으로 한정한다면 생물도 사물도 아닌 말들은 명사의 범주에 속하지 않는다는 결론을 얻게 된다. 그러나 많은 추상명사들 예를 들어 Schönheit, Liebe, Mut 따위와 같은 말들은 명사가 아니라고 말할 수 있겠는가? 만일 동사를 이 세상에서 발생하거나, 지속하거나, 소멸하는 사태로 정의한다면 Preissteigerung, Schlag, Zerstörung과 같은 말들은 의미내용에 따라 동사로 분류해야만 하지 않겠는가? 주어나 술어에 대한 정의에서도 여전히 문제점들을 내포하고 있다. 예를 들어 Niemand liebt Frieda라는 문장에서 우리가 테마로 선정할 수 있는 말은 분명히 Frieda일 것이다. 이 문장은 Frieda에 관해서 말하고 있는 것이다. 그렇다면 문장의 테마인 Frieda가 주어가 되어야 한다는 불합리에 빠지고 많다. 이러한 문제들로 인해 언어내용학파는 언어기술에 있어서 다른 기술문법이론들에 비해 이렇다할 만한 발전적인 성과를 거두고 있지 못하다.

1.5.3 미국의 분류구조주의

Boas로부터 시작해서 Sapir, Whorf에 이르는, 언어학적 상대주의 이론과는 달리 소위 분류구조주의 taxonomischer Strukturalismus라고 하는 미국의 구조주의는 1930년도 초에 L. Bloomfield를 선두로 하여 1950년도 중반기에 이르기까지 Z.S. Harris, C.C. Fries 등에 의해 지속된 이론이다. Bloomfield는 1933년에 출판된 Language("언어")에서 어떤 언어라도 기술 가능한 정밀한 과학적인 방법을 제시하려고 시도하였다. 여기서 그는 언어학의 과제는 경험적으로 접근 가능한 언어 자료들을 객관적이고 체계적으로 기술하는데 있다고 주장한다. 방법론적으로는 관찰 가능한 언어단위들을 분석하고(Analysieren) 분류하는(Klassifizieren) 검증절차를 거쳐 한 언어에 대한 일반적인 구조를 알 수 있다는 것이다. 예를 들어 Harris의 직접 성분구성소 분석("Immediate Constituent Analysis" = IC-Analyse)에 따라 다음과 같은 독일어의 문장을 분석 분류하여 문장구조를 얻을 수 있다.

(14) Der Arbeiter stellt das Sofa neben das Fenster

    S [der Arbeiter stellt das Sofa neben das Fenster]

    S [NP[der Arbeiter] VP[stellt das Sofa neben das Fenster]]

    S [NP [D[der] N[Arbeiter]] VP [Vt[stellt] NP[das Sofa] PP[neben das Fenster]]]

    S [NP [D[der] N[Arbeiter]] VP [Vt[stellt] NP[D[das] N[Sofa]] PP

〔p〔neben〕 NP〔D〔das〕
N 〔Fenster〕〕〕

　이상의 직접성분 구성소 분석에서 첫째로 우리는 독일어의 화자가 예문의
직접성분은 명사구 NP와 동사구 VP의 구성소인 것을 알고 있다고 전제한다
(언어자료에 해당하는 NP, VP, PP 등 구범주와 DET, N, V, P 등 품사범주는 괄호의
우측하단에 표기하였다.). 다음으로 명사구 NP의 직접성분은 관사인 DET와
명사인 N인 구성소인 것을 알고 있다고 전제한다. 다음으로 동사구 VP의
직접성분은 타동사 Vt와 명사구 NP와 전치사구 PP의 구성소인 것을 알고
있다고 전제한다. 또한 전치사구 PP의 직접성분은 전치사 P와 명사구 NP
의 구성소인 것을 알고 있다고 전제한다. 이러한 분석절차에 있어서 우리는
다음과 같은 품사층위와 구 층위의 분류를 알고 있어야 한다.

　　(15) Ⅰ. 품사 층위의 분류
　　　　 der, das : DET(정관사)
　　　　 Arbeiter, Sofa, Fenster : N(명사)
　　　　 stellt : Vt(타동사)
　　　　 neben : P(전치사)
　　　Ⅱ. 구(Phrase) 층위의 분류
　　　　 der Arbeiter, das Sofa, das Fenster : NP(명사구)
　　　　 neben das Fenster : PP(전치사구)
　　　　 stellt neben das Fenster : VP(동사구)

　이상과 같은 분석분류 방법은 흔히 분류구조주의자들에 대한 비판에서 볼
수 있었던 바와 같은 자의적인 것만은 아니다. 우리가 der Arbeiter가 하나
의 구(명사구)를 형성하고 왜 Arbeiter stellt가 어떠한 구로도 분류될 수 없
는가, 그리고 왜 das Sofa neben이 어떠한 구로도 분류될 수 없으며 다만
neben das Fenster만이 하나의 구(전치사구)를 형성할 수 있는가 하는 등등
의 것을 알고 있다는 것은 독일어의 구조에 내재하는 규칙성을 근거로 하여
설명될 수 있을 것이다. 분류구조주의자들의 언어연구에 대한 궁극적인 목적
은 주어진 언어자료가 과연 특정한 언어에 속하는가 하는 문제를 과학적인

검증절차를 거쳐 밝히는 것이었다. 독일어의 화자가 이상에서 제시한 분석과
분류방법을 알고 있다고 전제할 때 우리는 역으로 주어진 문장이 과연 독일
어의 문장에 속하는 것인가 하는 다음과 같은 시험절차를 마련할 수 있을 것
이다.

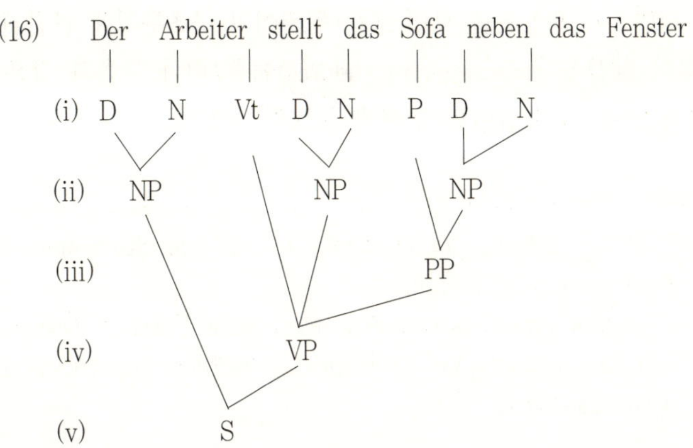

   예문 (16)이 과연 독일어의 문장인가를 시험하는 방법은 제1단계 (i)에
서 각각의 어휘들을 이들이 속하는 품사로 환원하는 것이다. 제2단계에서 제
4단계 (ii ~ iv)는 이들 각각의 품사가 모여 구 범주를 이루는가를 확인하는
것이다. 즉 DET, N은 NP를 P, NP는 PP를 그리고 Vt, NP, PP는 VP를
이루는 것이 확인되면 마지막 단계 (v)에서 NP와 VP는 문장을 구성하는
직접성분인 것을 알게되어 결국 독일어의 문장이라는 것이 확인된다. 이처럼
주어진 자료를 근거로 분석분류 절차를 통해 한 언어의 구조를 알아내는 과
정을 발견절차(discovery procedure)라고 한다. 분류구조주의자들은 문장들의
구성이 복잡해지면 그에 따라 품사나 구 범주가 증가하게 되겠지만 그러나
품사나 구 범주는 어디까지나 유한하기 때문에 유한한 수단을 가지고 주어진
언어자료를 적절히 구조적으로 기술할 수 있다고 믿게되었다.

1.6 Chomsky의 언어학적인 혁명과 현대언어학

구조주의를 기준으로 언어학 연구방법론은 그 이전의 방법론과는 확연히 구분된다. 현대의 언어학의 흐름을 보면 어떠한 이론이라도 언어의 구조분석과 관련되지 않은 것이 없다. 이 책에서 제시하는 독어학의 기초분야인 음운론, 통사론, 의미론과 화용론을 보면 모두 독일어의 구조분석에 관련된 것이다. 구조주의의 발견절차(discovery procudures)는 그러나 다음과 같은 문장들의 분석에서 여러 가지 잡다한 문제에 부딪치고 만다.

> (17) a. Der Lehrer empfiehlt dem Studenten nach Amerika zu fahren.
> S〔NP〔Der Lehrer〕 VP〔Vt〔empfiehlt〕 NP〔dem Studenten〕 INF
> 〔nach Amerika zu fahren〕〕〕
> b. Der Lehrer verspricht dem Studenten, seine Eltern zu besuchen.
> S〔NP〔Der Lehrer〕 VP〔Vt〔verspricht〕 NP〔dem Studenten〕 INF
> 〔nach Amerika zu fahren〕〕〕

이 두 문장은 표층 상에서는 동일한 구조를 갖는 것으로 기술되지만 그러나 이들 문장의 문법적인 관계는 전혀 다르다. 부정사구 INF〔nach Amerika zu fahren〕의 주어는 (17a)에서 주문장의 NP〔dem Studenten〕이고 (17b)에서는 NP〔Der Lehrer〕이다. 따라서 이러한 표층구조상에서의 구조기술은 결코 독일어 문장의 문법적인 관계를 완전하게 나타낸 것으로 볼 수 없다. 1957년 미국 마사츄세츠 공과대학(MIT)의 N. Chomsky는 그의 저서 syntactic structures(“통사 제구조”)에서 언어학의 연구를 단순히 실제로 사용되었던 말이나 글을 상세하게 기술하는 구조주의 문법에서 벗어나 모국어를 사용하는 화자의 잠재적인 언어능력을 기술하는 생성문법을 제안하게 된다. 그는 훔볼트의 보편문법에 근거해 인간에게는 유한한 규칙을 수단으로 하여 무한히 많은 말을 만들어 낼 수 있고 또 이해할 수 있는 언어능력이 있음을 주시한다. 한 언어를 알고 있는 인간은 무엇이 이 언어에 속하는 문법적인 문장이고 그리고 무엇이 비문법적인 문장인지를 구분할 수 있으며, 문법적인 문장에 구조기술을 부여할 수 있는 일련의 규칙체계를 내면화(internalisiert)하여 가지고 있음에 틀림없다. 이러한 내면화된 규칙체계로 구성되어 있는

문법을 생성문법 generative Grammatik이라고 하며, 언어학자의 임무는
이러한 생성문법의 규칙체계를 발견하는 것이다. 따라서 생성문법은 어떤 문
장이 한 언어에 속하고 어떤 문장이 그 언어에 속하지 않는지를 정확하게 그리고
명시적으로 말할 수 있어야 한다. 다음은 Chomsky(1957)에 의거한 독일어
문장을 유도해낼 수 있는 생성문법의 한 단편이다. 이때 괄호 ( )는 생략 가
능한, 즉 수의적(fakultativ)으로 등장할 수 있는 문장구성범주를 나타낸다.

(18) (i) S $\longrightarrow$ NP VP
　　(ii) NP $\longrightarrow$ (DET) N
　　(iii) VP $\longrightarrow$ V (NP)
　　(iv) DET　—　der, das
　　(v) N $\longrightarrow$ Junge, Maria
　　(vi) V　——　liebt, schläft

즉 이 생성문법의 규칙은 모두 α → β와 같은 문맥자유규칙의 형식을 갖고
다음과 같이 적용되어 예문 Der Junge liebt Maria의 구조를 유도해 낸다.

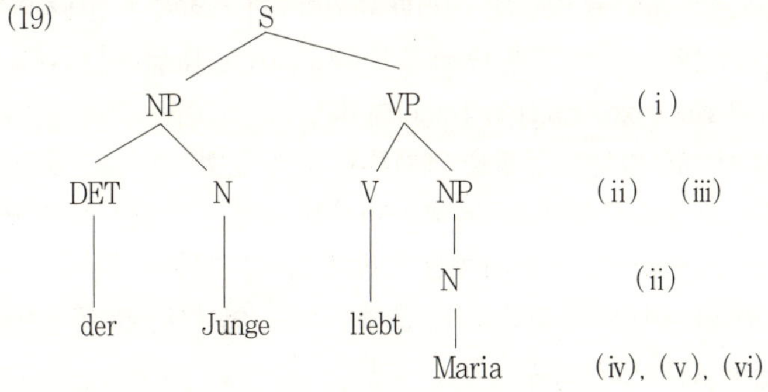

(19)

문장범주 S에 규칙 (i)을 적용하여 NP - VP의 연쇄체를 얻는다. 이제
명사구 범주인 NP에 규칙 (ii)를 적용하면 DET - N의 연쇄체를 얻게 되며
동사구 범주인 VP에 규칙 (iii)을 적용하면 V - NP연쇄체를 얻는다. 다시금
NP에 규칙 (ii)를 적용하여 N을 유도하게 되면 DET - N - V - N과 같은
어휘범주의 연쇄체를 얻게된다. 여기에 최종적으로 어휘범주 대체규칙 (iv),

(ⅴ), (ⅵ)을 적용하여 der Junge liebt Maria를 생성하게 된다.

이상의 규칙 (18)은 Der Junge liebt Maria, Der Mann schläft 등과 같은 문법적인 독일어 문장과 동시에 Der Junge schläft Maria, Maria liebt 등 비문법적인 문장을 생성하지만, 오직 문법적인 문장에만 정확한 구조기술을 제공해야만 한다. 비문법적인 문장의 생성을 막기 위해서는 어휘규칙에 일정한 통사적인 그리고 의미적인 제약을 줌으로써 해결할 수 있었다. 예를 들어 목적어를 취하거나 취하지 않는 경우는 동사를 자동사, 타동사와 같이 하위범주화함으로써, 그리고 다음 예문에서와 같이 의미적으로 이상한 문장은 동사가 취하는 보족어에 합당한 의미역을 부과함으로써 피할 수 있었다.

    (20) a. *Der Stein liebt den Jungen.
         b. *Der Mann beleidigt das Buch.

타동사 lieben이 취하는 주어는 행위자(Agens)로서 무생물인 경우는 비문법적이며, 타동사 beleidigt가 취하는 주어는 행위자이면서 인간이어야만 하고 목적어도 무생물이어서는 비문법적이 된다고 하는 선택제약 Selektionsbeschränkung 을 어휘규칙에 부가하게 된 것이다. 이러한 하위범주화 규칙이나 선택제약은 생성규칙 (ⅰ)~(ⅳ)와는 달리 문맥자유규칙 Kontextfreie Regel이 아니라 문맥에 민감한 규칙 Kontextsensitive Regel이다.

자연언어에서 비문법적인 문장을 배제하고 오직 문법적인 문장만을 생성하기 위해서는 그러나 문맥자유규칙과 문맥제약 규칙은 너무나 약한 규칙이었다. 따라서 Chomsky는 이들 규칙들이 좀더 강력한 변형규칙들에 의해 보충되지 않으면 안 된다고 주장하였다. 문제가 되는 언어현상은 독일어의 예를 들면 다음과 같은 것들이다.

    (21) a. Hans liebt das Mädchen.
         b. Hans wird von dem Mädchen geliebt.
         c. Das Mädchen scheint glücklich zu sein.
         d. Es scheint, dass das Mädchen glücklich ist.
         e. Der Lehrer empfiehlt dem Studenten nach Amerika zu fahren,
         f. Der Lehrer empfiehlt dem Studenten, dass er nach Amerika fährt.

예문 (21a)와 (21b)는 동일한 의미를 나타내는 능동문-수동문 관계이다. (21c)는 전통적으로 상승문으로 알려진 것으로서 (21d)의 부문장에서 주어가 주문장의 허사인 es위치로 이동 변형함으로써 부문장이 부정사구문으로 축약되어 유도된 것이다. 예문 (21e)는 부문장의 주어가 목적어와 같을 때 부문장의 주어를 동일명사구 삭제와 같은 변형을 통해 유도된 문장이다. 이들 문장은 동일한 의미를 갖는 것으로 하나의 심층구조에서 유도된 상이한 표층구조의 문장으로 가정하게 되었다. 그러나 앞서 제시한 α → β와 같은 문맥자유규칙으로는 의미적으로 동일한 두 쌍의 문장들을 생성할 수 있는 것이 불가능하기 때문에 변형규칙이라는 새로운 규칙을 도입하게 된다. 문맥자유규칙이 하나의(S, NP, VP 등과 같은) 구 범주에서 다른 구 범주 혹은 어휘범주를 유도하는 것과는 달리 변형규칙은 심층의 구성구조로부터 표층의 구성구조를 유도하는 규칙을 말하고 이러한 변형규칙이 부과된 생성문법을 변형생성 문법이라고 말한다.

변형생성 문법모형은 이제 문맥자유규칙과 어휘들로 생성된 심층구조와 변형규칙에 의해 이 심층구조로부터 유도된 표층구조가 통사부의 주축을 이루고, 심층구조에 의미해석 규칙이 적용되는 의미부, 표층구조에 음성음운규칙이 적용되는 음성음운부로 구성된다. 즉 통사부문은 생성규칙이 담당하고 의미부문과 음성음운부문은 각각 해석규칙이 담당하는 것으로 되어있다. 변형생성 문법모형에 의한 언어이론은 그후 Chomsky(1965)의 표준이론 Standard-Theorie이라 부르게 되었다.

Chomsky는 당시 변형생성문법의 규칙들이 자연언어에 나타나는 여러 현상들을 가장 잘 기술할 수 있다고 생각하였다. 그러나 1969년 수리언어학자인 Stanely Peters와 Robert Ritchie는 이러한 규칙들은 너무 강력하여 어떤 현상이라도, 다시 말해 문법적인 문장뿐만 아니라 비문법적인 문장까지도 모두 생성할 수 있다는 것을 증명하게 되었다. 그후 20년이 지난 1980년대에 들어와서 그의 문법이론은 현저하게 바뀌게 되는데, 즉 보편문법의 추구와 그에 따른 개별문법에 제약을 가하는 문법모형으로 변모하게 된다. 일명 GB이론으로 알려져 있는 Lectures on Government and Binding("지배와 결속에 관한 강의")에서 Chomsky는 보편문법이 '원리(Principle)'들과 '매개변항(Parameter)'으로 구성되어 있고 이들은 생득적인 속성으로 인간의 두뇌에 자리잡고 있다고 주장한다. 즉 어린아이들은 언어학적인 기본 원리들의 지식을 미리 갖고 태어났으며 이러한 원리들은 그들이 습득하게 되는 개별언어의 경험을 통해 매개변항이 고정된다는 것이다. 예를 들어 영어의 경우 VP(love the girl) 안에 들어 있는 핵심어 V(love)는 자기가 지배하는 보족어인 NP(the girl)보다 앞서는 핵심어 선치 언어이다. 그러나 국어나 일본어, 그리고 터키어의 경우 이 순서는 반대로 되어있다. 독일어나 네덜란드어의 경우는 핵심어가 선치되기도 하고 후치되기도 한다. 여기서 우리는 보편문법에는 단지 핵심어가 보족어를 지배한다는 하나의 원리와 이들의 순서가 언어에 따라 고정될 수 있는 매개변항을 가정하게 되는 것이다.

1980년대까지 확립되었던 원리–매개변항 이론도 1990년대에 들어 여러 원리에 검토가 이루어지면서 새로운 이론적 시도가 모색되었다. 경제성 원리에 기반한 최소주의 이론('Minimalist Program')이 그것이다. Chomsky는 이제 문법모형을 언어의 기본 골격만을 기술하는 것으로 한정시키고 있다. 다시 말해 그는 자연과학에서 발견된 중력의 법칙에 대응될만한 기본 법칙을 언어학에서 찾으려고 하는 것이다. 1965년의 표준모델에서부터 시작하여 1980년대의 지배와 결속이론, 그리고 1990년대의 최소주의 이론에서 남아 있었던, 변형으로 연결되었던 두 개의 구조는 그것이 'deep structure'와 'surface structure'이던 아니면 'd-structure'와 's-structure'이던 간에 마침내 다음과 같은 하나의 구조로 통일된다.

(22)   최소주의 이론의 문법모형

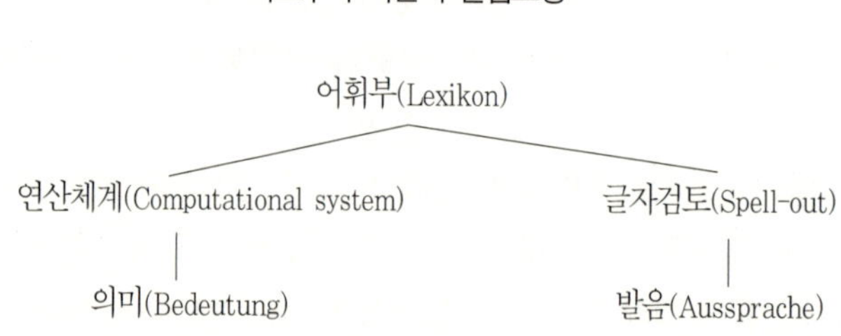

이 모형에서 어휘부는 먼저 연산체계로 들어가 단어들의 결합이 언어학적

인 기본원리를 따르고 있는가를 검토한다. 동시에 어휘부는 글자검토 부문으로 들어가 발음을 명시하게 된다. 최종적으로 우리가 이 모형에서 알 수 있는 것은 말이나 글이 의미와 소리로 연결되어 있어서 이들이 올바른 의미를 가져오고 그리고 올바른 발음을 할 수 있는 연결체인가를 원리와 매개변항만을 가지고 검토한다는 것이다. 이처럼 1990년대에 들어와서 Chomsky는 그의 문법모형을 언어의 기본 골격만을 기술하는 것으로 한정시키고 있다.

다음으로 최소주의 이론을 뒷받침하고 있는 '최적성 원리(Optimality Principle)'를 독일어의 예문을 가지고 설명하여 보자.

(23) a. Hans bittet Maria, eine neue Wohnung zu suchen.
     b. Hans bittet wen, was zu suchen.

이 문장에서 Maria와 eine neue Wohnung을 의문사 wen과 was로 대치하여 보자. 이제 의문문을 만드는 것은 의문사를 문두로 보냄으로써 가능하기 때문에 다음과 같은 두 개의 의문문을 얻게 된다.

(24) a. Wen bittet Hans, was zu suchen?
     b. *Was bittet Hans wen, zu suchen?

이 두 문장의 문법성을 판단할 수 있는 기준은 경제성과 단순성의 원리라는 것이다. 즉 예문 (23b)에서 wen은 was보다 문두로 가는데 있어서 더 짧은 거리를 택하기 때문에 (24a)는 문법적이고 (24b)는 비문법적이 된다. 즉 이들 문장의 문법성은 경제성과 단순성의 원리를 따라 어느 구성소의 이동이 최대로 적합한가를 기준으로 결정된다. 최소주의 이론과 최적성이론은 현재로서는 변형생성문법의 가장 최근의 이론인 것이다.

지금까지 우리는 Saussure의 일반언어학에서 시작된 구조주의와 미국의 분류구조주의가 1950년대를 분기로 사라지고 그후 등장한 Chomsky의 변형생성문법이론이 50여 년에 걸쳐 변천하여온 역사적인 과정을 함축적으로 관망하여 보았다. 인간의 언어능력 규명과 보편문법의 추구라는 목표는 그러나 70년대 말을 기준으로 변형생성문법에 대립되는 일련의 문법이론들을 낳게 하는 계기가 되기도 하였다. 즉 통합-기반문법('Unification Base Grammar') 이론들이 그 예들인데 변형생성문법이론들이 순수한 자연언어만을 연구하는데 반해, 이들은 인지언어학, 전산언어학, 형식언어학, 자연언어처리 등 여러 학문분야들의 영향을 받아서 이루어진 이론들로서 어휘기능 문법('Lexical Functional Grammar'), 일반구구조 문법('Generalized Phrase Structure Grammar'), 핵심어주도 구구조 문법('Head-driven Phrase Structure Grammar'), 한정절 문법('Definite Clause Grammar') 등을 들 수 있다. 이러한 문법들은 그 형식체계가 다르다고 할지라도 통합이라는 장치를 이용한다는 점에서 통합-기반 문법이론에 포괄된다.

2. 독일어의 구조와 의미[*]

앞 장에서 우리는 희랍-로마시대 이래 중세를 거쳐 현대에 이르기까지 언어에 대한 괄목할만한 연구들을 개관하였다. 이 책에서 제시하는 독일어의 구조와 의미에 대한 연구는 어떤 통일된 언어이론에 따라 진행된 것이 아니고, 독일어의 이론분야와 응용분야에서 볼 수 있는 기초 언어현상들을 기술하는데 적합하다고 생각되는 여러 이론들을 근거로 진행된 것이다. 이 책은 독어학의 이론분야로서 음운론, 통사론, 의미론 및 화용론과 여기에 문법적인 범주로서 시제와 상의 연구가 추가되었고 응용분야로 독일어를 대상으로 하는 전산언어학 및 언어습득론의 연구로 구성되어있다. 이제 음운론에서부터 시작해서 차례로 그 내용을 개략적으로 기술해보자.

---

* 이하 음운론, 통사론, 독일어의 시제와 상, 독일어 습득의 개략적인 기술에 등장하는 참고 자료 Chomsky/Halle(1968), Goldsmith(1976), Klein(1994) 등은 해당 각 부의 참고문헌을 볼 것.

2.1 음운론

이 책의 제2부 음운론(필자 : 유시택)에서는 독일어에 나타나는 음운현상을 기술하기 위한 언어학적인 기본개념들과 이론들을 소개하고 있다.

Chomsky/Halle(1968)의 "The Sound pattern of English(= SPE)"로부터 시작된 생성음운론은 이후 통사론과 함께 생성문법의 이론적 범주 속에서 가장 급속한 이론의 변화와 다양성을 보여준 문법분야의 한갈래이다.

초기 생성음운론은 원래 개별언어의 기술에 중점을 두었으나, 나중에는 언어보편적인 규칙성을 연구하는데 보다 더 큰 비중이 주어졌다. 그러나 보편성은 흔히 원리 혹은 제약으로 표현되기 때문에, 규칙과 규칙적용의 순서에 입각한 생성음운론은 이론의 발전과정에서 규칙과 함께 원리나 제약을 인정할 수밖에 없었고, 이로 인해 잉여성의 문제가 생기게 되었다. 예를 들어 음절화규칙은 규칙순서에 의해 먼저 모음 앞의 자음들을 음절화하는 초기(Onset) 규칙이 적용된 다음, 모음 다음의 자음들을 음절화하는 종결(Koda) 규칙이 적용된다. 따라서 VCCV의 경우(예 : Diplom) V.CCV(Di.plom)으로 음절화된다(점은 음절경계표시). 그러나 언어보편적으로 모음사이의 자음은 가능한한 다음 음절의 초성으로 되지 앞 음절의 종성이 되지 않는다. 따라서 이것을 Onset 우선의 원칙 혹은 Onset 최대화원칙(Onset-first Principle or Onset-Maximization Principle)으로 표현할 수 있다. 문제는 한 개의 문법이 규칙순서와 더불어 제약이나 원칙을 동시에 가지고 있으면 동일현상을 이중으로 표현하는 문제(Duplikationsproblem)가 생기므로 경제적인 문법이 될 수 없다. 잉여성을 없애고 경제적인 문법을 만들기 위한 노력은 음운표기(phonologische Repräsentation)에 대한 새로운 이해로 이어졌다. 왜냐하면 규칙이 복잡하고, 복잡한 규칙들이 규칙들 간의 적용 순서에 의해 더욱 전체 문법을 복잡하게 하는 이유가 음운표기에 대한 잘못된 이해에 있다고 판단하게 되었기 때문이다. 1970년대 후반에 등장한 비선형음운론(Nichtlineare Phonologie)이나 자립분절음운론(Autosegmenatale Phonologie)은 음운표기에 대한 새로운 이론적 바탕을 제시함으로써 음운현상의 설명에 획기적인 전기를 맞게 하였다. 종전의 선형이론에서는 모든 자질은 분절음에 내재하는 것으로 보아 분절음과 한 개의 자질은 언제나 1 : 1 대응하는 것으로 보았다. 이런 입장에서는 예를 들어 모음의 장단에 관한 자질도 한 개의 분절음에 내재하는 것으로 표현되기 때문에 장단의 자질자체는 결코 독자적인 역할을 할 수 없었다. 그러나 독일어의 음절 구조에서 1음절 내에 최대한 나타날 수 있는 분절음의 수를 결정하는 문제에선 오직 모음의 장단의 자질만이 중요하지 다른 어떤 자질도 중요하지 않다는 것을 알수 있다. 따라서 다른 자질들로부터 독립해서 장단이 표기되는 층(CV층, 혹은 skeletal position)이 독자적으로 존재한다고 가정하면 독일어의 최대음절구조는 이 층에서 나타나는 규칙성으로 간단히 표현될 수 있다. 이것은 분절음과 자질이 1 : 1 대응관계가 아닐수도 있다는 가정하에서만 가능하다. 또한 Goldsmith(1976)는 성조를 통해 분절음과 비분절적 자질인 성조는 상호 독자적인 영역을 갖는 것임을 보였다. 선형이론에서는 모음이 활음화하거나 탈락하는 경우 모음이 가지고 있던 성조의 성격도 사라진다. 그러나 성조가 분절음으로부터 독립해서 독자적인 태도를 보인다고 가정하면, 모음이 탈락해도 그 모음이 가지고 있던 성조는 남아 다른 모음과 결합해서 굴곡성조(contour tone)를 만드는 사실을 쉽게 설명할 수 있다.

자질에 대한 이런 새로운 이해는 자연스럽게 자질의 수직적인 구조의 가정으로 나아가게 되었다. 왜냐하면 어떤 자질이 음운현상에 독자적인 태도를 보인다는 것은 다른 자질들은 이 음운현상에 관여하지 않음을 의미하며 이들을 서로 구분할 필요가 있기 때문이다. 뿐만 아니라 자질 A, B, C가 있을 때 A와 B는 A와 C 혹은 B와 C보다 긴밀한 관계에 있을 수 있다. 따라서 통사론에서 친숙한 구성구조(Konstituentenstruktur)를 사용하여 자질들간의 관계를 나타낼 수 있다.

자질수형도(Merkmalgeometrie)는 이전의 규칙이론에서 포착하지 못했던 자질들간의 불균형을 설명하게 되었다. 예를 들어 조음장소동화에서 비음이 다음의 폐쇄음과 같은 조음장소를 갖게 되는 것은(Bambus, Tante, Dank) 음운규칙이 조음장소에 관한 자질에만 영향을 미치지 비음자질이나 유/무성자질에는 아무 영향을 미치지 않는 것으로 설명하면 될 것이다. 수직적인 구조에서 조음장소라는 중간단위가 있고 모든 장소자질이 이 중간단위에 의해 지배되는 하위자질이며, 비음자질이나 유/무성 자질은 수직구조상 조음장소와는 다른 층위에 있다고 가정하면, 위에서 자립분절음의 설명에서처럼 해당 음운규칙이 오직 조음장소층위에서만 일어난다고 말하면 된다. 그러나 자질들간의 수직구조를 인정하지 않는(따라서 분절음과 개별자질들사이에 중간단위도 없는) 이전의 선형이론에서는 왜 조음장소만 변하고 다른 자질들은 동시에 변할 수 없는지에 대해 아무런 설명을 제공하지 못한다.

자립분절이론이 CV층과 자질간의 관계가 언제나 1 : 1 대응하는 것은 아님을 보여줌으로써 음의 장단이나 성조와 같은 자질들의 독자적인 역할을 설명했다면, CV층과 그 상위의 층에 있는 운율단위들(음절, 음보, 음운단어)간의 관계는 형태음운론간의 상호작용에 의해 그 근거가 제시되었다.

초기생성문법에서는 통사부에서 단어가 모두 만들어진 후(이에는 굴절어, 파생어, 합성어가 모두 포함된다.), 완성된 단어에 음운규칙이 적용되었다. 이런 모델에서는 음운구조만 만족되면 형태구조에 관계없이 적용되는 소위 자동음운규칙 (예를 들어 독일어의 기식음규칙(Aspiration), /ʀ/-모음화규칙, 성문폐쇄음 삽입규칙 등)을 설명하는데는 문제가 없다. 그러나 어떤 음운규칙들에서는 그 적용여부가 단어의 내부구조와 밀접한 관계가 있다. 예를 들어 독일어의 비음동화는 형태적인 단순어에서는 의무적으로 적용되나 접두사＋어간으로 된 unklar〔ʊnklaʀ〕, *〔ʊŋklarʀ〕와 같은 단어에서는 적용되지 않는다. 또한 설근마찰음 〔ç〕가 후설모음 다음에서는 〔x〕로 바뀌는 규칙은 Kuchen과 같은 형태적인 단순어에서 적용되나 어간＋접미사로 된 Kuh＋chen과 같은 단어에서는 적용되지 않는다. 이와는 반대로 어떤 조어과정은 어기의 음운정보를 필요로 한다. 예를 들어 독일어에서 ＋ei/＋erei이 형태규칙은 어간이 2음절 음보로 마치면 ＋ei(Segel＋ei, Plauder＋ei)가, 그렇지 않으면 ＋erei(Schwein＋erei, Dieb＋erei)가 붙음을 알 수 있다. 따라서 이들 파생어의 접미사가 어떤 이 형태소가 될지는 어간의 음운정보에 달려있다고 할 수 있다.

조어과정이 완전히 끝난후 음운규칙이 적용되는 SPE 모델에서는 이 두가지 타입의 형태구조와 음운구조의 상호관계가 모두 설명될 수 없다. 이에 대한 해결책으로 1980년대 초반에 Kiparsky(1982)와 Mohanan(1982)에 의해 제안된 어휘음운론(Lexikalische Phonologie)은 파생어, 합성어, 굴절어 등 형태적으로 복잡한 단어는 어휘부의 여러단계를 거쳐서 만들어지며, 각 단계는 일련의 형태규칙과 음운규칙을 내포하고 있다는 소위 단계유순가설(Level Ordering Hypothesis)을 주장했다. 이에 따르면 파생과 합성에 관한 형태규칙이 적용되는 단계가 굴절에 관한 형태규칙이 적용되는 단계보다 이전에 있기 때문에 형태적으로 복잡한 단어에서 접미사의 순서가 이론적인 가정으로부터 자동적으로 도출된다. 예를 들어 독일어에서 합성어가 굴절의 입력부가 될 수는 있으나([[ohrfeig]t]), 굴절이 합성의 입력부가 될 수는 없다(합성어 Forschungs+schwerpunkt의 첫째요소에서 -s가 Forschung의 복수접미사가 될 수 없는 점에서 알 수 있듯이). 이 주장이 이전의 생성음운론과 근본적으로 다른 점은 각 단계에서 적용되는 음운규칙과 형태규칙은 다음 단계의 입력부가 된다는 점이다. 이로써 형태규칙의 적용여부가 어기의 음운정보에 의존하는 경우와 또 음운규칙의 적용여부가 어기의 형태구조에 의존하는 경우를 쉽게 설명할 수 있다. 예를 들어 독일어에서 단어강세에 관해 서로 다른 태도를 보이는 두가지 종류의 파생접미사(자기 자신이 강세를 가지는 +ant, +ier 등의 접미사와 자신이 강세를 지니지 않는 +in, +ung 등의 접미사)는 다음과 같이 설명될 수 있다 : 접미사 +ant, +ier가 어기와 결합하는 형태규칙과 단어강세에 관한 음운규칙은 1단계에 적용된다. 접미사 +in, +ung이 어기와 결합하는 형태규칙은 2단계에 적용된다. 두 종류의 접미사가 이처럼 서로 다른 단계에서 어기와 결합하고 강세에 관한 음운규칙은 1단계에서 적용된다고 하면, Protest+ánt+in이나 Mark+íer+ung과 같은 단어에서 왜 접미사가 결합하는 순서가 이렇게 되는지(즉 *+in+ant, +ung+ier와 같은 접미사의 연결은 없는지), 또 왜 강세가 +ant와 +ier에 있어야 하는 지를 쉽게 설명할 수 있다. 단어강세규칙은 1단계에서 적용되므로, 강세규칙의 적용이 끝난 2단계에서 어기와 결합하는 +in과 +ung은 더 이상 강세를 받을 기회가 없기 때문이다.

　비록 이전의 다른 문법모델에 비해 어휘음운론이 형태론과 음운론의 상호작용을 보다 더 잘 설명하게 되었으나 규칙과 규칙순서에 입각한 이론들이 가지고 있는 본질적인 문제점들을 어휘 음운론도 안고 있다. 가장 큰 이유는 바로 규칙들간의 순서 때문이다. 영어에서도 독일어와 마찬가지로 합성다음에 굴절이 일어나지만 어떤 단어들은 굴절이 합성을 선행하는 경우를 보인다(예 : programm+s coordinatior). 이와 같은 순서의 모순을 해결하기 위해 Mohanan

(1982, 1986)은 회송장치를 두어 굴절된 단어가 다시 역으로 합성의 입력부가 될 수 있음을 제안했다. 그러나 이런 회송장치는 어휘음운론의 단계유순가설의 본질을 위협하므로 바람직한 방법이라 볼 수 없다. 뿐만 아니라 형태적인 기준과 음운적인 기준이 서로 상충하는 경우도 있다. 괄호모순으로 유명한 영어의 ungrammaticality는 형태적인 관점에서 보면 un+접두화가 -ity 접미화에 선행해야되고, 음운적인 관점에서 보면 이 반대가 되어야한다. 이런 문제들은 결국 입력부에서 출력부에 이르기까지 다단계의 도출과정과 규칙순서를 인정하는 이론들에서는 불가피하게 보인다. 이점에서 입력부가 아닌 오직 출력부의 적형성만을 제약에 의해 따지는(따라서 다단계의 도출과정도 존재하지 않는) 최적성이론(Optimalitätstheorie : Prince/Smolensky 1993, McCarthy/Prince 1993)은 규칙에 입각한 이론들이 안고 있는 문제들을 해결할 중요한 대안으로 보인다.

2.2 통사론

이 책 제3부의 전반부(필자 : 구명철)에서는 독일어의 통사론에 대한 기본개념들이 소개되고 있다. 독일어 통사론이란 독일어의 문장구조를 연구하는 분야이다. 여기에서는 무엇보다도 단어들이 속하는 품사, 이들 단어들이 모여 문장을 구성하는 구성성분과 구구조규칙, 단어들 간의 지배 및 수식관계, 결합가 등과 같이 문장 구성에 관련된 개념이 중요한 역할을 하고 있다. 먼저 품사를 정의할 때, '사물의 이름을 나타내는 것은 명사'라고 정의하거나, '행위나 동작을 나타내는 것은 동사'라고 정의하는 전통적인 정의에는 많은 문제점이 있다는 것을 지적하고 있다. 품사는 오히려 각 단어의 형태론적인 특성과 통사론적인 특성을 근거로 구분해야 한다는 주장이 제시된다. 예를 들어, 단어는 굴절 여부에 따라 동사, 명사, 대명사, 관사, 형용사라는 하나의 부류와 부사, 불변화사, 전치사, 접속사라는 또 다른 하나의 부류로 양분된다. 동사, 명사, 대명사, 관사, 형용사는 굴절의 종류에 따라 다시 구분할 수 있으며, 부사, 불변화사, 전치사, 접속사는 독립성의 여부, 단어들간의 관계를 규정하는지의 여부 그리고 격지배를 하는지의 여부에 따라 구분할 수 있다. 부사는 독립적으로 문두에 위치할 수 있는 반면에, 불변화사, 전치사, 접속사와 같은 것들은 그렇지 못하다. 불변화사는 문장을 구성하는 특정 어휘를 강조하거나 화자의 입장을 나타내지만, 전치사나 접속사처럼 단어들의 관계를 규정하지는 않는다. 마지막으로 전치사는 격지배를 한다는 점에서 접속사와 구분된다.

통사론에서 가장 큰 단위는 문장이다. 문장을 구성하는 단어나 구들은 앞에서 언급한바와 같은 일정한 규칙에 의하여 서로 결합될 수 있는데, 이러한 결합 관계를 규칙으로 정리한 것이 구구조규칙이다. 즉 "Das Kind liest ein Buch"라는 문장(S)은 명사구(NP) "das Kind"와 동사구(VP) "liest ein Kind"로 이루어져 있으므로, S → NP VP라는 규칙으로 나타낼 수 있다. 명사구 "das Kind"는 다시 관사(Art)와 명사(N)의 결합으로(NP → Art N), 동사구 "liest ein Buch"는 동사(V)와 명사구(NP)의 결합으로 나타낼 수 있다 (VP → V NP).

문장을 구성하는 단어나 구들 사이에는 항상 어떤 관계가 존재하기 마련인데, 이러한 관계를 문법적 관계라고 한다. 문법적 관계는 서로 결합하는 두 요소가 대등하게 결합하는지의 여부에 따라 연합관계와 의존관계로 구분된다. 연합관계는 und나 oder와 같은 등위접속사에 의해 결합되는 두 요소들간의 관계나(예 : ein Mann und eine Frau), 동격을 보이는 두 요소들간의 관계(예 : Matthias, mein Freund)를 의미한다. 의존관계는 통제하는 성분과 의존하는 성분 사이에 존재하는 종속적인 관계로서, 이들 중 통제하는 성분이 해당 구조의 문법적 특성을 결정하는 핵심이 된다. 한편, 의존관계에 있는 성분들 중의 한 성분은 다른 단어나 구로 채워져야만 하는 '문법적 빈자리'를 지닌다. 이 때 lesen과 ein Buch의 관계에서처럼 통제하는 성분 (lesen)이 문법적 빈자리를 가지고 있으면 지배관계가 되고, guter Wein에서처럼 의존하는 성분(guter)이 문법적 빈자리를 가지고 있으면 수식관계가 된다. 문장을 구성하고 있는 단어들은 여러 가지 관계에 얽혀 있어서, 어떤 단어가 문장 안에서 아무런 관계도 맺고 있지 않을 수는 없다(예 : *Peter liest ein Buch Haus). 반대로 문법적인 관계를 주도하고 있는 어떤 단어가 문장 안에서 이러한 관계를 충족시켜 줄 만한 아무 것도 찾지 못한다면, 이러한 문장은 불완전한 문장이 된다(예 : *Peter liest ein).

한편, 결합가란 지배관계에서 지배되는 것 즉 보족어의 개수 및 속성을 의미한다. 동사의 결합가는 동사와 보족어들 사이의 지배관계를 통해서 파악할 수 있다. 예를 들어, lesen이라는 동사는 Peter와 ein Buch를 보족어로 취하여 "Peter liest ein Buch"라는 문장을 이루므로, 2가 동사가 된다. 그런데 문장에는 보족어 이외에도 "Peter liest jetzt ein Buch"의 jetzt처럼 동사에 의해 지배되지 않는 첨가어도 포함된다. 이처럼 보족어든, 첨가어든 문장을 구성하는데 직접 참여하는 것들을 문장성분이라고 한다. 어떤 것이 문장성분인지의 여부는 치환 시험, 대명사화 시험, 의문문 시험, 대체 시험, 삭제 시험, 생략 시험, 등위접속 시험 등등을 통해서 확인할 수 있다. 예를 들어, "Setzt die Frau die Kinder auf die Stühle?"에서 die Frau, die Kinder, auf die Stühle는 치환되어 문두에 나올 수 있지만(각각 Die Frau setzt die Kinder auf die Stühle; Die Kinder setzt die Frau auf die Stühle; Auf die Stühle setzt die Frau die Kinder), 문장성분에 해당하지 않는 auf는 혼자서 문두에 나올 수 없다(*Auf setzt die Frau die Kinder die Stühle). 문장성분은 그것들이 갖는 문장 안에서의 기능에 따라 주어, 직접목적어, 간접목적어, 전치사적 목적어, 부사어 등으로 구분될 수 있다. 주어와 직접목적어, 간접목적어, 전치사적 목적어 등은 문장을 구성하는데 필수적인 성분인 반면에, 부사어는 술어의 의미를 수식할 뿐 필수적인 성분은 아니다.

문장을 구성하는 주어, 동사, 목적어는 일정한 어순에 따라 배열할 수 있는데, 전통적인 독일어 문법의 장이론(Feldtheorie)이 이러한 표층구조상의 어순을 잘 기술해 준다. 장이론에서는 독일어에서 동사가 나올 수 있는 두 자리, 즉 주어 바로 뒤와 문장의 맨 뒷자리를 기준으로 하여 문장을 '전장', '중장', '후장'으로 나눈 다음, 각각의 위치에 나타날 수 있는 것들을 제시해 준다. 그러나 장이론은 문장의 표층구조만 분석의 대상으로 삼기 때문에 심층구조에 대해서는 아무 것도 이야기해 주지 못한다. 예를 들어 표층구조상에서 동사가 나타날 수 있는 두 자리 중에서 어떤 것이 기저 위치인지에 대해서는 설명해 주지 못하는 것이다. 현대독일어의 문장구조를 연구하는 통사론자들 사이에서는 동사가 문장의 맨 뒤에 나오는 "주어-목적어-동사"가 독일어의 기본 어순이라는 주장이 더 지배적이다. 오늘날 독일어에서 "주어-목적어-동사"가 기본 어순이라는 주장에는 다음과 같은 몇 가지 근거가 제시되고 있다. 첫째, 동사와 통사적으로 밀접한 문장성분일수록 문장의 뒤쪽에 위치한다. 둘째, nicht와 같은 부정 표현 어휘는 일반적으로 부정되는 단어 바로 앞에 위치하는데, 문장을 부정할 때는 부정어 nicht가 문장의 맨 끝에 위치한다. 셋째, 원초적인 의사소통 상황에서 동사와 목적어가 주어 없이 "목적어 – 동사" 순으로 나온다. 실제로 "주어 – 목적어 – 동사"를 독일어의 기본 어순으로 보게 되면, "Sie hat gestern eine Geschichte erzählt", "…, dass sie gestern eine Geschichte erzählt", "Hat sie gestern eine Geschichte erzählt?"와 같은 문장들의 생성과정을 더 효과적으로 설명할 수 있다. 즉 기본 어순을 "주어-동사-목적어"로 가정할 때 보다 "주어-목적어-동사"로 가정할 때 각각의 문장을 기본 어순으로부터 더 적은 변형을 통해서 유도해 낼 수 있는 것이다.

이 책 제3부의 후반부(필자 : 신효식)에서는 전반부에서 소개한 통사론의 독일어 구조분석 방법론과는 다른 생성문법론이 도입된다. 이미 제1부 6장에서 부분적으로 소개한 바 있는 생성문법론은 미국의 N. Chomsky의 syntactic structures("통사 제 구조")(1957)가 출판된 이래 시작된, 크게 세 단계의 이론적 변천을 겪으면서 현재까지도 활발히 발전을 거듭하고 있는 대표적인 통사 이론이다. 세 단계란 60년대의 표준이론, 70년대 말에 잉태하여 80년대 초에 정립된 원리와 매개변항 이론, 90년대의 최소주의 문법론을 말한다. 이 책에서는 지배결속이론이라고도 불리우는 매개변항 이론을 중심으로한 생성문법을 소개하고, 그 이전과 이후 단계의 문법모형에 관해서는 부수적으로만 다루고 있다.

기존의 전통적인 문법관에 비교하여 생성문법론은 언어연구의 목표를 바꾸어 놓았다. 20세기 초에 대두된 구조주의에서는 언어 생산물 즉 텍스트 분석을 통해서 해당 언어의 언어체계(langue)를 규명하고자 한 반면에, 생성문법에서는 그러한 분석을 통해서 인간의 언어생성 및 이해에 관한 인지작용을 규명하고자 하는 인지학문으로 언어학의 위상을 바꾸어 놓은 것이다. 즉, 구조주의에서는 의사소통을 위한 사회규범으로서 개별언어가 갖는 각 부문의 규칙체계를 규명하고자 하는 반면에, 생성문법에서는 입출력 체계를 갖춘 블랙박스로서 인간의 뇌에 자리잡은 언어능력을 재구성하는 것에 주요 관심을 둔다. 따라서, 언어 및 언어습득, 인지와의 관련성을 규명하는 것이 언어학의 주요 목표가 되었다.

생성문법의 지배결속이론은 인지의 단원성(모듈 Modularität)모형에 기초한다. 인지는 추론, 사고를 담당하는 모듈이 있는가 하면, 운동, 동작에 관한 모듈, 지각에 관한 모듈과 더불어 어휘부와 문법부로 구분된 언어 모듈이 있다고 가정한다. 이들 모듈들은 고유한 구조와 기능방식을 갖는다. 언어를 사용한 성공적인 의사소통을 위해서는 여러 모듈들의 복합적인 협동이 필수적이다. 언어 모듈에서는 어휘부로부터 어휘를 선택하고 문법부에서 문법적인 문장을 생성하며, 운동모듈을 통해 발음하고, 지각 모듈을 통해 청취한다. 사고 모듈에서는 문장의 진위를 판정하게 된다. 더 나아가 모듈 모형은 언어 모듈 또한 하위 모듈들로 조직된다고 확대 해석한다. 즉, 어휘들의 저장소인 어휘부로부터 선택된 어휘들은 문법부에 입력되자마자 기본구조인 'd-structure(D-구조)'로 구조화되고 일련적인 원리들의 적용을 받아 일종의 변형을 통해 표층구조에 가까운 's-structure(S-구조)'로 바뀐다. 언어 모듈은 한편으로는 운동 및 지각 모듈과 접하고 있고, 다른 한편으로는 사고 모듈과 접하고 있다. 이들 인접 모듈에서 적절히 해석될 수 있도록 S-구조는 음성형태('PF' = 'phonological form')및 논리형태 ('LF' = 'logical form')로 변환된다. 이상에서 보듯 언어 모듈에서는 네 개의 표현층위가 가정되며, 이중에서 'D-구조', 'PF', 'LF'는 다른 모듈과 접촉하는 반면에 이들 표현층위들을 상호 연결짓는 중간 층위가 'S-구조'이다.

각 표현층위를 도출하는데 적용되는 원리들 또한 각각의 하위 단원들로 구성된다. 핵계층 도식, 투사원리, 격이론, 의미역 이론, 결속이론, 공범주 이론, 하위 인접조건, 지배이론, 통제이론 등과 같은 원리들이 그것이다. 이들 원리는 각 표현층위의 표현들을 점검하여 비문법적인 표현들을 걸러내는 여과기능을 한다.

생성문법에서는 인간의 보편적인 언어능력이 가정되며, 이 언어능력은 이미 생득적으로 주어진다고 주장한다. 또한 언어능력은 다름 아닌 원리들의 조합체계로 개별 언어환경에서 그 언어에 맞게 매개변항 값이 고정된다고 말한다. 공통적인 언어지식에도 불구하고 개별언어의 차이가 존재하는 이유는 바로 어휘부의 차이에 더하여 보편적인 언어원리의 매개변항 값이 달리 고정화되었기 때문이라고 가정한다. 이 장에서는 구체적으로 매개변항 값의 대표적인 현상들 즉, 핵어 위치, 이동원리의 적용범위 등이 예와 더불어 제시되고 있고, 격 현상, 문장구조, 명사구의 구조 및 독일어의 특징적인 정동사 두 번째 위치(zweite Stellung des finiten Verbs)현상 등이 논의되고 있다.

이 장의 끝으로 앞에서 개략적으로 살펴본, 90년대 들어 대두되었던 경제성 원리에 기초한 생성문법의 최소주의 문법 프로그램이 소개되고 있다. 아직 하나의 문법이론으로 정착하지 않은 이 문법 프로그램을 통해 생성문법이 원래 목표를 향해 발전해 가는 데 있어서 문법모형의 변화 방향이 제시되고 있다. 문법모형의 변화는 곧 언어에 관련한 인간 인지구조의 재해석이라는 점에서 인지과학의 발전으로 이해될 수 있을 것이다.

2.3 의미론

제4부는 의미론 Semantik으로 구성되는데 전반부에서는 어휘의미론이 그리고 후반부에서는 문장의미론이 취급되고 있다. 먼저 의미론의 한 하위분야인 어휘의미론 lexikalische Semantik(필자 : 류병래)를 개관하여 보자.

낱말과 낱말이 모여 구나 문장을 구성할 때 각 개별 낱말의 의미가 합성되어 구나 문장의 의미가 도출되는 과정을 연구 대상으로 삼는 문장의미론과는 달리 어휘의미론은 낱말이나 개별 어휘 그 자체를 연구대상으로 갖는 의미론의 한 하위 분야이다.

필자는 의미론에 대한 정의에서 시작하면서, 의미론의 대상으로 낱말과 구, 문장의 의미속성 Bedeutungseigenschaften, 의의 관계 Sinnrelationen, 문장의 의미와 문장들 사이의 연결 의미 Verknüpfungsbedeutung, 의사소통상의 잠재적인 의미 potentielle Bedeutung, 진리적 의미 wahrheitsbedingte Bedeutung, 진리 관계 Wahrheitsrelationen 등을 들고 있다. 그리고 의미론의 목표로는 의미속성과 의미관계의 규명, 진리속성과 진리관계의 규명을 제시하고 있다. 이어서 어휘의미론을 문장의미론과 구분하여, 낱말과 실제 세계와의 관계, 낱말들 사이의 관계 등을 연구하는 어휘의미론의 대상과 목적을 기술하고 있다.

어휘의미론의 2절에서는 자연 언어가 사상기호, 지칭기호 그리고 상징기호 등 세 가지 유형의 기호 중에서 상징기호로 간주해야 한다는 점을 우선 논의하고 있다. 사상기호 ikonische Zeichen란 표현적인 측면이 의미적인 측면과 직접적인 관계에 있어서 표현적인 측면만 보고도 그 의미를 직접적으로 추리할 수 있는 기호를 의미하고, 지칭기호 indexikalische Zeichen란 표현적인 측면이 내용적인 측면과 간접적인 관계, 즉 본질적인 측면에서만 연관을 맺고 있어서 엄격한 의미에서 그 기호만을 보고 정확히 내용적인 측면을 바로 알아내기 힘든 기호를 말한다. 이와는 달리 상징기호 symbolische Zeichen는 표현적인 측면이 그것의 내용적인 측면과 임의적인, 즉 표현된 기호만을 보고 그 내용적인 측면을 전혀 알아내기 힘든 기호를 의미한다. 이들은 각각 다음과 같은 예로 예시할 수 있다.

(25) 사상기호, 지칭기호 그리고 상징기호

a.

b.

c. 책 Buch 書 book

이어서 언어가 상징기호의 하나이기 때문에 표현면과 내용면이 자의적으로 연결되어 있다는 점을 밝히고 있다. 어휘 의미론이 낱말 혹은 어휘의 의미를 과학적으로 연구하는 의미론의 한 하위분야이기 때문에, 이의 개관을 위해서는 의미론에 관한 기초적인 배경지식이 필요하다. 이에 관해 의미에 관한 기존의 견해가 간명하게 기술되고 있다. 우선 언어학적인 의미에서 의미가 무엇을 의미하는가에 관한 견해들을 직접지시, 개념이나 영상 혹은 생각으로서의 간접지시, 지시와 의의의 통합적 개념으로서의 의미 등 의미에 관한 이론들을 크게 네 개로 분류하여 소개하고 관련 용어들을 설명하고 있다.

다음으로 어휘의미론의 3절에서는 전통적으로 언어기호의 의미를 규명하는 방법을 지시 의미론 Referenzsemantik과 의의 의미론 Sinnsemantik 으로 구분해 세부적인 사항들을 논의하고 있다. 언어기호와 외적 실제 세계 와의 관계, 즉 지시관계를 규명하는 지시의미론에서는 단의관계, 동의관계, 다의성, 동음이의관계 등이 자세히 제시된다. 단의관계란 표현면이 오직 하 나의 의미와만 연결되어 있는 언어기호의 속성을 말하는데, Kugelschreiber, Beige 등 대부분의 낱말에서 볼 수 있는 관계이다. 또한 둘 이상의 언어기호들 사이에는 표현면과 내용면 사이에는 내용적인 측면은 동일하나 표현적인 측면은 서로 다른 관계가 성립하기도 한다. 예문 (26)은 그 런 관계가 성립하는 낱말들을 보여주고 있는데, 그 관계를 이 장에서는 동의 관계 Synonymie로 정리하고 있다.

(26) a. Sonnabend-Samstag
b. Streichholz-Zündholz

이 밖에도 (27)의 예처럼 표현면이 상호 유사한 여러 개의 의미와 연결되 어 있는 기호의 속성인 다의관계 Polysemie와 (28)에 제시된 것처럼 표현 면은 동일하나 내용면이 서로 다르고 상호 연관이 되어 있지 않은 둘 혹은 그 이상의 기호들 사이에 성립하는 관계인 동음이의관계 Homonymie도 어 휘의미론 3절에서 다루고 있는 대상이다.

(27) a. Birne : Frucht-Leuchtkörper
b. Pferd : Tier-Turngerät-Schachfigur

(28) a. Bremse : Bremsvorrichtung-Stechfliege
b. Bank : Sitzgelegenheit-Geldinstitut

동음이의관계는 문자와 소리라는 언어의 표현 방법의 차이로 더 세분될 수 있 음도 역시 3절에서 밝히고 있다. 언어기호가 소리 Laut로 표현되느냐 아니면 철자 Orthographie로 표현되느냐로 동음이의관계가 성립하는 어휘들을 더 세분하고, 일반적으로 이철 동음이의관계 Homophonie와 동철 이음이의관계 Homographie로 구분한다. 이철 동음이의관계 Homophonie는 동음이의관계를 이루는 언어기호들의 사이의 관계 중에서 특수한 경우로서, (5)의 예에서처럼 음성적으로는 동일하게 발음되나 철자상으로는 상이하게 표기되는 둘 혹은 그 이상의 기호들 사이의 관계를 말한다. 이와는 달리 동철 이음이의관계 Homographie는 (6)의 예에서 볼 수 있는 것처럼 철자상으로는 동일하게 표기되지만, 음성적으로는 상이하게 발음되는 둘 혹은 그 이상의 기호들 사이의 관계를 말한다.

> (29) a. Moor-Mohr
>   b. beten-Beeten

> (30) a. Montage : mehrere erste Tage der Woche-das Montieren
>   b. Druckerzeugnis : gedrucktes Erzeugnis-Zeugnis eines Druckers

이어서 3절에서는 언어기호들 사이의 의의관계 Sinnrelation를 밝히려 하는 의의 의미론 Sinnsemantik적 개념들을 소개하고 있다. 두 개 혹은 그 이상의 어휘적 표현체들의 관계에서 한 어휘적 표현체 B가 내용적으로 다른 어휘적 표현체 A의 하위개념 Unterbegriff을 기술하는 경우가 있다. 이 두 어휘적 표현체들 사이의 관계는 상대적이기 때문에 위의 관계를 역으로 표현하면 어휘적 표현체 A가 어휘적 표현체 B의 상위개념 Oberbegriff을 기술한다고 볼 수도 있다. 여기에서 어휘의미론에서 중요한 세 가지 개념이 정립될 수 있는데, 상위관계 Hyperonyme, 하위관계 Hyponyme, 동하위관계 Kohyponyme가 그것이다. 3절에서는 이 밖에도 동의관계 Synomymie에 대해서 기술하고 있는데, 다음 (31)에서 볼 수 있는 바와 같이 의미나 내용이 동일한 두 어휘 사이의 관계가 동의관계 Synomymie이다.

> (31) a. Sonnabend vs. Samstag ; Brötschen vs. Semmel vs. Wecke
>   b. Orange vs. Apfelsine
>   c. Rechner vs. Computer ; Bildschirm vs. Monitor

이어서 어휘의미론에서 밝혀야 할 의의관계의 하나로 반의관계 Antonymie를 들고, 그 관계들에 대해서도 모순대립 kontradiktorischer Gegensatz, 반대대립 konträrer Gegensatz, 극성 반대대립 polar-konträrer Gegensatz, 역 Konversen 등으로 세분하여 체계적으로 예시를 하고 있다.

- 반의관계 Antonymie : 모순대립 kontradiktorischer Gegensatz
    a. wahr-falsch
    b. sinnvoll-sinnlos
- 반의관계 Antonymie : 반대대립 konträrer Gegensatz
    a. Dreieck-Kreis
    b. sitzen-stehen
- 반의관계 Antonymie : 극성 반대대립 polar-konträrer Gegensatz
    a. jung-alt   b. neu-alt
    c. dick-dünn   d. wachen-schlafen
- 반의관계 Antonymie : 역 Konversen
    a. kaufen-verkaufen   b. borgen-leihen
    c. geben-nehmen   d. gehen-kommen

또한 이 세 가지 기본 개념들에서는 어휘들 사이의 의의관계를 각 개별 어휘 '전체로서의 의미'가 아닌 각 어휘들의 의미의 내부구조에 초점을 맞추어, 하나의 전체로서의 의의가 그 의의를 구성하는 부분들과 일정한 체계적인 관계, 즉 부분-전체 관계를 이루고 있는 경우를 부분 의의관계 Meronymie라고 정의하고, 기능적 부분의의관계와 연속적 부분의의관계 둘로 세분하여 고찰하고 있다.

다음으로 필자는 어휘의미론의 연구방법론을 소개하고 있다. '모든 자연언어의 의미 분석에 공통적으로 자리잡고 있는 기본적인 시각은 각 어휘들의 의미가 분석될 수 없거나 정의가 불가능한 전체가 아니라는 것'이라는 견해에 따라 성분분석이론 Theorie der Komponentenanalyse과 의미공준 Bedeutungspostulate을 설정하는 방법, 어장이론 Wortfeld 과 원형의미론 Prototypensemantik을 소개하고 있다.

끝으로 어휘의미론의 최근 연구 경향과 활용 분야들을 기술하고 있다. 5절에서는 어휘의미론과 어휘부의 구성에 관한 최근 연구의 경향을 소개하고 있으며, 최근의 생성 어휘부 이론과 어휘의미론과 언어습득 그리고 어휘의미론이 자연언어처리에 어떻게 활용되고 있는가를 간략하게 소개하고 있다.

이러한 어휘 의미론적 연구결과에 바탕을 두고, 낱말과 낱말이 일정한 원리와 제약에 따라 구나 문장을 이루게 될 때 의미의 합성이 어떻게 일어나는

가 하는 문제는 제4부의 후반부인 문장의미론에서 다루게된다. 나아가서 넓은 의미에서 텍스트 상에서의 의미관계 발화행위 혹은 의사소통과정에서의 의미 전달 등은 이어지는 제5부 화용론에서 논의될 것이다.

제4부의 의미론의 후반부에서는 독일어의 문장 의미론(필자 : 이해윤)이 다루어지고 있다. 단어의 의미를 다루는 어휘의미론에 비해 상대적으로 접근이 어려운 문장의미론을 소개하기 위하여 후반부의 문장의미론 1절에서는 지시의미론적 시각에서 출발하여 문장의 의미에 관한 기본 생각들이 제시된다. 필자는 먼저 한 문장의 의미를 가정된 세계 내에서 성립여부에 따라 참/거짓의 진리치로 바라보는 Gottlob Frege의 견해를 소개하고 있다. 그리고 구체적으로 문장의 의미를 계산해내는 원리인 합성성 원리를 설명하고 있다. 이 원리에 따르면, 한 문장의 의미는 그 문장 내에 나타나는 단어들의 의미와 그들 간의 결합방식에서 나온다고 한다. 따라서 문장 의미론의 방법론은 문맥을 배제한 Bottom-up방식의 논리적 계산이라고 할 수 있다. 또한 의미를 지시 Bedeutung과 의의 Sinn으로 구분하는 견해를 제시함으로써 문장의 의미에 관한 보다 깊은 통찰을 갖게 한다.

문장의미론 2절에서 필자는 문장의 의미를 다루는 대표적인 이론인 형식의미론의 체계를 소개하고, 이에 의거하여 독일어 문장들의 의미가 구체적으로 어떻게 해석될 수 있는지 설명하고 있다. 형식 의미론은 통사부와 의미부가 정밀하게 정의된 일종의 시스템으로서, 논리학의 술어논리에 기반하여 발전된 이론이다. 이 이론에서는 자연언어를 술어논리 등의 형식언어로 변환한 다음, 이 형식언어를 해석하여 의미를 얻는 간접적인 방식을 취하고 있다. 즉, 독일어 문장은 형식언어인 술어논리식으로 번역되고, 이 술어논리식은 가정된 모형 내에서 의미해석을 받아 그 진리치가 점검되고, 그 결과 우리는 문장의 의미를 얻어낼 수 있게 된다. 이론의 소개와 더불어, 필자는 다음과 같은 독일어 단순문들에 대한 의미해석과정을 다루고 있다.

(32) a. Peter schläft.
     b. Maria liebt Dietmar.
     c. Peter schläft und Maria liebt Dietmar.

(33) a. Ein Mann schläft.
    b. Alle Männer lieben Steffi.
    c. Kein Hund bellt.

먼저 예문 (32)의 자동사 구문, 타동사 구문에서 출발하여 복합문의 술어 논리식 구성과 그 해석을 다룸으로써 우리는 합성성 원리가 어떻게 작동하는지 이해할 수 있게 된다. 그리고 오랫동안 의미론자들의 주요 테마였던 양화구가 나타나는 문장들 (33)을 다룸으로써 형식의미론 내에서 복잡한 자연언어 현상이 어떻게 분석되는지를 알게 된다. 이러한 단순문 이외에도 다음과 같은 다양한 예문들의 분석이 제시된다.

(34) a. Peter sieht ein neues Buch.
    b. Peter läuft schnell.

(35) Jeder Student kennt ein Buch.

(36) a. Peter schlief.
    b. Möglicherweise ist Peter krank.

예문 (34)에서의 수식어들, 그리고 예문 (35)에서 나타나는 의미해석의 중의성이 다루어진다. 이로써 형식의미론에 의한 의미기술이 복잡한 자연언어를 분석하는 데 커다란 잇점이 된다는 사실을 알수 있다. 또한 예문 (36)의 시제, 양상 문제들이 형식의미론에서 어떻게 처리되는지도 논의함으로써, 술어논리의 확장된 모습을 보게 된다.

문장의미론 3절에서는 앞서 소개한 형식의미론의 한계점들이 논의된다. 먼저 양화사의 분석에 있어서 자연언어의 다양한 양화사들을 포괄하는 데는 한계가 있음을 지적하고, 또한 형식의미론이 제시하는 분석은 언어적 직관에 부합하지 않는다는 점을 설명하고 있다. 다음으로 대용어를 처리함에 있어서 그 분석의 오류를 지적하고 있다. 특히 당나귀문장으로 알려진 다음 예문이 논의되고 있다.

(37) Jeder Bauer, der einen Esel hat, schlägt ihn.

위 예문에 나타나는 양화구와 대명사간의 조응관계는 일반적인 경우에서 벗어나 형식의미론에서의 분석을 어렵게 하고 있다. 그러나 이러한 현상은 그 기술대상을 문장에서 벗어나 담화나 텍스트로 확장시킨 담화의미론의 출현을 가져왔다.

문장의미론 4절에서는 문장의 의미를 살펴보기 위하여, 논리적 체계를 사용한 형식의미론을 소개하고 이 틀 내에서 다양한 독일어 문장의 의미분석을 제시하고 있다. 4절에서 소개하고 있는 형식의미론 이외에도 문장의 의미를 다루는 다른 이론들이 존재하지만, 형식의미론은 다른 이론들의 근간이 되고 있다. 특히 문장의 의미는 독립적으로 파악되는 것이 아니라 문맥에 의존한다는 점에 비추어 다양한 담화의미론들이 등장하고 있지만, 이들 이론 역시 문장의미에 대한 처리를 기본으로 하고 있기 때문에 본 장에서 소개한 형식의미론이 다른 이론들의 이해에 도움을 주리라 생각된다.

2.4 화용론

이 책의 제5부에서는 화행(Sprechakt), 전제(Präsupposition), 대화함축 (konversationelle Implikaturen)과 같은 현상과 이 현상을 다룬 화용론(필자 : 강창우)이 소개되고 있다. 필자는 먼저 화용론의 1장에서는 무엇이 화용론적인 현상이며 화용론의 연구 대상이 무엇인지를 소개한다. 무엇이 화용론의 연구 대상인가에 대해서는 다양한 견해가 있지만, 이것들은 크게 다음 두 가지로 요약될 수 있다.

1. 문맥이나 상황에 근거한 어휘나 발화의 의미
2. 언어 표현의 기능 및 의사소통 목적

언어를 통한 의사소통이 이루어지기 위해서는 언어 표현의 축어적 의미 (wörtliche Bedeutung)를 이해하는 것만으로는 불충분하다. 즉 언어 표현에는 축어적 의미 이외에 주어진 상황에서 언어 표현이 갖는 발화의미(Äußerungsbedeutung)

도 들어있는데, 1.2에서는 발화의미의 유형과 발화의미와 축어적 의미의 관계를 살펴본다. 그런데 언어적 의사소통이 원활하게 이루어지기 위해서는 발화의미뿐만이 아니라 화자(Sprecher)의 발화의도(Äußerungsabsicht)도 이해할 수 있어야 한다. 1.3에서는 발화의미와 발화의도의 관계가 제시되고 있다.

화용론의 2장에서는 필자는 언어 표현과 그것의 기능의 관계를 다루는 화행론(Sprechakttheorie)을 소개하고 있다. 이 이론에서 다루는 언어 현상을 다음 예문을 통해 알아보자.

(38) Das Eis ist dünn.

이 발화는 이 발화가 이루어지는 상황과 무관하게 일정한 통사적, 의미적 특성을 갖는다. 의미적으로 볼 때, 이 발화는 "얼음이 얇다"라는 사태를 기술하고 있다. 그러나 구체적인 의사소통상황에서 이 발화가 사용되었을 때 이 발화를 제대로 이해하기 위해서는 이 의미 내용(= 축어적 의미)뿐만 아니라, 화자가 어떤 목적으로 이 발화를 했는지(= 발화의도)도 이해해야 한다. 예를 들어, 호수에 얼음이 두껍게 얼었는지 알고 싶어서 막대기로 두드려 본 사람이 옆 사람에게 이 문장을 발화한다면 이 발화는 사실을 알려주는 '정보 전달'로 이해되겠지만, 호수에 얼음이 두껍게 언 것으로 생각하고 들어가려고 하는 사람에게 옆에 있는 사람이 이 발화를 한다면, 그것은 '경고'로 이해될 것이다. 또한 스케이트장에 입장권을 사서 들어간 사람이 그곳 관리인에게 이 발화를 한다며 그것은 '이의제기'로 이해될 것이며, 물을 뜨려고 하는 사람에게는 얼음이 얇으므로 얼음을 깨고 물을 뜰 수 있으니 그렇게 해 보라는 '권유'로 이해될 것이다. 이와 같이 언어 표현을 이용해서 특정한 의사소통기능을 수행하는 것을 '언어 행위', 즉 '화행(Sprechakt)'이라고 하고, 이것에 대한 이론을 '화행론(Sprechakttheorie)'이라고 부른다. 우선 2.1에서는 우리가 언어 생활에서 수행하는 여러 가지 화행을 어떻게 명명할 수 있는지에 대해 설명되고 있으며, 2.2에서는 여러 가지 화행을 어떤 기준에 따라 어떻게 유형화할 수 있는지가 제시되고 있다. 그리고 2.3에서는 화행의 내부 구조가, 2.4에서는 이런 화행이 성공적으로 수행되기 위한 조건이 제시되고 있다. 마지막으로 2.5에서는 화행론에서 논란의 대상이 되고 있는 간접화행(indirekte

Sprechakte)의 문제가 제기된다.

화용론의 3장에서 필자는 대화함축(konversationelle Implikaturen) 현상을 소개한다. 이 현상은 예를 들어 다음 예문에서 발화의미는 축어적 의미와 전혀 다르지만, 그럼에도 불구하고 의사소통이 이루어질 수 있는 메커니즘을 설명할 수 있다.

(39) Politik ist Politik.

이와 같은 발화는 의미론적으로 볼 때 "A = A"의 형식을 갖는 항진명제(Tautologie)이고, 따라서 새로운 정보를 담고 있지 않다. 그러나 특정 문맥에서 이 문장이 발화되면, 이것은 예를 들어 "정치는 역시 지저분한 거야"라는 의미를 갖는 것으로 이해될 수 있다. 이와 같이 어떤 문장의 발화로부터 그 문장의 축어적 의미와 다른 의미를 추론할 수 있을 때 이것을 함축(Implikatur)이라고 하며, 특히 (34)에서와 같이 대화격률(Konversationsmaximen)에 근거한 함축을 대화함축(konversationelle Implikaturen)이라고 한다. 구체적으로 3장에서 필자는 Grice가 제안한 대화격률의 바탕 위에서 이와 같은 대화함축 현상을 어떻게 설명할 수 있는지를 제시하고 있다. 먼저 3.1에서 대화격률을 소개하고 이 대화격률을 지킴으로써 발생하는 대화함축을 설명한 후, 3.2에서는 대화격률을 의도적으로 위반함으로써 발생하는 대화함축을 다루고 있다.

마지막으로 3.3에서는 대화함축을 이해하기 위한 조건과 어떤 유형의 축어적 의미와 발화의미 관계가 대화함축으로 설명될 수 있는지가 논의된다.

화용론의 4장에서 필자는 전제(Präsupposition) 현상을 다룬다. 전제 현상은 예를 들어 다음과 같은 발화에서 나타난다.

(40) Peter hat geheiratet, bevor er das Examen gemacht hat.

발화 (40)로부터 우리는 "Er hat das Examen gemacht"라는 사실을 추론해 낼 수 있다. 즉 "그는 시험을 보기 전에 결혼을 했다"라는 말은 "그가 시험을 보았다"는 것을 사실로 전제하고 있다. 이와 같은 전제 현상은 오랫동안 의미론의 영역에 속한다고 보았으나, 전제 현상이 문맥에 따라 나타나기도

하고 나타나지 않기도 한다는 사실을 발견한 후로 화용론적인 설명이 필요한 것으로 인식되고 있다. 4장에서 다루는 현상들은 문맥이나 상황에 근거해서 어휘의 의미나 발화의 의미가 결정되는 것들로서 통사·의미론의 틀 안에서는 설명되지 못하거나 불충분하게 설명되는 것들이다. 먼저 4.1에서 전제 현상에 대한 논의의 역사를 살펴본 후, 4.2에서는 전제의 여러 가지 유형을 제시하고 있다. 그리고 4.3에서는 전제가 갖는 특성들을 논의되고 있다.

이상에서 우리는 독어학 기초이론으로서 이 책에서 제시된 음운론, 통사론, 의미론 및 화용론을 개괄적으로 고찰하여 보았다. 다음으로 독일어의 문법적 범주로서 시제와 상을 그리고 이어서 독어학의 응용분야로서 언어습득론과 전산언어학의 분야를 개관하여 보자.

2.5 독일어의 시제와 상

제6부에서는 인지 언어학의 한 분야로 간주되는 시제와 상(필자 : 신수송)을 취급하고 있다. 독일어에서 시제와 상은 정동사의 다양한 변이형태소에 의해 표현되고 이러한 변이형태소는 의미적으로 특정한 시간을 지칭하게 된다. 시제란 문법화된 시간관계를 말한다. 자연적인 시간의 흐름이 현재라는 순간을 기준 점으로 놓고 볼 때 과거시간과 미래시간으로 구분되기 때문에, 우리는 동사의 변이 형태소가 현재, 과거, 미래시간을 지칭하는 현재, 과거 그리고 미래시제를 나타낸다고 하는 단순한 가정을 하게 된다.

전통적인 시제연구에서는 정동사의 변이형태소가 나태 내는 시제와 시간 지칭 사이의 관계를 설명하기 위한 직시 관계적 deiktisch-relational 접근 방법을 사용하였다. 즉 언어에서의 시간은 발화시간 S(= Sprechzeit)를 기준으로 하여 이 발화시간 S와 동시적인 현재의 사태, 이 발화시간 S의 이전인 과거의 사태, 그리고 이 발화시간 S의 이후인 미래의 사태를 각각 E(= Ereigniszeit)로 표시할 때 이러한 사태 E를 문법적으로 표현하는 것이 현재시제, 과거시제 그리고 미래시제라는 것이다.

이러한 분석은 시제가 지칭하는 사태시간이 발화시간과 직시적 deiktisch 관계를 갖는다는 것을 의미한다. 그러나 만일 어떤 언어에서 정동사의 변이

형태소가 세 가지의 시간보다 더 많은 종류의 시간을 나타낼 경우에는 문제가 생긴다. 예를 들어 발화시간 보다 먼 미래와 가까운 미래를, 그리고 발화시간에 앞선 그리고 훨씬 앞선 과거를 지칭하는 시제가 자연언어에 있는 것이 밝혀졌다. 따라서 발화시간 S와 사태시간 E만의 두 가지 시간 매개변수 Zeitparameter를 가지고서는 이러한 문제점을 해결할 수 없기 때문에, 여기에 제3의 시간매개 변수가 시제이론의 역사적인 변천과정에서 등장하게 된다. 이에 대한 대표적인 것으로 라이헨바흐(Reichenbach, 1947)의 지시시간 R (= Referenzzeit)을 들 수 있는데, 이 R은 발화시간 S와 사건시간 E의 관계를 조정하는 제3의 시간매개변수이다. 라이헨바흐의 시제 체계에서는 발화시간 S, 사건시간 E, 지시시간 R의 세 개의 개념이 서로 중첩되거나 선후관계를 이루면서 영어의 6개 시제, 즉 현재, 단순과거, 단순미래, 현재완료, 과거완료, 미래완료들이 유도된다.

그러나 지난 세기말의 시제 연구과정에서 과거와 과거완료의 문법적인 시간관계를 기술하기 위해 라이헨바흐가 도입한 제3의 시간 매개변수인 지시시간 R이 구체적으로 사건을 지시하지 않는 경우가 많다는 것이 밝혀지게 되었다. 이러한 지시시간 R에 대한 정의보다 이론적으로 더 큰 문제점은 시제를 발화시간 S와 사건시간 E의 관계로 보는데 있다. 다음과 같은 대화를 예로 들어 이 문제를 설명하여보자.

> (41) A : Wer fehlt heute?
>   B : Ingrid Bergmann. Sie war krank.

B의 답변인 Sie war krank가 과거시제를 갖기 때문에 발화시간 이전에 '그녀가 몸이 아프다'고 하는 사건시간(과 이 사건시간이 겹치는 지시시간)이 주어질 것이다. 그러나 W. Klein(1994)에 따를 것 같으면 이러한 대답은 질문에 대해 협조적이라고 할 수 없다. 사실 이런 대답을 하는 화자는 '그녀가 몸이 아팠다'고 말을 하면서도 이러한 사건이 과거시간에만 국한된 것이 아니라 말하는 순간에 아마도 여전히 그녀가 몸이 아파 학교에 오지 못했다고 하는 확신을 갖고 그렇게 말할 것이다. 따라서 과거시제가 발화시간과 과거의 사건시간을 연결하는 문법적인 장치라는 것은 이 경우 오류를 범하게 된다. 이

렇게 볼 때 과거시제는 발화시간에 비추어 어떤 사건에 대한 단언이나 주장을 과거의 시간으로 국한시키는 관계로 볼 수 있는 데, 이를 Klein에 따라 '주제시간'이라고 부르기로 한다. 이러한 주제시간은 정동사가 있는 언어에서는 대부분 정형성(Finitum)에 의해 마크된다.

이 책에서는 시제를 Klein에 따라 발화시간과 주제시간 사이의 관계로 정의한다. 즉 과거시제란 발화시간과 단언이나 주장이 국한된 과거시간과의 관계로, 현재시제란 주제시간이 발화시간을 포함하는 것으로 그리고 미래시제란 주제시간인 발화시간 이후에 놓인 것으로 정의될 수 있다.

지금까지 우리는 시제를 문법화된 시간관계로서 현재, 과거, 미래의 시제를 발화시간과 주제시간의 상관관계로 정의하였다. 이렇게 볼 때 시제란 전통적인 문법에서 표준화된 발화시간과 (전통문법의 사건시간에 해당하는) 상황시간과의 관계가 아니라는 것, 즉 이들 사이에는 아무런 직접적인 관계가 없다는 것이 밝혀지게 된 것이다. 상황시간과 관련된 시간은 발화시간이 아니라 바로 주제시간인 것이다. 그리고 이들의 관계가 다양한 상의 종류, 예를 들어 진행상, 완결상, 완료상과 같은 문법적인 범주로서의 상 Aspekt에 의해 맺어지게 된다. Ein Buch lag auf dem Tisch 라는 발화문을 생각해보자. 정동사 lag에 마크된 정형성(Finitum)은 과거시제를 나타내며, 이는 주제시간이 발화시간 보다 앞서는 것을 의미한다. 우리는 이 문장을 발화하는 화자가 발화시간 이전의 어떤 시간구간에서 '어떤 책이 책상 위에 놓여 있다'라는 사태를 주장하고 있으며, 이러한 사태는 주장이 국한되는 시간 전후를 포함한다고 가정한다. 즉 주제시간이 상황시간 속에 포함되어 있다. 이처럼 상태나 과정을 나타내는 상황시간 속에 주제시간이 포함되는 경우를 '진행상/미완료상'이라고 말한다.

다른 한편 Hans schrieb einen Brief라는 발화문을 보면 시간부사 heute morgen이 정동사 schrieb의 과거시제에 의해 고정되는 주제시간을 '오늘 아침'이라는 시간구간 안으로 국한시키는 것을 알 수 있다. 그리고 이 시간구간은 주제시간의 범위를 한정하는 틀을 제공한다. 이 시간구간 안에서 화자는 마리아가 편지를 쓰고 있는 것을 보고 그리고 그 편지를 쓰는 일이 끝나는 것을 보았을 때, 이러한 발화를 할 수 있다. 이처럼 주제시간 안에서 상황이 완결되는 것을 완결상 Perfektiv이라고 한다. 다음 발화문들은 주제시간과 상황시간이 서로 배타적인 경우이다 : Die Rose ist erblüht/Der Mann hat den ganzen Tag Bier getrunken. 먼저 정동사 ist/hat는 현재시제를 나타내고 앞서 언급한 시제의 정의에 따라 발화시간이 주제시간에 포함된다. 다음으로 과거분사 *erblüht/getrunken*은 *erblühen/trinken*에 의해 지칭되는 사태변화가 완료된 완료상을 나타낸다. 즉 상황시간은 그 장미가 피기 시작하는 시간 그리고 그 남자가 맥주를 마시는 시간이고 이 상황시간 이후에 주제시간이 오게 되는데, 상황시간 이후에 주제시간이 오도록 하는 기능을 조동사 *sein*이나 *haben*이 갖고 있는 것으로 가정한다.

이처럼 독일의 전통문법에서 정동사 sein/haben과 동사의 과거분사 결합으로 표현되었던 완료시제는, 발화시간과 주제시간과의 관계로 정의되는 시제와 상황시간과 주제시간으로 정의되는 상의 복합체계, 즉 시상체계에 의해 완벽하게 기술할 수 있게 되었다. 6부에서는 현재완료가 나타내는 현재시제와 완료상의 복합적인 시상개념이외에도 과거시제의 의미를 갖게 되는 경우를 이론적으로 논의하고 있다. 아울러 미래, 미래완료(Futur I, Futur II)에서 조동사 werden이 갖는 의미분석, 화법조동사와 완료구문의 결합에서 화법조동사가 갖는 양상의 의미분석 및 복합시제구문의 시간의미 분석을 상세히 시도하고 있다.

2.6 독일어의 습득

제7부에서는 언어습득론(필자 : 홍우평)의 핵심적 쟁점이 소개되고, 동시에 이 쟁점이 어떻게 해소될 수 있는지가 독일어 형태론 지식 습득에 대한 실증적 연구들을 중심으로 논의되고 있다. 인간은 일정한 언어 환경에 노출되어 생물학적 성장을 하는 과정에서 청각장애, 뇌성마비 등의 선천적인 인지 장애가 없는 한 누구나 하나의 언어를 자연스럽게 모국어로 습득한다. 뿐만 아니라, 하나의 모국어를 습득해 가는 과정 중에, 혹은 하나의 모국어를 습득한 이후에 제2, 제3의 언어까지 습득하기도 한다. 이러한 과정의 인지적 특성에 대한 주요 가설들을 소개하고, 각 가설들의 타당성이 어떻게 검증될 수

있는지를 밝히는 것이 독일어 습득론의 연구목표이다.

독일어 습득에 관한 논의는 언어습득에 대한 두 가지 대표적 관점이라 할 수 있는 생득설과 경험설의 대립을 축으로 진행된다. 생득설에 의하면 언어습득을 가능하게 하는 결정적 요인은 인간에게 생득적으로 주어지는 언어보편에 대한 지식이며, 언어습득과정에서 이루어지는 언어자료와의 접촉은 생득적 언어지식에 목표어의 언어특수성을 가미하는 부차적인 역할만을 담당한다. 반면 경험설은 언어자료에 대한 후천적 경험을 언어습득을 가능하게 하는 결정적인 요인으로 본다. 다시 말해 언어습득과정을 반복적 경험을 토대로 일정한 규칙성을 내재화하는 인지과정으로서 파악한다.

이러한 쟁점을 해소하기 위해 어떤 증거들이 필요한지는 형태론 지식 습득을 대상으로 하는 일련의 실증적 연구들을 살펴봄으로써 이해할 수 있다. 이를 위해 필자는 이 책에서 먼저 영어 형태론 지식의 습득을 대상으로 한 주요 연구의 방법과 결과를 제시하고 있는데, Gordon(1985)을 생득설을 지지하는 대표적 연구로, 그리고 Rumelhart/McClelland(1986)을 경험설을 지지하는 대표적 연구로 각각 소개하고 있다. Gordon은 형태론적 지식의 하나인 유순제약이 생득적임을 입증함으로써 생득설을 지지하는 매우 영향력 있는 연구로, 그리고 Rumelhart/McClelland는 동사의 과거형들을 반복훈련에 의해 습득하는 것이 가능함을 컴퓨터 시뮬레이션에 의해 보여줌으로써 경험설을 지지하는 선구적 연구로 간주된다. 이어서 소개되는 독일어 형태론 지식 습득에 대한 일련의 연구들은 Rumelhart/McClelland의 모델에서 영어 동사의 과거형이 습득되는 방식과 동일한 방식으로 독일어의 여러 가지 굴절형들이 습득될 수 있는가의 문제에 초점을 맞추고 있다. 만일 이것이 가능하지 않다면 Rumelhart/McClelland 모델의 보편타당성에 의문이 생길 것이며, 이것은 경험설의 타당성이 떨어지는 결과로 이어질 것이다. Clahsen(1999)에서 확인할 수 있듯이, 지금까지의 연구들은 독일어 형태론 지식의 습득이 Rumelhart/McClelland의 모델에 의해 설명될 수 없으며, 반대로 생득설에 의해 가장 적절히 설명될 수 있음을 보여주고 있다. 반면 동일한 결론을 제2언어로서의 독일어에 대해서도 내릴 수 있을 지는 아직 분명하지 않은 것으로 드러난다.

결국 독일어 형태론 지식의 습득에 대한 논의는 영어를 대상어로 하여 이루어진 생득설과 경험설의 논쟁을 새로운 각도에서 조명하는 데 기여하는 것으로 볼 수 있다. 이 조명이 어떻게 이루어지는가를 이해하는 것은 궁극적으로 독일어의 구조와 의미를 이해하는 데에도 매우 중요한 역할을 하게 될 것이다.

2.7 독일어의 전산언어학

이 책의 마지막인 제8부에서는 독일어를 대상언어로 하는 전산언어학(필자 : 이민행)을 왜 연구해야만 하는가 하는 필요성을 언급하면서 논의를 시작하고 있다. 우리는 주저함 없이 21세기를 디지털 시대라 부른다. 안락함과 편의성을 추구하는 인간의 본능적 속성이 인류의 과학기술 및 문화의 진보를 이루게 한 원동력으로서 디지털 시대의 도래를 가능하게 하였다. 그 진보의 방향은 한마디로 인간이 경험하는 시간과 공간의 한계를 극복하는 데에 있다 할 것이고, 편안함이란 바로 시간과 공간의 한계로부터 보다 자유로운 상태를 의미한다. 인터넷의 광범위한 확산 및 영향력의 증대로 컴퓨터 사용 인구가 급속히 증가하면서 인간의 생활은 예전에 비해 놀라울 정도로 변화를 경험하고 있다. 공항의 탑승 대기석에서 인터넷 접속을 통해 업무용 팩스를 보내고 상대방이 회신한 팩스의 내용을 핸드폰의 음성으로 전달받는 한편, 종목별 증권시세에 대한 정보도 또한 핸드폰의 자동음성안내를 통해 얻을 수 있어서 거리의 카페에서도 증권거래를 하는 비즈니스맨들을 목격할 수 있는 경이로운 시대에 살고 있다. 이러한 생활의 단면을 우리는 디지털 시대의 커뮤니케이션의 한 유형으로 정의하고자 하며, 사람들이 상호간의 의사소통을 위해 사용하는 언어, 곧 자연언어의 처리기술이 디지털 시대의 커뮤니케이션을 뒷받침하고 있다.

디지털 시대의 커뮤니케이션의 특성 중의 하나는 사람들이 컴퓨터와 커뮤니케이션을 하면서 보내는 시간이 매우 많다는 데에 있다. 이러한 인간과 컴퓨터간의 커뮤니케이션 과정에 있어서, 사람들이 자신들의 언어가 아니라 컴퓨터가 이해할 수 있는 언어, 곧 컴퓨터언어를 사용해야 한다는 점이 커뮤니케이션의 장애요인이 되고 있다. 이러한 장애를 제거하기 위해서는 컴퓨터에 인간의 언어를 이해하고 생성할 수 있는 언어능력을 부여할 수 있어야 하고, 그 목표를 이루는 것이 21세기에 인류가 해결해야 할 가장 중대한 과제이다. 전산 언어학은 사람이 사용하는 언어, 즉 자연언어의 전산적 구현을 목표하고 있다.

　이러한 시대적, 기술적 배경을 염두에 두고, 8부에서는 독일어를 분석대 상으로 삼아 전산언어학의 핵심영역인 자동문장분석(파싱 Parsing) 방법론에 초점을 맞추어 전산언어학의 기초이론을 문장차원과 담화차원으로 구분하여 각각 살펴보고, 전산언어학과 관련된 국내의 연구동향을 다루고 있다. 이를 위해 먼저 독일어의 문장을 분석/생성하기 위한 구구조문법이 제시되고 이 문법과 자동문장분석기(Parser, 이하 파서)의 상호관계가 기술되고 있다. 본론에 해당하는 3장에서는 파싱방법론의 표준이라 할 수 있는 챠트파싱방법이 상세히 서술되고 있다. 아래의 예 (42)에서처럼 자연언어 문장에는 구조적으로 중의적인 어휘연결들이 자주 나타나기 때문에, 한 문자열의 모든 가능한 구조들 중 어떤 것이 적합할 지는 분석단계 중 비교적 나중에서야 결정될 수 있다.

(42) Der Mann beobachtet eine Frau mit einem Fernglas.

　1970년대 초 Martin Kay에 의해 제안된 챠트파싱은, 주어진 문장을 왼쪽에서 오른쪽으로 개별 어휘별로 단계적으로 분석해 나가면서, 중간분석결과를 챠트형식으로 저장하여, 다음 단계의 분석에 활용하는 파싱방법으로서 중의적인 성분들의 분석과정에서 이미 한번 인식된 부분은 매번 새로이 분석되지 않도록 설계되어 있다. 이러한 알고리즘을 토대로 챠트파싱은 효율성이 가장 뛰어난 분석방법론으로서 평가받고 있다. 챠트파싱은 분석의 진행방향에 따라 상향식과 하향식 방법으로 구분되는데, 8부에서는 상향식 방법에 대해 알고리즘을 중심으로 독일어 문장 분석 과정이 단계적으로 보여지게 될 것이다. 4장에서는 담화차원의 전산언어학적인 핵심과제라 할 수 있는 대명사의 선행사 탐색 방법론이 상세히 기술되고 있다. 다음의 예 (43)은 대명사가 나타난 담화로서 대명사 ihm의 선행사를 정확하게 그리고 효율적으로 찾아내는 것이 전산언어학의 과제에 속한다.

(43) Istvan K. war am 2. Februar 1977 vom Gericht Wiener Neustadt zur
     Verhaftung ausgeschrieben worden : Ihm wird Wilderei sowie Beihilfe
     zur gefährlichen Drohung vorgeworfen.

담화차원에서의 대명사 선행사탐색을 위한 표준이론으로 널리 알려져 있는 이론이 Grosz 등에 의해 제안된 중심화 이론(Centering)인데, 이 이론에 따르면 담화전개 양상과 문법기능들간의 우선순위가 선행사결정에 있어 매우 중요한 역할을 한다. 우리는 독일어 담화를 분석함으로써 중심화 이론의 가능성과 한계를 상세히 논의되는 것을 볼 것이다.

제8부의 마지막 장에서는 국내에서 독일어를 분석대상으로 한 전산언어학적인 연구들의 성과를 정리하고 앞으로의 연구방향을 전망하고 있다. 결론적으로 전산학자들과의 공동연구에 필요한 최소한의 전산적 지식을 독어학 연구자들에게 체계적으로 전달하는 것이 본 장의 서술목표이다.

지금까지 독일어의 구조와 의미에 관한 연구를, 그리고 그 위상을 이해하기 위해 자연언어에 관한 연구의 변천을 역사적으로 '언학적인 소고'라는 제목 하에 고찰하여 보았고 다음으로 이 책에서 제시되고 있는 독어학의 기초이론과 응용이론들을 개략적으로 소개하였다. 이 책은 하나의 통일된 언어이론에 의해 편집된 것이 아니다. 사실 그러한 작업은 다시 말해, 독어학의 기초분야와 응용분야 모두를 하나의 통일된 언어이론으로 기술한다는 것은 현재로서는 불가능한 일일 것이다. 그러나 독어학의 대부분 주요분야에서 논의되고 있는 언어학적인 현상들과 이들의 문제점들이 심도 있게 다루어지고 있으며 다양한 기술방법을 통해 그 해결점을 찾았거나 해결의 가능성들을 열어놓고 있다.

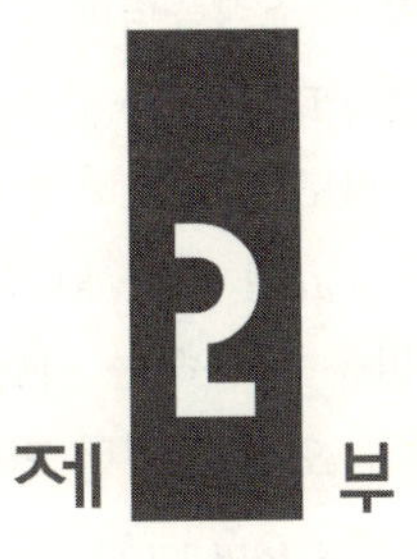

제 **2** 부

음 운 론

유 시 택 (충남대학교)

1. 음운론 – 무엇을 연구하는 학문인가?

흔히 음운론 하면 정확한 발음을 연구하고 가르치는 학문이 아닌가 생각한다. 결론부터 말하면 결코 그렇지 않다. 정확한 발음은 훈련에 의해 습득되는 기술과 같은 것이다. 그러나 차를 운전하는 기술이 차의 내부의 시스템이 어떻게 작동하는가를 이해하는 것과 무관한 것처럼 정확한 발음을 구사한다고 해서 소리현상의 근본원리를 알고 있는 것은 아니다.

뿐만 아니라 정확한 발음은 어떤 특정 기준 하에서 한 개의 발음만이 옳다고 전제할 때에만 가능하다. 틀린 발음은 이 기준에서 벗어날 때인 것이다. 그러나 음운론이 연구하는 것은 단 한 개의 올바른 발음이 아니다.

예를 들어 표준어가 제주도 방언보다 이점에서 음운론연구의 대상으로 더 적합한 것이 아니다. 혹은 개인의 경우도 마찬가지다. A가 대학교육을 받은 전문직 종사자이고, B가 무학의 조직폭력배일 때 두 사람이 사용하는 발음, 어휘, 문장들이 언어학적인 연구대상의 우열을 가릴 수 있는가 하면 전혀 그렇지가 못하다. 둘다 똑같은 정도로 중요하기 때문이다.

영어에서 *fan+fuckin'+tastic*과 같은 단어가 저속한 말(informal speech or slang)이기 때문에, 이런 말을 사용하는 사람에게서 우리가 음운론적으로 배울게 없다고도 말할 수 없다. 오히려 이런 단어들을 통해 영어에는 일반적으로 나타나지 않는 접요사 Infix(*fantastic*이라는 어간의 중간에 삽입된 *fuckin'* : 영어에서는 이를 허사 접요사첨가expletive infixation이라고 한다, vgl. Hammond 1999, 161)를 볼 수 있기 때문에 이것은 음운, 형태론적으로 매우 중요한 가치를 지닌다.

음운론의 연구목적이 (개별단어의)정확한 발음, 혹은 그 자체가 아니라면 무엇인가? 그것은 소리체계 Lautsystem에 대한 이해이다. Chomsky와 Halle(1968)가 음운론 연구의 획기적인 전기를 마련한 책이름이 '영어의 소리 패턴('The Sound pattern of English' 이하에서 SPE로 약칭)'인 것도 이 때문이다. 패턴이라고 함은 흔히 체계를 이루고 있는 개별 구성원들간에 일정한 규칙이 있음을 암시한다. 음운론은 소리 sound, Phon, Laut라고 하는 구성원들간의 관계를 지배하고 있는 규칙성을 합리적으로 설명하는 것을 목표로 하는 학문이지, 물리적인 현상으로서의 소리 그 자체를 연구하는 학문이 아니다.

2. 발음의 두 가지 표기형태

비록 이 책을 읽고 있는 독자가 현재 음운론에 대한 지식이 없다 하더라도, 앞으로의 설명에서 음운론의 형식적인 규칙을 계속 접하게 될 것이므로, 여기서 '체계'가 무엇을 의미하는지 잠시 살펴보도록 하자. 아래에서 설명될 규칙은 독일어의 수많은 음운규칙들 중의 한 예에 불과하며, 규칙에 사용되는 기호와 규칙을 읽는법, 규칙의 여러 가지 형태들에 대해서는 논의가 진행되면서 자세히 설명될 것이다. (1)은 독일어의 비음동화 Nasal Assimilation

현상을 보여주는 예들이다.

(1) a. Bambus /baNbus/ → [bambus]
  b. Ende /ɛNdə/ → [ɛndə]
  c. Bank /baNk/ → [baŋk]

(1)에 주어진 세 개의 단어 옆에는 각각 두 개의 발음부호가 →표에 의해 연결되어 있다. 이 화살표는 왼쪽에서 오른쪽으로 변화함을 의미한다. 즉 A → B 는 A(입력부 Input)가 B(출력부 Output)로 변한다는 뜻이다. 출력부에 해당하는 발음부호는 우리가 흔히 사전에서 보게되는 해당 단어의 발음부호로서 음운론에서는 이것을 흔히 음성형태 Phonetische Form 혹은 표층형태 Oberflächenform라고 부른다. 이 발음부호는 꺾쇠표 [ ] 속에 나타난다.

주목해야할 것은 이 실제 발음형태보다 화살표 왼쪽에 있는 발음형태이다. 음운론에 대한 지식이 없다하더라도 이 발음형태가 실제 발음이 아니라는 사실은 누구나 쉽게 알 것이다. 그 이유는 이 발음부호에 나타나는 대문자 /N/ 때문이다. 실지로 발음부호 중에는 이런 것이 없다. 이 대문자 /N/은 추상적인 소리를 표시하기 위한 것으로서, 보다 구체적으로 말하면 추상적인 비음을 나타낸다. 여기서 말하는 추상적인 소리란 실제발음을 '대표하는 소리'를 의미한다.

독일어에 나타나는 비음의 종류는 세가지가 있다. *mein*에서 [m], *nein*에서 [n], *Ding*에서 [ŋ]이 그것이다. 위의 /N/은 이 세 개의 비음을 대표하는 소리라고 보면 된다. 이 대표적인 소리, 혹은 추상적인 소리를 음운론에서는 기저형태 zugrundeliegende Form 혹은 음운형태 phonologische Form 라고 부르며, 꺾쇠표에 나타나는 음성형태와는 달리 사선 / /을 사용하여 표기한다.

그렇다면 왜 추상적인 비음을 사용하여 이 비음이 실지 발음형태인 [m], [n], [ŋ]으로 각각 변했다고 얘기할까? 이 문제는 바로 음운론의 핵심과 관련된다. 모든 것을 한꺼번에 알 필요는 없고, 여기서는 (1)이 의미하는 바를 이해하는 것으로 족하다. 이것을 해석하면 각각 다음과 같다:

추상적인 소리(= 입력부) /baNbus/는 구체적인 소리(= 출력부 혹은 실지 발음형태) 〔bambus〕로 변했다.

추상적인 소리 /ɛNdə/는 구체적인 소리 〔ɛndə〕로 변했다.

추상적인 소리 /baNk/는 구체적인 소리 〔baŋk〕로 변했다.

이 세 개의 예들에서 변한 것을 보다 정확히 말하자면 입력부의 /N/뿐이며, 나머지 소리들에선 변화가 없다. 따라서 변한것만 얘기하자면 /N/이 각각 〔m〕, 〔n〕, 〔ŋ〕으로 변했다고 할 수 있다. 왜 이렇게 변한다고 생각해야될까? 우리가 알고 있는 것은 실지로 발음하는 음성형태인데 왜 추상적인 음운형태가 필요할까? 이 의문은 언어학이 추구하는 목표와 직접 관련된 중요한 질문이다.

만약에 우리가 알고 있는 것이 실지로 발음하는 형태라고 가정하자. 이것은 추상적인 소리의 존재를 부정하는 것이므로 위와 같은 변화의 과정이 존재할 수도 없음을 의미한다. 이런 가정하에서 우리가 독일어의 *Bambus*라는 단어를 알고 있다고 할 때 우리의 머리 속에 들어있는 지식이 정확히 어떤 것인지 한번 생각해 보자.

그것은 대충 말하자면 이 단어의 발음과 뜻을 알고 있음을 의미한다(물론 그밖에 이 단어의 품사와 성, 복수형태 등에 대한 문법적인 정보를 알고 있음을 의미하지만 여기선 무시하기로 한다). 여기서 발음을 안다는 것은 무엇을 의미할까? 그것은 다음과 같은 것을 의미한다 : 이 단어는 자음 4개와 모음 2개로 구성되어 있고, 그 순서는 b 다음에 a, a 다음에 m, m 다음에 b, b 다음에 u, u 다음에 s이다. 왜냐면 똑같은 자음과 모음이라도 순서가 바뀔 때에는 동일한 단어가 될 수 없기 때문이다. 즉 *Bambus*이지 *Mabbus*나 *Babmus*나 *Sambub*이 아니기 때문이다. 이 얘기는 이 단어의 개별자음과 모음들을 그 순서까지 포함해서 모두 우리가 머리 속에 기억해야함을 의미한다. 임의로 한 개의 자음을 다른 자음으로 대체해도 *Bambus*라는 단어는 되지 않는다. 예를 들어 두 번째 나타나는 자음 /m/ 대신 /n/이나 /ŋ/을 사용하면 *Banbus*나 *Bangbus*가 될 것이다.

결국 우리는 한 단어내에 나타나는 모든 자음과 모음을 그 순서대로 정확히 기억을 해야만 그 단어의 발음을 안다고 말할 수 있을 것이다. 그러나 과연 그럴까?

6개의 소리가 결합하는 가능성은 이론상(6 factorial : 6x5x4x3x2x1) 무려 720가지지만 이 중 거의 대부분은, (2)의 예에서처럼, 언어학에 대한 지식이 없는 사람이라도 직관적으로 독일어 단어가 될 수 없음을 알고 있다.

(2) mbbaus, mbsbua, smbbau, bmbsau, mbasbu, ...etc.

그 이유는 7.에서 자세히 설명되겠지만 이들이 올바른 음절을 이루지 못하기 때문이다. 올바른 음절이 되기 위해서는 한 개의 음절핵 Silbenkern(대개는 모음)을 기준으로 양끝으로 공명도 Sonorität가 점점 낮아져야된다(이를 공명도원칙 Sonoritätsprinzip이라고 한다). 설명의 편의상 여기서는 다음 몇 개의 자음들과 모음간의 공명도의 크기가 다음과 같다고 하자(독일어의 공명도 크기에 대해서 자세한 것은 7장을 참조하라). /b/와 /s/는 공명도가 같으며 이들은 /m/보다 공명도가 작고 /m/은 모음보다 공명도가 작다.

(3) b, s < m < 모음

따라서 bma, sma, amb, ams, bams, samb 등은 모음을 중심으로 양쪽 가장자리로 갈수록 공명도가 낮아지므로 올바른 음절이 될 수 있다(엄밀히 말하면 이 중에서 bma는 공명도 원칙은 지키나 모음 앞의 /bm/과 같은 자음군은 두 개의 자음이 동일한 조음장소를 가지므로 독일어에서는 허락되지 않는다). 이에 반해 mba, msa, abm, asm 등은 공명도원칙을 지키지 않으므로 한 개의 음절이 될 수 없다. (2)의 단어들도 같은 이유에서 올바른 음절을 형성하지 못하고 따라서 올바른 단어가 될 수 없다. 이것은 우리가 한 단어의 자음과 모음의 순서를 기억할 때, 상당수의 모음과 자음의 임의적인 결합은 불가능함을 우리가 이미 알고있음을(즉 공명도원칙) 의미한다.

뿐만아니라 개별 자음이나 모음의 모든 성질을 전부 기억해야할 필요는 없다. 예를 들어 Bambus에서 비음 [m] 대신 [n]이나 [ŋ]이 이 자리에 나타날 수 없는 것은 우연의 일치가 아니기 때문이다. 독일어에서 한 단어내에서 비음과 폐쇄음의 연속이 나타날 경우 비음은 다음에 오는 폐쇄음의 조음장소와 일치한다. 따라서 독일어에서 (1)과 같은 단어들은 존재하지만, 비음과 폐쇄음의 조음장소가 서로 일치하지 않는 다음과 같은 단어들은 존재하지 않는다.

(4) a. *[mk] *Bamkus
    *[mt] *Bamtus
  b. *[np] *Enpe
    *[nk] *Enke
  c. *[ŋp] *Banp [baŋp]
    *[ŋt] *Bant [baŋt]

위의 단어들은 (1)의 단어들과는 달리 비음과 다음에 오는 폐쇄음이 서로 다른 조음장소를 가지고 있다(예외적으로 독일어에서 서로 다른 조음장소가 허락되는 단어는 2개 뿐이다 : *Imker, Amt*). 음운론에서 일반적으로 사용되는 용어를 사용하자면 (4a)에서는 비음의 조음장소가 입술소리 Labial이고, 다음의 폐쇄음의 조음장소는 설근음 Dorsal 혹은 설단음 Koronal으로서 조음장소가 서로 다르다. (4b)에서는 Koronal 비음과 Labial 폐쇄음 혹은 Dorsal 폐쇄음이 연결되어 있다. (4c)에서는 Dorsal 비음과 Labial 폐쇄음 혹은 Koronal 폐쇄음이 연결되어 있다. 조음장소에 관한 자세한 설명은 4.2를 보라.

(1)과 (4)를 비교하면 다음과 같은 결론을 내릴 수 있다 : 한 단어 내에서 비음+폐쇄음의 연속에서 비음과 폐쇄음은 같은 조음장소를 가진다. 즉 비음이 입술소리(= [m])이면 폐쇄음도 입술소리([p] 혹은 [b])이며, 비음이 혀끝소리(= [n])이면 폐쇄음도 혀끝소리([t] 혹은 [d])이며, 비음이 설근소리(= [ŋ])이면 폐쇄음도 설근소리([k] 혹은 [g])이다.

이것은 한 개의 단어를 이루는 구성원들(즉 낱개의 소리들) 간에 보이는 규칙성으로서 이런 규칙성들을 총칭하는 말이 소위 음운현상이다. 이런 규칙성은 우리가 한 단어를 기억할 때 중대한 결과를 가져온다. 인간의 기억력은 한계가 있기 때문에 모든 정보를 전부 머리 속에 간직할 수가 없다.

이것은 언어 지식에서도 마찬가지다. 우리가 한 단어의 발음을 안다고 할 때, 우리의 발음에 대한 지식은 모든 불규칙성을, 또 오직 그것만을 기억하고 있는 것을 말한다. 이에 반해 규칙적인 성질은 암기할 필요가 없다. 규칙적이라 함은 예측 가능한 voraussagbar 것이기 때문이다. 이렇게 본다면 우리가 (1)의 단어들의 발음(곧 발음에 관한 정보)을 기억한다고 함은 이 단어들에서 나타나는 비음+폐쇄음의 연속에서 첫째 소리가 비음이라는 사실만 기억하면 된다는 것을 의미한다. 이 비음의 조음장소가 어떤지는 다음의 폐쇄음에 의해 결정되므로 기억할 필요가 없기 때문이다. 결국 음운론의 목적은 인간의 기억능력의 한계에 부응하여 예측 가능한 모든 정보는 가능한 한 기억해야할 대상에서 제외시켜, 그것을 규칙으로 표현하는데 있다. 언어사용자의 입장에서 보면 이것은 가능한 한 최소의 정보를 머리 속에 기억하면 되며, 나머지는 모두 규칙으로 설명될 수 있음을 의미한다.

이제 우리는 왜 (1)에서 실지로 발음되는 소리대신 추상적인 소리 /N/을 사용하는지 알수 있다. 이 추상적인 소리로써 우리가 의도하는 것은 우리가 머리 속에 기억하는 것은 최소한의 정보를 담은 소리라는 것이다.

즉 (1a)에서 *Bambus*의 /Nb/에서 /N/은 실제 발음소리 〔m〕보다 그 정보량에 있어 조음장소의 자질에 대한 정보만큼 적게 들어 있으며, 우리가 기억해야하는 것은 비음이라는 사실 뿐이며, 조음장소에 대한 정보는 기억할 필요가 없음을 의미한다. 왜냐하면 우리는 (6)의 규칙을 알고 있기 때문이다.

(5)　　소리　　기억해야할 정보
　　a. /m/　　비음 & 조음장소 = Labial(입술소리)
　　b. /N/　　비음

(6) 비음의 조음장소는 다음에 오는 폐쇄음의 조음장소와 같다.

최소한의 정보를 기억한다는 사실이 이 한가지 예만으로는 별로 실감이 안될지도 모른다. 하지만 비음+폐쇄음의 연속이 나타나는 모든 독일어 단어들을 생각해 보라(Bombe, Tante, Mantel, dunkel, denken etc.). 그 모든 단어들에서 비음의 조음장소에 관한 정보를 우리가 기억하지 않아도 된다면, 전체적으로 볼 때 우리가 기억해야하는 부담은 엄청나게 감소할 것이라는 사실을 쉽게 이해할 것이다.

물론 비음이 나타나는 모든 단어에서 비음의 조음장소를 (5b)에서처럼 기억할 필요가 없는 것은 아니다. 비음의 조음장소를 기억할 필요가 없는 것은 이 비음이 폐쇄음 바로 앞에 나타나는 경우에 한해서이다. 이처럼 한 개의 추상적인 소리가 정확히 어떤 소리로 발음될 것인가(음운론에서는 이것을 흔히 '실현된다' 'realisiert werden'라고 표현한다)는 흔히 그 소리의 전후에 나타나는 소리에 의존할 때가 많으며, 이것을 음운환경 phonologische Umgebung이라고 부른다.

(7)은 (1)에서와 달리 단어 첫소리인 비음의 조음장소를 우리가 기억해야한다.

> (7) mein [main]
>   nein [nain]

왜냐하면 여기서는 비음 다음에 폐쇄음이 나오지 않으며, 더구나 두 단어에서 단어 첫소리를 제외한 나머지 소리들은 모두 동일하기 때문이다. 따라서 이 경우에는 *mein*의 첫소리가 왜 [n]이 아니고 [m]인지, 혹은 *nein*의 첫소리가 왜 [m]이 아니고 [n]인지를 예측할 수가 없다. 예측할 수 없을 때 우리는 발음을 기억할 수밖에 없고, *Bambus*에서의 [m]과는 달리 *mein*에서 [m]은 이 비음의 조음장소를 기억해야만 한다. 따라서 *mein*에서 [m]에 대해 우리가 기억하는 정보는 (5a)의 형태가 되며, *Bambus*에서 [m]은 (5b)의 형태가 된다.

(6)에서처럼 소리현상에 나타나는 규칙성을 표현한 것을 음운규칙 phonologische Regel이라고 하는데, 음운론에서는 일반적으로 다음과 같은 형식을 빌어 음운규칙을 표현한다.

> (8) A → B / X __ Y

A → B는 위에서 말했듯이 입력부(혹은 기저형태, 음운형태) A가 출력부(혹은 표층형태, 음성형태) B로 변했음을 의미하며 슬래쉬 다음의 X_Y는 이런 변화를 일으키는 조건(즉 음운환경)을 의미한다. (8)을 해석하면 : A가 X와 Y 사이에 올 때 B로 변한다. 입력부의 전후의 환경이 모두 음운변화를 일으키는 조건에서 중요한 역할을 하면 이처럼 두 개의 환경(X와 Y)을 모두 음운환경에 기술해야 되겠지만, 그렇지 않다면 이 두 개의 환경 중 한 개, 혹은 모

두를 기술하지 않아도 된다. 예를 들어 (6)의 규칙에서는 비음 다음에 나오는 소리만이 이 음운환경에 중요한 역할을 하므로 (8)의 형식을 빌어 표현하면 다음과 같이 될 것이다:

(9) 비음 → 〔α조음장소〕 / ___ 〔폐쇄음, α조음장소〕

〔α조음장소〕에서 α는 임의의 조음장소(즉 입술소리, 설단음, 설근음 중의 한 개)를 나타내는 변항을 의미한다. (9)는 (6)에 비해 형식적이나, 아직 음운규칙의 완전한 형식을 갖추고 있진 못하다. 왜냐하면 앞으로 보게 되듯이, 비음, 폐쇄음, 조음장소 등의 개념은 여러 가지 변별적인 성격을 내포하고 있고, 이런 변별적인 성격을 나타낼 수 있는 형식적인 수단인 변별자질(4. 참조)을 사용할 때만 (9)의 규칙은 비로서 완전하게 형식화되기 때문이다.

3. 소리를 구분하는 기준

3.1 음소와 변이음

누구나 알고 있듯이 모든 언어에 사용되는 소리가 모두 같은 것이 아니다. 한국어에는 마찰음 〔f〕가 없기 때문에 한국인이 영어나 독일어 단어에 나타나는 〔f〕발음을 흔히 〔p〕로 대체시켜 잘못된 발음을 하는 것은 잘 알려진 사실이다. 예를 들어 독일어의 *Vater*의 발음을 〔faːtɐ〕 대신 〔paːtɐ〕로 발음하는 것이 그것이다. 또한 영어에는 독일어에 나타나는 파찰음 〔ç〕나 〔x〕가 없기 때문에 영어가 모국어인 사람이 독일어를 배울 때 독일어 단어 '*Nacht*'를 〔naxt〕 대신 〔nakt〕로 혹은 China 〔çiːna〕 대신 〔kiːna〕로 발음하여 〔ç〕나 〔x〕를 〔k〕로 대체시키는 것을 볼수 있다. 한국어에 〔f〕가 없다는 것은 이 자음이 단어의 의미를 구분하는데 사용되는 소리가 아님을 의미한다. 마찬가지로 영어에 〔ç〕나 〔x〕가 없다는 것은 이 자음들이 영어 단어들을 구분하는데 사용되는 소리들이 아니라는 것이다.

(10)에서 볼 수 있듯이 한국어에서 [pʰ], [p′], [p]는 뜻이 다른 단어들을 만들 수 있는 기능을 가지고 있다(발음부호 [pʰ]는 공기가 입밖으로 빠져나가는 유기음 [p] aspiriertes [p]를 표시하며, [p′]는 성문근육이 긴장되어 발음되는 된소리 [p] glottalisiertes [p]를 표시한다). 이에 반해 영어와 독일어에서는 [p]와 [b] 두 개의 소리만이 그런 기능을 가지고 있다.

    (10) 한국어 : [pʰ] [pʰul] 'Gras'
               [p′] [p′ul] 'Horn'
               [p] [pul] 'Feuer'
       영 어 : [p] lap [læp] 'Knie'
               [b] lab [læb] 'Laborator'
      독일어 : [p] Staupe [ʃtaʊpə]
               [b] Staube [ʃtaʊbə]

위의 예들을 보면 각각의 언어에서 두 개의 서로 다른 단어는 한 개의 소리만 다름으로써 의미가 다른 두 개의 단어가 됨을 알 수 있다. 이런 두 개의 단어를 최소쌍 Minimal Paar이라고 하며, 이때 서로 다른 두 개의 소리를 각각 한 개의 음소 Phonem라고 한다. 따라서 한 개의 언어가 몇 개의 음소 (즉 의미가 다른 두 개의 단어를 만들 수 있는 기능을 가진 소리)를 가지고 있는지를 알기 위해선 위와 같은 방식으로 최소쌍을 만들어 보면 된다. 최소쌍에서 대립Opposition을 보이는 두 개의 소리는 한국어에서 처럼 단어 첫소리 Anlaut일 수도 있고, 독일어에서 처럼 단어가운데 소리 Inlaut일 수도 있고, 영어에서처럼 단어 끝소리 Auslaut 일 수도 있다.

이에 반해 어떤 두 개의 소리가 의미가 다른 두 개의 단어를 만들지 못하고 (즉 대립의 기능이 없고), 그 두 개의 소리의 음성학적 성질이 비슷할 때 이 두 개의 소리를 변이음 Allophon이라고 한다. (1)에서 보면 한국어에서는 기식 Aspiration이 있는 유기음 [pʰ]가 무기음인 [p′]나 [p]와 대립되어 의미를 구분하는 소리, 즉 음소로 쓰이고 있음을 알 수 있다. 독일어나 영어에서도 유기음 [pʰ]가 단어에 나타나기는 하나, 한국어와는 달리 이것이 의미를 구분하는 소리로 사용되지는 않는다. 의미를 구분하는 소리가 아니면서도 나타나는 소리는 대개의 경우 어떤 음소의 변이음으로서 언제 이 변이음으로 실

현되는지가 예측 가능하다. (12)는 독일어에서 유기음과 무기음의 분포를
보여준다(Hall 1992a:54)(보기들에서 +는 형태소 경계를, 발음부호에서 점은 음절경
계를 나타냄).

(12) a. Panne [pʰá.nə]
     Tanz [tʰánts]
     Kreide [kʰʀáɪ.də]
  b. April [a.pʰʀíl]
     fatal [fa.tʰáːl]
     Eklat [e.kʰláː]
  c. Spiel [ʃpíːl]
     stehen [ʃtéːən]
     Skat [skáːt]
  d. Lappen [lá.pən]
     separat [ze.pa.ʀáːt]
  e. Tag [taːkʰ]
     Rad [ʀaːtʰ]
  f. lieb+lich [liːp.lɪç]
     bieg+sam [biːk.zaːm]

위의 예들을 보면 유기음은 강세있는 음절의 첫소리일때로 한정됨을 알
수 있다. 강세없는 음절의 첫소리이거나 (d), 강세있는 음절이라도 첫소리가
아닌 경우 (c)는 유기음이 아니라 무기음으로 발음된다. 강세 있는 음절의
첫소리는 음보 Fuß의 첫소리와 일치하므로 (a), (b)의 유기음은 음보의 첫
소리일때로 규정할 수 있다(음보에 대해서는 8장을 보라). 유기음이 나타나는 또
다른 환경은 단어끝, 휴지부(Pause) 앞이다(e). 이에 반해 단어 중간의 폐쇄
음은 무기음으로 발음된다(f).

Hall(1992a:55)은 다음과 같은 유기음 규칙을 통해 위의 데이터에서 보이
는 유기음과 무기음의 분포를 설명한다. 규칙에서 F는 음보 Fuß를, IP는
intonational phrase(강세구)를 의미한다. 규칙의 표기방식에 관한 몇가지
를 언급하자면 입력부와 출력부의 괄호 [ ] 속에 있는 것은 모두 소리의 성
질을 나타내는 자질 Merkmal(영어: feature)들이다. 이 규칙에 사용된 자질

들에 대해서 자세한 것은 다음 장의 설명을 참조하라. 그리고 음운환경에서
F 〔 ___는 Fuß의 첫소리임을 의미하고, ___ 〕 IP는 강세구의 끝소리임을 의미
한다. 이처럼 음운환경에서 괄호 〔 〕는 어떤 음운, 형태론적인 단위(예 : 음절,
음보, 강세구, 형태소, 단어 등)를 나타내는데 사용되며, 그 단위의 시작은 왼쪽
괄호로써, 즉 〔 ___로 표시되고 그 단위의 끝은 오른쪽 괄호로써, 즉 ___ 〕로
표시된다.

(13) Aspiration

$$\begin{bmatrix} - \text{ voice} \\ - \text{ cont} \\ - \text{ son} \end{bmatrix} \rightarrow [+\text{spread glottis}] \quad / \quad \begin{array}{l} \text{F} [\ \underline{\quad} \\ \underline{\quad}]\ \text{IP} \end{array}$$

이 규칙에 의하면 무성폐쇄음은 음보의 첫소리나 강세구의 끝에서 유기음,
곧 성문의 간격이 넓어, 공기가 밖으로 **빠져나오는** 소리 〔+spread glottis〕
로 실현된다.

이 규칙에서처럼 한 개의 변이음(= 유기음)이 나타나는 환경에서 다른 변
이음(= 무기음)이 나타날 수 없는 경우, 우리는 이 두 개의 변이음이 서로 상
보적인 분포 komplementäre Verteilung를 보인다고 한다.

예를 들어 (12a)의 Panne 〔pʰá.nə〕에서 유기음 〔pʰ〕가 나타나는 자리에
무기음 〔p〕가 나타날 수 없다. 거꾸로 (12c)의 Spiel 〔ʃpíː1〕에서 무기음 〔p〕가
나타나는 자리에 유기음 〔pʰ〕가 나타날 수 없다. 따라서 두 개의 소리 〔pʰ〕와
〔p〕는 상보적인 분포를 보이며, 이때 두 개의 소리는 각각 한 개의 음소의
변이음으로 볼 수 있다.

어떤 소리를 음소로 보아야 할 것인가는 간단한 문제가 아니지만 일단 두
개의 변이음 중 한 개의 변이음이 음소일 가능성이 높고, 이 소리를 두 개의 변
이음을 대표하는 소리로 보아 이 소리로부터 다른 변이음을 도출 ableiten,
derivieren하는 것으로 생각하면 된다.

위의 기식의 경우는 〔p〕가 대표음, 곧 음소이고, (3)의 기식음 규칙은 이
음소로부터 〔pʰ〕를 도출하는 과정을 묘사하고 있는 것이다. 두 개의 변이음
중 어떤 소리가 대표음이 되어야하는지는 음운규칙을 만들어 보면 알 수 있

다. 예를 들어 두 개의 소리 x, y가 변이음이고, 그 분포가 예측가능할 경우 우리는 두가지 가능성을 모두 검토해 보아서 대표음을 설정하면 된다. 즉 x를 대표음으로 가정해서 이로부터 음운규칙 /x/ → [y] /.....(이 규칙에서 점은 어떤 일정한 환경을 의미)가 모든 단어에 적용된다면 x가 대표음, 즉 음소이고 y는 x의 변이음이 될 것이다. 그러나 이 음운규칙이 만약 일부분의 단어에만 적용되고 다른 부류의 단어들에는 적용할 수 없다면 그 반대의 경우, 즉 y가 대표음이고 x는 y의 변이음이 되어야할 것이다.

그러나 상보적인 분포를 보이는 두 개의 변이음 중 한 개의 변이음이 언제나 대표음이 되는 것은 아니다. 그 이유는 아래에서 보게 되겠지만 음운현상을 합리적으로 설명하기 위해서는 개개의 소리를 변별자질들 distinktive Merkmale의 집합체로 생각해야 하는데, 이때 변별자질의 집합체가 어떤 구체적인 소리를 나타내지 않을 수도 있기 때문이다.

예를 들어 독일어에서 두 개의 설근 마찰음 dorsales Frikativ인 [ç]와 [x]는 상보적인 분포를 보이는 또 다른 예이다. 그러나 위의 유/무기음의 경우와는 달리 여기서는 이 두 개의 소리 중 어떤 한 개의 소리를 대표음으로 설정하기 어렵기 때문에, 추상적인 제3의 소리에서 이 두 개의 소리가 각각 도출되었다고 생각할 필요가 있다(vgl. Yu 1992a).

또한 두 개의 소리가 상보적 분포를 보인다고 해서 언제나 이 두 개의 소리가 한 개의 대표음에서 도출된 변이음이라고 말할 수는 없다. 변이음의 정의에 음성학적으로 비슷한 성질의 소리라야 한다는 단서가 붙는 것이 이 때문이다. 예를 들어 [h]와 [ŋ]은 (14)에서 보듯이 상보적 분포를 보이지만 ([h]는 음절의 머리부분에만 나타나고 [ŋ]은 음절의 꼬리부분에만 나타난다), 그렇다고 해서 이 두 개의 소리가 한 개의 대표음의 변이음이 될 수는 없다. 왜냐하면 [h]는 후두부에서 나는 소리이고 [ŋ]은 연구개 비음으로서 음성학적으로 볼 때 두 개의 소리의 성질은 전혀 비슷하지 않기 때문이다.

(14) a. Haus, hoch, Ahorn
　　　 b. Ding, Bank, Gattung

끝으로 변이음의 종류에는 위에서처럼 상보적인 분포를 보이는 변이음 뿐만 아니라, 두 개의 소리가 동일한 환경에서 자유롭게 나타날 수 있는 자유변이음 freie Variante도 있다. 독일어에서 자음 /ʀ/은 다양한 자유변이음을 보이고 있는데, 그 중에서도 다음의 데이터에서 보듯이 표준독일어에서 공명음 [ʀ]과 마찰음 [ʁ]은 동일한 환경(곧 음절의 첫소리)에서 둘 다 사용된다[1].

(15) a. Rasen   [ʀaː.zən]   [ʁaː.zən]
      Riese   [ʀiː.zə]   [ʁiː.zə]
   b. Bariton [baː.ʀi.toːn] [baː.ʁi.toːn]
      Büro   [by.ʀoː]   [by.ʁoː]

이에 반해 /ʀ/자음의 또 다른 변이음인 모음화된 r-자음, 곧 [ɐ]는 자음인 r-소리와 상보적인 분포를 보이고 있다. 다음의 데이터를 보라.

(16) a. größ+er [gʀøː.sɐ]
      Ruder   [ʀuː.dɐ]
   b. Wert   [veːɐt]
   c. Herr   [hɛɐ] [hɛʀ]
      irr+t   [ɪɐt] [ɪʀt]

(15)와 (16)의 데이터를 비교해 보면 다음과 같은 사실을 알 수 있다: 음절머리Onset에서는 공명음 /ʀ/이나 마찰음 /ʁ/로 실현되며, 음절꼬리 Koda, 곧 Schwa 모음 [ə] 다음이나 장모음 다음, 그리고 단모음 다음(이 경우에는 자음 [ʀ]도 허용된다.)에서는 모음화된 r-소리, 즉 더 이상 자음이 아닌 모음 [ɐ]로 실현됨을 알 수 있다. 음절은 크게 음절머리와 음절몸통 Reim으로 나눌 수 있고, 후자는 또 음절핵 Nukleus과 음절꼬리로 나누어지므로 위의 자음 r-소리와 모음 [ɐ]의 분포는 음절구조의 도움으로 다음과 같이 간단히 규칙화 할 수 있을 것이다 : 음절머리에서 기저자음 /ʀ/은 공명음이나 마

---

1) 실지로 독일어에 나타나는 r-소리는 방언에 따라, 혹은 화자의 사회적인 신분, 출신, 계층에 따라 아주 다양하며, Wiese(2000)에 따르면 조음장소 및 조음방식에 따라 다음과 같은 다양한 변이음들을 확인할 수 있다. 조음장소에 따라 - dental/alveolar, - postalveolar - retroflex - uvular 조음방식에 따라: 전동음 Trills, 마찰음 Frikativ, 근접음 Approximant, 설단음 Taps/flaps, 모음 [ɐ](모음화된 [r] → vokalisiertes [r])

찰음으로 실현되며, 음절몸통에서는 모음 〔ɐ〕으로 실현된다.

3.2 소리의 구분

문장 구조와 단어 구조에서 나타나는 규칙성을 표현하기 위해 통사론과 형태론에서 단어의 어휘 범주들인 명사, 동사, 형용사, 전치사를 (17)과 같이 구분하듯이 소리 현상에 나타나는 규칙성을 표현하기 위해선 소리들을 서로 구분할 필요가 있다.

(17) 변별 자질 N과 V를 사용한 어휘 범주들의 구분

	명사	동사	형용사	전치사
N	+	−	+	−
V	−	+	+	−

(17)에서 N은 '명사적인 성질'을, V는 '동사적인 성질'을 의미한다. 그리고 기호 +는 해당 성질이 '있음'을, −는 해당성질이 '없음'을 의미한다. 4개의 문법범주를 구분하는데 쓰이는 기준인 N과 V를 변별자질 distinktives Merkmal이라고 부르며, 변별자질은 위에서 보듯이 보통 이분법적으로(+ 혹은 −) 사용되며 이를 이원자질 binäres Merkmal이라고 한다. 그러나 아래에서 보게 되듯이 모든 변별자질이 이원자질은 아니며, 경우에 따라 어떤 속성이 '존재한다'만 중요할때가 있다. 따라서 이때는 +와 − 값의 이원적인 대립이 아니라 해당 변별자질의 존재 여부가 소리를 구분하게 된다. 이런 자질을 일원자질 monovalentes Merkmal이라고 한다.

이제 이런 변별자질들이 왜 필요하며, 독일어에 나타나는 자음과 모음의 음소들을 서로 구분하기 위해 어떤 자질들이 사용되어야 하는지 살펴보자.

3.3 왜 변별자질이 필요한가?

위에서는 변별자질이 단순히 개개의 소리를 구분하기 위해 필요하다고 했

다. 그러나 음운현상을 기술하기 위해서는 개개의 소리가 갖는 성질의 차이 못지 않게 어떤 소리가 다른 소리와 공유하는 성질을 포착하는 것 또한 중요하며, 음운현상을 규칙으로 표현할 때 변별자질은 바로 이 공통점을 표현하는데 결정적인 역할을 한다. 예를 들어 독일어는 다음의 예들에서처럼 유성음은 단어끝에서 무성음으로 변하는 말음경화현상 Auslautverhärtung(이에 대해 자세한 분석은 8.3을 참조하라)을 보인다.

(18) a. Dieb [diːp] (vs. Dieb+e [diːbə])
b. Band [bant] (vs. Bänd+e [bɛndə])
c. Tag [taːk] (vs. Tag+e [taːgə])
d. brav [braːf] (vs. brav+es [braːvəs])
e. Haus [haus] (vs. Haus+es [hauzəs])

만약 변별자질을 사용하지 않는다면, 우리는 (18)에서 보이는 현상을 다음과 같은 여러 개의 규칙들로 설명할 것이다. 괄호 안의 내용은 규칙이 적용되는 환경을 나타낸다.

(19) a. /b/ → [p] (단어끝에서)
b. /d/ → [t] (단어끝에서)
c. /g/ → [k] (단어끝에서)
d. /v/ → [f] (단어끝에서)
e. /z/ → [s] (단어끝에서)

하지만 이들을 과연 규칙이라고 할 수 있을까? 이 규칙들에 의하면 "b는 단어끝에서 p로 변하고 d는 단어끝에서 t로 변하고 etc. etc..."로 되는데, 이들이 모두 규칙이라면 이 규칙들에 나타나는 "단어끝"이라는 공통된 환경은 우연의 일치일 수밖에 없을 것이다.

그러나 우연의 일치라면 왜 어떤 유성음들은 단어 끝에서 무성음으로 변하지 않을까? 예를 들어 유성음 [n], [l], [ʀ]도 단어 끝에서 무성음으로 변할 수 있을 것이다(*nein, hell, Herr*). 그러나 이런 예는 독일어 뿐 아니라 세계의 어떤 언어에서도 나타나지 않는다.

(19)의 규칙들이 규칙이 될 수 없는 결정적인 이유는 음운현상에 참여하는 소리들이 임의의 집합이 아니라는 사실을 표현하지 못하는 점에 있다. 입력부를 이루는 소리들 /b d g v z/과 출력부를 이루는 소리들 /p t k f s/은 각각 유성저해음과 무성저해음이라는 공통된 소리성질을 가진 자연부류 natürliche Klasse이며, 변별자질은 이 공통된 성질을 표현할수 있는 수단이다.

(20)   자연부류   변별자질
     a. /b d g v z/   [-sonorant, +stimmhaft]
        (= 유성저해음)
     b. /p t k f s/   [-sonorant, -stimmhaft]
        (= 무성저해음)

다섯 개의 소리 /b d g v z/에 공통적인 성질을 표현할 수 있는 변별자질 [-sonorant, +stimmhaft]이 없다면, 우리는 위의 말음경화현상을 "b는 단어 끝에서 p로 변하고 d는 단어끝에서 t로 변하고 etc. etc..."로 일일이 말할 수밖에 없고, 이것은 결국 이 다섯 개의 소리가 아무런 연관이 없다는 것을 의미하므로 규칙을 일반화하는데 실패한다.

음운현상에 관여된 소리들은 입력부이든 출력부이든 일반적으로 공통된 속성을 지닌 자연부류이지 임의의 소리들의 집합이 아니며, 변별자질은 개별소리를 구분하기 위한 수단임과 동시에 자연부류를 표현하기 위해 필요하다.

3.4 상위부류자질 Oberklassenmerkmale

소리를 큰 무리, 곧 상위부류로 나누면 자음, 모음, 저해음, 공명음, 근접음 등으로 나눌 수 있으며 이 분류에 필요한 자질이 상위부류자질이다. 어떤 자질을 상위부류자질로 볼 것인가에는 여러 가지 견해가 있으나 여기서는 Hall (2000:104)에 따라 다음과 같은 자질들을 상위부류자질로 취급한다[2] :

---

2) 비선형음운론 이전의 생성문법에서는 상위부류자질로서 여기서 사용된 자질들 대신에 [±kons], [±son], [±silbisch]가 사용되기도 했다. 또한 [±kons]와 함께 [±vokalisch]가

(21) [±konsonantisch](= [±kons]) : 소리는 크게 자음과 모음으로 나뉜다. 자음에
는 폐쇄음, 파찰음, 비음, 설측음, 진동음, 설탄음, 근접음 등이
있다. 이 소리들은 [+kons]자질을 가지며, 그 특징은 폐에서
나온 공기가 발성기관을 통과할 때 구강통로가 좁아지는데 있
다. 구강통로가 완전히 막히는 경우는 폐쇄음, 비음, 파찰음에
서 볼 수 있고, 완전히 막히지는 않으나 통로가 좁아지는 것은
근접음이나 마찰음에서 볼 수 있다. [-kons]자질을 가진 소리
들에서는 구강통로의 막힘이나 좁아짐을 볼 수 없다. 이에는 모
음과 /w j/같은 활음 Gleitlaute과 /h ?/와 같은 후두음
Larygale이 속한다.

(22) [±sonorantisch](= [±son]) : 이 자질은 저해음 Obstruenten과 공명음
Sonoranten을 나눈다. 저해음에는 폐쇄음, 마찰음, 파찰음이
속하며, 공명음에는 /m n l r ɾ ɽ R/와 같은 공명자음, 활음,
모음이 속한다.
[-son] 자질을 가진 소리는 공기흐름이 구강통로에서 방해를
받게 되고, 이로 인해 공기압이 높아진다.
[+son] 자질을 가진 소리는 자동적으로 유성음이다 spontan
stimmhaft. 이 말은 이 소리를 발음할 때 성문과 구강통로의
상태가 자동적으로 성대를 진동시키게 됨을 의미한다. 따라서
[+son] 소리에서는 성대를 진동시키기 위해 따로 성문근육이
활동할 필요가 없다. 이점에서 [-son]이면서 유성음인 /b d g
v z/등은 공명음과 구분된다. 전자는 자동적으로 유성음이 아
니므로, 성대의 진동을 위해선 성문근육의 활동이 추가적으로
필요하다. /h ?/와 같은 성문음은 자동적인 유성음이 아니므로
[-son]이다.

(23) [±approximantisch](= [±appr]) : 공기가 완전히 막히지도 않으며, 마찰을
일으킬 정도로 구강통로가 좁아지지도 않은 상태에서 공기가
구강을 통과할 때 나는 소리를 근접음 Approximant이라고 한
다. [+appr] 소리에는 설측음 /l/과, /ɹ/과 같은 근접음, /w

상위부류자질로 사용되기도 했다(vgl. Jakobson/Fant/Halle 1951). 오늘날에는 [±silbisch]
는 더 이상 분절음에 고정된 자질이 아니라 초분절음적인 자질로 보기 때문에 상위부류자
질에서 제외된다.

j/와 같은 활음과 모음이 속한다. 〔-appr〕소리에는 폐쇄음, 마찰음, 파찰음, 비음, /r ʀ/과 같은 진동음, /ɾ/과 같은 설탄음이 속한다.

4. 변별자질

4.1 성문자질

자음의 구분에서는 다음 세 가지 기준이 중요하다: 성대 Stimmlippen(영어 : vocal cords)의 상태에 따른 유/무성성 Stimmhaftigkeit(영어 : voicing), 조음방식 Artikulationsmodi 혹은 Artikulationsart, 그리고 조음장소 Artikulations-stelle. 조음방식과 조음장소는 이하에서 설명되므로, 여기서는 성대의 상태에 따른 자음의 구분에 대해 몇 가지를 언급하고자 한다.

성대는 흔히 목청이라고 불리는 두 개의 얇은 근육막을 말하는데, 이 두 개의 막 사이의 공간을 성문 Glottis이라고 한다. 성문은 완전히 폐쇄 될 수도 있고, 열릴 수도 있는데 공기가 폐에서 나와 성문을 통과할 때 성문이 닫혔다 열렸다를 규칙적으로 반복하며 진동을 일으킬 때 생기는 소리를 유성음 stimmhafter Laut이라고 하고, 그렇지 않고 성대가 느슨히 열린 상태에서 나는 소리를 무성음 stimmloser Laut이라고 한다. 독일어에서는 유성음과 무성음이 모두 존재하고 유/무성이 두 개의 소리를 구분하는 유일한 변별자질이 될 수도 있다. 예를 들어 *Pein*과 *Bein*의 두 개의 단어에서 의미를 구분하는 두 개의 소리, 즉 두 개의 음소 /p/와 /b/는 오직 성대의 진동에서만 서로 다른 성질을 보이고, 그 밖의 모든 다른 성질들(즉, 조음방식이나 조음장소의 성질)은 같다. 성대의 진동을 보이는 소리는 변별자질 〔+stimmhaft〕로 표시되며, 그렇지 않은 소리는 〔-stimmhaft〕로 표시된다.

이 밖에 성문의 간격이 좁은 상태에서 공기가 빠져나갈 때 〔h〕 소리가 나며 (예 : *hoch*의 첫소리)(자질 〔+spread glottis〕로 표시), 성문이 완전히 닫힌 상태에서 갑자기 열리며 공기가 빠져나갈 때는 성문폐쇄음 Glottisverschlusslaut

(영어 : glottal stop) [ʔ]이 생긴다(자질 [+constricted glottis]로 표시)(예 : Atem [ʔá:təm]에서 강세있는 모음 [á:]앞의 [ʔ]).

지면관계상 여기선 위에서 설명된 성대의 상태에 대한 인체해부학적 그림이 생략되나 거의 모든 음성학/음운론 입문서(예 : Ladefoged 1982)에 소개되고 있으니 그것을 참고하면 될 것이다.

【표 1】은 독일어의 자음 음소들 중에서 유성/무성의 성질만 다르고 다른 모든 성질은 같은 두 개의 음소로 이루어진 짝들(p와 b, t와 d, k와 g, f와 v, s와 z, ʃ와 ʒ)과 이들과는 다른 성문의 상태에 의해 구분되는 두 개의 소리 [h]와 [ʔ]을 서로 구분하기 위해서는 성문의 상태와 관련된 세 개의 자질들, 즉 [stimmhaft], [spread glottis], [constricted glottis]이 필요함을 보여주고 있다. 변별자질에 대해 +나 —가 표시되지 않고 빈칸으로 남아 있는 것은 해당 변별자질이 소리를 구분하는데 중요하지 않음을 의미한다.

【표 1】 성문자질들에 의한 자음의 분류

	p	b	t	d	k	g	f	v	s	z	ʃ	ʒ	h	?
[stimmhaft]	-	+	-	+	-	+	-	+	-	+	-	+		
[spread glottis]													+	
[constricted glottis]														+

자음을 구분하는 변별자질들이 (19)에 주어진 세가지 뿐이라면 동일한 유/무성의 값을 가진 자음들(즉 [+stimmhaft]인 [b d g v z ʒ]나 [-stimmhaft]인 [p t k f s ʃ])은 서로 구분되지 않을 것이다. 따라서 이들 자음들을 서로 구분하기 위해서는 (1)의 자질들 외에도 조음방식과 조음장소에 관한 자질들이 필요하다. 이하에서 기술되는 이 자질들에 대한 설명은 주로 Hall(2000)에 기초하고 있음을 밝혀 둔다.

4.2 조음방식에 관한 자질

발음을 할 때 폐에서 나온 공기의 흐름의 상태를 기준으로 우리는 자음을 다시 몇 개의 자연부류로 나눌 수 있다.

  (1) [±kontinuierlich](= [±kont]) : 이 자질은 저해음을 폐쇄음과 마찰음으로 분류하는데 필요하다. 혀의 횡단면을 따라 세로로 양분하는 중앙선을 생각해 볼 때 이 중앙선과 입천장이 서로 맞닿아 공기가 완전히 차단되면 [-kont]이고(예 : [t]), 완전히 접촉하지는 않고 서로 근접하여 공기가 좁은 틈을 통해 빠져나오며 마찰을 일으키면 [+kont]이다(예 : [s]). 자음은 위에서 말한 상위부류자질인 [±son]을 통해 저해음과 공명음으로 분류되고 저해음은 다시 [±kont]를 통해 폐쇄음과 마찰음으로 나누어진다. [-kont] 소리에는 폐쇄음 뿐만 아니라, 비음, 설측음, 설탄음도 이에 속한다. 그 밖의 모든 소리, 즉 모음, 활음, /r/과 같은 진동음, /ɹ/과 같은 근접음은 [+kont]이다.

  (2) [±nasal](=[±nas]) : 비음은 공기가 구강이 아닌 비강으로 빠져나가는 소리로 비음 [m n ŋ]과 [ã õ]와 같은 비음성 모음은 [+nas]이다.

  (3) [±lateral](=[±lat]) : [+lat] 소리는 구강의 중앙부분에서 공기의 흐름이 막혀, 혀의 양쪽 측면으로 빠져나가는 소리이다. 이에는 설측음 [l]과 설측마찰음(Lateralfrikative)인 [ɬ]이 있다. 모든 다른 소리는 [-lat]이다.

  (4) [±silbilantisch](=[±sibil]) : [+sibil]은 음파의 진동수가 높은 마찰음과 파찰음을 나타낸다. 이에는 /s z ʃ ʒ ts tʃ dʒ/가 속한다. 다른 마찰음이나 파찰음 /f v ç x pf/은 [-sibil]이다.

이상의 자질들을 토대로 자연부류인 폐쇄음과 마찰음은 각각 다음과 같이 자질들의 집합으로 표현될 수 있다.

    폐쇄음 : [+kons, -son, -kont]
    마찰음 : [+kons, -son, +kont]

파찰음인 [pf ts tʃ]는 위의 폐쇄음이나 마찰음처럼 자질의 집합으로 나타내기 곤란하다. 왜냐하면 이 소리들을 두 개의 분절음의 결합으로 생각하면 문제 없지만, 한 개의 분절음으로 생각할 경우 폐쇄음과 마찰음을 동시에 가지고 있으므로 그것은 [-kont]와 [+kont]라는 모순된 값을 동시에 가지기 때문이다. 따라서 파찰음은 [+kons, -son, -kont, +kont]의 자질집합으로 되는데, 이처럼 한 개의 자질이 동시에 서로 반대되는 두 개의 자질값을 갖는 것은 어떤 분절음에서도 허락되지 않는다.

파찰음을 한 개의 분절음으로 보아야 하는 까닭은 독일어에서 1음절에 나타날 수 있는 최대 분절음의 수와 관련이 있다. 다음의 데이터를 보라.

(24) a. krank   b. drauf   c. Bahn
      Film   neun   schön
      Dorf   Bein   Krieg

(24)의 단어들은 모두 1음절이다. 이 예들에서 볼 수 있듯이 단모음 앞과 뒤에는 최대한 두 개의 분절음이 올 수 있음에 반해(예 : *krank*), 장모음과 이중모음에서는 앞에만 두 개의 자음이 올 수 있으며(예 : *Krieg, drauf*), 뒤에는 한 개의 자음만이 올 수 있다. 이를 토대로 Wiese(1996:38)는 독일어 음절의 최대구조는 CCVCC라고 하여 최대한 5개의 분절음을 포함할 수 있다고 주장하였다(C는 한 개의 자음을 나타내며, V는 한 개의 단모음을 나타냄 ; 장모음과 이중모음은 VC로서 두 개의 분절음에 해당된다).

Pflaume, Pflanze, pflücken, Pflicht, Zwei 등에서 보이는 파찰음 [p^f]와 [t^s]가 두 개의 분절음이라면, 모음앞에 모두 3개의 분절음이 나타나는 셈이므로 독일어 최대음절 구조 CCVCC에 예외가 될 것이다. 그러나 파찰음이 한 개의 분절음이라면 더 이상 최대음절구조의 예외가 아니므로, 이 일반적인 규칙을 유지할 수 있을 것이다.

SPE에서는 파찰음이 한 개의 분절음과 같은 태도를 보이는 것을 나타내기 위해 궁여지책으로 [+delayed release]라는 자질을 사용하였다. 이 자질은 글자 그대로 공기가 입 밖으로 나가는 것이 지연됨을, 즉 폐쇄음에서 먼저 공기가 차단된 후 [-kont], 다음 순간 마찰음에서 공기가 빠져나가는 [+kont] 것을 의미한다.

문제는 [+delayed release]라는 자질이 오직 파찰음을 폐쇄음과 마찰음으로부터 구분하기 위한 임시 방편일 뿐, 다른 중요한 기능이 없다는 점이다.

초기 생성음운론에서는 SPE 모델에서처럼 모든 음소는 임의의 한 개의 자질과 1 : 1 대응한다고 가정하였으며, 이런 이론을 선형음운론 lineare Phonologie이라고 한다. 그러나 1970년대 후반 이후의 음운이론의 발전과 정에서 볼 수 있듯이 선형이론의 이 가정은 음운현상을 합리적으로 설명하는데 최대의 걸림돌이 되었다. 왜냐하면 많은 음운 현상들은 분절음과 자질간의 관계가 1 : 다수가 될 수 있다고 가정할 때에만 비로서 올바르게 설명될 수 있기 때문이다. 6.4에서 자세히 설명되겠지만 이런 관계를 인정하는 소위 비선형 음운론 Nicht-lineare Phonologie에서 파찰음의 음운표기 phonologische Repräsentation는 (25b)와 같이 되므로 더 이상 문제가 아니며, [+delayed release]와 같은 자질을 별도로 설정할 필요도 없다.

(25) 파찰음의 음운표기

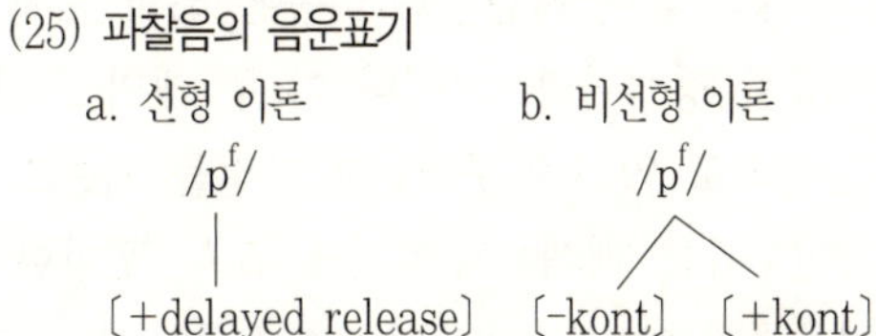

(25)는 음운 표기를 두 개의 표기영역(분절음층/pᶠ/과 자질층)간의 연결관계 (혹은 대응관계)를 통해 나타내고 있으며, 대응관계가 선형이론에서는 1 : 1임에 반해, 비선형 이론에서는 1 : 2임을 보여준다. 위에서 언급한 독일어 음절의 최대구조의 규칙성은 분절음층에 나타나는 분절음의 수와 관계된 것이지 자질층에 나타나는 자질의 수와 관계된 것이 아니므로 분절음층에서 하나의 C로 나타나는 파찰음은 음절최대구조의 예외가 아님을 알 수 있다.

이상의 자질들을 토대로 자음을 분류하면 【표 2】와 같다.

【표 2】 조음방식자질을 사용한 자음의 분류

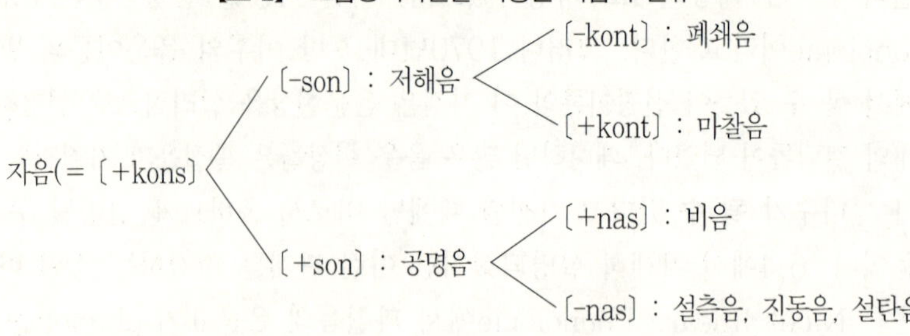

주의할 것은 【표 2】는 자질을 사용해 자음을 보다 작은 그룹으로 분류하는 것을 예시하고 있을 뿐이며, 여기에 명시된 소리부류들만이 자연부류를 의미하는 것은 아니라는 점이다. 예를 들어 폐쇄음과 비음은 위의 표에 따르면 각각 두 개의 독립된 자연부류를 형성한다. 그러나 이 두 개의 소리부류는 〔-kont〕라는 자질을 서로 공유하고 있기 때문에, 이 자질을 기준으로 생각하면 〔-kont〕성질을 가진 자연부류는 폐쇄음과 비음을 모두 포함한 것이 될 것이다. 실지로 독일어의 비음동화(비음과 폐쇄음의 연속이 나타나는 단어에서 비음의 조음장소는 폐쇄음의 조음장소와 같다.)를 살펴보면 음운현상에 관여된 소리가 모두 〔-kont〕임을 알수 있다. 따라서 개별 자질을 기준으로 이 자질을 공유하는 소리들과 그렇지 않은 소리들로 나누면, 【표 2】의 자연부류외에도 많은 다른 자연부류가 생겨날 수 있다.

4.3 조음장소에 관한 자질

조음장소에 관한 자질은 흔히 조음에 관여하는 기관 Artikulationsorgan의 명칭을 사용해서 표시된다. 따라서 입술소리를 Labial로, 혀끝소리를 Koronal로, 혀몸소리를 Dorsal로, 혀뿌리소리를 Radikal로 나타낼 때 이들은 모두 발음에 능동적으로 참여한 발음기관을 통해 표시된 조음장소자질들인 것이다.

한가지 주의해야할 것은 조음장소자질들은 위에서 말한 자질들과 달리 학자에 따라 이원자질(즉 + 혹은 —의 값을 가진 자질)로 파악되기도 하고, 일원자질(이때는 오직 그 자질이 존재하거나 존재하지 않음)로 파악되기도 한다는 점이다. 이것은 모든 조음장소자질을 통일적으로 일원적이거나 이원적인 것으로 파악하는것을 의미하는 것은 아니다. 대부분의 자질이론들에서는 어떤 자질은 일원적인 것으로, 어떤 자질은 이원적인 것으로 파악되어, 이 두가지 종류의 자질들이 모두 조음장소자질로서 사용되고 있다. 여기서는 McCarthy(1988)의 자질수형도 Merkmalgeometrie 이론에 따라 위에서 말한 조음기관의 명칭을 사용한 자질들, 즉 Labial, Koronal, Dorsal, Radikal은 일원자질로, 반면에 이들 조음장소를 보다 세분화 시키는 자질들(자질수형도에서 이들 조음장소 아래에 나타나는 자질들에 대해서는 4.2를 참조하라)은 이원자질로 취급한다.

(1) Labial(= [Lab]) : 아래, 위입술 둘다 혹은 아랫입술이 발음에 참여하는 소리이다. 예를들어 자음 /p b f v m/과 활음 /w/, 그리고 원순모음 /y ø u o/ 등이 [Lab] 소리이다. [Lab] 소리 중 입술이 둥글게 되는 것은 [+rund]이며, 그렇지 않은 것은 [-rund]이다. 따라서 [Lab]이면서 [+rund]에는 원순모음인 /y ø u o/와 활음 /w/, 그리고 원순음화된 자음 /kʷ/ 등이 속한다. [Lab]이면서 [-rund]에는 자음 /p b f v m/이 속한다.

(2) Koronal(= [Kor]) : 혀끝, 혹은 혀의 앞부분으로 발음되는 소리이다. [Kor]은 상당히 광범위한 조음장소에 걸쳐 발음되는 소리로서, 이에는 치음 dental, 치경음 alveolar, 후치경음 postalveolar, 반전음 retroflex이 포함된다. 예 : /t d s z n l r ʃ ʒ ʂ/. 다음과 같은 경구개음 palatal 소리들도 [Kor]에 속한다 : /c ʎ ɲ j/. 이에 반해 경구개음이며 마찰음인 /ç/는 [Dorsal]에 속한다.

[Kor] 소리는 조음장소가 비교적 광범위하므로 다시 다음 두 개의 이원자질에 의해 더욱 세분화된다:

(i) [±anterior](= [±ant]) : [+ant] 소리는 윗니 혹은 치경부분에서 발음되는 소리이며, [-ant]는 경구개 harter Gaumen의 앞부분에서 발음되는 소리이다.

[+ant] : dental - /θ ð/, alveolar - /t d s z/

[-ant] : postalveolar - /ʃ ʒ ts tʃ/, Retroflex - /ɖ ʂ z/

[±ant]는 독일어에서 /s/와 /ʃ/를 구분하는 변별자질이다.

(ii) [±apikal](= [±apik]) : [+apik]은 혀끝으로 발음되는 소리이며 [-apik]은 혀의 앞부분으로 발음되는 소리이다. 후자를 혀앞소리 laminal라고 한다.

[+apik] : Retroflex - /ḍ ṣ z̧/

[-apik] : postalveolar - /ʃ ʒ ts tʃ/, palatal /c/

[±apik]은 독일어에서는 변별적인 자질이 아니나, 반전음 /ṣ/와 후치경음 /ʃ/가 대조를 보이는 많은 드라비다어에서는 변별적이다.

(3) Dorsal(= [Dor]) : 혀의 뒷부분(= Dorsum)으로 발음되는 소리이다. 경구개마찰음인 /ç/와 연구개음인 /k g x ŋ/, 목젓소리 /χ ʀ/, 활음 /w/는 [Dor]이다. 또한 모든 모음은 [Dor]이다. [Dor] 소리는 다음 자질들에 의해 세분화된다:

(i) [±hinten](= [±hint]) : [-hint] 소리에서는 혀의 뒷부분이 앞으로 나가며, [+hint] 소리에서는 혀의 뒷부분이 뒤로 나간다. [-hint] 소리에는 전설모음 /i y e ø/, 경구개마찰음 /ç/가 속하며, [+hint] 소리에는 후설모음 /u o a/와 가운데모음 /ə ʌ ɐ/, 연구개 소리와 목젓소리인 /k g x ʀ/이 속한다.

(ii) [±hoch] : [+hoch] 소리에서는 혀의 뒷부분이 경구개나 연구개쪽으로 올라가며, [-hoch] 소리에서는 그렇지 않다. 고모음인 /i y u/와 /ç/와 같은 경구개음, /k g x ŋ/과 같은 연구개음은 [+hoch] 소리이다. 이에 반해 목젓소리 /χ ʀ/와 중간높이의 모음 /e o/과 저모음 /a/는 [-hoch]이다.

(iii) [±tief] : [+tief] 소리에서는 혀의 뒷부분이 아래쪽으로 움직이며, 그렇지 않은 모든 소리는 [-tief]이다. [+tief]에는 저모음 /æ a/가 속한다.

(iv) [±gespannt](= [±gesp]) : /i e u o/와 같은 긴장된 모음(= [+gesp] 모음)에서는 이완된 모음(= [-gesp] 모음)에서보다 혀가 중립적인 위치(대략 모음 사각도에서 정 중앙의 위치)에서 보다 더 많이 바깥쪽으로 움직이게 된다. 이 자질은 영어권에서는 [±tense]

자질로 알려져 있다. 음운이론에 따라서는 이 자질 대신 [±ATR](= Advanced Tongue Root)을 사용하기도 한다.

(4) Radikal(= [Rad]) : [Rad] 소리는 혀뿌리로 발음되며, 이에는 목청소리(pharyngal) /ħ ʕ/가 속한다.

이상의 조음장소 자질 중 모음을 나타내는 조음기관에 대해서는 두가지 의견이 대립되고 있다.

Sagey(1986)는 모든 모음을 [Dor]과 이에 부속된 이원적인자질들, 즉 [±hint], [±hoch], [±tief], [±gesp]에 의해 나타내진다고 봄에 반해, Hume(1992), Clements & Hume(1995)은 후설모음만 [Dor]이며, 전설모음은 [Kor]로 나타내야 할 것을 주장한다. 후자의 입장은 전설모음이 [Kor] 자음과 동일한 태도를 보이는 음운현상들을 통해 뒷받침된다. 독일어에서는 이런 음운현상을 확인할 수 없으므로 여기서는 Sagey의 의견을 따라 모든 독일어 모음이 [Dor]과 그 부속 자질들에 의해 표기되는 것으로 가정한다 (vgl. auch Hall 2000).

4.4 초분절음적 자질

위에서 설명된 자질들은 이 자질들이 언제나 어떤 특정 분절음과 1 : 1 대응관계에 있음을 암시한다. 예를 들어 [-hint]는 /i/라는 분절음의 성격을 나타내는 하나의 자질이고 [+hint]는 /u/라는 분절음의 성격을 나타내는 하나의 자질이다. Chomsky/Halle(1968) 이후 1970년대의 음운론에서는 이처럼 모든 자질은 한 개의 분절음과 1 : 1 대응한다고 생각하였다. 따라서 Tag과 같은 단어는 다음과 같은 식으로 표기되었다:

【표 3】

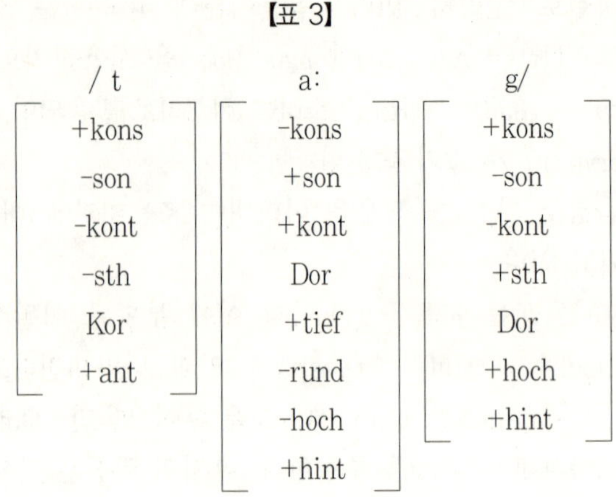

그러나 음운현상을 살펴보면 모든 자질이 분절음과 1 : 1 대응하는 것은 아니며, 어떤 자질들은 개별 분절음들의 성격과는 무관하게 독자적인 행동을 보이고 있음을 알 수 있다. 이런 자질들은 초분절음적 성격 suprasegmentale Eigenschaft(라틴어의 supra는 독일어로 'über'의 뜻)을 보이기 때문에 이를 초분절음적 자질 혹은 자립분절음 Autosegment이라고 부르며, 이에는 대표적으로 성조 Ton가 속한다.

위의 【표 3】과 같은 기존의 선형음운론의 자질표기 방식으로는 자립분절음의 성격을 설명하는데 여러 가지 문제점이 있기 때문에, 이를 해결하기 위해서 1970년대 후반에 등장한 것이 소위 비선형음운론 Nicht-lineare Phonologie 혹은 자립분절음운론 Autosegmentale Phonologie이다(vgl. Hyman 1975, Goldsmith 1976). 자립분절음운론은 비단 성조현상 뿐만 아니라, 이후 모음조화, 강세현상 등을 설명함에 있어 획기적인 기여를 했다.

여기서는 성조현상을 중심으로 선형음운론과 비선형음운론의 표기방식이 어떻게 다르며, 왜 비선형음운론의 표기방식이 보다 나은 설명을 가능하게 하는지를 간략히 살펴보도록 하겠다. 명심해야 할 것은 표기방식의 차이는 곧 음운이론의 본질적인 차이와 직결된다는 것이다.

성조가 변별적인 자질로 기능하는 언어에서는 다음의 중국어 뻬이징 방언의 예에서 처럼 오직 성조가 다름으로써 뜻이 다른 단어들이 존재한다(예들은

Hall 2000:153에서 인용) :

> (26) hoch : (-) 〔ma〕 'Mutter'
> hoch-steigend : (´) 〔ma〕 'Hanf'
> fallend-steigend : (ˇ) 〔ma〕 'Pferd'
> hoch-fallend : (、) 〔ma〕 'schimpfen'

이 언어에서는 이처럼 4개의 성조가 구분된다 : 평상성 hoch, 상성고조 hoch-steigend, 하강상승 fallend-steigend, 상성하강 hoch-fallend. 괄호 속의 표시는 이런 4개의 성조를 표시하는 부차적인 부호 diakritisches Zeichen이다. 이 부호는 성조를 가지는 단위인 모음 위에 표시된다. 예를 들어 /a/모음의 여러 가지 성조는 /á ã à â ǎ/로 표시된다.

성조언어에서 가장 많이 나타나는 유형은 (26)처럼 복잡하지 않고 대개 높은 성조 Hochton와 낮은 성조 Tiefton의 대조만을 보인다. 이하에서는 편의상 이 두 개의 성조만 살피기로 하겠다. Hochton은 H로(혹은 발음부호 /á/로), Tiefton은 T로(혹은 발음부호 /à/로) 나타낸다. 이 두 개의 Ton을 수평조 Registerton라고 하고 이에 반해 (26)에서 세 번째 보기처럼 두 개의 Ton이 연이어 나타나는 경우를 굴곡조 Konturton라고 한다. 이에는 HT(예 : /â/)와 TH(예 : /ǎ/)가 있다.

성조는 앞에서 살펴 본 다른 변별자질들과 달리 음운현상에서 독자적인 행동을 보인다. 그 근거로서 많은 자립분절음운론의 연구들은 다음과 같은 두 가지 사실을 대표적으로 들고 있다(vgl. auch Hall, 2000) :

첫째, 어떤 음운현상에 의해 단어의 분절음의 순서가 서로 바뀌어도 원래의 성조형태 Tonmuster는 변하지 않는다.

둘째, 어떤 음운현상에 의해 분절음의 다른 성격은 바뀌어도 원래 이 분절음이 갖고 있던 성조의 성격은 변하지 않는다.

이 두가지 사실은 결국 성조의 성격이 변하지 않는다는 점에서 같은 내용을 이야기 하고 있으며, 이것은 음운현상을 설명할 때 성조는 분절음의 다른 자질들과는 따로 취급해야함을, 즉 글자 그대로 독자적인 autonom 자격을 부여해야 됨을 의미한다.

Hall(2000:156)은 첫 번째의 예로 Bakwiri라는 Bantu 언어에 나타나는 말놀이 Spielsprache를 들고 있다. 이 말놀이에서는 두 개의 음절로 된 단어에서 첫째 음절과 두 번째 음절이 서로 위치 바꿈을 하는데, 이 때 원래의 성조형태는 그대로 남아 있게 된다. (27)을 보라.

> (27) a. [kwéli] → [líkwé] 'tot'
>   b. [kwéli] → [líkwè] 'fallend'

만약 【표 3】의 선형이론에서처럼 성조가 분절음으로부터 분리될 수 없는 내재적인 성격이라면 (27b)에서 모음은 성조와 함께 위치 바꿈을 하게 되어 틀린 형태인 *[líkwé]가 될 것이다. 이렇게 되지 않는 이유는 성조의 원래 형태는 그대로 남기 때문이며, 따라서 자질표기를 선형이론에서처럼 하지 않고 성조를 다른 자질로부터 분리시켜 따로 (28)처럼 표기한다면 우리는 이 말놀이를 쉽게 설명할 수 있을 것이다.

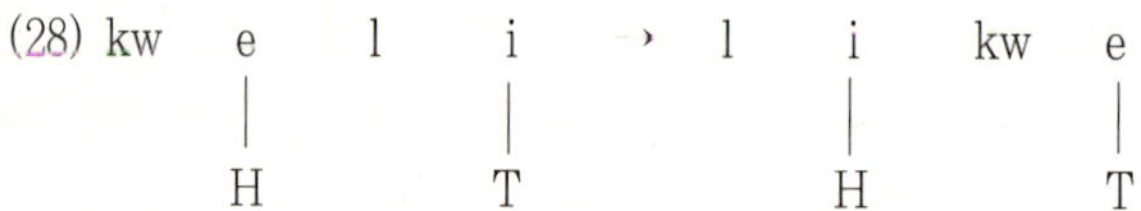

(28)의 표기 방식이 【표 3】과 결정적으로 다른 점은 자질들이 여러 개의 층 Schicht(영어 : tier)으로 나누어져(여기선 2개) 표기된다는 점이다. (28)에서 성조를 나타내는 자질 H와 T는 모음의 다른 자질들(예 : /e/ 모음의 [-hoch, -hint, -rund, -tief])과는 다른 층에 표시된다. 따라서 (28)은 【표 3】이 한 개의 자질층만을 가지고 있는것에 반해 두 개의 자질층, 즉 분절음층 Segmentschicht과 성조층 Tonschicht을 가지고 있으며, 두 개의 층의 자질들은 연결선 Assoziationslinie을 통해 서로 대응관계에 있게된다.

(28)과 같은 자립분절음운론의 표기방식을 전제로 할 때 위의 말놀이 현상은 더이상 선형이론에서의 문제를 가져오지 않는다. 이 현상에 의해 영향을 받는 것은 오직 분절음층이지 성조층이 아니다. 따라서 분절음층에서 두 개의 음절의 위치만 바뀔 뿐이며, 성조층의 HT 성조는 아무런 변화가 없게 된다(즉 TH로 변하지 않는다).

성조가 분절음의 다른 성격들과 무관하게 독자적인 행동을 보임은 다음과 같은 음운현상에서 더욱 뚜렷해진다.

다른 성조 언어에서와 마찬가지로 Margi어에서는 성조를 갖는 것이 모음이다. Margi어에서는 어간말의 모음 /i/나 /u/가 접미사 /+ári/와 결합할 때 이 모음들이 각각 상응하는 활음 [j]나 [w]로 변한다(접미사 /+ári/의 첫 번째 모음은 H 성조를 가짐). (아래의 데이터는 Hall 2000:159에서 인용)

(29) a. [sál]   [sálári]   'Mann'
      [kùm]   [kùmári]   'Fleisch'
   b. [tì]   [tjǎri]   'Morgen'
      [úʔù]   [úʔwǎri]   'Feuer'

만약 모음이 활음으로 바뀌면서 이 모음이 원래 가지고 있던 성조가 사라진다면(활음은 성조를 가질수 없기 때문에), (29b)에서 접미사가 결합한 형태는 각각 [tjári]와 [úʔwári]가 예상된다. 그러나 (29b)에서 보듯이 성조는 모음이 활음으로 변하는 현상에 구애받지 않고 남아서 다음의 모음의 성조와 결합하여 굴곡조를 만든다. 이를 자립분절음운론의 표기방식으로 나타내면 다음과 같다. 모음이 활음으로 변하면서 더 이상 성조를 가질 수 없을 때 연결선이 사라진 성조는 원으로 표시되어 있으며, 이를 부유하는 성조 freischwebender Ton(영어 : floating tone)라고 한다.

(30) /uʔu+ari/ → /uʔw+ari/ → /uʔw+arI/
      H T H T   H Ⓣ H T   H Ⓣ H T

(30)의 두 번째 단계가 보여주듯이 모음 /u/가 더이상 성조를 가질수 없는 활음 /w/으로 바뀌어도 모음 /u/의 성조는 사라지지 않고 남아 있기 때문에 다음 모음 /a/가 굴곡조가 된다.

부유하게 되는 자립분절음이 다른 분절음과 재결합하는 또 하나의 현상으로 보상장음화 kompensatorische Längung를 들 수 있다. 한국어의 불규칙 동사에서 자음 /p/로 마치는 동사어간이 모음 /ə/와 결합할 때 /p/가 활

음 /w/로 변한다. 보다 덜 형식적인 발음(혹은 보다 빠른 발음)에서는 이 /w/
가 앞의 자음과 결합하여 부차적인 조음 sekundäre Artikulation(즉 [k]의 주
조음장소는 설근음 Dor 이나, [kw]는 주조음장소 외에 부차적인 조음장소로 양순음 Lab
을 가진다)을 유도해 내는데 이때 다음에 오는 모음 /ə/는 장모음이 된다(발음
부호에서 [t′]는 [t]의 된소리 (= [+constricted glottis])를 의미함).

(31) a. /kup+ta/ [kupt′a] 'braten'
     b. /kup+ə/　[kuwə] 혹은 [kwə:]

이 장모음화는 (32)에서 보듯이 원래의 자음 /p/가 가지고 있던 시간길이
(X로 표시)가 이 자음의 성격이 변한다고 없어지는게 아니라 남아서 다음 모
음과 재결합하기 때문인 것이다.

(32) 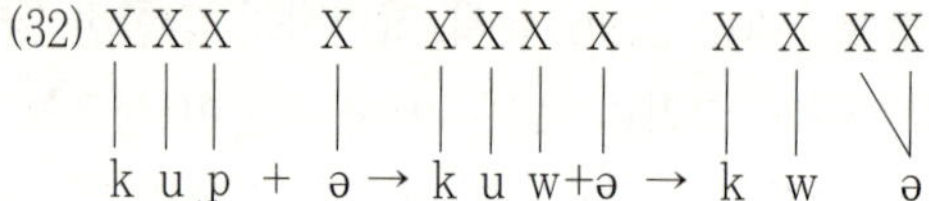

위의 성조현상에서와 마찬가지로 여기서도 이전의 선형이론에서처럼 모든
자질을 분절음에 내재한 것으로 본다면 왜 이런 보상장음화가 일어나는지를
설명하기 어려울 것이다. 하지만 분절음의 다른 성격이 바뀌어도 원래의 성
조형태가 그대로 남아 있듯이 원래의 시간길이(= 분절음의 장단)가 그대로 남
아있다고 본다면, 보상장음화는 자연스럽게 설명될 수 있다.

자립분절음운론은 분절음으로부터 독립해서 독자적인 성격(성조, 분절음의
장단)을 보이는 이런 음운현상을 설명하기 위해 분절음의 자질구조가 하나의
층이 아니라, 여러 개의 다층구조로 이루어져 있다고 본다. 이런 견해는 이
하에서 보게 되듯이, 자질들간에 수직적인 구조를 인정해야함을 밝힌 자질수
형도 이론에 의해 더욱 확대 발전된다.

5. 자질수형도

위에서 살펴 본 초분절음적 자질은 그 성질상 분절음과 자질 간의 대응관계가 1 : 1이 아니라 1 : 다수이므로 이들을 내재적인 자질과 똑같이 취급하여 음운규칙을 나타내기란 여러 가지로 불합리하다. 실제로 1970년대까지의 음운이론은 초분절음적 자질들(강세, 모음의 장단, 성조, etc.)도 내재적인 자질들과 동일시하여 개별 분절음과 1 : 1 대응하는 것으로 표기하였다. 그러나 1980년대에 등장한 자립분절음운론 혹은 비선형 음운론은 이런 자질 표기 방식이 음운규칙을 표현하는데 많은 불합리한 점이 있음을 인식하게 되었고, 초분절음적 자질들은 독자적인 층위에 표기되어야 함을 보여주었다.

이 새로운 이론들은 과거의 음운론(= 선형이론)이 안고 있는 문제로서 특히 다음과 같은 사실을 지적하고 있다:

선형이론의 자질표기에 따르면 음운현상에서 입력부의 어떤 자질 [F]가 바뀔 때, 왜 하필 이 자질만 바뀌고 다른 자질은 아무런 영향을 받지 않는지를 설명할 수 없다. 선형이론에 의하면 [F]가 바뀐 것은 단지 우연의 일치에 불과하다.

달리 말하면 선형이론에 따르면 어떤 저해음이 입술소리로 되면서 동시에 [+hoch] 소리로 바뀌는 음운규칙이 없으란 법이 없지만, 지구상의 어떤 언어도 이런 규칙을 알고 있지 않다는 사실에 대해 선형이론은 아무런 설명을 제공해 주지 못한다.

분절음은 단지 자질들의 목록을 나타낼 뿐이며, 이 자질들 간에는 서로 아무런 관계가 없다고 보는 선행이론의 견해는 이런 이유로 수정되어야한다.

중요한 것은 어떤 자질들은 다른 자질들과 보다 긴밀한 관계를 보이며, 이들은 음운현상에서 마치 하나의 단위처럼 행동한다는 사실이다. 자질들은 단지 서로 대등한 수평적인 관계에 있는 것이 아니라, 수직적인 위계질서 Hierarchie를 보이며, 이런 수직적인 관계를 표현하기 위해서는 연관된 자질들끼리 묶어 하나의 단위 Einheit로 인정할 필요가 있다. 이는 마치 통사론에서 문장과 단어 사이에 구 Phrase를 설정하고 또 그 구의 내부구조도 X-bar 이론에서처럼 몇 개의 중간단위로 나누어야하는 필요와 완전히 일치

된다.

통사론에서 문장을 가장 큰 언어학적 단위로 보듯이, 음운론에서도 분절음을 가장 큰 단위로 볼 때 이 분절음과 말단 요소 terminales Element인 개별 자질들 사이에 존재하는 중간단위를 인정할 필요가 있다. 통사론에서 문장의 구조를 수형도 Baumdiagramm를 사용해 나타내듯이 음운론에서도 분절음의 자질구조를 수형도를 통해 나타낼 수 있다. 이때 말단요소와 분절음사이에 어떤 중간단위를 인정해야하는 가는 X-bar 이론에서 통사적인 현상을 통해 그 근거를 제시하듯이, 음운론에서도 음운현상을 통해 그 필요성이 증명되어야 할 것이다.

자질의 수직적인 구조에서 중간 단위를 인정해야하는 근거로서 자질수형도 Merkmalgeometrie 이론은 흔히 동화 Assimilation와 중화 Neutralisierung 현상을 들고 있다.

앞에서 살펴본 세 개의 자질부류 즉 조음장소자질, 조음방식자질, 성문자질 Laryngale Merkmale을 이런 관점에서 다시한번 살펴보자.

이미 위에서 보았듯이 독일어의 비음동화에서는 조음장소의 자질들만이 중요한 역할을 하고, 말음경화에서는 유/무성의 변화만 있으므로 성문자질만이 이 음운현상에서 중요함을 알수 있다.

따라서 이 두 개의 자질부류들은 각각 하나의 단위로 인정할 필요가 있다. 이에 반해 조음방식 자질을 한 개의 단위로 인정해야 하는가는 분명치 않다. Sagey(1986)가 [nas]과 [kont] 두 개의 자질은 한 개의 단위처럼 행동하므로 이 두 개의 자질을 묶어 조음방식 마디([Manner]-Knoten)를 설정해야 한다고 주장함에 반해, 이 후의 자질수형도 연구들은 대부분 그 근거가 희박하다하여 조음방식 마디를 인정하지 않고 위의 두 개의 자질들은 뿌리마디 (Root-Knoten)에 의해 직접 지배된다고 본다.

이를 받아 들인다면, 독일어 음운론에 적용되는 자질수형도는 다음과 같다고 할 수 있다:

(33)

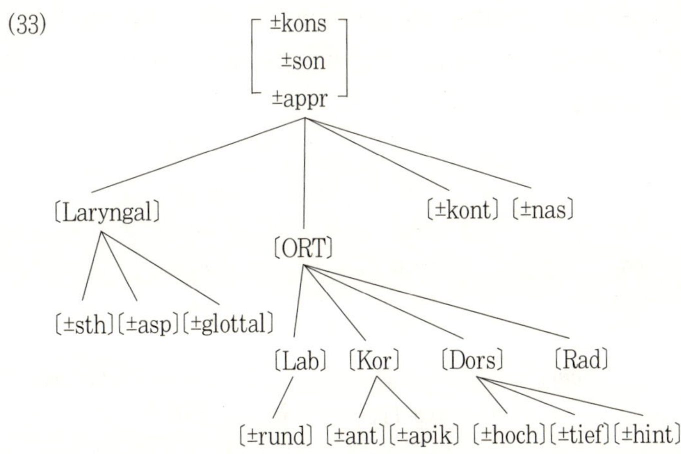

이 자질수형도에 따르면 모든 분절음은 하나의 뿌리마디 Wurzelknoten와 연결되어 있으며, 이 뿌리마디는 앞에서 본 상위부류자질인 [±kons], [±son], [±appr]을 내포한다. 뿌리마디는 성대자질과 장소자질, 그리고 [±kont]와 [±nas]을 직접 지배한다. 장소자질은 다시 4개의 장소마디 [Lab], [Kor], [Dor], [Rad]을 직접 지배한다. 주의할 것은 모든 말단요소들과 뿌리마디의 자질들이 이원자질임에 반해 그 중간에 있는 단위들, 즉 [Laryngal], [ORT], [Lab], [Kor], [Dors], [Rad]은 일원자질이라는 점이다.

모든 분절음의 자질이 이 자질수형도에 따라 표기된다고 가정할 때, 우리는 앞에서 언급한 선형이론의 문제를 설명할 수 있다. 즉 어떤 저해음이 입술소리로 되면서 동시에 [+hoch] 소리로 바뀌는 음운현상이 있을 수 없는 이유는 [Lab]과 [±hoch]는 위의 수형도에서 보듯이 자연부류, 즉 공동의 모마디 Mutterknoten를 가진 자질들의 집합이 될 수 없기 때문이다. 이에 반해 자질들간에 아무런 수직적인 구조를 인정하지 않는 선형이론은 이런 음운현상이 배제되어야 할 어떤 이론적인 근거도 제시할 수 없다. 이처럼 자질수형도는 자질들의 표기 형식을 선형이론과 달리함으로써(즉 중간단위를 인정하는 수직구조를 통해서), 가능한 음운현상과 불가능한 음운현상의 대립을 이론적으로 설명할 수 있는 바탕을 제공해 준다.

이제 (33)을 토대로 독일어 단어 Tag을 자질수형도로 나타내보자. 간단한 발음부호 [taːk](기저형태 = /taːg/)이 실지로는(곧 음운론자들이 우리가 이 단어의 발음에 대해 머릿속에 가지고 있다고 가정하는 지식은) 놀랍게도(?) 다음과 같이 복잡한 구조를 가지고 있는 것이다.

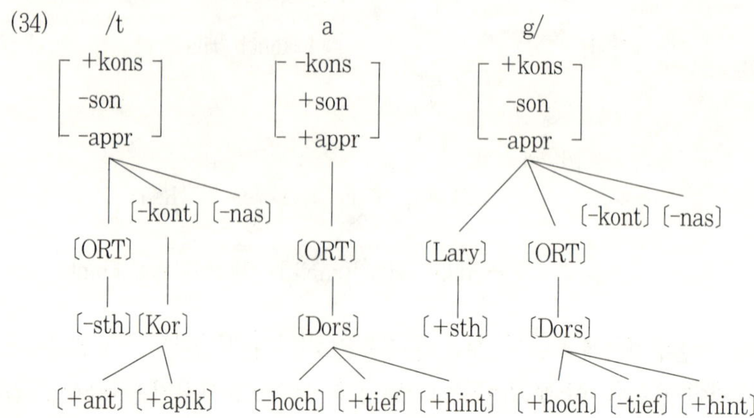

음운론을 처음 배우는 독자는 한 단어의 발음이 우리 머리 속에 이렇게 복잡한 구조의 정보로 이루어져 있는 사실에 경악을 하거나, 도대체 이 복잡한 구조를 우리가 어떻게 기억할 수 있을까 혹은 배울수 있을까로 의심할지 모른다.

그러나 우리가 우리 몸을 이루고 있는 세포의 DNA 구조가 정확히 어떤지 몰라도 살아가는데 지장이 없듯이, (34)와 같은 자질수형도를 몰라도 독자는 이 단어를 발음하는데 아무런 어려움이 없을 것이다(그것도 아마 독일어를 배울 때 가장 먼저 익힌 단어 중의 하나로 : *Guten Tag!*).

학문적 이론은 어디까지나 현상을 설명하기 위한 가설이므로, 그 가설의 옳고 그름에 관계없이 현상은 존재한다. 따라서 (34)와 같은 복잡한 구조를 어떻게 우리가 머릿속에 담고 있을까 의심하는 사람은, 이 구조 대신 소리현상을 더 간단히 설명해줄 수 있는 대안을 제시해 주기만 하면 된다. 왜냐면 이 자질수형도는 단지 하나의 가설에 불과할 뿐이며, 더 훌륭한 가설이 나오기 전까지만 그 존재의 의미가 있기 때문이다.

6. 단어의 운율구조 – 형태적인 구조 vs. 음운적인 구조

한 개의 단어를 보다 작은 단위로 나눌 때 관점에 따라 서로 다르게 분석될수 있다. 전통적인 문법에서는 단어의 구조를 흔히 형태소 Morphem의 개념을 사용해서 분석한다. 예를 들어 동사 *hören, arbeiten, studieren*의 과거분사 형태들은 다음과 같이 분석된다. 이하에서 +기호는 형태소의 경계를 나타낸다.

(35) a. ge+hör+t
     b. ge+arbeit+et
     c. stud+ier+t

위의 과거분사형태들은 모두 각각 3개의 형태소로 구성되어 있다. 전통적인 문법에서 형태소는 흔히 '의미를 지닌 최소의 단위'로 정의되는데, 위에서 *hör, arbeit, stud* 등의 동사 어근 Verbwurzel은 이와 같은 의미에서의 최소의 단위로 볼수 있다. 이들을 더 작은 단위로 쪼개어 *hör*를 *hö*와 *r* 혹은 *arbeit*를 *ar*와 *beit*로 나눈다든지 할 수는 없을 것이다. 이와는 달리 *ge*+나 +*t* 혹은 +*ier* 등을 보면 이들에 우리가 일상적으로 사용하는 말에서의 '의미'가 있다고 생각하기는 어렵다. 이들은 동사어간이 일정한 의미를 지님에 반해, 그 의미를 변화시키기 보다 동사의 여러 가지 형태들 가운데(시제나 인칭, 수에 따른) 한가지 형태로서 다른 형태들과 구분하기 위해서 사용되고 있음을 알 수 있다. *ge*+와 +*t*는 독일어에서 규칙동사의 과거분사형을 만들기 위해, +*ier*는 어근과 결합하여 동사형태를 만들기 위해(동일한 어근에서 명사가 되는 *Stud+ent*나 *Stud+(i)um*과 비교해 보라) 사용되고 있다.

따라서 '의미를 지닌 최소의 단위'라는 형태소의 정의에서 '의미'는 '문법적인 기능'을 포함하는 것으로 이해되어야한다.

형태론 Morphologie에서는 단어 내부의 구조를 (35)에서처럼 형태소로 분석하여 (35)의 단어들이 어기 Basis(= *predig, arbeit, stud*)에 접두사(*ge*+)와 접미사(+*t*, +*ier*)가 결합하여 생긴 것이라고 말한다. 형태론에서도 통사론의 X-bar 이론에서와 마찬가지로 단어의 내부구조를 설명할 때 형태소와 단어 사이에는 중간 단위가 있다고 보며, 일반적으로 어근 Wurzel, 어간 Stamm, 단어 Wort의 수직적인 구조를 인정한다(단어의 X-bar 구조에 대해서는 Selkirk, 1982를 참조하라).

(36) 단어의 형태론적 구조

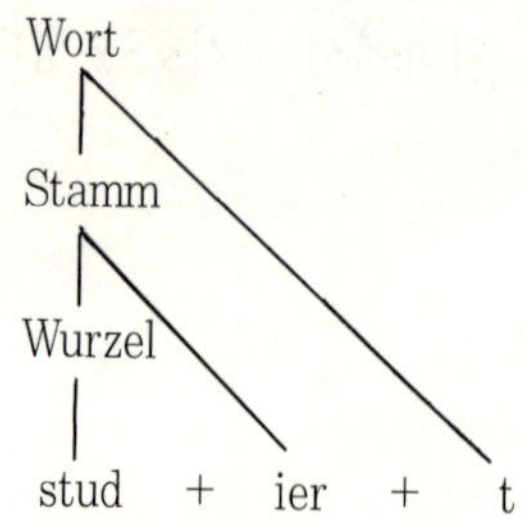

문제는 우리가 단어에 대해 가지고 있는 지식이 발음과 뜻이라면 (36)과 같은 형태론적 단어구조의 분석은 우리가 발음에 대해 가지고 있는 지식을 설명하는데는 부적합하다는 것이다. 예를 들어 *ge+hör+t*와 *ge+arbeit+et*는 둘 다 세 개의 형태소로 이루어진 단어이지만 음절로 따지면 전자는 2개의 음절로 이루어진 단어이고 후자는 4개의 음절로 이루어져 있다. 이 음절 수의 차이는 어근의 음절 수의 차이 외에도 접미사가 한쪽은 +*t*임에 반해, 다른 한쪽은 +*et*인 것과 관계가 있다.

접미사의 이형태소 Allomorph에 관해 만약 아무런 규칙성이 없다면 우리는 이형태소들을 그대로 외워야 할 것이다. 그러나 *ge+hör+t*에서 접미사가 +*t*이며, *ge+arbeit+et*에서 접미사가 +*et*인 것은 결코 우연의 일치가 아니다.

어기 *hör*에 +*t*가 결합할 때 이 둘은 올바른 1개의 음절을 형성할 수 있지만 어기 *arbeit*에 +*t*가 결합할 때 이 둘은 올바른 음절을 형성할수 없기 때문에 Schwa 모음이 삽입된다. 이런 차이는 우리가 규칙으로 설명할 수 있는 부분으로서, 그것은 *hör+t*와 *arbeit+et*의 음절수의 차이를 외울 필요가 없음을 의미한다. 뿐만 아니라 (36)과 같은 형태적 구조만이 우리가 알고 있는 지식이라면 왜 *studier+t*와 같은 과거분사에는 *ge+hör+t*와 *ge+arbeit+et*와 달리 접두사 *ge+*가 없는지를 설명할 수가 없다. 그러나 이 세 개의 단어를 비교해 보면 접두사 *ge+*의 유무는 어기, 즉 동사어근의 음운정보에 따라 결정됨을 알 수 있다. 어기의 첫째 음절에 강세가 있으면(*ge+hör+t, ge+árbeit+et*의 경우) 접두사 *ge+*가 붙고, 그렇지 않은 경우(*stud+íer+t*의 경우는 어기의 두 번째 음절에 강세가 있다.)에는 접두사 *ge+*가 붙지 않는다(자세한 분석 은 Yu, 1998를 참조하라).

이상의 사실들을 설명하기에 (36)과 같은 단어의 형태적인 구조분석은 별 로 도움이 안된다. 따라서 단어의 발음에 관한 규칙성을 보다 정확히 포착하기 위해서는 형태론적인 구조만으론 불충분하며 단어의 운율구조 prosodische Struktur를 정확히 이해 할 필요가 있다. 아래에서 보게 될 단어의 운율단 위는 형태론적인 단위인 형태소나 어근, 어간, 단어 등과 우연히 일치되기도 하나, 많은 경우에는 형태적 단위와 일치하지 않으며, 운율단위를 형태단위 와 별도로 인정해야 하는 중요한 이유가 바로 이 불일치 때문이다. 단어의 운율구조에 대한 정확한 이해야말로 여러 가지 조어과정을 올바르게 설명할 수 있음을 강조하는 운율형태론Prosodische Morphologie(vgl. McCarthy/ Prince 1986)에서는 단어의 형태론적인 구조에 대비되는 개념으로 다음과 같 은 운율구조를 가정하고 있다:

(37) 음운단어(PrW)

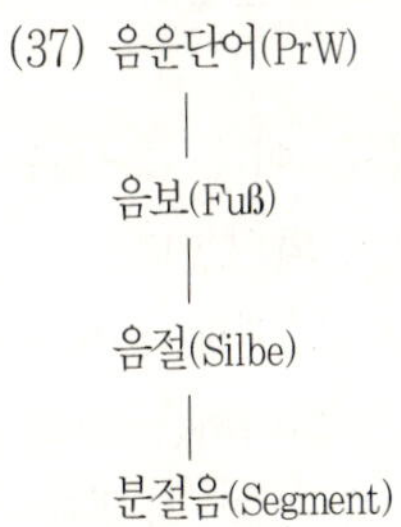

음보(Fuß)

음절(Silbe)

분절음(Segment)

단어에서 최상위의 운율단위는 음운단어 Phonologisches Wort 혹은 운 율단어 Prosodisches Wort로서(이하에서는 이 두 개의 단어가 동의어로 쓰이며 약자 PrW가 쓰인다), 이것은 우리가 보통 단어라고 부르는 형태론적인 단어 morphologisches Wort와 구분된다.

예를 들어 *les+bar*는 형태론적으로 볼 때는 한 개의 단어이지만, 음운론 적으로 볼 때는 두 개의 음운단어(*les*와 *bar*)로 되어 있다(무엇을 한 개의 음운단어로 보아야 할지에 대해서는 Wiese, 1996:65f를 참조하라). 이 단어에서 두 개의 형태소는 두 개의 음절과 일치하지만 형태소 경계와 음절 경계가 언제나 일치하는 것은 아니다. 예를 들어 *les+e*도 두 개의 형태소로 되어 있지만 여기서 음절경계는 형태소 경계와 달리 *le.se*(이하에서 음절경계는 점으로 표시한다)로 /s/ 앞에 놓이게 된다. 또 *les+bar*가 두 개의 음운단어임에 반해 *les+e*는 한 개의 음운단어를 형성한다. 이처럼 (37)의 운율단위인 음절, 음보, 음운단어는 (36)의 형태적 단위인 어근, 어간, 단어에 각각 대응되는 개념이 아니므로 왜 이런 운율단위가 필요하며, 그 내부구조는 어떤 규칙성에 의해 결정되는지를 알아야만 한다.

(37)의 수직구조에서는 음절과 분절음 사이에 존재하는 중간 단위로서의 구성성분들이 생략되어 있다. 어떤 구성성분이 존재하는가는 음절 이론에 따라 차이가 있다. 소위 구성성분모델 Konstituentenmodell에서는 음절의 하위구조로 Onset, Nukleus, Koda, Reim 등의 중간 단위들을 인정하고 있으며, 모라이론에서는 음절과 분절음 사이의 중간층으로서 모라 Mora를 인정한다.

음절음운론에 대한 자세한 논의를 다음 장으로 미루고, 여기서는 (37)의 운율구조가 위에서 설명한 자질수형도와 결합될 때 전체 음운정보가 어떤 모습을 가지게 되는지를 살펴보자.

우리가 *Tag*이라는 단어의 발음을 알고 있다는 사실은 이제 (38)과 같은 실로 복잡한 음운구조에 대한 지식을 가지고 있는 것을 의미한다.

여기서 한가지 주의할 것은 *Tag*이라는 단어의 발음에 대해 우리가 알고 있는 지식이 (38)의 모든 음운정보를 기억하고 있음을 의미하는 것은 아니다. 왜냐하면 (38)에 있는 음운정보 중 상당 부분은 규칙으로 설명될 수 있기 때문이다.

(38)   Tag의 음운구조

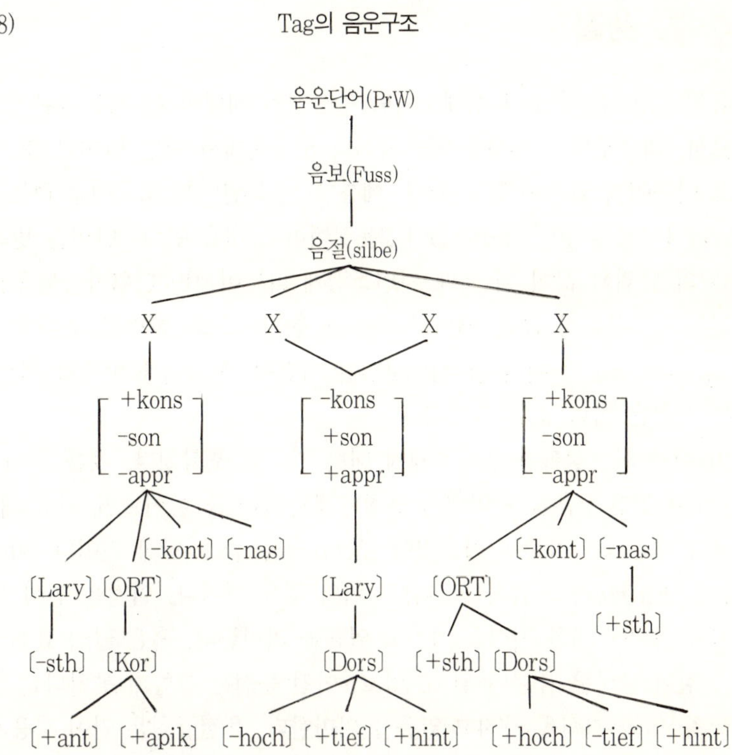

예를 들어 *Tag*에서 세 개의 분절음인 [t], [aː], [g]가 한 개의 음절을 이루며, 또 이 음절이 한 개의 음보를 이루며, 이 음보가 한 개의 음운단어를 이루는 사실은 규칙으로 설명될 수 있기 때문에 우리가 이런 정보를 모두 기억할 필요는 없다. 그럼에도 불구하고 (38)의 복잡한 구조를 여기서 예시한 까닭은 우리가 알고 있는 음운지식이 예측할 수 없는 부분(따라서 기억해야만 하는 부분)과 예측할 수 있는 부분(규칙으로 표현할 수 있는 부분)을 모두 포함하고 있으므로, 우리가 한 개의 단어의 발음을 안다고 할 때 발음에 대해 가지고 있는 우리의 지식이 무엇인가를 설명 할 때 그것은 구체적으로 (38)과 같은 모습이라고 생각하는 가설을 예시하기 위한 것이다. 여태까지 우리는 위의 수직구조에서 분절음의 자질구조, 즉 뿌리마디와 그 하위구조와의 관계에 대해서만 살펴보았다. 이제 그 상위구조인 X층과 음절, 음보, 음운단어와의 관계를 살펴 볼 차례다.

7. 음절

음절 Silbe은 음소나 형태소처럼 추상적인 개념이 아니라 직관적인 개념으로서, 대부분의 언어사용자는 자신의 모국어에서 어떤 단어가 몇 개의 음절로 이루어져 있는지 알고 있다. 예를 들어 독일어를 모국어로 하는 사람은 *Mann*이 1음절이며, *danken*이 2음절이라는 것을 안다. 단어를 발음할 때 한 개의 단위씩 끊어 읽을 때 자연스럽게 나누어지는 단위가 곧 음절이다.

만약 한 단위씩 끊을 때마다 책상을 손가락으로 한번씩 친다고 할 때, *danken*을 발음할 때 손가락을 한번만 치면서, *Mann*을 발음할 때는 두 번 치는 사람은 아마 없을 것이다.

이 직관에는 정확한 음절경계에 대한 지식도 포함된다. 예를 들어 *Kino*, *Karte*와 같은 2음절 단어에서 음절경계의 위치를 물어보면 거의 대부분의 모국어 사용자는 아무 어려움없이 *Ki.no*, *Kar.te*로 답할 것이다. 이에 반해 *Kin.o*, *Ka.rte*라고 답하는 사람은 거의 없을 것이다. 이것은 언어사용자가 음절의 경계에 대한 지식을 가지고 있음을 의미한다. 혹은 달리 표현하면 어떤 음절이 올바른 음절이 될 수 있고, 어떤 음절은 그렇지 못하다는 것을 판단할 수 있는 지식을 가지고 있음을 의미한다. 음절규칙은 언어 사용자가 가지고 있는 이 직관을 적절하게 표현해야 한다.

위의 예들에서는 음절경계가 명확하나, 모든 단어가 그런 것은 아니다. 예를 들어 사람이름 *Manfred*의 경우 음절경계는 *Man.fred*, *Manf.red*, *Manfred*의 3가지 경우가 모두 가능할 것이다. 마지막 *Manfred*의 경우는 음절경계가 〔f〕에 있는데 이는 〔f〕가 첫째음절의 마지막 자음이자 동시에 둘째음절의 첫 자음이 되는 소위 양음절적분절음 ambisilbisches Segment임을 의미한다.

위의 3가지 경우 중 어떤 것이 정확한 음절경계를 나타내는가 하는 질문은 음운론의 관점에서 보면 어떤 의미에서 무의미하다. 왜냐하면 '음절'이라든지 '음절경계'라는 개념이 필요한 이유는 결국 이 개념들을 사용해서 음운현상을 합리적으로 설명할 수 있기 때문이다. 만약 음절경계가 어디에 있든 음운현상을 설명하는데 아무런 도움이 되지 않는다면, 그 정확한 경계를 알 필요도 없는 것이다.

이하에서 설명되겠지만, 음절은 음운규칙과 음소분포의 규칙성 Phonotaktik 을 설명함에 있어 아주 중요한 역할을 한다. 전자는 7.2음운규칙이 적용되는 범위에서 자세히 설명되므로 여기서는 한 단어에서 보이는 음소분포에 관한 제약을 간단히 언급하기로 한다. 다음 단어들을 살펴 보라.

(39) a. geknecht, knechbar, knechen
     b. rpach, mturp, lnost
     c. trüp, glims, preuch
     d. kik, kak, kok, kuk

위의 단어들은 모두 독일어에 존재하지 않는 단어들이다. 그럼에도 불구하고 우리는 이들이 보이는 문법성 Grammatikalität의 차이를 구분할 수 있다. (39a), (39c), (39d)의 단어들은 비록 존재하지 않으나 가능한 단어가 될 수 있다. 뿐만 아니라 (39a)에서 우리는 세 개의 단어가 동사 *knechen* 과 관계가 있으며, 이 동사는 타동사이며(-*bar* 접미사가 붙어 형용사를 만드는 다른 타동사에서처럼) 과거분사형태가 *geknecht*이지, *knecht*가 될 수 없다는 사실 등을 예측할 수 있다.

이에 반해 (39b)의 단어들은 독일어에 대한 지식이 있는 사람은 직관적으로 불가능한 단어임을 알 수 있다. 그 이유는 이 단어들이 다음 장에서 설명되듯이 독일어의 올바른 음절을 이루지 못하기 때문이다. 한 단어내에 두 개 이상의 자음이 연이어 나올 경우 이 자음군 Konsonantencluster은 일정한 규칙의 적용을 받게 되며, (39b)에서 처럼 한 개의 음절을 시작하는 자음군 [rp], [mt], [ln]은 허락되지 않는다. 음소분포에 관한 제약은 이처럼 음절에 대한 적형조건 Wohlgeformtheitsbedingung의 결과일 때가 많다. 그러나 (47d)에서처럼 올바른 음절을 이룰 수 있음에도 불구하고 동일한 폐쇄음 [k]가 모음의 전후로 나올 수 없는 경우도 음소분포제약에 속한다.

7.1 음절의 구조

분절음과 음절사이에 존재하는 중간 층위의 단위로서 일반적으로 다음과 같은 음절구성성분을 인정하고 있다 : 음절머리 Onset, 음절핵 Nukleus, 음절꼬리 Koda. 음절머리와 음절꼬리는 각각 음절핵 전후의 자음들을 말한다. 음절핵은 보통 모음이나 반드시 그런 것은 아니다. 예를 들어 *dunkel* [dʊŋ.kl]과 같은 단어의 두 번째 음절에서는 자음 [l]이 음절핵이 된다. 이세가지 구성성분 외에도 학자에 따라서는 음절핵과 음절꼬리를 묶어 음절몸통 Reim이라는 중간 단위를 인정하기도 하는데, 이하의 서술에서는 이 의견의 차이가 별로 중요한 역할을 하지 않으므로 편의상 Reim이 없는 구조를 가정한다(음절의 여러 가지 구성성분모델에 대한 자세한 비교는 Eisenberg/Ramers/Vater 1992를 참조하라).

이에 따라 Krieg과 Berg라는 1음절 단어는 (40)과 같은 구조를 보인다. σ는 음절을, Ons는 Onset을, Nuk는 Nukleus를 의미한다. 분절음과 음절 구성성분 사이의 중간층위의 C와 V는 한 개의 분절음이 갖는 시간의 길이를 나타내는 단위로서 C는 자음을 V는 모음을 나타낸다. C와 V로 구분하지 않고 시간길이Zeiteinheit를 나타내는 단위로서 X를 사용하기도 한다.

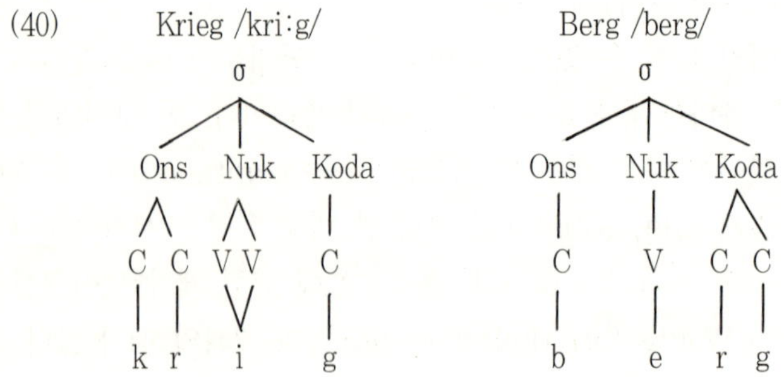

위의 두 개의 단어의 음절구조는 여러 가지 점에서 차이를 보인다 : *Krieg* 에서는 Ons와 Nuk가 각각 두 개의 C와 V로 구성되어 있는데 반해 *Berg*에 서는 Ons와 Nuk가 각각 한 개의 C와 V뿐이며, *Krieg*에서는 *Koda*가 한 개의 C인데 *Berg*에서는 *Koda*가 두 개의 C로 구성되어 있다.

위에서 언급했듯이, 한 개의 음절구성성분이 포함할 수 있는 분절음의 수와 종류에는 일정한 제약이 있다. 예를 들어 독일어에서 Ons는 *Krieg*에서처럼 두 개의 분절음을 가질 수 있지만 세 개의 분절음은 극히 제한되어 있다(첫째 자음이 [ʃ]나 [s]로 시작하는 [ʃpr], [ʃtr], [skl] 등 : *Sprache, Strand, Sklave*). 또 모든 두 개의 분절음의 결합이 Ons에 허용되는 것은 아니다. 예를 들어 *Krieg*에서 [kr]은 Ons이 될 수 있지만 이 두 개의 분절음의 순서가 거꾸로 된 [rk]는 Ons이 될 수 없다. 반대로 Koda에서는 *Berg*에서 보듯이 [rk]는 허용되지만, [kr]은 허용되지 않는다. Ons과 Koda에서 허용되는 자음들의 순서가 이렇게 서로 대칭되는 이유는 세계언어에 보편적으로 적용되는 공명도 원칙 Sonoritätsprinzip 때문이다.

(41) **공명도 원칙**(Sonoritätsprinzip)
     음절핵에서 음절의 양쪽 끝으로 갈수록 공명도는 감소해야 한다.

공명도는 분절음에 따라 다른데 독일어에 적용되는 공명도의 단계는 대체로 다음과 같다(vgl. Hall 1992a, Yu 1992a, Wiese 1996)(A 〉 B는 A가 B보다 공명도가 크다는 것을 의미함) :

(42) 모음 > r > l > 비음 > 저해음

(41)과 (42)를 합쳐서 생각해보면, Ons이나 Koda에 왜 어떤 자음군은 허락되고, 어떤 것은 허락되지 않는지를 알 수 있다. (43)은 독일어에서 허락되는 음절머리 자음군 Onsetcluster과 음절꼬리 자음군 Kodacluster의 일부를 예시하고 있다(독일어의 Onsetcluster를 지배하는 규칙에 대해선 Yu 1992b를, Kodacluster를 지배하는 규칙에 대해선 Hall 1992b을 참조하라).

(43) **독일어에 나타나는 자음군들**
     a. Onsetcluster: pl, bl, kl, gl pr, br, tr, dr, kr, gr, kn, gn, gm, kv,
          tsv, fl, pfl, pfr, fr, ʃr, ʃn ʃm sk ʃp ʃt
     b. Kodacluster: rl, rm, lm, ln, lt, lk, lp, kt, pt, ks, ps, pfs

위의 예들을 자세히 살펴보면 (41)과 (42)의 원칙을 정확히 지킨다고 보기 어려운 경우가 있다. 예를 들어 Onsetcluster에서 /kv/(*Quatsch*), /tsv/ (*zwei*)는 분절음들이 모두 저해음이므로 (42)에 의하면 공명도가 같고, 따라서 첫째 자음보다 그 이후의 자음들에서 공명도가 증가해야하는 (41)의 원칙을 지키지 않고 있다.

이 문제를 해결하기 위해 두가지 방법을 생각할 수 있다. 첫째는 (42)에서 저해음을 폐쇄음과 마찰음으로 나누어 공명도 크기를 세분화하여 마찰음이 폐쇄음보다 공명도가 크다고 말하는 것이다.

둘째는 Hall(1992a)이 제안한 것 처럼 /kv/, /tsv/ 등의 자음군에서 /v/를 기저형태의 모음 /ʊ/에서 도출된 것이라고 보는 것이다. 이렇게 본다면 공명도 원칙의 문제는 해결되나, 대신 모음 /ʊ/에서 [v]를 도출해내기 위해서는 복잡한 음운규칙을 가정해야 하기 때문에, 과연 이 규칙이 독일어 사용자의 음운지식에 속한다고 볼 수 있을까 하는 새로운 문제를 낳게 된다.

다음으로 Ons와 Koda에 몇 개의 분절음까지 포함될 수 있는지를 살펴보자. Wiese(1996:38)는 이와 관련하여 다음과 같은 독일어의 음절형판(영어 : syllable template)을 제안한다 :

(44) 독일어의 음절형판

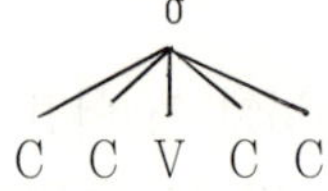

이에 따르면 독일어의 1음절은 한 개의 V와 연결된 단모음인 음절핵의 앞과 뒤에 각각 최대 두 개의 C와 연결된 자음들이 올 수 있다. 이렇게 말할수 있는 근거로서 Wiese는 독일어의 1음절 단어에 나타나는 규칙성을 들고 있다. (45)에서 볼 수 있듯이, 독일어의 중요한 음소분포규칙 phonotaktische Regel 중의 하나는 한 개의 음절내에서 장모음과 이중모음 다음에는 한 개의 자음만 올 수 있으며, 이에 반해 단모음 다음에는 두 개의 자음이 올 수 있다는 사실이다.

(45) a. 장모음+한 개의 자음 : viel, doof, schön, Bahn
     b. 이중모음+한 개의 자음 : feil, drauf, neun, Bein
     c. 단모음+두 개의 자음 : Film, Dorf, gern, Bank
     d. 장모음+두 개의 자음 : 나타나지 않음
     e. 단모음+세 개의 자음 : 나타나지 않음

(45d)와 (45e)와 같은 나타나지 않는 분절음의 연속을 표현하기 위해서는 바로 음절개념이 필요하며, 이런 점에서 (45)에서 나타나는 분포의 규칙성은 음절이 음운단위로서 중요한 역할을 하는 것을 보여주는 증거이기도 하다.

(44)에 따르면 Ons와 Koda는 최대한 각각 2개의 자음만 포함할 수 있다. 그렇다면 (43)에 나타나는 3개의 자음들(*zwei, Pflanze, Pfropf, Kopfs* 등에 나타나는/tsv/, /pfl/, /pfr/과 같은 Ons나 /pfs/와 같은 Koda)은 어떻게 해석해야 할까?

이들 중 첫 번째와 두 번째 분절음의 연속, 즉 /ts/나 /pf/를 만약 한 개의 C와 결합된 것으로 본다면 (44)의 예외가 아닐 것이다. 이 말은 (45)에서 보이는 음소분포의 규칙을 개별 분절음의 숫자로 해석할 것이 아니라, (44)의 음절형판에서의 C와 V의 숫자로 해석해야함을 의미한다.

이처럼 분절음과 C 혹은 V의 결합이 반드시 1 : 1 대응되는 것만은 아니다. (40)에서 장모음이 두 개의 V와 결합함에 반해, 파찰음인 /ts/와 /pf/에서는 한 개의 C와 두 개의 분절음이 결합한다(이를 복합분절음 komplexes Segment이라고 함).

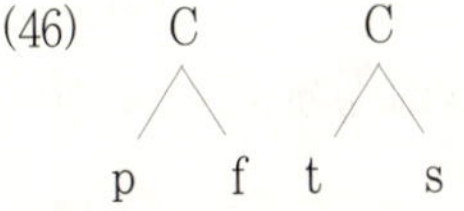

(46)과 같은 비선형표기 방식을 사용하지 않는 이전의 생성문법에서는 파찰음을 한 개의 분절음으로 보아야할지 두 개의 분절음으로 보아야 할지에 대한 논란이 많았다. 위에서 본 음소분포규칙은 파찰음이 마치 한 개의 분절음인 것처럼 행동하는 것을 뒷받침한다.

파찰음을 두 개의 분절음으로 보아야 한다는 주장은 겹자음회피 Degemination와 관련이 있다. 독일어에서는 동사 현재 인칭 변화에서 2인칭과 3인칭에서 어간말 자음과 어미의 자음이 동일할 때 두 개의 자음 중 한 개가 탈락된다.

> (47) a. /treːt/+/t/ → [trɪt] 'tritt'
> b. /rais/+/st/ → [raist] 'reist'
> c. /zits/+/st/ → [zitst] 'sitzt'

(47c)에서 어간말의 /ts/를 두 개의 자음, 즉 /t/+/s/로 본다면 (47b)에서와 마찬가지로 두 개의 동일한 자음 /s/ 중의 한 개가 탈락되었다고 말할 수 있다. 그러나 만약 /ts/를 한 개의 자음으로 보아, /t/도 아니고 /s/도 아닌 제3의 분절음으로 본다면 우리는 겹자음회피현상을 단순히 '동일한 두 개의 자음이 잇달아 올 때 한 개가 탈락된다'라고 말할 수 없을 것이다[3].

따라서 음소분포의 규칙과 관련해서는 한 개의 분절음처럼, 겹자음회피와 관련해서는 두 개의 분절음인 것처럼 행동하는 파찰음을 (46)과 같은 구조로 파악한다면, 겉으로 보기에 서로 상반되는 위의 두 가지 견해가 서로 다른 층위에서의 규칙성을 표현한 것일 뿐이지, 실지로는 상충되는 것이 아님을 알 수 있다.

7.2 음운규칙이 적용되는 범위

SPE 이후 초기의 생성 음운론에서는 음절이 중요한 음운단위의 구실을 하지 못했다. 이는 초기 생성 음운론에서 음절의 중요성에 대한 인식이 없었

---

3) 독일어의 겹자음회피는 실지로는 이보다 더 복잡한 양상을 보인다. 왜냐하면 동일한 두 개의 자음이 만날 때 이를 피하기 위한 수단으로 탈락과 Schwa 모음삽입이 서로 경쟁하기 때문이다. *halten* 동사의 3인칭에서는 동일 자음의 탈락으로 *hält*가 되지만, *arbeiten* 동사의 3인칭에서는 *arbeit 대신 Schwa가 삽입되어 *arbeitet*가 된다. 따라서 왜 *haltet*과 *arbeit*는 되지 않는지가 설명되어야 할 것이다. 뿐만 아니라 2인칭 *arbeitest*에서는 왜 동일자음이 만나지 않는데도 불구하고(어간말의 /t/와 어미 /st/) 3인칭에서와 마찬가지로 Schwa가 삽입되는지도 설명되어야 할 것이다. 이런 문제들에 대해 자세한 것은 Yu(2001c)를 참조하라.

다는게 아니라(Vennemann, 1972를 보라), SPE와 같은 소위 규칙에 입각한 생성음운론에서는 음운현상을 분석함에 있어 순수 음운적인 단위보다 형태소나 단어 등 형태론적인 단위에 의존해 음운규칙을 기술했기 때문이다. 이 때문에 규칙은 불필요하게 복잡해졌고, 더 큰 결함은 음운현상의 본질을 포착하는데 실패했다는 점이다. 그 후 비선형이론은 형태적인 단위 뿐 아니라 운율적인 단위가 음운현상을 설명함에 있어 결정적인 역할을 함을 보여줌으로써 음운이론의 획기적인 발전을 가져오게 했다.

　음운이론의 이런 발전과정을 보여 주는 전형적인 예를 우리는 고맙게도 다른 언어가 아니라, 바로 독일어에 나타나는 말음경화현상 Auslautverhärtung(영어 : final devoicing)을 통해 볼 수 있다. 이 단순한 음운현상을 설명하기 위한 그 동안의 연구의 시간적 길이(초기 생성음운론에 입각한 분석에서 최근의 최적성이론에 입각한 분석 까지 약 35년)와 제안의 수를 생각해보면(그 절정은 Brockhaus 1995의 273쪽에 달하는 책 'Final Devoicing in the phonology of German' 전체가 이 테마를 다루고 있는데 달한다.) 참 놀랍기만 하다. 이렇게 많은 분석들에 지쳤는지 최근에는 아예 '가장 좋은 분석'이라는 제목을 달고 나온 논문도 있어(Féry 1998 : "On the best optimality-theoretic account of German Final Devoicing"), 이 논문 제목대로라면 우리는 이 지루한 논의에 드디어 종지부를 찍을 수 있을 것이다. 하지만 이 논문으로 사람들이 더 이상 불만없이 행복해 할지는 두고 볼 일이다.

　먼저 다음의 데이터를 보라.

(48)	Grab	[gʀaːp]	Grab+es	[gʀaːbəs]
	Kind	[kɪnt]	kind+isch	[kɪndɪʃ]
	Sieg	[ziːk]	Sieg+er	[ziːgɐ]
	Haus	[haʊs]	Häus+er	[hɔyzɐ]
	Nerv	[nɛʀf]	nerv+ös	[nɛʀvøːs]
	orange	[ʔoʀaŋʃ]	Orange	[ʔoʀaŋʒə]

　여기서 왼쪽 칸에 있는 단어들의 마지막 자음은 모두 무성음으로 실현된 반면, 동일 자음들이 오른쪽 칸에서는 모두 유성음으로 실현되고 있음을 알 수 있다. 왼쪽 칸의 단어끝 자음들은 폐쇄음과 마찰음을 포함하므로 이 두

개의 소리부류를 저해음(자질로 〔-son〕으로 표시되는 소리부류)으로 묶을 수 있다. 따라서 (48)에서 보이는 유성/무성의 교체는 (49)로 표시될 수 있다. 이하에서 # 표시는 단어경계를, +표시는 형태소 경계를 각각 나타낸다.

    (49) 〔-son〕 → 〔-sth〕 / ___ #

    규칙 (49)는 저해음이 단어 끝에서 무성음이 됨을 의미한다. 이것은 저해음이 기저형태에서는 유성음(〔+sth〕)이며 규칙에 의해 〔+sth〕가 〔-sth〕로 변함을 의미한다. 이 규칙의 적용을 받는 것은 (56)에서 왼쪽 칸에 있는 단어들의 단어끝 저해음이며, 오른쪽 칸에 있는 저해음들은 단어 끝에 있지 않기 때문에 규칙의 적용을 받을 수 없고, 따라서 원래 기저형태의 자질값 〔+sth〕에 아무런 변동이 없다.

    이제 (50)의 데이터를 보라.

    (50) Kind+heit   〔kınthaıt〕   Kind+es   〔kındəs〕
           Lieb+ling   〔liːplıŋ〕   lieb+e   〔liːbə〕
           Herzog+tum 〔hætsoːktuːm〕 Herzög+e 〔hætsoːgə〕
           Häus+ler   〔hɔɪslɐ〕   Häus+er   〔hɔɪzɐ〕

    여기서는 유성/무성의 교체를 보이는 저해음의 위치가 한 개는 단어끝, 한 개는 단어 중간이 아니라, 둘 다 단어 중간이다. 따라서 단어끝에만 적용되는 규칙 (49)는 여기서 더 이상 적용될 수 없다. (50)에서 왼쪽 칸과 오른쪽 칸의 단어들을 비교해 보면 왼쪽 칸에서는 어기 Basis가 자음으로 시작하는 접미사와, 오른쪽 칸에서는 모음으로 시작하는 접미사와 결합되어 있음을 알 수 있다. 말음경화를 보이는 것은 왼쪽 칸이므로 규칙 (49)는 (51)로 수정되어야 할 것이다. 규칙 (51)은 (49)의 단어 끝이라는 환경 외에도 자음으로 시작하는 접미사 앞이라는 환경을 하나 더 포함하고 있다(규칙에서 괄호 {A, B}는 "entweder A oder B"의 의미로 환경 A와 환경 B를 모두 포함할 때 사용한다; K는 'Konsonant'를 의미함).

    (51) 〔-son〕 → 〔-sth〕 / ___ {#, +K}

문제는 규칙 (51)이 이제 비록 (48)과 (50)에 있는 데이터를 모두 설명할 수 있지만, 두 개의 음운환경 즉 '단어 끝'과 '자음으로 시작하는 형태소 앞'과는 서로 아무런 음운적인 연관성이 없다는 것이다. 아무런 연관성이 없다는 것은 말음경화가 하필 이 두 개의 환경에서 일어난다는 것이 우연의 일치임을 의미한다. 규칙 자체가 우연의 일치인 요소를 많이 포함할수록 안 좋은 규칙이 될 것은 자명하다. '음절'과 같은 운율단위의 역할에 별로 주목하지 않았던 SPE식의 음운이론에서는 (51)에서처럼 서로 관련되지 않은 두 개의 음운환경이 'entweder~ oder~'의 형식으로 나타나는 것이 많으며, 많은 경우 이 두 개의 환경은 음절을 사용하여 한 개의 환경으로 통일될 수 있다.

(51)에서 '단어끝'과 '자음으로 시작하는 형태소 앞'이라는 두 개의 환경은 '음절끝'이라는 환경으로 통일된다. 이에 반해 (48)과 (50)의 데이터에서 유성으로 소리나는 저해음은 모두 음절 초성임을 알 수 있다. 이로써 말음경화 현상은 음절말, 보다 정확히 음절의 Koda에 나타나는 저해음은 무성으로 실현되는 현상으로 이해 될 수 있으며 규칙 (52b)로 표현될 수 있다.

규칙 (52a)는 선형이론에서의 일반적인 규칙 형식을 취하고 있다. 이것을 비선형이론의 규칙형식으로 바꾼 것이 (52b)이다(vgl. Yu 1992a:167). 이 규칙은 음절 Koda의 저해음의 성대 자질이 사라짐을 의미한다(규칙에서 연결선의 절단에 의해 표시). 이처럼 기저형태가 원래 가지고 있던 자질의 대비(여기서는 [±sth]) 가 연결선의 절단에 의해 사라지는 음운현상을 중화 Neutralisierung라고 하며, 비선형이론에서 중화는 흔히 (52b)에서처럼 연결선삭제규칙 Delinking -Regel으로 표현된다. 사라진 성대자질은 기정규칙 Default-Regel인 (52c)에 의해 [-sth]로 해석된다.

(52d)는 *Grab, Grabes*를 통해 규칙 (52b)의 적용 예를 보여주고 있다.

(52) a. 〔-son〕 → 〔-sth〕 / ___ 〕σ

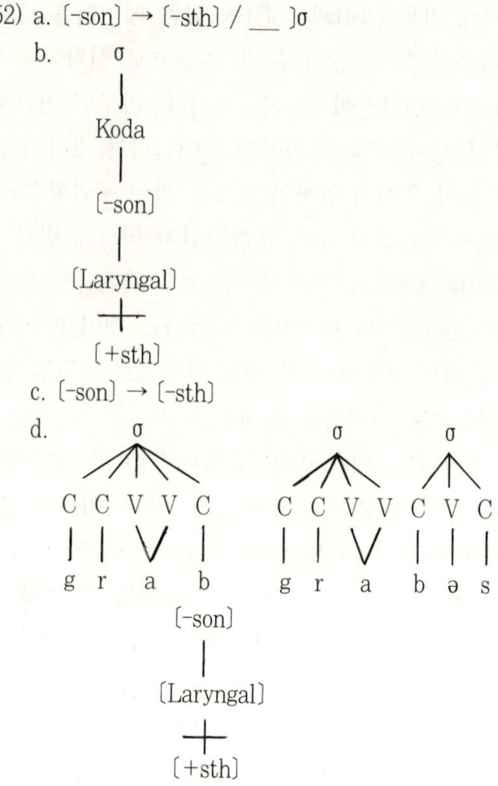

*Grab*에서는 음절말의 기저음 /b/가 〔p〕로 변하지만, *Grab+es*에서는 /b/가 두 번째 음절의 초성이기 때문에 아무런 변화가 없다.

규칙 (52a)는 선형이론의 규칙의 일반적인 형태를 취하고 있지만 수직적인 운율구조를 가정하고 있기 때문에, 규칙의 해석에서 독자는 (52b)와 같은 수직구조를 머리 속에 그려 그 해석에 엄격해야 한다. 왜냐하면 수직적인 구조에서 상위단위와 하위단위를 연결하는 연결선 Assoziationslinie은 임의적인 것이 아니라, 그 자체가 이미 일정한 규칙성을 표현하는 수단으로 쓰이고 있기 때문이다.

예를 들어 장모음은 분절음층의 한 개의 단위(= 한 개의 분절음)가 CV-층의 두 개의 단위(두 개의 V)와 결합한 것이고, 거꾸로 파찰음의 경우는 분절음층의 두 개의 단위(예 : 〔pf〕, 〔ts〕)가 CV층의 한 개의 단위(= 한개의 C)와 결합한 것이다. 따라서 (52b)에서처럼 규칙의 환경이 음절층의 음절단위와 CV층의 C, 그리고 분절음층의 분절음의 연결관계를 포함하고 있을 때는 규칙의 적용여부가 이 세 개의 단위들간의 연결상태에 의존하게 된다. 다음 단어들을 살펴보면 그 이유를 알 수 있다.

(53) 이완된 단모음+유성 폐쇄음
   Bagger, Egge, Flagge, Kogge, krabbeln, Roggen, Schmuggel, Ebbe, Paddel, Widder, Robbe, Kladde, Krabbe, schrubben, flügge, Dogge, dribbeln, Troddel, Quaddel, Modder, meschugge

독일어를 외국어로 배우고 있는 독자들에게는 여기에 열거된 단어들의 상당수가 생소할 것이다. 이 단어들은 네델란드어나 Yiddisch어에서 차용된 것이거나 아니면 역사적으로 볼 때 북부 저지 독일어 방언에서 유래한 것이다. 하지만 단어의 생소함이 여기서 설명하고자 하는것에 방해가 되진 않는다.

중요한 것은 이 단어들에서 가운데 나타나는 저해음들이 모두 유성음으로 발음된다는 사실이다. 이 유성음들이 철자법상 모두 겹자음으로 표기되고 있는 점에 유의할 필요가 있다. 왜냐하면 이것은 선행하는 모음이 이완된 단모음 ungespannter kurzer Vokal(영어 : lax short vowel)임을 표시하기 위한 철자법상의 규칙이기 때문이다(이 예를 통해서도 알 수 있듯이 정서법 Orthographie 과 소리규칙은 서로 무관한 것이 아니다).

이들 저해음이 유성으로 실현되는 것은 (52d)의 *Grabes*의 예에서처럼 저해음이 음절말이 아니라 음절초에 있기 때문이라고 설명하면 될 것이다.

그러나 이완된 단모음은 독일어에서 다른 모음과 달리 그 분포에 있어 강한 제약을 받는다(자세한 것은 10) 참조). 즉 단어끝이 모음으로 마칠 경우 이것이 Büro, Kino, Heu에서처럼 장모음, 긴장된 단모음, 이중모음은 가능하나 이완된 단모음은 나타나지 않는다. 이것을 모든 음절(즉 단어끝 음절이나 단어중간의 음절)로 일반화시켜 한 개의 음절이 이완된 단모음으로 마칠 수 없다고 한다면, (53)의 예들에 나타나는 유성저해음은 모두 (54)의 /b/처럼 양음절적 자음 *ambisilbischer Konsonat*이 될 것이다(양음절적 자음이 여기에서처럼 한 개의

C와 결합한 것으로 보아야 할지, 혹은 두 개의 C와 결합한 겹자음 Geminata으로 보아야 할지에 대해서는 Ramers, 1992를 보라).

(54)   *Ebbe*

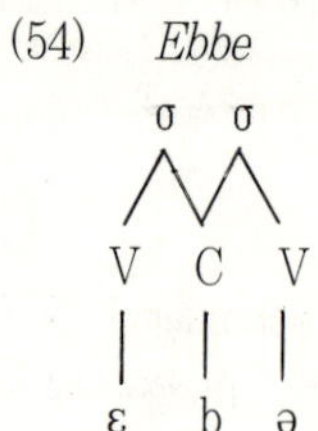

　　/b/가 양음절적 자음이 되는 이유는 독일어에서 Ons가 없는 음절은 허락되지 않으므로(따라서 모음으로 시작하는 것처럼 보이는 단어도 실지로는 성문폐쇄음이 Ons자리를 채운다. 예 : Abend 〔ʔaː.bənt〕에서 첫째음절), /b/는 둘째 음절의 Ons가 되어야하며, 또 첫째 음절이 이완된 단모음 /ɛ/로 마쳐서는 안되므로 /b/는 첫째음절의 Koda가 되어야 하기 때문이다.

　　이제 /b/에 말음경화규칙 (52b)가 적용되지 않는 이유를 우리는 다음과 같이 설명할 수 있다 : 규칙 (52b)가 적용되는 음운환경은 Koda에 있는 C가 정확히 한 개의 음절마디와 연결되어 있는 경우를 명시하고 있으므로, 두 개의 음절마디와 연결되어 있는 (54)와 같은 경우에는 이 규칙이 적용될 수 없다(vgl. Wiese 1988). 이와 같이 음운규칙의 적용에 있어 운율구조의 연결선에 대한 정확한 해석을 요구하는 것을 연결제약 Linking Constraint이라고 한다(vgl. Hayes 1986).

8. 음보

　　음절이 직관적인 개념에 비해 음보 Fuß는 훨씬 추상적이다. 이 때문에 한 단어를 음절로 나누는 것은 쉬우나, 음보로 나누는데는 대부분의 언어사용자가 어려움을 느낀다. 앞에서 운율단위의 수직구조에서 보았듯이 음보는 음절보다 상위단위로서, 음절의 경우에서와 마찬가지로 음보라는 운율단위를 인정해야하는 이유도 음운현상에서 찾아야한다.

8.1 단어강세

음보는 단어강세를 설명하는데 무엇보다 중요한 역할을 한다(vgl. Giegerich 1985, Féry 1999).

강세패턴과 관련해 독일어는 소위 음절무게에 민감한 언어 quantitätssensitive Sprache에 속한다. 이것은 가벼운 음절과 무거운 음절의 구분이 강세를 결정하는데 중요한 역할을 함을 의미한다. Féry(1999)에 따르면 독일어는 다음과 같은 3단계의 음절무게 Silbengewicht의 차이를 보인다 : CVCC, CVVC 〉 CVC, CVV, CV 〉 Cə(VV는 긴장된 장모음, V는 이완된 단모음 혹은 긴장된 단모음을 표시함). CVCC, CVVC는 무거운 음절이며, CVC, CVV, CV는 가벼운 음절이다. Schwa음절은 결코 강세를 가질 수 없으므로 음절무게의 단계에서 최하위를 차지한다. (55)는 이런 음절무게의 차이를 예시하고 있다(점은 음절경계를, 단어의 밑줄친 부분은 해당 음절타입을 표시함).

    (55) a. 가벼운 음절
            CVV : Ökonomíe   [ø.ko.no.miː]
            CVC : Müll   [mʏl]
            CV : Kíno   [kiː.no]
         b. 무거운 음절
            CVVC : Kamél   [ka.meːl]
            CVCC : Katafálk   [ka.ta.falk]
         c. Schwa 혹은 공명음이 음절핵인 음절
            Cə : Róbbe   [ʁɔ.bə]
                 Vógel   [foː.gl̩]

비록 위의 몇 개의 데이터에서 강세에 관한 일반적인 규칙을 추론하기는 힘들지만(광범위한 데이터는 Féry(1999)를 참조하라) 다음과 같은 몇가지 사실을 알 수 있다 :

(56) 강세에 관한 일반적인 제약들
　(ⅰ) 무거운 음절은 보통 마지막 음절이다. 이것은 위의 보기 중 *Kino*의 경우만 제외하고 모두 적용된다. *Kino*에서는 두 개의 음절 모두 가벼운 음절이다.
　(ⅱ) 무거운 음절이 강세를 받는다. 만약 단어의 끝음절이 무거운 음절이면, 강세는 거의 대부분 끝음절에 온다. 반대로 끝음절이 가벼운 음절이면 거의 대부분 강세를 받지 않는다.
　(ⅲ) 만약 한 단어에 무거운 끝음절이 없다면 강세는 대부분 끝에서 두 번째 음절에 온다. 이것은 끝음절이 가벼운 음절인 이음절 단어의 95%에 적용된다(위의 *Kino*도 그 중의 한 예이다).
　(ⅳ) Schwa 음절은 초경량 음절(superlight syllable)로서 결코 강세를 받지 않는다.

위의 사실을 종합하면 독일어의 단어강세는 음절무게에 민감하며, 전형적인 음보는 강약음절로 이루어진 음보 Trochäus-Fuß라는 사실을 알 수 있다. Trochäus음보는 2개의 음절로 이루어진 음보에서 왼쪽음절이 음보의 핵임(곧 강세가 옴)을 의미한다. 독일어의 음보형태는 강음절과 약음절로 된 이음절이거나(이하에서는 이 음보를(X .)으로 표시한다. 괄호 속의 X는 강음절을, 점은 약음절을 나타냄), 한 개의 무거운 음절로 이루어져야 한다(이 음보는 (X)로 표시된다). 다음의 2개의 제약들은 이것을 표현한다.

(57) 음보이분지 제약(Foot-Binarity)
　음보는 두 개의 음절로 이루어지거나 한 개의 무거운 음절로 이루어진다.

(58) 음보형태(Trochäus) 제약
　음보의 핵은 왼쪽이다.

이제 위의 제약들을 바탕으로 (59)의 단어들에서 나타나는 강세의 위치를 설명해 보자.

(59) a. 첫째음절 : Kürbis
　　 b. 두 번째 음절 : Kamél, Muséum
　　 c. 세 번째 음절 : Vitamín

*Kürbis*는 강약 2음절 Trochäus음보형태의 요건을 충족시킨다. 만약 이

단어의 음보가 (X .)가 아니고 약강음보인 (. X)라면 이것은 (58)의 제약을 위반할 것이다. 따라서 이 단어에서는 첫째음절에 강세가 와야한다.

이와 대조적으로 *Kamel*은 똑같이 이음절 단어이지만 *Kürbis*와는 달리 두 번째 음절이 강세를 받는다. 그 이유는 *Kamel*이 만약 *Kürbis*와 같이 강약음보 (X .)라면 음보형태에 대한 제약 (58)은 지키게 되나, 그 대신 무거운 음절 (*Kamel*의 두 번째 음절)이 강세를 받아야하는 제약 (56 ii)는 위반하게 된다. 따라서 *Kamel*은 첫째음절에 강세가 오는 음보형태 (X .)는 될 수 없다. 그러나 만약 이 단어의 음보형태가 한 개의 무거운 음절로 이루어진 음보 (X)라면(즉, *Kamel*에서 두 번째 음절만으로 된 음보) (57)의 제약도 지킬뿐 아니라 무거운 음절이 강세를 받아야하는 제약도 충족시키게 된다. 따라서 *Kamel*은 두 번째 음절에 강세가 온다.

3음절 단어인 *Muséum*과 *Vitamín*에서도 마찬가지 방법으로 강세가 정해진다. 만약 *Muséum*의 음보가 (X .)(X)이라면 마지막 음절에 강세가 올 것이다(두개의 음보가 인접할 경우 마지막 음보가 핵이 되므로). 그러나 여기서 두 번째 음보인 (X)는 한 개의 가벼운 음절이므로 음보이분지 제약을 위반한다. 따라서 마지막 음절에 강세가 올 수 없다. 그대신 만약 첫째 음절은 음보의 구조에 속하지 않고 둘째 음절과 셋째 음절만 음보를 구성해서 (X .)로 된다면 음보이분지 제약과 음보형태제약을 모두 충족시키게 된다. 따라서 끝에서 두 번째 음절에 강세가 와야 한다. 이것은 첫째 음절이 음보화되지 않는 것은 위의 제약들을 지키기 위해 무시해도 좋다는 것을 의미한다. 최근의 최적성 이론 Optimality Theory (Prince/ Smolensky 1993, McCarthy/Prince 1993)에서는 이처럼 여러 개의 제약들이 경합할 경우 어떤 제약은 다른 제약보다 더 중요하다는 소위 제약간의 랭킹 Constraintranking을 통해 올바른 음성형태를 찾아내고 있다.

끝으로 *Vitamín*의 음보가 *Muséum*에서 처럼 두 번째 와 세 번째 음절만 음보를 이루어 (X .)가 된다면 끝에서 두번째 음절에 강세가 와야하는 잘못된 결과를 가져온다. 이 음보가 될 수 없는 이유는 무거운 음절(= *Vitamin*의 마지막 음절)이 강세를 받아야하는 제약을 위반하기 때문이다. 그대신 모든 음절이 음보로 편입되어 (X .)(X)의 구조로 된다면 위의 모든 제약을 충족시키게 된다. 따라서 강세는 마지막 음절에 와야 한다.

8.2 절단현상 Trunkierung

전형적인 조어 Wortbildung에서는 *kind+isch*에서처럼 명시적인 접사 *+isch*가 어기인 *Kind*에 단순히 첨가되어 새로운 단어를 만드는 소위 연결형태론verkettende Morphologie(영어 : concatenative morphology)을 보인다.

이에 반해 중첩 Reduplikation이나 절단 Trunkierung과 같은 비연결형태론 nicht-verkettende Morphologie(영어 : non-concatenative morphology)에서는 파생을 일으킨 형태소의 음성형태를 정확히 확인할 수 없다. 왜냐하면 이런 조어 과정에서는 접사의 음성형태가 고정되어 있어 그것이 단순히 어기에 첨가되는 것이 아니라, 접사가 어기의 음성형태를 복사하거나(중첩의 경우), 어기의 음성형태를 변화시키기 때문이다.

독일어에서 사람 이름에 대한 애칭 Hypokorismen, Kosenamen(영어 : hypocoristics)은 후자의 예로서 어기의 일부가 탈락되는 절단현상을 보인다. 이 조어과정을 설명하는데도 음보가 중요한 역할을 함을 알 수 있다.

애칭은 어기인 완전한 이름에 *+i*가 결합되어 생긴다. (60)의 예들을 보라.

(60) <u>Vollname</u>   <u>Hypokorismen</u>
     Gabriele   Gabi
     Ulrich   Ulli
     Katharina   Kathi
     Thomas   Tommi
     Susanne   Susi
     Rudolf   Rudi
     Andreas   Andi

애칭을 보통의 접미사화(예 : *kind+isch*)와 같이 보기 어려운 이유는 보통의 접미사화에서는 어기의 형태가 거의 변하지 않고(접미사화에서 어기가 Umlaut로 변하는 경우를 제외하고, 예 : *Mütter+lich*) 접미사가 추가되는데 반해 애칭에서는 어기의 음운형태 중 상당부분이 사라지기 때문이다.

Wiese(1996)는 애칭을 중첩현상 Reduplikation의 일종으로 본다. 이에 따르면 먼저 접두사가 어기의 일부분을 복사하여 어기와 결합하고, 원래의 어기는 탈락되며 남은 접두사에 +i가 결합하게된다(예 : *Gabriele* → *Gab+Gabriele* → *Gab* → *Gab+i*).

그러나 Féry(1997)가 지적하듯이 원래의 중첩현상에서는 보통 중첩형태소Reduplikant 뿐 아니라 어기도 실현되기 때문에 독일어의 애칭을 중첩현상의 일종으로 분석하는데는 문제가 있다. 그 대신 Féry는 독일어의 애칭을 파생의 특별한 한 종류로, 즉 +i 조어현상으로 파악한다. +i 조어가 일반적인 파생접미화와 다른 점은 접미사 +i가 결합하기 전에 어기형태가 줄어들며, 이때 줄어든 형태는 독일어의 운율적형성 prosodische Wohlgeformtheit의 요구에 정확히 일치한다는 것이다. 그 결과로 생겨난 파생어는 독일어에서 운율구조상 가장 보편적인 형태 unmarkiete Form인 강약음절 음보 silbischer Trochäus(영어 : syllabic traochaic)를 이룬다. 이런 의미에서 애칭의 결과로 생겨난 (60)과 같은 단어들을 Féry는 독일어에서 가장 좋은 단어라고 부른다.

+*i* 조어현상을 파생의 특별한 한 종류로 보는 까닭은 보통의 파생과정에서는 조어의 결과로 생긴 전체 단어가 어떤 운율상의 적형조건을 충족시켜야 한다는 제한을 찾아볼 수 없기 때문이다. 예를 들어 (61)의 단어들에서 접미사가 어기와 결합하는 조건이 그 결과로 생겨난 전체단어가 애칭의 경우에서처럼 강약격 음절 음보를 이루어야 하는 것이 아니다.

(61) a. Protest+ánt+in
　　 b. Mark+íer+ung

위의 단어들에서는 마지막 2개의 음절만 각각 강약격 음절 음보를 이루고 있지, 전체 단어가 그런 것은 아니다. 이에 반해 (60)의 애칭은 예외없이 전체 단어가 하나의 강약격 음절 음보를 이루고 있다.

결국 절단현상은 음보가 강세현상 뿐만 아니라 조어과정을 설명하는데도 중요한 역할을 함을 보여준다.

9. 음운단어

우리가 보통 단어라고 할 때는 형태-통사적인 단어를 의미한다. 예를 들어 다음의 단어들은 형태-통사적으로 서로 다른 범주(이에는 명사, 형용사, 동사 등의 범주뿐 아니라 인칭, 시제, 수 등의 범주도 포함된다.)에 속하기 때문에 모두 서로 다른 단어이다.

    (62) a. lern+en
          b. lern+e
          c. lern+st
          d. lern+t
          e. lern+bar
          f. Lern+bar+keit
          g. Lern+bar+keit+s+problem
          h. Lern+er

(a~d)는 동사 lernen의 여러 가지 굴절형태로서 인칭과 수에 의해 서로 구분되는 단어들임에 반해 (e)와 (f)는 동사어간에 접미사가 결합하여 각각 형용사와 명사가 된 파생어들이다. 이 파생어는 (g)에서 보듯이, 합성어의 구성성분이 될 수 있다. 비록 형태적인 구조의 복잡성의 차이에도 불구하고 위의 모든 단어들은 한 개의 형태-통사적인 단어이다.

문제는 한 개의 단어에 적용되는 전형적인 음운규칙들이 형태-통사적인 관점에서의 한 개의 단어에 동일하게 적용되지 않는 사실에 있다. 이런 경우 우리는 종종 "음운적으로 볼 때에 한 개의 단어와 같은것"을 확인하고 싶으며, 또 이런 단위에서 규칙성의 일반화가 가능함을 알 수 있다. 즉 음운규칙들 (R1, R2 .....Rn)의 일반성을 최대한 확보하기 위해서는 "음운적으로 볼 때에 한 개의 단어에는 음운규칙 (R1, R2.....Rn)이 적용된다"고 말해야 하며, 음운단어 Phonologisches Wort(Prosodisches Wort도 이와 동의어로 쓰임, 기호 ω로 나타냄)라는 개념은 바로 이 필요에 부응하기 위해 생겨난 것이다.

이제 구체적으로 (R1, R2.....Rn)에 어떤 것들이 있는지를 (63)의 규칙들을 통해 살펴보자. 이 규칙들은 음운단어의 존재를 인정해야 할 이유를 제공해주는 여러 가지 규칙들 중의 일부에 불과하며 앞으로의 연구는 여기에 훨씬 더 많은 규칙들을 첨가할 것이다. 여기서는 단지 왜 음운단어라는 개념이 형태-통사적인 단어와 별도로 언어학에 필요한 개념으로 정착되었는지를 이해하는 것이 중요하다.

(63) a. 음절화규칙
     b. 비음동화규칙

(63)의 규칙들이 적용되는 범위는 모두 음운단어이다. 형태소 경계와 음절경계에 유의하여 다음 단어들을 살펴보자.

(64) a. Zahn.+arzt, Gold.+orange, Strand.+anzug
     b. sorg.+los, lieb.+lich, zweifel.+haft
     c. Miss.+erfolg, Un.+art, Ur.+angst
     d. freu.d+ig, tie.r+isch, for.m+al, illusio.n+är

위의 단어들은 모두 형태적으로 복잡한(즉 두 개 이상의 형태소로 구성된) 단어이다. (a), (b), (c)에서는 형태소 경계와 음절경계가 일치하고 있음에 반해, (d)에서는 그렇지가 않다. 이 차이는 음절화와 관련해서 다음과 같은 일반적인 사실과 관련이 있다.

음절화는 보통(형태적으로 볼 때) 한 단어 내에서 일어나지 단어와 단어사이에는 일어나지 않는다. 따라서 예를 들어 *ein Augenblick*과 같은 명사구는 [aɪn. aʊ. gən. blɪk]으로 첫째 단어의 마지막 자음이 음절 마지막 자음(= Koda)이 되지 *[aɪ. naʊ. gən. blɪk]처럼 첫째 단어를 건너 다음 단어의 음절 첫 자음(= Onset)이 되지 않는다. 이제 이 사실을 언어보편적인 원칙인 음절머리 최대화 원칙 Prinzip der Onsetmaximierung과 비교해 보라. 이 원칙에 따르면 모음과 모음사이의 자음은 가능하면 두번째 음절의 Onset이 될려고 하지 첫음절의 Koda가 될려고 하지 않는다(*Kino*는 [ki:.no]로 발음되지 *[kin.o]로 발음되지 않는다). 따라서 우리는 다음과 같은 결론을 내릴수 있다 : 음절화에서 언어보편적인 음절머리 최대화원칙은 모든 임의의 소리의 연속에 언제나 적용되는 것이 아니라, 이 소리의 연속이 한 단어를 이룬다는 조건하에 적용된다.

문제는 이때 한 개의 단어를 어떻게 정의하는가 이다. 왜냐하면 형태적으로 볼 때 (64a)의 합성어들은 비록 단어와 단어가 결합한 것이긴 하나 전체적으로는 역시 한 개의 단어이고, 음절머리 최대화원칙이 단어내에 적용된다고 할 때 *Zahn+arzt*와 같은 단어는 *[tsa:.nartst]처럼 잘못된 발음을 초래할 것이다. 마찬가지로 파생어 *sorg+los*는 *[zor.glo:s]로(Onset을 최대화 해도 *[zo.rglo:s]와 같은 형태는 공명도 원칙을 위반하므로 가능하지 않다.), *Un+art*는 *[u.nart]로 각각 잘못된 형태를 얻게 된다. 결국 한 단어 내에서 음절머리 최대화원칙이 적용된다고 할 때 이 단어가 형태적인 단어가 되어서는 안됨을 알 수 있다. 음운단어는 바로 이런 사실을 포착하기위해 도입된 개념으로 볼 수 있다. 즉 소리규칙이 형태적이 아니라, 음운적으로 볼 때 한 개의 단어에 적용된다라고 말할 때 소리규칙의 일반성이 표현될 수 있다는 것이다.

이렇게 본다면 독일어에서 음운단어는 단일형태소로 된 모든 단어뿐 아니라 (64b)와 (64c)에서 볼 수 있듯이 자음으로 시작하는 접미사와 접두사도 각각 독자적인 음운단어를 형성함을 알 수 있다. 이에 반해 (64d)의 모음으로 시작하는 접미사는 독자적인 음운단어가 될 수 없으므로 음절화가 접미사와 어기에 걸쳐 일어나게 된다(다시말해 어기+접미사 전체가 한 개의 음운단어를 형성하므로 음절머리 최대화원칙이 이 음운 단어내에 적용된다).

다음으로 비음동화규칙이 음운단어와 어떤 관련이 있는지를 살펴보자. 우리는 앞에서(2. 참조) 한 단어내에서 비음+폐쇄음의 연속은 언제나 동일한 조음장소를 가진다는 것을 보았다. (65a)는 거기서 제시된 예를 반복하고 있으며, (65b)는 비음동화의 규칙을 보이고 있다.

    (65) a. Ba[mb]us, T[an]te, Dank [daŋk]
        b. [+nas] → [α ORT] / ___ [-son, -kont, α ORT]

비음동화규칙은 (65a)에서처럼 단일형태소 단어에는 의무적으로 적용된다. 그러나 단어와 단어 사이에는 (66)에서 보듯이 비음동화규칙이 적용될 수도 있고 그렇지 않을수도 있다.

(66) a. in Berlin → [ɪn bɛɐliːn] oder [ɪm bɛɐliːn]
　　 b. ein Glück → [aɪn glʏk] oder [aɪŋ glʏk]

　비음동화규칙의 적용에 있어 이러한 차이를 설명하기 위해서 두가지 방법을 생각할 수 있다.

　첫째는 동화규칙을 그 적용범위에 따라 선택적으로 적용될 수 있게 규정하는 것이다. 이때는 비음동화규칙이 의무적으로 적용되는 규칙 obligatorische Regel인지, 선택적으로 적용되는 규칙 fakultative Regel인지가 결정된다 : 적용범위가 한 개의 음운 단어일 때는 비음동화규칙은 의무적으로 적용되고 (65b의 경우), 그 밖의 경우는 선택적으로 적용된다(66의 경우).

　둘째는 음운단어를 만드는 규칙을 선택적으로 적용하는 방법이다. 기저형태에서 음절을 만드는 음절화규칙과 마찬가지로, 음운단어를 형성하기 위해선 음운단어형성규칙이 따로 존재해야한다(vgl. Wiese, 1996:67). 이 음운단어형성규칙은 (66)에서처럼 두 개의 단어로 된 입력부에서 우선 두 개의 음운단어를 생성할 것이다 : in Berlin → (in)ω (Berlin)ω. 만약 음운단어형성규칙이 두 개의 음운단어를 묶어 다시 한 개의 음운단어로 합친다면(즉 음운단어가 자신의 직접하위단위로 다시 음운단위를 지배할 수 있는 순환적인 구조 rekursive Struktur를 허락한다면), 그리고 이 규칙의 적용이 선택적이라면 위의 in Berlin은 (in)ω (Berlin)ω으로 될 수도 있고(이 경우 한 개의 음운단어 내에서만 적용되는 비음동화규칙은 적용될 수 없다.), 아니면 두 개의 음운단어가 합쳐(in Berlin) ω으로 될 수도 있을 것이다(이 경우 비음동화규칙은 적용된다). 두 가지 가능성 중 어떤 것을 취하든 비음동화가 의무적인지, 선택적인지는 음운단어의 개념과 밀접한 관계에 있음을 알 수 있다.

10. 최소 단어 Minimales Wort

　6장에서 소개된 운율구조에 따르면 모든 단어는 최소한 1개의 음운단어로 이루어져 있고, 이 음운단어는 최소한 1개의 음보를 가져야 한다. 강세와 관련해서 많은 언어는 1개의 음보가 최소한 두 개의 모라를 가져야하는 제약을 지키고 있음을 보인다. 한 개의 모라는 단모음 V 혹은 음절 Koda의 자음 C 일 수 있다. 장모음은 두 개의 모라와 연결된다.

(67) Bimoraicity
　　　한 개의 음보는 두 개의 모라를 가진다.

따라서 음운적으로 볼 때 최소단어는 두 개의 모라를 가져야 한다. 독일어에서 *du*〔du:〕나 *die*〔di:〕와 같은 단어는 있을 수 있으나 *〔dʊ〕나 *〔dɪ〕와 같은 단어가 없는 것은 이 때문이다. 전자는 Bimoraicity 제약을 지키나 후자는 이를 어기고 있다.

독일어에서 1음절 단어를 품사별로 살펴보면 실지로 이 최소단어의 요건을 충족시키고 있음을 알 수 있다. (68)에서 이중모음의 두 번째 모음인 활음 Gleitlaut(영어 : glide)은 모음 밑의 밑줄로 표시된다.

(68) 명　사 : Tisch　〔tɪʃ〕
　　　　　　　Bau　　〔baʊ〕
　　　　　　　See　　〔ze:〕
　　동　사 : sing　　〔zɪŋ〕
　　　　　　　hau　　〔haʊ〕
　　　　　　　geh　　〔ge:〕
　형용사 : flott　　〔flɔt〕
　　　　　　　rauh　　〔ʀaʊ〕
　　　　　　　roh　　〔ʀo:〕
　전치사 : durch 〔dʊʀç〕
　　　　　　　nach　〔na:x〕
　　　　　　　bei　　〔baɪ〕

위의 예들에서 우리는 1음절 단어가 장모음이나, 이중모음 혹은 단모음＋자음으로 마침을 알 수 있다. 장모음이나 이중모음 혹은 단모음＋자음은 모두 두 개의 모라이다. 이에 반해 독일어의 어떤 일음절 단어도 단모음으로(보다 정확히 말하면 이완된 단모음으로), 즉 〔a ɐ e a ɛ ʊ ɔ ɜ ʏ œ ɪ〕로 마치는 것은 없다. 단모음은 한 개의 모라를 가진다. 따라서 이를 일반화시키면 다음과 같이 될 것이다(vgl. Hall, 1999:106)

(69) **최소단어제약** : 독일어에서 음운단어는 최소 두 개의 모라를 가진다.

한가지 생각해 볼 점은 제약 (69)이 (68)에서처럼 모든 1음절 단어에 적용되는 것이라면, 이 제약을 보다 더 일반화시킬 수 있지 않을까하는 문제이다. 즉 모든 음절이 위와 같은 최소제약을 충족시킨다면 1음절 단어는 자동적으로 이 제약을 충족시킬 것이다. 이렇게 본다면 (69) 대신 (70)과 같은 제약이 독일어에 타당하게 될 것이다.

(70) 독일어에서 1음절은 최소 2개의 모라를 가진다.

실지로 Wiese(1988)와 Féry(1995)는 (69)대신 (70)의 제약을 제안하고 있다. 그러나 (70)의 제약은 독일어에서 단모음으로 끝나는 음절 때문에(예 : Tarif 〔ta.ʀi:f〕에서 첫째 음절) 옳다고 할 수 없다. 단모음은 한 개의 모라를 가지기 때문이다. 이 때문에 Wiese(1988)는 *Tarif*의 첫음절처럼 음절이 단모음으로 마치는 경우 이 단모음이 기저형태에서는 장모음이라고 가정하며 제약 (70)은 기저형태에 적용되는 제약이므로, 실지로는 (70)의 제약을 어기지 않는 것으로 설명한다.

그러나 기저형태에 관한 이런 가정을 받아들일 경우 독일어에서 모든 음절은 최소 2개의 모라를 가지므로, 더 이상 무거운 음절(= 2개의 모라)과 가벼운 음절(= 1개의 모라)의 구분이 없게되고, 그렇게 되면 단어강세를 설명할 수 없다.

그러나 8.1에서 보았듯이 독일어에서 단어강세는 무거운 음절과 가벼운 음절의 구분에 의존하므로 이런 점에서 (70)은 타당한 제약이 될 수 없다(vgl. Yu 1992a, Hall 1992a, 1999). 결국 제약 (69)는 운율의 위계구조와 Bimoraicity제약을 가정할 때 자동적으로 도출되는 제약이며 Bimoraicity제약은 최소단어인 음운단어와 관련된 것이지, 음절을 직접 제한하는 제약이 아님을 알 수 있다(vgl. Yu 2002b).

참고 문헌

유시택(2001), "독일어에서 어간형성소로서의 Schwa", 외국어로서의 독일어 8, 195~224.

______(2002a), "독일어에서 형태소 실현 제약", 독어교육 23, 225~247.

______(2002b), "독일어 운율구조에서 최소단어의 역할", 독어학 5.

Brockhaus, W. G.(1995), *Final Devoicing in the phonology of German*. Tübingen.

Chomsky, N./M. Halle.(1968), *The Sound Pattern of English*. New York.

Clements, G. N./E. Hume(1995), "The Internal Organization of Speech Sounds", In : Goldsmith, J. (ed.) : The Handbook of Phonological Theory. Oxford, 245~306.

Eisenberg, P./K. H. Ramers/H. Vater (eds.)(1992), *Silbenphonologie des Deutschen*. Tübingen.

Féry, C.(1997), "Uni und Studis: die besten Wörter des Deutschen". In : *Linguistische Berichte* 172, 461~490.

________(1998), "On the best optimality-theoretic account of German Final Devoicing", Ms.

________(1999), "German Word Stress in Optimality Theory", ROA # 301-0399.

Giegerich, H. J.(1985), *Metrical Phonology and Phonological Structure* : *German and English*. Cambridge.

Goldsmith, J. 1976(1979), *Autosegmental Phonology*. Doctoral dissertation, MIT. New York: Garland.

Hall, T. A.(1992a), *Syllable Structure and Syllable-related Processes in German*. Tübingen.

__________(1992b), "Syllable Final Clusters and Schwa Epenthesis in German". In : Eisenberg, P./K. H. Ramers/H. Vater (eds.) : *Silbenphonologie des Deutschen*. Tübingen, 208~245.

__________(2000), *Phonologie. Eine Einführung*. Berlin, NY.

Hayes, B.(1986), "Inalterability in CV Phonology". In : *Language* 62, 321~350.

Hammond, M.(1999), *The Phonology of English. A Prosodic Optimality-Theoretic Approach.*. New York.

Hume, E.(1992), *Front Vowels, Coronal Consonants and their Interaction in Nonlinear Phonology.* Dissertation : Cornell University.

Kiparsky, P.(1982), "Lexical Morphology and Phonology". In : I.-S. Yang (ed.) : *Linguistics in the Morning Calm* Vol. 2, 3-91. Seoul.

Ladefoged, P.(1982), *A Course in Phonetics.* New York.

McCarthy, J./A. Prince(1986), *Prosodic morphology.* Ms., University of Massachusetts, Amherst and Brandeis University. Rutgers Center for Cognitive Science (RuCCs) technical report 32.

McCarthy, J. J./A. S. Prince(1993), *Prosodic Morphology : Constraint Interaction and Satisfaction.* Ms., University fo Massachusetts, Amherst, and Rutgers Univerity, New Brundwick, N.J.

Mohanan, K. P.(1982), *Lexical Phonology.* Doctoral dissertation, MIT.

__________(1986), *The Theory of Lexical Phonology.* Dordrecht.

Prince, A./P. Smolensky(1993), *Optimality Theory : Constraint Interaction in Generative Grammar,* ms., Rutgers University, New Brunswick, and University of Colorado, Boulder.

Ramers, K. H.(1992), "Ambisilbische Konsonanten im Deutschen". In : Eisenberg, P./K. H. Ramers/H. Vater (eds.) : *Silbenphonologie des Deutschen.* Tübingen, 246~283.

Ramers, K. H./H. Vater(1995[4]), *Einführung in die Phonologie.* Hürth.

Ramers, K. H.(1998), *Einführung in die Phonologie.* München.

Sagey, E.(1986), *The Representation of Features and Relations in Phonology.* Dissertation : MIT.

Selkirk, E. O.(1982), *The Syntax of Words*. Cambridge.
Vennemann, Th.(1972), "On the Theory of Syllabic Phonology".
　　　In : *Linguistische Berichte* 18, 1-18.
Wiese, R.(1988), *Silbische und lexikalische Phonologie. Studien
　　　zum Chinesischen und Deutschen*. Tübingen.
　　　　　(1996), *The Phonology of German*. Oxford.
Wiese, R.(2000), "The unity and variation of (German) /r/".
　　　In : *Marburger Arbeiten zur Linguistik*. Nr. 4. Universität
　　　Marburg.
Yu, S.-T.(1992a), *Unterspezifikation in der Phonologie des Deutschen*.
　　　Tübingen. (= *Linguistische Arbeiten* 274)
　　　　　(1992b), "Silbeninitiale Cluster und Silbifizierung im
　　　Deutschen". In : Eisenberg, P./K. H. Ramers/H. Vater
　　　(eds.) : Silbenphonologie des Deutschen. Tübingen,
　　　172~207.
　　　　　(1998), "Partizip Perfekt-Formen und Constraintrankings
　　　im Deutschen". In : *Dogilmunhak* 66, 351-368.
　　　　　(2001a), "Der velare Nasal im Deutschen: Eine
　　　optimalitätstheoretische Analyse". In : Koreanische
　　　Zeitschrift für Deutsche Sprachwissenschaft 3, 151~183.
　　　　　(2001b), "Multi-Strata Lexikon vs. Constraintranking :
　　　Degemination im Deutschen". In : *Linguistische Berichte*
　　　186, 129~155.

제3부

통 사 론

I 문장의 구조

구 명 철 (숙명여자대학교)

I. 문법적 범주 : 품사

일반적으로 '범주 Kategorie'라는 단어는 일정한 특징을 공유하는 개체들을 묶어 주는 개념이다. 예를 들어 사자, 호랑이, 코끼리, 원숭이 등을 묶어 주는 공통된 개념은 '포유류'이므로, '포유류'가 이 동물들의 범주가 된다. 이와 마찬가지로 문장을 구성하고 있는 단어들도 그 특성을 토대로 몇 가지 범주로 분류할 수 있는데, 이것을 '품사 Wortart'라고 한다. 전통적으로 '물질적인 것 Substantielles'을 나타내는 단어는 '명사 Nomen(= N, Substantiv)'라고 하고, '동작'을 나타내는 단어는 '동사 Verb(= V)'라고 하였다. 또한 사물의 '특징'을 나타내는 단어는 '형용사 Adjektiv(= A)'라고 이름 붙였다. 예를 들어 '책상'이라는 사물을 뜻하는 독일어 단어 Tisch는 명사, '가다'라는 동작을 나타내는 gehen은 동사, '크다'라는 뜻의 groß는 형용사가 된다. 그러나 이러한 품사의 정의에는 몇 가지 문제가 있다. 물질적인 것이 아니라 Traum '꿈'처럼 추상적인 것을 나타내는 단어가 명사로 분류되거나, Schönheit '아름다움', Rauchen '흡연' 등과 같이 특징이나 동작을 나타내는 단어들이 명사로 분류되고 있는 것이다. 또한 특징을 나타내는 단어가 동사로 분류되거나(예 : ähneln), 반대로 움직임을 나타내는 단어가 형용사로 분류되기도 한다(예 : windig). 따라서 품사를 의미 기준에만 근거하여 정의하는 것은 적절하지 못하다. 품사를 분류할 때는 이러한 의미 기준 이외에도 형태론적 특성이나 통사적 특성도 고려해야만 한다.

단어들은 ―우선 형태론적인 측면에서― 어형변화 즉 '굴절 Flexion' 여부에 따라 구분할 수 있다.1) 굴절이란 원래 어떤 물체가 굽어보이는 것을 의미한다. 예를 들어 젓가락을 유리컵 속에 넣으면 물 속에 들어 있는 젓가락 부분이 굽어보인다. 이처럼 한 단어가 상황에 따라 다른 모습을 보이는 것을 형태론에서 굴절이라고 한다. 굴절을 하는 단어들은 인칭과 수 그리고 시제에 따라 '활용변화 Konjugation'를 하는 것들과 격, 성, 수에 따라 '곡용변화 Deklination'를 하는 것들로 나누어진다. 곡용변화를 하는 단어들은 다시 비교변화를 할 수 있는지의 여부에 따라 형용사와 명사, 대명사, 관사로 구분할 수 있다. 명사는 고정된 문법적인 '성 Genus'을 가지고 있는 반면, 대명사 Pronomen와 관사 Artikel는 해당 명사가 가지고 있는 성에 따라 그 성이 결정된다. 다음 (1)은 굴절 즉 어형변화하는 단어들의 품사 분류를 도식으로 나타낸 것이다.

---

1) 여기서 소개하고 있는 품사구분은 Elst & Habermann(1997, 6장)과 Linke et al. (1996)에 기초하고 있다.

(1)

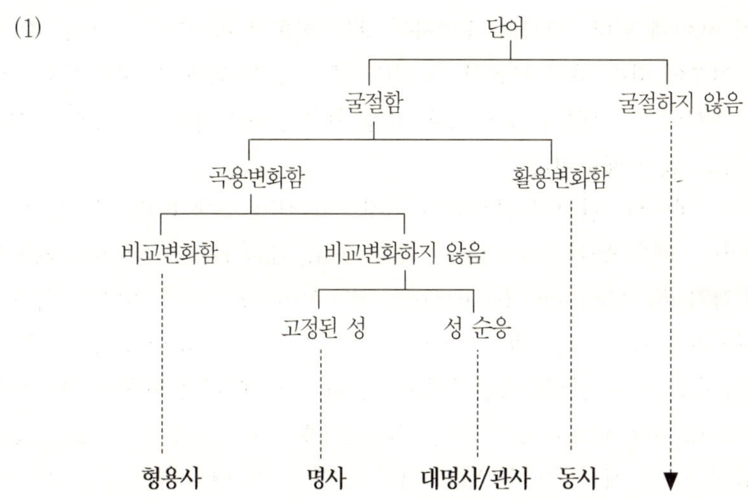

이제 굴절 가능한 품사들의 특성을 구체적으로 살펴보기로 하자. 활용변화를 하는 동사는 시제와 화법에 관한 문법적인 정보를 갖고 있을 뿐만 아니라, 문장의 주어와 인칭 및 수에 대해 일치 관계를 보인다. 예를 들어 sagte는 과거시제 정보를, könnte는 접속법에 관한 정보를 지니고 있으며, "Er sieht ein Bild"라는 문장에서 sieht는 주어 er와 3인칭 단수라는 일치관계를 보여준다.

명사는 (der) Mann, (die) Frau, (das) Kind와 같이 그 자체로 남성, 여성, 중성이라는 고정된 성을 가지고 있다. 반면 대명사는 자신이 대신하는 명사의 성에 따라 형태가 결정된다. 예를 들어 남성명사 der Mann을 대신하는 경우에는 남성 인칭대명사 er가 사용되고 (die) Frau나 (das) Kind를 대신하는 경우에는 이것들의 성을 따라 각각 여성 및 중성 인칭대명사 sie와 es가 사용된다. 대명사는 인칭대명사 이외에도 지시대명사(dies-, jen-), 소유대명사(mein-, dein-), 재귀대명사(sich), 관계대명사(der, wer), 의문대명사(wer, was), 부정대명사(etwas, manch-) 등으로 하위 분류할 수 있다. 관사도 독립적인 성을 갖지 못하고 그것이 관계 맺는 명사의 성에 따라 다양한 형태를 갖는다. 남성명사인 Mann이 그 뒤에 나오면 der나 ein이 쓰이고, 여성명사인 Frau가 나오면 die나 eine가, 중성명사인 Kind가 나오면 das나

ein이 쓰이게 된다. 관사와 대명사는 해당 어휘가 독립적으로 쓰일 수 있는 지의 여부에 따라 다시 구분할 수 있다. 즉 자신의 뒤에 명사를 필요로 하는 것은 관사이고, 그렇지 않은 것은 대명사이다. 대명사는 그 자체가 명사를 대신하고 있기 때문이다.

명사, 대명사, 관사의 공통점은 이것들이 격과 수에 따라 변화를 한다는 사실이다. 예를 들어 der Mann, die Frau, das Kind, er/sie/es는 복수에서 각각 die Männer, die Frauen, die Kinder, sie로 변하고, 복수 3격에서는 den Männern, den Frauen, den Kindern, ihnen으로 변화한다.

형용사도 이 품사들과 마찬가지로 성, 격, 수에 따라 변화를 한다. 예를 들어 ein großer Mann(남성 1격), eine große Frau(여성 1격), ein großes Kind(중성 1격)에서 볼 수 있는 바와 같이 성에 따라 다른 어미를 갖고, guter Wein(남성 1격), gutes Weines(남성 2격), gutem Wein(남성 3격), guten Wein(남성 4격)에서처럼 격에 따라서도 다른 모습을 보인다. 그리고 ein großer Mann의 großer는 복수에서 große(Männer)가 된다. 그러나 형용사가 명사, 대명사, 관사와 다른 점은 groß - größer - größt와 같이 비교변화를 할 수 있다는 점이다.

지금까지 우리는 형태론적인 기준에 의해서 동사, 명사, 대명사, 관사, 형용사와 같은 품사들을 분류하여 보았다. 그러나 굴절을 하지 않는 단어들은 이러한 형태론적인 기준으로는 더 이상 구분할 수 없다. 굴절 불가능한 품사에는 '접속사 Konjunktion', '전치사 Präposition(= P)', '부사 Adverb(= Adv)', '불변화사 Partikel' 등이 있는데, 이것들을 분류할 때는 여기에 해당하는 단어들의 통사적인 특성이 고려되어야 한다.

굴절 불가능한 단어들은 우선 문장성분으로서 간주될 수 있는지의 여부에 따라 구분할 수 있다. 문장성분이란 문장을 직접 구성하는 요소를 말한다. 문장성분은 서술문에서 동사 앞으로 이동할 수 있을 뿐만 아니라, 대명사 또는 대부사로 대체될 수 있다(문장성분에 대한 자세한 논의는 아래 4.1 참조). 예를 들어 und/oder/wenn, auf/in/zu, hier/oft/langsam, auch/bloß/nur 등과 같은 단어들 중에서 hier/oft/langsam은 동사 앞에 나올 수 있지만(2), 나머지 단어들은 그럴 수 없다(3~5).

(2) a. Ursula kommt zu mir oft. → Oft kommt Ursula zu mir.
    b. Ein alter Mann lebt hier. → Hier lebt ein alter Mann.
    c. Der Zug kommt langsam an. → Langsam kommt der Zug an.

(3) a. Peter und Ursula kommen zu mir oft.
       → *Und kommen Peter Ursula zu mir.
    b. Ursula kommt morgen oder übermorgen.
       → *Oder kommt Ursula morgen übermorgen.

(4) a. Ein Buch liegt auf dem Tisch. → *Auf liegt ein Buch dem Tisch.
    b. Ursula kommt zu mir oft. → *Zu kommt Ursula mir oft.

(5) a. Die Aufgabe kann auch er lösen. → *Auch kann er die Aufgabe lösen.
    b. Die Aufgabe kann nur er lösen. → *Nur kann er die Aufgabe lösen.

즉 hier/oft/langsam과 같은 단어들은 문장성분으로서의 역할을 할 수 있는 부사에 해당하고, und/oder/wenn, auf/in/zu, auch/bloß/nur 등은 문장성분으로 사용될 수 없으므로 부사와는 다른 부류에 속한다. 후자는 단어들을 서로 연결해주는 기능이 있는지의 여부에 따라 다시 두 가지로 구분할 수 있다. 즉 und/oder/wenn과 auf/in/zu는 단어들을 서로 연결해주는 기능을 갖는 반면(6~7), auch/bloß/nur는 그렇지 않다(8).

(6) a. Peter **und** Ursula kommen zu mir oft.
    b. Ursula kommt morgen **oder** übermorgen.

(7) a. Ein Buch liegt **auf** dem Tisch.
    b. Ursula kommt **zu** mir oft.

(8) a. Die Aufgabe kann **auch** er lösen.
    b. Die Aufgabe kann **nur** er lösen.

(6)에서 und/oder는 각각 Peter와 Ursula, morgen과 übermorgen을 서로 동등하게 연결해 주고, (7)에서 auf/zu는 dem Tisch와 mir를 각각

동반하여 이것들을 동사와 연결해 준다. 따라서 und/oder나 auf/zu가 나오지 않는다면 이것들이 들어 있는 문장은 비문법적이 된다(6′와 7′). 반면, auch/nur의 경우에는 그 뒤에 er가 함께 나오기는 하지만, 여기에 auch/nur가 나오지 않는다고 해도 문장의 문법성에는 변화가 일어나지 않는다 (8′).

    (6′) a. *Peter Ursula kommen mir oft.
        b. *Ursula kommt morgen übermorgen.

    (7′) a. *Ein Buch liegt dem Tisch.
        b. *Ursula kommt mir oft.

    (8′) a. Die Aufgabe kann er lösen.
        b. Die Aufgabe kann er lösen.

    auch/nur와 같은 단어들은 문장 안에 쓰일 때 그 형태가 변하지 않기 때문에 '불변화사 Partikel'라고 부르는데, 문장 속의 어떤 한 부분을 강조하는 역할을 한다. 불변화사 중에는 다음 (9)의 aber나 eben과 같이 발화된 내용에 대해 화자의 입장을 표현하는 것들도 있다.

    (9) a. Das war **aber** eine Überraschung.
       b. Das ist **eben** so.

    한편, 연결 기능을 갖는 und/oder와 auf/zu는 각각 동반하는 단어에 대해 특정한 격을 요구하는지의 여부에 따라 서로 구분된다. 즉 auf/zu는 위 예문 (7)에서 본 바와 같이 뒤에 나오는 명사가 3격일 것을 요구한다. 이처럼 명사에 대해 특정한 격을 요구하는, 즉 격 지배를 하는 단어들을 전통적으로 전치사라고 부르고 있다.

    반면, und/oder는 자신의 앞뒤에 나오는 것들에 대해 어떤 특정한 격도 요구하지 않는다. und/oder에 의해 연결되는 것들은 (6b)에서처럼 격이 없는 부사이거나, 그것이 명사인 경우에도 이 명사가 문장 안에서 갖는 역할에 따라

위 (6a)에서처럼 1격을 가질 수도, 아래 (10)에서처럼 4격을 가질 수도 있다.

(10) Hans trifft auf der Straße **Peter und Ursula**.
(≒ seinen Bruder und seine Schwester)

이처럼 격 지배를 하지 않으면서 서로 같은 종류의 것들을 서로 연결해 주는 기능을 하는 단어들을 접속사라고 한다. 접속사는 단어들뿐만 아니라, 다음 (11), (12)에서와 같이 둘 이상의 단어로 이루어진 구나 절도 서로 연결해준다.

(11) a. **Ein Mann und eine Frau** warten auf den Bus.
    b. Willst du **in der Schule oder zu Hause** warten?

(12) a. **Als er nach Hause kam**, klingelte das Telefon.
    b. Ich weiß, **dass er ein reicher Mann ist**.

(12)의 als나 dass처럼 접속사가 이끄는 부분이 주문장의 한 성분이 되는 경우, 이러한 접속사를 종속접속사라고 한다.

지금까지 어형변화 즉 굴절을 하지 않는 단어들의 품사를 통사적 기준에 따라 구분하여 보았는데, 이것을 정리해 보면 다음과 같은 도식이 된다.

(13)

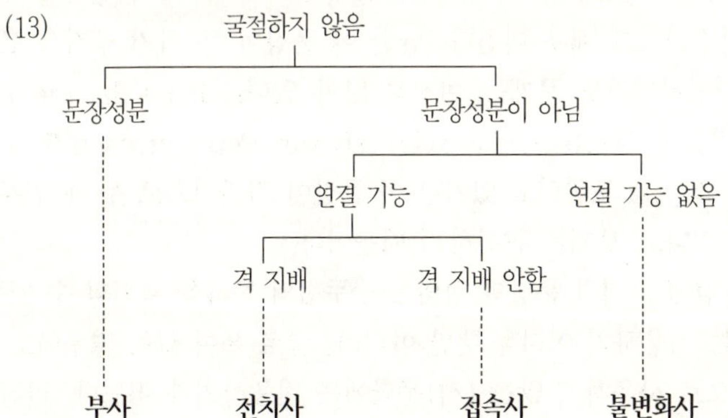

2. 문장의 구성

2.1 문장의 정의

문장을 정의하기는 쉽지가 않다. 문장에 대한 정의는 수없이 많은데, 이것들을 몇 가지로 요약하면 다음과 같다.[2]

> (14) 문장의 여러 가지 정의
> a. 심리언어학적인 관점 : 문장은 하나의 생각을 표현하는 것이다.
> b. 정서법 상 : 문장은 구두점을 통해 구분되는 표현이다.
> c. 음운론적인 관점 : 문장은 가장 작은 호흡 단위이다.
> d. 구조적인 관점 : 문장은 자기보다 더 큰 통사 구조가 없는 통사 단위이다.

그러나 이러한 문장의 정의들 중 어떤 것도 문장이 정말 무엇인지를 완벽하게 설명해주지는 못한다. 문장이 하나의 생각을 표현한다는 심리언어학적인 정의는 너무 모호하다. 왜냐하면 생각이라는 추상적인 개념을 하나의 단위로 구분해 내기가 쉽지 않기 때문이다. 실제로 하나의 문장으로 간주될 수 있는 "Maria sah, wie Peter grinste"가 과연 "Maria는 Peter가 히죽히죽 웃는 것을 보았다"라는 하나의 생각을 나타내고 있는지, 아니면 "Peter가 히죽히죽 웃었다"와 "Maria가 (무언가를) 보았다"라는 두 가지 생각을 포함하고 있는지 단정하기가 매우 어렵다. 만일 이 문장이 두 가지 생각을 표현하고 있다고 가정하더라도 문제는 여전히 남아 있다. "Ich sah, wie Peter grinste"와 비슷한 의미를 가지고 있는 "Ich sah Peter grinsen"도 "Peter grinste"라는 의미를 포함하고 있지만 이 문장이 직관적으로 두 개의 문장으로 이루어져 있다고 보기는 곤란하기 때문이다.

한편, 구두점에 근거한 문장의 정의는 구두점의 존재를 확인할 수 없는 발화된 표현에는 적용하기 어려울 뿐만 아니라, 글로 쓰여 있는 경우에도 구두점을 의도적으로 사용하지 않는 (시)문학에는 적용하기가 어렵다. 마찬가지로 "발화시 호흡을 하게 되는 가장 작은 단위"라는 음운론적 정의도 몇 줄에

---

2) 문장의 정의에 대해서는 Vater(1996:111ff)와 Elst / Habermann(1997:17f) 참조.

걸쳐 있는 긴 문장에는 적용하기가 어려울 것이다.

이처럼 문장에 대해서는 여러 가지 정의가 있지만, 그 중에서도 "자신보다 더 큰 통사 구조가 없는 통사 단위이다"는 정의는 문장을 하나의 구조로 보고 있다는 점에 있어서 가장 객관성을 보이고 있다. 구조란 어떤 것이든 무엇인가로 구성되어 있으므로 그 구성 관계를 밝힘으로써 정의될 수 있기 때문이다. 그런데, 문장을 구성하는 것들은 일정한 규칙에 의해서 서로 결합된다. 이제 문장을 이루고 있는 구성성분과 그들의 결합관계를 나타내는 구구조규칙에 대해서 알아보기로 하겠다.

2.2 구성성분과 구구조규칙

'구성성분 Konstituente'이란 더 큰 요소의 부분이 될 수 있는 모든 요소를 말한다(Bußmann 1990:264 참조). 따라서 각 구성성분은 그보다 더 작은 구성성분으로 나누어질 수 있다. 예를 들어 "Ein Mann wartet auf den Bus"라는 문장은 ein Mann과 wartet auf den Bus라는 두 부분으로 이루어져 있고, wartet auf den Bus는 wartet와 auf den Bus로, auf den Bus는 다시 auf와 den Bus로 이루어져 있다. 마찬가지로 den Bus는 den과 Bus로, ein Mann은 ein과 Mann으로 이루어져 있다. 즉 "Ein Mann wartet auf den Bus"라는 문장을 이루는 구성성분은 ein Mann, wartet auf den Bus, auf den Bus, den Bus, ein, Mann, wartet, auf, den, Bus가 된다.

그런데 "Ein Mann wartet auf den Bus"를 이루는 구성성분 중에서 둘 이상의 단어로 이루어져 있는 ein Mann, wartet auf den Bus, auf den Bus, den Bus는 '통사범주 syntaktische Kategorie', 더 구체적으로 말하면 '구 Phrase'라고 한다. 각각의 구를 이루는 단어들 중에는 이 구의 문법적 특성을 결정하는 단어가 하나씩 들어 있는데 이것을 '핵심어 Kopf'라고 하고 이 핵심어의 품사에 따라 구의 이름이 결정된다. 예를 들어 ein Mann에서는 명사인 Mann이 핵심어가 되고, wartet auf den Bus에서는 동사인 wartet가 핵심어가 되므로 이들을 각각 '명사구 Nominalphrase'와 '동사구 Verbalphrase'라고 부른다. 또한 auf가 핵심어가 되는 auf den Bus는 '전치사구 Präpositionalphrase',

Bus가 핵심어가 되는 den Bus는 ein Mann과 마찬가지로 명사구가 된다.
  이처럼 문장을 구성성분들의 결합관계를 규칙으로 모아 놓은 것을 '구구조
규칙 Phrasenstrukturregel(= PS-Regel)'이라고 한다. 예를 들어 앞서 살
펴본 독일어 문장 "Ein Mann wartet auf den Bus"를 이루고 있는 구구조
규칙들을 제시해 보면 아래와 같다.[3]

> (15) a. S → NP VP
>   b. NP → (Art) N
>   c. VP → V PP
>   d. PP → P NP

  구구조규칙 (15)에서 화살표(→)는 '다시 쓰기' 즉 구성관계를 나타내고,
그 뒤에 나오는 통사범주들은 화살표 왼쪽에 있는 통사범주를 구성하는 것들
을 의미한다. 예를 들어 "S → NP VP"는 "문장(S)은 명사구(NP)와 동사구
(VP)로 이루어져 있음"을 의미한다. 한편 화살표 오른쪽에 나오는 통사범주
들에 괄호가 표시되어 있는 것은 이 통사범주가 실현될 수도, 실현되지 않을
수도 있음을 의미한다. 예를 들어 명사구에는 ein Mann에서처럼 관사가 나
오기도 하고 Männer에서처럼 나오지 않기도 하는데, 이처럼 수의적인 경우
는 "NP → (Art) N"을 통해 나타낼 수 있다.
  이제 "Ein Mann wartet auf den Bus"를 구성하는 구구조규칙들을 상하
관계로 결합하면 '수형도 Baumstruktur'가 된다. 즉 수형도는 문장을 이루
는 구성성분들을 위계구조로 나타낸 것으로, 수형도에서는 각 구성성분이
'매듭 Knoten' 즉 연결의 고리가 된다(예 : NP, VP 등). 한편, 위계구조의 맨
끝에는 단어 수준의 구성성분이 나오고, 여기에 구체적인 단어들이 표시된다.

---

3) 여기에 사용된 문법범주의 축약형은 다음과 같이 풀어 쓸 수 있다.
    Art = Artikel   N = Nomen / Substantiv
    NP = Nominalphrase   P = Präposition
    PP = Präpositionalphrase   S = Satz
    V = Verb   VP = Verbalphrase

(16)

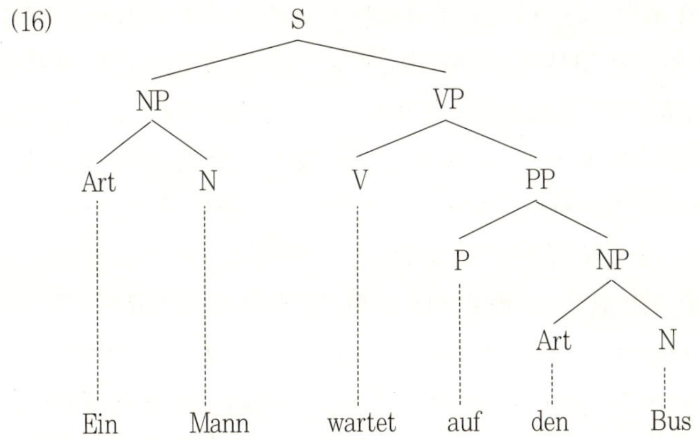

수형도 (16)은 동일한 위계관계를 유지하는 괄호구조 (16′)으로 다시 나타낼 수 있다.

(16′) [s [NP [Art Ein] [N Mann]] [VP [v wartet] [PP [P auf] [NP [Art den] [N Bus]]]]]

(16)과 (16′)은 하나의 문장이 단 하나의 구조로 분석될 수 있는 경우를 보여 주고 있는데, 다음 예문 (17)과 같이 한 문장이 둘 이상의 구조를 갖는 경우도 있다.

(17) Fritz sieht einen Mann auf der Straße.

예문 (17)의 구조를 분석하기 위해 구구조규칙 (15)를 확장해보면 다음과 같다.

(15′) a. S → NP VP
 b. NP → (Art) N, NP → NP PP
 c. VP → V (NP) (PP), VP → VP PP
 d. PP → P NP

(15′b)의 'NP → NP PP'는 einen Mann auf der Straße '길거리에 있는 한 남자'처럼 명사구(einen Mann)가 전치사구(auf der Straße)에 의해 수

식되는 경우에 해당한다. 이 구구조규칙은 화살표 오른쪽 부분에서 전치사구 (PP)가 이미 완전한 명사구(NP)와 결합하고 있음을 보임으로써 전치사구가 명사구를 구성하는데 필수적이지 않음을 잘 반영하고 있다. 또한 (15′c)의 첫 번째 구구조규칙 'VP → V (NP) (PP)'는 동사구가 동사만으로 이루어질 수도(예 : schläft), 동사와 전치사구의 결합으로 이루어질 수도(예 : wartet auf den Bus), 동사와 명사구의 결합으로 이루어질 수도(예 : sieht einen Mann) 있음을 의미한다. 그리고 (15′c)의 두 번째 구구조규칙 'VP → VP PP'는 sieht einen Mann auf der Straße '길거리에서 한 남자를 보고 있 다'처럼 동사구(sieht einen Mann)가 전치사구(auf der Straße)에 의해 수식되 는 경우에 해당한다. 이 구구조규칙은 화살표 오른쪽 부분에서 전치사구(PP) 가 이미 완전한 동사구(VP)와 결합하고 있음을 보임으로써 전치사구가 동사 구를 구성하는데 필수적이지 않음을 잘 반영하고 있다. 이제 예문 (17)이 가 질 수 있는 두 구조를 괄호구조로 각각 나타내면 아래와 같다.

(17′) a. [s [NP Fritz] [VP [V sieht] [NP [NP [Art einen] [N Mann]] [PP [P auf] [NP [Art der] [N Straße]]]]]]

b. [s [NP Fritz] [VP [VP [V sieht] [NP [Art einen] [N Mann]]] [PP [P auf] [NP [Art der] [N Straße]]]]]

즉 "Fritz sieht einen Mann auf der Straße"라는 문장에서 auf der Straße는 명사구(einen Mann)를 수식할 수도 있고(17′a) 동사구(sieht einen Mann)를 수식할 수도 있다는 것이다(17′b). 전자의 경우 문장은 "Fritz가 길 거리에 있는 한 남자를 보고 있다"는 의미를 갖게 되고, 후자의 경우에는 "Fritz가 길거리에서 한 남자를 보고 있다"는 의미가 된다. 이처럼 문장의 구 조에 대한 분석은 문장의 중의성을 밝혀내는 데도 도움이 된다.

3. 문법적 관계

3.1 의존관계와 연합관계

문장을 구성하는 요소들 사이에 존재하는 '문법적 관계 grammatische Relation'는 크게 '의존 Dependenz' 관계와 '연합 Soziation' 관계로 구분된다(Lehmann 1983:339 참조). 의존관계는 단어나 구들 사이에 나타날 수 있는 '종속관계 Unterordnungsverhältnis'로서, 그 둘 중 의존하는 성분(= 의존소)은 흔히 '선택적 optional'이고 통제하는 성분(= 통제소)은 전체 구조의 통사범주와 그 이외의 구조적 특성을 결정하는 핵심이 된다.

이와 달리 연합관계에는 어떤 종속적인 관계도 존재하지 않는다. 다시 말해서 관계에 참여하는 것들이 서로 동등하게 결합된다. 이러한 두 종류의 문법적 관계는 다음과 같은 예를 통해서 더욱 분명하게 구분할 수 있다.

> (18) a. ... isst (einen Apfel)
>   b. ... (kranker) Mann

> (19) a. Er kam und ging.
>   b. Matthias, mein Freund!

(18)에서 einen Apfel과 krank는 선택적이므로 의존소로 볼 수 있고, isst와 Mann은 전체 구조의 통사범주와 구조적 특성을 결정하므로 앞서 언급한 바와 같이 통제소에 해당한다.

그런데 이처럼 의존관계를 보이는 두 가지 예인 (18a)와 (18b)에도 서로 다른 점이 있다. 즉 (18a)에서는 동사와 명사의 관계이고 (18b)에서는 형용사와 명사와의 관계이다. 그래서 의존관계는 다시 '지배관계 Relation der Rektion'와 '수식관계 Relation der Modifikation'로[4] 구분할 수 있다

---

4) 'Modifikation'은 원래 '수식' 또는 '한정'이라는 의미를 갖지만, 여기서는 부사와 형용사의 관계뿐만 아니라 부사와 동사의 관계도 포함하는 넓은 의미로 사용되고 있다. 한편 이 용어는 Matthews(1981, 7장)의 수식 "modification"과는 쓰임이 다르다. Matthews는 Lehmann의 수식관계에 포함되어 있는 한정 "determination" 관계를 수식관계와 별도로

(Lehmann 1983:340 참조).

한편, (19)에서 kam과 ging, 그리고 Matthias와 mein Freund는 각각 동등하게 연결되어 있다. 물론 첫 번째의 경우에는 두 단어가 등위접속사에 의해 서로 연결되어 있고 두 번째의 경우에는 동격의 명사구가 다른 것의 도움 없이 직접 연결되어 있다. 이런 의미에서 연합관계는 다시 '등위 Koordination' 관계와 '동격 Apposition' 관계로 구분할 수 있다.

3.2 지배와 수식

문법적 관계를 주도하는 성분은 다른 단어나 구로 채워져야만 하는 '문법적 빈자리 grammatische Leerstelle'를 갖게 된다. 이처럼 문법적 빈자리를 지니는 것들에 대해서 Lehmann(1983:342)은 '관계성 Relationalität'을 가지고 있다고 하고, 그렇지 않는 것들, 즉 문법적 빈자리를 가지고 있지 않는 것들은 '절대적 absolut'이라고 한다.

문법적 관계성은 다음과 같은 몇 가지 고유한 특성을 가지고 있다. 첫째로 문법적 관계성은 단어의 특성이지 구나 절의 특성은 아니다. 즉 단어는 문법적 빈자리를 열 수 있지만, 구나 절은 빈자리를 열 수 없다. 한편 빈자리를 채우는 요소에 대해서는 이러한 제약이 없어서 단어뿐만 아니라 구나 절도 문법적 빈자리를 채울 수 있다. 이런 의미에서 문법적 관계성은 성분구조 분석에 의해서 보완될 필요가 있다.

Matthews(1981:84)는 실제로 의존관계의 분석과 성분구조의 분석을 비교하고 이 둘이 상호 보완되어야 한다고 주장한다. 그에 따르면, 다음과 같은 성분구조 (20)을 가지고는 의존관계로 설명될 수 있는 (21)과 같은 다양한 가능성을 설명할 수 없다.[5]

(20) [x [y z]]

또 하나의 독립적인 관계로 분류하고 있다.

5) (20)에서 대괄호([ ])는 각 구성성분을 나타내고, (21)에서 화살표는 의존관계를 나타낸다. 이때 화살표는 통제소로부터 의존소로 향한다.

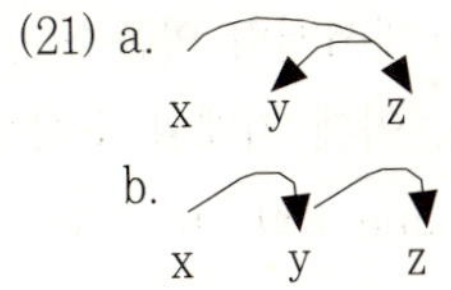

(21) a.

     x   y   z

b.

     x   y   z

한편 의존관계에도 성분구조에는 나타나지 않는 문제가 있다. die schöne Frau와 같은 명사구에서 관사 die는 명사인 Frau만을 한정하는 것이 아니라, 부가적 형용사와 명사, 즉 schöne Frau를 한정하는 것이다. 이러한 사실이 (22)와 같은 성분구조로는 잘 기술될 수 있지만, (23)과 같은 의존관계 표시로는 잘 기술되지 않는다.

(22) 〔 die 〔 schöne Frau 〕〕

(23)

   die   schöne   Frau

따라서 의존관계가 아래 (24)에서와 같이 성분구조의 분석을 통해서 보완되어야만 단어들 간의 관계를 정확히 파악할 수 있다.

(24)

  〔 die 〔 schöne Frau 〕〕

한편, 관계성 자체가 지니고 있는 두 번째 특성으로 들 수 있는 것은, 관계성은 전이적 transitiv이지 않다는 사실이다. 즉 a가 b를 지배(혹은 수식)하고 b가 c를 지배(혹은 수식)한다고 해서 a가 c를 지배(혹은 수식)한다고 할 수는 없다. 예를 들어 (eine) sehr schöne Frau에서 부사 sehr가 부가적 형용사 schöne를, 그리고 이 형용사 schöne가 명사 Frau를 수식한다고 해도 부사 sehr가 명사 Frau를 수식하지는 않는다.

의존관계에서 '관계소 relationales Element'가 될 수 있는 것, 즉 문법적 빈자리를 여는 요소는 지배관계의 경우에는 통제소이고, 수식관계의 경우에는 의존소이다. 예를 들어, 'ein Buch lesen'에서처럼 통제소(lesen)가 문법적 빈자리를 여는 경우에는 지배관계이고, 'guter Wein'에서처럼 의존소(guter)가 문법적 빈자리를 갖는 경우에는 수식관계가 된다. 이제 지배와 수식은 의존관계를 토대로 다음과 같이 정의할 수 있다(Lehmann 1991:15 참조).

(25) 어떤 요소 x가 문법적 빈자리를 통해서 의존소 y를 통제하면, x가 y를 지배한다고 할 수 있다. 이 때 문법적 빈자리는 지배를 위한 빈자리이고, 두 요소 x와 y의 관계는 지배관계이며, y는 x의 보족어가 된다.

(26) 어떤 요소 y가 문법적 빈자리를 통해서 통제소 x에 의존하면, y가 x를 수식한다고 할 수 있다. 이 때 문법적 빈자리는 수식을 위한 빈자리이고, 두 요소 x와 y의 관계는 수식관계이며, y는 x의 수식어가 된다.

이러한 정의를 도식화하면 아래 (27)과 같다. 이 때 '_'이 문법적 빈자리를 의미하는데, 지배를 위한 빈자리는 관계소 뒤에 나오고 수식을 위한 빈자리는 관계소 앞에 나온다. '의존을 나타내는 화살표 Dependenzpfeil'는 통제소에서 의존소 쪽으로 향한다.

(27) 의존의 두 가지 종류

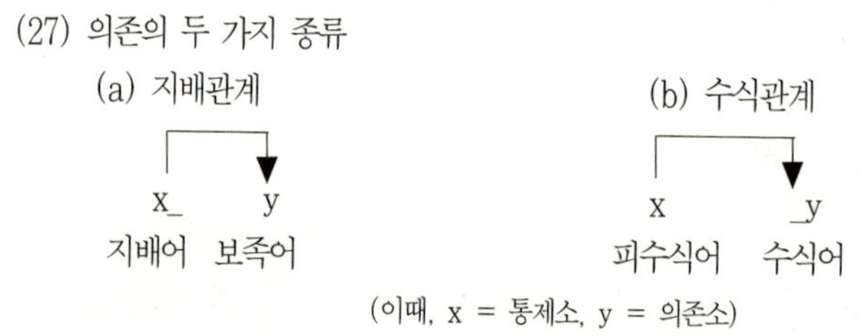

지배관계에서는 위에서 언급한 바와 같이 빈자리를 가지고 있는 관계소가 지배어가 되고 피관계소는 보족어가 된다. 한편, 수식관계에서는 빈자리를 가지고 있는 관계소가 수식어가 되고 피관계소는 피수식어가 된다. 지배와 수식관계의 정의 (25), (26)과 도식 (27)에서 눈에 띄는 점은 의존관계에서는 문법적 빈자리의 역할이 매우 중요하다는 사실이다. 문법적 빈자리는 두 개의 성분을 결합시킬 때 의존관계의 종류, 피관계소가 가져야 할 통사·의미론적 특성 등을 결정한다. 예를 들어 "Willi bewunderte Emma"라는 문장에서 동사 bewunderte는 지배를 위한 빈자리 두 개를 갖고 있는데, 이 중

주어를 위한 빈자리는 해당 명사구가 1인칭이나 3인칭 단수 주격이어야 하고
의미적으로는 '경험자 experiencer'일 것을 규정한다. 이런 의미에서 문법적
빈자리는 이 빈자리를 채우게 될 피관계소가 가져야 할 자질들의 집합이라고
할 수 있다. 예를 들어 동사 bewunderte의 주어를 위한 빈자리는 다음과
같이 나타낼 수 있다 : {문법범주 : 명사구, 인칭 : 1/3, 수 : 단수, 격 : 주격, 의미
역 : 경험자, ...}. 이 빈자리를 채울 명사구 Willi도 다음과 같은 자질들의 집
합으로 표시할 수 있다 : 〔Willi〕{문법범주 : 명사구, 인칭 : 3, 수 : 단수, ...}. 명사구에
어떤 자질의 값이 제시되어 있지 않은 경우, 이 명사구는 해당 자질에 대해
중립적이다. 예를 들어 Willi는 격에 대해 아무런 정보도 보여주지 않고 있
는데, 이 경우 Willi 자체는 격에 대해 중립적이고 이 명사구가 문장 안에서
갖는 격은 동사에 의해 결정된다. 즉 문법적 빈자리와 이에 관련되는 피관계
소가 결합될 때는 그들이 가지고 있는 자질—값들이 서로 '통합
Unifikation'되는 것이다.6) 물론 이러한 통합 과정에서 자질—값들이 서로
상충되는 경우가 나타나서는 안된다. 이처럼 문법적 빈자리나 해당 관계소가
갖는 자질—값은 두 성분의 결합에 매우 중요한 역할을 한다. 그러나 문법적
빈자리나 해당 관계소가 자질—값의 집합이다는 사실을 전제로 하고 일반적
으로 '_'이나 '〔Willi〕'로만 표시할 수 있다.

지배관계에는 동사와 주격 또는 목적격 명사구의 관계가, 수식관계에는
명사와 부가적 형용사, 형용사와 부사, 그리고 동사와 부사 등의 관계가 해
당한다. 명사와 관사의 관계도, 그들 사이에 의존관계가 있고 관사가 통제소
인 명사를 위해 문법적 빈자리를 열어 주므로 수식관계에 해당한다.

한편, '(관계)명사 Bezugsnomen—소유격 부가어 Genitivattribut' 관계
와 '조동사—본동사' 관계는 앞서 설명한 경우들과 달리 논란의 여지가 있다.
먼저, '(관계)명사—소유격 부가어' 관계의 경우, Seiler(1975, 2.3절)는 (관계)
명사의 특성에 따라 '양도불가능 명사 inalienables Substantiv'와 '양도가
능 명사 alienables Substantiv'로 나누고, 이에 따라 '(관계)명사—소유격
부가어' 관계도 두 가지 경우로 구분한다. 그에 따르면, 친족관계나 신체부분

---

6) '통합'에 대해서는 Shieber(1986, 3장) 참조. 문법적 빈자리와 이 빈자리를 채우는 성분 사
   이의 통합 및 형식화에 대해서는 Koo(1997, 2.1.1절) 참조.

을 표현하는 양도불가능 명사는 의미적으로 볼 때 대상들 간의 관계를 나타
낸다. 예를 들어 'a는 b의 아버지'에서 '아버지'라는 표현은 a와 b라는 대상들
간의 관계를 나타내므로 문법적 빈자리를 가지고 있다고 볼 수 있다. 이런
양도불가능 명사들은 통사적으로도 다른 명사들과 몇 가지 다른 점을 보인
다. 첫째, 아래 예문 (29)에서 보여주듯이 친족관계나 신체부분을 표현하는
명사는 논리적 술어인 sein과 결합될 때 부정관사와 함께 잘 쓰이지 않는다.

(28) Das ist ein Korb.

(29) ?Das ist eine Nichte. (Seiler, 1975:19)

둘째, väterlich, königlich 등과 같은 '소유관계를 나타내는 형용사
Zugehörigkeitsadjektiv'는 소유격 명사구를 대신할 수 있는데, 수식 받는 핵
심어 명사가 Bein이나 Tochter처럼 양도불가능 명사일 경우에는 불가능하다.

(30) a. Vermögen des Vaters — väterliches Vermögen
     b. Palast des Königs — königlicher Palast

(31) a. Bein des Vaters — *väterliches Bein
     b. Tochter des Königs — *königliche Tochter (Lehmann, 1983:362)

이로써 양도불가능 명사와 양도가능 명사가 의미적으로 뿐만 아니라 통사
적으로도 서로 구분될 수 있음을 보았다. 결국 양도불가능 명사─소유격 부
가어 관계는 핵심어 명사구가 소유격 부가어에 대해 문법적 빈자리를 열어
놓고 있으므로 지배관계에 해당하고, 반면에 양도가능 명사─소유격 부가어
관계는 소유격 부가어가 핵심어 명사구를 수식하므로 수식관계에 해당한다
고 하겠다.

다음으로 조동사─본동사 관계의 경우에는, 조동사가 동반된 요소, 즉 본
동사의 통사범주를 결정하고 본동사는 또한 생략될 수도 있으므로 조동사가
통제소이고, 본동사는 의존소가 된다. 이들의 관계가 지배관계인가, 아니면
수식관계인가는, 조동사가 본동사를 필요로 할 뿐만 아니라 본동사의 형태도

결정하므로 지배관계로 볼 수 있다.

　조동사―본동사 관계에 대해서는 물론 논란의 여지가 있다. 예를 들어, 아래 예문 (32a)를 (32b)와 같이 이해하고, '완료조동사 haben―과거분사' 관계를 '본동사 haben―목적격 명사구'와 '명사구―(이를 수식하는) 과거분사' 관계가 복합된 것으로 분석할 수도 있을 것이다.

>　(32) a. Roland hat ein Buch gekauft.
>　　　　b. Roland hat ein Buch als gekauftes.[7]

　그러나 이러한 분석 방법으로는 아래 (33a)에서처럼 여격 명사구를 취하는 본동사가 나타날 경우, (33b)처럼 잘못 분석하게 될 뿐만 아니라, (34)와 같이 자동사가 본동사로 나온 경우에는 분석조차 불가능하게 된다.

>　(33) a. Roland hat der Frau geholfen.
>　　　　b. *Roland hat der Frau als geholfen.

>　(34) Roland hat geschlafen.

　결국 앞서 제시된 바와 같이 조동사―본동사 관계를 지배관계로 보는 것이 타당하다고 하겠다. 이처럼 문장을 구성하고 있는 성분들은 어떤 것이든 적어도 하나 이상의 관계에 얽혀 있다. 따라서 문장 안에서 어떤 관계에도 놓여 있지 않는 것들은 존재할 수 없다(예 : *Peter liest ein Buch Haus). 반면, 문법적인 관계를 주도하고 있는 어떤 단어가 문장 안에서 이러한 관계를 충족시켜 줄 만한 대상을 찾지 못한다면, 이러한 문장은 불완전한 문장이 된다(예 : *Peter liest ein).

　이제 지금까지의 지배, 수식관계에 대한 논의를 정리하는 의미에서 아래 예문 (35)에 지배관계와 수식관계를 표시해 보면 (35′)과 같다.

>　(35) Die alte Dame steckt das Buch in den Eisschrank.

---

7) 물론 이러한 문장은 문법적으로만 가능할 뿐, 실제로는 쓰이지 않는다.

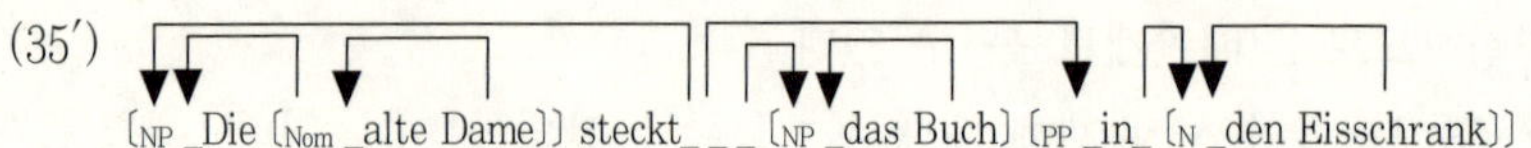

(35′)에 표시된 관계를 명확히 하기 위해서 지금까지 다루어지지 않았던 몇 가지 기술적인 면을 살펴보기로 한다.

우선, 전치사는 명사구를 자신의 보족어로 지배하지만, 다른 한편으로는 보족어와 함께 동사를 수식하거나 명사(구)를 수식한다. 따라서 전치사는 지배를 위한 빈자리와 수식을 위한 빈자리를 동시에 가지고 있다고 볼 수 있다.

(36)

[NP ein Kind] [PP _auf_ [NP dem Stuhl]]

한편, 다음과 같이 지배되는 성분이 자기를 지배하는 요소에 대해 수식을 위한 빈자리를 갖게 되는 경우, 즉 지배관계와 수식관계가 동시에 만나는 경우, 지배관계가 우위에 놓인다.

(37)

... a_ ... [_b...] ...

예를 들어 (35)에서 동사 steckt가 가지고 있는 지배를 위한 빈자리가 전치사 in이 가지고 있는 수식을 위한 빈자리보다 우위에 놓임으로써 이 둘의 관계는 지배관계로 볼 수 있다. 이러한 사실은 동사 steckt가 위치 변화를 나타내는 전치사구인 in den Eisschrank를 요구하는 반면, 이 전치사구는 자신이 수식하는 것을 구체적으로 규정하지 않는다는 점을 통해서 확인할 수 있다.

3.3 결합가

'결합가 Valenz'는 원래 화학에서 원자의 결합 능력을 의미하는 것인데 떼니에르 L. Tesnière가 언어학에 도입하였다. 언어학에서 결합가란 지배관계에 놓여 있는 피지배소 즉 보족어의 양(= 개수)과 질(= 내용, 속성)을 의미하

는 것으로, 지배소가 무엇이냐에 따라 동사의 결합가뿐만 아니라 형용사와
명사의 결합가도 있다.

동사의 결합가는 능동 서술문에서 동사와 보족어 사이의 지배관계로 파악
할 수 있는데, 보족어의 수 즉 지배 빈자리의 수가 바로 동사의 '(양적) 결합
가 (quantitative) Valenz'가 된다. 독일어에서 동사는 보족어의 수에 따라서
1가, 2가, 3가, 4가 동사로 분류된다.

1가 동사에는 명사구 하나를 보족어로 취하는 동사들이 해당된다. 이 보
족어는 1격 명사구이거나(38) 3격 또는 4격 명사구이다(39).

    (38) a. Er atmet (tief).
         b. Das Kind schläft (jetzt).
         c. Alle Leute schweigen.

    (39) a. Mich friert.
         b. Mir graut.
         c. Mich hungert

이외에도 날씨를 나타내는 regnen이나 donnern과 같이 비인칭 대명사
es를 취하는 동사도 1가 동사에 해당된다.

    (40) a. Es regnet/schneit/donnert/blitzt.
         b. Jetzt regnet/schneit/donnert/blitzt *(es).

비인칭 동사를 0가로 보는 관점도 있는데, 이는 es가 내용상 비어 있다는
의미론적 관점에 주안점을 둔 것이다. 그러나 통사론적으로 보면 도치구문에
서 es가 생략되지 않으므로(40b), 날씨를 나타내는 비인칭 동사도 1가 동사
로 보아야 한다.

2가 동사는 다음 예문 (41)~(44)에서와 같이 보족어 2개를 취하는 동사
이다.

    (41) a. Der Mann sieht ein Bild.
         b. Die Frau liebt ihr Kind.

(42) a. Der Schüler hilft dem Lehrer.
    b. Das Buch gefällt mir.

(43) a. Ich glaube an Gott.
    b. Die Frau wartet auf den Bus.

(44) Dir graut vor ihm.

(41)에서 sehen과 lieben은 1격과 4격 명사구, (42)에서 helfen과 gefallen은 1격과 3격 명사구, (43)에서 glauben과 warten은 1격 명사구와 전치사구, (44)에서 grauen은 3격 명사구와 전치사구를 보족어로 취하는 2가 동사에 해당된다.

3가 동사에는 1격 이외에 3격과 4격 명사구를 보족어로 갖는 소위 '수여동사'(45)와 1격과 4격 및 전치사구를 보족어로 취하는 동사들이 있다(46).

(45) a. Der Mann gibt der Frau ein Gerschenk.
    b. Ich wünsche Ihnen ein gutes Neujahr!

(46) a. Der Mann erinnert mich an meinen Vater.
    b. Die Frau setzt das Kind auf den Stuhl.

4가 동사에 대해서는 많은 논란이 있어 왔다. 떼니에르는 프랑스어에 4가 동사는 존재하지 않는다고 하였지만, Helbig & Schenkel(1983)의 독일어 결합가사전에서는 antworten을 4가 동사의 예로 제시하고 있다. 이 사전에 따르면 antworten은 다음과 같은 예문에서 4개의 보족어를 취하고 있다고 한다.

(47) Der Arzt antwortete mir auf den Brief, dass er käme.

Engel & Schumacher(1978:27ff)도 독일어에서 4가 동사가 드물지 않다고 주장하면서 그 예로 bringen이 들어 있는 다음과 같은 예문을 제시하고 있다.

(48) Uli bringt dem Vater die Mappe ins Büro.

한편, 형용사와 명사도 보족어를 취하기 때문에 형용사와 명사에 대해서도 결합가를 이야기할 수 있다. 물론 형용사와 명사의 결합가는 보족어를 필요로 하는 다음과 같은 명사나 형용사에만 해당한다.

(49) a. et.^{2} wert sein
    b. jm. ähnlich sein
    c. mit et.^{3} zufrieden sein
    d. von et.^{3} / jm. abhängig sein

(50) a. die Entdeckung Amerikas
    b. auf der Suche nach et.^{3} sein
    c. die Abhängigkeit (des Sohnes) vom Vater

여기서 눈에 띄는 점은 결합가를 갖는 명사가 (50)의 예들이 보여주는 바와 같이 주로 동사나 형용사에서 파생된 명사들이라는 사실이다. 특히 형용사에서 파생된 경우, 해당 형용사가 결합가를 가지고 있는지의 여부에 따라 명사의 결합가가 결정된다. 예를 들어 결합가를 가지고 있는 형용사 abhängig로부터 파생된 명사 die Abhängigkeit는 결합가를 가질 수 있는 반면, schön, groß, natürlich 등에서 파생된 명사 die Schönheit, die Größe, die Natürlichkeit 등은 결합가를 가지고 있지 않다.

4. 문장성분

4.1 문장성분 테스트

문장성분은 동사에 의존하는 것들로서 문장을 직접 구성하는 성분을 말한다(Elst & Habermann 1997:38 참조). 어떤 것이 문장성분인지의 여부는 '치환 시험 Permutationstest', '대명사화 시험 Pronominalisierungstest', '의문문 시험 Fragetest', '대체 시험 Substitutionstest', '삭제 시험 Tilgungstest', '생략 시험 Reduktionstest', '등위접속 시험 Koordinationstest' 등을 통해서 확인할 수 있다(Wöllstein-Leisten et al. 1997:15ff 참조).

4.1.1 치환 시험

동사의 앞, 즉 문장의 맨 앞자리에는 하나의 문장성분만이 나올 수 있다. 따라서 문장의 맨 앞자리에 이동해갈 수 있는지에 따라 문장성분의 여부를 확인할 수 있다. 예를 들어 "Setzt die Frau die Kinder auf die Stühle?"라는 문장에서 die Frau, die Kinder, auf die Stühle는 다음 (51)이 보여주는 바와 같이 문장의 맨 앞자리에 나올 수 있다.

> (51) a. Setzt die Frau die Kinder auf die Stühle?
> b. **Die Frau** setzt die Kinder auf die Stühle.
> c. **Die Kinder** setzt die Frau auf die Stühle.
> d. **Auf die Stühle** setzt die Frau die Kinder.

반면, 이 문장 안에 들어 있는 관사 die나 전치사 auf는 단독으로 문장의 맨 앞으로 이동해 갈 수 없다.

> (51′) a. *__Die__ setzt die Frau Kinder auf die Stühle.
> b. *__Auf__ setzt die Frau die Kinder die Stühle.

따라서 "Die Frau setzt die Kinder auf die Stühle"에서 관사 die와 전치사 auf는 문장성분이 아니다.

4.1.2 대명사화 시험

둘 이상의 단어는 하나의 단위로 간주될 수 있을 때에만 대명사나 (대)부사로 대체될 수 있다. 즉 대명사화가 가능한 둘 이상의 단어만이 문장성분에 해당한다. 예를 들어 "Die Frau setzt die Kinder auf die Stühle"라는 문장에서 die Frau, die Kinder, auf die Stühle는 다음 (52)가 보여주는 바와 같이 각각 sie, sie, dorthin으로 대신 쓸 수 있으므로 문장성분에 해당한다.

(52) a. **Sie** setzt die Kinder auf die Stühle.
    b. Die Frau setzt **sie** auf die Stühle.
    c. Die Frau setzt die Kinder **dorthin**.

그러나 이 문장 안의 auf die는 연속된 두 단어로 이루어져 있지만 대명사화 할 수 없으므로 문장성분이 아니다.

(53) Die Frau setzt die Kinder 〔???〕 Stühle.

4.1.3 의문문 시험

의문문 시험은 하나 또는 둘 이상의 단어를 의문대명사로 대체하여 문장의 맨 앞자리로 이동시킨다는 점에서 대명사화 시험과 치환 시험이 결합된 형태이다. 즉 임의의 둘 이상의 단어를 의문대명사로 바꾸어 질문할 수 있다면, 이들은 하나의 문장성분으로 간주할 수 있다. 예를 들어 "Die Frau setzt die Kinder auf die Stühle"라는 문장에서 die Frau, die Kinder, auf die Stühle는 각각 의문사 wer, wen, wohin을 가지고 물어 볼 수 있으므로 문장성분이다.

(54) a. **Wer** setzt die Kinder auf die Stühle?
    b. **Wen** setzt die Frau auf die Stühle?
    c. **Wohin** setzt die Fraudie Kinder?

4.1.4 대체 시험

하나 또는 둘 이상의 단어가 문장성분이라면 이들은 한꺼번에 다른 단어

(들)로 대체될 수 있다. "Die Frau setzt die Kinder auf die Stühle"에서 die Frau, die Kinder, auf die Stühle는 다음 (55)가 보여주는 바와 같이 각각 der Mann, die Katzen, ins Auto로 대체할 수 있다.

(55) a. **Der Mann** setzt die Kinder auf die Stühle.
b. Die Frau setzt **die Katzen** auf die Stühle.
c. Die Frau setzt die Kinder **ins Auto**.

그러나 대체 시험은 문장성분 여부를 확인하기에 충분한 시험은 아니다. 왜냐하면 모든 문장성분이 대체시험을 만족시키기는 하지만, 대체시험을 만족시킨다고 해도 문장성분으로 볼 수 없는 다음과 같은 경우가 있기 때문이다.

(56) a. Er hört [gerne] [Musik].
b. Er hört [selten] [zu].
c. Er hört [den Mann].

(56)에서 gerne Musik이나 selten zu는 den Mann으로 대체될 수 있지만 문장성분으로 볼 수는 없기 때문이다. gerne Musik이나 selten zu가 문장성분이 아닌 것은 앞서 살펴본 치환 시험, 대명사화 시험, 의문문 시험 등을 통해서도 알 수 있다.

4.1.5 삭제 시험

문장에서 삭제될 수 있는 것은 문장성분으로 간주할 수 있다. 물론 삭제 시험을 허용하는 것은 모두 문장성분으로 볼 수 있지만, 반대로 모든 문장성분이 이러한 삭제시험을 허용하지는 않는다. 예를 들어 (57d)가 보여주는 바와 같이 문장의 주어 명사구는 문장성분이지만 어떤 경우에도 삭제될 수 없다.

(57) a. Die Frau schläft seit zwei Stunden auf dem Sofa.
b. Die Frau schläft [seit zwei Stunden] auf dem Sofa.
c. Die Frau schläft seit zwei Stunden [auf dem Sofa].

    d. *[...] Schläft seit zwei Stunden auf dem Sofa.

4.1.6 생략 시험

문맥상 생략할 수 있는 것은 문장성분으로 간주된다. 생략은 문장을 구성하는 임의의 표현이 실현되지 않는 경우를 의미한다는 점에서 삭제와 유사하지만, 실현되지 않은 표현이 문맥을 통해서 재구성될 수 있다는 점에서 삭제와는 다르다. 또한 삭제 시험을 허용하지 않았던 주어 명사구가 생략될 수 있다는 점도 생략 현상이 삭제 현상과 다른 점이다(58a).

    (58) a. Den einen interessiert (Linguistik), den anderen langweilt Linguistik.
        b. Hühner legen (Eier), Menschen essen Eier.

4.1.7 등위접속 시험

같은 종류의 단어(군)은 und나 oder를 통해서 서로 결합될 수 있다. 이처럼 등위접속될 수 있는 것은 문장성분이다. 따라서 등위접속 가능성도 문장성분 여부를 알아보는 데 사용될 수 있다. 예를 들어 아래 예문 (59)에서 Meine Frau와 meine Tochter, Schokolade와 Kuchen, auf dem Tisch와 unter dem Stuhl이 서로 등위접속되고 있으므로 이들을 각각 문장성분으로 간주할 수 있다.

    (59) a. [Meine Frau] und [meine Tochter] mögen Schokolade sehr.
        b. Meine Tochter mag [Schokolade] und [Kuchen].
        c. Viele Bücher legen [auf dem Tisch] und [unter dem Stuhl].

지금까지 문장성분 여부를 확인할 수 있는 몇 가지 통사상의 테스트에 대해 살펴보았다. 그런데 이것들 중 그 어느 것도 독립적으로는 문장성분을 완벽하게 구별해내지는 못하므로 여기서 제시된 테스트들은 서로 보완하여 활용되어야 한다.

4.2 문장성분의 종류

문장성분은 문장 안에서 갖는 문법적 역할에 따라 주어, 목적어, 부사어 등으로 구분된다. 독일어에서 주어는 일반적으로 인칭 및 수가 동사와 일치하는 명사구를 말한다. 아래 예문들에서 동사는 그것이 자동사이든 타동사이든 관계없이 하나의 명사구와 일치 관계를 보이고 있다.

(60) a. Er   schläft.
         3인칭 단수   3인칭 단수
     b. Ich   schreibe   einen Brief.
         1인칭 단수   1인칭 단수   3인칭 단수

위의 예문들에서 동사와 일치하는 명사구, 즉 er와 ich가 주격을 보이고 있지만 동사와 일치 관계를 보이지 않는 명사구 einen Brief는 주격이 아니라 목적격으로 나와 있다. 따라서 주어는 동사와 일치 관계를 보이면서 주격을 갖는 명사구라고 할 수 있다. 물론 명사의 주격은 때때로 "Fritz traf Maria"에서와 같이 분명하게 표시되지 않는 경우가 있다. 이런 경우에는 아래 (61)에서와 같이 격이 구체적으로 실현되어 나타나는 명사나 대명사로 대체해 봄으로써 확인할 수 있다.

(61) Fritz traf Maria. → Der Mann traf Maria.
                         → Er traf Maria.

한편 동사와 일치 관계를 보이는 주격 명사구, 즉 주어는 다음과 같은 등위 접속구문에서 두 문장을 연결하는 기준이 되는 역할을 한다.

(62) Fritz traf Maria + Fritz ging zur Schule.
     → Fritz traf Maria und ging zur Schule.

위 (62)에서 접속사 und에 의해 연결되는 두 개의 문장은 두 개의 Fritz가 하나로 통합되면서 이 통합된 Fritz를 기준축으로 하여 등위접속되고 있다. 이제 4격 명사구 Maria가 들어 있는 위의 첫 번째 예문과 이 Maria가

주어로 나오는 "Maria ging zur Schule"라는 문장을 결합해 보도록 하자.

> (63) Fritz traf Maria + Maria ging zur Schule.
> → Fritz traf Maria und Maria ging zur Schule.
> → Fritz traf Maria und *(Maria) ging zur Schule.

두 개의 문장이 und를 통해 결합될 때 앞선 문장의 목적어 Maria와 뒤따르는 문장의 주어 Maria가 같다고 하더라도 등위접속된 문장에서 und 다음에 나오는 Maria는 필수적으로 나와야 한다. 만일 이것을 생략하면 비문법적인 문장이 되는데,8) 이것은 첫 번째 문장에서 Maria가 주어가 아니어서 연결고리로서의 역할을 할 수 없기 때문이다. 즉 주어는 문장의 기준축으로서 다른 문장과 결합될 때 일종의 연결고리의 기능을 갖는다고 하겠다.

한편, 목적어는 동사에 의존하여 나오는 모든 종류의 문장성분을 말한다. 예를 들어 아래 예문들에서 주어 ich를 제외한 meiner Mutter, ein Geschenk, auf meine Mutter가 목적어 기능을 갖는 것들이다.

> (64) a. Ich helfe meiner Mutter.
> b. Ich gab meiner Mutter ein Geschenk.
> c. Ich warte auf meine Mutter.

위 예문의 ein Geschenk처럼 동사의 4격 목적어를 보통 직접목적어라고 한다. 그러나 4격 명사구라고 해도 직접목적어로 볼 수 없는 경우가 있다. 예를 들어 "Er arbeitet den ganzen Tag"에서 den ganzen Tag은 4격 명사구이지만 동사 arbeiten에 의존하고 있지 않기 때문에 목적어로 볼 수 없고, 시간을 나타내는 '부사어'라고 할 수 있다. 이외에도 dauern, wiegen 등과 같은 동사는 4격 명사구를 필요로 하지만 이들에 의해 요구되는 4격 명사구도 직접목적어로 보기는 곤란하다. 물론 이러한 4격 명사구를 위의 den ganzen Tag처럼 부사어로 간주하기도 어렵다. 왜냐하면 아래 예문에서

---

8) 등위접속된 문장이 문법적이라면 의미가 다른 경우이다. 예를 들어 "Fritz traf Maria und ging zur Schule"가 올바른 문장이라면, 이 문장은 "Fritz traf Maria"와 "Fritz ging zur Schule"가 등위접속되어서 만들어진 것이다.

einen Zentner, einen Monat 등은 "Er arbeitet den ganzen Tag"의 den ganzen Tag처럼 삭제할 수 없기 때문이다.

(65) a. Dieser Sack wiegt einen Zentner. → *Dieser Sack wiegt.
b. Diese Sitzung dauert einen Monat. → *Diese Sitzung dauert.

따라서 이 예문들에서 einen Zentner와 einen Monat는 동사의 보족어로 보아야 한다. 그런데 이것들은 아래 (66)이 보여주는 바와 같이 schwer나 lange와 같은 부사로 대체될 수 있다.

(66) a. Dieser Sack wiegt einen Zentner. → Dieser Sack wiegt schwer.
b. Diese Sitzung dauert einen Monat. → Diese Sitzung dauert lange.

(66)에서 schwer나 lange는 동사에 의해 필수적으로 요구되므로 생략할 수 없는데, 이러한 부사를 부사적 보족어라고 부른다.9) 결국 dauern, wiegen 동사의 지배를 받는 4격 명사구는 schwer나 lange와 같은 부사적 보족어로 대체될 수 있으므로, 이것들은 직접목적어도 부사어도 아닌 부사적 보족어의 일종이라고 하겠다. 이제 부사어나 부사적 보족어로 쓰이는 것을 제외한 4격 명사구가 직접목적어에 해당된다. 직접목적어는 아래 예문들이 보여 주는 바와 같이 부사어나 부사적 보족어와 달리 수동문의 주어가 될 수 있다.

(67) a. Er arbeitet den ganzen Tag.
→ *Der ganze Tag wird von ihm gearbeitet.
b. Dieser Sack wiegt einen Zentner.
→ *Ein Zentner wird von diesem Sack gewogen.
c. Ich gab meiner Mutter ein Geschenk.
→ Ein Geschenk wurde meiner Mutter gegeben.

직접목적어는 의미상으로 보면 동사를 통해 표현된 사건이나 행위의 직접

---

9) gehen 동사는 '목표지점'을 의미하는 dorthin 등과 같은 부사나 nach Haus와 같은 전치사구를 꼭 필요로 하는데 이것들도 부사적 보족어에 해당된다.

적인 대상이다. 예를 들어 위의 예문 "Ich gab meiner Mutter ein Geschenk"에서 직접목적어 ein Geschenk는 '주는 행위'의 직접적인 대상이 된다.

반면에 meiner Mutter는 이와 같은 '주는 행위'에서 무언가를 받는 '수혜자'를 의미한다. '수혜자'는 일반적으로 3격 명사구에 의해 표현되는데, 이처럼 동사에 의존하는 3격 명사구가 바로 '간접목적어'에 해당된다. 간접목적어는 방금 제시한 예문에서처럼 3·4격 지배동사에 의존하여 나오는 경우 이외에도 "Ich helfe meiner Mutter"에서처럼 3격 지배동사에 의존하여 나오는 경우가 있다. 영어에서 간접목적어가 직접목적어와 형태상으로 구분이 안 되는 것과 비교해 보면 3격이라는 독자적인 형태를 지니는 독일어 간접목적어는 독일어의 특징적인 현상으로 간주될 수 있다.

간접목적어와 더불어 독일어의 또 다른 특징으로 들 수 있는 것은 '전치사적 목적어'이다. 전치사적 목적어는 앞서 제시된 "Ich warte auf meine Mutter"라는 문장에서 그 형태가 'auf ...'와 같이 특정한 전치사로 고정된 것을 말한다. 이런 경우 영어에서는 숙어로 처리하는 경향이 있는데, 그 이유는 "I wait for my mother"라는 영어 문장에서 독일어 warte auf에 해당되는 wait for는 한 단어처럼 굳어서 다른 단어가 그 사이에 들어갈 수 없기 때문이다(*I wait now for my mother). 그러나 독일어에서는 동사와 전치사적 목적어 사이에 다른 부사가 들어갈 수 있다(Ich warte jetzt auf meine Mutter). 즉 독일어의 전치사적 목적어는 직접목적어나 간접목적어와 통사적으로 별 다른 차이가 없는 목적어의 한 유형일 뿐인 것이다.

한편, 부사어는 앞서 이미 언급했던 시간뿐만 아니라(68), 장소(69), 이유(70), 양태(71) 등을 나타내는 것으로, 동사의 의미를 수식할 뿐 동사에 의해서 꼭 요구되는 것은 아니다. 즉 아래 예문 (68)~(71)에서 해당 부사어들은 모두 생략이 가능하다.

(68) a. **Immer** ist er unzufrieden.
     b. **In zwei Wochen** verreisen wir.

(69) a. **Da drüben** werde ich warten.
     b. Er schläft jetzt **auf dem sofa**.

(70) **Wegen der Erkältung** konnte er nicht mitkommen.

(71) a. Sie hat **sorgfältig** gearbeitet.
　　 b. Sie hat die Aufgabe **mit Hilfe eines Rechners im Nu** erledigt.

　부사어는 (68)~(71)에서처럼 주로 부사나 전치사구로 표현되지만, 앞서 언급한 "Er arbeitet den ganzen Tag"의 den ganzen Tag처럼 명사로 표현되는 경우도 있다. 아래 (72)의 경우도 명사구가 부사어로 사용되는 경우에 해당한다.

(72) a. **Eines Tages** ist er reich geworden.
　　 b. Petra treibt **jeden Tag** Sport.

　(72)가 보여주는 바와 같이 부사어로 사용되는 명사는 2격으로 실현되거나 4격으로 실현된다.

5. 독일어 문장 구조상의 특징

5.1 독일어의 어순

　독일어에서는 동사가 문장에서 주어 바로 뒤에 나오기도 하고, 문장의 맨 뒤에 위치하기도 한다.

(73) a. Petra **geht** jetzt nach Hause
　　 b. ..., dass Petra jetzt nach Hause **geht**

심지어는 다음과 같이 서로 다른 동사가 이 두 자리를 모두 차지하기도 한다.

(74) a. Petra **hat** gestern eine Geschichte **erzählt**.
　　 b. Petra **kann** nicht **mitkommen**.

분리동사의 어간 부분이 주어 뒤에 나오면서, 분리전철은 문장의 맨 뒤에 위치하는 다음과 같은 현상도 이와 관련이 있다.

(75) a. Der Zug **kommt** jetzt **an**.
　　 b. Keine Veranstaltung **findet** heute **statt**.

'장이론 Feldtheorie'에서는 이처럼 동사가 나올 수 있는 두 곳을 각각 '왼쪽 문장괄호 linke Satzklammer'와 '오른쪽 문장괄호 rechte Satzklammer'라고 명명하고, 이것들을 통해 문장을 '전장 Vorfeld', '중장 Mittelfeld', '후장 Nachfeld'으로 나눈다.

(76)

전장	문장괄호	중장	문장괄호	후장
Petra	hat	gestern eine Geschichte	erzählt.	

그런데, 소위 '예-아니오'를 묻는 '결정의문문 Entscheidungsfrage'에서는 왼쪽 문장괄호 자리를 차지하는 정형동사 앞에 아무 것도 나올 수 없으므로 전장이 비어 있는 것으로 본다.

(77)

전장	문장괄호	중장	문장괄호	후장
	Hat	Petra gestern eine Geschichte	erzählt?	

전장이 비어 있는 또 다른 예로는 "…, dass Petra gestern eine Geschichte erzählt hat"와 같은 부문장을 들 수 있다. 그런데 이러한 부문장을 (77)에서 보았던 의문문 "Hat Petra gestern eine Geschichte erzählt?"와 비교해 보면, 의문문에서 왼쪽 문장괄호를 차지하고 있던 정형동사(hat)가 부문장에서는 문장의 맨 뒤, 즉 오른쪽 문장괄호에 나오고, 그 대신 종속접속사 dass가 문장의 맨 앞자리를 차지하고 있음을 알 수 있다. 따라서, 부문장에서는 dass를 비롯한 weil, als, wenn 등과 같은 종속접속사가 아래 (78)이

보여주는 바와 같이 왼쪽 문장괄호를 차지하는 것으로 볼 수 있다.

(78)

전장	문장괄호	중장	문장괄호	후장
	dass	Petra gestern eine Geschichte	erzählt hat.	

이때 (78)이 보여주는 바와 같이 부문장에서도 종속접속사 앞에 아무것도 나올 수 없으므로 결정의문문에서처럼 전장이 비어 있는 것으로 본다.

전장은 주문장에서 주어뿐만 아니라, 다른 문장 성분에 의해서도 채워질 수 있다. 예를 들어 아래 (79)에서처럼 전장에는 주어를 비롯하여(a), 부사어(b), 직접목적어(c) 등 다양한 문장성분이 나올 수 있다. 따라서 전장은 문맥상 '테마 Thema'가 되는 내용이 나오는 위치로 활용된다.

(79)

	전장	문장괄호	중장	문장괄호	후장
a.	**Petra**	hat	gestern eine Geschichte	erzählt.	
b.	**Gestern**	hat	Petra eine Geschichte	erzählt.	
c.	**Eine Geschichte**	hat	Petra gestern	erzählt.	

전장에는 또한 wer, wann, was 등과 같은 의문사가 나올 수도 있다.

(80)

	전장	문장괄호	중장	문장괄호	후장
a.	**Wer**	hat	gestern eine Geschichte	erzählt?	
b.	**Wann**	hat	Petra eine Geschichte	erzählt?	
c.	**Was**	hat	Petra gestern	erzählt?	

이처럼 의문사가 있는 의문문은 부족한 정보를 보충 받기 위하여 사용된다고 하여 '보충의문문 Ergänzungsfrage'이라고 일컬어진다.

지금까지의 예들에서는 모두 오른쪽 문장괄호가 채워져 있는 소위 닫힌

구조를 보이고 있지만, 다음과 같이 오른쪽 괄호가 열린 채로 끝나는 독일어 문장들도 흔하다.

(81)

	전장	문장괄호	중장	문장괄호	후장
a.	Petra	geht	jetzt nach Hause.		
b.	Jetzt	geht	Petra nach Hause.		

한편, 오른쪽 문장괄호의 뒷자리에 나오는 후장은 목적어절이나 부사절과 같은 부문장으로 채워질 수 있다.

(82)

	전장	문장괄호	중장	문장괄호	후장
a.	Petra	hat	mir gestern	gesagt,	**dass sie …**
b.	Petra	wird	nur	kommen,	**wenn sie will.**

장이론은 독일어의 문법적 문장들의 구조를 제대로 파악할 수 있게 해주므로 기술문법으로는 적합하다고 하겠다. 그러나 장이론은 문장의 표층구조만 분석의 대상으로 삼기 때문에 심층구조에 대해서는 제시해 주는 것이 별로 없다. 예를 들어 표층구조상에서 동사가 나타날 수 있는 두 가지 위치 중에서 어떤 것이 기저 위치인지에 대해서는 설명해 주지 못하고 있다. 따라서 지금부터는 장이론에 의해 밝혀진 동사의 위치를 토대로 독일어의 기본어순에 대하여 논의해 보기로 하겠다.

독일어는 위의 예문 (73)에서 살펴본 바와 같이 "주어 – 동사 – 목적어"와 "주어 – 목적어 – 동사"라는 두 가지 어순을 보인다. "Die Mutter meines Freundes sagte dem alten Mann, dass sie ihm nicht helfen könne"라는 문장이 이러한 관계를 더욱 더 잘 보여 주고 있다. 이 문장에서 주문장 부분인 "Die Mutter meines Freundes sagte dem alten Mann"은 "주어 – 동사 – 목적어" 순으로 배열되어 있는 반면, 부문장 부분인 "dass sie ihm nicht helfen könne"는 "주어 – 목적어 – 동사" 순으로 배열되어 있다.

　　어순에 관련한 통시적 자료를 살펴보면, 중세독일어 시대까지는 주문장 어순 즉 "주어 – 동사 – 목적어"가 일반적이었다. 그러다가 라틴어를 독일어로 번역하는 과정에서 라틴어를 모방한 어순이 사용되면서 오늘날의 부문장 어순 즉 "주어 – 목적어 – 동사" 어순이 증가하기 시작하였다. 특히 행정이나 학문분야에서는 문장 관계를 더 명확히 표현하기 위해 보다 높은 형식적인 수단인 부문장 어순이 요구되었다. 예를 들어 루터가 썼거나 번역한 글들에서 이미 이러한 변화를 직접 볼 수 있는데, 시간이 흐를수록 부문장에서 동사가 문장 끝에 놓이는 경우가 더 많음을 알 수 있다.

(83)　1522 die weyl aber yhr nicht **seyt** von der welt
　　　　1546 Dieweil yhr aber nicht von der welt **seyt**

　　　　1522 das die welt bereyttet **ist** durch Gottis wort
　　　　1534 das die welt durch Gottes wort gemacht **ist**

　　즉 Luther가 쓴 1522년의 글에서는 동사 seyt, ist가 완전하게 후치되어 있지 않는 반면, 1534년과 1546년에 쓰인 글에서는 이 동사들이 모두 후치되어 나온 것을 볼 수 있다.

　　이렇게 중세독일어 이후에 라틴어의 영향으로 생긴 부문장 어순이 확고한 위치를 굳혀 감에 따라 독일어에서 "주어 – 동사 – 목적어"라는 주문장 어순과 "주어 – 목적어 – 동사"라는 부문장 어순이 서로 양립하게 되었다. 그래서 이 두 어순 중 오늘날 독일어의 기본 어순이 어떤 것인가에 대한 의문이 제기되기 시작하였다. 현대독일어의 문장구조를 연구하는 통사론자들 사이에서는 "주어 – 목적어 – 동사"가 독일어의 기본 어순이라는 주장이 더 지배적이다. 즉 "주어 – 목적어 – 동사" 어순과 "주어 – 동사 – 목적어" 어순의 최초 사용시기와 관계없이 오늘날 독일어에서는 적어도 다음과 같은 몇 가지 이유에서 "주어 – 목적어 – 동사"를 기본 어순으로 간주할 수 있다는 것이다.

　　첫째, 동사와 통사적으로 밀접한 문장성분일수록 문장의 뒤쪽에 위치한다. 예를 들어 "Ich warte jetzt auf meinen Freund"이라는 예문에서 auf meinen Freund와 같이 동사와 밀접한 전치사적 목적어가 동사 바로 뒤에 나오지 않고 문장의 맨 뒤에 위치하고 있다.

둘째, nicht와 같은 부정 표현 어휘는 일반적으로 부정되는 단어 바로 앞에 위치하는데, 문장을 부정할 때는 부정어 nicht가 문장의 맨 끝에 위치한다. 문장을 부정하기 위해서는 동사에 부정 표현을 붙여야 한다는 점을 고려하면, 문장을 부정할 때 부정어 nicht가 문장의 맨 뒤에 나온다는 사실은 동사가 원래 그 뒤, 즉 문장의 맨 끝에 있었다는 것을 의미한다.

셋째, "주어 - 목적어 - 동사" 어순이 기본어순이라는 가정은 "Das Buch lesen!"처럼 주어가 생략된 어린아이들의 말이나 "Bitte Unterführung benützen!"과 같이 축약되어 쓰이는 명령형에서도 잘 드러난다. 즉 원초적인 의사소통 상황에서 동사와 목적어가 주어 없이 "목적어 - 동사" 순으로 나온다는 것이다. 결국 독일어를 말하는 사람들의 머릿속에는 "주어 - 동사 - 목적어" 보다는 "주어 - 목적어 - 동사" 어순이 더 깊숙이 뿌리 박혀 있다고 하겠다.

마지막으로, "주어 - 동사 - 목적어(= SVO)" 어순보다는 "주어 - 목적어 - 동사(= SOV)" 어순이 독일어의 기본 어순이라는 가정은 실제 독일어 자료를 근거로 한 테스트를 통해 더욱 분명해진다. 즉 아래 (84)와 같은 독일어 문장들을 유도해 내기 위해 기본 어순을 SVO로 보았을 때와 SOV로 보았을 때 어느 경우가 더 경제적인가를 검토해 봄으로써, 이 둘 중의 하나를 기본 어순으로 간주할 수 있다.

(84) a. Sie hat gestern eine Geschichte erzählt
b. ..., dass sie gestern eine Geschichte erzählt hat
c. Gerstern hat sie eine Geschichte erzählt

SVO를 기본 어순으로 보고 (84)에 있는 문장들을 유도하려면 각각 다음과 같은 '이동 Bewegung'이 필요하게 된다.

(84′) a. Sie [v hat erzählt] gestern eine Geschichte erzählt

b. dass sie [v hat erzählt] gestern eine Geschichte erzählt hat

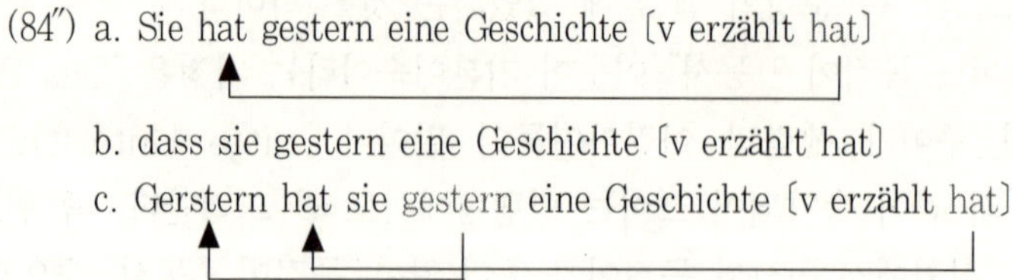

c. Gerstern hat sie 〔v hat erzählt〕 gestern eine Geschichte erzählt

반면 SOV를 기본 어순으로 하여 (84)에 있는 문장들을 유도하려면 각각 다음과 같은 이동이 필요하게 된다.

(84″) a. Sie hat gestern eine Geschichte 〔v erzählt hat〕

b. dass sie gestern eine Geschichte 〔v erzählt hat〕

c. Gerstern hat sie gestern eine Geschichte 〔v erzählt hat〕

이제 SVO와 SOV를 토대로 한 (84′)과 (84″)을 비교해 보면 a번 예문의 경우에는 (84′)과 (84″) 모두 기본 어순으로부터 한 개의 이동을 필요로 하고, b번 예문의 경우에는 (84′)이 두 개의 이동을 필요로 하는 반면 (84″)은 한 개의 이동도 필요로 하지 않는다. 또한 c번 예문의 경우에도 (84′)은 세 개의 이동을 필요로 하는 반면 (84″)은 두 개의 이동만 필요로 한다. 결국 SVO와 SOV로부터 임의의 독일어 문장을 유도해 본 결과 SVO보다는 SOV가 더 경제적이라는 사실을 알 수 있다. 이는 부문장 어순인 SOV가 현대 독일어의 기본 어순으로 보기에 더 적절함을 의미한다.

5.2 독일어 문장구조상의 변화

지금까지 독일어의 기본 어순에 대해 알아보았는데, 끝으로 현대독일어에 두드러진 문장구조상의 특징을 몇 가지 더 살펴보기로 하겠다(이에 대한 구체적인 내용은 Stedje 1996, 16장 참조). 먼저 종합적인 언어구조를 보이던 독일어 문장이 분석적 언어구조로 계속 발전해 간다는 점을 들 수 있다. 이러한 분석적 언어구조로의 발전은 원래 게르만어시대 때부터 내려오던 큰 변화의 흐름으로 '첫음절 강세주기 Initialakzent'의 영향이라고 하겠다. 첫음절에 강세가 놓이면서 명사나 동사의 어미 부분이 약하게 발음되고, 이와 같은 어미의 약화는 또 다시 어미가 보여주는 문법적 특징을 대신 해줄 수 있는 다른 문법적 또는 어휘적 수단을 필요로 하게 된 것이다. 이를테면 2격을 표시해 주던 -s 대신에 전치사 von이 쓰인다든지, 2격 목적어나 3격 목적어가 '전치사＋명사'의 형태로 대체됨으로써 문장구조가 더욱 분석적이 된 것이다. 오늘날 "die Hälfte meines Einkommens" 대신 "die Hälfte von meinem Einkommen"으로 늘여 뜨려 쓰는 것은 전자에 해당하고, "Er schämte sich der schmutzigen Kleidung"을 "Er schämte sich wegen der schmutzigen Kleidung"이라고 말하거나 "Sie schreibt ihrer Freundin" 을 "Sie schreibt an ihre Freundin"이라고 말하는 것은 후자에 해당한다.

　이러한 분석적 언어구조로의 변화가 문장을 더욱 명확하게 해주는 것과 마찬가지로, 독일어의 문장은 오늘날 점점 짧아짐으로써 더욱 더 간결, 명확해지고 있다. 레싱, 실러, 괴테와 같은 작가들의 경우 한 문장이 보통 21~24개의 단어로 구성되어 있었던 반면, 요즘의 잡지나 신문에서는 13~16개의 어휘를 가진 문장이 가장 빈번하게 나온다고 한다. 심지어는 가장 대중적이라 할 수 있는 Bild지에는 6~8개의 어휘로 된 문장들이 주로 나온다.

　문장의 길이가 짧아지고 있는 현상은 부문장의 감소와도 관계된다. 오늘날의 문장구조는 중세독일어 시대처럼 다시 병렬 구조가 되어 가고 있다. 그동안 사용되었던 부문장들 중에서 관계문은 약 1/2 정도, dass-절은 약 1/3 정도로 줄었고 원인이나 양보, 결과를 나타내는 부문장은 50년 전에 비하면 거의 드물어졌다. 더욱 짧아진 문장과 병렬적인 문장구조는 오늘날 문체가 더욱 단순해졌음을 의미할 뿐만 아니라, 문장이 명사화나 부가어 삽입과 같은 다른 방식으로 표현되고 있음을 의미한다.

　명사화란 동사를 포함한 부문장 대신 명사구나 전치사구를 씀으로써 문장을 단순화시키는 것을 말한다. 예를 들어 "weil die Vorschriften nicht befolgt wurden"이라는 부문장은 "wegen der Nichtbefolgung der Vorschriften"과 같이 전치사와 명사구의 결합된 형태로 단순화 할 수 있다. 이러한 명사화는 독일어에만 국한된 현상은 아니다. 프랑스어, 영어, 북유럽의 언어에서도 이와 같은 현상들이 나타나고 있는데 짧게 표현하고자 하는 충동이 오늘날의 대중매체에 사용되는 언어나 전문어의 요구와 부합된 것으로 보인다.

현대독일어에 나타난 문장구조상의 또 다른 특징은 이전에 언어규범에 어긋나는 것으로 여겨졌던 많은 현상들이 현대독일어에서 올바른 독일어 표현이라고 받아들여지게 되었다는 점이다. 예를 들어 Duden-문법에서는 brauchen이 구어에서 화법조동사처럼 일반화되어 쓰이고 있다는 이유를 들어 "Es braucht nicht gleich zu sein" 대신 "Es braucht nicht gleich sein" 처럼 쓰는 것을 허용하기 시작하였다. brauchen에 대해 "Wer *brauchen* ohne zu gebraucht, braucht *brauchen* überhaupt nicht zu gebrauchen"이라는 말이 최근에까지 독일 학교의 수업시간에 격언처럼 사용되었던 것을 고려해 보면 brauchen을 조동사로 인정한 것은 매우 커다란 변화라고 하겠다. 이는 언어사용과 규범상의 불일치가 이제 더 이상 언어의 붕괴로만 여겨지지 않고 오늘날에는 오히려 일반적인 언어사용이 더욱 더 신속하게 규범으로 받아들여지게 된 것을 의미한다.

참고 문헌

Bußmann, H.(1990[2]), *Lexikonn der Sprachwissenschaft*. Stuttgart.

Duden(1984[4]), *Grammatik der deutschen Gegenwartssprache*. Mennheim u.a..

Dürscheid, Ch.(2000), *Syntax – Grundlagen und Theorien*. Wiesbaden.

Eisenberg, P.(1994[3]), *Grundriß der deutschen Grammatik*. Stuttgart · Weimar.

Elst, G. van der/Habermann, M.(1997), *Syntaktische Analyse*. Erlangen und Jena.

Engel, U./Schumacher, H.(1978), *Kleines Valenzlexikon deutscher Verben*. Tübingen.

Helbig, G./Buscha, J.(1986[9]), *Deutsche Grammatik. Ein Handbuch für Ausländerunterricht*. Leipzig.

Helbig, G./Schenkel, W.(1983), *Wörterbuch zur Valenz und Distribution deutscher Verben*. Tübingen.

Koo, M.-C.(1997), *Kausativ und Passiv im Deutschen*. Berlin u.a..

Lehmann, Ch.(1983), "Rektion und Syntaktische Relationen". In : *Folia Linguistica* 17, 339-378.

__________(1991), "Relationality and the grammatical operation". In : Seiler, H./Premper, W. (Hrsg.) : *Partizipation*. Tübingen, 13-28.

Leiss, E.(1992), *Die Verbalkategorien des Deutshen. Ein Beitrag zur Theorie der sprachlichen Kategorisierung*. Berlin u.a..

Linke, A./Nussbaumer, M./Portmann, P. R.(1996), *Studienbuch Linguistik*. Tübingen.

Matthews, P. H,(1981), *Syntax*, Cambridge u.a..

Shieber, S. M.(1986), *An introduction to unification-based approaches to grammar*. Stanford.(= CSLI Lecture Notes 4)

Seiler, H.(1975), *Linguistic workshop III. Arbeiten des Kölner Universalienprojekts* 1974. München.(= Structura 9)

Stechow, A. von/Sternefeld, W.(1988), *Bausteine syntaktischen Wissens*, Opladen.

Stedje, A.(1996), *Deutsche Sprache – gestern und heute*. München.

Vater, H.(1996), *Einführung in die Sprachwissenschaft*. München. (= UTB-Taschenbücher 1799)

Wöllstein-Leisten, A./Heilmann, A./Stepan, P./Vikner, S.(1997), *Deutsche Satzstruktur – Grundlagen der syntaktischen Analyse*. Tübingen.

Zifonun, G./Hoffmann, L./Strecker, B.(1997), *Grammatik der deuschen Sprache*. Berlin u.a..

Ⅱ 생성문법론

신 효 식 (한국과학기술원)

1. 개요

촘스키의 "통사 제구조Syntactic Structures(1957)" 이래 시작된 생성문법론 generative Syntax은 현재까지도 활발히 발전을 거듭하고 있는 대표적인 통사이론이다. 기존의 문법관에 비교하여 생성문법론은 언어연구의 목표를 바꾸어 놓았다. 소쉬르에 의해 20세기 초에 대두된 구조주의Struturalismus 언어 학에서는 의사전달 목적으로 생산된 언어 발화물(일명 빠롤)의 분석을 통해서 해당 언어의 언어체계(일명 랑그)를 규명하고자 한 반면에, 생성문법에서는 인간의 언어 생성 및 이해에 관한 인지작용을 규명하고자 하는 인지학문으로 언어학의 위상을 바꾸어 놓은 것이다. 즉, 구조주의에서는 의사소통을 위한 사회 규범으로서 개별 언어에 내재된 규칙체계를 규명하고자 하는 반면에 생성문 법에서는 입출력체계를 갖춘 블랙박스로서 인간의 뇌에 자리 잡은 언어 능력 을 재구성하는 것에 주요 관심을 둔다. 따라서, 언어작동 체계 및 언어습득, 언어와 인지의 관련성을 규명하는 것이 언어학 연구의 주요 목표가 되었다.

생성문법론은 세 단계의 이론적 변천을 겪으면서 발전을 해왔는데, 세 단 계란 1960~70년대의 표준이론Standardtheorie, 1970년대 말에 잉태하여 1980년대 초에 정립된 지배결속이론Government-Binding-Theorie(GB-Theorie), 1990년대 이후의 최소주의 문법론Minimalistisches Programm을 일컫는 다. 본 절에서는 지배결속이론10)을 중심으로 생성문법론을 소개하며, 표준 이론에 대해서는 역사적인 맥락에서 부수적으로 언급할 것이며, 아직 정립되 지 않은 최소주의 문법론에 대해서는 생성문법의 향후 연구 방향을 가늠하기 위한 정도로만 부수적으로 다룰 것이다.

---

10) 보다 더 정확히는 원리-매개변항 이론Prinzipien und Parameters Theorie이라고 명명된 다. "지배", "결속" 개념이 중요하기는 하지만, 전체적인 문법체계에서 보면 다른 중요한 개념들도 존재하므로, 문법모형을 일컫는 명칭으로는 오해를 불러일으키기 쉽기 때문이다.

2. 연구대상 및 주요개념

인간의 언어지식sprachliches Wissen에 대한 유래에 관해서 생성문법에서는 생득적인 언어능력sprachliche Kompetenz을 주장한다. 인간임을 특징지워주는 종특수적인 언어능력은 경험에 의해서 습득되기 보다는 태어날 때부터 모든 인간에게 공통적으로 내재해있다는 것이다. 모든 인간에게 공통적이라는 점에서 보편문법universale Grammatik이라고도 한다. 보편문법은 일련의 문법원리들로 이루어져 있는데, 출생시에는 잠재화되어 있지만 개별언어적 환경에 노출되면서 구체화된다는 것이다. 독일어가 모국어인 어린이는 독일어에 맞게 또 한국어가 모국어인 어린이는 한국어에 맞게 문법원리들의 값이 고정된다고 한다. 이렇듯 보편문법의 원리들은 언어마다 다른 모습으로 구체되는데, 이것을 매개변항Parameter이라고 하며, 언어의 습득이란 바로 매개변항 값이 정해지는 과정이라고 이해된다. 언어습득이 완료되는 시점이란 보편문법 원리의 매개변항 값이 모두 정해져서 안정화된 상태에 이르는 때를 말한다.

(1) 언어습득 모형

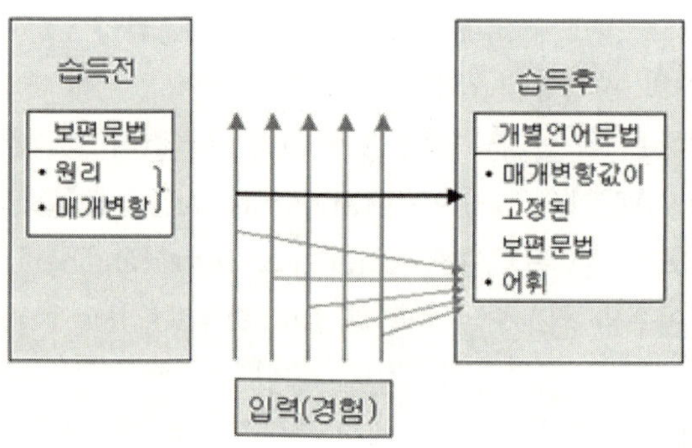

Linke, A. etc. (1991:97) 참조

위 언어습득 모형에 따르면, 언어적 경험을 통해 개별언어문법이 습득되는데 이는 곧 보편문법의 매개변항 값이 고정되고, 어휘 습득이 이루어지는 것을 일컫는다. 언어적 경험의 빈곤에도 불구하고 어린이가 보여주는 언어습득의 놀라운 신속성과 완벽성에 대한 "논리적인 문제logisches Problem"의 해답은 언어습득이 백지상태로부터 시작하지 않고, 이미 준비된 지식으로부터 쌓아간 것이라는 데 있다.

생성문법에서는 언어능력을 규명하는데 언어학 연구의 목표를 둔다. 언어능력은 그 자체가 관찰의 대상은 될 수 없고, 실생활의 필요 때문에 그 언어능력을 토대로 생성된 언어표현을 분석함으로써 재구성할 수 있을 뿐이다. 구체적인 상황에서 실제적으로 언어를 사용하는 것을 언어수행sprachliche Performanz이라고 한다. 언어수행은 관찰될 수 있는 것으로 언어능력이 반영되어 있다. 따라서, 언어능력의 규명을 위해서 언어수행의 연구가 부수적이지만 필수적이다.

문장 혹은 구 등과 같은 언어표현은 문법성Grammatikalität과 용인성 Akzeptabilität면에서 차이 날 수 있다. 보편문법의 원리에 맞게 생성된 문장은 문법적이다. 기억의 한계, 억양, 문체 등의 이유 때문에 실생활에서는 문법적인 문장이 모두 사용되지는 않는다. 문법적인 문장이라 하더라도 언어수행 차원에서는 쉽게 이해되거나 자연스런 표현이 있는가 하면 그렇지 않은 경우도 있다. 이러한 차이는 용인성의 차이에 기인하다.

(2) Derjenige, der denjenigen, der den Pfahl, der auf der Straße, die nach
　　Kulmbach führt, steht, umgeworfen hat, anzeigt, erhält eine Belohnung.
　　(Vater, 1994:111)

관계적인 내포문을 겹겹이 안고 있는 위 예문은 문법적으로는 옳지만, 언어수행적인 측면에서 보면 거의 사용되지 않는 표현이다. 용인성에서 문제가 있기 때문이다. 언어능력을 재구성하는 데 관심이 있는 생성문법에서는 언어수행에 관련된 용인성보다는 문법성을 중요시한다. 문법성 문제는 전적으로 언어에만 관련된 문법단원의 원리에 저촉되어 발생하지만, 용인성 문제는 기억력, 집중력, 소음 등과 같은 심리적 혹은 여타 언어외적인 요인에 의해서 발생하기 때문이다.

3. 문법모형

생성문법은 현대 자연과학에서처럼 연역적deduktiv이며 가설적인hypothetisch 방법론을 취한다. 가설적인 모형을 통해 인간의 언어능력을 재구성한다. 이 모형은 경험적인 언어 자료를 통해서 점검되며, 수정을 겪게 된다. 인지체계 의 단원성Modularität 모형을 전제로 언어능력의 보편문법에 대해서도 단원성 모형을 수립한다.

(3) 인지의 단원성 모형

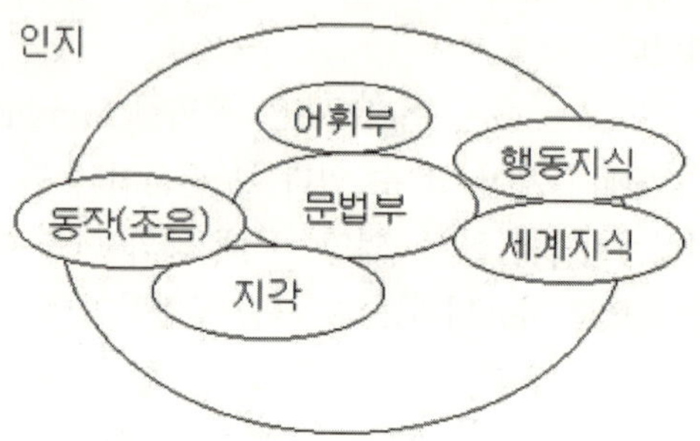

Linke, A., etc (1991:99) 참조

위 인지모형은 인지가 고유한 구조와 기능 방식을 갖는 언어 단원 및 행동지식, 세계지식(혹은 개념체계), 동작, 지각 단원 등으로 구성되어 있음을 보여준다. 더 나아가 언어 단원은 내부적으로 어휘부 및 문법부로 구성된다. 문법부 단원은 생득적인 보편문법으로 언어능력에 해당하며, 일종의 연산체계Kalkülsystem (computational system)이다. 어휘부는 어휘의 저장고로 언어마다 다르며, 기억과 관련되므로 사람에 따라 차이날 수 있다. 성공적인 의사소통을 위해서는 각 단원들이 상호 복합적으로 작동하여 언어사용이 이루어져야한다. 세계지식 단원은 언어의 의미해석을 위한 지식semantisches Wissen을 내장하고 있으며, 행동지식 단원은 화행적 지식Sprechhandlungswissen을 내장하고 있어서 언어 단원의 문장생성과 조합하여 올바른 언어사용이 가능하게 된다. 다른 한편으로 언어 단원에서 생성된 문장은 동작단원의 통제하에 조음기관을 통해서 조음되며 지각 단원을 통해서 상대방의 언어가 수신된다. 이렇듯 단원들

의 조합적인 작용을 통해서 언어를 통한 의사소통이 이루어지는데, 생성문법
에서는 언어의 문법부 단원을 구성하고 있는 연산체계를 규명하는데 관심을 둔다.
  생성문법의 지배결속이론에서 가정하고 있는 연산체계로서의 문법모형은
다음과 같다.

  (4) 문법모형

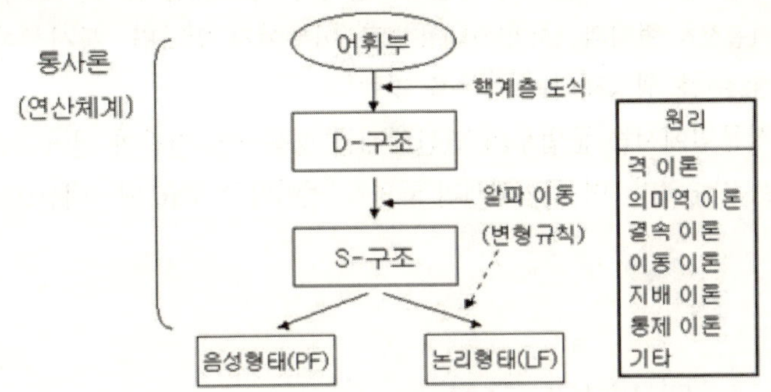

  연산체계로서의 문법부란 어휘들의 결합을 통해 보다 큰 단위, 궁극적으
로는 문장을 만들어 내는 통사론을 일컫는다. 어휘들의 저장소인 어휘부
Lexikon으로부터 선택된 어휘들은 문법부에 입력되자마자 기본구조인 'D-구
조D-Struktur'로 구조화되고 일종의 변형규칙인 '알파 이동bewege-α'을 통
해 표층구조에 가까운 'S-구조S-Struktur'로 바뀐다. S-구조는 축약규칙,
문체규칙, 음운규칙의 적용을 통해 '음성형태Phonetische Form(PF)'로 바
뀌어 발화와 관련된 운동단원에 보내져서 실제의 소리로 가시화된다.[11] 다
른 한편으로 S-구조는 양화사나 의문사의 작용역Skopus에 관련된 비가시적
인 알파 이동과 지표부여Indizierung 등을 통해 '논리형태Logische Form
(LF)'로 전환된다.[12] 논리형태는 개념체계인 세계지식 단원과 화행적 체계

---

11) 통사원리의 적용을 받아 S-구조상에서 문장과 같은 언어적 표현이 생성된다고 하더라도
   그것을 구성하는 어휘들의 음운정보를 토대로 음운규칙이 적용되어야 음성적으로 실현될
   수 있을 것이다. 예를 들어, 독일어의 어말음경화현상Auslautverhärtung과 같은 음운
   규칙이 적용되어 PF가 생성된다.
12) S-구조상의 언어적 표현이 의미적으로 해석될 수 있기 위해서는 LF로의 변환이 필수적
   인데, S-구조의 도출에 적용되었던 '알파 이동'이 적용된다. 대표적인 예가 작용역을 취

인 행동단원 등과 상호작용하여 문장의 완전한 의미를 획득하게 된다. 따라서, 문법은 어휘를 입력받아 일련의 연산을 통해 PF와 LF를 출력하며, 이들 출력물은 대면부Interface(Schnittstelle)를 형성하고 있는 외부 인지체계에 입력되어 음성적 가시화와 의미적 해석이 가능해진다. S-구조는 언어외적 단원과 대면부를 갖지 않는 유일한 순수 언어단원의 구조로서 제반 구조를 연결하는 매개적 역할을 담당한다. 언어적 기호(표현)란 소쉬르가 간파한 것처럼 (음성적)형식과 (의미적)내용으로 이루어져 있다면, 통사론이란 언어적 기호(표현)를 생성해내는 임무를 갖는다.

생성문법에서는 문법부의 연산체계를 생득적인 인간의 언어능력인 보편문법으로 간주하며, 이 문법체계의 규명을 언어학의 주요 연구대상으로 삼는다.

4. 어휘부의 구성

언어지식의 일부로서 어휘부는 정신사전mentales Lexikon을 일컬으며, 어휘들의 목록, 어휘들의 형태변화, 조어 규칙 등으로 구성된다. 어휘부는 엄격한 의미에서 형태론의 연구분야이다. 조어Wortbildung에 있어서도 어떤 식으로든 보편문법이 적용된다면 언어능력의 일부가 될 것이다. 그렇다 하더라도 어휘부의 어휘목록은 경험이나 학습을 통해 생성되고 확장될 수 있으며, 기억과 밀접한 관계가 있다는 점에서 언어능력 자체는 아니다. 어휘부

하기 위해서 일어나는 양화사의 이동이다. 아래 i)예문은 두 양화사의 상대적 작용역에 따라 (a), (b) 두가지 해석을 갖는다. LF상에서 양화사가 숨은 '알파 이동'을 하여 각기 상이한 작용역을 취하고 있기 때문이다.

i) Jeder Mann liebt eine Frau.
  (a) Es gibt eine Frau, die jeder Mann liebt.
  (b) Für jeden Mann gibt es eine Frau, die er liebt.

LF는 '알파 이동' 및 문법원리들이 적용된다는 점에서 D-구조, S-구조와 함께 통사적 층위로 간주된다.

의 등재 단위인 어휘항목의 형태는 기본형이라고 가정하고[13] 설명을 하겠다. 어휘가 가장 기본적인 언어기호라고 한다면 어휘기재항에는 표현적 형식에 관련된 음운Phonem 정보 및 자소Graphem 정보를 가질 것이며, 의미와 관련하여 의미정보를 가질 것이다. 더 나아가 품사 정보 및 통사적 환경에 따라 결정되는 어형변화와 같은 형태-통사morpho-syntaktisch 정보는 물론, 어떤 어휘와 결합할 것이지에 대한 통사적 논항 정보도 가질 것이다.

(5) 어휘부의 정보

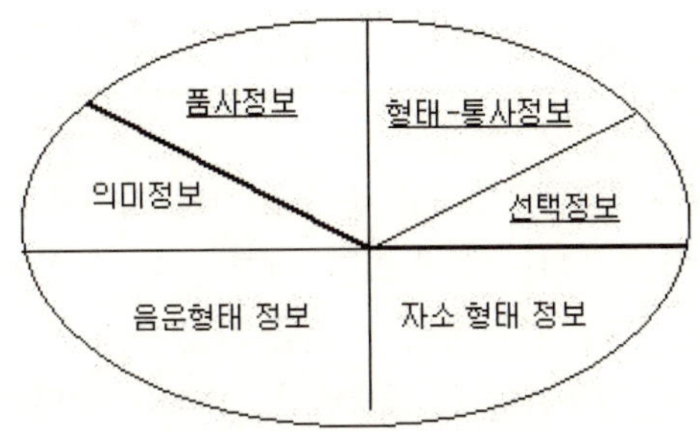

(6) stellen

음운정보	/ ..... /		
자소정보	⟨stellen⟩		
의미정보	STELLEN		
품사	V [-nominal] [+verball]		
형태 - 통사 정보	없음(부정형)		
선택정보 논항	NP	NP	PP
선택정보 형태 - 통사 정보	-	목적격	
선택정보 의미역	행동주	대상/피동주	방향

Linke. A.. etc (1991:110) 참조

---

13) 어휘부에 어휘가 기본형으로 등재되어 있는지, 이미 토큰 형태로 등재되어 있는지는 견해가 다양하다. 생성문법의 최근 모형에서는 후자의 입장을 취한다.

모든 통사적 어휘는 특정한 품사에 소속된다. 주요품사Hauptwortart 정보는 명사 'N', 동사 'V', 형용사 'A', 전치사 'P'처럼 단순범주로 제시되기 보다는 〔±N(nominal)〕, 〔±V(verbal)〕의 자질복합체Merkmalkomplex로 제시할 수 있다.

(7)

	+V	-V
+N	형용사(A)	명사(N)
-N	동사(V)	전치사(P)

이러한 분석은 자질을 토대로 품사들 간의 자연부류를 포착하여 규칙의 일반화를 가능하게 한다는 점에 있다. 예를 들어, 독일어의 명사나 형용사에서 보듯 〔+N〕 자질을 갖는 범주는 격을 가질 수 있다. 또 영어의 동사나 전치사처럼 〔-N〕인 범주가 격을 할당한다. 그러나, 독일어에서 〔+N〕 자질의 형용사도 격을 할당한다는 점은 일종의 매개변항으로 간주될 수 있다. 격표지를 가진 논항정보는 하위범주화Subkategorisierung 정보라고 하며, 의존문법의 보충어Ergänzung에 해당하는 통사적 정보이다.

(8) a. Peter beantwortet Briefe.
    b. *Peter beantwortet.

(9) a. Peter schreibt Briefe.
    b. Peter schreibt.

위 예문에서 'beantworten'동사는 필수적 논항을 요구하며, 'schreiben' 동사는 수의적 논항을 요구한다. 이들 동사의 하위범주화 정보는 다음과 같다.

(10) a. beantworten : 범주자질 : 〔+V, -N〕
                    하위범주화 틀 : 〔NP〕〔NP$_{akk}$〕
     b. schreiben : 범주자질 : 〔+V, -N〕
                    하위범주화 틀 : 〔NP〕(〔NP$_{akk}$〕)

언어적 문맥과 관련된다는 점에서 하위범주화 정보가 범주에 관한 문맥적 정보라고 한다면, 또 다른 문맥적 정보로서 의미/화용적인 선택제약(Selektionsbeschränkung) 정보도 필요하다.

> (11) a. Du hast meine Mutter überzeugt.
>   b. *Du hast meinen Computer überzeugt.

위 예문에서 'überzeugen'의 목적어 논항에는 '정신을 소유한' 개체만이 허용됨을 말해준다.

> (12) a. Kambomambo ermordet Zombaluma.
>   b. ermorden : 범주자질 : 〔+V, -N〕
>   하위범주화 틀 : 〔NP〕〔NP$_{akk}$〕
>   선택제약 : 〈human - human〉

위 예문에서도 밑줄 친 명사구가 모르는 이름임에도 불구하고 사람이름으로 인식하게 되는 데에는 동사 'ermorden'의 논항들이 'human'으로 선택제약되기 때문이다.

어휘기재항에 등재될 또 다른 정보로 의미역thematische Rolle 정보가 있다. 논항은 일정한 의미역 기능을 수행한다. Fillnore(1968), Jackondoff (1972) 등의 연구에서 비롯된 의미역 기능은 개략적으로 다음과 같다.

> (13) a. '대상Thema'/ '피동주Patiens' ⇒ 어떤 행동의 영향을 입는 개체
>   b. '행동주Agens' ⇒ 어떤 행동의 시발자
>   c. '경험주Experiencer' ⇒ 어떤 심리적인 상태를 경험하는 개체
>   d. '수혜주Benefactive/수신주Empfänger' ⇒ 어떤 행동에서 혜택을 입는 개체
>   e. '도구Instrument' ⇒ 그것으로 어떤 것이 생겨나게 되는 수단
>   f. '장소Locative' ⇒ 어떤 것이 위치해 있거나 (사건이) 일어나는 위치
>   g. '도달점Goal/방향Richtung' ⇒ 어떤 것이 그리로 이동해 가는 실재
>   h. '출발점Source' ⇒ 어떤 것이 그곳으로부터 이동하는 실재
>   (서정목 외 옮김, 1990: 457 참조)

의미역 정보는 논항의 주어/목적어와 같은 문법적 기능에 상관이 없다.

(14) a. Sarah gibt dem Kind ein Bildbuch.
    b. Das Kind bekommt von Sarah ein Bildbuch.

위 두 문장에서는 동일한 의미역이 달리 부여되고 있다.

(15) a. geben : 범주자질 : [+V, -N]
            하위범주화 틀 : [NP][NP$_{dat}$][NP$_{akk}$]
            의미역 틀 : Agens-Empfänger-Thema
    b. bekommen : 범주자질 : [+V, -N]
            하위범주화 틀 : [NP]([PP])[NP$_{akk}$]
            의미역 틀 : Empfänger-Agens-Thema

'geben'의 경우에는 주어가 '행동주'인 반면에 'bekommen'의 경우에는 주어가 '수신주' 의미역을 갖는다.

이상으로 통사 정보를 중심으로 어휘부의 정보를 살펴보았다. 어휘부에는 가능하면 잉여성이 없이, 규칙으로 체계화 될 수 없는 어휘 고유적인 속성 정보만이 들어 있다는 가정하에 위 여러 가지 통사 정보들 조차도 보다 근원적인 어느 한 정보로부터 도출할 수 있는지에 대한 연구가 이루어지고 있다. 이를테면, 의미역 정보로부터 하위범주화 정보 및 선택제약 정보를 도출할 수 있다고 가정하면 어휘부의 통사 정보는 그만큼 보다 단순해질 것이다(서정목 외 옮김, 1990: 474 참조).

5. 통사부의 문법원리

인지의 단원적 구성에 대한 생성문법의 가설은 언어지식 단원의 통사부에도 적용된다. 즉, 통사부는 하위단원들로 구성되어 있으며, 이들 하위단원은 각기 고유한 문법원리들을 포함하고 있다는 것이다.

5.1 핵계층 이론

통사론이 어휘들의 결합을 통해서 문장을 형성하는 방식 혹은 규칙을 규명하는 것에 연구 목표를 둔다면, 핵계층 이론은 통사론의 핵심에 놓여있다고 할 수 있다. 어휘들의 선형적 결합lineare Hinzufügung이 곧 문장이 되기보다는 위계적 결합hierarchische Hinzufügung 방식을 통해서 문장이 구성된다고 하는 것은 이미 알려진 사실이다. 명사가 중심이 되어 명사구가 형성되고, 동사가 중심이 되어 동사구가 그리고 전치사가 중심이 되어 전치사구가 형성된다고 한다. 이와 관련하여 생성문법의 초기 단계 모델인 표준이론에서는 다음과 같은 구구조규칙Phrasenstrukturregel[14])을 수립한바 있다.

(16) a. S → NP VP
     b. NP → Det N
     c. VP → V NP
     d. PP → P NP

.....

문장 구성을 위해서 어휘부에서 추출된 어휘들은 자신의 품사(혹은 문법적 범주)에 따라 위와 같은 구구조규칙을 토대로 결합하여 문장S를 형성하게 된다. 모든 품사는 구Phrase를 형성하며, 그 후에 다른 구 혹은 어휘와 결합하여 보다 큰 구를 형성하여 최종적으로 문장에 이르게 되는 데, 이런 의미에서 문장도 하나의 구로 간주할 수 있다. 예를 들어, 동사 V는 목적어 NP와 결합하여 동사구 VP를 형성하며, 이것은 주어 NP와 결합하여 문장 S를 형성한다.

생성문법의 지배결속 이론에서는 구구조규칙을 보다 일반화하여 핵계층 도식X-bar-Schema으로 대체한다. 모든 종류의 구는 본질적으로 동일한 방식으로 구조화될 수 있다는 것이다. 위 구구조규칙에서 보듯이, 명사구는 명사를, 동사구는 동사를, 전치사구는 전치사를 구성성분으로 갖는 등 모든 품사는 자신이 주인(핵)이 되어 구를 형성한다는 것이다.

---

14) 기호 설명 : S(Satz) - 문장, N(Nomen) - 명사, NP(Nominalphrase) - 명사구, V(Verb) - 동사, VP (Verbalphrase) - 동사구, P(Präposition) - 전치사, PP(Präpositionalphrase) - 전치사구, Det(Determinator) - 관사

(17) 핵계층 도식[15]
   모든 구구조 규칙은 다음과 같은 형식을 취한다.
   $X^n \rightarrow \ldots X^m \ldots$ (m = n 혹은 n-1)

위 도식에서 X는 핵을 의미하며, 임의의 범주에 대한 변항이므로 N, V, A, P 등이 될 수 있다. n과 m으로 표현된 괄호안의 지수 관계는 성분이 되는 핵(X^m)은 자신을 포함하고 있는 동일범주 결과물(X^n)보다 큰 지수를 절대로 가질 수 없음을 표현한다. 위 도식에 따르면, 지수 값은 이론적으로 상한값이 정해져 있지 않지만, 언어학적으로 중요한 정보를 표현하기 위한 구조를 위해서 n의 값은 2로 충분하다. 즉, 핵을 중심으로 지정어와 보어, 부가어의 표현이 모두 가능하다는 것이다. 지수에 대한 표기는 횡선(bar) 혹은 윗점을 사용하는 등 여러 가지 표기 방식이 사용된다.

(18)

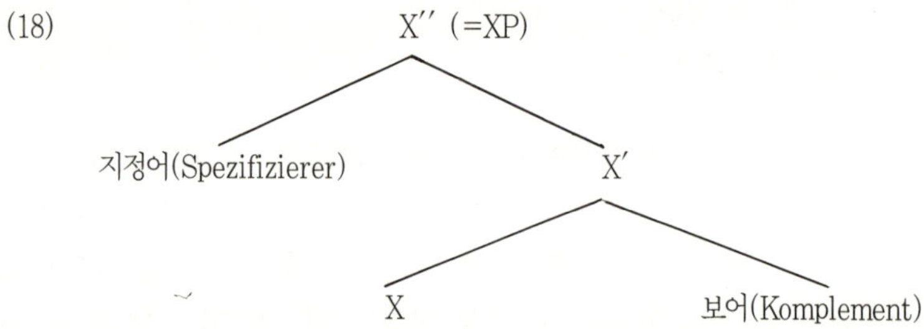

위 구조도에서 X가 핵으로서 보족어라고도 불리우는 보어와 결합하여 X′(혹은 중간투사)를 형성하며, 이 중간층위 범주에 전체 구의 확장을 마감하는 지정어가 결합하여 구(혹은 최대투사)를 형성한다. 다시 말하면, 핵의 성질이 투사되는 projizieren 최고경계가 최대투사maximale Projektion이며, 이것을 구라고 한다. 보어와 지정어는 한정되어 있지만, 상황어에 해당하는 부가어Adjunkt는 수에 제한없이 중간투사 범주 X′에 부가될 수 있으며 계층에 어떤 변화도 가져오지 않는다. 동사성 명사를 핵으로 갖는 명사구를 예로 들면 다음과 같다.

---

15) Fanselow & Felix(1993[3], II: 54) 참조.

(19)

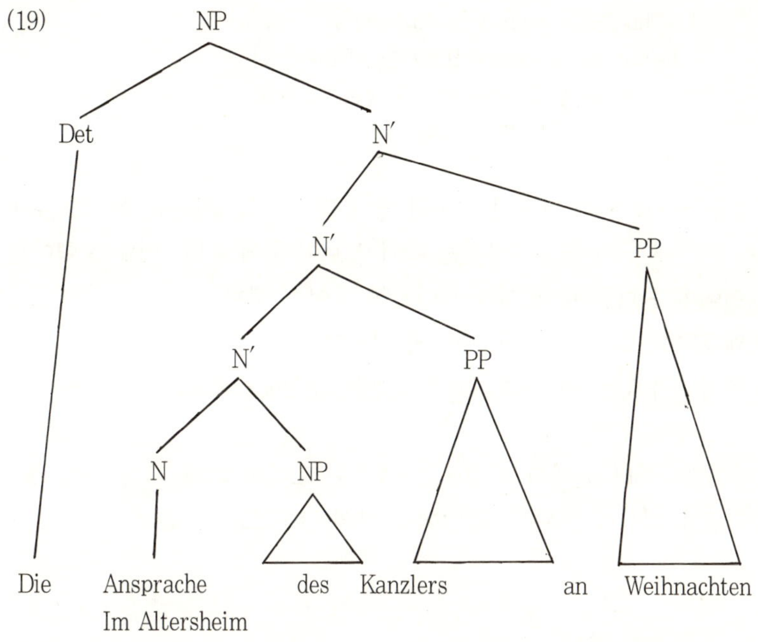

(Vater, H., 1994:127)

위 예에서 시간을 표현하는 'an Weihnachten'과 장소를 표현하는 'im Altersheim'은 부가어로서 N′에 연속적으로 부가되며, 'des Bundeskanzlers'는 핵어 'Ansprache'의 보어이며, 정관사 'die'는 지정어에 위치한다. 부가어16)의 연속적인 부가를 허용함으로써 문법상 얼마든지 긴 명사구를 생성할 수 있게 된다.

지금까지 소개한 핵계층 도식은 다음과 같은 특성을 갖는다. 첫째, 범주의 차이없이 동일한 방식으로 구를 구조화할 수 있다. 둘째, 모든 구는 내심성 Endozentrität을 갖는다. 즉, 핵의 성질이 전체 구에까지 투사되어 전체 구의 특징을 결정짓는다. 셋째, 위 두 가지 특징은 언어에 상관없이 보편적인 반면에, 보어와 핵의 상대적 위치는 언어에 따라 다르다.

---

16) 부가어는 의존문법의 상황어에 해당하는 것으로 범주명칭이라기 보다는 비논항을 일컫는 통사론적 명칭이다.

   (20) a. his [N′ [N reply] [PP to Mary]]
       b. the [N′ [N destruction] [PP of the city]]
       c. die [N′ [N Zerstörung] [NP der Stadt]]
       d. [N′ [NP 그 도시의][N 파괴]]

   명사구에 대한 위 예에서 a, b의 영어 및 c의 독어에서는 핵어가 보어 앞에 오는 반면에, d의 한국어에서는 핵어가 보어 뒤에 온다. 이렇듯 핵어의 위치는 언어마다 다를 수 있다.17) 이러한 차이는 핵계층 도식의 보편원리에 대한 매개변항으로 간주되며, 영어와 같은 핵 선행 언어(Kopf-initiale Sprache)와 한국어와 같은 핵 후행 언어(Kopf-finale Sprache)로 구별된다.

   어휘부로부터 선택된 어휘들은 핵계층 도식에 의해 각기 구를 형성하여 D-구조를 생성하게 된다. 독일어 문장의 D-구조는 다음과 같다.

(21)

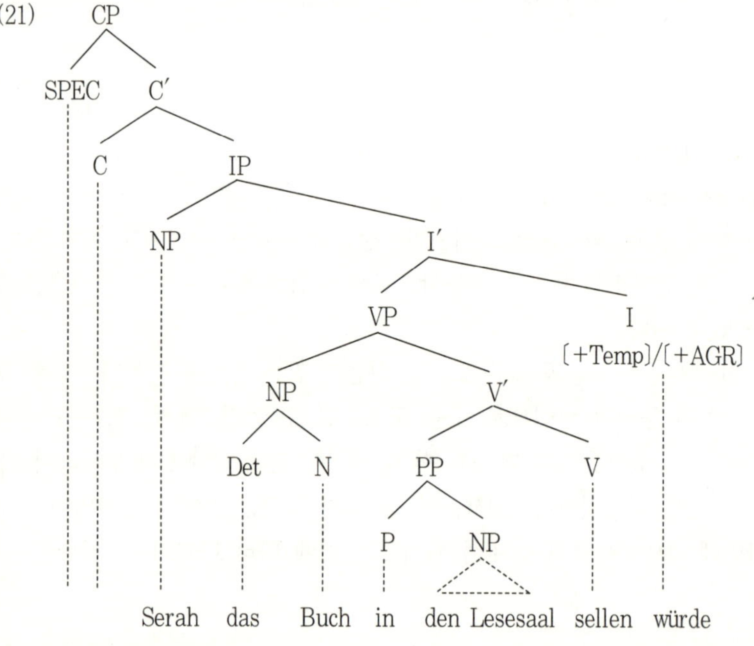

---

17) 한 언어 안에서도 범주에 따라 다를 수 있다. 독어에서는 명사, 전치사 등에서는 핵어가 선행하지만, 다음 절에서 논의될 동사, INFL 등은 핵어가 후행한다.

범주에는 어휘 범주lexikalische Kategorie와 기능 범주funktionale Kategorie가 있다. 실질적 의미를 갖는 어휘 범주로는 N, V, A, P가 있으며, 실질적 의미 없이 오로지 문법적 자질만을 갖는 기능 범주로는 C와 I가 대표적이다. C는 문장의 유형에 관련되며, I는 시제와 관련있다. C가 의문문, 평서문 등에 대한 문법적 자질을 갖는다면[18], I는 문장의 시제 자질을 갖는다. 독일어에서는 시제가 있을 때(즉, 〔+Temp〕일 때)만 주어와 정형동사 간의 일치현상Agreementphänomen이 일어나므로 이 경우에만 〔+AGR〕 자질을 갖는다. 이렇듯 기능 범주에까지 핵계층 도식을 적용하여 구조의 일 반화를 꾀하였다.[19]

5.2 하위 문법단원

핵계층 도식에 기반하여 D-구조가 생성된 후에는 일련의 통사원리를 준수하여 S-구조로 변형됨으로써 표층형태의 문장에 가까워지게 된다. 여기서 변형이란 'α-이동'을 의미하며, 'α(알파)'는 변항으로 임의의 구 'XP' 혹은 핵 'X'가 될 수 있다. 어떤 성분의 이동이든지 조합적으로 작용하는 통사원리들의 제약에 위배되지 않는 한 가능하다. 통사원리들은 각각 고유의 하위 문법 단원에 소속된다.

통사원리들의 적용을 위해서는 핵계층 도식을 통해 생성된 위계적 구조를 바탕으로 정의되는 구조 개념이 매우 중요하다. 통어Kommando 개념이 그 한 예이다. 성분통어c-Kommando[20]와 최대성분통어m-Kommando 개념 은 다음과 같이 정의된다.

---

18) Chomsky(1995:240) 참조
19) Chomsky(1986)의 장벽모형(Barriers - Modell)에서 핵계층 도식의 확대 적용이 일어났으며, Chomsky(1981)의 지배결속 모형에서는 문장 S 및 시제를 위한 I에 핵계층 도식을 적용하지 않았다 : S → NP I VP. 따라서, 문장은 부분적으로 외심성Exozentritität 을 보였었다.
20) 영어 'constituent command'에서 유래함.

(22) 성분통어

어떤 성분 α를 직접 관할하는dominieren 교점이 또한 어떤 성분 β를 관할할 때,
α는 β를 성분통어한다c-kommandieren.

(23) 최대성분통어

어떤 성분 α를 관할하는 최대투사maximale Projektion가 또한 어떤 성분 β를
관할할 때, α는 β를 최대성분통어한다m-kommandieren.

(24)

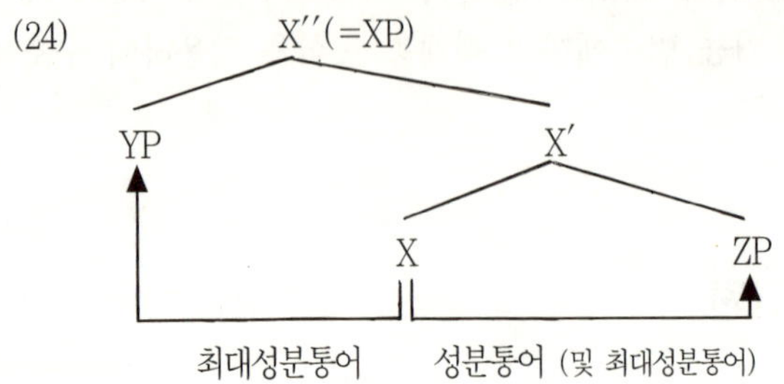

성분통어 및 최대성분통어 개념은 위 (24)의 구조도를 통해 설명될 수 있
다. X를 α라 할 때 이것을 직접 관할하고 있는 X'가 β인 ZP도 관할하고 있
으므로, X는 ZP를 성분통어한다. 또 X를 관할하는 최대투사는 X''(XP)이므
로 이것이 관할하는 YP 및 ZP를 X^0는 최대성분통어한다. 두 개념의 차이는
지정어 자리에 위치한 YP에 대한 관계에서 드러난다. 구조적인 관계에 바탕
을 둔 위 개념들은 문법원리를 정의하는데 중요하게 작용한다.

이제 몇 가지 문법원리에 대해 살펴보자. 의미역 이론Theta-Theorie에서
는 의미역 기준Theta-Kriterium[21]을 통해서 모든 문장성분이 하나의 의
미역을 반드시 가져야 함을 규정한다. 예를 들어, 어휘부에서 동사가 가지고
있는 하위범주화 정보가 통사층위에서 반드시 만족되어야 함을 말해준다.

(25) a. *Peter stellte das Buch.
  b. *Peter stellte das Buch den Schrank in den Lesesaal.
  c. Peter stellte das Buch in den Lesesaal.

---

21) 의미역 기준: 각 의미역은 오직 하나의 논항에만 부여되고, 각 논항에는 오직 하나의 의
  미역만이 부여된다(Chomsky 1981 참조).

위 (25a)는 3가 동사인 'stellen'의 '방향' 논항이 부족하기 때문에 비문법적이며22), (25b)에서는 '대상' 논항이 'das Buch'에 주어질 경우 'den Schrank'는 더 이상 의미역을 가질 수 없기 때문에 비문적이다. 반면에 (25c)는 3개의 논항이 고유한 의미역을 가지므로 의미역 기준에 저촉되지 않는다.

격 이론Kasustheorie은 격 여과Kasus-Filter23)라는 원리를 통해 격이 없는 명사구는 비문법성을 유발한다고 규정한다. 격은 구조격struktureller Kasus과 어휘격lexikalischer Kasus으로 구분된다. 구조격이란 통사적 환경에 따라서 변하지만, 어휘격은 통사적 환경에 상관없이 불변하는 경우를 일컫는다.

(26) a. Rom zerstörte den Gegner.
     b. Der Gegner wurde (von Rom) zerstört.
     c. Roms Zerstörung des Gegners
     d. Ihm wird von mir geholfen.

위 (26a)에서 각각 주격과 목적격인 명사구 'Rom'과 'den Gegner'는 (26b)의 수동문에서는 von Rom 및 주격으로 변하며, 명사구에서는 (26c)에서처럼 각각 소유격으로 바뀐다. 보다 정확히 말하면, (21)의 문장구조에서 주어위치인 I의 지정어 위치에서는 주격을 V의 보어 위치에서는 목적격을 가지며, NP 내에서는 지정어 및 보어 위치 모두 소유격을 갖는다. 구조격과는 달리 (26d)에서 helfen의 여격 목적어는 능동문이건 수동문이건 항상 여격으로 남는다는 점에서 어휘격에 속한다.24)

구조적으로 타동사는 자신의 보어 위치에 목적격을 할당하며, 기능범주 I는 [+Temp]/[+AGR] 자질을 가질 경우 자신의 지정어 위치에 주격을 할당할 수 있다. 격 할당을 위해서는 '지배(Rektion)'라는 구조적 관계가 성립해야 한다. 즉, α가 β에 격을 할당하려면 α가 β를 지배해야(regieren) 한다. 지배 개

---

22) 혹은 'das Buch'가 'stellen'이 부여하는 두개의 의미역 '대상'과 '방향'을 동시에 취하게 되어 의미역 기준을 위반한다고 볼 수도 있다.

23) 격 여과 : 음성적(혹은 형태적)으로 실체가 있는 명사구가 (추상적)격을 가지지 못할 때 비문법적이 된다(Chomsky 1981:49 참조).

24) 어휘부의 정보구성에 있어서 논항 명사구가 구조격인 경우에는 명세화할 필요가 없으며, 오직 어휘격인 경우에만 고유한 격 정보이므로 어휘부에 기재할 필요가 있다.

넘의 정의에는 다음과 같이 앞서 언급한 최대성분통어 개념이 전제된다.

(27) 지배

α가 β를 지배하려면, (i) α가 β를 최대성분통어하고, (ii) β를 관할하면서 α를 비관할하는exkludieren 장벽Barriere이 없어야 한다.

(Chomsky 1986 참조)

위에서 보듯이 격 이론에 의해서 수동문이 설명된다. 타동사는 수동분사가 되면 논항감소Argumentreduktion가 일어난다고 의존문법에서 말하듯이, 생성문법에서도 어휘부에서 논항구조의 변화는 일어난다고 가정한다.

(28) a. lieben : 하위범주화 틀 : 〔NP〕 〔NP〕$_{Akk}$
　　　　　　　 의미역 틀 : Agens - Patiens
　　　b. geliebt : 하위범주화 틀 : 〔NP〕
　　　　　　　 의미역 틀 :　Patiens

(28)의 어휘부 정보는 2가 동사인 'lieben'이 수동분사 'geliebt'로 바뀌면 피동주 논항만을 취한다. 피동주 논항은 동사의 보어자리에서 생성되어 의미역을 갖고 있지만, 수동분사는 타동사와는 달리 격을 할당할 능력이 없기 때문에 격 여과에 저촉된다.

(29) a. Der Junge wird geliebt

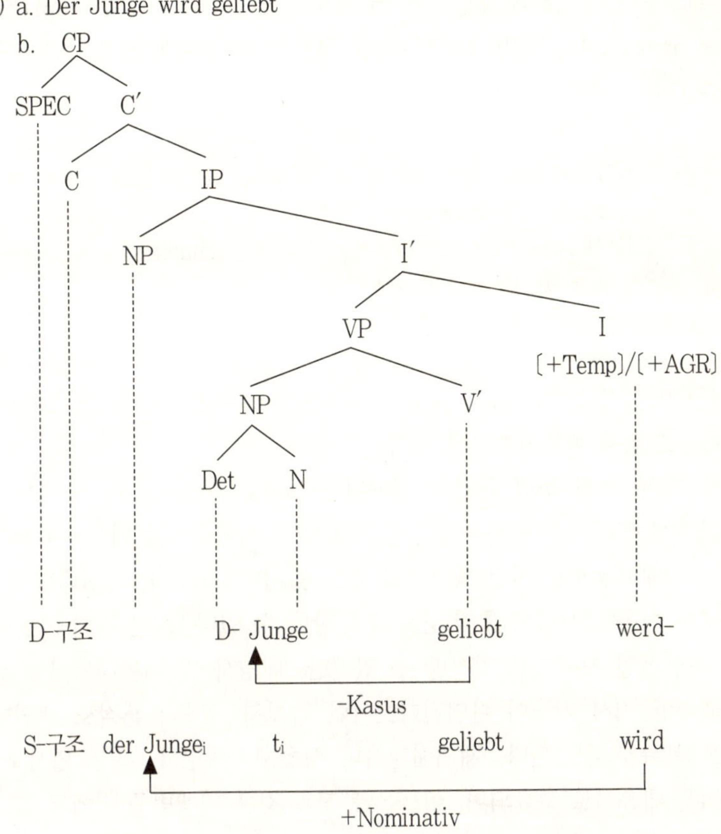

(29)의 피동주 논항은 자신을 하위범주화한 수동분사 'geliebt'의 보어자리에서 격을 받을 수 없기 때문에 주격을 할당 받을 수 있는 I의 지정어 위치로 이동한다. 이처럼 수동 현상은 격이론과 밀접한 관계가 있다. 격이론을 의미역 이론에 흡수하여, 명사구의 의미역은 격을 가짐으로써 비로소 가시화될 수 있다고 의미역 기준을 재규정하기도 한다(Chomsky 1986:135 참조).

통사부의 하위 문법단원들은 고도로 상호 조합적으로 작용하는 특징이 있다. 수동문에서 주어 위치로 이동해간 피동주 논항은 D-구조상에서 원래 위치해 있던 동사의 보어 자리에 흔적Spur을 남기고 간다. 이동의 흔적은 이동해간 명사구 즉, 선행사Antezedens의 의미역을 찾는데 중요하다. 흔적과 선행사

의 관계는 이동이론Bewegungstheorie의 인접원리Subjazenzprinzip에 의
해서 규제되는데, 만약 두개의 문장 경계를 넘어 이동해 간다면 비문법적이
된다.25)

> (30) a. Peter freut sich, daß seine Freundin, der er Rosen geschenkt hat,
>   zu Besuch kommt.
>   b. *Rosen$_i$ freut sich Peter, daß seine Freundin, der er t$_i$ geschenkt
>   hat, zu Besuch kommt.
>
> (Dürscheid. etc, 1994)

(30)b의 경우에는 daß-절 안의 관계문으로부터 주문장으로 'Rosen$_i$'이 이
동해감으로써 비문법적이게 된다.

또 다른 하위 문법 단원인 결속이론Bindungstheorie26)에서는 지시 의
존관계에 토대하여 명사구들의 분포에 대한 제약을 다룬다. 이를 테면, 명사
구는 형태론적으로 일반 명사구일 수도 있지만, 대명사, 재귀대명사 혹은 명
사구가 이동하고 남은 흔적 등으로 등장할 수 있다. 일반 명사구는 자체적으
로 독립적인 지시체를 지칭할 수 있지만, 대명사 및 재귀대명사는 선행사를
통해서만 지시 기능이 확인된다. 이런 점에서 이동의 흔적도 재귀대명사와
같은 부류로 취급된다. 재귀대명사나 상호재귀대명사, 혹은 명사구 이동의
흔적은 대용사로 분류되며, 이들은 문장과 같은 지배범주 내에서 결속되어야
한다. 결속 개념에는 성분통어의 개념이 중요하다.

> (31) 결속(Bindung)
>   만약, α가 β에 의해 성분통어되고, 또한 α와 β가 동일지표화(Koindizierung)되면, α

---

25) 여기서 경계는 꼭 문장을 의미하지는 않는다. 정확히 말하자면, 구조적으로 '장벽Barriere'
    이 되는 범주가 이동의 경계를 형성한다.
26) 결속이론 :
    (A) 대용사(Anapher)는 그의 지배범주(Regierende Kategorie) 속에서 결속되어야(gebunden)
        한다.
    (B) 대명사류(Pronominale)는 그의 지배범주 속에서 자유로와야(frei) 한다.
    (C) 지시적 표현(R-Ausdruck)은 자유로와야 한다.
(Chomsky, 1981 참조)

는 β에 의해 결속된다.

(32) a. Maria$_i$ wäscht sich$_i$/*sich$_j$ die Hände.
　　 b. Maria$_i$ wäscht ihr$_j$ die Hände.
　　 c. Maria$_i$ hat zugegeben, daß sie$_i$ sich$_i$ nicht vorbereitet hat.
　　 d. Maria$_i$ sieht Maria$_j$ auf der Straße.

　(32a)에서 재귀대명사 sich가 주어 'Maria'와 동일지시 될 때는 결속되어 문법적이지만, 동일지시되지 않으면 비문법적이다. 반면에 (32b)에서 보듯이 대명사는 주어에 결속되어서는 안된다. 즉, 'ihr'는 주어 'Maria'와 다른 사람을 지시해야 한다. 반면에 (32c)에서 부문장의 주어 'sie'는 주문장의 주어 'Maria'에 의해 결속되고 있지만, 지배범주가 부문장에 한정되므로 결속원리를 위반하지 않아 문법적이다. 이렇듯 재귀대명사와 인칭대명사는 일반적으로 상보적인 분포를 보인다. 한편, 지시적 표현인 일반 명사구 경우에는 지배범주라는 경계에 상관없이 어떤 경우에도 결속되어서는 안된다. 따라서, (32d)에서 목적어 'Maria'는 주어와 다른 사람을 지시할 때만 문법적인 표현이 된다.

　또 다른 문법단원으로는 통제이론Kontrolltheorie이 있다. zu-부정사 구문에서는 시제와 관련된 I가 [-Temp/-AGR]이므로 주어위치에 주격을 할당할 수 없다. 형태적으로 가시적인 명사구가 격이 없을 경우 '격 여과' 원리에 저촉된다. 따라서, zu-부정사 구문의 주어 위치는 일반적으로 비가시적인 명사구로서 PRO가 설정된다. PRO는 대명사가 형태적으로 비어있는 경우를 일컬으며 선행사의 결정은 어휘적으로 혹은 구조적으로 결정된다.

(33) a. Hans$_i$ überredet Maria$_j$ [PRO$_j$/*$_i$ sich$_j$ zu waschen]
　　 b. Hans$_i$ verspricht Maria$_j$ [PRO$_i$/*$_j$ sich$_i$ zu waschen]
　　 c. Der Kaiser$_i$ ordnete an [PRO$_{arb}$/*$_i$ sich zu dulden]
　　 d. Es ist nicht leicht, [PRO$_{arb}$ eine Fremdsprache zu beherrschen]

　(33a)에서 'sich$_j$ zu waschen'의 주어 위치에 있는 PRO가 반드시 상위동사 Matrixverb 'überreden'의 목적어인 'Maria'와 공지시 관계에 있을 때만 문

법적이다. 반면에, (33b)에서는 PRO가 상위동사 'versprechen'의 주어와 공지시 관계에 있어야 한다. 이처럼 PRO가 어떤 명사구에 의해서 결속될 때 그 명사구에 의해서 "통제된다kontrollriert"고 한다. 통제하는 명사구의 문법적 역할에 따라, 주어 통제Subjekt-Kontrolle 혹은 목적어 통제Objekt - Kontrolle라고 부른다. 또는 (33c)에서처럼 PRO의 선행사가 상위문에 등장하지 않고 임의의 어떤 사람을 지칭하는 경우도 있다. 이런 경우에 "임의의 PROarbiträres PRO(PROarb)"라고 부른다. 이렇듯 통제가 상위동사의 어휘적 특정과 밀접한 관계가 있는 경우 어휘적 통제lexikalische Kontrolle라고 한다. 반면에 (33)d의 경우에는 zu-부정사 구문이 주어 역할을 하며, 이런 경우에는 구조적으로 PROarb가 허용된다. 이렇듯 특정한 어휘에 의존적이지 않고, 문장 구조적으로 PRO가 허용되는 경우에 구조적 통제strukturelle Kontrolle라고 한다.

이상으로 각 표현 충위의 도출에 적용되는 하위 문법 단원들 및 해당 문법 원리들을 살펴보았다. 한 문장의 도출에 있어서 각 문법 원리들은 고도로 조합적으로 적용됨을 보았다. 이를테면 수동문의 경우에서 보듯이 의미역 이론, 격 이론, 이동 이론 등 모두 적용되어서 아무런 원리에도 저촉되지 않을 때 문법적인 표현이 생성되었다. 생성문법에서는 문장생성에 적용되는 문법 원리들의 존재 및 작동 방식을 규명하는데 언어학적 연구의 목표를 둔다. 그렇지만, 지금까지 가설적으로 도입한 문법원리들은 상호 밀접한 관계를 맺고 있는 것만큼 어떤 식으론가 그 역할이 다른 문법원리와 중복적인 효과를 갖거나 다른 문법원리로부터 도출될 수 있는 것이라면 문법원리들의 통폐합은 불가피하다. 그러한 예로 격 여과를 의미역 기준에 통합하여, "명사구는 격을 통해서 의미역이 가시화될 수 있다"고 의미역 기준을 수정한 경우를 들 수 있다. 이렇듯이 통사부의 연산체계를 형성하고 있는 문법 단원의 조직에 대한 모형은 고정된 것이 아니고, 계속적으로 잉여성을 제거하는 방향으로 연구를 계속하고 있다.

6. 독일어의 정동사 두 번째 위치 현상

여기서는 게르만 언어의 특징이기도한 정동사 두 번째 위치Verb-Zweitstellung 현상을 지금까지 살펴본 생성문법의 틀 안에서 독일어를 중심으로 살펴보고자 한다.

Drach(1937) 이래 위상적 장이론topologische Feldtheorie을 통해서 독일어 문장의 어순이 설명되어 왔다. 이를테면, 독일어 문장은 동사의 위치를 중심으로 전장Vorfeld(VF), 중장Mittelfeld(MF), 후장Nachfeld(NF)으로 구별된다. 동사의 위치는 두 곳이다. 정형동사가 등장할 수 있는 문두와 부정형 동사가 등장하는 문미이다. 이들 두 곳을 묶어서 문장괄호Satzklammer라고 하며, 문장괄호 안을 중장이라고 하며, 문장괄호 왼쪽 문두를 전장, 문장괄호 오른쪽 문미를 후장이라고 한다. 문장유형은 전장을 어떤 문장성분으로 채우느냐에 따라 결정된다.

(34) a. (Ø)$_{VF}$ (Hat Jan das Buch ausgelesen)$_{MF}$?
    b. (Jan)$_{VF}$ (hat das Buch ausgelesen)$_{MF}$.
    c. (Wer)$_{VF}$ (hat das Buch ausgelesen)$_{MF}$?

(34a)에서처럼 전장이 비어 있으면 결정의문문이 되며, (34b)에서처럼 어떤 문장성분이 전장을 채울 때 평서문이 되고, (34c)에서처럼 의문사가 전장을 채울 때 보충의문문이 된다. 이러한 설명의 장점은 어순을 단순히 선형적 관계에서만 보지 않고 문장성분이라는 개념을 통해서 위계적 관계를 인정했다는데 있다. 그럼에도 불구하고 무엇을 문장성분으로 볼 것인지에 관련하여 문제에 봉착한다.

(35) a. Würde Sarah das Buch in den Lesesaal stellen?
    b. (Das Buch)$_{VF}$ würde Sarah in den Lesesaal stellen.
    c. (In den Lesesaal)$_{VF}$ würde Sarah das Buch stellen.
    d. (In den Lesesaal stellen)$_{VF}$ würde Sarah das Buch.
    e. (Das Buch in den Lesesaal stellen)$_{VF}$ würde Sarah.

(Linke, A., etc. (1991: 123) 참조)

　(35)b~e는 평서문으로 전장에 각기 다른 문장성분이 등장하고 있다. 'in den Lesesaal'이 문장성분이라면 'in den Lesesaal stellen', 'das Buch in den Lesesaal stellen'은 어떻게 문장성분이 될 수 있는가? 전장을 채우는 단위는 문장성분이라는 개념이 아닌 다른 기준이 적용되어야할 필요가 있다.

　생성문법의 원리와 매개변항 모형에서는 이동을 통해서 독일어의 정동사 두 번째 위치현상 및 주제화Topikalisierung 현상을 설명한다. 이미 5.1절에서 독일어의 D-구조를 소개한 바 있다. "Würde Sarah das Buch in den Lesesaal stellen?"이라는 문장의 D-구조는 (36)과 같을 것이다. S-구조의 도출을 위해서는 I 위치에 있는 정동사 'würde'가 C의 위치로 이동해 간다. C는 문장유형 정보를 가지고 있어서, 부문장일 때에는 접속사 'daß'가 등장하지만 주문장일 경우에는 정동사가 등장한다. 평서문의 경우에는 CP-지정어 위치에 주제성분(Topik)이 위치해야 한다. (35)에서 보았듯이 주제성분이 될 수 있는 것은 주어, 목적어와 같은 문장성분만이 아니라 다른 크기의 단위들도 가능하다.27) 이동에는 제약이 있다. 핵어는 핵어의 위치로만 이동이 가능하며, 최대투사는 최대투사로만 이동이 가능하다.28) I 위치로부터 C 위치로의 이동은 핵어이동Kopfbewegung (X-Bewegung)이라고 하며, NP나 PP, VP 등의 CP-지정어 위치로의 이동은 최대투사이동Maximalprojektionsbewegung(XP-Bewegung)이라고 한다.

---

27) 심지어는 부정형동사도 주제화될 수 있다 : Kaufen werde ich meinem Freund ein Buch zum Geschenk.

28) 구구조보존 원리(Strukturerhhaltungsprinzip)에 따른 것이다(Emonds, 1976 참조).

(36)

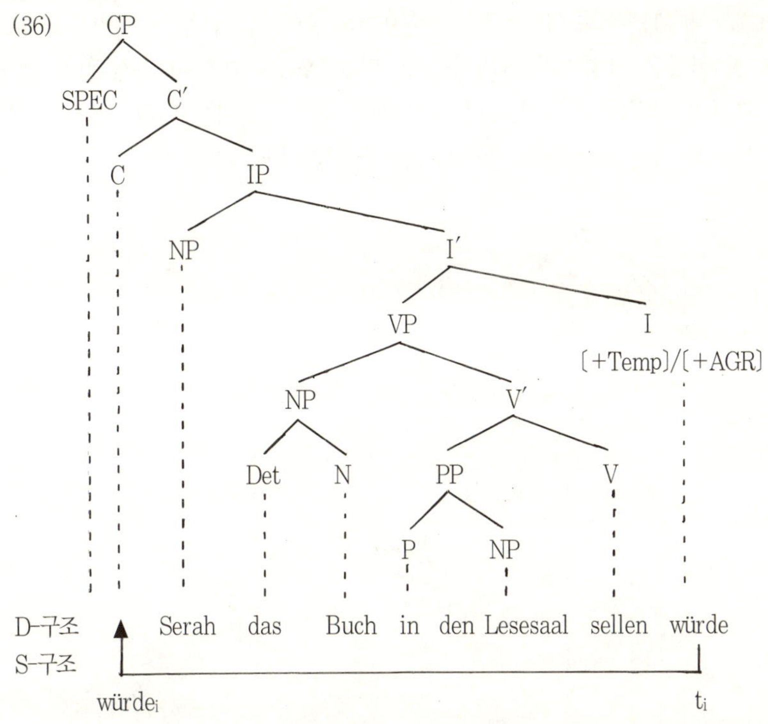

(36)의 수형도에서 보듯이 최대투사에는 주어 및 목적어 자리의 NP, 방향의 의미역을 갖는 PP, 심지어는 VP까지 포함된다. 따라서, 이들 범주가 주제화되어 (35)b, c, e의 예문이 설명된다. 문제는 (35d)에 있다. 주제화된 성분이 (36)의 수형도에서 보듯이 최대투사가 아닌 V′이기 때문이다. 심지어 동사가 주제화된 경우에는 V가 어떻게 CP-지정어 위치로 최대투사 이동을 할 수 있을까 의심된다. 최대투사만이 주제화될 수 있다고 일관성을 유지하기 위해서는 가정이 필요하다. 독일어는 뒤섞기Scrambling 현상이 특징적이다. 즉, 중장 안에서 주어와 목적어, 부사어 등의 어순이 뒤바뀔 수 있다.

(37) a. Gestern hat der Fremde einen Mann besucht.

b. Gestern hat ihn ein Fremder besucht.

c. Plötzlich hat ihn gestern ein Fremder besucht.

(37)의 예문은 주어, 목적어, 부사어의 어순이 뒤바뀔 수 있음을 보여준다. 이 현상을 설명하기 위해서는 또 다른 종류의 이동이 가정된다. 핵어 혹은 지정어 위치와 같은 빈자리로의 이동만 있는 것이 아니라, 어떤 최대투사에 부가하는adjungieren 이동도 있다는 것이다.

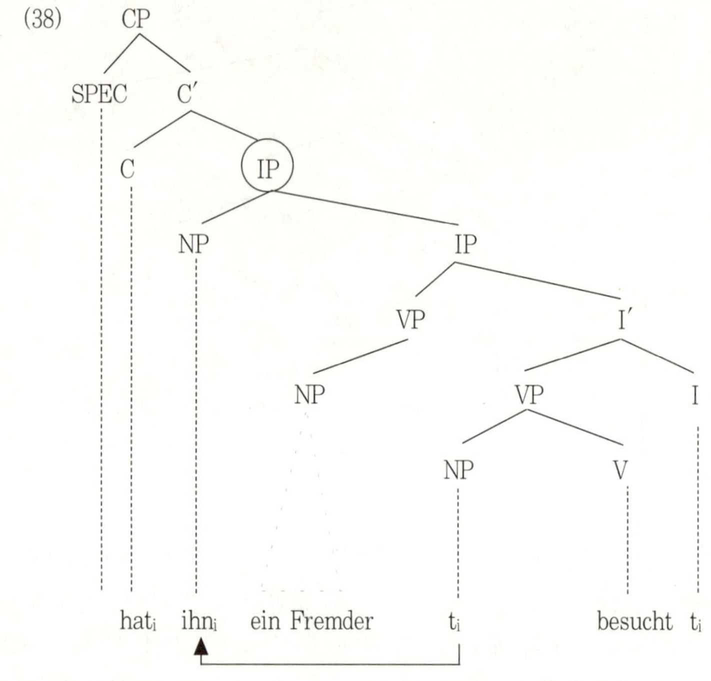

(38) 수형도는 목적어가 주어보다 선행하여 등장하는 뒤섞기 경우를 보여주고 있다. 구조적으로 목적어 NP는 IP에 부가된다. 이렇듯 독일어처럼 어순이 자유로운 언어의 뒤섞기 현상은 부가 기제를 이용한 이동으로 설명된다. 이러한 부가기제를 받아들인다면, (35d)의 경우에도 목적어 'das Buch'가 VP에 부가되고, 원래의 VP가 주제화된 것으로 이해할 수 있다.

(39)

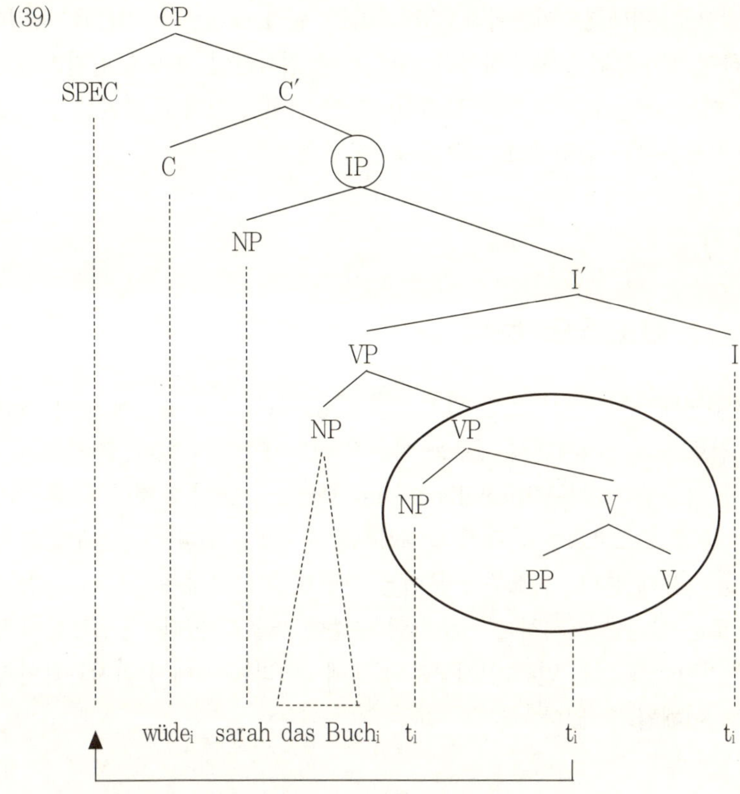

  (39) 수형도는 주제화된 'in den Lesesaal stellen'의 범주가 최대투사범주 VP임을 보여준다. 이러한 설명을 다음 예문에도 적용할 수 있다.

  (40) a. [Das Buch stellen] würde Sarah in den Lesesaal.
        b. *[Sarah das Buch] würde in den Lesesaal stellen.

(Linke, A., etc. 1991:123 참조)

  (40a) 예문에서는 PP가 뒤섞기의 일환으로 VP에 부가된 후 원래 VP만이 주제화된 것으로 볼 수 있으며, (40b) 예문에서는 주어 'Sarah'와 목적어 'das Buch'가 하나의 최대투사를 형성할 수 없기 때문에 이들의 동시적인 주제화는 불가능하다고 볼 수 있다.

이상으로 지배결속이론이라고도 불리는 원리-매개변항 이론을 독일어에 적용하여 생성문법을 개관하였다. 단원성에 입각하여 고유 문법원리가 존재하며, 이들 문법 원리는 언어 보편적이지만 개별 언어적 매개변항 값이 고정되어 적용된다는 입장에 토대하였다.

7. 최소주의 문법

1980년대까지 확립되었던 원리-매개변항 이론도 1990년에 들어 여러 원리에 검토가 이루어지면서 새로운 이론적 시도가 모색되었다. 경제성 원리에 기반한 최소주의 이론Minimalistisches Programm이 그것이다. 본 절에서는 이 문법 프로그램을 간략히 살펴봄으로써, 향후 뒤따를 생성문법의 변화 방향을 가늠해 본다. 최소주의 문법은 확립된 이론체계가 아니라 문법 연구의 새로운 방향을 제시하는 프로그램 수준에 머물러 있다. 문법모형의 변화는 곧 언어에 관련한 인간 인지구조의 재해석이라는 점에서 인지과학의 발전으로도 이해될 수 있다.

7.1 개요

Chomsky(1991, 1995)에서는 인간 언어에 내재하는 경제성을 원리로 격상하여, 경제성 원리를 문법이론 전반에 적용하고자 했다. 즉, 문법이론이 최소화되어야 한다는 최소주의 입장을 정립하여, 문법 층위로 PF와 LF만을 인정함으로써 문법체계를 간소화하였으며, 경제성이 주도하는 방향으로 문법원리들을 최소화하였다. 문법이론을 최소화하여 그 경제성을 극대화함으로써 설명력의 극대화를 추구하자는 것으로 개념적 필연성konzeptuelle Notwendigkeit으로까지 축소하는 것을 목표로 삼고 있다. 개념적인 필연성에 입각하여 '필수구구조bare phrase structure'를 제안함으로써 문장의 구조 생성에 관련된 핵계층 도식을 문법에서 제거하였다. 더 나아가 자질 유인

이론을 도입하여 이동이론을 수정하였다.

이러한 변화는 언어에 대한 기본 구상에 있어서는 기존 생성문법과 공유하는 바가 많지만 문법모형에 있어서 대대적인 차이를 가져다 주었다.

7.2 문법모형

최소주의 문법모형은 다음과 같다.

(41)

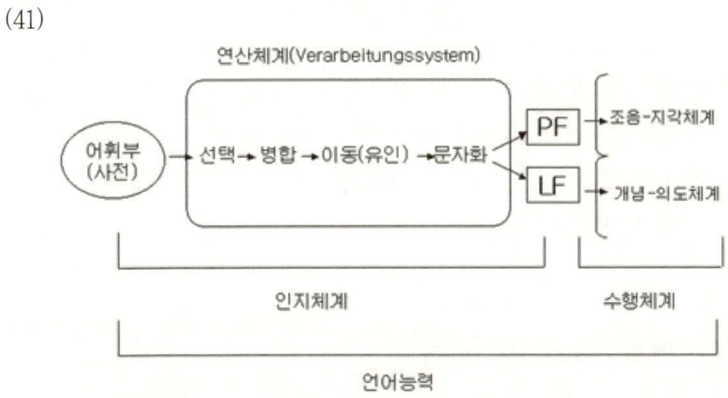

　인간의 언어능력은 크게 인지체계와 수행체계로 구성되며, 인지체계는 다시 어휘 정보를 저장하는 어휘부(혹은 정신사전)와 언어표현의 생성(이해)을 담당하는 연산체계로 구성된다. 어휘부는 합성, 파생과 같은 어휘형성은 물론이고 굴절까지도 담당한다고 보는 어휘론적 입장을 취한다. 따라서, 어휘부로부터 연산체계에 입력되는 어휘는 완성된 어형 형태를 취한다. 단, 통사적 환경의 저촉을 받는 굴절형태는 연산체계에서 자질점검을 받게 되며, 그러한 과정이 이동(변형)이라고 하는 통사적 현상을 수반하게 된다. 연산체계에 배번집합29) 형태로 입력된 어휘들은 일련의 선택select(Einnahme)과 병합merge(Verschmelzung), 이동

---

29) 장차 문장 생성에 쓰일 어휘항목들을 사전으로부터 끌어내어 그 어휘들의 등장 횟수와 함께 배열 형태로 표현해 놓은 집합을 배번집합Numerierung이라고 한다. 여기에는 위계적, 선형적 관계가 없다는 점에서 기존의 D-구조와는 질적으로 상이하다.

move(Bewegung) 조작을 통해 언어구조가 도출되어 문자화Spell-Out에 이르게 된다. 연산체계의 결과물인 문자화된 언어구조는 음성형태와 논리형태로 분리된다. 이들은 각기 연산체계와 대면부를 형성하고 있는 조음-지각체계Artikulations- und Perzeptionssystem 및 개념-의도체계Konzeptuell-intentionales System에 입력되어 음성적 해석(실현) 및 의미적 해석(이해)이 가능하게 된다. 어휘부로부터 음성형태 및 논리형태까지의 도출은 인지체계에 의해 관할되며, 조음-지각체계 및 개념-의도체계에서의 해석은 수행체계Performanzsystem에 의해 관할된다[30].

이상에서 살펴 본 최소주의 문법모형은 기존 생성문법의 두 통사적 층위 즉, 심층구조에 상응하는 D-구조, 표층구조에 상응하는 S-구조를 더 이상 인정하지 않는다. 두 수행체계의 해석을 위해 실질적으로 의의를 갖는 음성형태와 논리형태만을 인정한다. 이는 곧 최소화의 기준인 개념적 필연성에서 볼 때, 언어표현은 근본적으로 소리와 의미로 구성된다는 전통적인 언어기호론적 인식을 반영하는 것이기도 하다.

7.3 주요 원리 및 개념

문법적 표현에 대한 경제성 조건으로 완전해석원리Full Interpretation (Prinzip der vollen Interpretierbarkeit)[31]가 제안된다. 각 표현층위에 나타나는 모든 요소는 외적 체계의 해석을 받을 수 있어야 한다는 것으로, LF 층위에서는 의미해석을 받을 수 있는 요소만이 허용되며, PF 층위에서는 음운해석을 받을 수 있는 요소만이 허용된다[32]. 이를테면, 격자질, 시제자질, 의문사 자질과 같이 주로 기능범주와 관련된 자질은 비해석성 형식자질이므로 LF에 남아

---

30) 수행체계는 인지체계의 산출물인 언어정보를 다양한 방식으로 사용하는 체계로서 반드시 언어사용에만 관여하는 체계는 아니지만, 언어사용에 관여하므로 언어능력의 일부로 간주한다.

31) 완전해석 원리 :
"음성형태 및 논리형태상의 모든 요소는 적절히 해석될 수 있어야 한다."

32) FI를 준수한 표현이 도출될 때, 그 도출은 '수렴(converge)'하고, 그렇지 못한 경우 '파산(crash)'한다고 한다.

있어서는 안된다. 이들 자질은 자신의 위치로 혹은 자신의 지정어 위치로 어휘항목을 이동시켜(보다 정확히는 '유인하여attract') 자질점검"eature Checking (Merkmalüberprüfung)을 받음으로써 자신의 비해석성 형식자질을 제거 당하게 된다.

문법적인 표현이 생성되기 위해서는 도출이 수렴해야 할 뿐만 아니라, 최적한 것이어야 한다. 최적성Optimalität은 문법적 표현의 도출에 대한 조건으로 이동의 국부성, 도출상의 잉여적 단계의 금지 등을 포함하는 경제성에 관한 것이다. 즉, 도출이 최소화 될때 가장 경제적이라는 것으로 도출과정에 있어서 규칙적용은 최소화되어야 하며, 이동은 최단거리로 일어나야 한다. 또 모든 규칙의 적용은 최후수단last resort(letzte Rettung)으로 적용되어야 한다는 대원칙 하에 이동은 가능하면 지체하여 실시되어야 한다는 지연원리 procrastinate(Zauderprinzip), 자질 점검과 같은 득이 있는 이동만을 허용하는 이기원리greed(Schmarotzerprinzip) 등을 가정한다.

7.4 독일어 문장의 생성

여기서는 지금까지 논의된 최소주의 문법의 입장에서 독일어 문장의 생성과정을 살펴보고자 한다.

(42) a. Der Junge liest ein Buch.

b.

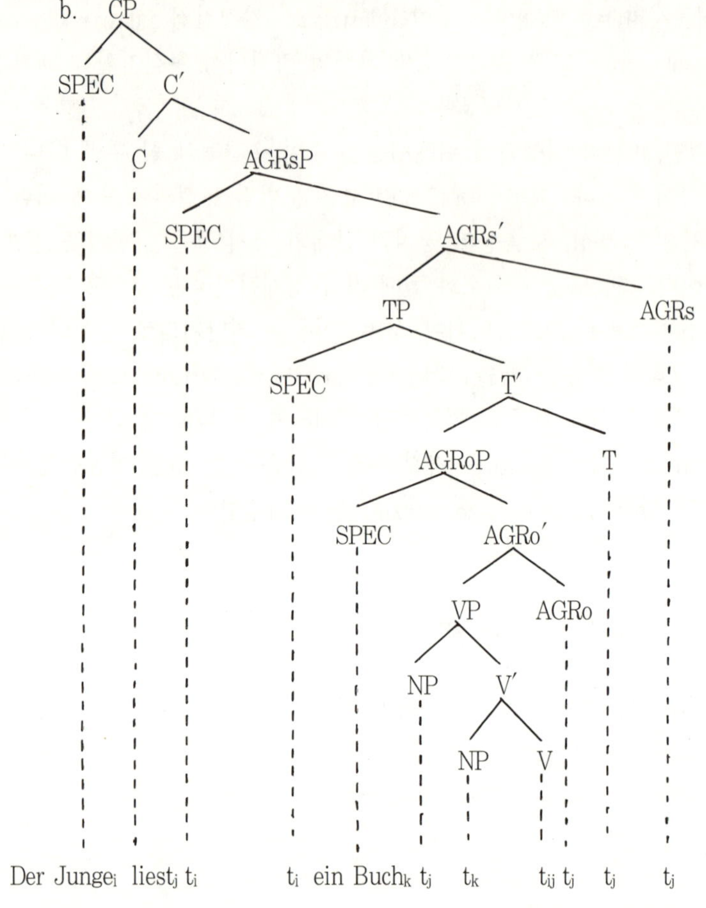

(42a) 예문을 생성하기 위해서는 (42b)와 같은 구조도가 가정된다. I(nfl)이 AGR(eement)과 T(empus)로 분리된 점을 제외하면 얼핏 지배결속이론의 문장 구조도와 같다. 그러나, 이 구조도는 핵계층 도식을 통해서 형성되지 않고, 어휘부로부터 뽑은 어휘들의 배번집합 {〔'der', 1〕, 〔'Junge', 1〕, 〔'liest', 1〕, 〔'ein', 1〕, 〔'Buch', 1〕, 〔AGRo, 1〕, 〔AGRs〈3.Pers. Sing.〉, 1〕, 〔T〈Präsens〉, 1〕, 〔C〈Topic〉, 1〕}의 요소들을 선택하여 병합하는 반복적인 과정을 통해서 형성된다. 이를테면, 'der'와 'Junge'가 병합하여 NP를

형성하며, 'ein'과 'Buch'가 병합하여 역시 NP를 형성한다. 'liest'는 자신이 선택자질로 택하는 목적어 'ein Buch'와 병합하여 V'를 투사하며, 다시 주어 'der Junge'와 병합하여 VP를 투사하게 된다. VP는 다시 일련의 기능범주 AGR, T, C 등과 병합하여 전체 문장 구조도를 형성하게 된다. 완전해석원리에 의해 기능범주의 비해석성 자질은 LF에서까지 남아 있어서는 안되므로 해당 자질을 삭제해 줄 수는 요소들을 유인한다. 즉, AGRo는 목적어 NP를 유인하며, T는 'liest'를, AGRs는 3인칭 단수인 주어 'der Junge'를 유인한다. 독일어의 평서문은 주제어를 요구한다는 점에서 C에 〈Topic〉 자질을 가정하면, 주어 'der Junge'를 주제로 유인했다고 볼 수 있다. 또한 일련의 유인(혹은 이동)은 비해석성 자질의 제거를 위해 불가피하게 일어났다는 점에서 최후수단의 원리를 준수하고 있다.

이상으로 아직도 암중모색 단계에 있는 생성문법의 최소주의 이론을 살펴보았다. 설명의 편의상 정립되지 않은 개념들까지도 단정적으로 가정하고 독일어 문장 구조를 분석하였다.

8. 맺는 말

생성문법은 인간의 언어지식의 기원과 그 본질에 대한 물음으로부터 출발하고 있다. 계속되는 문법모형의 변화에도 불구하고 인간의 정신을 탐구하는데 기여하는 바가 컸음을 인정하지 않을 수 없다. 현재의 최소주의 문법모형이 확립된 이론체계가 아니라고 할지라도 인간의 언어능력을 규명하는데 최소주의의 시대정신을 반영하여 흥미진진한 안목을 제공해준다는 점 또한 부인할 수 없다.

많은 변화에도 불구하고 기본적으로 유지되고 있는 가정은 인간 언어지식의 단원성에 대한 것이다. 즉, 언어지식(언어능력) 단원은 인지체계내의 여타 단원들과의 상호작용하여 언어수행을 가능하게 한다는 것이다. 변화하는 부분은 언어능력에 해당하는 연산체계의 작동방식에 관한 것이다. 원리 - 매개

변항 이론에서는 원리의 매개변항 값에 의해서 언어적 차이가 생긴다고 보았
지만, 최소주의 이론에서는 어휘부에 등재되어 있으며, 주로 기능범주와 관
련된 비해석적인 형식자질의 형태론적인 특징을 언어간의 변이를 가져오는
주된 요인으로 간주한다. 언어보편적으로는 언어적 연산체계의 규명이 중요
하며, 개별 언어적으로는 기능범주의 형태론적 차이를 규명하는 것이 중요하
다고 할 수 있는데 사실 이들의 관계는 동전의 양면과 같다.

참고 문헌

김한영·문미선·신효식(역)(1998), 『언어본능 -상/하』, 그린비(.S. Pinker(1994)).

서정목·이광호·임홍빈(역)(1990), 『변형문법』, 을유문화사(A. Radford(1988)).

신수송(1988), 현대독어학. 교육과학사.

이민행·문미선·신효식(역)(1996), 『새로운 의미론』,
　　　　한국문화사(M. Schwarz/Chur (1993)).

Linke, A./Nussbaumer, M./Portmann, P. R.(1991), *Studienbuch Linguistik*. Tübingen : Niemeyer.

Chomsky, N.(1957), *Syntactic Structures*, Den Haag : Mouton.

__________(1965), *Aspects of the Theory of Syntax*, Cambridge, Mass : MIT Press.

__________(1981), *Lectures on Government and Binding*, The Pisa Lectures. Dordrecht : Foris.

__________(1986), *Barriers*, Cambridge, Mass : MIT Press.

__________(1991), Some Notes on Economy of Derivation and Representation, In : R. Freidin (Hrsg.) : *Principles and Parameters in Comparative Grammar*, 417~454. Cambridge, Mass. : MIT Press.

__________(1995), *The minimalist program*, Cambridge, Mass : MIT Press.

Drach, E.(1937)(1963[4]), *Grundgedanken der deutschen Satzlehre*, Frankfurt/M. : Diesterweg.

Dürscheid, C.(2000), *Syntax : Grundlagen und Theorien Wiesbaden* : Westdeutscher Verlag.

Dürscheid, C./Kircher, H./Sowinski, B.(1994), *Germanistik: eine Einführung*, Köln : Böhlau.

Emonds, J. E.(1976), *A Transformational Approach to English Syntax: Root, Structure-Preserving, and Local Transformations*. New York: Academic Press.

Fanselow, G./Felix, S.(1987, 1993[3]), *Sprachtheorie : Eine Einführung in die Generative Grammatik*, 2 Bde. Tübingen：

Francke(= UTB 1441, 1442).

Fillmore, C. J.(1968), The Case for Case, In : Bach, E./Harms, R. T. (Hrsg) : *Universals in Linguistic Theory*, pp.1~88.

Jackendoff, R. S.(1972), *Semantic Interpretation in Generative Grammar*,MIT Press, Cambridge, Mass.

Pinker, S.(1994), *The Language Instinct*, John Brockman..

Radford, A.(1988), *Transformational grammar : a first course*, Cambrigde University Press.

Saussure, F. d.(1916, 1969³), Cours de Linguistique Générale. Paris : Payot. Dt. Übersetzung : Grundfragen der allgemeinen Sprachwissenschaft. Berlin : de Gruyter.

Scharz, M/Chur, J.(1993), *Semantik : Ein Arbeitsbuch*, Tübingen : Narr.

Shin, H. - S.(1993), *Kasus als funktionale Kategorie : Zum Verhältnis von Morphologie und Syntax*, Tübingen : Niemeyer.

Stechow, A. v.(1988), *Bausteine syntaktischen Wissens : Ein Lehrbuch der generativen Grammatik. Opladen* : Westdeutscher Verlang.

Vater, H.(1994), *Einführung in die Sprachwissenschaft*, München : Fink.

제 **4** 부

의 미 론

I 어휘 의미론

류 병 래 (충남대학교)

1. 서론

    I 에서는 의미론 Semantik의 한 하위분야인 어휘의미론 lexikalische Semantik에 관한 기본적인 내용을 개관하기로 한다. 우선 서론에서는 언어학 혹은 독어학 전체 체계에서 의미론이 차지하는 위상을 개괄적으로 기술하고, 이어서 의미론 내에서 어휘의미론이 차지하는 위상과 역할에 대하여 간략하게 살펴보기로 한다. 2.에서는 언어표현을 기호로 보는 시각에서 낱말이

사상기호, 지칭기호 그리고 상징기호 등 세 가지 유형의 기호 중에서 상징기호로 간주해야 한다는 점을 우선 논의하고, 언어학적인 의미에서 의미가 무엇을 의미하는가에 관한 견해들을 소개할 것이다. 3.에서는 어휘의미론의 주요 대상이 되어 온 쟁점 사항들 중의 하나인 언어기호의 표현면과 의미면 사이의 연관관계에 대해서 소개를 하고, 이어서 어휘들간의 의의 관계를 몇 가지 전형적인 경우를 중심으로 살펴보고자 한다. 4.에서는 어휘의미론의 연구 방법론을 소개한다. 이 절에서는 세부적으로 성분분석이론과 어장이론 그리고 의미공준 나아가서 원형의미론을 간략하게 개관할 것이다. 5.에서는 어휘의미론의 최근 연구 경향과 활용 분야들을 기술하기로 한다.

1.1 의미론의 대상과 목적

의미론 Semantik이란 언어의 의미를 과학적으로 연구하는 언어학의 한 하위분야이다. 대상 언어를 독일어로 한정한다면, 우리는 독어 의미론을 독어의 의미를 과학적으로 연구하는 독어학의 한 하위분야를 가리키는 용어로 사용한다. 이 때 우리는 언어 혹은 독어의 의미라고 의미론의 연구대상을 포괄적으로 규정하였으나, 실제로는 언어를 구성하고 있는 단위를 구체적으로 세분하여 의미론의 대상을 규정하는 것이 일반적이다. 우리는 일반적으로 언어를 구성하고 있는 단위를 그 크기에 따라 낱말, 구, 문장(= 절), 혹은 때에 따라서는 그 보다 더 큰 언어학적 단위인 특정한 관계에 있는 문장들, 즉 텍스트로 구분한다. 따라서 의미론이란 낱말과 문장의 의미 혹은 그 보다 더 큰 언어학적 단위의 의미를 과학적으로 연구하는 학문이라고 정의할 수 있고, 그 언어를 독어에 한정하였을 때 독어 의미론이란 용어를 사용한다.

어떠한 학문이든 그 학문을 개관 하기 위해서는 대상과 목적을 분명히 이해해야 한다. 의미론에 대한 개관도 예외는 아닌데, 위에 제시된 의미론의 정의에 의미론의 대상이 자연언어의 의미라는 사실이 명확하게 드러나 있다. 그러나 불행하게도 단순히 의미론의 대상을 자연언어의 의미라고 말하는 것은 의미론의 이해에 그다지 커다란 도움이 안 된다. 그 이유는 그 말을 제대로 이해하기 위해서는 의미가 무엇인가를 먼저 알아야 하기 때문이고, 구체적으로 의미의 어떤 면을 대상으로 하는지도 알아야 하기 때문이다. Akmajian *et al.*(2000: 223f.)에 따라 의미론의 대상을 표제어로 정리하면 다음과 같다.

- 낱말과 구, 문장의 의미속성 Bedeutungseigenschaften
- 의의 관계 Sinnrelationen
- 문장의 의미와 문장들 사이의 연결 의미 Verknüpfungsbedeutung
- 의사소통상의 잠재적인 의미 potentielle Bedeutung
- 진리적 의미 wahrheitsbedingte Bedeutung
- 진리 관계 Wahrheitsrelationen

Akmajian *et al.*(2000:223f.)에 의하면, 의미론은 첫째 의미속성과 의미관계의 규명에, 둘째 진리속성과 진리관계의 규명에 그 목표를 두고 있다. 의미속성과 의미관계의 규명이란 다음과 같은 진술의 의미가 무엇인지 답을 찾는 것이다.

(1) a. 어떤 표현 A가 X를 의미한다.
  b. 어떤 표현 A가 의미가 있다.
  c. 어떤 표현 A가 중의적이다.
  d. 어떤 표현 A가 다의적이다.
  e. 어떤 표현 A가 비정상적이다.
  f. 어떤 표현 A가 잉여적이다.
  g. 어떤 표현 A가 또 다른 어떤 표현 A′와 동의관계에 있다.
  h. 어떤 표현 A가 또 다른 어떤 표현 A′와 동음이의관계에 있다.
  i. 어떤 표현 A의 의미가 또 다른 어떤 표현 A′의 의미를 포함한다.
  j. 어떤 표현 A가 또 다른 어떤 표현 A′와 의미적으로 중첩된다.
  k. 어떤 표현 A가 또 다른 어떤 표현 A′와 반의관계에 있다.
  l. 어떤 표현 A가 문자적으로 X에 쓰인다.

진리속성과 진리관계의 규명이란 다음과 같은 진술에 대한 의미가 무엇인가에 대한 답을 찾는 것을 가리킨다.

(2) a. 어떤 표현 A가 언어학적으로 참이다 혹은 거짓이다.
    b. 어떤 표현 A가 분석적이다.
    c. 어떤 표현 A가 배리적이다.
    d. 어떤 표현 A가 또 다른 어떤 표현 A′를 함의한다.
    e. 어떤 표현 A가 또 다른 어떤 표현 A′를 의미적으로 전제한다.

위에서 우리는 의미론의 연구대상을 언어의 의미라고 포괄적으로 규정하였다. 그러나 실제로는 연구대상인 언어를 구성하고 있는 단위를 그 크기에 따라 구체적으로 세분하여 의미론의 대상을 규정하는 것이 일반적이다. 이제 다음 장에서 본 장의 대상인 어휘의미론을 다른 의미론과 구분하고, 논의를 계속하기로 한다.

1.2 어휘의미론과 문장의미론

가장 일반적인 언어단위의 구분방법은 그 크기에 따라 낱말(= 어휘), 구, 문장(= 절), 혹은 때에 따라서는 그 보다 더 큰 언어학적 단위인 특정한 관계에 있는 문장들, 즉 텍스트로 구분한다. 의미론은 반드시 그 구분법에 따라 그 대상의 크기를 세분하지는 않지만, 일반적으로 그 연구대상의 크기에 따라 어휘의미론 lexikalische Semantik과 문장의미론 Satzsemantik으로 나눈다. 어휘의미론은 낱말 혹은 어휘의 의미를 대상으로 삼고, 문장의미론은 낱말과 낱말이 모여 구나 문장을 이룰 때 낱말 혹은 어휘 단위를 넘어서는 언어학적 단위를 대상으로 삼는다.

원래 그리이스어 semantikōs에서 연유한 의미론은 19세기에 이르러 자리를 잡게 되었으나, 초창기의 연구 대상은 의미 그 자체가 아니라 의미의 발달이 주를 이루었다. 오늘날의 용어로 말한다면 초창기의 의미론은 역사의미론 historische Semantik이었던 것이다. 이런 의미에서 초창기의 의미론 연구는 문장 의미론 보다 어휘의미론이 주를 이루고 있었다고 말할 수 있다.

역사의미론은 시간의 추이에 따른 의미의 변화를 연구 대상으로 하는 역사 언어학의 한 분야이다. 역사의미론의 세부연구 분야의 대표적인 예로 의미확장 Bedeutungsverengung, 의미축소 Bedeutungsverkleinerung, 의미

전이 Bedeutungstransfer 등을 꼽을 수 있다. 전통적으로 언어의 의미를 연구하는 의미론자들은 의미의 최소단위가 무엇인가 하는 질문과 함께 의미변화의 원리가 무엇인가 하는 질문과 낱말들의 초기 의미는 무엇인가 하는 질문 등에 관심이 많았다. 특히 역사적으로 거슬러 올라가 낱말들의 초창기 의미를 연구하는 일단의 연구를 우리는 어원론 Sprachetymologie이라고 부른다. 이 어원론도 어휘의미론의 연장선 상에 놓여 있음은 물론이다.

어휘 의미론을 체계적으로 정리한 학자로 일반적으로 Ullmann을 꼽는다. Ullmann(1962)은 어휘의 체계를 분석하는 연구를 주로 진행하였는데, 당연히 어휘의 의미도 그 어휘가 속해 있는 전체 언어체계 안에서 밝히려고 노력하였다. 이미 앞에서 소개한 바 있는 중의성, 동의관계 등 표현면과 내용면과의 관계를 체계적으로 기술하려 노력하였고, 그의 연구는 현대 어휘의미론 연구에 커다란 영향을 미쳤다.

1960년대 변형생성문법이 문법이론의 주류를 이루고 있을 때, 이 문법 틀 내에서 의미론을 연구하는 학자들이 있었는데, 생성의미론이라 명명된 그들의 연구업적은 변형생성문법이론의 의미해석 부문의 대표적인 연구로 간주되지는 않았지만 현재까지 어휘의 의미연구에 지대한 공헌을 한 것도 사실이다. 그들은 연구방법론으로 성분분석 Komponentenanalyse을 도입하였고, 이 방법론은 동의관계, 중의성, 양립불가성, 상위·하위관계 등 의의들의 관계를 체계적으로 밝히는 방법론을 제시하였다는 점을 평가할 수 있다. 이러한 생성의미론 연구를 주도한 학자로는 Katz & Fodor(1964)를 위시하여 Weinreich(1966), Bierwisch(1969), Leech(1974) 등을 꼽을 수 있다.

이들의 어휘분석은 문장들의 의미해석 혹은 의미관계를 밝히기 위한 기초작업이었다. 이러한 점에서는 문장들의 진리조건이나 함의관계 등에 초점을 맞춘 문장의미론과도 일맥 상통한다고 할 수 있을 것이다.

2. 기호로서의 언어 표현과 의미의 의미

의미란 넓게 보아 의사소통을 가능하게 해주는 체계 내에서 각 요소들의 내용적인 측면 모두를 가리킬 수도 있지만, 일반적으로는 그 보다 범위를 더 좁혀서 의미의 문제를 논의하는 것이 일반적이다. 좁은 의미에서의 의미란 기호학 Semiotik 또는 언어학의 일부 분야의 대상으로서 언어기호들과 그들이 가리키는 실세계에서의 대상이나 속성 혹은 사태를 말한다. 그 둘이 어떻게 연결되는가 하는 점에 대해서는 오래 전부터 논쟁의 대상이 되어 왔고, 그 견해에 따라 의미론의 가지도 여러 갈래로 나누어진다.

이 장에서는 기호로서의 언어를 기본적인 시각으로 의미문제를 접근해 보고자 한다. 우선 언어기호가 상징기호라는 점을 밝힌 다음, 언어기호의 표현면과 내용면 사이의 관계를 집중적으로 조명할 것이다. 우선 기호 Zeichen에 대한 논의부터 시작하기로 한다.

2.1 세 가지 유형의 기호와 기호로서의 언어

언어 Sprache를 기호 Zeichen의 체계로 간주하는 견해는 아주 오래된 언어에 대한 견해 중의 하나이다. 표현적인 측면과 내용적인 측면의 관계를 철학자 Peirce(1940)의 견해에 따라 구분하면 사상기호 ikonische Zeichen와 지칭기호 indexikalische Zeichen, 상징기호 symbolische Zeichen로 나눌 수 있다(Hudson 2000).

사상기호 ikonische Zeichen란 표현적인 측면이 의미적인 측면과 직접적인 관계에 있어서 표현적인 측면만 보고도 그 의미를 직접적으로 추리할 수 있는 기호를 의미한다. (3)에 제시되어 있는 기호를 살펴 보자.

(3) 사상기호의 예

첫 번째 기호는 '비행기'를, 두 번째 기호는 '텔레비전'을, 세 번째 기호는 '개'를 네 번째 기호는 '핸드폰'을, 그리고 다섯 번째 기호는 '자전거'를 내용적인 측면으로 가지고 있다는 것을 우리는 표현된 기호를 보고 바로 알아낼 수 있다. 그 이유는 기호의 내용적인 측면이 표현된 측면인 그 기호 자체와 직접적인 관계에 있기 때문이다.

지칭기호 indexikalische Zeichen란 표현적인 측면이 내용적인 측면과 간접적인 관계, 즉 본질적인 측면에서만 연관을 맺고 있어서 엄격한 의미에서 그 기호만을 보고 정확히 내용적인 측면을 바로 알아내기 힘든 기호를 말한다. (4)에 제시되어 있는 기호들은 모두 지칭기호의 예이다.

(4) 지칭기호의 예

첫 번째 기호는 일반적으로 '상자 속에 들어 있는 여자'를 가리키는 것이 아니라 '숙녀용 화장실'을, 두 번째 기호는 '재활용' 혹은 '재활용 가능 물품'을, 세 번째 기호는 일반적으로 '유독물 위험'을, 네 번째 기호는 '엘리베이터'를, 그리고 마지막으로 다섯 번째 기호는 '금연'을 각각 내용적인 측면으로 가지고 있다. (3)에 제시되어 있는 기호와 비교하여 (4)에 제시되어 있는 기호들은 표현면과 내용적인 측면의 관계가 직접적인 것이 아니라 일정 부분 그 기호의 사용자들 사이의 약정이 전제되어 있음을 알 수 있다.

상징기호 symbolische Zeichen는 표현적인 측면이 그것의 내용적인 측면과 임의적인, 즉 표현된 기호만을 보고 그 내용적인 측면을 전혀 알아내기 힘든 기호를 의미한다. (5)에 제시되어 있는 기호들은 모두 동일한 내용적인 측면을 가지고 있다고 볼 수 있으나, 그 표현면은 각각 다르다. (5)에 제시되어 있는 기호들은 순서대로 한국어, 독일어, 중국어, 영어에서의 '책'을 내용적인 측면으로 가지고 있다.

(5) 상징기호의 예

책 Buch 書 book

분명 (5)에 제시되어 있는 기호들은 자연언어의 낱말들이다. 사람들은 이 낱말들을 각 언어의 문법 규칙과 원리에 따라 조합해서 구나 문장 또는 그보다 더 큰 언어학적 단위들을 만든다. 형식적으로 말해서 이러한 언어학적 단위들을 사용하여 사람들은 의사소통을 하고 그들의 체계를 통칭하여 언어라고 일컫는 것이다. 따라서 우리는 잠정적으로 자연언어는 상징기호의 체계라고 말할 수 있을 것이다.

2.2 상징기호로서의 언어

Peirce의 견해에 따라 기호를 세 가지 종류로 구분하였을 때 자연언어가 상징기호의 체계 중의 하나라고 분류하는 것은 이미 (5)에 제시한 예에서도 직관적으로 분명해 보이지만, 더 구체적으로 몇 가지 증거를 제시할 수 있다. 이 절에서는 그 증거 네 가지만 간단하게 언급하고 다음 절로 넘어가도록 한다.

첫째, 내용적으로 등가인 서로 다른 어휘들이 언어마다 존재한다. 자연언어가 사상기호이거나 지칭기호라면 표현적인 측면만 보고도 그 의미적인 측면을 직접적으로 혹은 간접적으로 추리할 수 있어야 하기 때문에, 내용적으로 등가인 어휘들이 언어마다 다르게 나타난다는 것은 바로 언어기호가 사상기호이거나 지칭기호가 아님을 말해 준다. 따라서 위의 삼분법에 의하면 자연언어는 상징기호이다.

둘째, 한 언어 내에서도 내용적인 측면은 동일하나 표현적인 측면이 다른 어휘들이 많이 존재한다. 앞으로 더 자세히 살펴보겠지만, 독일어의 경우 Sonnabend- Samstag이나 Zwölf-Dutzend 등은 내용면은 동일하나 표현면이 다른 어휘들로 구분된다. 이러한 현상은 사상기호이거나 지칭기호에서는 허용되지 않는 현상으로, 역시 위의 삼분법에 의하면 자연언어가 상징기호라는 점을 말해준다.

셋째, 자연언어에서는 사상적 ikonisch으로 표현될 수 있는 내용들도 실제로는 사상적으로 표현되지 않는다. 예를 들어, 독일어의 경우 groß를 크게 표시하고 klein을 작게 표시하거나, eng을 좁게 breit를 넓게 표시하지 않는다. 이러한 측면도 사상기호이거나 지칭기호에서는 나타나지 않는 것으로, 역시 위의 삼분법에 의하면 자연언어가 상징기호라는 점을 말해준다.

넷째, 자연언어에도 그러나 의성어 Onomatopöie나 만화의 대사표기 등과 같이 사상기호나 지칭기호인 것처럼 보이는 표현들이 있으나, 이들은 그 수효에서 극소수일 뿐더러 그 마저도 언어마다 상이하게 표현되기 때문에 문제라고 하기보다는 근본적으로 예외적인 현상이지 전반적인 현상으로 아니라고 보는 것이 합리적이다. 따라서 자연언어는 사상기호나 지칭기호가 아니라 상징기호라고 보는 것이 더 설득력이 있다.

2.3 의미론의 대상으로서의 의미

우리는 이 장의 첫머리에서 의미론 Semantik이란 언어의 의미를 과학적으로 연구하는 언어학의 한 하위분야라고 의미론을 정의하였다. 지금까지는 의미에 관한 본격적인 질문, 즉 의미란 무엇인가에 대하여 논의하지 않았다. 이 장에서는 이 질문과 함께 의미를 학문적으로 접근한 여러 가지 견해를 간략하게 살펴보고자 한다.

초창기 의미에 관한 연구에서 중요한 연구서는 Ch. K Ogden & I. A. Richards (1923)의 『의미의 의미 The Meaning of Meaning』이다. 이 책에서 Ch. K Ogden & I. A. Richards는 '의미하다' 혹은 '의미'라는 단어가 얼마나 다양하게 쓰일 수 있는가를 16가지의 서로 다른 예를 통해 보여주고 있다. 그 중의 몇 가지를 제시하면 다음과 같다.

(6) a. John <u>means</u> to write.　　　〔intends〕
　　b. A green light <u>means</u> go.　　〔indicates〕
　　c. Health <u>means</u> everything.　　〔has importance〕
　　d. His look was full of <u>meaning</u>.　〔special import〕

    e. What is the <u>meaning</u> of life.　　　〔point, purpose〕
    f. What does 'capitalist' <u>mean</u> to you? 〔convey〕
    g. What does 'cornea' <u>mean</u>?　　　　〔refer to in the world〕

위에 예시된 '의미' 혹은 '의미하다'의 여러 가지 쓰임 가운데에서 언어학적인 의미에서 가장 초점이 되고 있는 쓰임은 (6g)이다.[1] 다른 말로 하면, 특정한 언어기호가 언어 외적인 실세계의 어떤 것을 지시하는가 하는 점이다.

2.3.1 지시로서의 의미

언어학적인 시각에서 보면, 역사적으로 의미가 무엇인가에 대한 가장 영향력 있는 견해는 '의미란 실세계에 있는 특정한 개체 Entität 혹은 사물 Ding에 대한 지시 Referenz'라는 것이었다. 예를 들어서, 'Tom'이라는 언어적 표현의 의미는 그 표현이 실제 세계에서 지시하고 있는, "이름이 'Tom'인 고양이"라는 것이다. 또한 'Rose'라는 언어 표현의 의미는 그 표현이 실제 세계에서 지시하고 있는 "우리가 'Rose'라고 부르는 개체"인 것이다. 또한 행위를 나타내는 언어표현의 의미도 이러한 방식에 따라 나타내 줄 수 있다. 예를 들어, 'kochen'이라는 표현의 의미는 그 표현이 실제 세계에서 지시하고

---

1) 의미론의 근본 대상인 의미가 무엇인가에 대한 논의는 긴 역사를 가지고 있고, 그 범위도 매우 광범위하기 때문에 이 장에서 다루기는 어렵다. 쟁점사항 중의 하나는 위에서 의미라고 말할 때 도대체 어떠한 개체나 사물을 말하는가 하는 점이다. 이 질문에 대한 답은 서로 다른데, 그 답에 따라 의미의 개념이 약간씩 다르며, 결국은 그 질문에 대한 답의 차이 혹은 견해의 차이가 의미론 이론의 차이로 귀결된다. 이 질문에 대한 답을 Akmajian *et al.* (2000:218ff.)에서는 다음과 같이 크게 여섯 가지로 요약하고 있다: 의미에 관한 지시이론(the denotational theory of meaning), 의미에 관한 유심론적 이론(mentalistic semantics), 영상으로서의 의미(meaning as images), 개념으로서의 의미(meaning as concepts), 의의로서의 의미(meaning as sense), 의미의 사용이론(the use theory of meaning). 이익환 (1995:2ff.)에서도 의미에 관한 다양한 견해들을 여섯 가지로 정리하고 있는데, Akmajian *et al.*(2000:218ff.)과는 약간의 차이를 보인다. 이익환(1995:2ff.)에 따르면 의미에 대한 견해는 지시의미론(referential semantics), 종합의미론(synthetic semantics), 진리조건적 의미론(truth‑conditional semantics), 심리주의 의미론(mentalistic semantics), 행동주의 의미론(behavioristic semantics), 화용의미론(pragmaticsm use-is-meaning theory) 등으로 구분하고 있다. 더 자세한 내용은 이익환(1995)과 Akmajian *et al.*(2000)을 참고하기 바람.

있는, 'kochen'이라고 명명된 '조리하는 행위'라는 것이다. 이해를 돕기 위해 이들 관계를 그림으로 나타내면 다음과 같다.

(7) Wort ≡ Entität, Ding oder Vorgang
    a. Tom   b. Rose   c. kochen

이러한 견해는 고유명사 등 하나의 언어표현에 한 가지의 실세계에서의 개체나 사물이 대응되는 '적정기술'에 아주 적합하다. 예를 들어, 'Adenauer'라는 표현의 의미는 그 표현이 실제 세계에서 지시하고 있는, 이름이 'Adenauer'인 사람이라는 것이다.

이 견해의 근원은 아주 멀리 거슬러 올라가 그리스·로마 시대부터 찾을 수 있다. 가장 오래된 견해 중의 하나는 플라톤 Plato의 대화 Cratylos에서 찾을 수 있다. 그러나 이 견해는 다음과 같은 경우 단순히 실세계에 존재하지 않거나 구체적인 개체나 사물로 존재하지 않기 때문에 의미가 무엇인지 포착하기 곤란하다. 또한 이 견해는 의미론에서 해결해야 할 쟁점 중의 하나인 동의성이 무엇인가에 대한 답을 명확하게 제시하지 못하거나 잘못된 예견을 하기도 한다. 이들 문제점들은 다섯 가지로 요약하면 다음과 같이 정리할 수 있다.

첫째, 추상적인 개념이나 가상의 개체나 사물과 같이 실세계에서의 대응물을 찾을 수 없는 경우 이러한 견해는 문제점을 드러낸다. 예를 들어, 'Liebe'와 같은 추상적인 개념이나 'Pegasus'와 같은 가상의 동물은 실세계에서의 대응물이 없기 때문에 의미가 없다고 할 수 밖에 없다. 그러나 이는 문제이다.

둘째, 이미 존재하지 않는 개체나 사물 등은 분명 실세계에서의 대응물을 찾을 수 없다. 예를 들어, 'Dinosaurier'와 같이 이미 멸종한 개체에 대한 의미를 찾아내기 힘들기 때문에 이 견해는 문제이다.

셋째, der, dass, sehr 등 기능어나 부사어 등도 분명 단어이나 이들에 대한 실세계에서의 대응물을 찾는 것은 불가능하다. 따라서 이들 어휘들과 같은 언어표현의 의미를 파악하는 것은 이 견해에 의하면 불가능하다.

넷째, 불투명구조란 glauben, wissen 등에 의해서 내포된 구조를 의미한다. 이러한 불투명구조를 유발하는 어휘들의 의미 또한 그들에 해당하는 실세계에서의 대응물이 없기 때문에 이들의 의미를 찾아내기란 이 견해를 따르면 불가능하다.

다섯째, 이 견해는 동의관계 Synonymie와 관련하여 문제점을 드러낸다. 이 견해가 옳은 것으로 주장되려면, 두 개의 서로 다른 언어표현이 실세계에서의 동일한 지시체를 가지고 있으면 그 두 표현은 동일한 의미를 가지고 있다는 주장도 역시 참으로 주장되어야 한다. 그러나 우리는 실세계에서는 동일한 지시체를 지칭하지만 그렇다고 해서 의미가 같지 않은 언어표현들을 많이 찾을 수 있다. 가장 잘 알려진 예인 금성 Venus의 예를 들어 보자. Morgenstern과 Abendstern 그리고 Venus 등은 모두 '금성'이라는 별을 실세계에서의 대응물로 갖는다. 다시 말해서 이 견해에 의하면, 이들 언어표현들은 모두 동일한 의미를 가지고 있어야 한다. 언어표현들이 동일한 의미를 가지고 있으면, 그 표현들은 모두 동의관계에 있어야 함은 물론이다. 또 동의관계에 있는 두 언어표현은 전체의미를 변화시키지 않고 서로 대치될 수 있어야 한다. 다음 두 예문을 비교하여 보자 :

(8) a. Hans beobachtete gestern um 19 Uhr das Abendstern.
    b. Hans beobachtete gestern um 5 Uhr das Morgenstern.

(9) a. *Hans beobachtete gestern um 19 Uhr das Morgenstern.
    b. *Hans beobachtete gestern um 5 Uhr das Abendstern.

그 별이 관측되는 시간대에 따라 제대로 쓰인 경우인 (8)은 의미적으로 올바른 문장이나 관측되는 시간대와 어긋나는 예문 (9)는 의미적으로 이상한 문장이 되고 만다. 이는 동의적인 두 언어표현이 갖는 특성 중의 하나인 전체 의미의 변화없이 서로 대치될 수 있는 특성을 어기는 경우로 결국 위에 제시한 의미에 관한 견해가 문제가 있음을 말해 주고 있다.

　다음 절로 넘어가기 전에 여기에서 지금까지 쓰였거나 앞으로 쓰일 예정인 용어들을 몇 가지 정리하고자 한다. 언어기호 혹은 언어기호들이 모여 이룬 언어기호의 연쇄체가 적용될 수 있는 언어 외적인 개체들의 부류를 가리키는 말로 일반적으로 지시군 Designat이란 용어를 사용한다. 여기에서 언어 외적인 개체들이란 대상, 관계, 속성, 사태 등을 일컫는다.

　　(10) **지시군** Designat[2]
　　　　언어기호 혹은 언어기호의 연쇄체가 적용될 수 있는 언어 외적인 개체들(대상, 관계, 속성, 사태 등)의 부류

　　(11) **지시** Referenz[3]
　　　　실제 언어사용에서 언어기호가 언어적으로 맺고 있는 언어외적인 개체(대상, 관계, 속성, 사태 등), 실제 세계, 혹은 인지상의 혹은 상상 속의 세계와의 관계

　　(12) **지시체** Referent = Denotat[4]
　　　　실제 언어사용에서 언어기호가 지칭하는 구체적인 언어 외적인 개체(대상, 관계, 속성, 사태 등)

---

2) 편의상 독일어 정의를 병기하도록 한다.
　(10′) Designat(Kürschner 1993:24)
　Klasse von außersprachlichen Objekten(Gegenständen, Verhältnissen, Eigenschaften, Sachverhalten), auf die ein Zeichen oder eine Zeichenverbindung anwendbar ist.
3) 편의상 독일어 정의를 병기하도록 한다.
　(11′) Referenz(Kürschner 1993:24)
　In der Parole(= in der Rede) vorgenommene sprachliche Bezugnahme auf eine Realität, auf die wahrgenommene oder eine vorgestellte Welt, auf ein außersprachliches Objekt(einen Gegenstand, ein Verhältnis, eine Eigenschaft, einen Sachverhalt)
4) 편의상 독일어 정의를 병기하도록 한다.
　(12′) Referent = Denotat(Kürschner 1993:25)
　Das außersprachliche Objekt(ein Gegenstand, ein Verhältnis, eine Eigenschaft, ein Sachverhalt), auf das mit Hilfe sprachlicher Zeichen Bezug genommen wird. das, was ein Zeichen bei seiner Verwendung in der Parole(= in der Rede) bezeichnet.

지금까지 우리는 '의미란 실세계에 있는 특정한 개체 Entität 혹은 사물 Ding에 대한 지시 Referenz'라는 견해, 즉 언어표현의 의미는 실세계에 있는 개체나 사물의 '직접 지시'라는 견해를 소개하고 문제점을 살펴 보았다. 이러한 문제점을 극복하기 위한 대안들이 제안되어 의미가 무엇인가에 대한 새로운 답을 찾고 있다. 크게 두 가지로 요약할 수 있는 줄기 중의 하나는 언어표현의 의미는 화자의 마음속에 있는 것으로 그 표현과 연관되어 있는 생각이나 영상 혹은 개념이라는 견해이고, 다른 하나의 줄기는 의미란 직접이든 간접이든 실세계에 있는 개체나 사물과 동일시 될 수 없고, 그런 측면을 나타내는 지시 Referenz와 개념적인 연관관계를 나타내는 의의 Sinn로 나누어질 수 있고 의미는 이 둘을 다 포괄하는 상위의 개념이라는 견해이다.5) 특히 후자의 견해는 Gottlob Frege (1892)에 의해 제안되어 현대 의미론 연구에 커다란 영향을 미쳐 오늘에 이르고 있다.

2.3.2 생각, 영상 혹은 개념을 통한 간접적인 지시로서의 의미

언어표현의 의미가 '직접 지시'로서 실세계에 있는 개체나 사물이라는 견해의 문제점을 해결하기 위한 첫 번째 대안은, 임의의 언어표현의 의미란 화자나 청자의 마음속에 있는 어떤 것이라는 것이다. 이 어떤 것이 구체적으로 무엇인가에 따라 다음과 같이 더 세분해서 살펴 볼 수도 있다.

- 마음속의 생각 Gedanken
- 마음속의 영상 Bild
- 마음속의 개념 Konzepte 혹은 관념 Vorstellungen

마음속에 있는 생각이란 언어표현에 대해서 화자가 머릿속에 떠올리는 아이디어 혹은 사고의 총체를 말하고, 영상이란 화자가 머릿속에 떠올리는 아이디어 혹은 사고의 총체가 비교적 모호한 점을 보완해 좀 더 구체화한 것으

---

5) Frege(1892)는 의미 Bedeutung를 지시 Referenz에 해당하는 개념으로 사용하고 있으나, 오늘날 가장 일반적으로 통용되고 있는 견해는 의미 Bedeutung는 지시 Referenz와 의의 Sinn의 상위어로 보는 것이다. 더 자세한 것은 Vater(1996:173) 참고.

로 특정한 언어표현에 대해서 화자가 머릿속에 떠올리는 이미지를 가리킨다. 그리고 개념이란 심성적으로 표상된 사물들의 범주를 일컫는다.

 이 견해에 의하면, 각 개별 언어표현들은 마음속에 있는 생각이나 영상 혹은 개념을 상징 기호화 한 것이며, 각 개별 언어표현들의 의미는 바로 마음 속에 들어 있다고 가정되는 생각이나 영상 혹은 개념인 것이다. 따라서 의미 있는 모든 언어표현들은 그에 상응하는 생각이나 영상 혹은 개념이 존재한다 고 가정하고, 청자도 이러한 언어표현이 상징 기호화하고 있는 생각이나 영 상 혹은 개념을 공유하여 의사소통이 일어난다고 보는 것이다. 이러한 견해 를 대표하는 가장 잘 알려진 체계는 Ogden & Richards(1923:99)의 기호 삼각형으로서, 다음과 같이 모형화 할 수 있다.

(13) 기호 삼각형 semiotisches Dreieck(König (1978:20)의 그림)

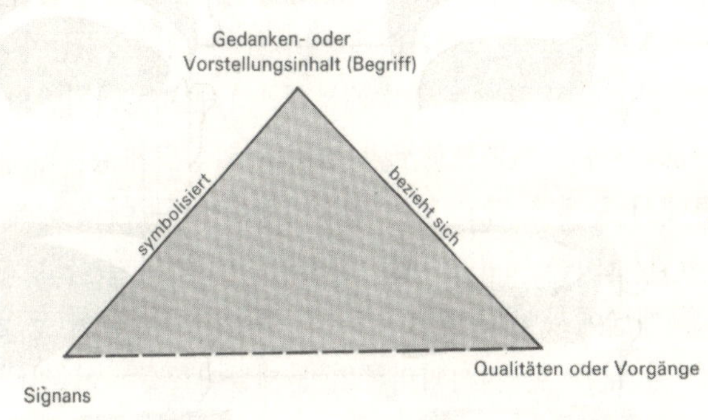

 기호 삼각형 모형에 명확하게 나타난 것처럼 의미에 관한 이 견해에서는 추상적인 개념이나 가상의 개체나 사물과 같은 경우의 의미도 실세계에서의 대응물을 직접 지시하지 않기 때문에 문제가 더 이상 되지 않는다.

 첫째, 'Liebe'와 같은 추상적인 개념이나 'Pegasus'와 같은 가상의 동물도 그들에 대한 생각이나 영상을 머릿속에 떠올릴 수 있고, 특정한 개념을 머릿 속에 가지고 있을 수 있다. 따라서 이들은 더 이상 이 견해에서는 문제가 되 지 않는다. 둘째, 이미 존재하지 않는 개체나 사물 등 분명 실세계에서의 대 응물을 찾을 수 없는 언어표현들의 의미도 이 견해에 따르면 문제없이 포착할 수 있다. 예를 들어, 'Dinosaurier'와 같이 이미 멸종한 개체에 대한 생각이나 영상, 개념이 화자의 머릿속에 있다고 볼 수 있으므로 이 견해에서는 더 이상 문제가 되지 않는다. 셋째, der, dass, sehr 등 기능어나 부사어 등도 이 견해에서는 실세계에서의 대응물을 찾을 필요가 없이 머릿속에 존재하기만 하기 때문에 근본적으로 문제라고 볼 수 없다. 넷째, 불투명구조란 glauben, wissen 등도 이 견해에 따르면 문제되지 않는 것으로 보인다. 그러나 위의 셋째와 넷째 항목은 의미가 영상이나 개념이라고 할 경우에는 해당하는 영상이나 개념이 무엇인지 상정하기 어려운 것도 사실이다.

그러나 정작 가장 근본적인 심각한 문제점은 이 견해에서 의미와 동일시하고 있는 '마음 속에 들어 있다고 가정되는 생각이나 영상 혹은 개념'에서 생긴다. 이 견해의 문제점을 두 가지로 요약하면 다음과 같다.

첫째, '마음 속에 들어 있다고 가정되는 생각이나 영상 혹은 개념'이 너무나 모호하기 때문에 '비결정성'의 문제가 있다. 비결정성이란 특정한 언어표현의 의미가 무엇인지를 명확하게 결정할 수 없는 속성이다. 비결정성을 보이는 이론은 검증이 불가능하기 때문에, 적어도 논리기반의 형식의미론 체계 내에서는 생산적인 이론으로서의 가치를 의심받게 된다. 흥미로운 것은, 지시의미론에서 문제가 되고 있는 쟁점사항이 모두 이 견해에서는 문제가 되지 않는 것처럼 보이는 이유도 바로 화자의 머릿속에 있다고 가정되는 생각이나 영상 혹은 개념에서 비롯된 것으로 볼 수 있고, 이들이 무엇인가가 구체적으로 밝혀지지 않은 한 지시의미론의 문제들이 모두 이 견해에서는 풀렸다고 보기 어렵다.

둘째, 이 견해는 동의관계 Synonymie와 관련하여서도 문제점을 드러낸다. Frege(1892)가 이미 문제를 제기했듯이, 의미를 생각이나 영상 혹은 관념과 동일시하는 견해는 의미가 객관적인 반면에 생각이나 영상 혹은 관념 등은 주관적이기 때문에 근본적인 문제가 있다는 것이다. 예를 들어, 'Stuhl'이라는 언어표현을 화자가 사용하였을 때, 모든 화자의 머릿속에 있는 생각이나 영상 혹은 개념이 모두 동일하다고 보기는 어렵다. 더구나 모든 사람이 모든 어휘에 대한 동일한 생각이나 영상 혹은 관념을 가질 수 없기 때문에 화자-청자의 의사소통을 설명하기에 어려움이 있다.

2.3.3 지시와 의의

지금까지 살펴 본 의미에 관한 견해들은 의미를 실세계에서의 개체와 직접적으로 혹은 간접적으로 관련짓고자 하는 노력들로 이해가 된다. 직접적인 지시의미론은 실제 세계에서의 대응물이 없는 경우 문제가 되고 있고, 의미를 생각이나 영상 혹은 개념과 동일시하려는 의미론은 객관적인 개체에 대해서 주관적인 생각이나 영상 혹은 개념을 상정해야 하기에 근본적인 문제점이 있음을 살펴보았다.

이미 우리는 위에서 두 언어표현 Morgenstern과 Abendstern이 모두 '금성'이라는 별을 실세계에서의 대응물로 갖는데도 불구하고 대치될 수 없다는 점을 지적한 바 있다. 또한 우리는 (14)에 제시된 두 문장이 서로 다른 의미적 내용을 담고 있다는 점을 알 수 있다.

> (14) a. Morgenstern ist Morgenstern.
>   b. Morgenstern ist Abendstern.

(14a)에 있는 문장은 Morgenstern의 의미와는 상관없이, 또 Morgenstern이 실제 세계에 존재하느냐에 상관없이 항상 참인 문장으로 항진명제 Tautologie이다. 그러나 (14b)에 있는 문장은 항진명제가 아니다. 따라서 Morgenstern과 Abendstern은 비록 실제세계에서 지시체가 '금성'으로서 동일하다 하더라도 의미적으로 다르게 다루어져야 함을 알 수 있다.

하나의 어휘로 이루어진 예는 아니지만 역시 자주 인용되는 Husserl이 제시한 예가 (15)에 제시되어 있다. (15a)의 der Verlierer in Waterloo나 (15b)의 der Sieger in Jena는 실존인물인 Bonaparte Napoleon을 지시체로 가지나 두 표현 역시 의미적으로 항상 대치될 수 있는 표현은 아니다.

> (15) a. der Verlierer in Waterloo
>   b. der Sieger in Jena

따라서 우리는 이들 언어표현들에서 볼 수 있는 의미적 관계를 포착해 줄 장치가 필요하다. 그러나 지금까지 논의한 의미에 관한 견해들은 이러한 장치를 마련해 주지 않고 있다. 이러한 문제를 해결한 사람이 Gottlob Frege (1892)이다. 그는 종합의미론으로 알려진 의미에 관한 견해를 제안했는데, 그에 따르면 의미란 지시와 의의로 나누어지는 종합적인 것이고, 의미는 두 개념의 상위 개념으로 이해해야 한다는 것이다.

지시 Referenz란 이미 위에서 정의를 하였듯이 실제 언어사용에서 언어 기호가 언어적으로 맺고 있는 언어 외적인 개체(대상, 관계, 속성, 사태 등), 실제 세계, 혹은 인지상의 혹은 상상 속의 세계와의 관련성을 말한다. 즉, 언어기호가 언어 외적인 실제 세계와 갖는 관계인 사물 Dinge, 행위 Aktion 혹은 사건 Ereignis, 나아가서 단어들이 나타내는 속성 Eigenschaft들과 갖는 관계를 우리는 의미론적 용어로 지시라고 한다. 의의 Sinn란 언어체계 내에서 한 언어 표현이 다른 표현들과 가지는 관계로서, 대상, 관계, 속성, 사태 등 구체적인 개체나 실제 세계, 혹은 인지상의 혹은 상상 속의 세계 등 언어 외적인 세계와의 직접 관련이 없다.

지시와는 달리 의의는 언어 외적인 실제 세계에 대응물이 있을 것을 요구하지 않는다. 위의 예를 들어 이 관계를 살펴 보면 다음과 같이 말할 수 있다. Morgenstern과 Abendstern은 특정한 발화 상황에서 동일한 실제 세계의 개체인 '금성' Venus를 지시하나 의의는 서로 다르다. 의미는 지시와 의의를 아우르는 상위 개념이기 때문에, 결국 Morgenstern과 Abendstern은 의미가 다르다. 동일한 논법이 der Verlierer in Waterloo와 der Sieger in Jena에도 적용된다. 의의는 실제 세계의 개체와 직접적인 관련을 맺지 않기 때문에 특정 발화 상황에서 실제로 대응 지시체가 존재하지 않는 언어표현도 의의는 가지고 있다. 따라서 우리는 현 세계에서 존재하지 않는 Dinosaurier를 의미있는 언어표현으로 사용하는 상황을 의미적으로 잘 설명할 수 있고, Liebe 등과 같은 언어표현도 의미있게 사용하는 상황을 잘 설명해 줄 수 있다.

의의는 언어 표현 그 자체의 내용이 문제가 되기 때문에 항상 언어 체계 내의 다른 표현들과의 관계를 설정할 수 있는 반면에, 지시는 항상 특정한 발화 상황이나 문맥 혹은 화자의 의도가 정해져야 언어 외적인 세계에서의 대응물과 관련을 맺는다. 따라서 지시는 의의의 구체적인 실현이라고 이해할 수 있다.

지시와 의의를 구분하고 의미를 그 두 가지 측면으로 파악한 Frege(1892)의 견해는 현대 의미론, 특히 논리 기반의 형식의미론에서 의미를 파악하는 출발점이 되고 있다. Frege(1892) 자신은 그러나 현대 의미론에서 일반적으로 수용되고 있는 지시 Referenz라는 용어 대신에 동일한 개념을 의미 Bedeutung 라는 용어를 사용하여 의미론 입문자에게는 상당한 용어상의 혼란을 주고 있는 것도 사실이다. 더구나 의미에 관한 논의가 언어학에서만 이루어진 것이 아니라 철학이나 논리학, 기호학 등에서 광범위하게 그리고 역사적으로 긴 세월 동안 이루어져 왔기 때문에 용어의 혼란이 의미론 분야에 흔하게 존재한다. 따라서 의미에 관한 견해를 Frege(1892)의 지시 Referenz에 해당하는 외적 세계에 관련한 용어와 의의 Sinn에 해당하는 개념과 관련된 용어로 나누어 용어를 정리해 제시하는 것은 의미있는 일일 것이다. 이러한 목적으로 의미의 두 가지 측면을 나타내는 용어를 표로 제시하면 다음과 같다.

(16) 사물관련 용어와 개념관련 용어의 정리(Wunderlich 1974:242)

구분기준 학자	Sachbezug(외적 세계 관련)	Begriffsbezug(개념 관련)
Mill(1862/63)	denotation(외연의미)	connotation(내포의미)
Frege(1892)	Bedeutung(의미)	Sinn(의의)
Russell(1905)	denotation(외연의미)	meaning(의미)
Carnap(1947)	extension(외연)	intension(내포)
Black(1949)	reference(지시)	sense(의의)
이 장에서의 용어	Referenz(지시)	Sinn(의의)

논리학이나 수리 언어학에서는 지시와 의의 대신에 외연과 내포라는 용어가 더욱더 일반적으로 쓰이고 있고, 언어학에서는 지시와 의의가 더 일반적인 용어로 자리를 잡고 있다. 여기에서는 개별적인 용어가 쓰이게 된 역사적인 배경을 제시하지 않기로 한다. 다만, 위의 표에서 Mill의 용어와 Russell의 용어에 나오는 외연의미 denotation와 내포의미는 현대 의미론에서 두

가지 서로 다른 의미로 쓰이고 있기 때문에 약간의 설명이 필요하다.

Mill(1843~1970)은 언어표현의 속성을 지칭하는 용어로 '내포의미'를 사용하고, 그 내포의미를 함축하고 있는 실세계의 모든 개체를 그 언어표현의 '외연의미'라고 설명을 하고 있다. 예를 들면, '하얗다'라는 어휘 표현의 내포의미는 '하얀 속성'을 말하고, 외연의미는 하얀 속성을 가진 모든 것, 예를 들어 눈, 종이, 파도의 거품 등과 같은 것이라고 보고 있다. Mill의 외연의미 denotation와 내포의미 connotation는 각각 외적 세계와 관련해서 '잠재적인 지시체의 집합'과 언어표현 그 자체와 연관되어 있는 개념에 해당한다. 그러나 현대 의미론에서 외연의미와 내포의미는 Mill의 원래 제안과는 달리 쓰인다. 현대 언어학에서 일반적으로 통용되고 있는 두 용어의 정의는 다음과 같다.

(17) 외연의미 Denotation = denotative Bedeutung
   언어표현이 가지고 있는 변하지 않는 기본적인 개념으로서의 의미

(18) 내포의미 Konnotation = konnotative Bedeutung
   언어표현의 외연의미에 추가로 더해지는 의미적 자질로서 기본적인 개념으로서의
   의미에 화자의 감정이나 평가 혹은 가치 판단을 추가한 부수적인 의미

따라서 Mill의 외연의미는 언어표현이 지칭하는 실제 세계에서의 잠재적인 지시체의 집합이기 때문에 위의 정의에 제시된 외연의미와는 확연히 구분된다.6) (17)과 (18)에 제시된 외연의미와 내포의미를 예를 들어 보자.

(19) 외연의미와 내포의미의 예
   a. sterben (konnotationsfrei)
   b. abskratzen (konnotative Bedeutung als 'sterben, elend')
   c. verscheiden (konnotative Bedeutung als 'sterben, in Würde')

---

6) Lyons(1977)는 지시와 의의 그리고 외연의미를 하나의 군으로 묶어 기술의미 deskriptive Bedeutung라고 분류하고 있다. 기술의미란, 명확하게 긍정되거나 부정될 수 있는 의미 혹은 객관적으로 검증이 될 수 있는 의미를 일컫는다.

sterben과 abkratzen, verschieden은 '죽다'라는 외연의미를 공통으로
가지고 있다. 따라서 이 언어표현들은 외연적으로 동일하다. 그러나 내포적으로는
abkratzen이 'elend'라는 추가적인 의미자질을, verschieden이 'in Würde'
라는 추가적인 의미자질을 가지고 있어, 서로 내포의미는 상이하다고 말할
수 있다.

2.3.4 기타 의미론

어휘 의미론적 논의에서 주류에 서 있지는 않으나 20세기 초 제안된 의미
에 관한 이론 중에서 개체를 의미의 단위와 연결시키지 않는 두 가지 이론으
로 우리는 행동주의 의미론과 의미에 관한 사용이론을 꼽을 수 있다.

행동주의 의미론은 Bloomfield(1933) 등 미국의 구조주의 언어학자들을
중심으로 제안된 이론이다. 행동주의 의미론은 직접 관찰이 가능하고 과학적
분석으로 접근할 수 있는 의미론을 수립하고자 하는 동기에서 제안되었는데,
그 이론에 의하면 발화된 언어표현의 의미는 그 표현에 의하여 야기된 관찰
될 수 있는 행동이라는 것이다.

  (20) 행동주의 의미론
언어표현의 의미는 그 표현이 발화되는 상황에서 관찰되는 행동이며, 이 상황은
화자로 하여금 발화(r)를 하게 하는 자극(S)과 이 언어적 표현인 발화(s)로부터
야기되는 반응(R)의 연쇄체로 도식화된다 :
$$S \rightarrow r \cdots s \rightarrow R$$

의미에 관한 사용이론은 넓게 보아 화용론적 의미론에 포함되는 것으로서,
다음과 같이 형식화할 수 있다. 이러한 의미에 관한 이론은 대표적으로 L.
Wittgenstein과 G. Reyle에 의해서 주장되었고 Firth 등이 계승 발전시켰다.

  (21) 의미에 관한 사용이론
언어표현의 의미는 언어 공동체 내에서 그 표현이 어떻게 사용되는가에 따라 결
정되며, 의미를 명세하는 것으로 바로 이 사용을 명세하는 것이며, 의미는 곧 사용이다.

지금까지 우리는 지시의미론에서부터 시작해서 어휘의 의미 내지는 언어 표현의 의미에 관한 견해들을 살펴보았고, 해당 개념들이 등장하는 곳에서 용어를 정의하고 예를 들어 설명하였다. 이제 다음 절에서는 언어표현이 언어외적인 세계와의 관련되는 다양한 양상과 독일어 체계 내에서 언어표현들이 다른 언어표현들과 갖는 유기적인 관계를 자세히 살펴보고자 한다. 이들은 어휘 의미론이 밝혀야 할 중요한 사안들 중의 하나이다.

3. 지시 의미론적 관계와 의의 의미론적 관계

자연언어의 의미현상을 설명하는 하나의 방법은 각 언어기호의 의미에 대한 본질을 규명하는 것이다. 전통적으로 언어기호의 의미를 규명하는 방법은 크게 나누어 두 가지로 구분해 볼 수 있다.

하나는 언어기호와 외적 실재 세계와의 관계를 규명하는 것이다. 언어기호와 외적 실제 세계와 갖는 관계, 즉 언어기호가 사물 Dinge, 행위 Aktion 혹은 사건 Ereignis, 나아가서 단어들이 나타내는 속성 Eigenschaft들과 갖는 관계를 우리는 의미론적 용어로 지시 Referenz라고 한다.

언어기호의 의미에 대한 본질을 규명하려는 두 번째 방법은 언어기호들 사이의 관계를 연구하는 것이다. 의미론적 용어로 언어기호들 사이의 관계를 우리는 의의관계 Sinnrelation라고 한다.

위와 같은 언어기호의 의미에 대한 본질을 규명하려는 두 방향의 연구분야를 우리는 구분하여, 전자를 지시 의미론 Referenzsemantik으로 부르고, 후자를 의의 의미론 Sinnsemantik 혹은 어휘 의미론 lexikalische Semantik이라고 부른다. 이 절에서는 지시 의미론과 의의 의미론의 기본 개념 및 그 개념들의 상호관계에 대해서 차례로 살펴보기로 한다.

3.1 지시 의미론적 관계

3.1.1 기호의 내용면과 표현면 사이의 세 가지 기본 관계

우리는 이미 위에서 Peirce의 견해에 따라 자연언어가 일종의 상징기호 symbolische Zeichen라는 것을 언급한 바 있다.[7] 표현된 언어기호는 연결된 내용면을 항상 가지고 있는데, 그 관계는 다음과 같이 세 가지로 요약해서 정리할 수 있다.

> (22) 언어기호의 내용면과 표현면 사이의 세 가지 기본 관계
>   a. 단의 관계
>
>   Ausdruck
>   ↕
>   Inhalt
>
>   b. 동의 관계
>
> 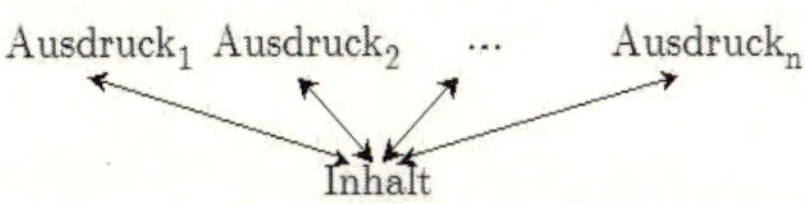
>
>   c. 중의 관계
>
> 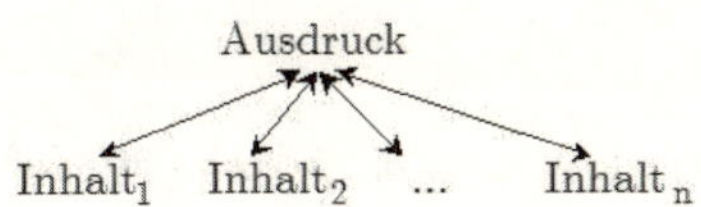

---

7) 한국어로 되어 있는 개론서에서 어휘의미론적 개념인 Synonymie, Polysemie, Monosemie, Homonymie 등을 한국어로 번역할 때 특수한 어려움이 있음을 지적할 수 있다. 이미 일반화되어 있는 개론서에서는 각각의 용어를 동의어, 다의어, 단의어, 동음이의어 등으로 번역하고 있다. 그러나 이미 정의에서 명백하게 드러나듯이, 예를 들어, Synonymie는 관계 Verhältnis를 가리키지 단어 그 자체를 가리키는 말은 아니다. 따라서 Synonymie 등을 단순히 'XX어'로 번역하는 것은 옳은 번역이 아님을 명확히 해 둘 필요가 있다. 이런 점을 고려하여 이 장에서는 이들 용어를 원어에 충실한 번역을 하도록 한다.

3.1.2 단의 관계 Monosemie

언어기호의 내용면과 표현면 사이의 세 가지 기본 관계 중에서 가장 단순한 경우는 (22a)에 도식적으로 나타낸 단의 관계 Monosemie이다. 단의 관계는 내용적인 측면과 표현적인 측면이 항상 일대일인 언어기호에서 성립하는 관계이다.

> (23) 단의 관계 Monosemie
> 표현면이 오직 하나의 의미와만 연결되어 있는 기호의 속성

> (24) 단의 관계 Monosemie의 예
> a. Kugelschreiber
> b. beige

언어기호가 단의 관계에 있으면, 표현된 어휘에 하나의 의미만 연결되어 있어서 중의성 Ambiguität을 지니지 않는다. 단의 관계가 성립하는 낱말들은 우리는 단의어라고 말한다.

3.1.3 동의 관계 Synonymie

언어기호의 내용면과 표현면 사이의 기본 관계 중에서 (23b)에 도식적으로 나타낸 관계는 동의 관계 Synonymie이다. 동의 관계의 정의와 그 예들은 다음과 같다.[8]

---

8) 이러한 표현면과 내용적인 측면의 기본적인 관계는 어휘, 낱말 혹은 단어에만 적용되는 것은 아니다. 구나 문장 등 그 보다도 다 큰 언어학적 단위들도 언어기호들이 나열된 것으로 볼 수 있기 때문에 이러한 관계를 기준으로 구분할 수 있다. 예를 들어, Karls Buch와 das Buch von Karl 상이에는 동의성이 성립하고, 이견이 있기는 하지만 전통적으로 능동문과 수동문 사이에도 동의성이 성립한다. 따라서 Hans liebt Maria와 Maria wird von Hans geliebt사이에는 동의성이 성립한다.

(25) 동의 관계 Synonymie[9]
내용적인 측면은 동일하나 표현적인 측면은 서로 다른 둘 혹은 그 이상의 언어기
호들 사이에 성립하는 관계

(26) 동의 관계 Synonymie의 예
 a. Sonnabend-Samstag
 b. Streichholz-Zündholz
 c. Metzger-Fleischer-Fleischhauer-Schlachter

3.1.4 중의성

하나의 표현면에 여러 개의 의미적인 측면이 연결되어 있는 언어기호의
속성을 우리는 중의성 Ambiguität/Mehrdeutigkeit이라 한다. 하나의 언
어기호가 둘 이상의 내용면과 연결되어 있는 중의적인 관계가 (23c)에 도식
적으로 제시되었다. 이를 정의하면 다음과 같다.

(27) 중의성 Ambiguität/Mehrdeutigkeit
 하나 이상의 의미와 연관되어 있는 기호의 표현적인 측면의 속성

(23c)에서는 단순히 하나의 표현면에 여러 개의 의미적인 측면이 연결되
어 있는 상황만을 이해를 돕기 위하여 개략적으로 나타낸 것이다. 그러나 일
반적으로 중의적인 관계는 의미들 사이의 연관성에 따라 세분하는 것이 보통
이어서, 그 의미들이 상호 연관이 되어 있느냐 아니냐에 따라 의미적인 측면
들 사이에 상호 유사성이 있는 경우를 다의관계 Polysemie이라 하고, 유사
성이 없으면 동음이의관계 Homonymie라 한다. (23c)의 도표를 더 세분된
기준에 근거해서 다시 제시하면 다음과 같다.

---

9) 이익환(1995)에서는 영어의 synonymy를 '동의성'으로, 그리고 이어서 소개하게 될 antonymy
를 '반의성'으로 번역하고 있다. 우리는 이 장에서 Synonymie를 '동의관계'로, 그리고 이
어서 소개하게 될 Antonymie를 '반의관계'로 번역하기로 한다.

(28) 두 가지 중의적인 관계

a. 다의관계 Polysemie　　　　　　b. 동음이의관계 Homonymie

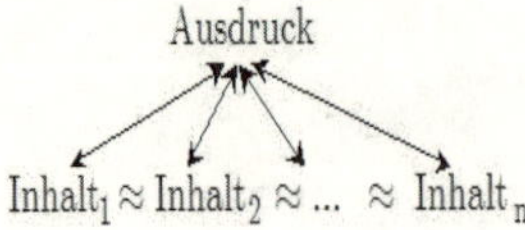

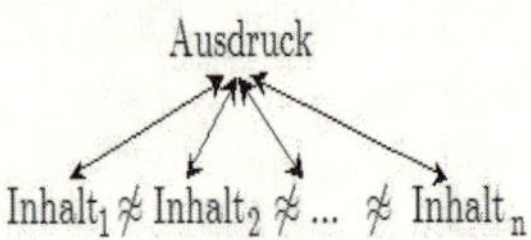

(28a)에 도표로 제시된 다의관계 Polysemie을 정의하면 (29)과 같다. 다의관계는 표현면이 상호 유사한 여러 개의 의미와 연결되어 있는 기호의 속성을 가리킨다.

(29) 다의관계 Polysemie

표현면이 상호 유사한 여러 개의 의미와 연결되어 있는 기호의 속성

(30) 다의관계 Polysemie의 예

a. Birne : Frucht-Leuchtkörper
b. Pferd : Tier-Turngerät-Schachfigur
c. Feder : Schreibgerät-Gefiederteil

(30a)에 제시되어 있는 예를 가지고 설명해 보기로 한다. 독일어의 Birne 와 연관되어 있는 의미적인 측면은 과일의 일종으로서의 '배'와 '백열전구' 두 가지를 대표적인 것으로 꼽을 수 있다. 조롱박처럼 생긴 과일의 일종인 '배' 와 '백열전구'는 그 모양새에서 유사성을 찾을 수 있다. 이러한 유사성에 근 거하여 우리는 표현면과 연결되어 있는 의미적인 측면 중 하나가 또 다른 의 미적인 측면으로 확대되어 쓰인 경우로 독일어의 Birne를 들 수 있는 것이 다. Birne와 연결되어 있는 두 가지 의미적인 측면은 모두 개념적으로 유사 성이 있다고 말할 수 있으며, 이와 같이 표현면이 개념적으로 유사성이 있는 두 개 이상의 의미적인 측면과 연결되어 있는 언어기호를 우리는 다의성이라 한다.

다의관계 Polysemie의 경우 표현면과 연결되어 있는 의미적인 측면들 사 이에 상호 유사성이 특징적이라면, 동음이의관계 Homonymie가 성립하는 어휘들의 경우 표현면이 개념적으로 유사성이 없는 두 개 이상의 의미적인

측면과 연결되어 있다.10) 다의관계가 있는 어휘들은 사전에 등재되거나 문법적으로 분석이 될 때 동일한 어휘로 간주되는 것이 보통이나, 동음이의관계가 성립하는 어휘들은 서로 다른 어휘들로 취급되는 것이 일반적이다.

(31) 동음이의관계 Homonymie
　　　표현면은 동일하나 내용면이 서로 다르고 상호 연관이 되어 있지 않은 둘 혹은 그
　　　이상의 기호들 사이에 성립하는 관계

이해를 돕기 위하여 동음이의관계가 성립하는 어휘들을 몇 가지만 예를 들어 보면 (32)에 제시한 바와 같다.

(32) 동음이의관계 Homonymie의 예
　　　a. Bremse : Bremsvorrichtung-Stechfliege
　　　b. Bank : Sitzgelegenheit-Geldinstitut11)
　　　c. -en: Infintiv(예 : lieb-en)-Plural(예 : Frau-en)

(32a)에서 보는 바와 같이 독일어의 Bremse는 '제동장치'와 '말파리'라는 두 가지 의미적인 측면과 연결되어 있고, 두 의미적인 측면 사이에는 개념적인 연관성이 없다고 보여진다. 따라서 우리는 이러한 언어기호들을 동음이의관계가 성립한다고 말할 수 있다.

동음이의관계는 절대적 동음이의관계 absolute Homonymie와 부분적 동음이의관계 partielle Homonymie로 세분될 수 있다. Lyons(1977:554, 560f.)에 의하면 절대적 동음이의관계는 다음과 같은 조건이 만족되는 둘 혹은 그 이상의 기호 사이에서 성립한다.

(33) a. 의미에서의 연관성이 없다.
　　　b. 두 단어의 어형 계열에 있는 모든 형태가 동일하다.
　　　c. 동일한 형태끼리는 문법적으로 대등하여 대치가 가능하다.

---

10) 동음이의관계와 다의관계를 구분하는 기준인 '의미적인 측면의 유사성' 혹은 '개념적인 유사성'은 때에 따라서는 정확한 구분을 할 수 있는 토대를 제공하는 것은 아니다. 그러한 이유로 각 개별 어휘들을 실제로 조사할 때는 둘을 구분하기 어려운 경우가 존재한다.

11) keine Homonymie im Plural, Bänken-Banke

위 세 가지 조건 중 어느 하나라도 만족시키지 못하는 두 어휘 사이에는 절대적 동음이의관계가 성립한다고 할 수 없다. 예를 들어, (32a)의 Bremse는 (33)의 조건들을 모두 만족시켜 절대적 동음이의관계가 성립한다. 그러나 (32b)의 독일어 Bank는 Sitzgelegenheit(긴 의자)와 Geldinstitut(은행)이란 두 가지 의미적 측면과 연결되어있는 Bank는 의미적인 연관성은 없지만 두 단어의 어형계열에 속한 형태 중에서 복수형이 Bänke(긴 의자의 복수)와 Banken(은행의 복수)로 각각 다르다. 따라서 독일어 Bank는 절대적 동음이의관계가 성립한다고 볼 수 없다. 독일어의 경우 영어와는 달리 개념적으로 유사성이 없는 어휘들의 경우 대부분 문법적인 성 Genus이 다르기 때문에 상대적으로 다른 언어에 비해 절대적인 동음이의관계가 성립하는 어휘들이 적다고 볼 수 있다. 예를 들어, 영어의 bank는 '은행'과 '제방'이라는 개념적으로 상호 연관성이 없는 의미적인 측면을 가지고 있다. '은행'과 '제방'은 의미의 연관성이 없고, banks라는 복수형태가 동일하며, 동사나 전치사의 목적어로 나올 수 있는 점 등 문법적으로 대치가 가능하다. 따라서 영어의 경우 '은행'을 의미하는 bank와 '제방'을 의미하는 bank 사이에는 절대적 동음이의관계가 성립한다고 본다. 한국어의 경우, 과일의 하나인 '배', 신체 일부인 '배', 교통수단의 하나인 '배'는 위의 세 가지 조건을 모두 충족하므로 이들 사이에도 역시 절대적 동음이의관계가 성립한다.

우리는 위에서 '표현면은 동일하나 내용면이 서로 다르고 상호 연관이 되어 있지 않은 둘 혹은 그 이상의 기호들 사이에 성립하는 관계'라고 동음이의관계를 정의하면서 자연언어의 경우 표현면이 두 가지로 나타날 수 있다는 점을 지적하지 않았다. 언어기호가 실제 표현되는 방식은 문어와 구어로 구분될 수 있음을 염두에 두면, 소리 Laut로 표현되느냐 아니면 철자 Orthographie로 표현되느냐로 동음이의관계가 성립하는 어휘들을 더 세분할 수 있고, 일반적으로 다음 도표에 나타낸 것처럼 각각을 이철 동음이의관계 Homophonie와 동철 이음이의관계 Homographie로 구분한다.[12]

---

12) 위에서 우리는 동음이의관계 Homonymie를 '표현면은 동일하나 내용면이 서로 다르고 상호 연관이 되어 있지 않은 둘 혹은 그 이상의 기호들 사이에 성립하는 관계'로 정의하였다. 그러나 우리가 이장에서 분류의 기준으로 삼고 있는 것처럼 동음이의관계 Homonymie의 원래 의미는 '표현면이 동일하다는 점'과 '의미면이 상이하다는 점' 두 가

(34) 이철 동음이의관계 Homophonie와 동철 이음이의관계 Homographie

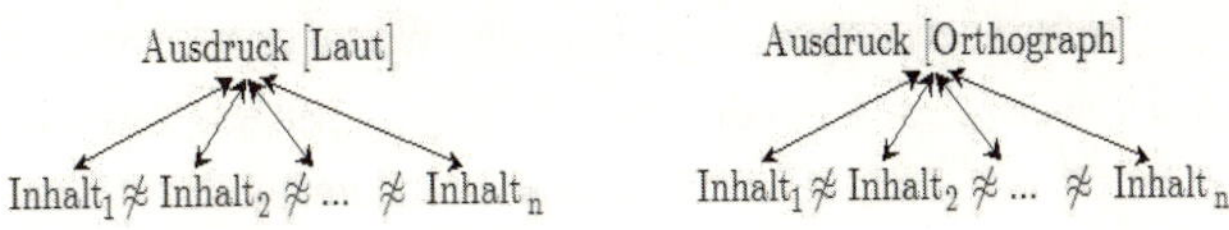

이철 동음이의관계 Homophonie는 동음이의관계를 이루는 언어기호들의 사이의 관계 중에서 특수한 경우로서, 음성적으로는 동일하게 발음되나 철자 상으로는 상이하게 표기되는 둘 혹은 그 이상의 기호들 사이의 관계를 말한 다. 이미 용어에서도 알 수 있고 (35)에 제시된 예에서도 보아 알 수 있듯 이, 이철 동음이의관계 Homophonie가 성립하는 두 어휘들은 음성적으로만 동일하게 실현될 뿐, 그 의미적인 측면도 다를 뿐 아니라 철자상으로도 상이 하다. 철자가 아주 다른 (35a)와 (35b)의 경우는 더 명확하지만, (35c)의 경우처럼 대소문자의 차이도 철자상으로 다른 어휘로 보는 근거가 된다.

(35) **이철 동음이의관계** Homophonie의 예
  a. Moor-Mohr
  b. beten-Beeten
  c. Arm-arm

동철 이음이의관계 Homographie도 역시 동음이의관계를 이루는 언어기 호들의 사이의 관계 중에서 특수한 경우로서, 철자상으로는 동일하게 표기되 지만, 음성적으로는 상이하게 발음되는 둘 혹은 그 이상의 기호들 사이의 관 계를 말한다. 동철 이음이의관계 Homographie의 대표적인 예들을 들어 보 면, (36)에 제시한 바와 같다.

지를 포괄하고 있다. 따라서 가장 가까운 Homonymie의 직역은 '동표이의관계'가 될 것 이다. Homophonie와 Homographie는 접두사 Homo-가 암시하는 바와 같이 '같다'는 의미가 적용되는 대상이 단순히 표현면이 아니라 '음성'과 '철자'로 구분되어 있는 점이 차이점이다. 따라서 음성적 표현이 같으나 의미가 다른 두 어휘표현을 우리는 이철 동음 이의관계 Homophonie로 번역하고, 문자적 실현은 같으나 의미가 다른 두 어휘를 동철 이음이의관계 Homographie로 번역하기로 한다.

(36) 동철 이음이의관계 Homographie의 예
   a. Montage : mehrere erste Tage der Woche-das Montieren
   b. Druckerzeugnis : gedrucktes Erzeugnis-Zeugnis eines Druckers
   c. umfahren : zu Fall bringen-um … herumfahren

3.2 의의 의미론적 관계

지시 의미론 Referenzsemantik이 언어적 요소와 비언어적 실재 세계와
의 관계에 관심을 기울였다면, 의의 의미론 Sinnsemantik은 언어적 요소들
자체 사이에 성립하는 유기적인 체계를 밝히는데 관심을 기울인다. 의의 의
미론은 언어 내적인 연관 관계에만 초점을 맞춘다. 이러한 이유로 어떤 언어
학자들은 이 의의의미론을 협의의 어휘 의미론 lexikalische Semantik이라
고 부르기도 한다.13)

3.2.1 낱말 층위에서의 의미 관계의 분류

낱말 층위에서의 의미관계를 연구하는 학자들 사이에 의미관계를 어떻게
분류할 것인가에 대한 뚜렷한 동의가 이루어져 있는 것은 아니다. 학자들에
따라 다른 의미관계의 하위부류를 우리는 이분법, 삼분법, 사분법으로 나누
어 다음과 같이 구분할 수 있을 것이다.

(37) 의의 의미론적 관계의 분류 방법
   a. 이분법 : 동의관계 Synonymie-비양립성 Inkompatibilität
   b. 삼분법 : 하위관계 Hyponymie-동의성 Synonymie-반의성 Antonymie
   c. 사분법 : 하위관계 Hyponymie-동의성 Synonymie-반의성 Antonymie-
              부분의의관계 Meronymie

---

13) 문장에서도 이러한 관계는 설정될 수 있다. 다라서 이 말은 약간의 혼란을 볼러 올 가능
   성도 있다고 지적될 수 있다.

3.2.2 상위 · 하위관계

두 개 혹은 그 이상의 어휘적 표현체들의 관계에서 한 어휘적 표현체 B가 내용적으로 다른 어휘적 표현체 A의 하위개념 Unterbegriff을 기술하는 경우가 있다. 이 두 어휘적 표현체들 사이의 관계는 상대적이기 때문에 위의 관계를 역으로 표현하면 어휘적 표현체 A가 어휘적 표현체 B의 상위개념 Oberbegriff을 기술한다고 볼 수도 있다. 여기에서 어휘의미론에서 중요한 세 가지 개념이 정립될 수 있다 : 상위관계 Hyperonymie, 하위관계 Hyponymie, 동하위관계 Kohyponymie가 그것이다.

상위관계 Hyperonymie란 위에 예시한 상대적인 개념적인 상하관계에서 상위개념을 기술하는 언어기호가 하위개념을 기술하는 언어기호에 대해서 갖는 관계를 말한다. 상위관계에 있는 언어기호를 우리는 상위어 Hypernym이라고 부른다.

어느 것이 어느 것의 상위개념이고 어느 것이 어느 것의 하위 개념인가 하는 점은 학문적인 개념위계를 따르는 것이 보통이다. 그 위계들 중에서 가장 두드러진 개념위계로는 생물학 등 자연과학적인 개념에 근거한 논리적 분류가 일반적으로 사용된다. 아래의 예에서 ‘꽃’ Blume는 ‘장미’ Rose나 ‘카네이션’ Nelke, ‘튜울립’ Tulpe 그리고 ‘라일락’ Flieder, ‘민들레’ Löwenzahn, 그리고 ‘데이지’ Gänseblümchen 보다도 상위의 개념을 기술하고 있는 단어이다. 따라서 Blume는 Rose와 Nelke, Tulpe 그리고 Flieder 등의 상위어라고 말한다. 독일어로는 동일한 의미로 Hypernymie 대신 Supernymie를 쓰기도 한다.

> (38) 상위어 Hyperonym의 예 : Blume
>   a. Blume는 Rose의 상위어이다.
>   b. Blume는 Nelke의 상위어이다.
>   c. Blume는 Tulpe의 상위어이다.
>   d. Blume는 Flieder의 상위어이다.

이와 유사하게 ‘가다’ gehen는 ‘뛰어가다’ laufen이나 ‘말을 타고 가다’ schreiten, ‘행진해 가다’ marschieren 그리고 ‘기어가다’ kriechen보다도 상위의 개념을 기술하고 있다. 따라서 우리는 gehen을 laufen, schreiten, marschieren 그리고 kriechen 등의 상위어라고 말한다.

> (39) 상위어 Hyperonym의 예 : gehen
> a. gehen은 laufen의 상위어이다.
> b. gehen은 schreiten의 상위어이다.
> c. gehen은 marschieren의 상위어이다.
> d. gehen은 kriechen의 상위어이다.

하위어 Hyponyme란 다른 어휘적 표현체의 하위 개념을 기술하고 있는 어휘적 표현체를 가리키는데, 이미 위에서 언급하였듯 어떤 단어가 다른 어떤 단어와 상위어 관계를 이루고 있으면 그 관계를 거꾸로 말하면 하위어 관계가 성립한다.14) 위의 Blume가 상위어인 단어들을 예로 들어 기술하면 다음과 같다.

> (40) 하위어 Hyponym의 예(위 (38)과 비교)
> a. Rose는 Blume의 하위어이다.
> b. Nelke는 Blume의 하위어이다.
> c. Tulpe는 Blume의 하위어이다.
> d. Flieder는 Blume의 하위어이다.

위의 예에서 우리는 하나의 단어에 대해 여러 단어들이 하위어 관계를 이루고 있음을 알 수 있다. 즉, Rose와 Nelke, Tulpe 그리고 Flieder는 동일한 한 단어인 Blume의 하위어들이다. 일반적으로 우리는 공통적으로 동일한 상위개념을 가지고 있는 단어들의 집합을 동하위어 Kohyponyme라고 말한다. 위의 예에서 Rose, Nelke, Tulpe 그리고 Flieder는 상호간에 동하위어이다.

---

14) 이익환(1995)에서는 영어의 hyponymy를 '상하관계'라 번역하고 있다. 이병찬·신수송(1983:385)에서는 Hyponymie를 '포의의 관계'로, Kohyponymie를 '동류포의관계'라고 번역하고 있다. 그러나 우리는 이 장에서 상위관계와 하위관계를 명확히 구분하고 있기 때문에, Hyponymie를 '하위관계'만을 의미하는 용어로 사용하기로 하고, Kohyponymie는 '동하위관계'라고 번역하기로 한다.

개념들의 상하관계에서 주의해야 할 사항이 두 가지 더 있다. 하나는 상위어-하위어 개념은 상대적 relativ이라는 것이다. 다시 말해서, 어느 한 어휘의 상위어는 또 다른 어휘의 하위어가 될 수 있다. 예를 들어, 이미 위에서 언급했듯이 Blume는 Rose의 상위어인데, Blume는 또 다시 Pflanze의 하위어이다. Pflanze는 동시에 Baum이나 Strauch의 상위어이기 때문에, Blume는 Baum과 Strauch와는 동하위어 관계를 이루게 되는 것이다.

또 하나 여기에서 언급될 수 있는 사항은 하위어는 상위어를 '함의한다' implizieren는 것이다. 그러나 이 함의 관계의 역은 성립하지 않는다. 즉 상위어는 하위어를 함의하지 않는다. 이러한 일방적인 함의 관계는 하위개념은 상위개념의 특수한 경우이기 때문에 성립한다.

3.2.3 동의관계 Synonymie

의미나 내용이 동일한 두 어휘 사이의 관계도 의의의미론에서의 중요한 개념이다. 일반적으로 의미론에서 의미나 내용이 동일한 두 어휘 사이의 관계를 동의관계 Synomymie라고 정의한다. 이러한 정의에 의하면, 다음에 제시된 어휘들의 쌍은 상호 동의관계에 있다.

> (41) **동의관계** Synomymie
> a. Sonnabend vs. Samstag; Brötschen vs. Semmel vs. Wecke
> b. Orange vs. Apfelsine
> c. Rechner vs. Computer; Bildschirm vs. Monitor
> d. Blinddarmentzündung vs. Appendizitis

동의관계에 있는 어휘들은 좀더 자세히 고찰해 보면, (41a)처럼 방언의 차이에서 성립된 경우이거나, (41b)처럼 외국으로부터의 새로운 물품의 유입의 경로와 관련되어 어휘가 상호 독립적으로 성립되어 고정된 경우이거나, (41c)처럼 독일어가 아닌 다른 언어에서 유입된 경우이거나, (41d)처럼 전문용어에서의 언어적 변이로 성립된 경우이다.

3.2.4 반의관계 Antonymie

어휘들 사이의 관계들 중에서 어휘의미론에서 중요한 것으로 또한 반의관계 Antonymie가 있다. 정의상으로 반의어는 두 어휘상의 관계로서 한 어휘가 내용적으로 다른 어휘의 반대 개념 Gegenbegriff을 기술하는 경우이다. 반의관계에 있는 두 어휘는 그러나 자세히 들여다 보면 여러 가지 세분할 수 있는 하위 부류들로 이루어져 있음을 알 수 있다. 일반적으로 의미론에서 구분하고 있는 반의관계들 중 중요한 부류는 다음과 같다 : 모순 Kontradiktion, 반대 Kontrarität, 역 Konverse이 그것이다.

모순 Kontradiktion은 임의의 두 어휘의 의미가 동일한 명제에서 계열적 관계를 이룰 때 (i) 동시에 참일 수 없고, (ii) 한 어휘의 부정은 다른 어휘의 의미와 등가일 경우에 성립하는 관계이다.15) 다음의 예에 나온 어휘들은 상호 모순관계에 있는 어휘들이다.

> (42) 반의관계 Antonymie : **모순대립** kontradiktorischer Gegensatz
>   a. wahr-falsch
>   b. sinnvoll-sinnlos
>   c. männlich-weiblich
>   d. Leben-Tod

위의 예에서 '참이다' wahr와 '거짓이다' falsch는 (42a)와 (42b)에 예시한 바와 같이 동일한 구성을 가진 문장에서 계열적 관계를 이룬다. (42c)에 제시한 것처럼 실제 세계에서 참인 어떤 것도 동시에 거짓일 수는 없기 때문에, '참이다' wahr와 '거짓이다' falsch는 위의 조건 중 하나를 만족시키고 있다. 나아가서 '참이다' wahr와 '거짓이다' falsch는 (42d)에서 보는 것처럼 실재 세계에서 참이 아닌 모든 것은 자동적으로 거짓이기 때문에 참과 거짓 사이에는 어디에도 중간 값이 존재하지 않는다. 따라서 '참이다' wahr와 '거짓이다' falsch는 반의관계를 이루고, 더 구체적으로는 모순대립을 이루는 어휘이다. 위에 예로 든 다른 어휘에 대해서도 동일한 관계가 성립한다.

---

15) 이 두 조건을 독일어로 표현하면 그 개념이 더 명확하다 : (i) nicht zu gleich A und B, (ii) nicht‐A ist B.

(43) a. Etwas is wahr.

    b. Etwas is falsch.

    c. Etwas is nicht zugleich wahr und falsch.

    d. Was nicht wahr ist, ist falsch.

이해를 돕기 위하여 두 어휘 A와 B의 의미 대립관계를 도표로 그려 보면 (44a)와 같다. 두 어휘 중 한 어휘 A의 의미를 흰 굵은 직선으로 나타내고, 다른 어휘 B의 의미를 검은 굵은 직선으로 표상한다고 가정하면, 두 어휘의 의미 사이에는 (44a)에서 보는 것과 같은 상호 배타적인 관계가 성립한다. 그러나 의미의 대립관계는 (44a)에 도표로 제시한 관계만 있는 것이 아니다. (44b)에는 하얀 굵은 직선으로 표시된 어휘 A의 의미와 검은 굵은 직선으로 표시된 어휘 B의 의미 사이에 또 다른 의미를 지닌 어휘가 존재할 수 있음이 예시되고 있다. 이런 의미관계를 갖는 두 어휘의 관계를 어휘의미론에서는 (44a)에 제시된 의미관계와 구분하여 하나의 독립된 전문용어로 반대대립 kontrürer Gegensatz이라고 부른다.

(44) a.

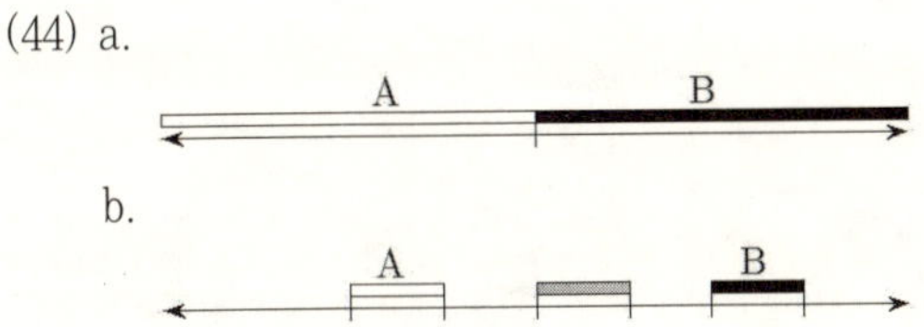

    b.

반대대립 kontrürer Gegensatz은 모순대립이 성립하기 위한 두 가지 조건 중에서 첫 번째 조건만이 성립하는 두 어휘 사이의 관계를 일컫는다. 즉, 임의의 두 어휘 A, B의 의미가 동일한 명제에서 계열적 관계를 이룰 때 동시에 참일 수 없을 경우 성립하는 관계를 반대대립 kontrürer Gegensatz이라고 말한다. 따라서 반대대립을 이루는 두 어휘 중 한 어휘를 부정하더라도 다른 어휘의 의미와 등가인 것은 아니다. 다음 예는 반대대립을 이루는 두 어휘들을 제시하고 있다.

(45) 반의관계 Antonymie : 반대대립 konträrer Gegensatz
   a. Dreieck-Kreis
   b. sitzen-stehen
   c. grün-rot

예를 들어, (45a)에서 삼각형 Dreieck과 원 Kreis이 배리대립을 이루는 이유는, 어떤 물체가 삼각형이면 그 물체는 원형일 수 없으며, 역으로 어떤 물체가 원형이면 그 물체는 삼각형일 수 없기 때문이다. 나아가서 어떤 물체가 삼각형이 아니라고 해서 반드시 원형이어야 하는 이유는 없으며 그 역도 마찬가지이기 때문이다. 동일한 논리적 사고가 (45b)와 (45c)에 제시된 어휘들 사이에도 적용된다.

또한 우리는 반대대립의 특수한 경우로 극성 반대대립 polar-konträrer Gegensatz을 상정해 볼 수 있다. 각 어휘의 의미를 정도에 따라 일직선상에 배열 할 수 있다고 가정할 때, 반대대립과 극성 반대대립은 각각 아래의 (46a)와 (46b)의 그림으로 나타낼 수 있다.

(46) a.

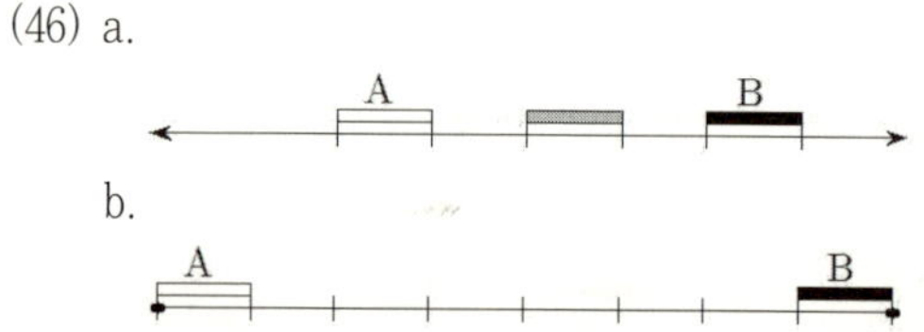

   b.

이미 그림에서 명확히 드러나듯이, 극성 반대대립은 반대대립의 특수한 경우로서, 임의의 두 어휘 A, B의 의미가 동일한 명제에서 계열적 관계를 이룰 때 (i) 두 명제가 동시에 참일 수 없고, (ii) A와 B의 의미가 정도에 따라 배열한 일직선상에서 극을 이룰 때 두 어휘 사이에 성립하는 관계를 말한다. 극성 반대대립 polar-konträrer Gegensatz를 이루는 어휘들의 예는 다음과 같다.

(47) 반의관계 Antonymie : 극성 반대대립 polar-konträrer Gegensatz
   a. jung-alt   b. neu-alt
   c. dick-dünn   d. wachen-schlafen

e. klein-groß   f. lang-kurz
g. warm-kalt   h. krumm-gerade

반의관계를 이루는 어휘들의 관계를 논의하는 이 절의 마지막으로 언급할 필요가 있는 중요한 개념은 역 Konverse이다. 어휘들은 실제 세계에서의 사태 Sachverhalt나 사건 Ereignis 혹은 속성 Eigenschaft을 기술한다고 보는 것이 일반적인 견해인데, 어휘들 중 특정한 두 어휘는 본질적으로 상호 의존적이어서 한 어휘의 의미가 성립하기 위해서는 또 다른 어휘의 의미가 전제 Voraussetzung되는 경우가 있다. 이러한 관계에 있는 두 어휘의 반의관계를 우리는 역 Konverse라고 한다. 예를 들어, 상행위를 나타내는 사건을 단순화시켜 물건을 소지하고 있으면서 직업적으로 화폐와 바꾸는 사람 A, 물건을 소지하고 있지는 않으나 화폐를 지니고 있으면서 물건을 원하는 사람 C, 물건 B, 그리고 화폐 D로 이루어진 사건이라고 보자.

(48) 반의관계 Antonymie : 역 Konversen: kaufen-verkaufen

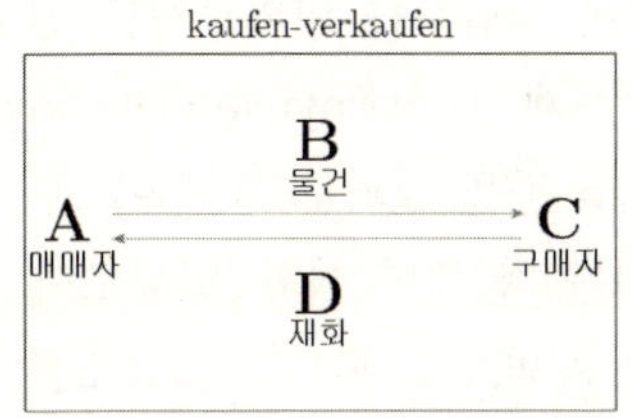

이 경우 상행위는 A와 C 사이에 B와 D를 바꾸는 행위로 단순화시킬 수 있다. 물건을 사는 행위는 동시에 물건을 파는 행위의 성립을 전제로 하고 있고, 역으로 물건을 파는 행위는 물건을 사는 행위를 전제로 하고 있다. A 입장에서 동일한 그 사건을 기술하면, A는 C에게 D를 받고 B를 주는 것 Verkauf이고, C 입장에서 동일한 그 사건을 기술하면, C는 A로부터 D를 주고 B를 받는 것 Kauf이다. 따라서 한 어휘의 의미는 동시에 다른 어휘의 의미를 전제로 하고 있고, 이 두 어휘 사이에는 동일한 한 사건의 서로 다른 시각에서의 기술이라는 관계가 성립한다. 역 관계가 성립하는 어휘들의 예를 몇 개 더 들어 보이면 다음과 같다.

>   (49) 반의관계 Antonymie : 역 Konversen
>   a. kaufen-verkaufen   b. borgen-leihen
>   c. geben-nehmen   d. gehen-kommen
>   e. aufstehen-hinsetzen   f. Frage-Antwort

역이 성립하는 두 어휘들 사이의 관계는 (49a)~(49c)에 제시된 어휘처럼 한 사건을 시각을 달리해서 표현하는 경우와 (49e)~(49f)에 제시된 어휘들처럼 동시에 일어나지 않는 한 주체의 행위를 가리킬 수도 있고, (49d)의 '가다' gehen와 '오다' kommen처럼 어느 경우로도 해석이 가능한 경우로 더 세분해서 나누어 볼 수 있다.

3.2.5 부분 의의관계 Meronymie

우리는 이 절에서 어휘들 사이에 성립하는 의의관계를 연구하는 세 가지의 기본적인 개념들인 상위·하위관계 Hypernymie·Hyponymie, 동의관계 Homonymie, 반의관계 Antonymie 등을 살펴보았다. 이 세 가지 기본 개념들에서는 어휘들 사이의 의의관계를 각 개별 어휘 '전체로서의 의미'에 초점을 맞추었고, 그 의미를 구성하는 개별요소 혹은 구성요소를 전혀 고려하지 않았었다. 그러나 각 어휘들의 의미의 내부구조를 고찰해 보면, 한 어휘의 의미가 하나 이상의 하위 구성요소들로 이루어져 있는 경우가 있음을 알 수 있고, 따라서 하나의 전체로서의 의의가 그 의의를 구성하는 부분들과 일정한 체계적인 관계, 즉 부분-전체 관계를 이루고 있는 경우가 있음을 알 수 있다. 어휘의미론에서는 이 관계를 하나의 독립된 용어로 구분하여, 하나의 개념이 그 개념을 이루는 부분들과 관련해서 성립하는 관계를 부분의의관계 Meronymie라고 정의한다. 부분의의관계는 기능적 부분의의관계와 연속적 부분의의관계 둘로 세분하여 고찰하는 것이 일반적이다.

기능적 부분의의관계 funktionale Meronymie란 하나의 개념이 그 개념을 이루는 부분들과 관련해서 성립하는 부분의의관계 Meronymie의 하나로서 부분(들)이 전체와 구분되어 전체로부터 떨어져 나갈 수 있는 경우에 성립하는 관계를 가리킨다. 예를 들어, 전체로서의 안경은 부분으로서 안경테와 안경알로 이루어져 있고, 안경과 안경테 그리고 안경과 안경알 사이에는 기능적 부분의의관계 funktionale Meronymie가 성립하는 것이다.

> (50) 기능적 부분의의관계 funktionale Meronymie의 예
> a. Brille-Glass
> b. Flugzeug-Flügel
> c. Computer-Tastatur

연속적 부분의의관계 kontinuierliche Meronymie란 하나의 개념이 그 개념을 이루는 부분들과 관련해서 성립하는 부분의의관계 Meronymie의 하나로서 부분과 전체가 구분은 할 수 있으나 분리될 수 없어 연속적인 전체를 이루는 경우에 성립하는 관계를 가리킨다. 가장 전형적인 연속적 부분의의관계 kontinuierliche Meronymie를 이루는 두 어휘는 불 Feuer과 불꽃 Flamme이다.

> (51) 연속적 부분의의관계 kontinuierliche Meronymie의 예
> a. Feuer-Flamme
> b. Musik-Klang

지금까지 우리는 언어기호의 표현면과 의미면의 관계와 언어기호의 의의 관계의 여러 유형을 살펴보았다. 이러한 여러 가지 의미론적 관계를 분석하고 기술하는 것은 어휘의미론의 주요 과제 중의 하나이다. 이제 다음 절에서는 이러한 관계를 설명하고 기술하기 위한 연구방법론에 대해 살펴보기로 한다.

4. 의미분석 방법론

어휘의미론의 핵심과제 중의 하나는 위에서 이미 소개한 바 있는 언어기

호들의 의의사이에 성립하는 관계를 어떻게 기술할 수 있는가 하는 것이다.
자연언어의 의미분석은 곧 언어기호의 내용면, 즉 의의에 대한 연구를 가리
키는데, Bierwisch(1970:168)에 의하면 '모든 자연언어의 의미 분석에 공통
적으로 자리잡고 있는 기본적인 시각은 각 어휘들의 의미가 분석될 수 없거
나 정의가 불가능한 전체가 아니라는 것이다'.16) 그는 이어서 중요한 의미분
석 방법론으로 성분분석이론과 의미공준을 설정하는 방법을 예시하고 있다.
두 방법론 모두 현대적 의미의 의미론 연구방법론으로서 지대한 영향을 미치고
있기 때문에 다음 절에서 자세히 알아 보기로 한다. 이어서 어장이론 Wortfeld과
원형의미론 Prototypensemantik을 소개하고자 한다.

4.1 성분분석이론 Theorie der Komponentenanalyse

성분분석이론은 어휘표현의 의미가 하나의 전체로서 분해가 불가능한 것이 아
니고 더 작은 의미적 단위로 나눌 수 있다는 견해에서 출발하고 있다. 의미
를 구성하고 있는 가장 작은 의미구성 단위 kleinste Bedeutungseinheit
를 우리는 일반적으로 의소 Seme라고 말한다.

(52) 의소 Seme
　　　의소란 가장 작은 의미구성 단위 kleinste Bedeutungseinheit를 말한다.

의소는 일반적으로 의미적 자질과 그 값으로 표상된다. 의미 자질이란 의
소를 표상하는 변별적 기능 distinktive Funktion을 갖는 추상적 의미속성
이다. 의미자질들은 그 값으로 + 혹은 -를 사용하는 이가자질 binäre
Mermale이고, 일반적으로 값을 먼저 표기하고 의미자질을 이어서 표기한
다. +는 그 자질에 해당하는 의미가 있음을 나타내고, -는 그 자질에 해당
하는 의미가 없음을 나타낸다. 따라서 이 방법에 의하면, 언어표현의 의미는

---

16) 원문을 제시하면 다음과 같다: All approaches to the semantic analysis of natural
　　languages are based on the insight that the meanings of lexical items are
　　not unanalyzable or undefinable wholes. (Bierwisch, 1970:168)

의미자질과 그 값들의 묶음 혹은 집합으로 표상될 수 있다. 예를 들어 '인간' Mensch라는 어휘표현의 의미를 그 표현의 기본적인 의미를 결정한다고 보는 의미자질들인 [±lebewesen], [±human] 등을 사용하여 다음과 기술할 수 있다.

(53) Mensch : [+lebewesen], [+human]

각 의미자질들은 전체 개체를 전체집합으로 가정했을 때 그 자질들을 의미구성요소로 지니고 있는 개체들의 수를 기준으로 다음과 같은 포함관계를 설정할 수 있다.

(54) 의미자질들을 지닌 개체들의 포함관계

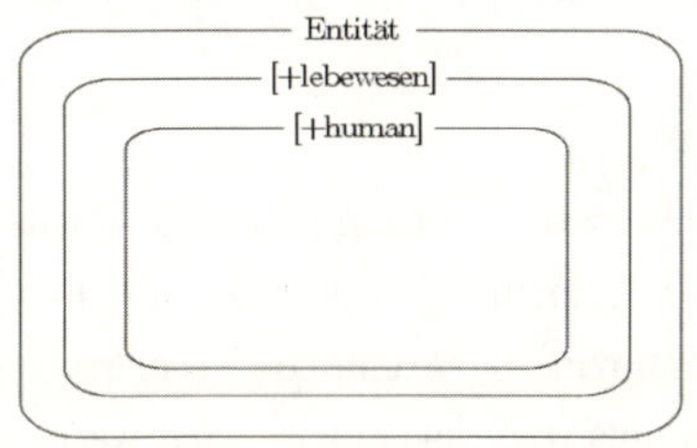

이와 같은 의미자질들을 지닌 개체들의 포함관계를 이용하여 우리는 의미자질들이 일정한 위계 Hierarchie를 이루고 있음을 알 수 있다.

(55) 의미자질들의 위계

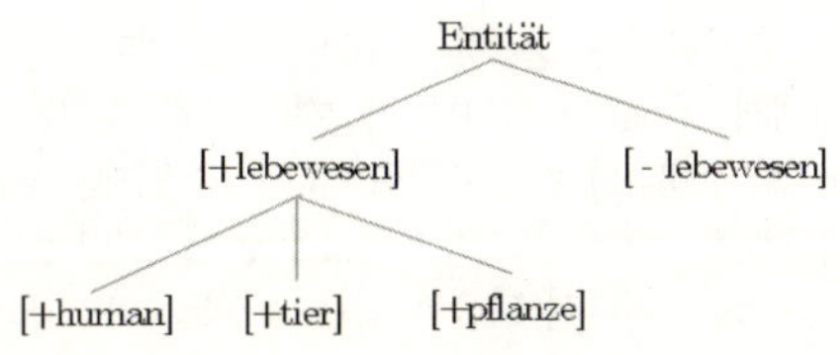

위계관계를 이루고 있는 의미자질들은 그 자질을 가지고 있는 어휘표현들로 대치되었을 때, 그 어휘표현들 사이에 포함관계가 성립한다. 예를 들어, 위의 위계에 나타난 의미자질들의 위계관계를 이용하여 어휘표현들 Mensch,

Tier, Pflanze 등과 Lebewesen 사이에, 또 Lebewesen과 Entität 사이에 다음과 같은 포함관계가 있음을 문장으로 확인할 수 있다.17)

(56) a. Jeder Mensch ist ein Lebewesen.
    b. Jedes Tier ist ein Lebewesen.
    c. Eine Pflanze ist ein Lebewesen.

(57) a. Jedes Lebewesen ist eine Entität.
    b. Jedes Nicht-Lebewesen ist eine Entität.

성분분석이론은 어휘적 표현들 사이에 성립하는 의의관계를 기술하는데 매우 유용하게 사용된다. 예를 들어, 상위-하위 관계에 있는 어휘들인 Mensch 와 Mann, Frau, Junge, Mädchen을 의미자질로 표기하면 다음과 같다.

(58) 의미자질의 변별기능을 이용한 의미기술
    a. Junge: [+lebewesen], [+human], [+männlich], [-erwachsen]
    b. Mädchen: [+lebewesen], [+human], [-männlich], [-erwachsen]
    c. Mann: [+lebewesen], [+human], [+männlich], [+erwachsen]
    d. Frau: [+lebewesen], [+human], [-männlich], [+erwachsen]

(58a)~(58d)에 기술된 의미자질의 표상을 관찰해 보면, 첫 두 의미자질의 표상은 (53)에 기술된 Mensch의 의미자질 표상과 동일함을 알 수 있다.

---

17) 여기에서 한 가지 주의할 사항은 성분분석이론에서 어휘표현의 의미를 기술하기 위해 도입된 의미자질들이 항상 이러한 포함관계가 성립하는 위계구조로 치환되지는 않는다는 점이다. 예를 들어, 아래 (58a)에서 Junge의 의미를 기술하기 위해 도입된 의미자질들 중에서 [+lebewesen]와 [+human]은 하나의 위계 관계로 나타낼 수 있지만, [+männlich] 와 [-erwachsen]은 상호 위계관계를 보이지 않으며 [+lebewesen]이나 [+human]과 도 적절한 위계관계를 설정할 수 없다. 따라서 다음과 같은 문장도 의미적으로 옳은 문 장이 아니다.

(ⅰ) a. *Jeder Männliche ist ein Mensch.
    b. *Jeder Nicht-Erwachense ist ein Mensch.
(ⅱ) a. *Jeder Männliche ist ein Lebewesen.
    b. *Jeder Nicht-Erwachense ist ein Lebewesen.

Mann, Frau, Junge, Mädchen 등이 Mensch의 하위어인 점을 기억한다
면, 우리는 하위어의 의미자질 표상은 상위어의 의미자질 표상을 항상 포함하
고 있다는 것을 알 수 있다.

또한 의미자질을 이용한 성분분석이론은 동하위관계 Kohyponymie들 사
이에 성립하는 의미상의 차이를 잘 기술할 수 있다. 우선 (58a)와 (58b)를
비교해 보면, 두 어휘표현 Junge와 Mädchen의 의미자질은 유일하게 〔±
männlich〕에서 차이가 나고, 이들과 또 다른 두 어휘표현 Mann과 Frau와
는 〔±erwachsen〕에서 각각 차이가 나고 있음을 알 수 있다. 또 Mann과
Frau는 Junge와 Mädchen처럼 〔±männlich〕에서 차이를 드러내고 있다.
이와 같이 의미자질을 이용한 성분분석이론은 오직 하나의 의미구성 성분에
의해서만 차이가 나는 상호 관련된 어휘표현들을 분석하는 데 매우 유용하게
사용될 수 있다.

이 뿐만 아니고 의미자질을 이용한 성분분석이론에서는 두 어휘표현이 동
의관계 Synonymie에 있을 경우 각 표현들의 의미를 표상하고 있는 의미자
질들이 동일함을 이용한 상호 함의관계로 기술해 줄 수 있다. 예를 들어,
Tischler와 Schreiner는 동의관계를 이루고 있는 어휘표현이다. 이 두 표현
은 다음과 같이 의미자질로 그 의미를 표상해 줄 수 있는데, 표상된 의미자
질이 두 어휘표현에서 동일하다는 점을 이용하여 두 표현이 동의관계에 있음
을 실지로 나타내 줄 수 있는 것이다.

> (59) 의미자질의 변별기능을 이용한 동의관계의 기술
>   a. Schreiner : 〔+lebewesen〕, 〔+human〕, 〔+männlich〕, 〔+handwerker〕,
>   〔+holzverarbeitend〕
>   b. Tischler : 〔+lebewesen〕, 〔+human〕, 〔+männlich〕, 〔+handwerker〕,
>   〔+holzverarbeitend〕

그 외에도 성분분석이론에서 가정하고 있는 의미자질을 이용한 의미의 표상은
다의관계 Polysemie나 동음이의관계 Homonymie의 구분도 가능하게 해준
다. 음성적 실현이 동일한 임의의 두 어휘표현이 핵심적인 의미로서 유사한 의
미자질을 공통으로 지니고 있으면, 그 두 표현은 다의관계에 있다. 또한 음성

적 실현이 동일한 임의의 두 어휘표현이 핵심적인 의미로서 전혀 유사하지 않고 상호 관계가 없는 의미자질들로 표상되어 있으면, 그 두 표현은 동음이의관계에 있다.

4.2 어장이론 Wortfeldtheorie

어장이론 Wortfeldtheorie는 1920년대와 1930년대 독일과 스위스에서 개발되어 발전되었다. 원래의 근본 생각은 von Humboldt와 Herder로 거슬러 올라가는데, 한 언어의 어휘는 단순히 머리 속에 기재되어 있는 것이 아니라, 상호간의 관련성을 보여주는 하나의 체계로 구성되어 있다는 점을 논의의 출발점으로 삼는다. 이는 언어는 각각 내적 구조를 이루고 있다는 Humboldt의 생각을 발전시킨 것으로 평가된다.

어장이론 Wortfeldtheorie에서 가장 중요한 개념은 역시 어장 Wortfeld 인데, 어장은 특정한 하나의 개념적인 혹은 사실적인 영역을 포괄하고 있는, 내용이 유사한 낱말들의 집합을 가리킨다. 독일어 Wortfeld는 '어장' 혹은 '낱말밭'으로 번역되기도 하는데, 독일어에서도 어장 Wortfeld이란 용어와 의미장 Bedeutungsfeld 혹은 semantisches Feld라는 용어가 경합하고 있는 것이 현실이다. 우리는 이 장에서 이들을 모두 동일한 의미를 지닌 용어로 간주하기로 한다. 이에 따라 어장이론도 의미장이론 Theorie der semantischen Felder이라 명명되기도 한다.

어휘표현들이 내용이 유사한 낱말들의 묶여 장을 이루게 되면, 동일한 장에 속한 어휘표현들 사이에는 특정한 의미적 공통점이 있음을 직관적으로 알 수 있고, 각 어휘표현들 사이에는 개념적 친족관계가 성립하게 된다. 어휘표현들 사이의 개념적 친족관계는 핵심항 Kopfterm과 그와 관련되어 있는 어휘소 Lexeme로 정의된다. 예를 들어, 다음과 같은 예에서 'Pferd'나 'sich fortbewegen'은 각 어장에서 핵심항이고 각 어휘표현들은 몇 가지 자질들을 공통으로 가지고 있는 어휘소들이다.

(60) 어장 Wortfeld의 예
    a. Wordfeld 'Tier' : Pferd, Hund, Katze, Schaf, Kuh, usw.
    b. Wordfeld 'Pferd' : Schimmel, Rappe, Fuchs, Falbe, Stute, Hengst,
        Wallach, Fohlen, Füllen, usw.
    c. Wordfeld 'sich fortbewegen' : gehen, laufen, spazieren, stolzieren,
        kriechen, krabbeln, usw.

어장이론 혹은 의미장이론을 발전시킨 학자로 중요한 사람은 J. Trier와 W. Porzig 그리고 L. Weisgerber이다. J. Trier와 W. Porzig의 어장이론을 이해하기 위해서 언어표현들이 결합하여 하나의 표현복합체를 형성할 경우 각 개별 어휘표현들이 그 표현체를 구성하고 있는 다른 어휘표현들과 갖는 관계에 대해서 살펴보도록 하자. 복합표현체를 구성하고 있는 한 어휘표현과 상호 대치될 수 있는 관계에 있는 모든 어휘표현들을 계열관계 paradigmatische Relation에 있다고 말하고, 각 개별 어휘표현들이 복합표현체 내의 다른 어휘표현들과 갖는 관계를 결합관계 syntagmatische Relation라고 말한다. 예를 들어, 'der gute Mensch'라는 복합표현체가 있을 때, 'gute'와 대치되어 정형인 구를 이룰 수 있는 또 다른 언어표현들인 'nette', 'hübsche', 'junge', 'alte' 등은 'gute'와 계열관계를 이루고 있다. 또한 이 복합표현체를 이루고 있는 어휘표현들 중에서 'gute'와 'Mensch'는 결합관계를 이루고 있고, 'der'와 'gute Mensch'는 또 다시 결합관계를 이루고 있다. 이러한 언어표현들 사이에 성립하는 관계는 우선 Saussure에 의해 우선은 통사적인 구성을 기준으로 제안되었는데, 동일한 어장을 구성하고 있는 어휘표현들을 추출하기 위해 계열관계를 이용한 학자가 J. Trier이고, W. Porzig는 결합관계를 이용하여 하나의 어장을 구성하고 있는 언어표현체들이 무엇이고 어떠한 의미적 특징을 가지고 있는가를 밝히려 노력하였다.

어떠한 방법을 사용하여 하나의 어장을 구성하고 있는 언어표현체들을 추출하든지 하나의 어장을 구성하고 있는 핵심항 Kopfterm은 다른 어장을 구성하고 있는 어휘소 Lexeme로 나타날 수 있다. 예를 들어, (60a)에 제시되어 있는 어장 'Tier'를 구성하고 있는 어휘표현인 'Pferd'는 (60b)에서는 핵심항 Kopfterm으로 나타난다. 따라서 우리는 다음과 같은 어장들의 계층을 상정할 수 있다.

(61) 계층적 어장의 예

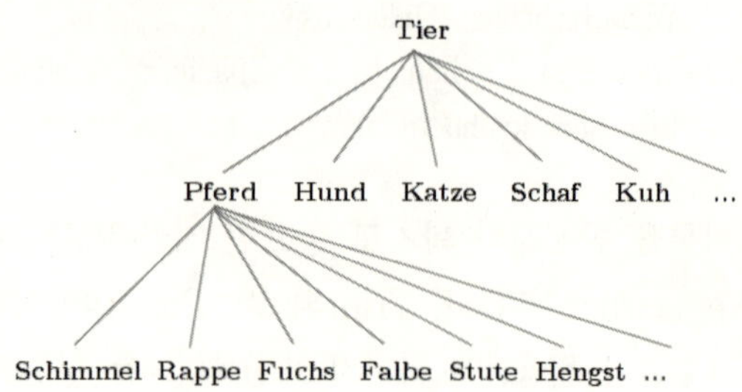

　어장들이 계층적 구조를 이룬다는 점을 우리는 (61)에서 명확히 알 수 있다. 의미자질의 변별기능을 이용한 성분분석이론이 어휘표현들의 의의관계를 기술할 수 있는 것과 같이 어장이론에서도 이러한 계층적 구조를 근거로 동의관계, 상위-하위관계 등 의의관계를 기술할 수 있다는 점도 우리는 또한 분명히 알 수 있다. 지면상의 이유로 구체적으로 어떻게 의의관계들이 어장이론에서 기술될 수 있는가는 여기에서는 예를 들지 않기로 하고 독자들이 실제로 연습해 볼 수 있는 문제로 남겨 놓고자 한다.

　어장이론에서는 한 어휘표현의 의미가 고립되어 있는 것이 아니라 연관된 다른 어휘표현들과 연계해서 연구될 수 있다는 점을 기본적인 생각으로 출발하고 있기 때문에 의미변화 Bedeutungswandel의 설명을 위해서도 적용될 수 있다. 실제로 J. Trier는 "이해의 의의 영역에 있는 독일어 어휘" "Der deutsche Wortschatz im Sinnbezirk des Verstandes"에서 의미장의 구조가 역사적 추이에 따라서 어떻게 변하는가에 관심을 기울여, 1200~1300년에는 어휘적인 구성소 뿐만 아니고 개념적인 내용상의 변화가 있었음을 밝혀 냈다. 1200년 경에는 이해를 나타내는 의의영역이 중세고지독일어에서 세 개의 실체어, 즉 wisheit, kunst, list라는 명사로 표현되었었다. 그러나 그에 의하면 그로부터 약 100년 후인 1300년 경에는 동일한 영역을 wisheit, kunst, wizzen이라는 명사가 포괄하고 있었다는 것을 밝혀 냈다. 물론 어휘표현의 사용법도 동일하지 않았다. 12세기에는 wisheit가 '궁정에서의 능력'을 의미하는 kunst와 '기술적인 능력'을 의미하는 list의 상위어로 쓰였으나, 13세기에 이르러서는 wisheit의 의미영역이 축소되어 '최고의 이해력'을 뜻하는 낱말로 쓰이고 kunst는 '보통의 이해력'을, wizzen은 '일상적인 일반적인 이해력'을 의미하는 말로 그 쓰임에 변화가 생겼다. 이 변화를 간단한 도표로 그리면 다음과 같다.

(62) 의미장의 변화(Trier, 1931)

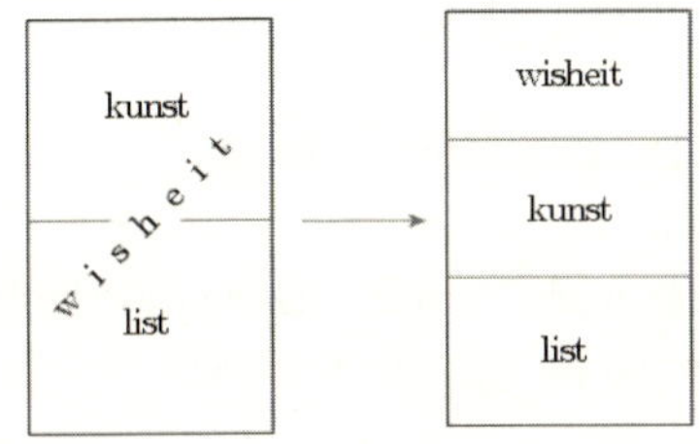

L. Weisgerber는 어장 Wortfeld 개념을 발전시켰다. 그는 한 품사에 속한 동음이의관계가 성립하는 어휘소들을 여러 개의 원이 내심적인 원형구조 안에 주제에 따라 배열하는 방법을 고안하였다. 중심원에는 핵심적이고 일반적인 어휘소들을 배열하고 밖으로 가면서 특수하고 주변적인 어휘소들을 바깥쪽 원에 배열하였다. L. Weisgerber(1962)의 예는 문헌에 자주 등장하는 것으로서 '생의 마감' Aufhören des Lebens을 의미하는 어휘소들을 이런 식으로 배열한 것이다.

(63) 의미장: '생의 마감'(Weisgerber, 1962)

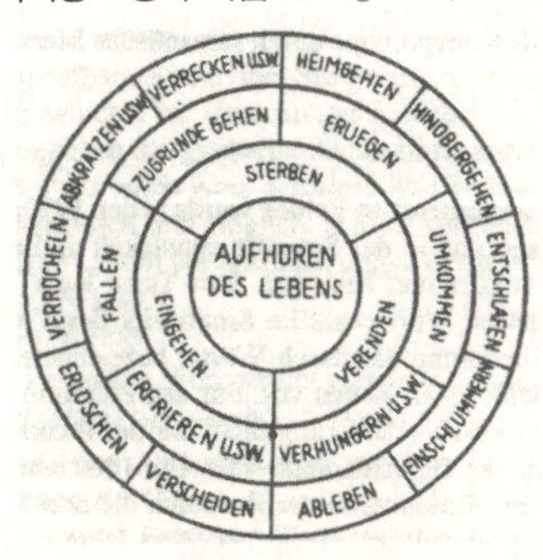

어장이론은 총체성 원칙, 포괄원칙, 계층적 배열원칙, 상호의미결정 원칙 등 기본 원칙을 논의의 출발점으로 삼고 있다. 이들 원칙들의 내용은 다음과 같이 간략하게 요약될 수 있다(Volmert 1995:169 참고).

- 〔총체성 원칙〕 Prinzip der Ganzheit
  : 한 언어의 전체 어휘표현들을 어장으로 분류하고,
- 〔무공백 원칙〕 Prinzip der Lückenlosigkeit
  : 하나의 어장에 속한 어휘소들이 전체 의미 속성을 비어있는 자리없이 모두 포괄
    하게 하고,
- 〔계층적 배열원칙〕 Prinzip der hierarchischen Ordnung
  : 어휘소들이 계층적으로 구성되고,
- 〔상호 의미결정 원칙〕 Prinzip der wechselseitigen Bedeutungsbestimmung
  : 동일한 어장에 속한 어휘소들이 의미를 상호 결정해야 한다.

어장이론을 비판하는 학자들은 이 이론의 문제점을 크게 보아 세 가지 정도로 제기하기도 한다. 모두 위의 원칙과 관련해서 형식화할 수 있다. 첫째 자연언어의 모든 낱말들이 어장으로 분류될 수 있다는 원칙은 ein, das, dass 등 기능어 등도 자연언어의 낱말이라는 점에 비추어 지켜지기 힘들다는 점을 비판하곤 한다. 둘째, 무공백원칙도 마찬가지로 문제가 있다고 비판한다. 이 원칙이 문제가 있음을 지적하는 사람들은 인간이 가지고 있는 특정한 개념을 모두 포괄하는 낱말들이 자연언어의 낱말로 항상 실현되어 있는 것은 아니라는 점을 증거로 들고 있다. 인간이 가지고 있는 개념이 실제 어휘적으로 표현되어 있는 방법이나 정도는 언어마다 다르며, 경우에 따라서는 하나의 낱말이 아니라 풀어서 개념을 전달하는 경우가 많다는 것이다. 가장 대표적인 예가 친족관계를 나타내는 어휘들은 언어마다 다르다. 따라서 개념을 표현하는 어휘소들에 공백이 있을 수 밖에 없다는 것이다. 예를 들어, 영어나 독일어는 어머니나 아버지의 남매들을 성을 구분하여 표현하는 낱말이 없다. 그러나 한국어는 숙부, 고모, 이모, 외삼촌 등 어휘가 독립적으로 어휘화되어 있다는 것이다. 셋째는 상호 의미결정 원칙에도 문제점이 없지 않다고 지적된다. 다음 절 원형의미론에서 가족유사성으로 설명할 수 밖에 없는 형태, 즉 AB, BC, CD, DE 등의 의미 속성을 가진 어휘소들이 어떻게 의미

를 상호 결정하는가 하는 점은 의문일 수 밖에 없다. 예를 들어, '새'라는 어
장에 '타조'와 '펭귄', '박쥐'가 함께 속한다면, 이들이 의미를 어떤 식으로 상
호 결정하는가는 알기 어렵다.

어장이론이 어휘의미론에 기여한 바는 적지 않은 것으로 평가된다. 그러
나 어장이론은 이론적인 탐구의 대상으로 보다는 실제 세계의 개체나 개념을
경험적으로 분류하는 연구의 대상으로 더 활발하게 연구되고 있고, 이러한
연구결과는 자연언어의 처리 등에 응용되고 있다. 이러한 방향에서 가장 두
드러진 연구 성과는 다음 절에서 소개하게 될 Peter Roget의 개념사전
Thesausus이다.

4.3 의미공준 Bedeutungspostulate

의미공준이란 언어 표현체들 사이의 의미적 관계를 등가 Äquivalenz, 함
의 Implikation, 연접 Konjunktion, 이접 Disjunktion, 부정 Negation
등 논리적인 연산자를 이용하여 의미를 풀어 기술하는 것을 일컫는다. 예를
들어, weiblich는 nicht männlich를 함의하고, Mann은 männlich와
erwachsen의 연접을 함의하며, Frau는 weiblich와 erwachsen의 연접을
함의하는 것으로 기술하는 의미분석의 한 방법이다. 이해를 돕기 위하여 다
음에 예를 몇 개 더 들어 보도록 한다.

> (64) 의미공준 Bedeutungspostulate의 예
> a. Mann(x) → männlich(x) ∧ erwachsen(x)
> b. Frau(x) → weiblich(x) ∧ erwachsen(x)
> c. Junge(x)/Mädchen(x) → ¬ erwachsen(x)
> d. weiblich(x) → ¬ männlich(x)
> e. Mann(x)/Frau(x)/Junge(x)/Mädchen(x) → menschlich(x)

의미공준을 이용하여 어휘의 의미를 기술하려는 방법은 위에 제시한 실체
어 들에 국한되어 적용되는 것은 물론 아니고, ein, das 등 관사들을 포함한
기능어의 의미나 상호 연관되어 있는 문장의 의미를 기술하는 데에도 적용된

다. 이 방법론은 다음에 논의하게 될 원형의미론의 방법과 극명하게 대비되는 논리적 의미분석 방법론의 하나이다.

4.4 원형 의미론 Prototypensemantik

지금까지 살펴 본 의미분석 방법론들이 기본적으로 의미를 형식적으로 명확하게 기술하려는 목표를 두고 있었다. 각 개별 어휘표현들의 의미를 기술하기 위한 객관적인 의미자질을 선택하고 이 기준에 의해 통일적으로 의미를 기술하려 하거나 논리기호를 사용하여 가능한 한 객관성을 유지한 상태에서 각 어휘들의 의미를 기술하고 또 기술된 의미표상을 비교하거나 상하관계 혹은 포함관계를 이용하여 의의관계를 밝히려 하였다. 그러한 견해는 포괄적으로 의미에 관한 논리적 방법론에 속한다고 분류할 수 있다. 원형 의미론 Prototypensemantik은 지금까지의 방법론이라 할 수 있는 논리적 방법론과 아주 극명하게 대비되는 인지적 방법론이다(Schwarz & Chur 1993 참고). 이 방법론은 '외적 세계에 대한 인간의 체험과 지각 그리고 그것들을 개념화하는 방식에 근거를 둔 언어에 대한 방법론'이다(Ungerer & Schmid 1996:x).

의미자질이나 논리적 기호를 이용한 논리적 방법론은 근본적으로 다음과 같은 두 가지 사항을 논의의 출발점으로 삼고 있다. 첫째는 범주들이 다른 범주들과 명확하게 구분되어 있다는 점, 둘째 한 범주에 속하는 요소들은 원칙적으로 동등한 위상을 지니고 있으며 동질적이라는 점이 그것이다. 여기에서 범주란 언어 외적인 세계의 개체나 현상 사건 등을 인지하고 분류하는 인간의 정신적인 과정을 거쳐 얻어진 결과를 가리킨다. 그 과정을 우리는 일반적으로 범주화 Kategorisierung이라고 말하고, 범주 Kategorie는 기존의 개념 중에서(동일하지 않다면) 가장 가까운 용어로 개념 Konzepte이라고 말할 수 있다. 논리적 방법론의 기본 가정 중에서 첫 번째 가정에 대한 문제는 이미 많이 제기되어 왔고 심리학적인 실험에 의해서도 입증이 되어 왔다. 그 중에서 가장 잘 알려진 실험이 Labov(1973)의 '컵실험'이다. Labov(1973)은 다음과 같은 컵을 실험 대상자들에게 한번은 내용물이 들어 있지 않은 상태에서 보여주고 다른 한번은 내용물이 들어 있는 상태로 보여주면서, 어느 것

이 어느 경우에 컵으로 간주하고 어느 것을 대접으로 여기는지를 설문하였
다.18)

(65) 원형 Prototyp 범주 인식을 위한 컵실험(Labov, 1973:354)

  실험 결과는 다음과 같았다: 내용물을 담지 않은 상태에서 용기를 판단한
결과는 (66)의 왼쪽 도표에 굵은 선으로 정리되어 있고, 내용물을 담은 상태
에서 용기를 판단한 결과는 (66)의 오른쪽 도표에 실선으로 표현되어 있다.
도표에서 100%와 0%는 실험대상자들이 모두 동일한 이름으로 용기를 판단
한 경우이고, 50%는 컵이라고 답한 응답자와 대접이라고 응답한 사람이 50
: 50인 경우를 나타낸다.

(66) 원형 Prototyp 범주 인식을 위한 컵실험 결과(Labov, 1973:354)

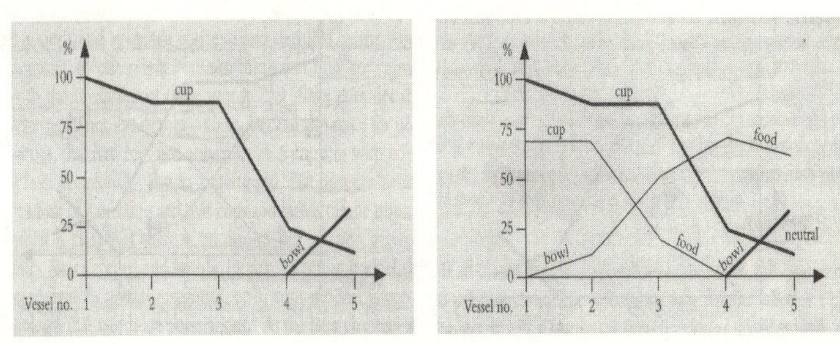

  그림에서 알 수 있는 것은 첫째 컵과 대접의 경계가 모호하다는 점, 둘째
내용물이 있을 경우, 즉 상황이 주어져 있을 경우 비어있는 경우와 또 다른

---

18) Labov(1973:354)는 실험에서 손잡이가 없거나 손잡이가 두 개인 컵도 실험에서 사용하
    였다. 위 그림은 Ungerer & Schmid(1996:17)에서 발췌 인용한 것이다. 그들은 5번 컵
    은 재구성되었음을 밝히고 있다.

인식을 한다는 점을 알 수 있다. 이 실험이 보여주고 있는 것은 분명 논리 기반 의미론 연구 방법론의 첫째 가정인 범주들이 다른 범주들과 명확하게 구분되어 있다는 점이 문제가 있음을 알 수 있다는 점이다.

논리 기반 의미론 연구 방법론의 두 번째 가정도 문제가 있음을 다음 예를 보면 쉽게 알 수 있다. 이와 관련해서 가장 흔하게 인용되는 예는 '토마토'와 '고래' 그리고 '펭귄'의 예이다. '토마토'는 모양이나 성장 과정을 보면 분명 과일과 유사하지만 맛으로 보면 야채에 더 가깝다. 또한 '고래'는 포유동물이지만 대부분의 포유동물과는 달리 육상에서 살지 않으며 그 외양으로 보면 물고기에 더 가깝다. '펭귄'도 외양상으로 보면 새처럼 생겼지만 실지로는 날지도 못하고 두 발로 걸어 다닌다. 어떠한 범주에 전형적인 개체가 있을 수 있는지 알아 보는 실험은 이미 1970년 중반 Rosch(1975)에 의해서 '새', '과일', '탈 것', '가구', '무기' 등을 대상으로 이루어진 바 있다. 그 실험의 결과가 보여주고 있는 것은 '새'의 경우에도 가장 전형적인 경우로 '울새'에서부터 가장 전형적이지 않은 '박쥐'까지 동질적이지 않은 요소들로 구성되어 있음을 밝혀 내었다. '가구'의 경우에도 '의자'를 가장 전형적인 경우로 '전화기'를 가장 전형적이지 않은 경우로 나타났다. 따라서 우리는 잠정적으로 다음과 같은 결론을 내릴 수 있다.

- 범주는 언어 외적인 세계를 자의적으로 분할하는 것이 아니라 인간의 마음 속에 있는 인지 능력에 기초하고 있는 것으로 보아야 한다.
- 색채나 형태, 유기체 그리고 구체적인 사물들의 인지범주는 개념적으로 현저한 원형 Prototyp에 의해서 결정이 된다.
- 인지범주의 경계는 칼로 자르듯 명확할 수 없고 퍼지하기 때문에 이웃하고 있는 다른 범주들과는 중첩되는 부분이 존재한다.
- 동일한 범주의 구성요소들도 전형적인가 아닌가에 따라 다양한 등급의 요소들을 포괄하고 있어서 균질적이지 않다.

원형 Prototyp이란 한 범주를 대표하는 전형적인 가장 좋은 대표성을 갖는 인간의 마음속에 있는 정신적 표상이다. 원형은 따라서 자기가 속한 범주의 가장 좋은 보기가 되며, 그 부류에 속한 개체들 중 가장 대표적인 개체이며, 전형적이고 구성원들 중에서 핵심적인 위치를 차지할 뿐 아니라 가장 먼저 자기가 속한 범주와 관련해 가장 현저하게 먼저 기억되고 연상된다. 따라서 임의의 한 범주의 구성원들은 좋은 보기인 원형과 나쁜 보기인 주변 요소들로 이루어져 있고, 그들간의 연계는 명확하지 않은 상태로 남아 있다고 보는 것이다. '울새'와 '팽귄'이 '새'라는 범주의 구성요소이듯이, 한 범주를 구성하는 개별적인 범주 구성요소들 사이에 성립하는 유사성과 상이성이 존재한다. 원형의미론에서의 유사성은 의미자질을 이용한 의미분석법에서의 상위어 관계에서처럼 모든 범주구성원들을 포괄하는 속성, 즉 인지의미론에서의 용어로 범주 포괄적 특성 kategorieübergreifende Attribute으로 포착된다. 이와는 반대로 범주 구성원들 사이의 차이점은 기존의 의미자질 기반의 의미분석법에서는 문제점으로 남아 있던 사항이었으나, 원형의미론에서는 가족유사성 Familienähnlichkeiten이란 개념으로 그 문제를 해결할 수 있는 가능성을 제공하고 있다. 가족유사성이란 각 개별 구성요소들의 속성들을 비교하여 일부만 공통적인 속성으로 분류될 경우, 같은 속성을 공유하는 각 개별 구성요소들이 하나의 망처럼 연결되어 하나의 범주 구성원, 즉 가족이 된다는 성질을 말한다. Rosch & Mervis(1975:575)에 의하면 가족 유사성은 다음과 같은 배열에 적용된다.

(67) 가족유사성 Familienähnlichkeiten(Rosch & Mervis, 1975:575)
형태 AB, BC, CD, DE 항목들의 집합에서 보이는 유사성으로, 각 항목은 적어도 하나의 요소를 공통으로 가지고 있고 추가로 하나 이상의 요소를 다른 항목들과 공통으로 가지고 있을 수 있으나, 어느 요소도 모든 항목에 공통적으로 적용되지 않는 경우를 말한다.

원형의미론은 이미 설명한 바와 같이 '외적 세계에 대한 인간의 체험과 지각 그리고 그것들을 개념화하는 방식에 근거를 둔 언어에 대한 방법론'으로서 무엇보다도 기존의 논리 기반의 의미분석 방법론이 가지고 있었던 경직성과 설명 범위의 제한성 등을 어느 정도 극복한 것으로 평가된다. 원형의미론은 어휘의미론에서 쟁점이 되고 있는 전통적인 의의 관계의 설명이나 조어법 등에서도 적절하게 응용되고 있다. 이 중에서 전통적인 상위-하위어 관계를 설명하는 한 예를 들고 이 절을 마무리하도록 한다.

우리는 3.2.2에서 '꽃' Blume의 하위어들로 '장미' Rose나 '카네이션' Nelke, '튜울립' Tulpe 그리고 '라일락' Flieder, '민들레' Löwenzahn, 그리고 '데이지' Gänseblümchen 등을 예로 들었다. 그 중에서 Ungerer & Schmid(1996:87)을 참고하여 상위-하위 관계에 있는 어휘표현, '꽃' Blume 과 '민들레' Löwenzahn 및 '데이지' Gänseblümchen의 속성을 도식적으로 나타내면 다음과 같다.

(68) 원형 개념을 이용한 상위-하위 관계의 속성 비교

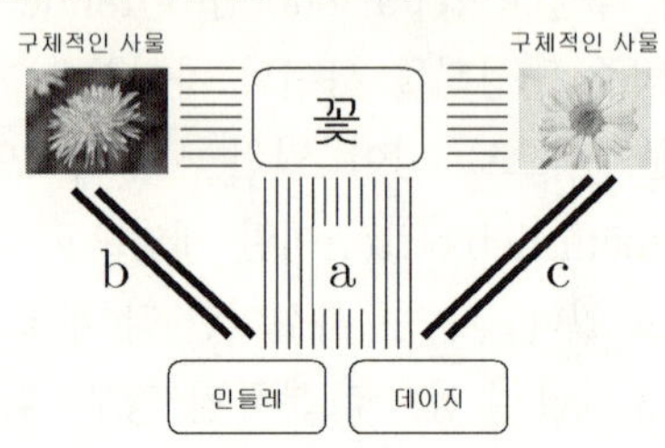

a. 공유속성〔꽃〕: 줄기가 있다, 꽃이 있다, 잎이 있다, …
b. 특정 속성〔민들레〕: 사자 이빨과 같은 톱니모양의 꽃잎이 있다, 노란색 꽃이 있다, …
c. 특정속성〔데이지〕: 노란색 화반이 있다, 하얀색 설상화가 있다, …

원형의미론이 적용되어 좋은 연구성과를 얻은 분야들은 많은 경우 심리학적인 연구결과를 배경으로 하고 있는데, 의미론의 연구에서도 은유 Metaphor 나 환유 Metonymie 등의 연구에 많은 연구성과를 보여주고 있고, 인지적인 관점에서의 문장구조의 구성 분석이나 사건 연쇄의 설명, 어휘변화, 언어교수법 등에 광범위하게 적용되고 있다.

5. 어휘 의미론의 최근 연구 경향과 활용

의미론의 연구 결과는 다른 인접 학문의 연구에 상당한 영향을 미치고 있는데, 이러한 의미론과 다른 학문과의 상호 관계는 일반적으로 최근 들어 활

성화되고 있는 인접 학문들의 학제간의 연구 이전부터 이루어져 온 것으로 볼 수 있다. 의미론의 연구 결과가 다른 학문 분야의 연구에 응용되거나 기초 자료로 사용되는 양상은 각 개별 학문에서 문제시되고 있는 인간과 관련되어 있는 사실들의 설명을 위해서 원용된 경우, 또 특정한 형식체계를 개발하기 위하여 이용된 경우, 또 의미론적인 연구를 각 학문의 독자적인 모형에 포함시키려는 경우 등 다양하다.

예를 들어, 역사 언어학자들은 왜 그리고 어떻게 단어의 의미가 변화하게 되는가 하는 문제에 관심을 갖는다. 인지과학을 연구하는 사람들은 인간이 어떻게 자신들의 머릿속에 지식을 표상하는가 하는 질문에 대한 답을 의미론의 연구에서 찾고자 한다. 또한 심리언어학자들은 단어나 문장의 의미를 인간들이 어떻게 처리하는가 하는 질문과 어떻게 습득하는가 하는 질문에 지대한 관심을 가지고 연구하고 있다. 또한 인간의 두뇌 중에서 과연 어느 부위에 지식이 저장되고 표상되는가를 연구하기도 한다.

5.1 어휘 의미론과 어휘부의 구성

최근 어휘의미론에 대한 관심은 문법이론들이 어휘부 Lexikon의 역할을 중요하게 여기면서 어휘부의 효율적인 구조나 다른 부분들, 예를 들어 통사부와의 관계가 쟁점사항으로 떠오르면서 더욱 높아졌다고 할 수 있다. 현대 문법이론들에서 일반적으로 공감대를 형성하고있는 생각 중의 하나는 어휘부가 독립된 문법 구성요소의 하나라는 점과 다른 하나는 어휘부가 어휘 기재항들을 단순히 나열한 목록이 아니라 그 자체로 유기적인 구조를 지닌 문법의 한 부분이라는 점이다. 특히 후자의 중요성은 언어의 전산처리나 인공지능과 관련해서 최근에 이르러 더 지식표현 Wissensrepräsentation의 하나로 강조되고 있다.

생성문법에서 각 어휘들의 의미에 관한 초기의 연구는 대부분 생성의미론 Generative Semantik 틀 내에서 이루어진 것이었다. Lakoff(1969), McCawley(1973) 등 생성 의미론자들의 연구결과가 초기 어휘의 의미에 대한 연구의 대표적인 것으로 꼽힌다. 이들은 예를 들어 'zerstören'과 'Zerstörung'을 연결시키기 위하여 BECOME, NOT, CAUSE 등과 같은 의미적 원소들이 어떠한 다른 형태로부터 유도되지 않는 원초적인 개념으로 존재한다고 가정하고, 문장의 논리적 구조는 이러한 의미적 원초적 개념들로 구성된다고 주장하였다. 이러한 문장의 논리적 구조는 심층 구조로부터 변형을 통하여 어휘항목의 정의에 부합하는 수형도에 삽입될 때까지 이러한 의미적 원초적인 개념들이 재정렬된다고 보았다. 그들은 때로는 낱말까지도 그 내부구조를 분리하여 심지어 접사들까지도 이러한 의미적 원초적 개념들에 대응해야 하는 것으로 분석하였다. 그러나 이들의 노력은 각 어휘의 의미분석을 위한 원초적인 의미 구성소를 얼마나 자세하게 설정해야 하는가 하는 질문에 과학적인 답을 내놓지 못하고 있다는 비판을 받았고, 어휘의미론적 시각에서 보면 각 어휘들의 의의관계의 규명이나 어휘부 전체의 유기적인 구성에 초점이 맞춰져 있다기 보다는 각 낱말의 의미구성요소를 분해하는 점만을 너무 강조하고 있다는 비판을 받고 있다.

　최근에 이르러 어휘부 전체의 유기적인 구성에 관심을 갖게 되면서 어휘부가 단순히 어휘기재항 목록으로 이루어져 있다는 가정은 포기되었다. 그 대신 어휘부의 효율적인 구성을 위해 포함 Subsumption관계를 기반으로 한 계승위계구조 Vererbungshierarchie를 도입하거나(Pollard & Sag 1987, 제8장), 디폴트 계승 'default inheritance'을 도입하거나(Evans & Gazdar 1989), 혹은 이 두 장치를 모두 도입하여 가능한 한 잉여성을 제거하고 일반화를 많이 포착할 수 있는 방법의 연구에 많은 초점이 모아져 있다.

5.2　생성어휘부이론

　생성어휘부이론 The Generative Lexicon Theory은 Pustejovsky(1995)에서 제안된 어휘의미론 이론으로, 기존의 어휘의미론이 언어의 다형태적 특성을 잘 설명하지 못하고, 원초적 자질에 근거한 의미분해 방법이 창조적인 어휘의 쓰임을 적절히 반영하지 못한다는 점을 비판하고 이를 극복하기 위해 논항구조, 사건구조, 특질구조 그리고 어휘계승구조를 설정해 각 어휘의 독립적인 의미를 기술하는 목적 뿐 아니라 사건구조를 도입함으로써 문맥 내에

서의 각 어휘들의 연관성을 포착하고 인간이 가지고 있는 어휘 창조성을 반
영하는 이론을 제안하였다.

특질구조(Qualia Structure)는 어휘의 개념과 인식양상을 표상하는 구조로
서, 이 구조에서 사건구조의 하위사건들과 논항구조의 논항들 사이에 존재하
는 관련성이 포착된다. 논항구조에는 논항의 개념유형과 논항 자체의 특질구
조는 표시하지만 논항이 가지고 있는 의미역은 표시하지 않는다. 특질구조에
표상이 되는 정보를 Pustejovsky(1995)는 네 가지로 구분하고 있는데, 형상역
Formal, 작인역 Agentive, 구성역 Constructive, 기능역 Telic 등이 그것
이다. 형상역(Formal)은 어떤 영역에서 대상을 다른 것들과 구분하는 역할을
하는데 일반적으로 동사의 경우 동사가 지칭하는 사건의 결과 상태 혹은 정
적인 상태를 표상하게 된다. 작인역(Agentive)은 술어가 지칭하는 사태의 기
원과 발생 원인을 표상해 주는데, 일반적으로 사건구조의 하위사건 중에서
과정과 관련된 정보를 여기에 표상한다. 구성역(Constructive)은 어떤 특정한
대상과 그 대상의 구성성분 혹은 부분의 관계를 나타내며, 기능역(Telic)은
어떤 대상의 목적과 기능을 표상한다. 이를 기반으로 Pustejovsky(1995)가
제시한 'kill'의 어휘의미구조를 나타내면 다음과 같다.

(69) 생성어휘부 이론에 의한 어휘의미의 기술 : kill의 예

$$
\text{kill} \begin{bmatrix}
\text{EVENTSTR} = \begin{bmatrix} E_1 = e_1: \text{process} \\ E_2 = e_2: \text{state} \\ \text{RESTR} = <_\alpha \\ \text{HEAD} = e_1 \end{bmatrix} \\
\text{ARGSTR} = \begin{bmatrix} \text{ARG}_1 = x: \text{ind} \\ \text{ARG}_2 = y: \text{animated\_ind} \end{bmatrix} \\
\text{QUALIA} = \begin{bmatrix} \text{cause-lcp} \\ \text{FORMAL} = \text{dead}(e_2, x) \\ \text{AGENTIVE} = \text{kill\_act}(e_1, x, y) \end{bmatrix}
\end{bmatrix}
$$

5.3 어휘 의미론과 언어 습득 Spracherwerb

어린 아이들이 어떻게 언어를 습득하는가를 연구하는 언어습득 연구자들은 어휘의미론적 연구성과를 직접적으로 혹은 간접적으로 이용하고 있다. 의미와 관련하여 우리는 다음과 같은 질문을 던질 수 있다: 어린 아이들은 어떻게 하여 낱말의 의미를 습득하게 되나? 최근의 연구에 의하면 어린 아이들은 단어의 의미를 개체들과 연관되어 있는 속성들을 하나 하나 축적해 가면서 낱말의 의미를 배운다는 가설을 내 놓았다. 이 가설은 의미자질가설 Hypothese der semantischen Merkmale이라고 부르는데, 그에 따르면 어린 아이들은 3단계의 의미 자질 습득 단계를 거쳐 낱말의 의미를 습득한다는 것이다.

제1단계는 생후 18개월 정도까지의 어린 아이들이 속해 있는 단계인데, 이 단계의 어린 아이들은 각 개별 낱말들의 의미와 관련된 자세한 차이를 무시하고 지시 대상이 다른 여러 낱말들을 동일한 하나의 언어 기호와 연결시켜 사용한다. 네 발로 다니고 털이 있는 대상은 예를 들어 모두 MOO라는 표현면을 가진 기호와 연결시켜, 개를 보든 소를 보든 아니면 말을 보든 모두 MOO라고 말한다는 것이다. 이는 어휘 의미론적 시각에서 보면, 이 시기의 어린 아이들은 모든 네발 달린 동물에 적용되는 판단기준이 오직 하나의 의미자질이라는 것을 의미한다고 설명할 수 있다.

제2단계는 생후 20개월 전후의 어린 아이들에게서 보이는 의미습득 단계로서, 이 단계의 어린 아이들은 이미 제1단계에서 확립이 된 의미자질에 다른 의미자질들을 추가해서 각 개별 낱말들과 연결되어 있는 의미들을 변별해 나간다. 예를 들어, 개와 말 혹은 소는 그 크기에서 차이가 나는 점을 변별 자질로 이용해 네발 달린 동물이지만 크기가 작은 개체는 MOO라 하지 않고 예를 들어 Hund라고 구별하여 말하는 것이다.

제3단계는 생후 23개월 전후의 어린 아이들에게서 보이는 의미습득 단계로서, 이 단계의 어린 아이들은 이미 제1단계와 제2단계에서 고정이 된 의미자질에 소리와 관련된 제3의 의미자질들을 추가해서 각 개별 낱말들과 연결되어 있는 의미들을 추가로 더 세분해서 변별해 나간다. 예를 들어, 소는 개나 말과는 달리 우는 소리가 moo이다는 점을 의미와 연관시켜 소에게는 그

의미자질이 있는 것으로 인지하고, 개나 말에서는 그 자질이 없는 것으로 인
지하는 것이다. 이와 같은 단계를 거쳐 최종적으로 우리는 다음과 같은 의미
적 변별 기능을 하는 자질들을 조합을 이용해 어린 아이들이 낱말들의 의미
를 습득해 가는 과정을 다음과 같이 표상해 줄 수 있다.

(70)   제 1단계   제 2단계   제 3단계
    a. Hund ： 〔+belebt,   −groß,   −moo〕
    b. Pferd ： 〔+belebt,   +groß,   −moo〕
    c. Kuh ： 〔+belebt,   +groß,   +moo〕

이 절에서 소개하고 있는 언어습득 연구에서의 어휘의미론의 원용은 분명
여기에 제시된 예 아니고도 많은 예를 찾아 볼 수 있다. 분명한 것은 어휘의
미의 습득과정에 대한 연구는 인간의 언어습득 과정을 밝히는 중요한 열쇠로
작용하고 있다는 점이고, 이런 분야의 연구는 어휘의미론의 지평을 더 넓혀
줄 것으로 기대된다.

5.4 어휘 의미론과 자연언어처리

자연언어의 전산적 구현에 관심을 갖는 전산언어학 분야에서 최근 어휘의
미론의 연구가 활발하게 이루어지고 있다. 그 이유는 단순하다: 전산언어학
의 궁극적 목표는 인간의 언어능력을 가진 컴퓨터의 구현이라고 할 수 있는
데, 언어의 표현면과 내용면 중에서 쉬운 방법이라고 할 수 있는 표현면만을
이용하여 전산적으로 구현하려는 시도가 실패로 돌아갔기 때문이다. 자연언
어처리 Sprachverarbeitung에 어휘의미론이 도입되어야 한다는 당위성이
지적된 것은 이미 1950년대로 거슬러 올라가지만, 사전학적 측면에서는 그
보다 먼저 장이론을 응용한 연구가 이미 19세기 중반에 이루어졌다. 그 중의
가장 대표적인 연구업적이 Roset의 개념사전 Thesaurus이다.

Peter Mark Roget(1852)는 어휘표현들을 추상(abstract), 관계(relations),
공간(space), 물질(matter), 지성(intellect), 의도(volition), 감정(affection) 등
6개의 주영역으로 나누고, 각 영역을 다시 아주 상세하게 세분하여 총 1000

개의 의미범주로 이루어진 개념사전 Thesaurus을 완성하였다. 이 중의 한 영역인 affection의 의미범주 구분을 일부 제시하면 다음과 같다.

(71) Roget(1852)의 개념사전 의미범주 〔부분, Crystal(1987:104) 참고〕

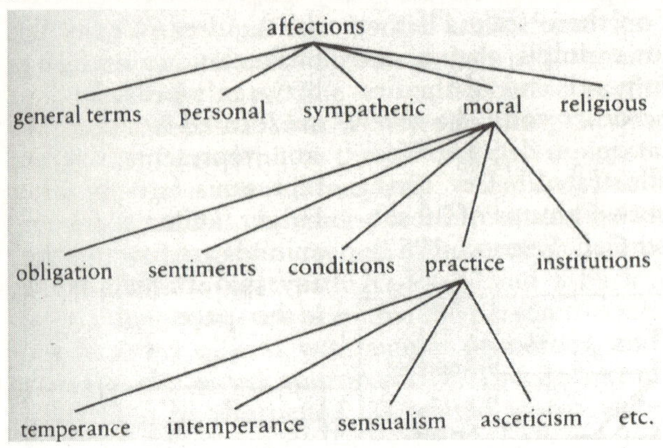

Roset의 개념사전 Thesaurus은 자연언어처리를 위한 효과적인 사전의 구축이라는 주제 아래 많은 연구의 촉발제가 되었고 최근까지도 그 연구가 활발하게 진행되고 있다. 그 중의 하나로 WordNet을 들 수 있다.

WordNet은 미국의 Princeton 대학교에서 개발한 자연언어처리용 사전으로 언어심리학적 원리에 바탕을 둔 일종의 의미망이며 데이터베이스 형식을 취하고 있다. 영어의 품사를 명사, 동사, 형용사, 부사로 나누고 이들을 의미적 연관관계에 따라 유의어 집합으로 세분한 다음 각각을 개념들로 표현하였다.

(72) WordNet의 구조

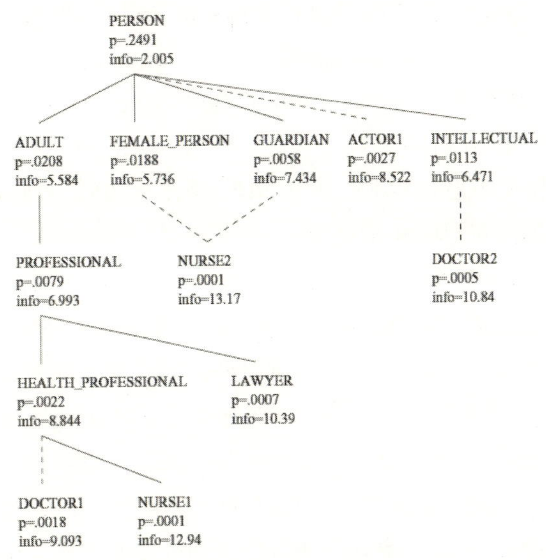

WordNet은 약 120,000개의 어휘를 90,000개의 의미표지로 분류하고 낱말들을 의미, 동의어, 반의어, 상위-하위어, 부분-전체 관계 등으로 기술하고 있다. WordNet은 영어에서 출발하여 독일어는 물론이고 한국어 등 각 언어에 고유한 WordNet을 구축하는 노력으로 이어졌고, 동시에 언어들 사이에 차이점과 유사점이 있음을 고려한 코드도 제공하고 있다.

언어지식이나 정보를 체계화하려는 노력들은 정보와 지식의 표상방법과 그 표상에 근거한 추론에 역점을 두어 연구되어 왔다. 이 부류의 대표적인 연구로는 사용하는 술어논리 중심의 지식표현 연구, 스크립트에 의한 상황지식 연구 등을 꼽을 수 있다. 지식 표현에 관한 연구들은 논리나 상식에 근거한 추론을 기술할 수 있는 적절한 표현 형식을 찾는데, 대부분의 지식기반 연구들은 지식의 표현형식으로 술어논리를 사용한다. 그 이유는 일차술어 논리가 참인 사실을 완전하게 표현할 수 있다는 Gödel의 증명과 Horn절과 같은 제한된 술어표현 형식을 쓰면 그 계산이 다항식으로 표현되는 시간 내에 이루어진다는 사실에서 찾을 수 있다. 대표적인 프로젝트가 Lenat(1995)에 의한 CYC 프로젝트이다.

CYC는 미국의 Cycorp사에 의해 개발된 초대용량 기본 의의 지식 데이터 베이스이다. 항 Terme이나 규칙 Regeln관계 Relationen들과 같은 기본어 휘들을 CycL이라고 하는 형식언어로 표현하고 있다. CycL의 통사부는 1차 술어논리와 LISP 언어로부터 차용된 것이다. 이러한 CycL에 어휘의미론적인 지식을 활용하여 약 100,000개의 기본 의의 개념 정의와 1,000,000개의 기본 의의 선언으로 구성되어 있다.19)

인간의 지식을 논리식이 아니라 의미망 semantisches Netzwerk로 표현하려는 노력들도 있었으며, 그 대표적인 것은 Sowa(1984)의 개념그래프이다. 개념그래프는 개념을 나타내는 교점과 개념과 개념들의 연계관계를 규정해 주는 연결선으로 구성된다. 한 명제는 술어와 논항들의 관계로 표시되는데, 그 관계는 논항들의 의미역 thematische Rolle으로 표현되고, 명제와 명제와의 관계는 다른 시간, 공간 그리고 논리적인 관계들로 표시된다. 술어논리에만 기반한 표현은 대체로 우리의 지식을 표현하는데 충분하지가 않아서 많은 연구자들은 집합이론을 술어 논리와 함께 사용하여 그 표현정도를 높이려고 노력하고 있으나 그 사용은 매우 제한적인 경우가 대부분이다.

6. 맺는 말

의미에 관한 학문적인 논의는 언어학 뿐만 아니고 철학, 논리학, 기호학, 심리학 등 여러 학문분야에서 이루어져 왔고, 역사적으로도 고대 그리스 철학자들까지 거슬러 올라가는 긴 시기에 걸쳐 이어져 왔다. 이러한 이유로 의미론 분야의 입문이나 연구는 언어학의 다른 분야보다도 훨씬 더 광범위한 학문적인 배경지식을 요구하고 있고 개념이나 용어의 혼란도 없지 않다고 말할 수 있다. 이 장은 의미론의 한 하위 분야인 어휘 의미론을 개관하는 목적

---

19) 전산언어학에서는 이를 일반적으로 존재론 Ontologie이라는 용어로 부른다. 어휘의미론적 여러 논의 중 개념 기반의 어휘의미 기술과 전산언어학에서 말하는 존재론의 구분은 명확하지 않다.

으로 쓰여졌다. 어휘 의미론이 낱말 혹은 어휘의 의미를 과학적으로 연구하는 의미론의 한 하위분야이기 때문에, 이의 개관을 위해서는 의미론에 관한 배경지식이 어느 정도 요구된다. 이런 이유로 우리는 이 장에서 우선 의미론이 무엇인지를 먼저 살펴보고, 의미의 의미가 무엇이고 쟁점 사항들은 무엇이었으며 그 연구는 어떻게 이루어지며 어떻게 응용되는지 알아보려 노력하였다.

1. 서론에서는 의미론의 대상과 목적을 분명히 밝히고 있다. 의미론이란 낱말과 문장의 의미 혹은 그 보다 더 큰 언어학적 단위의 의미를 과학적으로 연구하는 학문이고, 그 언어를 독어에 초점을 맞추면 독어 의미론이란 용어를 사용한다는 점을 논의하였다. 이어서 이 장의 주제인 어휘의미론을 문장 의미론과 구분하여, 낱말과 실제 세계와의 관계, 낱말들 사이의 관계 등을 연구하는 어휘의미론의 대상과 목적을 기술하였다. 이런 과정을 통하여 우리는 언어학 혹은 독어학 전체 체계에서 의미론이 차지하는 위상을 개괄적이나마 알 수 있었다.

2.에서는 언어의 기본표현인 낱말이 사상기호, 지칭기호 그리고 상징기호 등 세 가지 유형의 기호 중에서 상징기호로 간주해야 한다는 점을 우선 논의하고, 바로 그런 언어의 상징기호적 속성 때문에 표현면과 내용면이 자의적으로 연결되어 있다는 점을 살펴보았다. 이어서 언어학적인 의미에서 의미가 무엇을 의미하는가에 관한 견해들을 직접지시, 개념이나 영상 혹은 생각으로서의 간접지시, 지시와 의의의 통합적 개념으로서의 의미 등 의미 그 자체에 관한 논의들을 소개하였다.

3.에서는 전통적으로 언어기호의 의미를 규명하는 방법을 지시 의미론 Referenzsemantik과 의의 의미론 Sinnsemantik으로 구분해 세부적인 사항들을 논의하고 있다. 언어기호와 외적 실재 세계와의 관계, 즉 지시관계를 규명하는 지시의미론에서는 단의관계, 다의관계, 중의성, 동음이의관계 등을 비교적 자세하게 논의하고 있다. 이어서 언어기호들 사이의 의의관계 Sinnrelation를 밝히려 하는 의의 의미론 Sinnsemantik에서는 어휘들간의 의의 관계를 상위·하위관계, 동의관계, 반의관계, 부분의의관계 등 몇 가지 전형적인 경우를 중심으로 살펴보았다.

4.에서는 어휘의미론의 연구방법론을 소개하고 있다. '모든 자연언어의 의미 분석에 공통적으로 자리잡고 있는 기본적인 시각은 각 어휘들의 의미가 분석될 수 없거나 정의가 불가능한 전체가 아니라는 것'이라는 견해에 따라 성분분석이론과 의미공준을 설정하는 방법, 어장이론 Wortfeld과 원형의미론 Prototypensemantik을 소개하고 있다.

5.에서는 어휘의미론의 최근 연구 경향과 활용 분야들을 기술하고 있다. 이 절에서는 어휘의미론과 어휘부의 구성에 관한 최근 연구의 경향을 소개하고 있으며, 최근의 성성어휘부 이론과 어휘의미론과 언어습득 그리고 어휘의 미론이 자연언어처리에 어떻게 활용되고 있는가를 간략하게 소개하고 있다.

이 장은 어휘의미론의 각 세부 이론이나 견해들을 모두 동등한 비중으로 혹은 동등하게 자세히 다루지 못하고 있다. 다만 이 장은 다양한 견해가 공존하고 있고 용어 마저 혼란을 주는 상황에서 어휘의미론을 처음 입문하려는 사람에게 체계를 잡아 주려는 점에 초점을 맞추어 기술되었다. 따라서 이 장은 어휘의미론에서 쟁점이 되고 있는 모든 주제들을 다 다룰 수도 없었고, 어느 주제는 너무 간략하게 기술되었다는 점을 아쉽게 생각한다. 특히 술어 중심에서 의미역과 낱말과의 관계, 상대적인 의미자질을 이용한 생성 의미론적 어휘분해 방법, 역사의미론과의 관련성이 높은 은유나 환유, 조어법에서의 어휘의미의 변화, 의미확장 Bedeutungsverengung, 의미축소 Bedeutungsverkleinerung, 의미전이 Bedeutungstransfer 등은 이 장에서 다루지 못했으나 흥미롭고 중요한 문제들을 던져 준다. 이러한 어휘 의미론적 연구결과에 바탕을 두고, 낱말과 낱말이 일정한 원리와 제약에 따라 구나 문장을 이루게 될 때 의미의 합성이 어떻게 일어나는가 하는 문제를 포함한 문장 단위에서의 의미현상을 다음 장인 문장의미론에서 다루게 될 것이다. 나아가서 넓은 의미에서 텍스트 상에서의 의미관계 발화행위 혹은 의사소통과정에서의 의미 전달 등은 이어지는 화용론에 관한 장에서 논의될 것이다.

참고 문헌

이기용(1998), 『언어와 세계』, 「형식의미론」, 태학사.

이병찬 · 신수송(1983), 『독어학 개론』, 한신문화사.

이익환(1995), 『의미론 개론 - 수정 증보판』, 한신문화사.

Akmajian, A./Demers, R. A./Farmer, A. K./Harnish, R. M.(2000), Linguistics – *An Introduction to Language and Communication*, Cambridge, MA.

Bierwisch, M.(1969), On Certain Problems of Semantic Representations, In : *Foundations of Language 4*, 43~62.

__________(1970), Semantics, In : Lyons, J. (Hrsg.) : *New Horizons in Linguistics*, Harmondsworth.

Black, M(1949), *Language and Philosophy*, New York.

Bloomfield, L.(1933), *Language*, New York.

Brisco, T.(1996), Computational Lexical Semantics in Review, In : The FraCas Consortium. *A Framework for Computational Semantics. Using The Framework*, LRE 62-051, D16, The University of Edinburgh, 121~131.

Carnap, R.(1947), *Meaning and Necessity. A Study in Semantics and Modal Logic*, Chicago.

Cruse, D. A.(1986), *Lexical Semantics*, Cambridge.

Crystal, D.(1987), *The Cambridge Encyclopedia of Language*, Cambridge.

Evans, R. · Gazdar, G.(1989), The Semantics of DATR, In Cohen, A. G. (Hrsg.) : *Proceedings of the 17th Conference of the Society for the Study of Artificial Intelligence and Simulation of Behavior (AISB)*, London, 79~87.

Frege, G.(1892), Über Sinn und Bedeutung, *Zeitschrift für Philosophie und Kritik 100*, 25~50(Wiedergabe In: Frege, G., 1962 : *ZeitschriftFunktion, Begriff, Bedeutung. Fünf Logische Studien*. Göttingen, 40~65).

Handke, J.(1993), *The Interactive Introduction to Linguistics* [Windows CD-ROM], Tübingen.

Hudson, G.(2000), *Essential Introductory Linguistics*, Oxford.

Katz, J. J./Fodor, J. A.(1964), The Structure of a Semantic Theory, *Language* 39, 170~210.

König, W.(1992), *dtv - Atlas zur deutschen Sprache. 9*, Auflage. München.

Kürschner, W.(1993), *Grammatisches Kompendium. 2*, Auflage. München.

Labov, W.(1973), The Boundaries of Words and Their Meaning, In Baily, Ch. J. · Shuy, R. (Hrsg.) : *New Ways of Analysing Variation in English*, Washington D.C., 340~373.

Lakoff, G.(1969), On Generative Semantics, In Steinberg, D. · Jacobovits, L. (Hrsg.) : *Semantics*, Cambridge, 232~296.

Leech, G. (1974), Semantics, Baltimore.

Lenat, D. B.(1995), CYC : A Large-Scale Investment in Knowledge Infrastructure, In : *Communications of the Association for Computing Machinery (ACM) 38(11)*, 32~38.

Lyons, J.(1977), *Semantics*, Bd. 1 & 2. Cambridge.

McCawley, J. D.(1973), *Grammar and Meaning*, Tokyo.

Mill. J. S.(1862/63), *System der deduktiven und unduktiven Logik*, Braunschweig.

Ogden, Ch. K. · Richards, I. A.(1923), *The Meaning of Meaning, A Study of the Influence of Language on Thought and the Science of Symbolism*, London.

Peirce, Ch. S.(1940), *The Philosophy of Peirce. Selected Writings.* [Wiedergabe in Buchler, J.(1955)], London.

Pollard, C. J./Sag, I. A.(1987), *Information - based Syntax and Semantics. Vol. 1 Fundamentals*, Stanford.

Porzig, W.(1934), Wesenhafte Bedeutungsbeziehungen, In : *Beiträge zur Geschichte der deutschen Sprache und Literatur 58*, 70~97.

Pustejovsky, J.(1995), *The Generative Lexicon*, Cambridge, MA.

Roget, P. M.(1977), *Roget's International Thesaurus* [Wiedergabe in : Chapman, R.(1988)], New York.

Rosch, E.(1975), Cognitive Representations of Semantic Categories,

In : *Journal of Experiemental Psychology, General 104*, 193~233.

Rosch, E./Mervis, C.(1975), Family Resemblances: Studies in the Internal Structure of Categories, In : *Cognitive Psychology 7*, 573~605.

Russell, B.(1905), On Denoting, In : *Mind 30*, 479~493.

Schwarz, M./Chur, J.(1993), *Semantik. Ein Arbeitsbuch*, Tübingen.

Sowa, J. F.(1984), *Conceptual Structures*, Reading.

Trier, J.(1931), *Der Deutsche Wortschatz im Sinnbezirk des Verstandes*, Heidelberg.

Ullmann, S.(1962), *Semantics : An Introduction to the Science of Meaning*, Oxford.

Ungerer, F./Schmid, H.-J.(1996), *An Introduction to Cognitive Linguistics*, London.

Vater, H.(1996), *Einführung in die Sprachwissenschaft. 2*, Auflage. München.

Volmert, J. (Hrsg.)(1995), *Grundkurs Sprachwissenschaft - Eine Einführung in die Sprachwissenschaft für Lehramtsstudiengänge*, München.

Weinreich, U.(1963), On the Semantic Structure of Language, In : Greenberg, J. (Hrsg.) : *Universals of Language.* Cambridge, MA.

Weisgerber, L.(1962), *Von den Kräften der deutschen Sprache. Band I, Grundzüge der inhaltsbezogenen Grammatik*, Düsseldorf.

Wittgenstein, L.(1953), *Philosophical Investigations*, Oxford.

Wunderlich, D.(1974), *Grundlagen der Linguistik*, Reinbek.

Ⅱ 문장 의미론

이 해 윤 (한국과학기술원)

1. 문장의 의미란?

1.1 진리치

의사소통 측면에서 보면, 기호는 다른 요소들과의 적절한 관계를 가질 때에만 비로소 의의를 지니거나 역할을 행한다고 할 수 있다. 기호가 다른 요소들과 맺는 관계에 관해서는 다음 Ogden & Richards(1932)의 기호 삼각형에 잘 나타나 있다.

(1)

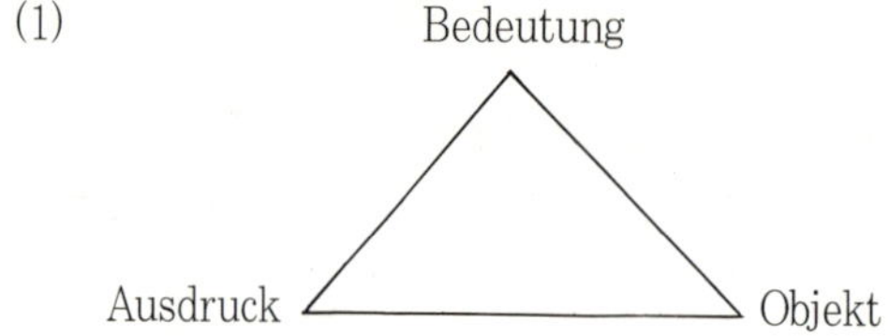

이 기호삼각형에서 기호인 표현 Ausdruck은 외부세계에 존재하는 대상 Objekt과, 그리고 의미 Bedeutung과 관계를 맺고 있다. 대상과의 관계는 의미를 매개체로 하여 간접적으로 연결되어 있어서, 언어기호에 대한 관심은 그 매개체 역할을 하는 의미에 관한 관심을 불러일으켰고, 그간 언어학, 철학, 논리학, 심리학 등의 주요 연구대상이 되어왔다. 의미란 무엇인가에 관해서는 그 입장에 따라서 지시의미론, 심리주의 의미론, 행동주의 의미론, 화용 의미론 등으로 크게 나누어진다(이익환 1998). 본 장에서는 의미론의 체계화에 기여한 지시의미론의 시각에서 문장의 의미를 살펴보기로 한다.

지시의미론에 따르면, 한 표현의 의미는 그 표현이 지시하는 것으로서의 대응물로 간주한다. 먼저 고유명사는 그 정의상 이 세상에 유일하게 존재하는 대상을 가리킨다고 보면, 그 의미는 고유명사가 지시하는 개체라고 할 수 있다.1) 예를 들어, 고유명사 *Peter*의 의미는 이 표현이 지시하는 실재 대응물인 페터라는 사람이다. 보통명사나 자동사는 고유명사와는 달리 특정한 개체를 가리킬 수 없다. 보통명사 *Mann*의 경우, 페터나 뮐러도 남자이다. 하나의 방법으로서 남자의 속성을 갖는 모든 개체들을 모아놓고서 이를 *Mann*의 의미로 간주할 수 있다. 자동사 *schlafen*의 경우도 마찬가지다. 즉, 보통명사나 자동사의 의미를 개체들의 집합으로 볼 수 있다. 타동사의 경우도 어떤 집합으로 생각할 수 있으나, 자동사와는 달리 두 개의 개체가 등장해야되고, 이들간 일정한 순서가 있어야 한다. 따라서 타동사의 의미는 순서쌍들의 집합으로 간주한다. 그러면 문장의 경우, 우리는 그 의미에 관해 어떻게 말할 수 있을까?

하나의 문장은 의미를 지니는 언어기호들, 예를 들어 형태소, 단어, 구 등의 결합으로 볼 수 있다. 다음 문장을 보자.

(2) Peter *schläft.*

위 문장에서 우리는 의미를 지니는 표현으로는 형태소인 *Peter, schlaf⁻,* ⁻*t,* 단어로서 *Peter, schläft,* 그리고 구의 최대 범주인 문장 *Peter schläft*를 들 수 있다. 형태소나 단어의 경우, 우리는 그 의미를 설정하는 데 큰 어려움은 없다. 그러나 문장의 의미에 관해 질문을 받는다면, 우리는 손쉽게 답변할 수 없다. 하지만 지시의미론의 시각에서 보면, 문장 또한 언어기호의 연결체로서 세계의 모습을 표현하고 있으므로, 해당하는 세계의 그림을 직접 제시함으로써 다른 기호들과 마찬가지로 그 의미라고 할 수 있지만 현실성이 떨어진다(그림 1). 그 대안으로서 우리는 주어진 문장을 현실세계에서 성립하게끔 하는 필요충분조건들을 모두 제시함으로써 간접적으로 그 의미를 전달할 수 있다. 따라서 우리는 문장을 성립시키는 필요충분조건들로부터 그 문장의 의미를 파악하게 된다. 즉, 성립하는 필요충분조건들이 제시되면 그 문장은 참이 되는 것이고, 그렇지 않으면 거짓이 된다. 그러므로 한 문장의 의미는

---

1) 그러나 모든 고유명사가 그 대상을 가지는 것은 아니다. 상상의 세계에서만 존재하는 외각수 Einhorn나 동양권의 龍이 그 일례이다.

참 또는 거짓의 진리치 Wahrheit라고 말할 수 있다.[2]

【그림 1】

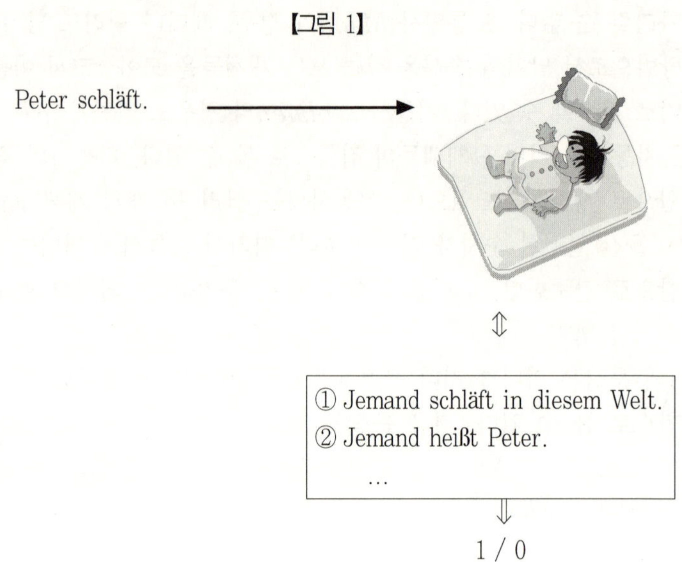

즉, 문장 *Peter schläft*의 의미는 페터가 현재 잠을 자고 있는 상황을 묘사하는 조건들('누군가가 현재 세계에서 자고 있다.', '그 누구는 페터라고 불리운다.' 등)이 성립하면 참이 되고, 그렇지 않으면 거짓이 된다. 이러한 관계를 메타언어를 도입하여 다음과 같이 표현할 수 있다.

(3) 문장 *Peter schläft*가 참이 되기 위한 필요충분조건은 페터가 현재 잠을 자고 있는 경우이다.

요약하면, 한 문장의 의미를 안다는 것은 현실세계에서 그 문장의 성립여부를 이야기할 수 있다는 것을 의미하며, 이는 참, 거짓으로 표현된다. 따라서 현대 의미론에서는 문장의 의미를 진리치로 간주하고 있다.

---

2) 물론 모든 문장들에 대해서 참/거짓을 논할 수 있는 것은 아니다. 그래서 형식의미론의 기술대상으로는 참/거짓을 논할 수 있는 서술문에 한정되어 왔지만, 몇몇 연구나 최근 이론들에서는 의문문, 명령문 등에 관해서도 진리조건적 의미기술을 행하고 있다.

1.2 합성성 원리

우리는 앞 절에서 문장의 의미가 진리치로 표현될 수 있다는 점을 논의하였다. 그러면, 그 진리치는 어떻게 알아낼 수 있는가 하는 질문이 던져진다. 즉 단어들간의 결합인 구 Phrase의 의미가 어떻게 형성되는 가 하는 점을 설명할 수 있어야 한다. 이에 관해서는 Gottlob Frege 이래로 한 문장의 의미는 그 전체가 단순히 의미를 표현하는 것이 아니라, 그 구성성분들에 의해서 계산된다는 합성성 원리 Kompositionalitätsprinzip가 알려져 왔다.

(4) 합성성 원리
한 문장의 의미는 그 안에 들어있는 표현들과 그들간의 결합방식이다.

위 원리에 따르자면, 예문 (2)은 임의의 다른 곳으로부터 그 의미가 나오는 것이 아니라, 명사구 *Peter*의 의미, 동사구 *schläft*의 의미, 그리고 그들 간 어떤 결합방식에 의하여 의미가 계산되어 나온다고 한다. 따라서 우리는 개별 단어의 의미와 그들 간 결합방식을 알아야 한다. 앞서 우리는 집합론에 의하여 단어들의 의미를 표현할 수 있음을 보았다. 따라서 예문 (2)에 나타나는 단어들의 의미를 다음과 같이 가정할 수 있다.

(5) a. Peter : p
    b. schlafen : {a, c, p}

즉, 고유명사 *Peter*는 개체 p를, 그리고 자동사 *schlafen*은 세 원소 a, c, p로 이루어진 집합을 그 의미로 갖는 것으로 가정된다. 다음으로 우리는 합성성 원리 (4)에 따라 그 의미들 간의 결합방식을 알아보아야 한다. 의미가 단어들과 결부되어 있으므로, 의미의 결합방식은 단어들의 결합방식에서 추론할 수 있다. 따라서 명사구 *Peter*의 의미와 동사구 *schlafen*의 의미 간 결합으로 전체 문장의 의미가 생성된다고 볼 수 있다. 이를 수형도로 나타내면 다음과 같다.

(6)

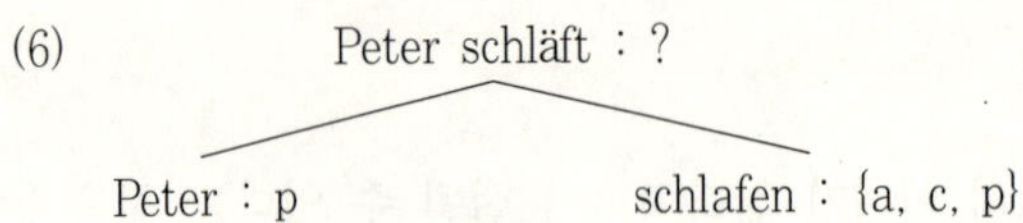

이와 같은 수형도를 가정하면, 우리는 문장의 구성성분 의미들 간 결합을 지시해주는 일종의 결합방식으로서 다음의 규칙을 설정할 수 있다.

(7) {B, C}가 A의 딸범주이고, C의 의미가 개체이고, B의 의미가 집합이라면, C의 의미가 B의 의미의 원소인 경우에 한해서만 참이다.

즉, *Peter*의 의미인 p와, *schlafen*의 의미인 {a, c, p}가 주어지면, 구조 (6)에 근거하여 결합규칙 (7)을 적용할 수 있다. 그 결과, p가 집합 {a, c, p}의 한 원소이므로 참으로 판정되고 이 값이 전체문장의 의미에 해당하게 된다.

이러한 합성성 원리에 의한 문장의 의미파악은 다음과 같은 몇 가지 특징들을 가지고 있다. 첫째, 문장 내에 나타나는 모든 단어들에 의미를 부여하고 있다. *Peter, schläft* 등과 같은 일반적 의미를 지닌 기본 범주들뿐만 아니라, *nur, ojeh* 등의 기능범주들도 나름의 의미를 가정하고 있다. 둘째, 순전히 단어의 의미에 기초하여 보다 큰 범주의 의미를 계산하므로 철저히 문맥을 배제하고 있다고 말할 수 있다. 따라서 의미론과 화용론의 방법론 혹은 영역의 구분으로 이해될 수 있다. 셋째, 앞서 살펴본 바와 같이 통사적 결합방식을 토대로 하여 의미결합이 이루어지므로 통사론과 밀접한 관계에 있다고 할 수 있다. 실제로 이러한 방식을 가정하는 현대 의미론은 항상 통사적 분석을 전제로 하고 있다. 끝으로 이러한 방식의 의미해석은 단어에서 출발하여 최종적으로 전체의미를 얻으므로 전산언어학적 입장에서 보면 Bottom-up방식으로 이해될 수 있다.

이러한 합성성 원리의 설정으로 우리는 보다 복잡한 언어현상을 분석가능한 부분으로 분해하여 손쉽게 처리 혹은 분석할 수 있다. 또한 이러한 원리는 언어의 창조성, 즉 습득한 한정된 어휘들을 가지고서 전혀 접하지 않은 무한히 많은 수의 문장들을 만들어낼 수 있는 인간의 언어능력을 의미론적

관점에서 설명해준다고 할 수 있다. 즉, 우리는 한정된 단어의미들을 가지고
서 무한히 많은 문장의 의미들을 생성해낼 수 있다는 인간의 창조적 언어능
력을 합성성 원리의 가정으로 설명할 수 있다.

1.3 내포적 의미

앞서 살펴본 지시 의미론적 관점에서 '의미'의 정의는 다양한 언어표현들
이 갖는 의미를 포괄하기에는 그 한계를 드러낸다. Frege(1892)에서는 의미
를 지시 Bedeutung와 의의 Sinn로 구분하고 있다.[3] 그에 따르면, 지시란
세계에 존재하는 사물이고, 의의란 그 사물이 세계에 존재하는 방식으로 정
의를 내리고 있다. 의미를 지시와 의의로 양분하는 Frege의 견해는 자연언
어의 설명에 있어서 기존 의미 개념보다도 타당한 설명력을 갖고 있다. 다음
예를 보자.

    (8) a. Der Abendstern ist der Abendstern.
        b. Der Abendstern ist der Morgenstern.

지시의미론에 의하면 *Morgenstern*과 *Abendstern*의 지시체가 금성으로
서 동일하므로 의미가 동일하다고 볼 수 있으며, 따라서 대치원리에 의하여
(8a) 문장의 술부에 나타나는 *Abendstern*을 동일한 의미의 *Morgenstern*
으로 대치하여 문장 (8b)를 얻어낼 수 있다.[4] 그러나 우리는 두 문장이 동
일한 의미를 표현하고 있다고 판단하지는 않는다. Frege의 의미 개념에 따
르면, 두 표현 *Morgenstern*과 *Abendstern*은 금성을 가리킨다는 점에서
지시는 동일하다고 할지라도 의의는 상이하다고 본다. 즉 전자의 의의는 아
침에 바라보았을 때 빛나는 행성이고, 후자는 저녁에 바라보았을 때 빛나는
행성이다. 따라서 지시는 동일하지만 의의는 다르므로 서로 다른 의미를 지

---

3) Leibniz는 Frege와는 달리 '외연 Extension', '내포 Intension'의 용어를 사용한다.
4) 대치원리 : 논리학에서 일반적으로 인정되는 원리로서 의미가 동일한 표현들 a, b가 있을
   경우, a 대신 b를 대치하여도 원래 식의 의미가 변하지 않는 경우이다.

니고 있어서 대치원리를 적용할 수 없고, 그 결과 두 문장 (8)a, b는 서로 상이한 의미를 표현하고 있다고 본다.

이러한 구분을 우리는 특정한 언어적 문맥에서도 찾아볼 수 있다. (8)의 예문들이 *glauben* 동사의 보문으로 나타나는 다음 예문을 보자.

(9) a. Fritz glaubt, dass der Abendstern der Abendstern ist.
    b. Fritz glaubt, dass der Abendstern der Morgenstern ist.

우리는 합성성 원리와 대치원리에 의하여 (9a) 문장이 참이라면 (9b) 문장 역시 참으로 판단할 수 있다. 그러나 주어 프리츠가 a = a의 항진명제는 알고 있지만, 천문학적 지식이 없는 경우라면 (9a)는 참이고 (9b)는 거짓일 수 있다. 이는 특정한 문맥의 경우 합성성 원리 적용시 지시와 의의 양 측면을 고려해야 함을 말해주고 있다.[5]

종합하면, 의미를 지시와 의의로 구분하는 현대 의미론에서는 문장의 의미를 참/거짓의 진리치로 간주한다. 그리고 문장의 의미를 얻어내기 위하여, 한 문장의 의미는 그 문장을 구성하고 있는 성분들의 의미와, 어떤 결합규칙에 의하여 계산된다는 합성성 원리를 설정하고 있다. 이러한 의미계산을 위해서, 언어학자들은 오래 전부터 논리학의 표현방식을 사용해왔다. 일종의 메타언어인 이러한 표현방식을 사용한 의미기술은 보다 정확하고 정밀한 의미기술을 가능케 하였으며, 나아가 복잡한 자연언어 현상의 해명에 커다란 기여를 해왔다. 이러한 의미기술 방법은 형식의미론 Formale Semantik으로 불리어 왔으며, 형식의미론의 대표적인 이론으로서는 Montague(1974)의 이론을 들 수 있다. 다음 절에서는 형식 의미론의 소개와 더불어 간단한 독일어 문장들이 이 이론 내에서 그 의미가 어떻게 분석될 수 있는 지를 살펴본다.

---

5) 이러한 문맥은 '불투명 구조 opake Kontexte'로 알려져 왔다. 이외에도 *suchen* 등의 내포동사들이 이러한 현상과 관련한다.

2. 형식 의미론

형식 의미론은 '진리조건적', '모형이론적' 그리고 '가능세계' 의미론으로 특징된다. 먼저 형식 의미론에서는 앞서 설명한 바와 같이, 한 문장의 의미를 그 문장이 현재 세계에서 성립하는가에 따라 참/거짓으로 바라본다는 점에서 진리조건적 의미론으로 불린다. 그리고 문장의 의미인 진리치를 계산하기 위해서는 무한히 열려있는 세계를 대상으로 논의할 수는 없고, 그 대신 세계를 한정하여 진리치를 계산해낼 수 밖에 없다. 바로 이런 제한된 세계를 가정한다는 점에서 형식 의미론은 또한 모형이론적 성격을 지닌다. 또한 이러한 모형은 시간, 공간의 개념이 포함되어야 한다. 과거문장인 *Peter schlief* 의 의미를 계산할 경우, 우리는 과거시간에 위치한 세계로 이동하여 그 문장의 진리치를 따져봐야 한다. 즉, 진리치 계산을 위해 사용되는 모형은 가능한 시간, 공간 개념을 고려한 세계로서 '가능세계 의미론'이라고도 불리운다 (이익환 1998).

이러한 성격을 갖는 형식 의미론에서는 자연언어가 직접 의미해석을 받는 것이 아니라 그 중간단계에 형식언어를 도입하고, 이 형식언어를 가정된 모형 내에서 의미해석하는 간접적 방식을 취하고 있다.[6] 즉, 형식 의미론에서 자연언어의 의미를 해석하는 과정은 다음 세 단계로 이루어진다고 할 수 있다.

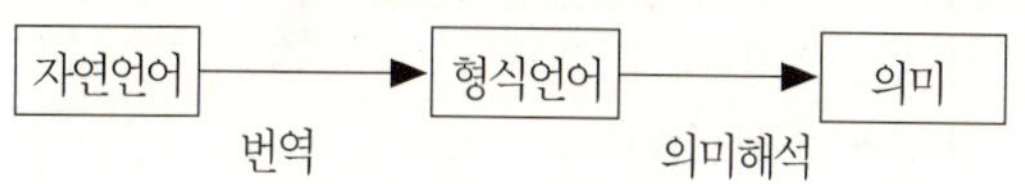

먼저, 독일어, 한국어, 영어 등의 자연언어는 메타언어인 형식언어로 번역된다. 여기서 사용되는 형식언어는 통사부와 의미부가 정밀하게 정의된 시스템으로서 그간 언어학자들은 명제논리 Aussagenlogik, 술어논리 Prädikatenlogik 에서 출발하여 자연언어의 복잡성을 기술해 줄 수 있는 내포논리 Intensionale

---

6) 이러한 간접적 해석방식은 Montague(1974)의 두 논문 "Universal Grammar"과 "The Proper Treatment of Quantification"에서 취하고 있다. 이와는 달리 다른 논문 "English as a Formal Language"에서는 중간단계를 가정하지 않는 직접적 해석방식을 택하고 있다.

Logik까지 발전시켜왔다. 다음 단계에서는 형식언어 표현을 가지고서 가정된 모형 내에서 의미해석을 얻게 된다. 본 절에서는 여러 형식언어들 중 보다 쉽게 이해될 수 있고, 단순한 자연언어 문장의 기술에 큰 문제가 없는 술어논리를 소개하고, 이 술어논리식에 의한 의미해석을 살펴보기로 한다.

2.1 술어논리

술어논리는 명제논리에 기초하여 확장된 시스템으로서 논리식 표현의 적형성을 알려주는 통사부와 그 표현에 의미를 부여하는 의미부로 정의되어 있다.

2.1.1 통사부

통사부는 술어논리식에 등장하는 어휘들을 가정하고, 어휘들 간의 올바른 결합을 지시하는 규칙들을 포함하고 있다. 먼저 술어논리에서 가정하는 어휘들을 보면 다음과 같이 구분된다.

(10) a. 개체명사 : 상항 :　　　　h, m, b, ...
　　　　　　　　　변항 :　　　　x, y, z, ...
　　　b. 술어 :　　1항 술어 :　S, R, W, ...
　　　　　　　　　2항 술어 :　H, L, K, ...
　　　c. 연산자 :　논리연산자 : ¬, ∧, ∨, →, ↔
　　　　　　　　　양화사 :　　∀, ∃

개체를 표현하는 명사들은 지시체의 고정여부에 따라 다시금 개체상항과 개체변항으로 구분된다. (개체)상항은 특정한 개체를 가리키는 표현으로서 보통 고유명사에 해당하고 알파벳 소문자로 표현한다. 예를 들어 *Heinrich* 는 h로, *Mattias*는 m으로 표현된다. (개체)변항은 그 지시체가 변화하는 개체명사에 해당하며, 일반적으로 끝자리 알파벳 소문자로 표시한다. 예를 들어 대명사의 경우, 그 지시체는 가정된 세계 내에서 고정되어 있지 않고 변경가능하므로 변항으로 표현한다. 알파벳 대문자로 표현되는 술어의 경우, 술어가 취하는 논항의 수에 따라 1항 술어, 2항 술어 등으로 구분한다. 예를 들어, 하나의 논항을 받아들여 완전한 문장으로 만드는 자동사는 1항 술어로서, 자동사 *schlafen*은 S로 표현된다. 이외에도 보통명사나 형용사도 1항 술어로 간주된다. 그리고 두 개의 논항을 필요로 하는 타동사는 2항 술어로서 타동사 *hassen*은 H로 표현된다. 또한 술어논리식은 이외에도 어휘들을 연결시켜주는 연산자들을 가정하고 있다. 이들 중 논리 연산자로서는 부정 (¬), 연접 (∧), 이접 (∨), 조건 (→), 쌍조건 (↔) 등이 있으며, 일반적으로 접속사나 기능어로 표현될 수 있다. 예를 들어 부정은 *nicht*, 연접은 *und*, 이접은 *oder*, 조건은 *wenn*, 쌍조건은 *genau dann, wenn* 등에 각기 해당된다고 볼 수 있다. 이외에도 두 종류의 양화사들도 가정하고 있다.[7]

이와 같이 가정된 어휘들은 다음과 같은 형성규칙의 적용을 받아 적형의 술어논리식으로 표현된다.

(11) a. δ가 1항 술어이고 α가 상항이면, δ(α)는 적형식이다.
  b. δ가 2항 술어이고 α, β가 상항이면, δ(α, β)는 적형식이다.
  c. φ와 Ψ가 각각 적형식이면, 다음 표현도 각각 적형식이다.
    i . ¬φ (¬Ψ)
    ii. (φ ∧ Ψ)
    iii. (φ ∨ Ψ)
    iv. (φ → Ψ)
    v. (φ ↔ Ψ)
  d. φ가 적형식이고 υ가 변항이면, ∀υ φ는 적형식이다.
  e. φ가 적형식이고 υ가 변항이면, ∃υ φ는 적형식이다.
  f. 위 규칙에 의해서 형성된 표현만이 적형식이다.

다음은 이러한 규칙들이 적형의 술어논리식을 구성하는 데 어떻게 작용하는 지 몇몇 독일어 단순문장들을 가지고 살펴보도록 하자. 먼저 다음의 자동사, 타동사 구문에 대한 술어논리식으로의 번역과정을 보자.

---

7) 양화사에 관해서는 변항과 더불어 본 절 후반부에서 자세히 설명하기로 한다.

    (12) a. Peter :   p
            schlafen :   S
         b. Peter schläft. :   S(p)

    (13) a. Maria :   m
            Dietmar :   d
            lieben :   L
         b. Maria liebt Dietmar. : L(m, d)

우리는 앞서 가정한 어휘목록에서, 고유명사들은 상항에, 그리고 자동사, 타동사는 각기 1항 술어, 2항 술어로 번역된다는 사실을 알았다. 따라서 우리는 (12a), (13a)에 제시한 것처럼 독일어 표현들은 각기 해당 술어논리 어휘들로 번역될 수 있다. 다음으로 이러한 어휘들은 (11)에 제시된 형성규칙들에 따라 상호 결합하여 논리식을 형성하게 된다. 자동사 구문 (12)에서는 상항과 1항 술어만 등장함으로, 형성규칙 (11a)에 의하여 결합하면 (12b)와 같은 적형의 술어논리식 S(p)를 형성하게 된다. 그리고 타동사 구문 (13)에서는 두 상항들과 하나의 2항 술어가 나타남으로, 형성규칙 (11b)를 사용하여 (13b)와 같은 적형의 술어논리식 L(m, d)을 얻을 수 있다.[8] 이와 같이 우리는 두 규칙들 (11)a, b를 사용하여 자동사, 타동사 구문을 술어논리식으로 표현할 수 있다.

다음은 형성규칙 (11c)에 의하여 복합문들이 술어논리식으로 번역되는 과정을 살펴보자. 형성규칙 (11c)가 적용되는 입력단위로서는 (11a) 혹은 (11b)에 의해서 구성된 기본적인 술어논리식과 논리연산자들이다. 이 규칙들에 따라 다양한 복합문들은 다음과 같이 적절한 술어논리식으로 번역될 수 있다.

    (14) a. Peter schläft nicht. : ⌐ S(p)
         b. Peter schläft und Maria liebt Dietmar. : S(p) ∧ L(m, d)
         c. Peter schläft, oder Maria liebt Dietmar. : S(p) ∨ L(m, d)

---

8) 괄호 안에 나타나는 개체상항들의 순서는 문장에서의 문법적 기능을 반영한다. 따라서 L(m, d)와 L(d, m)은 서로 다른 의미를 표현하는 것으로 본다.

    d Wenn Peter schläft, dann liebt Maria Dietmar. : $S(p) \rightarrow L(m, d)$
    e. Peter schläft genau dann, wenn Maria Dietmar liebt. : $S(p) \leftrightarrow L(m, d)$

등위접속사 *und*를 사용한 복합문 (14b)의 번역과정을 보면 다음과 같다.

(15) a. Peter schläft : $S(p)$:   (11a)
       und : $\wedge$:   (10c)
       Maria liebt Dietmar : $L(m, d)$:   (11b)
   b. Peter schläft und Maria liebt Dietmar : $S(p)$ & $\wedge$ $L(m, d)$: (11c) ii

복합문을 구성하는 단순문들은 각기 형성규칙 (11a)와 (11b)에 의해 $S(p)$, $L(m, d)$의 적형식으로 번역되고, 등위접속사 *und*는 가정된 어휘부에 따라 논리연산자 $\wedge$로 번역된다. 이러한 입력단위들은 논리 연산자 $\wedge$와 관계하는 형성규칙 (11c) ii의 적용을 받게된다. 여기서 첫 번째 술어논리식 $S(p)$는 ϕ에, 그리고 두 번째 술어논리식 $L(m, d)$은 ψ에 해당하므로 궁극적으로 (15b)에 제시된 $S(p)$ $\wedge$ $L(m, d)$ 형태의 술어논리식을 얻게 된다.

다음으로 형성규칙 (11)d, e와 관련된 양화구 Quantorenphrase의 술어논리식 번역을 살펴보자. 양화구란 양화사 Quantor와 명사의 결합형태로서, 예를 들어 *jeder Mann, eine Maus, kein Hund* 등을 들 수 있다. 이러한 양화구의 의미를 우리는 보통명사의 의미해석에 따라 개체들의 집합이라고 볼 수도 있지만, 그러면 *kein Hund*와 *keine Katze* 두 양화구는 공집합으로서 동일한 의미를 지닌다는 오류에 빠진다. 따라서 우리는 양화구를 일반명사와는 달리 취급해야 한다.

양화구는 한정된 범위의 개체들을 의미한다고 볼 수 있으며, 따라서 해당하는 술어논리식은 특정한 개체가 아닌 임의의 개체들을 표현하는 부분과 이들의 범위를 한정해주는 부분이 포함되어야 한다. 먼저 개체들 표현에 있어서 변항은 담화상의 특정한 개체가 아니라 임의의 개체를 표현하는 상항 대신에 변항이 이용된다. 예를 들어 *Jemand schläft* 문장의 경우 다음과 같이 변항 x를 사용하여 술어논리식으로 표현할 수 있다.

(16) $S(x)$

그러나 이와 같은 술어논리식에서 변항 x는 임의의 개체에 대응될 수 있어 유용한 정보를 제공해주지 못하므로 타당한 번역이라고 할 수 없다. 따라서 변항 x는 항상 가정된 모형 내에서 그 지시체를 혹은 그 지시체의 범위를 한정할 수 있을 때만 정확하게 사용되었다고 말할 수 있다. 이러한 범위한정의 기능을 양화사 Quantoren가 담당한다. 양화사는 관련 변항의 범위를 가정된 모형 내에서 한정시켜준다. 양화사의 언어 표현으로서는 '*ein*-/적어도 하나', '*all*-/모든' 등이 있으며, 이 표현들은 술어논리의 어휘목록 (10)에서 각기 양화연산자 ∃와 ∀에 각기 해당한다.[9] 다음 예들은 양화사와 변항이 모두 나타난 적형의 술어논리식이다.

    (17) a. Jemand schläft. ⇒ ∃x S(x)
            b. Alle schlafen.   ⇒ ∀x S(x)

양화구의 술어논리식은 항시 양화연산자, 변항, 그리고 변항이 등장하는 부분(= 영역)의 세 부분으로 구성되어 있다. 양화연산자는 그 뒤에 나타나는 특정한 변항에 관계하고, 영역 내에 등장하는 변항에 대하여 그 범위를 한정시켜준다. 양화연산자 ∃는 존재양화사 Existenzquantor로 불리우며, '적어도 변항 …이 하나 존재하는데, 그것에 대하여 주어진 영역이 타당하다'로 해석된다. 이에 따라 (17a)의 술어논리식은 'S(x)를 만족시키는 변항 x가 적어도 하나 존재한다' 식으로 이해되며, 독일어 표현 *jemand*의 의미를 적절히 반영해 주고 있다고 할 수 있다. 그리고 양화연산자 ∀은 전칭양화사 Allquantor로 불리우며, '모든 변항 …에 대하여 주어진 영역이 타당하다'로 읽혀진다. 이에 따르면 (17b)의 술어논리식은 '모든 변항 x에 대하여 그 x는 S(x)를 만족시킨다'로 이해되므로, 독일어 표현 *alle*의 의미를 적절히 반영하고 있다고 볼 수 있다.

예 (17)에서는 각 양화연산자의 영역은 술부에 해당한다. 그러나 자연언어에서 보면 영역이 단순히 문장의 술부에만 해당되지는 않는다. 전형적인 예로서는 양화사가 명사의 수식어 자리에 나타나 일종의 관사처럼 사용되는

---

9) 양화사에 해당하는 독일어 표현으로서는 *all*-, *ein*- 외에도 다음의 표현들이 있다.
   kein, die sieben, genau fünf, fast alle, die meisten, mehr als die Hälfte etc.

경우들이다. 예를 들어 다음 문장들을 보자.

(18) a. Ein Mann schläft.
     b. Jeder Mann schläft.

우리는 앞서 자동사나 일반명사는 모두 1항 술어로 번역된다는 점을 보았으며, 단순 자동사구문에서는 동일한 개체에 관해 서술되고 있으므로 동일한 변항을 갖는 두 개의 1항 술어들 M(x)와 S(x)을 설정할 수 있다. 이제 두 술어들을 연결시켜주는 연산자들이 필요한데, 구체적인 연산자의 설정은 나타난 양화사에 따라 달라진다. 존재양화사가 나타나는 예문 (18a)의 경우, 두 술어가 연접관계로 연결되어야 전체 문장의 의미를 제대로 반영한다고 볼 수 있다. 따라서 최종적으로 얻어질 술어논리식은 '어떤 변항 x가 존재하는 데, 이 변항에 대하여 M(x)와 S(x)가 타당하다'로 해석된다. 전칭양화사가 나타나는 예문 (18b)의 경우, 존재양화사와는 달리 두 부분이 조건관계로 연결되어야 전체 문장의 의미를 제대로 반영해 줄 수 있다. 이에 따라 (18b)의 올바른 술어논리식은 '모든 x에 대하여 M(x)이면 S(x)이다'로 해석되어야 한다. 이상을 술어논리식으로 표현하면 다음과 같다.

(19) a. $\exists x \, (M(x) \wedge S(x))$
     b. $\forall x \, (M(x) \rightarrow S(x))$

타동사 구문에 등장하는 양화표현들도 이와 유사하게 술어논리식으로 번역된다. 먼저 양화표현이 주어로 등장하는 다음을 보자.

(20) a. Alle Männer lieben Steffi.
     b. $\forall x \, (M(x) \rightarrow L(x, s))$

예문 (20a)에서는 양화사를 제외한 세 표현이 나타난다. 목적어 *Steffi*의 경우, 고유명사이므로 상항 s로 번역되고, 타동사 *lieben*은 2항 술어로서 상항 s와 결합하여 L(_, s)로 번역된다. 주어의 명사는 1항 술어로서 M(_)로 번역되고, 동일한 개체들이 관련하므로 동일한 변항을 사용하여 우리는 주어의 명사를 M(x)로, 동사구를 L(x, s)로 번역할 수 있다. 다음으로 두 표현을 전칭양화사에 의해 결합하면 최종적으로 우리는 (20b)와 같은 술어논리식을 얻을 수 있다. 다음은 양화구가 목적어로 등장하는 문장의 술어논리식이다.

(21) a. Steffi liebt alle Männer.
     b. $\forall x \ (M(x) \rightarrow L(s, x))$

예문 (20)의 술어논리식과 비교해 보면, 예문 (21)의 술어논리식에서는 단지 2항 술어 L에서 변항의 위치만 바뀜으로써 양화구가 다른 문법기능을 행하고 있음을 반영해주고 있다. 술어논리식의 이러한 유사성은 형성규칙 (11)d, e에 기인한다. 즉, 양화구의 술어논리식은 세 부분, 즉 양화연산자, 변항, 영역이 순서적으로 배열되어 나타나기 때문에 동일한 자연언어 어휘들이 다른 배열로 상이한 구문을 표현한다고 하더라도 술어논리식의 기본 형식은 유사하게 나타난다.

끝으로 부정표현의 술어논리식 번역을 살펴봄으로써 양화연산자와 부정논리연산자가 어떻게 결합하여 적형의 술어논리식을 이끌어내는지 알아보자. 다음 문장을 보자.

(22) Kein Hund bellt.

부정관사류인 *kein*도 *ein-* 혹은 *all-*과 동일한 계열적 관계를 보인다는 통사적 관점 하에서, 그리고 피수식명사의 양을 한정한다는 의미적 관점 하에서도 일종의 양화사로 간주된다. 그러나 앞서 제시한 술어논리의 어휘목록에는 이에 직접 대응되는 어휘가 없다. 그러므로 우리는 가정된 어휘들과 그들 간의 결합으로 이 부정양화사를 표현해야 한다. 먼저 우리는 예문 (22)와 동일한 의미로서 다음과 같이 달리 표현할 수 있다.

(23) a. Es gibt nicht einen Hund, der bellt.
     b. Für alle Hunde gilt: sie bellen nicht.

이러한 다시쓰기 문장들은 우리로 하여금 논리연산자 ㄱ와 양화연산자들의 결합으로 예문 (22)를 표현하게 해준다. 즉, (23a) 문장은 부정연산자와 존재양화사의 결합으로, 그리고 (23b)는 전칭양화사와 부정연산자의 결합으로 다음과 같이 각각 표현될 수 있다.[10]

   (24) a. $\neg \exists x \ (H(x) \land B(x))$
       b. $\forall x \ (H(x) \rightarrow \neg B(x))$

2.1.2 의미부

앞서 제시한 통사부는 자연언어의 문장을 술어논리식으로 번역하는 과정을 말해준다. 표현된 술어논리식이 나름의 의미를 지니지 못하면 무의미한 기호의 연결체에 다름 아니다. 술어논리식에 의미를 부여하는 부분이 바로 본 소절에서 논의하게 될 의미부이다. 지시로서의 의미는 현실세계의 대상과 관련되므로, 의미부는 술어논리식과 현실세계를 연결시켜 술어논리식에 의미를 부여한다. 현실세계는 간단히 표현하면 개체들과, 그들이 맺고 있는 관계들로 구성되어 있다고 볼 수 있다. 먼저, 개체들은 현실세계에서 단독으로 존재하는 유의미한 대상들로서 술어논리식의 상항에 대응된다. 예를 들어 PETER라는 개체는 술어논리식의 어떤 상항 p에 대응된다고 가정할 수 있다. 다른 한편, 술어논리식에서 사용된 술어에 해당하는 현실세계의 대응물을 생각해 보자. 우리는 *schlafen* 자동사에 대하여 1항 술어 S를 가정하였으며, 이러한 1항 술어의 지시체는 관련 술어의 속성을 갖는 개체들의 집합으로 간주하고 있다. 따라서 1항 술어 S의 대응물은 현실세계에서 자고 있는 모든 개체들의 집합이라고 볼 수 있다. 우리는 보통명사의 경우도 1항 술어로 취급하였다. 그러므로 보통명사 *Mann*의 술어논리 표현 M의 대응물도 *schlafen* 동사와 마찬가지로 현실세계에서 남자의 속성을 지닌 모든 개체들의 집합으로 본다. 그러면 2항 술어로 번역되는 타동사들의 술어논리 표현에 대응되는 현실세계의 대상은 무엇일까? 우리는 1항 술어와 마찬가지로 일종의 집합으로 표현할 수 있다. 그러나 1항 술어와는 달리, 그 원소는 개체들

---

10) *kein-*에 대한 이러한 두 술어논리식은 두 표현($\neg \exists x \ F(x)$, $\forall x \ \neg F(x)$)이 등가관계에 있음을 알려준다.

이 아니라 두 개체의 순서쌍들로 간주한다. 따라서 *lieben*에 해당하는 술어논리 표현 L의 대응물은 사랑관계를 맺고 있는 순서쌍들을 모아놓은 집합으로서 예를 들면 {⟨PETER, MARIA⟩, ⟨JOHN, STEFFI⟩, …}로 표현할 수 있다.

다음은 이러한 의미부를 형식의미론에서 어떻게 형식적으로 제시하고 있는 지 알아보고, 이에 의거하여 앞서 제시한 술어논리식이 어떻게 의미를 부여받는지 체계적으로 살펴보도록 하자. 모형이론적 성격을 갖는 형식의미론에서 제시하는 의미부는 앞서 설명한 현실세계를 일종의 모형으로 설정한다. 일반적으로 모형 $M = \langle A, F \rangle$이 가정되고 있다. 여기서 A는 개체들의 집합이고, F는 술어논리표현에 대해 해당하는 A를 대응시켜주는 함수이다. 예를 들어, 우리는 아래 (25a)의 개체들로 이루어진 A와, (25b)와 같이 술어논리 표현에 값을 할당해주는 함수 F로 구성된 임의의 모형 M_1을 가정할 수 있다.[11]

(25) a. A = {PETER, JOHN, MARIA, STEFFI}
    b. F(p) = PETER
      F(j) = JOHN
      F(m) = MARIA
      F(s) = STEFFI
      F(S) = {PETER, MARIA}
      F(M) = {PETER, JOHN}
      F(L) = {⟨PETER, MARIA⟩, ⟨JOHN, STEFFI⟩}

모형 M_1에서 보면, 페터, 존, 마리아, 슈테피의 네 개체가 가정된다. 그리고 할당함수 F에 의해 술어논리의 어휘들에 대응하는 대상을 알 수 있다. 즉, 상항 p, j, m, s는 개체 페터, 존, 마리아, 슈테피에 대응되며, 1항 술어 S와 M은 각기 페터와 마리아를 원소로 하는 집합과 페터와 존을 원소로 하

---

11) 아래에서는 편의상 현실세계의 개체를 대문자로 표기함으로써 언어적 표현들과 구분하고 자 한다. 그리고 모델 M_1에서 사용하는 술어논리 표현들과 독일어와의 대응은 다음과 같이 가정하기로 한다 : p = Peter, j = John, m = Maria, s = Steffi, S = schlafen, M = Mann, L = lieben

는 집합에 대응된다. 그리고 2항 술어 L은 페터와 마리아, 존과 쉬테피 두 쌍을 원소로 하는 집합에 대응되고 있다. 이러한 모형 내에서 술어논리식이 의미해석을 받기 위해서는 통사부의 형성규칙처럼 의미부에서도 의미들 간 결합을 해석해주는 규칙이 필요하다. 이러한 일종의 해석규칙들이 주어지면, 우리는 가정된 모형 내에서 임의의 술어논리식이 타당한지 계산해 낼 수 있다. 다시 말하면, 적형의 술어논리식이 일반적으로 하나의 문장에 해당한다고 본다면, 우리는 해석모형과 해석규칙들을 가지고서 문장의 진리치, 즉 의미를 파악할 수 있다. 다음은 형식 의미론에서 가정하고 있는 해석규칙들이다.12)

(26) a. δ가 1항 술어이고 α가 개체명사이면, $F(δ(α))$이 참이 되는 필요충분조건은 $F(α) \in F(δ)$이다.

    b. δ가 2항 술어이고 α, β가 개체명사이면, $F(δ(α,β))$이 참이 되는 필요충분조건은 $\langle F(α), F(β) \rangle \in F(δ)$이다.

    c. φ와 Ψ가 적형의 술어논리식이면 다음이 성립한다.

      (i) ¬φ가 참이 되는 필요충분조건은 φ가 거짓인 경우이다.

      (ii) φ ∧ Ψ가 참이 되는 필요충분조건은 φ, Ψ가 둘 다 참인 경우이다.

      (iii) φ ∨ Ψ가 참이 되는 필요충분조건은 φ, Ψ가 둘 다 거짓이 아닌 경우이다.

      (iv) φ → Ψ가 참이 되는 필요충분조건은 φ가 참이고 Ψ가 거짓인 경우를 제외한 경우이다.

      (v) φ ↔ Ψ가 참이 되는 필요충분조건은 φ, Ψ의 진리치가 동일한 경우이다.

이러한 의미규칙들이 구체적으로 술어논리식에 어떻게 적용되어 그 의미해석을 이끌어 내는지 하나씩 살펴보도록 하자. 설명의 편의상, 해석모형은 (25)에서 제시한 M_1을 가정하기로 한다. 먼저 자동사 구문의 경우, 다음에

---

12) 양화표현과 관련된 해석규칙으로는 다음 두 규칙들이 첨가된다.

    (i) δ가 적형식이고 α가 개체변항이면, ∀α δ가 참이 되는 필요충분조건은 α이외의 모든 기호에 대해서는 F와 똑같은 값을 할당하는 모든 F'에서 δ가 참이 되는 것이다.

    (ii) δ가 적형식이고 α가 개체변항이면, ∃α δ가 참이 되는 필요충분조건은 α이외의 모든 기호에 대해서는 F와 똑같은 값을 할당하는 적어도 하나의 F'에서 δ가 참이 되는 것이다.

이에 대한 자세한 논의는 본 장의 설명을 복잡하게 함으로 생략하기로 한다. 자세한 사항은 관련된 의미론 개론서들을 참고하기 바란다.

서 보는 바와 같이 의미규칙 (26a)가 적용되어 의미해석을 얻는다.

(27) Peter schläft : S(p)

(28) a. $F(S(p))$
    b. $F(p) \in F(S)$
    c. PETER $\in$ {PETER, MARIA}
    d. 1

우리는 술어논리식 S(p)의 의미를 알기 위해서는 의미규칙 (26a)에 의하여 $F(p) \in F(S)$가 성립하는 지 알아보아야 한다 (28b). 모형 M_1에서, $F(p)$ = PETER, $F(S)$ = {PETER, MARIA}를 가정하고 있으므로 PETER $\in$ {PETER, MARIA}가 성립하는 지를 체크하면 된다 (28c). 모형 M_1에서 (28c)관계가 성립함으로 최종적으로 *Peter schläft* 문장의 의미는 참이라는 것을 알 수 있다 (28d).

동일한 방법으로 우리는 의미규칙 (26b)의 적용으로 타동사 구문의 의미해석을 계산해 낼 수 있다. 다음은 예문 (29)가 모형 M_1에서 거짓으로 해석되는 과정을 보여준다.

(29) Maria liebt John : L(m, j)

(30) a. $F(L(m, j))$
    b. $\langle F(m), F(j) \rangle \in F(L)$
    c. $\langle$MARIA, JOHN$\rangle \notin$ {$\langle$PETER, MARIA$\rangle$, $\langle$JOHN, STEFFI$\rangle$}
    d. 0

다음은 논리연산자가 등장하는 술어논리식의 의미해석에 관계하는 의미규칙 (26c)의 적용과정을 보도록 하자. 예로써 연접연산자 $\wedge$의 해석에 관련되는 다음을 보자.

(31) Peter schläft und John liebt Steffi. : S(p) $\wedge$ L(j, s)

(32) a. F(S(p) $\wedge$ L(j, s))
   b. F(S(p)) : PETER $\in$ {PETER, MARIA} = 1
   c. F(L(j, s)) : ⟨JOHN, STEFFI⟩ $\in$ {⟨PETER, MARIA⟩, ⟨JOHN, STEFFI⟩} = 1
   d. 1 $\wedge$ 1 = 1

연접연산자 $\wedge$가 사용된 술어논리식의 의미는 의미규칙 (26c) ii에 의해 양 논리식이 동시에 참인 경우에만 참이 된다. 그러므로 연접되는 두 논리식의 의미가 먼저 계산되어야 한다. (32)b, c에서 보는 바와 같이, 연접되는 두 논리식은 가정된 모형 M_1에서 각각 참이 된다. 따라서 의미규칙 (26c) ii에 의해 전체 술어논리식 S(p) $\wedge$ L(j, s)은 참으로 판정된다.[13]

종합하면, 본 소절에서 우리는 형식언어의 하나인 술어논리의 체계를 살펴보았다. 통사부에서는 자연언어인 독일어의 문장들이 술어논리식으로 번역되는 과정을, 그리고 의미부에서는 술어논리식이 모형 내에서 해석되어 의미를 얻는 과정을 보았다. 이로써 우리는 형식의미론에서 취하고 있는 간접

---

13) 논리연산자가 의미해석 과정에서 행하는 역할은 잘 알려진 다음의 진리표에 근거하고 있다.

(i)

ϕ	$\neg\phi$
W	F
F	W

(ii)

ϕ	ψ	$\phi \wedge \psi$
W	W	W
W	F	F
F	W	F
F	F	F

(iii)

ϕ	ψ	$\phi \vee \psi$
W	W	W
W	F	W
F	W	W
F	F	F

(iv)

ϕ	ψ	$\phi \rightarrow \psi$
W	W	W
W	F	F
F	W	W
F	F	W

(v)

ϕ	ψ	$\phi \leftrightarrow \psi$
W	W	W
W	F	F
F	W	F
F	F	W

적 의미해석 방식을 어느 정도는 이해할 수 있다. 지금까지 우리는 형식의미론의 간략한 소개를 위해서 독일어 단순 문장들만을 다루었다. 다음 소절에서는 보다 다양한 문장들을 다루어 봄으로써 술어논리의 다양한 확장/적용 가능성을 살펴보도록 하자.

2.2 독일어 분석

2.2.1 수식어

자연언어에 나타나는 수식어로는 명사를 수식해주는 형용사와, 동사를 수식해주는 부사를 들 수 있다. 형용사의 경우, 보통명사나 자동사처럼 1항 술어로 취급되어 개체들의 집합으로 간주된다. 따라서 형용사 수식어를 갖는 명사구의 경우, 수식어인 형용사에 해당하는 집합과 피수식어인 보통명사에 해당하는 집합이 관련한다. 명사구의 의미는 개체 혹은 개체들과 관련함으로, 형용사 수식의 명사구 의미는 두 집합들에 공통으로 속하는 개체 혹은 개체들에 해당한다고 볼 수 있다. 이러한 명사구를 수식어가 없는 명사구와 대비하여 벤다이어 그램과 술어논리식으로 표현하면 다음과 같다.

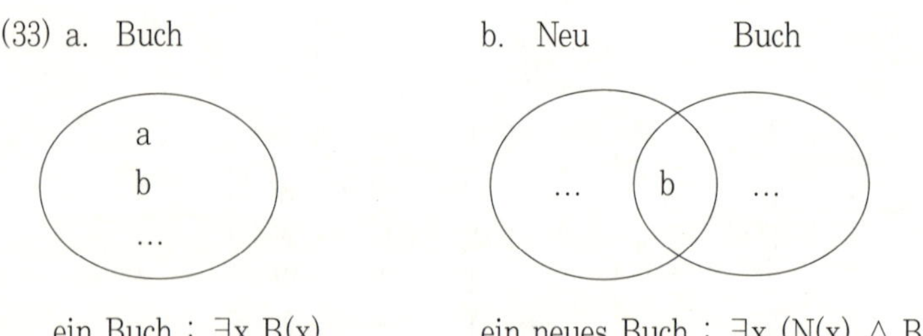

즉, 수식어가 등장하는 일반 명사구 *ein neues Buch*의 경우, '책'의 집합과 '새롭다'의 집합에 동시에 속하는 임의의 개체나 개체들을 지시하므로 수식어가 없는 명사구 *ein Buch*에 비해 그 관련 영역이 상대적으로 제한된다. 이러한 두 집합관계(교집합)를 연접연산자 ∧를 사용하여 표현함으로써 우

리는 그 의미를 정확히 반영하여 술어논리식으로 번역할 수 있다. 또한 이러한 형용사 수식 명사구를 포함한 문장을 술어논리식으로 표현하면 형용사에 해당하는 1항 술어 표현이 첨가됨으로써 보다 복잡해진다.

(34) a. Peter sieht ein neues Buch. → ∃x (N(x) ∧ B(x) ∧ S(p, x))
     b. Alle neuen Autos sind teuer. → ∀x ((N(x) ∧ A(x)) → T(x))

다음은 동사를 수식하는 문장부사의 술어논리식과 그 의미를 살펴보자.

(35) Peter läuft schnell.

술어를 수식하는 부사의 경우, 우리는 명사수식의 형용사처럼 두 집합들 간의 교집합으로 그 의미를 생각할 수는 없다. 위 예문에서 문장부사 *schnell*은 ···*wächst schnell.*, ··· *verschwindet schnell.*, 등으로 표현될 수 있으므로, 피수식어인 술어의 의미에 관련하는 것을 원소로 갖는 집합으로 간주해야 우리의 직관에 맞는다고 볼 수 있다. 따라서 다음 (36a)와 같이 *schnell*의 의미는 *laufen, wachsen,* ··· 등의 원소로 하는 집합으로 볼 수 있다. 따라서 예문 (35)는 (36b)의 술어논리식으로 번역될 수 있다.

(36) a.

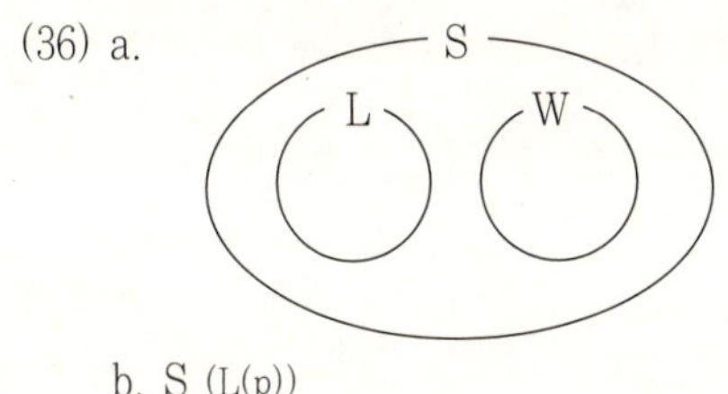

    b. S (L(p))

이러한 술어논리식은 지금까지 개체들의 집합으로 일부 단어의 의미를 바라보는 입장과는 달리, 집합의 집합으로 보는 것이어서 이를 전자의 '1차 술어논리'와 구분하여 '2차 술어논리'라 한다. 이러한 확장된 술어논리를 사용하면 다양한 자연언어 표현들의 의미를 직관에 맞게 기술할 수 있다.

2.2.2 양화구의 중의적 해석

자연언어에서는 하나의 표현이 둘 이상으로 구문분석되는 혹은 의미해석되는 중의성 Ambiguität이 존재한다. 후자의 경우, 하나의 표현에 관련하면 다의어 Polysemie 혹은 동음이의어 Homonymie 등으로 구분되지만, 하나의 문장에 관련되면 우리는 도출가능한 모든 의미들을 해석해 낼 수 있어야 한다. 문장이 중의적 해석을 일으키는 대표적인 경우는 다음과 같이 한 문장 내에 둘 이상의 양화구들이 나타나는 경우이다.

(37) Jeder Student kennt ein Buch.

(38) a. 학생들마다 자기가 알고 있는 책이 적어도 한 권 있다.
     b. 모든 학생들이 동시에 알고 있는 책이 적어도 한 권 있다.

예문 (37)은 모국어 화자의 직관에 따르면 (38)에 제시된 바와 같이 두 가지 해석을 가질 수 있다. 이 두 의미차이를 우리는 다음과 같이 나타낼 수 있다.

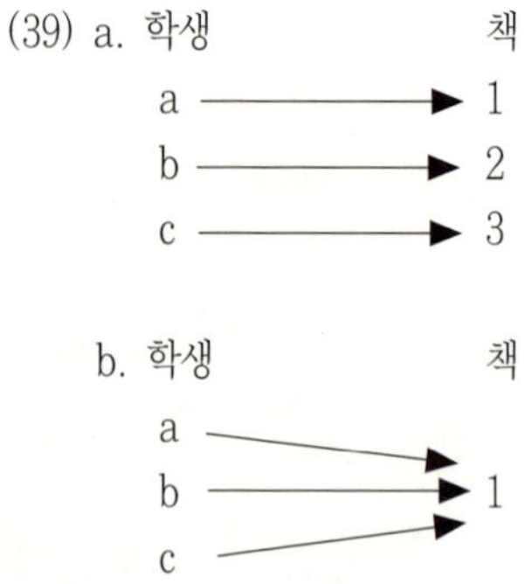

이러한 두 의미해석간의 차이를 우리는 앞서 제시한 술어논리를 사용하여 제시해 보자. 하나의 술어논리식은 하나의 의미해석을 받는다. 그러므로 우리는 입력문장 (37)으로부터 두 개의 상이한 술어논리식을 이끌어내고, 이 두 식을 가정된 모형 내에서 해석함으로써 (38)에 제시된 두 의미해석을 얻

을 수 있다.

양화구가 등장하는 문장을 술어논리식으로 번역시, 우리는 양화사, 양화
사가 관계하는 변항, 그리고 그 변항이 나타나는 영역의 세 부분으로 구성됨
을 보았다. 하나의 문장에 양화사가 둘이 등장하는 경우, 하나의 양화사가
다른 하나의 양화사 영역 내에 나타나게 함으로써 양화사들이 작용하는 영역
(=영향권)에 차이를 둘 수 있다. 표기법상 양화사들과 관련 변항들을 영역
의 좌측에 정렬하면, 영역 좌측의 양화사들 출현순서가 그들 영역의 상대적
차이를 반영하게 된다.14) 이에 따라서, 예문 (37)을 다음과 같이 두 술어논
리식으로 번역할 수 있다.

    (40) a. $\forall x \ \exists y \ (S(x) \rightarrow B(y) \land L(x, y))$
         b. $\exists x \ \forall y \ (S(x) \rightarrow B(y) \land L(x, y))$

위 술어논리식들을 보면 양화영역은 괄호로 묶여 동일하지만, 양화사들의
출현순서에서 차이가 난다. (40a)에서는 전칭양화사가, 그리고 (40b)에서
는 존재양화사가 각기 상대적으로 우선하여 나타남으로써 보다 넓은 영역을
갖는다. 즉 전자에서는 학생 전체의 집합-책들의 집합 순서로 그 의미를 계
산하여 (38a) 해석을 나타내고, 후자에서는 먼저 책 한 권이 확정되고, 다음
에 학생들의 집합이 고려됨으로써 (38b)의 해석을 보여준다.15)

2.3 시제와 양상

지금까지 살펴본 문장들의 의미해석은 한정된 담화범위를 가정하고서 논
의하였다. 그러나 우리는 이러한 한정된 세계를 뛰어넘어 보다 넓은 차원의
세계를 고려해야만 그 의미를 제대로 파악할 수 있는 자연언어 현상들을 자

---

14) 두 해석간의 차이는 영역간의 차이로 나타남으로 이러한 현상을 '영향권의 중의성
    Skopusambiguität'라 한다.
15) 이러한 중의적 해석은 양화연산자들 외에도 다른 연산자들간에도 일어난다. 예를 들어
    양화연산자와 부정연산자가 출현하는 다음의 예에서도 중의적 해석을 일으킨다.
    (i) Viele Krankenschwestern lieben keinen Oberarzt.

주 접하게 된다. 그 예로서 시제 Tempus와 양상 Modalität이 나타나는 문장들을 살펴보기로 한다. 먼저 시제와 관련하여, 과거나 미래시제의 문장들은 앞서 제시된 모형 내에서 의미해석이 어렵다.

    (41) a. Peter schläft.
          b. Peter schlief.
          c. Peter wird schlafen.

우리는 지금까지 현제시제의 문장인 (41a)의 유형을 다루면서, 현실세계에 존재하는 어떤 모형 내에서 성립여부로 그 의미를 표현하였다. 그러므로 이와 동일한 모형 내에서 우리는 과거나 미래 시제 문장들 (41)b, c 의미를 계산해 낼 수 없다. 가능한 방법으로는 앞서 가정한 모형에 시간과 장소로 이루어진 세계의 개념을 추가하여 현재의 세계와는 다른 세계에서 성립여부를 점검하여 문장의 의미를 추출해 낼 수 있다. 즉, (41b)의 경우, 현실세계를 기준으로 하여 시간이 앞선 임의의 세계에서 명제 '페터가 잔다'의 성립여부를, 그리고 (41c)의 경우, 현실세계보다 이후의 시간에 존재하는 임의의 세계에서 명제 '페터가 잔다'의 성립여부를 조사하면 각각의 문장 의미를 알 수 있다.

    다음은 양상과 관련된 다음 예문들을 보자.

    (42) a. Möglicherweise ist Peter krank.
          b. Es ist notwendig, dass zwei und zwei vier ist.

예문 (42a)는 일종의 가능성 Möglichkeit을 표현하는 것으로서, 예문이 참이 되기 위해서는 여러 가능한 세계들(시간과 장소가 다른 세계들) 중에서 '페터가 아프다'라는 명제가 성립하는 세계가 적어도 하나 존재해야 한다. 이와는 달리 예문 (42b)는 일종의 필연성 Notwendigkeit을 표현하는 것으로서, 명제 '2+2 = 4'가 모든 세계들에서 성립하는 경우에 참이 된다. 따라서 현재 세계만을 무표적으로 가정하는 기존의 술어논리체계로서는 시제표현 예문들 (41)이나 양상표현 예문들 (42)의 의미를 파악해 낼 수 없고, 시간과 장소 요소들로 구성된 세계 개념을 기존 모형에 추가해야 한다. 이러한 확장된 술어논리체계를 '가능세계 의미론'이라 한다.

가능세계 의미론에서 위의 예들을 어떻게 표현하고 의미해석하는 지 간단히 알아보자. 먼저 통사부에서는 2.1의 (10)에서 제시된 어휘들 외에도 시제와 양상을 번역하기 위한 어휘들로서 다음의 연산자들이 필요하다.

(43) a. 시제연산자 : 과거 : P
      　　　　　　　 미래 : F
　　 b. 양상연산자 : 필연성 : □
      　　　　　　　 가능성 : ◇

이러한 연산자들을 가지고서 우리는 위 예들을 다음과 같이 술어논리식으로 표현할 수 있다.16)

(44) a. P (S(p))　　　　　　(← (41b))
　　 b. F (S(p))　　　　　　(← (41c))
　　 c. ◇ K(p)　　　　　　(← (42a))
　　 d. □ (2+2 = 4)　　　　(← (42b))

이와 같이 확장된 통사부는 이에 상응하게 의미부의 확장을 가져온다. 추가된 연산자들은 가능세계들과 관련하므로, 이를 반영하기 위해서 기존의 모형 내에 세계(= 장소)와 시간으로 구성된 지표 Index의 개념을 도입한다. 여기서 시간은 상대적으로 순서매김되어 있고, 하나의 지표는 하나의 가능세계를 표현한다. 예를 들어 두 개의 세계와 세 개의 시간을 가정하여 확장한 다음 모형 M_2를 보자.

(45) a. M_2 = ⟨ A, W, T, <, F ⟩
　　 b. A = { ... }

---

16) 물론 이러한 술어논리식의 구성을 위해서는 다음의 형성규칙들이 추가된다.
　 (i) φ이 적형식이면, □ φ도 적형식이다.
　 (ii) φ이 적형식이면, ◇ φ도 적형식이다.
　 (iii) φ이 적형식이면, P φ도 적형식이다.
　 (iv) φ이 적형식이면, F φ도 적형식이다.

    c. W = { w_1, w_2 }
    d. T = { t_1, t_2, t_3 }
    e. < = { $\langle t_1, t_2 \rangle$, $\langle t_2, t_3 \rangle$ }

위 모형에서 보면, 기존의 A, F 이외에 가능세계를 표현하기 위한 세 요소 W, T, <가 참가되었다. 따라서 모형 M_2에서 가정하는 가능세계들은 다음과 같이 여섯 개의 지표로 표현된다.

(46)

$W \setminus T$	t_1	t_2	t_3
w_1	$\langle w_1, t_1 \rangle$	$\langle w_1, t_2 \rangle$	$\langle w_1, t_3 \rangle$
w_2	$\langle w_2, t_1 \rangle$	$\langle w_2, t_2 \rangle$	$\langle w_2, t_3 \rangle$

이러한 지표들이 구성되면, 각각의 지표들에 대해서 함수 F의 할당모습이 달라진다. 따라서 동일한 명제라 하더라도 지표에 따라 성립여부가 달리 나타날 수 있다.[17] 먼저 시제연산자가 사용된 술어논리식의 의미를 위 모형으로 설명하여 보자. 위 모형에서 t_2가 현재의 시간이라고 가정하자. 그러면 과거시제 연산자가 사용된 술어논리식 (44a)의 경우, t_2 보다 시간적으로 앞선 t_1이 나타나는 하나의 가능세계에서 그 명제가 성립하는 지 여부를 따져봐야 한다. 즉, $\langle w_1, t_1 \rangle$ 혹은 $\langle w_2, t_1 \rangle$ 중 하나의 지표에서 성립하면 술어논리식 (44a)는 참이 된다. 그리고 미래시제 연산자를 포함한 술어논리식 (44b)의 경우, t_2 보다 시간적으로 후행하는 t_3이 나타나는 하나의 가능세계에서 그

---

17) 확장된 술어논리식을 의미해석하기 위해서는 다음의 의미규칙들이 필요하다(이익환, 1995).

  (i) ϕ가 적형식이면, $F(\Box\phi)$이 참이 되기위한 필요충분조건은 W 내의 모든 w'과 T 내의 모든 t'에 대하여 $F(\phi)$가 참인 경우이다.

  (ii) ϕ가 적형식이면, $F(\Diamond\phi)$이 참이 되기위한 필요충분조건은 W 내의 적어도 하나의 w'과 T 내의 적어도 하나의 t'에 대하여 $F(\phi)$가 참인 경우이다.

  (iii) ϕ가 적형식이면, $F(P\phi)$이 참이 되기위한 필요충분조건은 W 내의 하나의 w'과 T 내의 t'(t' < t)에 대하여 $F(\phi)$가 참인 경우이다.

  (iv) ϕ가 적형식이면, $F(F\phi)$이 참이 되기위한 필요충분조건은 W 내의 하나의 w'과 T 내의 t'(t < t')에 대하여 $F(\phi)$가 참인 경우이다.

명제의 성립여부를 계산하게 된다. 즉, $\langle w_1, t_3 \rangle$ 혹은 $\langle w_2, t_3 \rangle$ 중 하나의 지표에서 성립하면 그 명제는 참이 된다.

다음으로 양상연산자가 나타나는 술어논리식의 의미를 위 모형에서 살펴보자. 가능 연산자가 나타나는 술어논리식 (44c)의 경우, 명제 '페터가 아프다'가 성립하는 지표가 하나만 존재하여도 성립하는 것으로 본다. 예를 들어 지표 $\langle w_1, t_1 \rangle$에서만 페터가 아프고 다른 지표들에서는 건강하다고 가정하자. 그러면 모형 M_2에서 '페터가 아프다'의 명제가 성립하는 지표가 적어도 하나 존재하므로 이 문장의 의미는 참으로 판정된다. 이와 반면에 필연성 연산자가 쓰인 술어논리식 (44d)에서는 가능한 모든 지표들에서 관련 명제가 성립해야 문장이 참으로 판정된다.

3. 형식의미론의 한계

3.1 양화사

먼저 우리는 자연언어에 나타나는 다양한 종류의 양화사들을 술어논리식으로 표현하는데는 한계가 있음을 지적할 수 있다.[18] 앞서 살펴본 술어논리 체계에서는 전칭양화사와 존재양화사의 두 연산자를 가정하고, 전자에 의하여 *all-*, *jed-*와 같은 관사류의 의미를, 후자에 의하여 *ein-* 관사류의 의미를 표현하고 있다. 그리고 기타 다른 양화사들은 이 두 양화연산자들(간의 결합)으로부터 유도된다고 보고 있다. 그러나 자연언어에 나타나는 다양한 양화사들, 예를 들어 *die meisten, viele, mindestens drei, wenige, die drei* 등을 기존의 두 양화연산자들로 표현하기에는 충분하지 못하다. 다른 한편으로 이러한 점을 보충하기 위해 새로운 양화연산자를 도입한다 하더라도 한정된 기존의 어휘목록으로는 그 의미를 제대로 반영하여 표현할 수 없다. 예를 들어 다음 문장의 술어논리식 표현을 생각해 보자.

---

18) 본 소절에서 논의되는 '양화사'에 관한 문제점은 이정민(1999)에 기반하고 있다.

(47) a. Die meisten Vögel fliegen.
　　 b. MEIST x (V(x) ? F(x))

새로이 도입된 연산자 MEIST에 대하여, 우리는 다른 양화연산자들처럼 정밀한 의미해석을 제시해야 하고, 이 연산자를 포함한 술어논리식의 의미규칙을 설정해 주어야 한다. 그러나 과연 연산자 MEIST의 의미가 무엇인가에 관해서는 논란의 여지가 있다. 또한 연산자 MEIST의 의미에 맞게 두 술어 V와 F를 연결하는 논리연산자의 선택에도 어려움이 있다. 기존의 $\land$, $\lor$, $\rightarrow$, $\leftrightarrow$ 등 어떤 연산자도 그 의미를 제대로 반영해 줄 수 있다고 보이지는 않는다.

다음으로 지적되는 것은 양화구의 술어논리식 번역이 근본적으로 우리의 언어적 직관에 맞지 않는다는 점이다. 양화구들은 양화사, 변항, 그리고 영역의 세 부분으로 구성됨을 보았다. 다음 예를 보자.

(48) a. Ein Vogel fliegt.
　　 b. $\exists$x (V(x) $\land$ F(x))
　　 c. Etwas ist ein Vogel und fliegt.

앞서 살펴본 술어논리체계에 의하면, 자연언어 (48a)는 술어논리식 (48b)로 번역된다. 존재양화사의 등장으로 이 술어논리식은 세계 내에 어떤 개체 x 하나가 적어도 존재하는 데, 이 개체는 '새' 집합 원소인 동시에 '날다' 집합의 원소임을 알려준다. 이 술어논리식을 다시 자연언어로 풀어쓰면 (48c)와 같다. 즉, 양화논리사와 함께 등장하는 변항은 항상 개체들의 전체집합에 비추어 먼저 해석이 되고, 그 다음에 영역 속에서 그 범위가 제한된다. 그러나 예문 (48a)에 대한 우리의 직관을 따르면, 개체들 전체영역에 관련되는 것이 아니라, 전체 영역 속에서 '새'로 구성된 부분집합만을 고려하여 그 의미를 파악한다. 바로 이점에서 술어논리 표현은 우리의 직관에 어긋난다는 비판을 받고 있다.[19]

---

19) 이러한 직관을 반영하여 양화사를 다룬 이론으로서 Barwise & Cooper(1981)의 '일반 양화사 이론 Theorie der generalisierten Quantoren'을 들 수 있다.

3.2 대용어

대명사는 그 한 용법으로서 명사구들과 조응관계 Anaphorische Beziehung 를 형성한다.[20] 그러나 명사구들 중 양화구가 대명사와 조응관계를 이룰 경우, 앞서 살펴본 술어논리식으로 표현하기에는 어려움이 있다. 특히 이와 관련하여 자주 언급되는 다음의 소위 '당나귀 문장 Eselssätze'을 보자.

(49) Jeder Bauer, der einen Esel hat, schlägt ihn.
    (= Wenn ein Bauer einen Esel hat, schlägt er ihn.)

위 예문에서 대명사 *ihn*는 관계절 내의 양화구 *einen Esel*를 가리킨다. 술어논리체계에서 이러한 조응관계는 동일한 변항을 사용하여 표현된다. *jed-*와 *ein-* 두 양화사의 출현과, *einen Esel - ihn* 간의 조응관계를 고려하여 다음과 같이 술어논리식으로 나타낼 수 있다.

(50) $\exists y \, [\, Esel(y) \wedge \forall x \, [\, (Bauer(x) \wedge Haben(x,y)) \rightarrow Schlagen(x, y) \,] \,]$

이 술어논리식에서 변항 y는 당나귀집합의 한 원소로 나타나고, 또한 2항 술어 *schlagen* 집합의 원소 쌍에 등장한다. 그리고 존재양화사는 내포문에 나타남에도 불구하고 상위절 내에 설정되어 있다. 이로써 상위절 내의 변항 y가 해당 양화사의 영역 내에 포함될 수 있고, 따라서 y를 묶을 수가 있어서 양화구 *einen Esel*과 대명사 *ihn* 간의 조응관계가 표현가능하다. 이렇게 표현된 술어논리식 (50)은 '당나귀 한 마리가 있는데, 소유하는 농부마다 그것을 때린다'를 의미하게 된다. 그러나 모국어 화자의 직관에 따르면, 예문 (49)은 괄호 안의 다시쓰기처럼 '모든 농부들은 자기가 소유하는 당나귀를 때린다'를 의미한다. 이러한 직관을 반영하기 위해서는 다음과 같은 술어논리식이 구성되어야 한다.

---

20) 문장 내에서 일반 명사구와 대명사간의 조응관계는 통사론에서 '결속이론 Bindungstheorie' 하에 다각적인 연구가 진행되어 왔다. 형식의미론에서도 이 현상에 대한 의미번역을 제시하고 있지만, 본 소절에서 지적하는 문제점을 갖고 있다.

(51) $\forall x \forall y$ [(Bauer(x) $\wedge$ Esel(y) $\wedge$ Haben(x, y)) $\rightarrow$ Shlagen(x, y)]

그러나 이러한 술어논리식은 기존의 체계에서 볼 때 문제점을 안고 있다. 즉 양화구 *einen Esel*은 제시된 술어논리 체계에 의하면 존재 양화사로 표현되어 왔는데, 위 술어논리식에서는 전칭양화사로 표현되어 있다. 그리고 일반적으로 관계절 내의 양화구와 상위절의 대명사간에는 조응관계가 성립할 수 없는데 위 술어논리식에서는 성립가능한 것으로 표현되어 있다.

또 다른 유형의 양화구-대명사 조응관계를 살펴보자. 다음 영어 예문은 두 문장간에 나타나는 양화구-대명사 조응관계에 있어서 기존 술어논리체계의 한계를 보여준다.

(52) John owns some sheep. Harry vaccinated them.

앞서 소개한 형식의미론은 기본적으로 문장 단위의 의미해석을 위한 것으로서 문장들의 연결체인 담화나 텍스트의 의미해석을 다루지는 않는다. 그러나 예문 (52)의 경우, 우리는 등위접속사를 사용하여 하나의 문장으로 재구성할 수 있으므로, 다음과 같이 술어논리식으로 표현할 수 있다.

(53) $\exists x$ [sheep(x) $\wedge$ owns(j, x) $\wedge$ vaccinate(h, x)]

위 술어논리식에 따르면, 존이 소유한 양 몇 마리(적어도 한 마리)를 해리가 예방 접종했다는 것을 의미한다. 따라서 존에게 양 5마리가 있고 해리가 그 중 3마리에만 예방접종을 맞혔다고 가정할 경우, 위 예문 (52)는 참이 된다. 그러나 모국어 화자의 직관에 따르자면, 위 예문은 해리가 존이 소유한 양 5마리 모두를 예방 접종했다는 해석을 갖는다. 따라서 술어논리식 (53)은 예문 (52)의 의미를 제대로 반영해 주지 못한다.[21]

이러한 두 유형의 예들에서 보듯이, 복합문이나 담화 상에서 양화구-대명사간의 조응현상은 술어논리체계 내에서 그 의미를 기술하기에는 문제점을

---

21) 이와 같이 단순히 앞 문장에 나타난 양화구와 공지시 관계를 갖는 것이 아니라, 앞 문장의 내용에 의해 한정된 양화구의 의미와 공지시 관계를 갖는 대명사를 'E-유형 대명사'라 부른다. 이와 관련된 논의로는 윤영은(1999) 참조.

안고 있다고 말할 수 있다. 이는 술어논리체계를 포함한 형식의미론이 그 대상을 기본적으로 개별 문장의 의미해석에 두고 있다는 점에 있다. 그러나 최근에는 그 대상을 개별 문장이 아니라 담화나 텍스트로 확장한 이론들이 등장하고 있다. 예를 들어 Kamp & Reyle(1993)의 '담화표상이론 Diskurs-repräsentationstheorie'을 들 수 있다.22) 이 이론에서는 본 소절에서 제기한 문장간의 대용어 현상을 설명하는 데서 출발하여, 최근에는 담화상의 시제문제, 전제문제 등을 다룸으로써 대표적인 담화의미론으로 자리매김하고 있다.

4. 맺는 말

본 장에서는 문장의 의미에 대한 이론적 고찰을 행함으로써, 어휘 의미론에 비해 상대적으로 접근이 어려웠던 문장의미론에 대해 개괄적인 소개를 목표로 하였다. 이를 위해 문장 의미론에 대한 여러 이론들 중 그 근간이 되는 형식의미론을 가지고서 문장의 의미를 어떻게 기술하고 해석해낼 수 있는지 간단히 설명하고자 하였다. 먼저 형식의미론에서 문장의 의미를 진리치로 바라보는 점을 합성성 원리와 더불어 1절에서 논의하였다. 이러한 배경을 토대로 2절에서는 형식의미론의 근간이 되는 술어논리 체계의 통사부와 의미부를 제시하고, 독일어의 단순문을 가지고서 술어논리식으로 번역되는 과정과, 술어논리식의 모형이론적 해석과정을 살펴보았다. 또한 수식어와 양화구를 다룸으로써 보다 복잡한 독일어 문장들이 형식의미론에서 어떻게 의미해석 되는 지를 보았다. 이외에도 시제와 양상을 다룸으로써 확장된 형식의미론의 모습을 제시하였다. 다음 3절에서는 양화구와 대용어 처리에 있어서 형식의미론의 한계점들을 논의하였다. 이로써 간단하나마 문장의 의미가 이론적으

---

22) 이와는 독립적으로 Heim(1982)에서는 '서류철 변동이론 File Changing Semantics'을 발전시켰지만, 우연히도 그 기본생각이나 기본 메카니즘은 담화표상이론과 유사하다. 다른 한편, 본 장에서 소개한 형식의미론을 기반으로 하여 담화현상을 설명하고 있는 연구로서는 Groenendijk & Stokhof(1992), Chierchia(1991) 등을 들 수 있다.

로 어떻게 파악될 수 있는지 설명하고자 하였다.

본 장에서의 설명은 문장의미론에 대한 기본적인 개관을 한 것이며, 문장의미론의 전부가 아니고, 또한 앞서 제시한 형식의미론 체계 역시 설명의 편의상 단순화되었음을 밝혀두고자 한다. 이에 대한 보다 자세한 설명 및 논의는 관련 연구들에서 찾아볼 수 있다. 그간 많은 (형식)의미론자들의 노력에 의하여 문장의미와 관련된 대부분의 현상들이 밝혀지고 기술되어 왔다. 따라서 앞서 지적한 몇 가지 한계에도 불구하고, 이들 노력으로 인해 최근 발전된 담화이론들이 나타날 수 있음은 자명한 일이다.

참고 문헌

윤영은(1999), 「조응사 결속과 동적 의미론」,
　　　　In: 강범모 등: 『형식의미론과 한국어 기술』, 한신문화사,
　　　　359~416.

이기용(1998), 『언어와 세계 -형식의미론』, 태학사.

이익환(1985), 『현대의미론』, 민음사.

이익환(1998), 『의미론 개론』, 한신문화사.

이정민(1999), 「일반양화사이론」,
　　　　In: 강범모 등: 『형식의미론과 한국어 기술』, 한신문화사,
　　　　57~113.

최재웅(1995), 「담화표상이론」, In: 장석진 편. 『현대언어학 지금 어디로』,
　　　　한신문화사, 665~696.

Barwise, J./R. Cooper(1981), Generalized Quantifiers and Natural
　　　　Language. In: Linguistics and Philosophy 4, 159~219.

Chierchia, G.(1992), Anaphora and Dynamic Binding. In: Linguistics
　　　　and Philosophy 15, 111~183.

Dowty, D. R./R. E. Wall/S. Peters(1981), Introduction to Montague
　　　　Semantics. Dordrecht: Reidel.

Frege, G.(1892), Über Sinn und Bedeutung. In: Zeitschrift für
　　　　Philosophie und Kritik 100.

Grewendorf, G./F. Hamm/W. Sternefeld(1987), Sprachliches Wissen.
　　　　Frankfurt: Suhrkamp.

Groenendijk, J./M. Stokhof(1991), Dynamic Predicate Logic. In:
　　　　Linguistics and Philosophy 14, 39~100.

Heim, I.(1982), The Semantics of Definite and Indefinite Noun Phrases.
　　　　Diss. University of Massaachusetts, Amhearst.

Heim, I./A. Kratzer(1998), Semantics in Generative Grammar.
　　　　Blackwell Publishers.

Kamp, H./U. Reyle(1993), From Discourse To Logic. Kluwer Academic
　　　　Publishers.

Kearns, K.(2000), Semantics. Houndmills: Macmillan Press

Montague, R.(1974), Formal Philosophy: Selected Papers of Richard Montague. New Haven: Yale University Press.
Ogden, C. K./I. A. Richards(1923), The Meaning of Meaning. London: Routledge.
Saeed, J. I.(1997), Semantics. Blackwell Publishers.
Schwarz, M./J. Chur(1993), Semantik: Ein Arbeitsbuch. Gunter Narr.

제 **5** 부

화 용 론

강 창 우 (서울대학교)

1. 화용론의 연구 대상

1.1 축어적 의미와 발화의미

인간은 자신의 생각을 상대방에게 전달하기 위하여 다양한 방법을 사용한다. 예를 들어 소리, 빛, 연기, 깃발, 몸짓, 눈짓, 그리고 언어 등을 이용할 수 있는데, 이 가운데 복잡한 생각을 가장 정확하게 전달할 수 있는 방법은 언어를 이용하는 것이다. 언어를 이용한 의사소통의 메커니즘은 다음과 같은 의사소통모델을 통하여 설명될 수 있다.

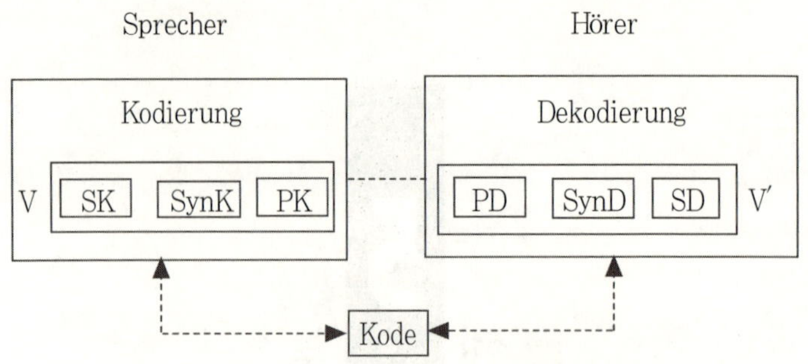

* V : 생각(Vorstellung), SK : 의미적 코드화(Semantische Kodierung), SynK : 통사적 코드화(Syntaktische Kodierung), PK : 음운적 코드화(Phonologische Kodierung), PD : 음운적 해독(Phonologische Dekodierung), SynD : 통사적 해독(Syntaktische Dekodierung), SD : 의미적 해독(Semantische Dekodierung)

이 모델에 따르면 화자는 상대방에게 전달하고 싶은 생각(V)이 있으면, 그 생각을 가장 잘 표현할 수 있는 표현을 화자와 청자가 공유하고 있는 코드(Kode), 즉 기호 체계에서 찾아서(= 의미적 코드화), 그 언어의 통사규칙에 따라 배열하고(= 통사적 코드화), 그 결과를 발성할 수 있는 형식으로 변환하여(= 음운적 코드화), 발성기관을 통하여 발성하게 된다. 발성기관을 통하여 발성된 소리는 음파의 형태로 청자의 청각기관을 통하여 수신이 되고, 그렇게 수신된 음파는 코드화의 역순으로 해독되게 된다. 이런 해독과정의 마지막 단계인 의미적 해독이 이루어지면 청자는 화자가 전달하려고 했던 생각을 이해하게 된다.

이 의사소통모델은 언어적 의사소통의 메커니즘을 상당 부분 적절하게 설명하는 것으로 평가되고 있지만, 과연 언어 기호에 대한 의미적 해독이 화자의 생각을 이해하기 위한 해독 과정의 마지막 단계인지에 대해서는 더 생각해 볼 필요가 있다. 먼저 다음 두 가지 질문을 보자.

(1) Was bedeutet das Wort/der Satz? (그 단어/문장의 뜻은 무엇입니까?)

(2) Was meinst du damit? (그게 무슨 말이냐?)

이 두 가지 질문을 보면, 언어적 표현의 '의미'를 이해하는 것과 화자의 생각을 이해하는 것이 항상 동일한 것은 아니라는 것을 알 수 있다. 우리는 흔히 상대방이 한 말의 문자대로의 의미, 즉 축어적 의미(wörtliche Bedeutung)는 이해하지만, 상대방이 그 말을 무슨 뜻으로 했는지 이해하지 못하는 경우를 경험한다. 이런 경우에 독일어로는 (2)와 같은 표현을 이용하여 상대방이 그 말을 한 의도를 물을 수 있다. 이처럼 축어적 의미를 이해하는 것만으로는 의사소통이 원활하게 이루어질 수 없는 경우는 다음의 예에서도 발견할 수 있다.

(3) Kannst du mir das Salz reichen? (나에게 소금을 건네줄 수 있니?)

이 문장은 식탁에서 상대방에게 소금을 좀 건네 달라고 부탁할 때 사용할 수 있는 전형적인 표현인데, 이 문장의 축어적 의미는 상대방이 소금을 화자에게 건네 줄 수 있는 능력이 있는지를 묻는 것이다. 그러나 실제 의사소통 상황에서 이 문장을 축어적으로 이해해서 "Ja"라는 대답만 하고 소금을 건네 주지 않는다면 화자의 생각을 제대로 이해한 것이 아니며 정상적인 의사소통이 이루어졌다고 볼 수 없다. 즉 이 문장은 주어진 의사소통상황에서 "Reich mir bitte das Salz!"라는 의미를 갖는데, 이것을 발화의미(Äußerungsbedeutung)라고 한다.

1.2 축어적 의미 이외의 의미

축어적 의미 이외에 언어 표현을 통해 전달되는 의미에는 여러 가지 유형이 있다. 이것은 다음과 같은 예문을 통해서 확인할 수 있다.

(4) a. Die Rosen sind verblüht. (장미는 졌다.)
    b. Einige Philosophen halten die These für unsinnig.
       (몇몇 철학자들은 이 논제를 터무니없는 것으로 여긴다.)

(5) a. Der gegenwärtige König von Bayern ist krank.
   (현재 바이에른의 왕은 병이 났다.)
   b. Hans hat aufgehört zu rauchen. (한스는 담배를 끊었다.)

(6) a. Kannst du mir bitte das Salz reichen? (나에게 소금 좀 건네줄 수 있니?)
   b. Dort ist die Tür. (문은 저쪽입니다.)

(7) a. Politik ist Politik. (정치는 정치야.)
   b. A: Frau Schmidt gefällt mir gar nicht. (슈미트 부인은 내 마음에 들지 않아.)
      B: Das Wetter ist wunderschön. (날씨가 정말 좋군.)

"일부 학생들은 어제 저녁에 먼저 돌아왔다"라는 말을 들으면, 대부분의 학생들은 어제 저녁에 돌아오지 않았다는 것도 알게 된다. 이와 같은 유형의 추가적 정보는 (4)의 예문에서도 찾을 수 있는데, (4a)로부터는 "Die Rosen haben zuvor geblüht (장미는 이전에 피었었다)"라는 것을, (4b)로부터는 "Nicht alle Philosophen halten die These für unsinnig (모든 철학자가 그 논제를 터무니없는 것으로 여기지는 않는다)"라는 것을 추론해 낼 수 있다. 이와 같은 유형의 정보를 '함축(Implikatur)'이라고 하는데, 여기에 대해서는 3절에서 자세히 다루겠다.

한편 "오늘은 김 대리 아들 백일이야"라는 말을 듣는다면, 김 대리에게 아들이 있다는 것을 몰랐던 사람도 이제 이 사실을 알게된다. 이와 같이 화자가 청자에게 말하려고 직접적으로 의도하지는 않았지만, 그 발화를 통해 청자가 얻게 되는 정보는 (5)의 예문에서도 발견할 수 있다. 즉 (5a)에서는 "Es gibt zum gegenwärtigen Zeitpunkt einen König von Bayern, und zwar genau einen (현재 바이에른에는 왕이 있는데, 왕은 여러 명이 아니라 오직 한 명이다)"이라는 정보를 추가로 찾아낼 수 있으며, (5b)에서는 "Hans hat vorher geraucht (한스는 전에 담배를 피웠다)"라는 정보를 찾아낼 수 있다. 이와 같은 유형의 추가적인 정보는 '전제(Präsupposition)'라고 부르는데, 이런 전제 현상에 대해서는 4절에서 다룬다.

(4)와 (5)의 발화에서는 화자가 청자에게 말하려고 하는 것이 축어적 의미 P에 들어 있는데, 여기에는 이 이외에 추가적인 정보 Q도 들어 있다. 그러나 (6)과 (7)에서는 화자가 청자에게 말하려고 하는 것이 축어적 의미 P와 다르다. (6a)에서 화자는 청자가 소금을 건네줄 수 있는지를 물은 것이 아니라, "Reich mir bitte das Salz! (나에게 소금 좀 건네줘!)"라는 부탁을 한 것이다. 또 (6b)에서는 문이 저쪽에 있다는 사실을 알려주는 것이 아니라, "Gehen Sie raus!(나가세요!)"라는 요구를 한 것이다. 이와 같은 현상은 '간접화행(indirekte Sprechakte)'이라고 하는데, (6a)에서 화자가 청자에게 말하려고 하는 것은 이 발화의 축어적 의미 P와 유사하지만, (6b)에서는 전혀 다르다. 여기에 대해서는 2장에서 더 자세히 다루겠다.

한편 (7)에서도 화자가 청자에게 말하려고 하는 것은 축어적 의미와 전혀 다르다. (7a)는 특정 상황에서 "Politik ist ein schmutziges Geschäft (정치는 더러운 것이다)"라는 말을 하기 위해 사용될 수 있다. (7b)는 A가 슈미트 부인에 대해서 험담을 하고 있는데 A의 등뒤에서 슈미트 부인이 나타났을 때 B가 얼른 화제를 돌리고 있는 상황이다. 이때 B가 A에게 말하려고 하는 것은 "Frau Schmidt ist hinter dir (슈미트 부인이 너 뒤에 있어)" 쯤이 될 것이다. 즉 이때 B는 축어적 의미와 전혀 상관이 없는 말을 말하고 있는 것이다. 이와 같이 이루어지는 의사소통의 메커니즘은 함축의 일종인 '대화함축(konversationelle Implikatur)'으로 설명될 수 있다. 여기에 대해서는 3장에서 자세히 다루겠다.

위에서 살펴본 것을 바탕으로 축어적 의미와 발화의미의 관계를 유형화하면 다음과 같다.

[Typ 1] P → P
　　이 유형은 축어적 의미와 발화의미가 다르지 않은 경우이다.
[Typ 2] P → P+Q
　　이 유형은 축어적 의미 이외에 추가 정보를 담고 있는 경우이다. 예 : (4), (5)
[Typ 3] P → P′

이 유형은 발화의미가 축어적 의미와 명제적 내용은 동일하지만 의사소통 기능
에서 차이가 나는 경우이다. 예 : (6a)
*명제적 내용(propositionaler Gehalt)에 대해서는 2절 참조.
〔Typ 4〕 P → Q
이 유형은 발화의미가 축어적 의미와 관련성이 있는 다른 사태를 나타내는 경
우이다. 예 : (6b)
〔Typ 5〕 P → R
이 유형은 발화의미가 축어적 의미와 관련성이 없는 다른 사태를 나타내는 경
우이다. 예 : (7)

〔Typ 2〕부터 〔Typ 5〕에서와 같이 축어적 의미와 다른 의미를 이용한 의
사소통의 메커니즘은 화용론의 주요 연구 대상이 된다.

1.3 발화의미와 발화의도

언어를 이용한 의사소통이 가능하기 위해서는 문장의 축어적 의미뿐만이
아니라 발화의미도 알아야 한다는 것을 알았다. 그럼 문장의 발화의미만 알
면 화자와 청자 사이에 의사소통이 원활하게 이루어질 수 있는 것일까? 다음
예문들을 보자.

(8) a. Ich komme morgen wieder. (나는 내일 다시 오겠다.)
b. Die Nordwand hat Schwierigkeitsgrad 6+. (북쪽 등산로는 난이도 6+이다.)
c. Das Eis ist dünn. (얼음이 얇다.)

(8a)는 내일 다시 오겠다는 약속을 할 때 사용하는 전형적인 표현이지만,
누가 누구에게 어떤 상황에서 이야기하느냐에 따라 '협박'이 될 수도 있다.
(8b)도 등산 초보자에게 하는 말이라면 '경고'로, 등산 전문가에게 하는 말이
라면 '권유'로 이해될 수 있다. 또 (8c)는 얼음이 두껍게 얼었다고 생각하고
들어가려고 하는 사람에게는 '경고'하는 말로, 얼음이 얇게 언 곳을 깨고 물
을 뜨려고 하는 사람에게 하는 말이라면 '권유'하는 말이 될 것이다. 이처럼
동일한 축어적 의미와 동일한 발화 의미를 갖는 언어 표현체로도 다양한 발

화의도(Äußerungsabsicht)가 표현될 수 있다. 이런 발화의도를 제대로 이해하지 못해서 '경고'를 경고로 이해하지 못하고 '권유'를 권유로 이해하지 못한다면, 화자와 청자 사이에 의사소통이 원활하게 이루어질 수 없다. 이와 같은 발화의도의 특성과 체계, 그리고 언어 표현체의 의사소통기능은 화용론의 또 다른 주요 연구 대상이 된다. 여기에 대해서는 화행론(Sprechakttheorie)의 틀 안에서 많은 연구가 이루어지고 있다.

이상에서 살펴본 바와 같이 화용론의 주요 연구 대상은 다음 두 가지로 정리할 수 있다.

> 1. 축어적 의미와 발화의미의 관계, 즉 문맥이나 상황에 근거한 어휘나 발화의 의미
> 2. 언어 표현의 의사소통기능 및 발화의도의 특성과 체계

이와 같은 화용론적인 문제들은 특히 화행(Sprechakt), 대화함축, 전제 현상을 중심으로 많이 연구되고 있는데, 다음에서는 이 세 가지 현상을 중점적으로 살펴보겠다.

2. 화행

언어를 통한 의사소통이 이루어지기 위해서는 발화의미뿐만이 아니라 발화의도도 이해해야 한다. 즉 화자는 특정한 언어적 표현체를 발화함으로써 자신의 의사소통 의도를 표현하게 되며, 이때 이 언어적 표현체는 특정한 의사소통상의 기능을 갖게 된다. 예를 들어, 어떤 사람이 "Das Eis ist dünn(얼음이 얇다)"이라는 말을 했을 때, 이 사람은 이 발화를 통해 청자에게 얼음이 얇다는 사실을 '전달'하거나 얼음이 얇으니 조심하라는 '경고'를 하려는 자신의 의사소통 의도를 표현하게 되며, 이때 이 언어적 표현체는 얼음이 얇다는 사실을 청자에게 '전달'하거나, 얼음이 얇으니 조심하라는 '경고'를 청자에게 전하는 '의사소통 기능(kommunikative Funktion)'을 갖는다. 이렇게 볼

때, 한 가지 발화는 앞에서 설명한 P, Q, R과 같은 발화의 내용과 '전달', '경고' 등과 같은 발화의 기능이라는 두 가지 요소로 구성된다고 할 수 있다. 이 것을 Searle(1969)은 다음과 같이 형식화했다.

F(p)

여기서 F는 의사소통기능을 표시해주는 부분(Illokutionsindikator 발화수반행위 지시체)이며, p는 명제적 내용(propositionaler Gehalt)을 표시한다. Searle/Vanderveken(1985)에서는 발화의 언어적 형태와 기능적 측면을 구분하기 위하여 이 형식을 다음과 같이 두 가지로 세분했다.

(i) f(p)
(ii) F(P)

여기서 f는 발화의 언어적 형태 가운데 의사소통기능을 표시해주는 부분이며 p는 명제적 내용을 나타내는 부분이다. 이 두 부분으로 구성되어 있는 발화를 통하여 한 가지 화행이 수행되는데, 이 화행은 일반적으로 (ii)와 같은 형태를 갖는다. 이때 F는 발화의 기능(illokutionäre Rolle 발화수반역할 혹은 발화수반력)을 나타내며, P는 명제적 내용을 나타낸다. 이것을 구체적인 예문을 통하여 살펴보자.

    (9) Ich verspreche dir, dass ich morgen komme.
        (나는 내가 내일 오겠다고 너에게 약속한다.)

이것은 화자가 내일 오겠다는 것을 청자에게 약속하는 발화이다. 여기서 발화의 내용, 즉 내일 오겠다는 것은 dass - 절로 표현되어 있고, 이 발화의 기능, 즉 이것이 '약속'을 하는 발화라는 것은 동사 'versprechen'이 사용된 주절의 형태로 나타나 있다. 따라서 위의 형식화에서 f에 해당하는 부분은 'ich verspreche dir, dass'이고, p에 해당하는 부분은 'ich morgen komme' 이다.

(10) Ich verspreche dir, dass ich morgen komme.

    f   p

다른 한편 이 발화로는 '약속'이 실현되었는데, 이것은 (ii)에서 F에 해당하며, 이 약속의 내용은 P에 해당한다. 따라서 (10)의 발화는 'VERSPRECHEN (Ich komme morgen)'의 형태로 형식화할 수 있다.

이와 같은 언어의 의사소통 기능은 J. L. Austin(1962)이 개발하고 J. R. Searle(1969)이 발전시킨 화행론(Sprechakttheorie)의 연구 대상이 된다. 화행론에서는 발화를 일종의 목적 지향적인 행위로 보고 이 행위의 특성을 연구하는데, 창문을 열거나 춤을 추는 것과 같은 '실무적인 행위(praktische Handlung)'와 구별하기 위해 이 행위는 '언어적 행위(sprachliche Handlung)'라고 부른다. 그리고 이 행위의 단위를 '화행(Sprechakt)'이라고 부르는데, 이 '화행'은 발화의도를 담고 있는 최소 단위, 즉 의사소통의 최소 단위를 구성한다. 예를 들어 "Das Eis ist dünn"이라고 말하는 것은 일종의 목적 지향적인 언어적 행위이며, 이 발화를 통해 의사소통의 최소 단위인 화행이 수행된다. 그런데 화행에 대한 연구에서 가장 큰 문제가 되는 것은 다음과 같은 점들이다.

1. 언어를 통한 의사소통에서 수행되는 화행에는 여러 가지 종류가 있는데, 각각의 화행 유형을 어떻게 명명할 것인가?
2. 의사소통에서 사용되는 화행에는 어떤 것들이 있으며, 이것들은 어떻게 분류되는가?
3. 하나의 화행이 실행되기 위해서는 어떤 부분 행위들이 실행되어야 하는가? 즉 화행은 어떤 요소로 구성되는가?
4. 하나의 발화는 어떤 조건하에서 특정 화행의 실현체가 되는가?

2.1 수행 동사와 화행의 명칭

의사소통에서 자신의 의도를 가장 명확하게 표현하는 방법 중 하나는 다음과 같은 형식으로 말하는 것이다.

> (11) a. Ich verspreche dir, dass ich dir beim Umzug helfe.
>   (나는 이사할 때 너를 도와주겠다고 약속한다.)
>   b. Ich rate dir, zum Arzt zu gehen.
>   (나는 의사에게 가볼 것을 너에게 충고한다.)
>   c. Ich teile Ihnen mit, dass Sie die Prüfung bestanden haben.
>   (저는 당신이 시험에 합격했다는 것을 알려드립니다.)

이 발화들을 다음 발화와 비교해 보면, 이 발화들을 통해 화자의 의도가 더 명시적으로 표현된다는 것을 알 수 있다.

> (12) a. Ich helfe dir beim Umzug. (이사할 때 너를 도와줄게.)
>   b. Geh doch zum Arzt! (의사에게 가봐라!)
>   c. Sie haben die Prüfung bestanden. (당신은 시험에 합격했습니다.)

(12)보다 (11)에서 화자의 의사소통 의도가 더 명확하게 나타나는 것은 versprechen, raten, mitteilen과 같은 동사들이 화자의 의사소통 의도를 언어적으로 구체화하여 표현하고 있기 때문이다. 이와 같은 동사들은 다른 사람의 발화를 서술할 때도 사용된다. 다음의 예를 보자.

> (13) a. Er hat ihr versprochen, dass er ihr beim Umzug hilft.
>   (그는 이사할 때 그 여자를 도와주겠다고 그 여자에게 약속했다.)
>   b. Er hat ihr geraten, zum Arzt zu gehen.
>   (그는 의사에게 가보라고 그녀에게 충고했다.)
>   c. Er hat ihr mitgeteilt, dass sie die Prüfung bestanden hat.
>   (그는 그 여자가 시험에 합격했다고 그 여자에게 알려주었다.)

이와 같은 특성을 갖는 versprechen, raten, mitteilen과 같은 동사들을 '수행동사(performative Verben)'라고 부르는데, 이 동사들은 (11)과 (13)에서 볼 수 있는 바와 같이 이 발화들로 수행된 화행의 특성을 적절하게 나타내고 있다. 따라서 화행을 명명할 때는 이 동사들을 이용한다. 그러나 이 동사들은 대개 화행을 명명할 때 사용되는 의미 이외에 다른 의미도 가질 수 있기 때문에, 이것을 화행의 명칭으로 사용할 때는 그 의미를 정의해야 한다. 이처럼 화행의 명칭으로 사용되는 표현들은 일반적인 어휘 의미와는 달리 화행론의 틀 안에서 정의된 의미로 사용된다는 것을 나타내기 위해서, 대문자로 쓰거나 따옴표를 이용하여 표시한다(예 : 'VERSPRECHEN', '약속', '주장', '이유 말하기' 등). 이와 같은 수행동사들이 화행의 명칭을 나타낼 때 어떻게 정의되는 지에 대해서는 다음 2.4에서 자세히 다룬다.

그렇지만 수행동사가 사용된다고 해서 반드시 그 발화로 그 수행동사가 나타내는 화행이 실행되는 것은 아니다. 예를 들어, 수행동사 versprechen이 사용된 (11a)의 발화는 '약속'이지만, (13a)에서는 수행동사 versprechen이 사용되었음에도 불구하고 이 발화는 '약속'이 아니다. 수행동사가 들어있는 발화로 그 수행동사가 지시하는 화행이 실현되기 위해서는 발화가 다음과 같은 형식으로 이루어져야 한다.

(14) Ich X-e dir (hiermit), dass ······ ((이로써) 나는 너에게 ······ 한다.)

여기서 동사는 1인칭 단수 현재 직설법 능동형으로 사용되었는데, 이와 같은 형식의 발화를 '명시적 수행발화(explizit performative Äußerung)'라고 부른다.

한 언어 사회에서 사용되는 화행의 종류는 수행동사의 숫자와 깊은 관련이 있다. 왜냐하면 서로 다른 화행을 표현하거나 서술하기 위해서는 서로 다른 수행동사가 필요할 것이기 때문이다. 그렇지만 화행의 종류가 수행동사의 종류와 일치하지는 않는다. 그 화행을 표현하는 수행동사는 없지만 실제로 존재하는 화행들도 있고, 또 어떤 수행동사들은 몇 가지 화행을 포괄하는 상위 유형을 나타내기도 하기 때문이다.

2.2 화행의 유형 분류

어떤 대상 집단의 특성을 파악하기 위해 사용할 수 있는 한 가지 중요한 방법은 그 집단에 속하는 개체들의 유형을 분류해보는 것이다. 예를 들어, 동물, 식물, 인종, 언어, 음식, 자동차 등에 속하는 대상들을 유형 분류해 보면, 이 대상들의 특성을 보다 더 잘 이해할 수 있게 되는 것이다. 이와 같은 유형 분류는 목적에 따라 여러 가지 다른 관점에서 여러 가지 다른 기준을 이용하여 이루어질 수 있는데, 예를 들어 한 초등학교의 학생들은 학년별로 분류할 수도 있고 성별로 분류할 수도 있으며, 거주지역별로 분류할 수도 있고 또 특정 능력과 관련하여 분류할 수도 있다. 이와 마찬가지로 화행도 유형 분류를 통하여 그 특성과 본질을 보다 더 잘 파악할 수 있다. 먼저 이런 유형 분류의 가능성을 다음과 같은 수행동사들의 분류를 통하여 확인해보자.

(15) anordnen, befehlen, behaupten, berichten, bitten, danken, ernennen, feststellen, geloben, gratulieren, grüßen, mitteilen, schwören, taufen, versprechen, vorschlagen

이 동사들은 다양한 기준에 따라 분류할 수 있지만, 그 중 한가지 가능성은 behaupten, berichten, feststellen, mitteilen과 같이 사실을 언급하는 것, anordnen, befehlen, bitten, vorschlagen과 같이 상대방이 할 행동을 언급하는 것, 그리고 geloben, schwören, versprechen과 같이 자신이 미래에 할 행동을 언급하는 것, danken, gratulieren, grüßen과 같이 자신의 감정을 표현하는 것, 그리고 ernennen, taufen과 같이 새로운 사실을 선언하는 것 등으로 분류하는 것이다. 화행도 어떤 목적과 관점에서 분류하느냐에 따라 다양한 유형 분류가 가능하겠지만, 지금까지 제안된 분류 중에서는 Searle(1969)의 분류가 가장 많이 받아들여지고 있다. 다른 유형 분류에서와 마찬가지로 화행의 유형분류에서도 무엇을 분류 기준으로 삼느냐가 가장 중요한데, Searle은 모두 12가지의 분류기준을 제시하였고, 이 중 중요한 다음 세 가지 기준을 이용하여 화행의 유형 분류를 시도하였다.

1. 발화 목적(illokutionärer Zweck, illocutionary point) : 화자가 발화를 통하여 전달하려고 하는 의사소통 의도을 말하는 것으로, Searle은 이것을 가장 중요한 분류 기준으로 보았다.
2. 심리적 태도(psychische Einstellung, psychological state) : 화자가 발화를 통해서 표현하려고 하는 생각이나 감정을 말한다.
3. 말과 사태의 일치 방향(Entsprechungsrichtung, direction of fit) : 발화를 통해 세계에 존재하는 사태를 언급하는 것인지, 아니면 발화에 따라 사태가 일어나야 하는지에 대한 것이다. 예를 들어, '보고'에서는 존재하는 사태를 언급하지만, '약속'에서는 언급한 사태가 앞으로 세상에 발생할 것을 말하는 것이다.

이 기준을 이용하여 Searle은 화행을 다음의 다섯 가지 큰 유형으로 분류하였다.

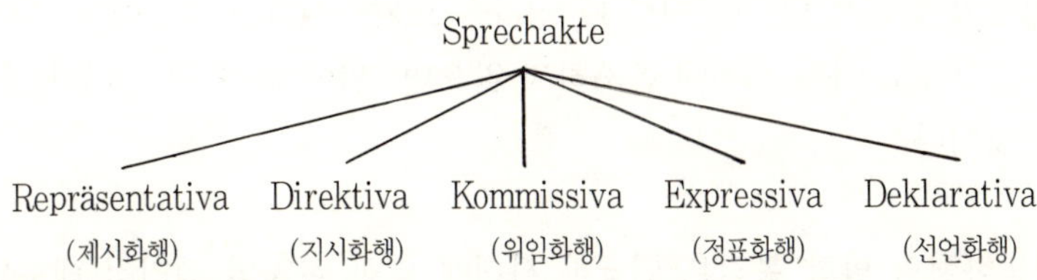

제시화행의 발화 목적은 화자가 사실이라고 믿거나 사실인 것으로 알고 있는 사태를 표현하는 데 있으며, 이때의 심리적 태도는 이 화행을 통해 표현되는 명제 P가 사실이라는 믿음(Glaube)이다. 또 말은 사태에 일치해야 한다. 즉 "Peter ist erkältet (페터는 감기에 걸렸다)"이라는 제시화행의 발화 목적은 페터가 감기에 걸렸다는 것을 표현하는 데 있으며, 이때 화자의 심리적 태도는 페터가 감기에 걸렸다는 것이 사실이라는 믿음이다. 또 이 발화와 관계없이 페터가 감기에 걸렸다는 것은 사실이며, 이 사실이 언어적으로 표현된 것이므로, 말과 사태와의 일치 방향은 말이 사태에 따르는 것이다.

지시화행의 발화 목적은 청자가 어떤 행위를 하게 하는 데 있다. 이때 화자의 심리적 태도는 소망(Wunsch)이다. 그리고 말에 따라 세계의 사태가 변화하게 된다. 예를 들어, "Du sollst morgen Vormittag das Paket abholen (너는 내일 오전에 소포를 찾아와야 한다)"이라는 발화의 목적은 청자가 언급된 행동을 하도록 하는 데 있으며, 이때 화자의 심리적 태도는 청자가 그 행동을 하기를 원하는 것이다. 그리고 이 발화에서 언급된 사태는 아직 일어나지 않았으며, 앞으로 이 말에 따라 발생하게 된다.

위임화행의 발화 목적은 화자가 자신이 미래에 할 혹은 하지 않을 행위를 말하는 데 있다. 이때 화자의 심리적 태도는 특정 행위를 하거나 혹은 하지 않으려는 '의도(Absicht)'이다. 위임화행에서도 지시화행에서와 마찬가지로 말에 따라 사태가 발생하게 된다. 즉 말하는 순간에는 아직 그 말에서 언급되는 사태가 존재하지 않는다. 예를 들어, "Ich helfe dir beim Umzug (나는 이사 때 너를 도와주겠다)"이라는 발화의 목적은 화자가 자신이 할 미래의 행위를 표현하고 또 그 말에 대한 책임을 지겠다는 것을 표현하는 데 있다. 이때 화자의 심리적 태도는 이사 때 청자를 도와주겠다는 의도이다. 여기서 언급되는 사태도 아직 세계에 존재하지 않으며, 말에 따라 이 사태가 발생해야 하는 것이다.

정표화행의 발화 목적은 언급한 사태에 대한 화자의 심리적 태도를 표현하는 데 있다. 따라서 정표화행을 통해 표현되는 화자의 심리적 태도는 화행마다 다르다. 예를 들어, 기쁨, 슬픔, 축하하는 마음, 유감으로 생각하는 마음 등이 정표화행을 통해 표현된다. 그리고 말과 사태 사이의 일치 방향은 존재하지 않는다. 예를 들어, "Herzlichen Glückwunsch zum Geburtstag! (생일을 진심으로 축하한다)"이라는 발화의 목적은 상대방의 생일을 축하하는 심리적 태도를 표현하는 것이며, 이때 화자의 심리적 태도는 '축하하는 마음'이다. 여기서는 화자의 심리적 상태에 관한 것이기 때문에, 말과 사태 사이의 일치 관계는 존재하지 않는다.

선언화행은 제도적인 틀 안에서 이루어지는 언어적 행위로 그 행위를 통해 새로운 사태를 만드는 것을 목적으로 한다. 이때 심리적 태도는 존재하지 않으며, 말과 사태는 서로 일치해야 한다. 즉 제도적 사실은 말을 통해 변하고, 말은 제도적 사실에 일치해야 하는 것이다. 예를 들어, "Hiermit ernenne ich Sie zum Honorarkonsul von Mexiko (이로써 저는 당신을 멕시코의 명예 영사로 임명합니다)"라는 발화는 청자를 멕시코의 명예 영사로 만드는 데 목적이 있으며, 이 말과 동시에 청자가 명예 영사가 되는 사태가 발생하게 된다. 그러나 선언화행의 한 하위 유형인 '제시적 선언화행(Repräsentativdeklarationen)'은 제시화행과 유사성을 갖는데, 여기에는 판사의 '판결'이나 심판의 '판정' 같은 것들이 속한다. 이 화행들은 언급되는 사태에 대한 화자의 믿음을 표현한다는 점에서는 제시화행과 같지만, 이 '판결'이나 '판정'은 비록 잘못되었다고 하더라도 그 판결이나 판정대로 사태가 확정된다는 점에서는 선언화행과 같은 특성을 갖는다.

요약하면, 단언화행은 세상의 사태에 대해 화자가 믿는 것을 표현하는 행위이며, 지시화행은 다른 사람이 하기를 원하는 행동을 표현하는 행위이다. 그리고 위임화행은 화자 자신이 미래에 하려고 하는 바를 표현하는 행위이며, 정표화행은 화자의 감정을 표현하는 행위이다. 그리고 마지막으로 선언화행은 화자가 가지고 있는 권한을 이용하여 세상의 사태를 발생시키는 행위이다.

2.3 화행의 구조

화자가 발화를 통해 수행하는 화행은 몇 가지 구성요소로 이루어져있는데, 예를 들어 '약속'이라는 화행을 수행하는 경우 이 화행에는 화자가 미래에 특정한 행동을 할(혹은 하지 않을) 의도를 갖고 있음을 청자에게 알리려는 의사소통 목적과 그 행동이 무엇인지를 나타내는 내용이 들어 있는데, 이 내용은 언어 기호로 표현되고 발성된다. 이와 같이 화행을 구성하는 요소들을 화행의 '부분행위들(Teilakte)'이라고 하는데, 이것을 Austin(1962)은 다음과 같이 분류하였다.

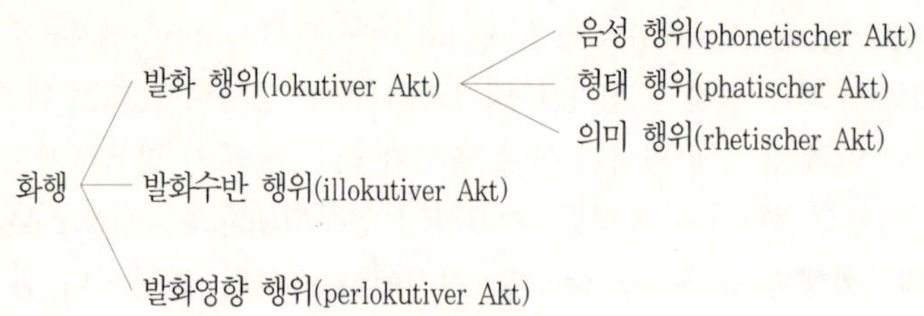

여기서 발화 행위란 특정한 구조와 의미를 갖고 있는 언어적 표현체를 발화하는 것인데, 이 행위는 음성 행위, 형태 행위, 그리고 의미 행위로 이루어져 있다. 음성 행위란 단어의 연속체를 음성적으로 실현시키는 것이며, 형태 행위란 이 단어의 연속체가 특정한 문법적 구조를 갖도록 하는 것이고, 의미 행위란 이 단어의 연속체를 통해 무언가에 대해 진술하는 것이다. 또 이런 발화 행위를 통해서 화자는 의사소통 의도를 표현하게 되는데, 이것을 발화수반 행위라고 한다. 그리고 화자는 발화를 통해서 청자에게 영향을 끼치게 되는데, 이것을 발화영향 행위라고 한다. 예를 들면, 화자가 어떤 '제안'을 함으로써 청자가 특정한 행동을 하도록 설득했다면 이것이 발화영향 행위에 해당한다.

이와 같은 Austin의 분류를 Searle(1969)은 부분적으로 수정하였다. Searle은 음성 행위와 형태 행위를 합쳐서 '발화행위(Äußerungsakt)'라고 하였고, '의미행위'는 '명제 행위(propositionaler Akt)'로 독립시켰다. 이렇게 수정된 Searle의 분류를 도표로 나타내면 다음과 같다.

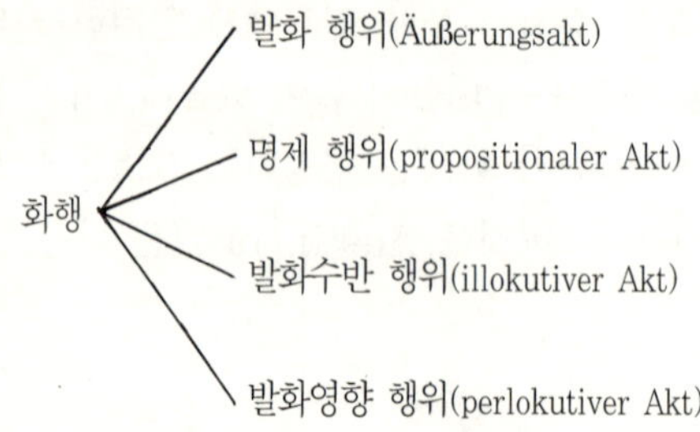

Austin과 Searle이 제시한 화행의 부분행위들 중에서 발화수반 행위 부

분이 화행론의 주요 연구 대상이 된다. 따라서 화행은 여러 가지 부분행위들을 포괄하는 넓은 의미로 이해할 수도 있지만, 좁은 의미에서의 화행은 발화수반 행위만을 나타내기도 한다. 하여튼 화행론은 발화 행위를 구성하는 부분들에 집중되었던 언어학의 연구 대상을 발화수반 행위와 발화영향 행위까지 확장시키는 역할을 함으로써, 언어 연구의 패러다임을 변화시켰다.

2.4 화행의 성공 조건

문법적으로 올바른 문장을 발화한다고 해서 반드시 의사소통이 이루어지고 또 화행이 제대로 수행되었다고 말할 수 있는 것은 아니다. 예를 들어, 상대방에게 모욕을 주기 위해서 "나는 너를 모욕한다"라고 말한다고 해서 상대방이 모욕을 받지는 않을 것이다. 그리고 대통령이 아닌 어떤 사람이 다른 사람에게 "당신을 교육부 장관으로 임명합니다"라고 말한다고 해서, 그 사람이 교육부 장관으로 임명되었다고 할 수 있을까? 따라서 형식적으로 올바른 문장을 발화한다고 해서 반드시 화행이 성공적으로 수행되는 것은 아니다. 화행이 성공적으로 수행되기 위해서는 반드시 지켜야 할 조건들이 있는데, 이것을 Austin(1962)은 다음과 같은 '실패 이론(Theorie der Fehlschläge)'으로 제시하였다.

(A1) 특정한 단어들을 발화함으로써 특정 행위를 수행할 수 있게 하는 관습(Konvention)이 존재해야 한다. 예를 들어, "나는 너를 모욕한다"라는 말로 상대방을 모욕할 수 없는 것은 이 언어적 표현으로 상대방을 모욕하는 할 수 있게 하는 관습이 없기 때문이다.

(A2) 관습은 올바른 조건하에서 적용되어야만 한다. 위의 예에서 장관에 대한 임명권이 없는 사람은 '임명'을 하기 위해 사용되는 언어 표현을 발화해도 '임명'이라는 화행이 성공적으로 수행되지 않는다.

(B1) 관습에 의해 정해진 절차가 정확하게 수행되어야 한다. 예를 들어, "너도 매일지각하지만, 내가 오늘 지각해서 미안하다"라고 말한다면 이것은 '사과'하는 행위로 이해되지 않는다.

(B2) 관습에 의해 정해진 절차는 완전하게 이루어져야 한다. 예를 들어, '내기하기'라는 언어 행위가 성공적으로 이루어지기 위해서는 내기를 제안하는 화행과 내기를 수

용하는 화행이 모두 이루어져야 한다.

이와 같은 조건이 충족되지 않으면 화행이 성공적으로 수행되지 못한다. 그리고 예를 들어, 내일 다시 오겠다고 약속을 하면서 사실 속으로는 다시 올 마음이 없거나 약속한 행위를 실제로 수행하지 않는다면, 이것은 외형상으로는 화행이 성공적으로 수행된 것처럼 보이지만 사실은 화자가 화행의 규칙을 오용한 것이다. 이런 경우와 관련하여 Austin은 다음의 두 가지 규칙을 제시하고 있다.

(Γ1) 특정한 의도나 감정을 포함하는 것으로 되어있는 발화를 하는 경우, 화자는 그 의도나 감정을 실제로 갖고 있어야 한다.
(Γ2) 특정한 화자의 태도나 행동을 기대하게 하는 발화를 하는 경우, 그 태도나 행동은 실현되어야 한다.

이와 같은 '실패 이론'을 바탕으로 Searle(1969)은 화행이 성공적으로 수행되기 위한 필요충분조건으로 다음과 같은 조건을 제시하였다.

1) **정상적인 입력과 출력 조건**(normale Eingabe- und Ausgabebedingungen)
   이것은 정상적으로 의사소통을 할 수 있기 위한 기본적인 조건과 관련되는 것으로, 두 사람이 말을 할 때, 청각 장애, 소음, 다른 육체적·정신적 결함 등에 의해서 장애를 받지 않아야 한다는 것이다.
2) **명제적 내용 조건**(Bedingungen des propositionalen Gehalts)
   화행의 명제적 내용(propositionaler Gehalt)은 그 화행의 명제적 내용으로 적당한 것이어야 한다. 예를 들어, '약속'의 명제적 내용은 화자가 수행할 미래의 행동이어야 한다. 따라서 화자가 어제 한 행동을 나타내는 명제적 내용은 '약속' 행위의 명제적 내용이 될 수 없다.
3) **도입조건**(Einleitungsbedingungen)
   이 조건은 한편으로는 화행이 의미 없거나 목적 없이 발화되어서는 안 된다는 것을 말하는 것으로, 예를 들어, 청자가 어차피 할 행위는 요구의 대상이 될 수 없고, 창문이 열려 있는데 창문을 열어 달라고 부탁할 수는 없다는 것이다. 또 부탁은 부탁 받은 사람이 부탁 받은 일을 할 수 있는 능력이 있거나, 그런 능력이 있다고 화자가 생각할 수 있을 때 가능하다.

4) 성실성 조건(Aufrichtigkeitsbedingungen)

　　이 조건은 Austin이 제시한 (Γ1)의 조건과 일치한다.

5) 본질적 조건(wesentliche Bedingung)

　　이것은 화행의 특성을 나타내는 조건으로, 예를 들어 '약속' 행위의 본질적 조건은
화자가 스스로에게 특정한 행위를 할 책임을 지우려는 의도를 갖는 것이다.

　정상적인 입력과 출력 조건은 일반적으로 모든 화행에 동일하게 적용되는
조건이다. 그러나 나머지 네 가지 조건은 화행마다 다르다. 그럼 몇 가지 화
행의 성공조건을 보자.

	'주장'	'요구'	'경고'
명제적 내용 조건	모든 명제 p	청자가 미래에 할 행위 A	미래의 사태나 사건 E
도입 조건	1. 화자는 p가 참이라는 증거나 이유를 갖고 있다. 2. 청자가 p를 알고 있는지가 화자에게 명백하지 않다.	1. 청자는 A를 할 수 있으며, 그것을 화자는 믿는다. 2. 요구를 하지 않아도 청자가 A를 할 것이라는 것이 화자에게 명백하지 않다.	1. E가 발생할 것이며 또 이것이 청자에게 이롭지 않을 것이라고 믿을 만한 이유를 화자는 가지고 있다. 2. E가 발생할지는 화자와 청자 모두에게 분명하지 않다.
성실성 조건	화자는 p가 참이라고 믿는다.	화자는 청자가 A를 하기를 바란다.	E가 청자에게 이롭지 않을 것이라고 화자는 믿는다.
본질적 조건	이것은 p가 실제 사태를 나타낸다는 것을 화자가 보증하는 것이다.	이것은 청자가 A를 하도록 화자가 시도하는 것이다.	이것은 E가 청자에게 이롭지 않을 것이라는 사실을 화자가 보증하는 것이다.

2.5 간접화행

주어진 발화가 어떤 화행의 실현체인지를 파악하기 위해서는 크게 보아 두 가지 유형의 정보가 이용된다. 첫 번째 유형은 그 발화 안에 들어 있는 발화수반행위 지시체(Illokutionsindikator)이다. 가장 명시적인 발화수반행위 지시체는 수행 동사이며, 그 밖에도 문장의 유형, 억양, 불변화사, 접속사 등 다양한 음성적, 문법적 장치들이 발화의 의사소통 기능을 지시하는 역할을 한다. 또 다른 한 가지 유형은 문맥 정보이다. 이미 앞에서 보았듯이 "Das Eis ist dünn (얼음이 얇다)"이라는 발화는 상황과 맥락에 따라 다양한 화행의 실현체로 이해될 수 있다. 그런데 발화수반행위 지시체들은 그것이 전형적으로 지시하는 화행이 있는 것처럼 보인다. 예를 들어, 발화가 의문문의 형태로 되어 있다면 청자는 이 발화를 통해 '질문'이 수행되었을 가능성이 높은 것으로 예상한다. 그러나 다음과 같은 예에서는 이런 예상이 빗나간다는 것을 확인할 수 있다.

(16) Kannst du mir das Salz reichen? (나에게 소금을 건네 줄 수 있니?)

만약 이 발화가 식탁에서 식사를 하는 상황에서 이루어졌다면, 이것은 소금을 건네 달라는 '부탁'으로 이해될 것이다. 여기에서 의문문이라는 발화수반행위 지시체가 지시하는 화행과 실제로 수행된 화행 사이에 차이가 나타난다. 즉 발화수반행위 지시체가 지시하는 화행은 '질문'이지만, 실제로 수행된 화행은 '부탁'인 것이다. 이와 같은 경우에 Searle은 '질문'을 통해 간접적으로 '부탁'이 수행된 것으로 보는데, 이렇게 간접적으로 수행된 화행을 그는 '간접화행(indirekte Sprechakte)'이라고 불렀다. 그리고 그에 따르면 청자는 (16)의 발화를 먼저 '질문'으로 이해하지만, 대화 상황에 대한 인식을 바탕으로 추론하여 이 발화로는 '부탁'이 수행된 것으로 이해하게 되는 것이다. 이와 유사한 현상은 다음과 같은 예에서도 발견할 수 있다.

(17) a. Dort ist die Tür. (저쪽에 문이 있습니다.)
     b. Du kannst gehen. (너는 가도 된다.)

c. Wirst du damit aufhören? (그것 그만 두겠니?)

d. Ich wünsche, dass das in Zukunft anders gemacht wird.

(그것이 앞으로는 다르게 이루어지기를 나는 바란다.

나는 네가 이것을 앞으로는 이렇게 하지 않기 바란다.)

e. Warum versuchst du es nicht? (너는 그것을 왜 시도하지 않니?)

f. Es wäre besser für dich, wenn du zum Arzt gehst.

(네가 의사에게 가보는 것이 너에게 나을 텐데.)

(17a)에서는 문이 있는 곳을 '지적(HINWEISEN)'함으로써 이 방에서 나가 달라는 '요구'를 간접적으로 실행했으며, (17b)에서는 청자가 갈 수 있다는 사실을 '주장(BEHAUPTEN)'함으로써 가달라는 요구를 간접적으로 표현하고 있다. 또 (17c)와 (17e)에서는 '질문'을 통하여 '요구'와 '권유'를 실행하고 있으며, (17d)와 (17f)에서는 '주장'을 통해 '요구'와 '권유'를 실행하고 있다. 그런데 간접화행에 대한 연구에서 해결해야할 한 가지 중요한 문제는 어떤 간접적 방식으로 간접화행을 실행할 수 있는지를 밝히는 것이다. 예를 들어, 아무 화행 혹은 아무 발화을 통해서나 '요구'를 할 수 있는 것은 아니다. (17a)에서는 요구하는 행위를 수행하기 위해 전제가 되는 지식을 지적함으로써 간접적으로 '요구'가 수행되었으며, (17c)에서는 '요구'의 명제적 내용에 대한 질문을 함으로써 '요구'가 수행되었다. 또 (17d)에서는 '요구' 행위의 성실성 조건을 주장함으로써 '요구'가 수행되었고, (17e)에서는 요구하려고 하는 행위를 하지 않는 이유에 대한 '질문'을 통하여 간접적으로 '요구'를 수행하였다. 그리고 (17f)에서는 화자가 요구하는 행위를 청자가 해야하는 이유를 '주장'함으로써 간접적으로 '요구'를 실행하고 있다. 이처럼 '요구'를 간접적으로 수행하는 데는 특정한 원리가 있는 것으로 보인다. 그런데 이 원리를 대화의 축약으로 설명하려는 시도가 있다. 예를 들어, (16)의 발화가 '부탁'으로 이해되는 것은 다음과 같은 대화가 축약되었기 때문이라는 것이다.

(16') Sp1 : Kannst du mir das Salz reichen? (나에게 소금을 건네줄 수 있니?)

Sp2 : Ja. (응.)

Sp1 : Dann reich es mir bitte. (그럼 그것을 나에게 건네줘.)

Sp2 : Hier bitte. (여기 있어.)

그러나 '간접화행'이라는 개념은 논란의 여지가 있다. Searle은 (16)과 같은 발화를 통해 먼저 '질문'이 수행되고, 이 '질문'을 통하여 간접적으로 '요구'가 수행된다고 보았지만, (16)으로 '질문'이 수행되었다고 할 수 있는지는 의문이다. '질문'은 화자가 알지 못하는 정보를 얻고자 하는 시도이지만, (16)의 발화를 통해 화자는 청자가 소금을 건네줄 수 있는 능력이 있는지를 알고 싶어하는 것이 아니기 때문에, 이 발화를 통해 '질문'이 실행되었다고 보기 어렵다. Hindelang(1983)에 따르면, '간접화행'의 문제가 제기된 이유는 '질문 행위(Fragehandlung)'와 '질문의 의미(Fragebedeutung)', 그리고 '의문문(Fragesatz)'을 서로 혼동했기 때문이다. 다음 예문들을 보자.

(18) a. Wie heißen Sie? (당신의 이름은 무엇입니까?)
    b. Sagen Sie mir bitte, wo Sie wohnen!
       (당신이 어디에 사는지 나에게 말해주세요.)
    c. Ich frage dich, wo der Schlüssel ist.
       (열쇠가 어디에 있는지 나는 너에게 묻는다.)
    d. Würden Sie mir Ihre Papiere zeigen?
       (저에게 당신의 신분증을 보여주시겠습니까?)
    e. Willst du eine Tracht Prügel? (너 호되게 맞고 싶니?)
    f. Was kann schöner sein, als am Strand zu liegen und in die Sonne zu gucken?
       (무엇이 해변에 누워 태양을 보는 것보다 더 좋을 수가 있을까?)

이 문장들은 모두 질문의 의미를 갖고 있다. 그러나 여기서 (18b)와 (18c)는 의문문이 아니다. 그리고 이 중에서 '질문' 행위는 (18a)~(18c)만이다. 이것을 도표로 정리하면 다음과 같다.

	Fragehandlung	Fragebedeutung	Fragesatz
a.	+	+	+
b.	+	+	−
c.	+	+	−
d.	−	+	+
e.	−	+	+
f.	−	+	+

이 표에서 알 수 있는 바와 같이, (18d)~(18f)는 의문문의 형태를 갖고 있기는 하지만 '질문' 행위는 아니다. 이와 같은 분류에 따르면 (16)은 의문문이기는 하지만 '질문' 행위의 실현체는 아닌 것이다. 그렇다면 (16)과 같은 발화는 어떻게 '요구'로 이해될까? 이것은 다음과 같이 설명할 수 있다. "Kannst du mir (bitte) ……?"와 같은 형식은 흔히 공손한 '요구'를 하는 전형적인 발화 형태이며, 이것은 '요구'를 수행하기 위해 사용할 수 있는 표현에 대한 지식에 포함되어 있다. 따라서 청자는 이 발화를 들으면 바로 화자가 어떤 '요구'를 한 것이라고 이해하게 된다. 즉 이 형식은 이미 '요구'의 한 가지 실현 형태로 관습화되어 있는 것이다.

　그러나 간접화행으로 설명되었던 모든 현상들을 특정 화행의 관습화된 발화 형태라고 설명하기는 쉽지 않다. 왜냐하면 그런 현상들 중에는 아직 완전히 관습화되었다고 보기 어려운 형태나 경우에 따라서는 전혀 새로운 방식으로 '간접적인' 발화를 하는 경우가 있기 때문이다. 예를 들어 다음과 같은 발화는 상황에 따라서 먹을 것을 좀 달라는 '요구'나 에어컨을 켜라는 '요구'로 이해될 수도 있다.

(19) a. Ich war gerade in der Mensa. Aber die Kasse war schon geschlossen.
　　　　(나는 금방 학생 식당에 갔었다. 그러나 매표소가 이미 닫혀있었다.)
　　 b. Ich habe gehört, dass du neulich eine Klimaanlage gekauft hast.
　　　　(나는 네가 새로 에어컨을 샀다는 소식을 들었다.)

　이 두 발화가 '요구'로 이해될 수 있는 가능성도 이미 관습화되었다고 보기는 어렵다. 따라서 이와 같은 발화에서는 한 가지 화행이 실행되고 그 화행을 통하여 또 다른 한 가지 화행이 실행된다는 Searle의 간접화행이론은 문제가 있다고 하더라도, 이런 발화들에 일종의 '간접성'이 들어있는 것은 사실인 것으로 보인다. 이제 문제는 어떻게 이와 같은 발화를 통하여 화자가 수행하는 '요구'가 청자에 의해서 제대로 이해될 수 있는가 하는 것이다. 이것은 다음에서 소개할 대화함축이론으로 설명할 수 있다.

3. 대화함축

우리는 1장에서 언어를 통한 의사소통에서 언어적 표현의 축어적 의미와 발화의미가 일치하지 않는 경우를 보았으며, 그런 경우들을 다음과 같이 몇 가지로 유형화했었다.

[Typ 1] $P \rightarrow P$
[Typ 2] $P \rightarrow P + Q$
[Typ 3] $P \rightarrow P'$
[Typ 4] $P \rightarrow Q$
[Typ 5] $P \rightarrow R$

여기서 먼저 제기되는 문제는 어떻게 P라고 말했음에도 불구하고, P'나 Q 혹은 R을 의미할 수 있으며, 또 그런 의미가 어떻게 청자에 의해서 이해되는가 하는 점이다. 2.5에서 살펴 본 간접화행 중 일부는 발화의미가 축어적 의미와 명제적 내용은 동일하지만 의사소통 기능에서 차이가 나는 세 번째 유형에 속한다. 다음 예를 보자.

(20) Kannst du mir das Salz reichen? (나에게 소금을 건네줄 수 있니?)

이 발화는 축어적으로 보면 소금을 건네줄 수 있는 능력에 대한 질문이지만, 실제로 화자는 이 발화로 소금을 건네 달라는 부탁을 한 것이다. 이와 같은 관계를 2장에서 소개한 Searle/Vanderveken(1985)의 형식화 방법에 따라 기술하면 다음과 같다.

$$f_1(p) \rightarrow F_2(P)$$

　여기서는 명제적 내용은 변화하지 않지만, 발화수반력은 발화수반력 지시체가 지시하는 것과 다르다는 것을 알 수 있다(여기에 대해서는 5장에서 상세하게 다루겠다). 그런데 축어적 의미가 발화의미와 전혀 다른 〔Typ 4〕와 〔Typ 5〕에 속하는 다음 경우들은 어떻게 설명이 할 수 있는가?

　　(21) a. Politik ist Politik. (정치는 정치야.)
　　　　b. A : Frau Schmidt gefällt mir gar nicht. (슈미트 부인은 내 마음에 들지 않아.)
　　　　　 B : Das Wetter ist wunderschön. (날씨가 정말 좋군.)

　이와 같은 현상을 비롯하여 대화상에서 나타나는 여러 가지 언어 현상은 Grice가 제시한 대화격률(Konversationsmaxime)을 이용하여 설명할 수 있다.

3.1 대화격률

　Grice가 제시한 대화격률은 언어적 의사소통이 합리적으로 이루어지기 위한 전제가 되는 규칙들로서, 언어적 의사소통은 이 규칙을 대화 참여자들이 지킨다는 전제하에서만 이루어질 수 있다. 따라서 인간은 이 격률이 지켜지지 않는 것처럼 보이는 경우에도 이 격률이 지켜진 것으로 해석할 수 있는 모든 가능성을 찾게 되며, 이 과정에서 축어적 의미와 다른 발화의미를 찾아내게 된다. 이 대화격률은 다음과 같은 상위 원칙 한 가지와 네 개의 하위 격률로 구성되어 있다.

　　(P) 협동의 원칙
　　　　대화 상대방과 같이 추구하고 있는 대화의 목적에 맞도록 발화하라.
　　(M) (MⅠ) 양의 격률
　　　　　1) 대화의 목적에 필요한 만큼 정보를 제공하라.
　　　　　2) 대화의 목적에 필요한 것 이상의 정보는 제공하지 말라.

(MⅡ) 질의 격률

    1) 상위 격률 : 참인 말만 하도록 노력하라.

    2) 구체화

        a) 거짓이라고 믿는 것에 대해서는 말하지 말라.

        b) 충분한 증거가 없는 것에 대해서는 말하지 말라.

(MⅢ) 관련성의 격률

    관련이 있는 것만 말하라.

(MⅣ) 태도의 격률

    1) 모호함을 피하라.

    2) 중의성을 피하라.

    3) 간단하게 설명하라.

    4) 순서를 지켜라.

화자는 이 격률을 지키거나 혹은 무시함으로써 축어적 의미에 들어있지 않은 발화의미를 전달하게 되는데, 이것을 '대화함축(konversationelle Implikaturen)'이라고 한다. 먼저 대화격률을 지킴으로써 나타나게 되는 대화함축에 대해서 알아보자.

(22) Einige Philosophen halten die These für unsinnig.
(몇몇 철학자들은 그 주장을 터무니없는 것이라고 여긴다.)

만약 모든 철학자들이 언급이 되고 있는 주장을 터무니없는 것이라고 여기고 있으며 이 사실을 이 발화를 한 사람도 알고 있다면 (22)는 올바른 발화인가? 다른 예를 들자면, 어느 학급의 모든 학생들이 다음날 소풍가는 것에 대해 찬성하고 있는 상황에서 어떤 사람이 "일부 학생들은 소풍가는 것에 찬성한다"라고 말한다면, 이 사람은 거짓말을 한 것인가? 논리적으로 보자면, 소풍가는 것에 찬성하는 일부 학생들이 있기 때문에, 나머지 학생들도 찬성한다는 사실과 관계없이 그 발화는 참이다. 따라서 이 말을 한 사람이 거짓말을 했다고 비난할 수는 없다. 그럼에도 불구하고 이 상황에서 이 발화는 자연스럽게 받아들여지지 않는다. 그 이유는 바로 이 발화를 한 사람은 양의 격률을 어겼기 때문이다. 양의 격률에 따르면, 발화에는 충분한 정보가 들어 있어야 하는데, 이 발화를 한 사람은 정보의 양을 축소해서 말한 것이다. 따라서 (22)를 발화하는 사람이 대화격률을 지킨다는 것을 전제한다면, (22)의 발화를 통해 화자는 "Nicht alle Philosophen halten die These für unsinnig (모든 철학자들이 그 주장을 터무니없는 것이라고 여기지는 않는다)"를 대화함축하고 있다.

질의 격률에 따르면, 화자는 자신이 참이라고 믿는 사실만을 말해야 하기 때문에 (23a)와 같은 발화는 (23b)를 대화함축하고 있다. 만약 (23a)를 말하는 사람이 (23b)를 부정한다면, 질의 격률을 어기게 된다.

> (23) a. Hans hält sich in Korea auf. (한스는 한국에 머물고 있다.)
> b. Der Sprecher glaubt, dass Hans sich in Korea aufhält, und er hat hinreichende Gründe für die Wahrheit seiner Aussage.
> (화자는 한스가 한국에 머물고 있다는 것을 믿으며, 자신의 진술이 참이라는 것에 대한 충분한 근거를 갖고 있다.)

그런데 다음과 같은 대화에서 언급되고 있는 주유소가 오늘 문을 열지 않았다는 것을 B가 알고 있는 상황에서 B가 이 발화를 했다면 우리는 B를 어떤 이유에서 비난할 수 있을까?

> (24) A : Mir ist gerade die Benzin ausgegangen.
> (저는 방금 휘발유가 떨어졌는데요.)
> B : Gleich um die Ecke ist eine Tankstelle.
> (바로 모퉁이를 돌면 주유소가 있습니다.)

만약 그 주유소가 오늘 영업을 하고 있지 않다는 것을 B가 알고 있으면서도 이 발화를 한다면, B는 관련성의 격률을 어긴 것이다. 왜냐하면 이 상황에서 영업을 하지 않는 주유소를 알려준다는 것은 주유 할 수 있는 곳을 묻는 A의 질문에 대한 적절한 대답이 될 수 없기 때문이다. 따라서 B가 관련성의 격률을 지킨다면 B의 발화에는 "Die Tankstelle ist geöffnet (주유소는 문을 열었다)"라는 것이 대화함축 되어있다. 따라서 A는 B의 발화를 통해 B가 말하는 주유소는 열려 있으며 그곳에서 주유를 할 수 있을 것으로 기대할 수 있다.

다음과 같은 두 발화는 논리적으로 볼 때 동일한 진리치를 갖는다. 그러나 실제 상황에서 이 두 발화는 매우 다른 결과를 초래할 수 있다.

> (25) a. Maria hat Peter geheiratet und wurde schwanger.
>   (마리아는 페터와 결혼을 했고 임신을 했다.)
>   b. Maria wurde schwanger und hat Peter geheiratet.
>   (마리아는 임신을 했고 페터와 결혼했다.)

여기서 "Maria hat Peter geheiratet"을 P라고 하고, "Maria wurde schwanger"를 Q라고 한다면, (25a)와 (25b)는 다음과 같이 형식화 할 수 있다.

> (25′) a. P∧Q
>   b. Q∧P

그런데, P∧Q와 Q∧P는 논리적으로 동치이므로, (25a)와 (25b)는 의미상으로 차이가 없어야 한다. 그러나 실제로는 사건의 선후 관계와 관련해서 서로 다른 대화함축을 갖는다. 이 차이는 바로 태도의 격률의 네 번째 하위 격률 "순서를 지켜라"에 근거한다. 이 격률에 의하면 두 가지 사건을 열거할 때 이 두 사건이 일어난 순서대로 언급해야 하는 것이다.

3.2 대화격률의 의도적 위반

언어적 의사소통에서는 대화격률을 지키는 것이 전제가 되지만, 이 격률을 의도적으로 위반함으로써 축어적 의미와 다른 발화의도를 전달하는 메커니즘이 존재한다. 다음 예를 보자.

> (26) Politik ist Politik. (정치는 정치야.)

이 발화는 "A = A"의 형태를 갖고 있기 때문에 항상 참인 항진 명제이다. 그리고 A를 무엇으로 대치하더라도 진리치는 변하지 않는다. 그렇다면 이 발화는 정보성이 없고, 따라서 양의 격률 1)을 위반하는 것이다. 그럼에도 불구하고 이 발화는 매우 유의미한 것으로 이해되며, A를 다른 명사로 대치한 발화들과 다른 의미를 갖는다(예 : Geschäft ist Geschäft). 이것은 (26)의 발화는 양의 격률을 위반하기는 했지만 그것의 상위 격률인 협동의 원칙은 지킨다고 믿으면서 이것의 발화의미를 추론해내기 때문이다. 물론 이 발화의 발화의미가 무엇인지는 대화 상황에 따라 다를 수 있지만, 흔히 이 발화에는 "Politik ist ein schmutziges Geschäft (정치는 더러운 거야)"라는 것이 대화 함축되어 있다.

다음 예에서는 질의 격률을 의도적으로 위반함으로써 축어적 의미와 전혀 다른 발화의미를 표현하는 것을 확인할 수 있다.

(27) A : Hans ist ein großartiger Fußballspieler. (한스는 훌륭한 축구선수야.)
　　 B : Ja genau, und Beckenbauer ist der mieseste, den ich kenne.
　　　　(아 그럼. 베켄바우어는 내가 아는 가장 엉터리 축구선수이고.)

베켄바우어가 매우 훌륭한 축구선수였다는 것은 모든 사람들이 다 아는 사실이다. 따라서 B의 발화는 질의 격률을 위반한 것이다. 그럼에도 불구하고 B가 협동의 원칙은 지킨다고 전제한다면, B는 질의 격률을 어김으로써 축어적 의미와는 다른 발화의미를 표현하려고 했다는 것을 추측할 수 있다. 이 상황에서 B는 이 발화를 통해 A의 발화에 동의하지 않는다는 것을 대화 함축하고 있다. 이밖에 반어적인 표현이나 수사학적 질문도 바로 이런 메커니즘을 통해서 의사소통에 기여한다.

이번에는 다음과 같은 대화 상황에서 B가 한 발화에 주목해보자.

(28) A : Frau Schmidt gefällt mir gar nicht. (슈미트 부인은 내 마음에 들지 않아.)
　　 B : Das Wetter ist wunderschön. (날씨가 정말 좋군.)

여기서 B는 A의 발화와 전혀 관계가 없는 발화를 했는데, 이것은 관련성의 격률에 어긋나는 것이다. 그러나 B가 협동의 원칙은 지킨다고 본다면, B가 이 발화를 통해서 축어적 의미와는 다른 무언가를 대화함축하고 있다는 것을 상정할 수 있다. 즉 B가 협동적으로 대화에 참여하고 있지만 관련성의 격률에 어긋나는 발화를 한다면, 거기에는 그만한 이유가 있으리라고 생각할 수 있으며, 그것은 B가 관련성이 있는 발화를 할 수 없는 상황에 처해 있기 때문일 것으로 판단할 수도 있다. 이런 추론 과정을 거쳐 A는 슈미트 부인이 근처에 있다는 것을 B가 말하려고 한다는 것을 파악할 수 있다. 물론 B는 상황에 따라 이 발화를 통해 다른 것을 대화함축 할 수도 있다. 예를 들어, B는 슈미트 부인에 대한 비난에 동의하지 않는다는 것을 표현할 수도 있고, 대화의 주제를 바꾸고 싶다는 생각을 표현할 수도 있다.

태도의 격률을 의도적으로 위반함으로써 대화함축을 발생시키는 경우들은 매우 흔히 발견된다. 먼저 다음 예를 보자.

> (29) A : Wer ist der neue Dekan der philosophischen Fakultät?
> (철학부의 새 학장은 누구니?)
> B : So ein Liberaler. (어떤 자유주의자야.)

B는 새로 선출된 학장이 누구인지 알지만, 이와 같이 불분명하게 대답함으로써 '모호함을 피하라'는 태도의 격률을 위반하였다. 그러나 B가 협동의 원칙은 지킨다고 전제한다면, 이 격률 위반을 통해 B는 무언가를 대화함축하고 있다는 결론에 이르게 된다. 이 발화를 통해 B는 예를 들어 새로 선출된 학장에 대해 구체적으로 언급하고 싶어하지 않는다는 것을 표현하는 것일 수도 있다. 이런 예는 일상 언어 생활에서 흔히 발견할 수 있다. 다음 예를 보자.

> (30) A : 누구 만나느라 이렇게 늦었니?
> B : 응, 그냥 어떤 아는 사람.

> (31) A : 너 어제 어떤 영화 봤니?
> B : 응, 그냥 시시한 거 하나 봤어.

(32) A : 다희와 무슨 일로 다투었니?
　　　B : 응, 별 거 아니야.

3.3 대화격률과 대화함축

앞에서 살펴본 바와 같이 화자는 대화격률을 지키거나 아니면 의도적으로 위반함으로써 대화함축을 유발한다. 대화격률을 의도적으로 위반하는 경우에도 상위 격률인 협동의 원칙은 준수한다는 것을 전제로 하기 때문에, 협동의 원칙을 준수하는 것으로 상대방의 발화를 해석하려는 노력을 통해 청자는 화자가 대화함축한 것을 파악하게 된다. 화자가 P를 발화하면서도 Q를 대화함축할 수 있는 조건을 Grewendorf/Hamm/Sternefeld(1987:408)에서는 다음과 같이 정리하였다.

　(a) 화자가 최소한 협동의 원칙은 지킨다고 가정할 수 있다.
　(b) 화자가 Q를 생각하고 있다고 가정한다면, 화자가 P를 발화했다는 것이 (a)의 조건
　　　에 어긋나지 않는다.
　(c) 청자는 (b)가 필요하다는 것을 알아낼 수 있는 능력을 갖고 있다고 화자는 생각한다.

그런데 청자의 입장에서 대화함축된 것을 이해하기 위해서는 다음과 같은 것들이 필요하다(Grewendorf/Hamm/Sternefeld 1987:408f.).

　(a) 사용된 어휘들의 관습적인 의미
　(b) 협동의 원칙과 대화격률
　(c) 발화의 언어 내적 문맥과 언어 외적 문맥
　(d) 배경 지식
　(e) 위의 자료를 화자와 청자가 공유하고 있으며 이것을 화자와 청자가 모두 가정한다
　　　는 가정

이상에서 살펴본 대화격률과 대화함축이론으로 "P → Q" 유형과 "P → R" 유형에 속하는 축어적 의미와 발화의미의 관계를 적절하게 설명할 수 있다. 다음 예문을 보자.

(33) Politik ist Politik. (정치는 정치야.)

(34) A : Frau Schmidt gefällt mir gar nicht. (슈미트 부인은 내 마음에 들지 않아.)
　　　B : Das Wetter ist wunderschön. (날씨가 정말 좋군.)

(33)은 네 번째 유형, 즉 "P → Q" 유형에 속하는데, 이것은 양의 격률에 대한 의도적인 위반으로 발생하는 대화함축으로 설명된다. 또 (34)에서 B의 발화는 다섯 번째 유형, 즉 "P → R" 유형에 속하는데, 이것은 관련성의 격률에 대한 의도적인 위반으로 발생하는 대화함축으로 설명할 수 있다. 이 두 가지 유형뿐만 아니라 두 번째 유형도 부분적으로는 대화함축으로 설명이 된다. 다음 예를 보자.

(35) Einige Philosophen halten die These für unsinnig.
　　 (몇몇 철학자들은 그 주장을 터무니없는 것이라고 여긴다.)

이 발화에는 이 발화의 축어적 의미와 더불어 "Nicht alle Philosophen halten die These für unsinnig (모든 철학자가 그 주장을 터무니없는 것이라고 여기는 것은 아니다)"도 대화함축 되어 있기 때문에, "P → P+Q" 유형에 속하는 것으로 볼 수 있다. 그런데 이 유형에 속하는 모든 언어 현상이 대화함축으로 설명되는 것은 아니다. 다음 장에서 소개할 '전제(Präsupposition)' 현상도 이 유형에 속한다.

4. 전제

말을 할 때에는 그 말의 축어적 의미 이외에도 화자가 사실이라고 추정하는 것들이 있다. 예를 들어 "철수는 담배를 끊었다"라는 발화를 하는 사람은 "철수가 이전에 담배를 피웠었다"는 것을 사실로 추정한다. 이와 같은 것을 '전제(Präsupposition)'라고 부르는데, 전제 현상이 나타나는 발화를 통해서는 발화의 축어적 의미 이외에 전제되는 명제들도 추가적인 정보로 전달된다. 따라서 전제 현상이 있는 발화의 축어적 의미와 발화의미의 관계는 "P → P+Q"
의 형식을 갖는다고 볼 수 있다. 여기서는 이런 전제 현상에 대해서 자세히
알아보겠다.

4.1 전제 현상에 대한 논의의 역사

전제 현상에 대한 논의는 19세기 말 철학에서 먼저 시작이 되었고, 오랫
동안 철학에서 주도하였다. 철학에서 이루어진 논의의 주요 쟁점은 전제가
충족되지 않는 문장의 진리치 문제였는데, 이 논의는 주로 문장에 나타나는
고유명사 및 한정적 표현과 관련하여 이루어졌다.

> (36) Lothar war ein hervorragender Fußballspieler.
> (로타는 뛰어난 축구선수였다.)

> (37) Der König von Frankreich ist krank. (프랑스의 왕은 아프다.)

(36)에서는 로타라는 사람이 존재한다는 것이 전제가 되고, (37)에서는
프랑스의 왕이 존재한다는 것이 전제가 된다. 그런데 문제는 이런 전제가 충
족되지 않는 경우, 예를 들어, 프랑스의 왕이 존재하지 않는 경우 (37)과 같
은 문장은 참인 문장인가 아니면 거짓인 문장인가 하는 것이다. Frege는
"Über Sinn und Bedeutung"(1892)에서 전제가 충족되지 않는 문장은 참
도 거짓도 아니라고 보았다. 그러나 Russell은 "On Denoting"(1905)에서
전제도 같이 주장되는 것이기 때문에 전제가 참이 아닌 문장의 진리치는 거
짓이라고 주장했다. 그는 (37)과 같은 문장을 다음과 같이 분석하였다.

> (37′) Es gibt zum gegenwärtigen Zeitpunkt einen König von Frankreich,
>   und zwar geanu einen, und dieser ist krank.
>   (현재 프랑스에는 왕이 있는데, 왕은 여러 명이 아니라 오직 한 명이며, 바로 이 사람이 아프다)

Russell에 따르면, 여기에는 세 가지 주장이 und로 접속되어 있으므로,

이 중 어느 한 가지 주장이라도 거짓이면 전체 문장은 거짓이 된다는 것이다. 그러나 Strawson은 "On Referring"(1950)에서 Russell의 주장을 비판하였다. 그는 '문장'과 '문장의 사용'을 구분해야 한다고 주장하였는데, 그에 따르면 문장은 그 자체로는 참도 거짓도 아니며, 특정한 상황에서 사용되었을 때 비로소 그것의 진리치에 대해서 이야기할 수 있다고 하였다. 따라서 (37)과 같은 문장은 그 자체로는 참도 거짓도 아니지만, 예를 들어 1670년 8월 15일에 이 문장이 사용되었고 그 시점에서 프랑스의 왕이 아프다면 이 발화는 참이 된다. 또 1770년 11월 12일에 이 문장이 사용되었고 그 시점에서 프랑스의 왕이 아프지 않다면 이 발화는 거짓이 되는 것이다. 그런데 이 문장이 2002년 8월 12일에 사용되었다면, 이 시점에는 프랑스의 왕이 존재하지 않기 때문에 이 발화의 진리치는 논할 수 없는 것이다.

위에서 살펴본 바와 같이, 전제 현상에 대한 철학적 논의는 전제가 들어있는 문장의 진리치 문제를 중심으로 이루어졌고 이 문제에 대한 다양한 의견이 제시되었지만, 문장을 부정해도 전제는 사라지지 않는다는 것(Konstanz unter Negation)을 전제 현상의 주요 특성으로 보는 데는 의견이 일치하였다.

(38) Der König von Frankreich ist nicht krank. (프랑스의 왕은 아프지 않다.)

(37)의 문장을 부정한 (38)에서도 전제되는 것은 (37)에서와 동일하다. 즉 (37)의 발화에서 프랑스 왕의 존재가 전제되듯이, (37)를 부정한 (38)의 발화에서도 마찬가지로 프랑스 왕의 존재가 전제된다. 이와 같은 사실은 다음 예에서도 확인할 수 있다.

(39) Herr Lange hat aufgehört zu rauchen. (랑에씨는 담배를 끊었다.)

이 문장에서는 랑에씨가 이전에 담배를 피웠었다는 것이 전제가 된다. 그런데 이 전제는 이 문장을 부정해도 변하지 않는다.

(39′) Herr Lange hat nicht aufgehört zu rauchen. (랑에씨는 담배를 끊지 않았다.)

이와 같은 특성을 갖는 전제 현상은 철학적 논의의 대상이 되었던 한정적

기술들 이외에도 다양한 유형의 언어적 표현에서 나타난다. 여기에 대해서
는 다음 절에서 다룬다.

4.2 전제의 유형

전제 현상은 소위 '전제 유발자(Präsuppositionsauslöser, presupposition-
trigger)'라고 불리는 언어적 표현이 들어있는 다양한 발화에서 관찰된다.
Levinson(1990)은 Karttunen이 모아놓은 모두 31가지의 전제 유발자들
가운데 대표적인 13가지 전제 유발자의 유형을 제시하고 있으며, 이를 바탕
으로 Grewendorf/Hamm/Sternefeld(1987)는 독일어의 18가지 전제 유발
자 유형을 제시하고 있다. 한편 Yule (1996)은 6가지 대표적인 전제의 유형
을 다루고 있는데, 이것을 Meibauer(2001)는 독일어 예문을 통하여 설명한
다. 여기서는 Yule과 Meibauer가 제시한 6가지 전제 유형을 소개한다.

첫 번째 전제의 유형은 이미 앞에서 살펴본 '존재전제(Existenzpräsupposition)'
이다. 이 전제는 다음과 같은 한정적 기술에서 나타난다. (여기서 '》'는 '전제한
다'를 의미한다.)

(40) Die Rechtschreibreform verursacht viele Probleme.
    (정서법 개정은 많은 문제들을 유발시킨다.)
    》 Es gibt eine Rechtschreibreform. (정서법 개정이 있다.)

두 번째 유형은 '사실적 전제(faktive Präsupposition)'로서 wissen과 같은
사실성 동사(faktive Verben)나 사실성 술어(faktive Prädikate)에 의해서 유
발된다. 사실성 동사와 사실성 술어에는 다음과 같은 것들이 있다.

bedauern, bereuen, bemerken, erkennen, komisch sein, froh sein, stolz
sein, traurig sein, vergessen, wissen 등

(41) a. Alle wissen, dass Peter Maria liebt.
(페터가 마리아를 사랑한다는 것은 모든 사람들이 알고 있다.)
〉〉 Peter liebt Maria. (페터는 마리아를 사랑한다.)
b. Peter bedauert, dass Maria den Besuch abgesagt hat.
(페터는 마리아가 방문을 취소한 것을 유감스럽게 생각한다.)
〉〉 Maria hat den Besuch abgesagt. (마리아는 방문을 취소했다.)

세 번째 유형의 전제는 다음의 예에서 나타난다.

(42) Peter gibt vor, dass Maria seine Frau ist.
(페터는 마리아가 자기 부인이라고 사칭했다.)
〉〉 Maria ist nicht seine Frau. (마리아는 그의 부인이 아니다.)

이런 유형의 전제는 '비사실적 전제(nicht-faktive Präsupposition)'라고 하는데, 이것은 vorgeben, träumen, vorschweben, vorstellen 등과 같은 동사에 의해서 유발된다. 이 동사들이 주문장의 동사로 사용되는 문장에서 dass-절의 내용은 사실이 아니라는 것이 전제된다.

네 번째 유형의 전제는 다음과 같은 예문에서 나타난다.

(43) a. Kathrin hat geschafft, das Problem zu lösen.
(카트린은 그 문제 푸는 일을 이루어냈다.)
b. Es ist ihr gelungen, das Problem zu lösen.
(카트린은 그 문제 푸는 일에 성공했다.)
c. Kathrin hat versucht, das Problem zu lösen.
(카트린은 그 문제를 풀려고 시도했다.)

(43a)를 주장하면 동시에 (43b)가 사실이라는 것을 주장하게 되며, 또 동시에 (43c)가 사실이라는 것도 전제하게 된다. 이것은 동사 schaffen의 의미에 기인하는데, 이처럼 어휘의 의미에 기인하는 전제의 유형을 '어휘적 전제(lexikalische Präsupposition)'이라고 하며, 이런 어휘에는 schaffen 이외에도 anfangen, aufhören, beginnen, fortfahren 등과 같은 동사와 schon, noch, nur, sogar, auch, wieder 등과 같은 부사가 속한다.

다섯 번째 유형의 전제는 다음 예에서 볼 수 있는 것과 같은 '구조적 전제 (strukturelle Präsupposition)'인데, 이 유형의 전제는 특정한 문장의 구조에 의해서 유발된다는 특성을 갖는다.

> (44) a. Wer hat den Käsekuchen aufgegessen? (누가 치즈 케이크를 다 먹었니?)
>   >> Jemand hat den Käsekuchen aufgegessen.
>   (누군가가 치즈 케이크를 다 먹었다.)
> b. Die Bayern, die als besonders fortschrittlich gelten, sind überall gerne gesehen.
>   (매우 진취적이라고 여겨지는 바이에른 사람들은 어디서나 환대를 받는다.)
>   >> Die Bayern gelten als besonders fortschrittlich.
>   (바이에른 사람들은 매우 진취적이라고 여겨진다.)

(44a)와 같이 의문사가 있는 의문문과 (44b)와 같이 비제한적으로 해석되는 관계절의 경우에는 구조적 전제를 유발하게 된다.

그리고 마지막 유형의 전제는 다음과 같은 '비현실적 조건문(irreale Konditionalsätze)'에서 나타나는 '반사실적 전제(kontrafaktische Präsupposition)' 이다. 이 유형의 조건문에서는 항상 wenn-절에 나타난 사태의 반대가 참으로 전제된다.

> (45) a. Wenn du mein Freund wärst, würdest du dich nicht so verhalten.
>   (네가 나의 친구라면 너는 그런 태도를 취하지는 않을 텐데.)
>   >> Du bist nicht mein Freund. (너는 나의 친구가 아니다.)
> b. Hätte ich das Staatsexamen gemacht, wäre ich jetzt Lehrer.
>   (내가 국가 시험을 보았더라면 나는 지금 교사일 텐데.)
>   >> Ich habe das Staatsexamen nicht gemacht.
>   (나는 국가 시험을 보지 않았다.)

지금까지 여섯 가지 대표적인 전제의 유형을 살펴보았다. 여기서 소개한 유형들 이외에도 다양한 언어적 표현들이 전제 유발자 역할을 할 수 있는데, 전제 현상에 대한 논의의 핵심적인 부분은 전제가 오직 전제 유발자에 의해 발생하는 의미론인 현상인가 하는 점이다.

4.3 전제의 특성

전제에 대한 언어학적인 연구가 시작된 1960년대 말 이후로 오랫동안 전제를 문맥과 관계없이 특정한 어휘와 구조에 의해서 유발되는 의미론적 현상으로 보았다. 그러나 다음과 같은 예를 보면 문맥에 따라 전제 유발자가 있어도 전제가 나타나지 않거나 전제가 취소될 수 있다는 것을 알 수 있다. 먼저 존재 전제의 유발자인 한정적 기술이 사용되어도 존재 전제가 나타나지 않는 다음과 같은 경우를 보자. (이 절에서 사용된 예문들은 대개 Grewendorf/Hamm/Sternefeld (1987)에서 인용한 것들이다.)

(46) a. Das Ungeheuer von Loch Ness gibt es nicht.
　　　　(네스호의 괴물은 없다.)
　　　　≫* Es gibt genau ein Ungeheuer von Loch Ness.
　　　　(네스호의 괴물은 오직 하나 있다.)
　　b. Der ehrliche Finder erhält eine Belohnung.
　　　　(정직한 발견자는 보답을 받는다.)
　　　　≫* Es gibt genau einen ehrlichen Finder.
　　　　(정직한 발견자가 오직 한 사람 있다.)
　　c. Wo ist meine bessere Hälfte?
　　　　(나의 더 나은 반쪽은 어디에 있는가?)
　　　　≫* Es gibt genau eine Person, die meine bessere Hälfte ist.
　　　　(나의 더 나은 반쪽인 사람이 오직 한 사람 있다.)
　　d. Der Abfahrtsweltmeister von 2005 wird nicht aus Amerika kommen.
　　　　(2005년의 활강 세계 참피언은 미국 출신이 아닐 것이다.)
　　　　≫* Es gibt (zum gegenwärtigen Zeitpunkt) genau einen Abfahrtsweltmeister
　　　　von 2005.
　　　　(2005년의 활강 세계 참피언은 (현재) 오직 한 사람 있다.)
　　〔여기서 '≫*'는 '전제하지 않는다'를 의미한다.〕

그리고 사실적 전제를 유발하는 사실성 동사 bedauern도 다음 예에서 볼 수 있듯이 문맥에 따라서는 전제를 유발하지 않는다.

(47) a. Wenn der Veranstalter Stoiber zur Podiumsdiskussion einlädt, dann
　　　　wird er es bedauern, einen Grünen eingelanden zu haben.

(주최자가 슈토이버를 토론회에 초대한다면, 그는 녹색당원을 초대한 것을 후회하게 될 것이다.)

〉〉 Der Veranstalter hat einen Grünen eingelanden.

(주최자는 녹색당원을 한 사람 초대했다.)

b. Wenn der Veranstalter Joschka Fischer zur Podiumsdiskussion einlädt, dann wird er es bedauern, einen Grünen eingelanden zu haben.

(주최자가 요시카 피셔를 토론회에 초대한다면, 그는 녹색당원을 초대한 것을 후회하게 될 것이다.)

〉〉* Der Veranstalter hat einen Grünen eingelanden.

(주최자는 녹색당원을 한 사람 초대했다.)

우리는 Joschka Fischer가 녹색당원이라는 것을 알리 때문에 (47b)에서 'einen Grünen'은 Joschka Fischer를 지칭하는 것으로 이해하게 되며, 따라서 (47b)에서는 주최자가 녹색당원을 초청했다는 것이 전제되지 않는 것으로 이해한다.

이밖에 어휘적 전제를 유발하는 'es fertigbringen'이나 'wieder'가 사용된 경우에도 문맥에 따라서는 전제가 나타나지 않거나 전제가 취소될 수 있다.

(48) a. Hans brachte es fertig, das Problem zu lösen.

(한스는 그 문제 푸는 일을 마무리했다.)

b. Hans brachte es nicht fertig, die Arbeit in dem geforderten Zeitraum zu schreiben. Er hat sich auch gar keine Mühe gegeben.

(한스는 그 리포트를 요구받은 기간 안에 마무리하지 못했다. 그는 전혀 노력하지 않았다.)

(48a)는 전제 유발자인 'es fertigbringen'에 의해서 "Hans hat sich bemüht, das Problem zu lösen (한스는 그 문제를 풀려고 노력했다)"을 전제로 하지만, (48b)에서는 "Er hat sich auch gar keine Mühe gegeben (그는 전혀 노력하지 않았다)"에 의해서 이 전제가 취소된다. 또한 'wieder'는 어휘적 전제의 유발자로 전에 동일한 사태가 일어났었다는 사실을 전제로 하지만, 다음과 같은 경우에는 이런 전제가 발생하지 않는다.

(49) Hans besuchte seinen Vetter. Nach drei Tagen reiste er wieder ab.

(한스는 그의 사촌을 방문했다. 그는 3일 후에 다시 떠났다.)

즉 여기서는 "Er ist vorher schon mal abgereist (그는 전에 이미 떠난 적이 있다)"라는 것이 전제되지 않는 것이다. 또 의문사가 있는 의문문은 (44a)에서 보았듯이 구조적 전제를 갖지만, 다음과 같은 경우에는 이 전제가 나타나지 않는다.

> (50) a. Wer meldet sich freiwillig?
>
>   (누가 자발적으로 나서겠습니까?)
>
>   ≫* Jemand meldet sich freiwillig.
>
>   (누군가가 자발적으로 나선다.)
>
>   b. Wer will noch ein Gläschen Rotkäppchensekt?
>
>   (누가 빨간 모자표 샴페인을 한 잔 더 하겠습니까?)
>
>   ≫* Jemand will noch ein Gläschen Rotkäppchensekt.
>
>   (누군가가 빨간 모자표 샴페인을 한 잔 더 하려고 한다.)

그리고 bevor로 유도되는 부문장에서도 전제는 문맥에 의해 영향을 받는다.

> (51) a. Peter hat geheiratet, bevor er das Examen gemacht hat.
>
>   (페터는 시험을 보기 전에 결혼했다.)
>
>   ≫ Peter hat das Examen gemacht.
>
>   (페터는 시험을 보았다.)
>
>   b. Peter starb, bevor er das Examen gemacht hat.
>
>   (페터는 시험을 보기 전에 죽었다.)
>
>   ≫* Peter hat das Examen gemacht.
>
>   (페터는 시험을 보았다.)

또한 다음과 같은 경우에는 전제 유발자에 의해서 나타나는 전제 이외에 문맥에 의해서 나타나는 전제도 확인된다.

> (52) a. Letzte Woche haben die Nationalspieler über die Ablösung Lothars diskutiert.
>
>   (지난주에 국가대표 선수들은 로타를 교체하는 것에 대해서 토의했다.)
>
>   b. Der Flankengott aus Bayern hat Lothar verteidigt.
>
>   (바이에른 출신의 센터링의 명수가 로타를 변호했다.)

(52b)에서는 (53a)와 같은 존재전제 이외에 (52a)라는 문맥에 의해서

(53b)도 전제되는 것으로 이해된다.

> (53) a. Es gibt genau einen Flankengott aus Bayern.
> (바이에른 출신의 센터링 명수가 한 명 있다.)
> b. Der Flankengott aus Bayern ist Nationalspieler.
> (바이에른 출신의 센터링 명수는 국가대표 선수이다.)

이와 같은 현상들을 보면 전제는 문맥과 관계없이 단지 언어적 표현에 기인하는 것으로 보기는 어렵다는 것을 알 수 있다. 따라서 전제 현상을 의미론적으로만 연구해서는 이 현상을 적절하게 설명하기 어렵고, 화용론적인 관점으로 연구의 폭을 넓힐 때 비로소 이 현상을 제대로 이해할 수 있게 된다.

5. 맺는 말

1장에서는 축어적 의미와 발화 의미의 관계를 다음과 같은 다섯 가지 유형으로 분류하였다.

> [Typ 1] P → P
> [Typ 2] P → P+Q
> [Typ 3] P → P′
> [Typ 4] P → Q
> [Typ 5] P → R

그러나 2장에서 살펴본 바와 같이 화행은 발화수반력 지시시체(Illokutionsindikator)와 명제적 내용(propositionaler Gehalt)으로 이루어지며, 이것은 'f(p)' 혹은 'F(P)'로 형식화할 수 있다. 여기서 'f(p)'는 언어적 표현의 층위에서 형식화한 것이고, 'F(P)'는 언어 행위의 층위에서 형식화한 것이다. (더 자세한 것은 2절을 참고하시오.) 이와 같은 형식화를 이용하여 위에 제시한 5가지 유형의 축어적 의미와 발화 의미의 관계를 발화 형태(Äußerungsform)와 화행의 관계로 확장하면 다음과 같다.

〔Typ 1〕 $f(p) \rightarrow F(P)$
〔Typ 2〕 $f_1(p) \rightarrow F_1(P) + F_2(Q)$
〔Typ 3〕 $f_1(p) \rightarrow F_2(P)$ 혹은 $f_1(p) \rightarrow F_1(P) \rightarrow F_2(P)$
〔Typ 4〕 $f_1(p) \rightarrow F_2(Q)$
〔Typ 5〕 $f_1(p) \rightarrow F_2(R)$

〔Typ 3〕에서 제시한 두 번째 형식화는 Searle이 제시한 방식으로 간접화행을 이해하는 경우를 나타낸다.

이 글에서는 화용론의 주요 연구 대상이 되는 화행, 대화함축, 그리고 전제 현상을 살펴보았고, 이를 통하여 문맥이나 상황에 근거한 어휘나 발화의 의미와 언어 표현의 의사소통 기능 및 발화수반력의 특성과 체계를 조명해보았다. 그런데 지금까지의 논의는 문장 단위 내지는 개별 화행 단위에서 나타나는 화용론적 현상에 국한되어 있었다. 그러나 화용론적 연구의 핵심은 문맥과 상황 요소가 언어 표현의 의미와 기능에 어떤 영향을 끼치는가를 밝히는 데 있다는 인식 하에, 연구의 대상을 문장 혹은 개별 화행의 단위를 넘어서는 단위로 확장하는 연구가 여러 방향에서 이루어지고 있다. 먼저 개별 화행들이 모여서 대화쌍과 화행 연속체(Sprechaktsequenz)를 이루는 원리에 대한 연구는 1970년대 말부터 이루어졌는데, 이것을 소위 '확대 화행론(erweiterte Sprechakttheorie)'이라고 부른다. 이 연구는 화행들의 연속체가 대화를 형성하는 방법과 원리를 연구하는 '대화문법(Dialoggrammatik)'의 바탕을 이루는데, 이 대화문법은 대화분석(Dialoganalyse)의 연구 방법들 중 한 가지가 된다. 대화분석에서는 대화의 구성 원리와 대화를 할 수 있는 인간의 능력을 규명하는 것을 목표로 한다. (대화분석에 대해서는 박용익(2001)을 참고하시오.)

대화분석이 입말을 주요 연구 대상으로 삼는다면, 텍스트언어학(Textlinguistik)은 글말을 주요 연구 대상으로 삼는다. 텍스트언어학에서는 개별 문장들이 모여서 유의미한 텍스트를 이루는 규칙과 원리를 밝히는 것을 목표로 하는데, 여기서 텍스트 기능(Textfunktion)이라고 하는 텍스트의 화용론적인 특성은 텍스트의 핵심 요소를 이룬다. (텍스트언어학에 대해서는 이성만(1994)을 참조하시오.)

1970년대부터 시작된 '화용론적 전환(pragmatische Wende)'은 언어를 화자와 청자가 같이 만들어 가는 의사소통의 관점에서 조명하게 함으로써 언어 체계 중심으로 이루어진 언어 연구의 한계를 극복하고 언어의 본질에 더 가까이 접근할 수 있게 했다. 이런 화용론적 언어 연구의 대상은 매우 광범위하고 또 화용론적 현상에는 다양한 요인들이 작용하고 있지만, 이 분야의 연구가 체계적으로 이루어진 것은 그리 오래되지 않아서 앞으로 언어사용의 원리를 밝혀내기 위해서는 많은 연구가 이루어져야 할 것이다.

참고 문헌

강창우(1997), 「화행과 언어적 단위의 관계에 대하여. 독일어 인과문을 중심으로」, 『텍스트언어학 4』, 63~88.

______(2002), 「화행의 하위 분류 가능성에 대한 고찰. '이유 말하기'를 중심으로」, 『독어학 5』, 203-221.

김갑년 역(1999), 『화행론 입문』, 한신문화사. 〔G. Hindelang(1983)의 번역〕

박용익(2001), 『대화분석론』, 역락.

이성만 역(1994), 「텍스트언어학의 이해」, 『언어학적 텍스트분석의 기본 개념과 방법』, 한국문화사. 〔K. Brinker(1988)의 번역〕

이익환·권경원 역(1996), 『화용론』, 한신문화사. 〔S. C. Levinson(1983)의 번역〕

서재석·박현주·정대성 역(2001), 『화용론』, 박이정. 〔G. Yule(1996)의 번역〕

Austin, J. L.(1962), *How to do things with Words*, Oxford.

Brinker, K.(1988), *Linguistische Textanalyse. Eine Einführung in Grundbegriffe und Methoden*, Berlin.

Frege, G.(1892), Über Sinn und Bedeutung. In : *Zeitschrift für Philosophie und philosophische Kritik. Neue Folge 100*, 25~50.

Grewendorf, G./Hamm, F./Sternefeld, W.(1987), *Sprachliches Wissen. Eine Einführung in moderne Theorien der grammatischen Beschreibung*, Frankfurt a.M.

Grice, H. P.(1979), Logik und Konversation. In : Meggle, G. (Hrsg.) : *Handlung, Kommunikation, Bedeutung*, Frankfurt a.M., 243~256.

Hindelang, G.(1983), *Einführung in die Sprechakttheorie*. Tübingen. (= Germanistische Arbeitshefte 27)

Levinson, S. C.(1983), *Pragmatics*. Cambridge.

Meibauer, J.(2001), *Pragmatik. Eine Einführung*, Tübingen.

Russell, B.(1905), On Denoting. In : *Mind 14*, 479~493.

Searle, J. R.(1969), *Speech Acts. An Essay in the Philosophy of Language*, Cambridge.

__________(1979), *Expression and Meaning. Studies in the Theory of Speech Acts*, Cambridge

__________(1980), Eine Klassifikation der Illokutionsakte. In : Kußmaul, P. (Hrsg.) : *Sprechakttheorie. Ein Reader.* Wiesbaden, 82~108.

Searle, J. R./Vanderveken, D.(1985), *Foundations of Illocutionary Logic*, Cambridge.

Strawson, P. F.(1950), On Referring. In : *Mind 59*, 320~344.

Yule, G.(1996), *Pragmatics*, Oxford.

제6부

독일어의 시제와 상

신 수 송 (서울대학교)

1. 서론[1]

  언어에서 시간을 표현하는 방식으로는 시제 Tempus, 상 Aspekt, 동작태 Aktionsart 및 시간부사에 의한 것들을 들 수 있다. 이들 중 시제가 대표적인 것이다. 시제는 정동사가 있는 언어에서는 정동사의 다양한 변이형태소에 의해 표현되고 이러한 변이형태소는 의미적으로 특정한 시간을 지칭하게 된다. 자연적인 시간의 흐름이 현재라는 순간을 기준 점으로 놓고 볼 때 과거시간과 미래시간으로 구분되기 때문에, 우리는 동사의 변이 형태소가 현재,

---

1) 이 절에서 제시된 독일어의 시제와 상에 관한 이론은 부분적으로 W. Klein(1992·1994· 1999)의 시상체계에 근거한 것이다.

과거, 미래시간을 지칭하는 현재, 과거 그리고 미래시제를 나타낸다고 하는 단순한 가정을 하게된다. 아리스토텔레스는 동사의 시제 변이형을 논의한 첫 번째 사람으로서 시제 변이형이 실재로 다만 이 세 가지의 시간만을 지칭한다고 주장하였다(Peri, hermeneias 16b). 그러나 그후 희랍 문법학자들은 희랍어가 3개의 시제형태가 아니라 6개의 시제형태를 가지고 있다는 것을 주시하게 되었고, 3개의 '시간' 보다 더 많은 시간이 필요하게 될 형편이었다. 이것은 '시제형태'와 '시간지칭' 사이의 충돌을 일으켰고 이들을 병행시키려는 시도가 전통적인 시제연구에 핵심문제로 되었다.

언어에서 시간을 표현하는 두 번째로 중요한 문법적인 수단이 상 Aspekt 이다. 언어는 현재, 과거, 미래의 시간을 동사의 변이형태소를 통해 어떻게 지시할 수 있는가 하는 앞서 시제정의에서 언급한 문제와는 독립적으로 사건 Ereignis, 상태 Zustand, 과정 Prozeß 등과 같은 사태 Sachverhalt의 시간적인 경과를 나타내기 위한 여러 가지 방법을 가지고 있다. 예를 들어 이러한 사태는 완성된 것으로서, 진행되고 있는 것으로서, 혹은 곧 닥치게 되는 것으로 생각될 수 있는데, 전통적으로 이들은 각각 완결상 Perfektiv, 진행상/미완료상 imperfektiv, 전망상 Prospektiv 등으로 칭하게 되었다. 상을 표현하는 방법으로는, 동사형태소, 부사종류 및 특수한 접사들이 있다[2]. 이 책에서 우리가 구분하게될 상의 종류로는 완결상, 진행상/상태상 및 완료상이 될 것이다.

---

2) '상'이라는 용어와 이 용어의 근대적인 사용은 1827년 처음으로 나타난 그레치(N.I. Grech)의 러시아 문법으로 거슬러 올라간다. 그는 러시아어의 단어 vid('view')를 사용했었는데 이것은 불어로 '상'이란 말로 번역되었다. 러시아어에 있어서는 모든 슬라브어에 있어서와 마찬가지로 대부분의 동사들이 두 가지의 형태소적으로 상이한 형식을 갖는데 이들은 상황을 조감하는(viewing) 두 가지의 방법, 즉 완결과 미완료를 표현한다.

2. 시제

2.1 전통문법의 시제이론 : Reichenbach

현재, 과거, 미래의 시간이 시제라는 문법적인 장치를 통해 언어로 표현된다고 하는 것을 앞서 언급하였다. 즉 시제는 문법화 된 시간관계를 말한다. 전통적인 시제연구에서는 정동사의 변이형태소가 나태 내는 시제와 시간지칭 사이의 관계를 설명하기 위한 직시 관계적 deiktisch-relational 접근방법을 사용하였다. 즉 언어에서의 시간은 발화시간 S(= Sprechzeit)를 기준으로 하여 이 발화시간 S와 동시적인 현재의 사태, 이 발화시간 S의 이전인 과거의 사태, 그리고 이 발화시간 S의 이후인 미래의 사태를 각각 E(=Ereigniszeit)로 표시할 때 이러한 사태 E를 문법적으로 표현하는 것이 현재시제, 과거시제 그리고 미래시제라는 것이다.

예를 들면 동사 tanzen은 발화시간 S를 기준으로 현재, 과거, 미래가 각각 다음과 같은 정동사 finites Verb의 변이형태로 표현된다.

(1) 시제형태   사태시간
   현재 tanzt(3인칭)   E simul S(사태시간 E는 발화시간 S와 동시적이다.)
   과거 tanzte   E vor S(사태시간 E는 발화시간 S에 앞선다.)
   미래 wird tanzen   E nach S(사태시간 E는 발화시간 S에 놓여있다.)

이러한 분석은 시제가 지칭하는 사태시간이 발화시간과 직시적인 deiktisch 관계를 갖는다는 것을 의미한다. 그러나 만일 어떤 언어에서 정동사의 변이형태소가 세 가지의 시간보다 더 많은 종류의 시간을 나타낼 경우에는 문제가 생긴다. 예를 들어 발화시간 보다 먼 미래와 가까운 미래를, 그리고 발화시간에 앞선 그리고 훨씬 앞선 과거를 지칭하는 시제가 자연언어에 있는 것이 밝혀졌다.[3]

발화시간 S와 사태시간 E만의 두 가지 시간 매개변수 Zeitparameter를

---

3) 불어에서는 직접미래와 먼 미래의 구별을, 즉 Il va venir(그가 곧 올 것이다), Il viendra (그가 올 것이다)을 볼 수 있고 영어에서도 He is going to sleep(그는 잠을 자려고 한다), He will come(그는 잠을 잘 것이다)의 차이를 볼 수 있다.

가지고서는 이러한 문제점을 해결할 수 없기 때문에, 여기에 3개의 시간매개
변수가 시제이론의 역사적인 변천과정에서 등장하게 된다. 이에 대한 대표적
인 것으로 Reichenbach의 지시시간 R(= Referenzzeit)을 들 수 있는데, 이
R은 발화시간 S와 사건시간 E의 관계를 조정하는 제 3의 시간매개변수이
다.4)

　Reichenbach(1947:288)는 다음과 같은 텍스트에서 지시시간 R과 사건시
간 E의 관계를 기술하고 있다.

> (2) But Philip ceased to think of her a moment after he had settled down in
> his carriage. He thought only of her future. He had written to Mrs.
> Otter, [...], and had in his pocket an invitation to tea on the following
> day.
> (필립은 마차에 앉은 후 잠시 그녀에 대한 생각을 멈추었다. 그는 다만 그녀의 장래만을 생각했
> 다. 그는 오터 부인에게 편지를 썼고, [...] 그리고 그의 주머니에는 다음 날 차를 마시러 오라고
> 하는 초대장이 있었다.)

　이 텍스트에서 단순과거 시제로 나타나는 문장은 발화시간 전에 놓인 지
시시간 R을 결정한다. 즉 생각을 멈추거나 그녀의 장래만을 생각한다거나
그의 주머니에 초청장을 가지고 있는 일련의 사건들의 시간은 단순과거 시제
로 표현되었고, 이들은 일련의 다른 사건들인 마차에 앉거나, 편지를 쓴 사
건들의 시간 E에 대한 지시기능을 한다. 따라서 이 다른 사건들은 과거완료
시제로 표시되었다.

　이제 Reichenbach는 발화시간 S, 사건시간 E, 지시시간 R의 세 개의 시
간 매개변수를 이용하여 영어의, 현재 Present, 단순과거 Simple Past, 미
래 Simple Future와 현재완료 Present Perfect, 과거완료 Past Perfect,
미래완료 Future Perfect등 여섯 가지 시제들을 유도한다. 시간축 상에서
이들 시제들은 다음과 같이 시간관계를 지시하는데 이 때 시간적인 선후관계
는 '〉', 시간이 중첩되는 관계는 ','와 같은 기호로 표시한다.

---

4) 근래 Bäuerle(1979)의 관찰시간(Betrachtzeit), Kratzer(1978)이나 Fabricius‑Hansen
　(1986)의 상황파악 시간(Orientierungszeit)의 개념 등도 제 3의 매개시간변수로 간주된다.

(3) a. 현재 (Present)

    (E와 R과 S는 한 시점에서 겹친다)   E,R,S

  b. 단순과거 (Simple Past)

    (E와 R은 서로 겹치고 S점 이전에 위치한다)   E,R 〉 S

  c. 단순미래 (Simple Future)

    (E와 R은 서로 겹치고 S점 이후에 위치한다)   S 〉 E,R

  d. 현재완료 (Present Perfect)

    (S와 R은 서로 겹치고 E점 이후에 위치한다)   E 〉 R,S

  e. 과거완료 (Past Perfect)

    (E는 R에 앞서고 R은 S에 앞선다)   E 〉 R 〉 S

  f. 미래완료 (Future Perfect)

    (S는 E에 앞서고 E은 R에 앞선다)   S 〉 E 〉 R

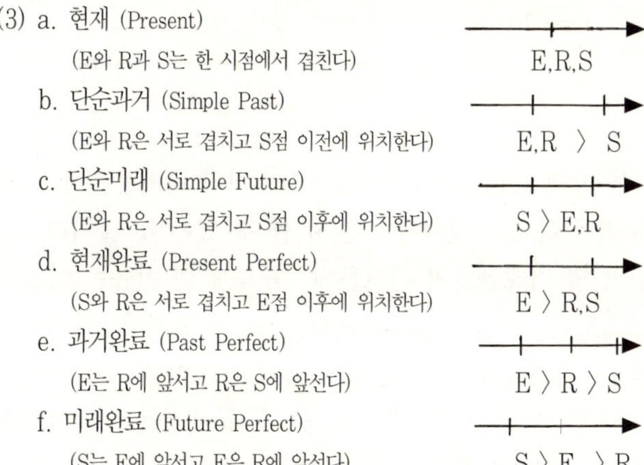

여기서 우리는 영어를 위한 Reichenbach의 시제와 시간관계를 기술한 이론이 그대로 독일어에 적용될 경우 어떤 문제가 있는가를 고찰해 볼 필요가 있다. 다음은 발화시간 S, 사건시간 E, 지시시간 R을 가지고 잠정적으로 독일어의 시제문과 이에 해당되는 시간관계를 기술한 것이다.

(4) a. 현재 (Präsens) :   Hans tanzt

        E,R,S

  b. 단순과거 (Präteritum) :   Hans tanzte.

        E,R   S

  c. 단순미래 (Futur I) :   (?)Hans wird tanzen.

        S,   E,R

  d. 현재완료 (Perfekt) :   (?)Hans hat getanzt.

        E   R,S

  e. 과거완료 (Plusquamperfect) : Hans hatte getanzt.

        E   R   S

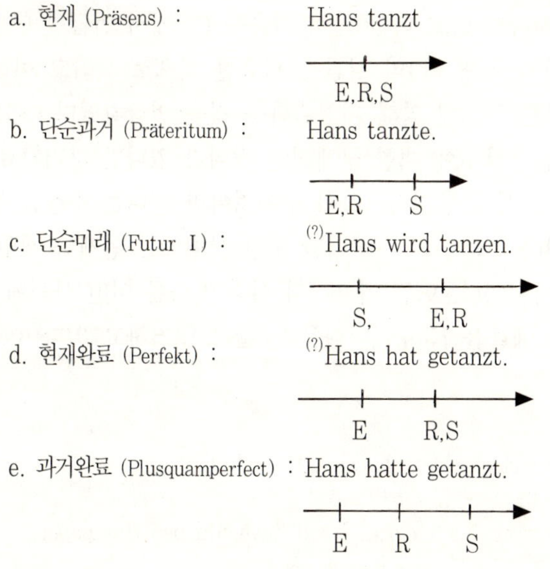

f. 미래완료 (Future II) :　　　　　$^{(?)}$Hans wird getanzt haben.

$$\xrightarrow{\qquad|\qquad\quad|\qquad\quad|\qquad}$$
$$\text{S}\quad\ \text{E}\qquad \text{R}$$

이상에서 제시한 명제 〈Hans tanz-〉로부터 6개의 시제문을 유도하는 방법은 우리가 전통적인 학교 문법책에서 흔히 볼 수 있는 것 들이다.　그러나 단순미래, 현재완료 및 미래완료의 시제문에 ?표를 붙인 이유는 이들 시제문의 의미가 글자그대로의 시제의미를 나타내는 경우가 있지만, 시제의 의미와는 무관한 추측이나 기대와 같은 양상적인 modal 의미를 나타내는 경우도 있기 때문이다. 이러한 전통적인 시제 기술방법의 문제점들을 우리는 다음절에서 구체적으로 논의하려고 한다.

2.2 Reichenbach의 지시시간에 관한 문제

2.1에서 논의한 라이헨바흐의 지시시간은 발화시간이나 사건시간에 비해 개념적인 정의가 분명하지 않다. 라이헨바흐는 지시시간 R이 구체적으로 무엇을 말하는지 명시하지 않고 다만 앞서 인용문 (2)에서 언급한 단순과거와 과거완료를 구분하기 위해 제3의 시간이 필요한 것으로 그리고 이러한 제3의 시간은 어떤 다른 사건에 의해 지칭된다는 것을 언급하였다(Reichenbach 1947:288). 그러나 만일 R에 대한 구체적인 정의가 없다면 과거완료의 경우 발화시간과 사건시간사이에 지시시간이 주어져야만 한다는 주장을 정당화시킬 방안이 없게 된다. 그 이유는 두 시간 구간 사이에는 언제나 개입되는 제3의 시간이 있기 마련이다. 또한 이 제3의 시간이 다른 어떤 사건에 의해 지칭되지 않은 많은 예들을 Klein은 다음과 같이 열거하고 있다(Klein 1994:25f 참조).

(5) a. At nine o′clock, Mary had left the building.
　　　 (9시에 메리는 그 건물을 떠났다.)
　　b. Tomorrow at four o′clock, I will have finished this paper.
　　　 (내일 4시에 나는 이 논문을 완성하였을 것이다.)

(5a)에서 메리가 이전에 건물을 떠났다고 하는 사건시간 E는 과거의 '9시'를 기준으로 그 이전이 된다. 9시가 지시시간 R이 되는 것은 분명하지만, 그러나 9시에 일어난 어떤 사건이 명시되어있지 않다. 따라서 9시가 어떤 다른 사건을 위한 지시시간이라고 주장할 수는 없는 것이다. 다음으로 (5b)의 미래완료시제를 고찰해 보자. 발화시간 S를 기준으로 지시시간 R인 미래의 시점 '내일 오후 4시전'에 논문이 완성되는 사건이 일어날 것이다. 따라서 사건시간 E는 발화시간 S이후에 오게 되고 지시시간 R이전에 주어지게 된다. 그러나 지시시간 R이 사건시간 E에 앞서는 어떤 다른 사건을 가리키지 않고 단순히 시점으로만 주어져 있다.

단순과거에 있어서 사건시간 E와 지시시간 R이 겹치고 이 시간들이 발화시간 S에 앞서는 단순과거의 시제를 검토해 보기 위해 다음 예문을 보자(Klein 1994:26).

    (6) a. Last year, John was in Surbiton.
        (지난해에 존은 설비톤에 있었다.)
       b. On 1 March, Dickens married his great niece Joan.
        (3월 1일 딕킨스는 자기의 증손녀 조안과 결혼했다.)

(6a)에서 존이 설비톤에 있었다고 하는 사건시간 E는 지시시간 R인 '지난해'의 시간구간에 포함되지만 그러나 지난해가 지시하는 어떤 사건도 여기에 개입되어 있지 않다. (6b)에서도 딕킨스가 결혼한 사건시간 E와 '3월 1일'이라는 지시시간 R이 겹치고 있지만 그러나 지시시간이 구체적으로 어떤 사건을 지칭하는 것은 아니다. 만일 이 지시시간 R이 구체적으로 정의되지 않는다면 현재완료의 경우에 있어서도 발화시간 S와 겹치는 지시시간 R이 구체적으로 어떤 사건을 지칭하는지 분명하지 못하다. 따라서 지시시간 R이 단순과거에서 사건시간 E와 겹치고 현재완료에서 발화시간 S와 겹친다고 할 때 지시시간 R에 대한 정의가 주어지지 않을 경우 그리고 지시시간 R이 구체적인 사건을 지칭하지 않을 경우 현재완료와 단순과거를 구분할 수 없게 된다.

2.3 시제는 발화시간과 사건시간의 문법적인 관계인가?

과거와 과거완료의 문법적인 시간관계를 기술하기 위해 라이헨바흐가 도입한 제3의 시간 매개변수인 지시시간 R은 구체적으로 사건을 지시하지 않는 경우가 많다는 것을 보았다. 이러한 지시시간 R에 대한 정의보다 더 큰 문제는 라이헨바흐와 그의 시제이론에 기반을 둔 대부분의 이론들이 (1)에서 제시한 바와 같이 시제를 발화시간 S와 사건시간 E의 관계로 보는데 있다. 이 절에서는 과연 시제가 발화시간 S와 사건시간 E의 문법적인 시간관계로 정의 될 수 있는가에 대한 문제점을 논의하여 보자. 먼저 다음과 같은 과거시제문의 의미를 생각해보자.

(7) A : Wer fehlt heute?
　　　　(오늘 결석한 사람은 누구입니꺼?)
　　 B : Ingrid Bergmann. Sie war krank.
　　　　(잉에에요. 그녀는 병이 났습니다.)

(8) A : Wie war Ihr Name?
　　　　(당신 이름은 무엇이었지요?)
　　 B : Seitz, Peter Seitz.
　　　　(자이츠, 페터 자이츠입니다.)

(9) A : Wer erhielt das Bier?
　　　　(누가 맥주를 시켰지요?)
　　 B : Ich! Ich habe das Bier bestellt.
　　　　(접니다. 제가 맥주를 주문했습니다.)

기존의 Reichenbach를 따르는 시제이론들은 이상의 대화에서 대답으로 주어진 (7)의 *Sie war krank*가 과거시제를 갖기 때문에 발화시간 이전에 '그녀가 몸이 아프다'고 하는 사건시간(과 이 사건시간이 겹치는 지시시간)이 주어질 것이다. 그러나 클라인(1994)에 따를 것 같으면 이러한 대답은 질문에 대해 협조적이라고 할 수 없다. 사실 이런 대답을 하는 화자는 '그녀가 몸이 아팠다'고 말을 하면서도 이러한 사건이 과거시간에만 국한된 것이 아니라 말하는 순간에 아마도 여전히 그녀가 몸이 아파 학교에 오지 못했다고 하는 확신을 갖고 그렇게 말할 것이다. 다시 말해 대화 (7b)에서 '그녀가 병이 나다' 라고 하는 사건은 라이켄바흐류의 시제이론에서 기술하는바와 같이 과거시간에만 한정된 것이 아니고 현재시간까지 지속되고 있다는 확신이 들어 있다. 따라서 과거시제가 발화시간과 과거의 사건시간을 연결하는 문법적인 장치라는 것은 이 경우 오류를 범하게 된다. 그렇다면 *sie war krank*에서 정동사 *war*의 과거시제는 무엇을 지칭하는가? 대화 (9)에서 B라는 사람은 '그 여자가 병이 나다'라고 하는 사건을 과거의 어떤 시간에 목격했다는 것을 주장하고 있다. 그리고 그러한 사건이 현재에도 타당하다는 것을 암시하고 있는 것이다. 이렇게 볼 때 과거시제는 발화시간에 비추어 어떤 사건에 대한 단언이나 주장을 과거의 시간으로 국한시키는 관계로 볼 수 있는 데, 이를 Klein(1994)에 따라 '주제시간'이라고 부르기로 한다. 시제는 바로 **발화시간**과 **주제시간** 사이의 관계인 것이고 과거시제란 발화시간과 단언이나 주장이 국한된 과거시간과의 관계인 것이다.[5]

---

[5] 주제시간의 용어는 Klein(1994)에서 영어의 시제분석을 위해 'Topic Time'으로 사용된 것인데 이 용어를 정확히 이해하기 위해 그의 화행론에 근거한 발화모형을 고찰할 필요가 있다. 발화는 어떤 추상적 층위의 문장형식에 따라 주장, 명령, 선언, 약속등과 같은 화행목적을 담게 되는데, 이때 문장형식이란 정형(FIN = finite)과 부정형(INF = infinite)으로 구성된다. 정형요소인 FIN은 대부분의 유럽언어에서는 정동사에 주어지게 되는데 화행목적 뿐만 아니라 이 화행과 관련되는 시간을 주제 구성소로 도입한다. 부정형 요소는 FIN을 제외한 문장의 나머지 부분인 술어-논항 관계로 구성된 명제이며, 사건(event), 상태(state), 과정(process)과 같은 세상사태를 지칭한다. 또한 INF는 발화의 주제-초점 구성에 있어서 초점부분을 담당한다. 이 관계를 다음과 같이 도식화 하여보자

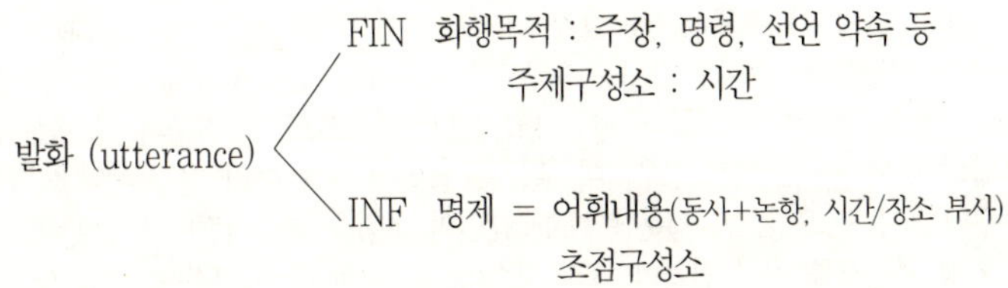

다음과 같은 예문을 위의 발화모형에 따라 기술하여보자.

    a. Wo war Hans, als Sie ihn gestern abend suchten?
      (당신이 한스를 어제 저녁에 찾았을 때, 그는 어디에 있었읍니까?)

　　다음으로 발화문 (8)을 보자. 이러한 예문은 상대방이 다시 한번 이름을 확인하고자 하는 문맥에서 사용된다. 그러나 정동사 *war*에 의해 지칭되는 시제는 과거이고 따라서 '당신이 어떤 이름을 가지고 있다'는 사건은 Reichenbach의 시제이론에 따르면 불합리하게도 과거시간에 국한된다. 이름을 한번 갖는다는 것은 예외적으로 이름을 자주 바꾸는 경우를 제외한다면 영원히 갖는다는 것을 의미한다. 그럼에도 불구하고 이 경우 과거시제를 사용한 것은 화자가 상대방의 이름을 처음 들었던 과거의 그 시간으로 자기의 확신을 고정시키고자 하는 까닭이다. 따라서 정동사 *war*에 의한 과거시제는, 발화시간을 기준으로 사건의 시간을 과거로 국한시키는 것이 아니라, 사건에 대한 화자의 주장을 과거의 시간으로 국한시킨다. 끝으로 발화문 (9)는 음식점에서의 대화를 상상케 하는 상황이다. 예를 들어 식당종업원이 맥주를 가지고 오면서 손님에게 물어보는 발화의 의문문에 과거시제의 정동사 *bekam*을 사용하였기 때문에 Reichenbach의 시제이론에 따르면 이와 같은 사건은 과거시간에 국한될 것이다. 그러나 실제상황은 음식을 얻게 되는 사건은 발화시간과 동일한 현재시간이 되어야 할 것이다. 따라서 이 경우 과거시제가 지칭하는 것은 발화시간 이전에 놓인 사건시간이 아니고 '맥주를 주문하다'는 사건에 대한 화자의 확신이 국한되는 시간을 말한다. 시제가 발화시간과 사건시간의 관계를 나타내는 것이 아니라 사건에 대한 주장을 국한시키는 주제시간과의 관계

---

　　b. Er was im Kino.
　　　　(그는 영화관에 있었읍니다.)

예문 a에서는 '당신이 그를 어제 저녁에 찾았을 때'의 시간은, '한스가 어느 곳에 있는' 시간으로 논의의 시간인 즉 주제시간을 고정시킨다. 주제시간은 보통 어떤 발화의 주제 구성소의 부분에 해당한다. 주제구성소는 주제시간 이외에도 장소와 인물이 될 수 있으며, 이러한 시간, 장소, 인물이 주제를 구성한다고 본다. 다음으로 이 질문과 이 질문에 대한 적절한 응답의 발화가 이루어진 경우, 이 질문은 답변에 대해 여러 가지 제약을 부과하는데, 이때 우리는 주제 구성소가 질문에 대한 답변의 초점을 한정시킨다고 말한다. 질문 a는 b에서 초점 구성소를 어떤 인물이 특정 장소(im Kino)와 특정 시간(여기서는 '당신'이 한스를 어제 저녁에 찾았을 때인 주제시간)에서 관계되는 일련의 가능한 사건으로 국한시킨다. 답변 자체 내에서 주제 구성소는 다시 반복될 수 있다. 그러나 많은 경우 이러한 주제 구성소들은 생략된다. 질문 a의 답변인 b에는 동일한 주제시간이 반복되고 있는데, 즉 Hans war im Kino에서의 주제시간은 과거시제가 지칭하는 시간이고 이는 als Sie ihn gestern abend suchten에 의해 도입되는 주제시간과 동일하다.

라는 것을 입증하는 다음 예문을 보자.

> (10) Der Mann war bereits tot, als die Rettungsmannschaft ankam.
> (구조대가 도착하였을 때 그 남자는 이미 죽어 있었다.)

'그 남자가 죽다'라는 사건시간은 정동사 *war*가 지칭하는 과거시제로 인해 발화시간 이전의 어떤 시간에 국한된 것은 아니다. '죽다'라는 사건은 죽지 않았던 이전시간과는 대조를 이루지만 그러나 죽고 난 이후시간과 대조를 이루는, 즉 죽지 않고 살아있는 이후시간과 대조를 이루는 경우가 없다. 한 번 죽으면 영원히 죽은 것이다. 따라서 이 경우 과거시제에 의해 사건시간이 발화시간이전에 주어진다고 하는 주장은 들어맞지 않게 된다. 정동사 *war*에 의한 과거시제가 지칭하는 시간은 사건시간이 아니라 '구조대가 도착하였을 때'와 같은 그 시간에 '그 남자가 죽다'와 같은 사건이 발생했다고 주장하는 시간이다. 따라서 이 경우에도 **시제**는 발화시간과 사건시간의 관계가 아니고 **발화시간**과 **주제시간**의 관계를 의미한다.

다음은 (4d)와 같은 독일어의 현재완료 시제문을 시간 부사구와 장소의 부사구를 가지고 확장한 예문들이다. 이들의 경우 일반적으로 현재완료 시제문이 과거의 사태를 나타낸다는 것이 전통적인 독일어 문법이다.

> (11) a. Hans hat drei Stunden lang in diesem Saal getanzt.
>   b. Hans tanzte drei Stunden lang in diesem Saal.

(11)a, b에서 현재완료 Perfekt인 *hat getanzt*와 과거시제 Präteritum인 *tanzte*는 과거의 사태를 나타내고 서로 교체될 수 있다. 전자는 대화체에서 그리고 후자는 진술이나, 보고, 그리고 소설과 같은 문어체에서 사용되는 것이 일반적이라고 주장되어 왔다. 또한 지역적으로 남부독일에서는 현재완료형태를 선호한다는 것도 사실이다. 만일 우리가 독일어의 현재완료를 과거시제와 동일한, 과거의 사태를 지칭하는 것으로 가정한다면 시제를 발화시간과 사건시간의 관계로 규정하는 Reichenbach의 이론에 따라 현재완료는 단순히 발화시간과 과거의 사건시간간의 관계로 정의될 것이다. 그러나 현재완료가 단순히 시제의 범주가 아니라, 완료라는 상 범주와의 복합형태를 이루

는 것으로 볼 수 있는 많은 현상들이 있다. 이 문제는 독일어의 현재완료 문
장들의 의미를 분석하는데 해결해야만 할 매우 중요한 사안이기 때문에 이에
관한 논의를 심도 있게 진행할 필요가 있다.

　Behagel(1924)은 현재완료는 과거의 사건이 현재와 의미적으로 밀접한
관계를 갖게 되는 경우가 있는 반면, 과거시제는 과거의 단절된 사태를 나타
내는 것으로 현재완료와 서로 대립된다고 주장한다. Behagel의 주장대로라
면 (10)a, b에서 지속성 시간부사 *drei Stunden lang*을 직시적인 시간부
사 *gestern abend*로 대치한, 다음 예문들이 지칭하는 사태가 과연 현재사
태와 어떤 관계를 나타내는지 분명하지 않다.

> (12) a. Hans hat gestern abend in diesem Saal getanzt.
>   b. Hans tanzte gestern abend in diesem Saal.

　(12)a, b에서 직시적 deiktisch인 시간부사 *gestern abend*는 *hat
getanzt*가 지칭하는 과거의 사태, 즉 '한스가 이 방에서 춤을 추다'는 사건을
어제 저녁이라는 시간으로 한정하기 때문에 현재사태와 아무런 관계가 없는
것처럼 보인다. 따라서 베하겔의 현재완료에 대한 주장, 즉 과거의 사건이
현재와 의미적으로 밀접한 관계를 갖게 되는 것으로 주장하려면, 현재완료를
단순히 과거시제로 취급하는 것에는 문제가 있다. 실제로 현재완료를 과거시
제로 대치할 수 없는 많은 경우들이 발견된다. 다음에서 ' ⟶ '는 문장들간
의 함의 관계를, ' ⇸ '는 함의관계를 이루지 못함을 나타낸다.

> (13) a. Das Baby ist (vor kurzem) eingeschlafen. ⟶
>   (그 아기가 잠이 들었다.)
>   b. Das Baby schläft jetzt.
>   (그 아기가 지금 잠을 자고 있다.)
>
> (14) a. Das Baby schlief ein. ⇸
>   (그 아기가 잠이 들었었다.)
>   b. Das Baby schläft jetzt.
>   (그 아기가 지금 잠을 자고 있다.)

(13a)에서 현재완료문인 *das Baby ist eingeschlafen*(그 아기가 (조금 전에) 잠이 들었다)는 현재시제문인 *das Baby schläft jetzt*(지금 그 아기가 잠을 자고 있다)를 함의한다. 그러나 (13a)에서 과거시제문인 *das Baby schlief ein*(그 아기가 잠이 들었었다)는 현재의 사태와는 단절되어있기 때문에 이러한 과거의 사태로부터 *das Baby schläft ein*(그 아기가 지금 잠을 자고 있다)와 같은 현재의 사태가 함의되지 않는다. 다음의 경우들도 과거의 사태가 현재의 사태를 함의하는 것이 현재완료문에 있어서는 가능하지만 과거시제문에 있어서는 불가능한 경우를 나타낸다.

> (15) a. Der deutsche Linguist ist in Seoul angekommen. ⟶
>   (그 독일 언어학자가 서울에 도착했다.)
>   b. Der deutsche Linguist ist jetzt in Seoul.
>   (그 독일 언어학자가 지금 서울에 있다.)

> (16) a. Der deutsche Botschaft kam in Seoul an. ⟶̸
>   (그 독일 대사가 서울에 도착했었다.)
>   b. Der deutsche Botschaft ist jetzt in Seoul.
>   (그 독일 대사가 지금 서울에 있다.)

(15)a, b에서 현재완료문은 사태의 결과는 현재와 밀접한 관계를 갖고 따라서 (15a)는 (15b)를 함의한다. 그러나 동일한 문맥에서 과거시제의 정동사 *ankam*을 사용하면 현재와 단절된 과거의 사태를 나타내기 때문에 (16a)가 (16b)를 함의할 수 없다는 것이 모국어화자의 일반적인 직관이다. 이와 유사한 예들을 발견하는 일은 어렵지 않다(Wunderlich 1970:139ff. 참조).

> (17) a. Er hat sich einen neuen Hut gekauft. ⟶
>   (그는 자신을 위해 새 모자를 샀다.)
>   b. Er kaufte sich einen neuen Hut. ⟶̸
>   (그는 자신을 위해 새 모자를 샀었다.)
>   Er besitzt jetzt einen neuen Hut.
>   (그는 지금 새 모자를 가지고 있다.)

(18) a. Karl ist vom Stuhl gefallen. ⟶
    (카알은 의자로부터 떨어졌다.)

   b. Karl fiel vom Stuhl. ⟶/
    (카알은 의자로부터 떨어졌었다.)
    Karl liegt jetzt auf der Erde.
    (그는 지금 바닥에 (떨어져) 있다.)

(19) a. Es hat geschneit. ⟶
    (눈이 내렸다.)

   b. Es schneite. ⟶/
    (눈이 내렸었다.)
    Es liegt jetzt Schnee.
    (눈이 (쌓여) 있다.)

(17)~(19)의 a-문장들은 현재와 관련된 사태를 함의하지만 그러나 b-문장들로부터 이러한 함의관계가 불가능한 것이 모국어화자의 직관이다. 이는 다시 말해 독일어의 현재완료문이 단순한 과거시제만이 아니고 현재와 관련된 상적 표현을 갖는다는 것을 의미한다. 따라서 현재완료를 단순히 과거시제로 취급하는 경우도 있지만, 문맥에 따라서 과거사태의 결과로서 현재시간에 관계되는 상 Aspekt적인 의미(여기서는 완료상)를 갖는 것으로 가정해야할 경우도 있다. 그러나 전통문법에서 상은 시제와는 독립된 문법범주로 취급되기 때문에 현재시제와 완료상이 서로 어떻게 관련되어 있는가 하는 문제는 밝혀지지 않았다. 우리는 이 문제에 대해 다음절에서 보다 구체적으로 논의할 것이다.

시제가 발화시간과 사건시간간의 관계라고 하는 전통적인 시제이론은 독일어의 경우 (4c)의 단순미래에서도 그 모순을 찾을 수 있다. 다음 예문을 보자.

(20) a. Hans wird morgen in diesem Saal tanzen.
    (한스는 내일 이 방에서 춤을 출 것이다.)

   b. Hans wird im nächsten Jahr nach Amerika fahren.
    (한스는 내년에 미국으로 갈 것이다.)

   c. Hans wird bald als Lehrer tätig sein.

(한스는 곧 선생님으로 활동할 것이다.)

앞서 (4c)의 정동사 *wird*는 (20a)와 같은 문맥이라면 분명히 미래시제를 지칭한다고 본다. 조동사 *werden*이 미래를 나타내는 시간부사와 함께 올 경우 미래시제를 나타내는 것은 분명하다. 그러나 다음과 같이 현재를 나타내는 시간부사와 함께 올 경우 조동사 *werden*은 미래시제를 나타내는 것이 아니라 현재상황에 대한 추측을 나타내는 인지적 epistemologisch 해석을 갖는다.

(21) a. Hans wird (jetzt) im Krankenhaus sein.
　　　(한스는 (지금) 병원에 있을 것이다.)
　　b. Hans wird (im Augenblick) mit seiner Magisterarbeit beschäftigt sein.
　　　(한스는 (현재) 그의 석사논문을 쓰고 있을 것이다.)
　　c. Hans wird (immer noch) an einem Roman schreiben.
　　　(한스는 (지금도) 소설을 쓰고 있을 것이다.)

물론 이러한 문맥에서는 *jetzt, im Augenblick, immer noch* 등 시간부사는 수의적으로(optional) 사용될 수 있기 때문에, 시간부사를 수반하지 않는 문장에서의 *werden*은 미래시제와는 무관한 현재시제의 인지적 의미를 갖는 동사로 보아야 할 것이다. 따라서 (21)a~c는 *werden*을 삭제하고 그 대신 인지적 의미의 부사 *wahrscheinlich, wohl, vermutlich* 등을 추가하여 동일한 의미를 갖는 현재시제의 문장으로 바꿀 수 있다.[6]

---

6) 조동사 werden이 현재 사태에 대한 추측을 나타내는 인지적 의미의 동사로 사용되는 경우 이외에도 werden은 화자의 강한 의지를 나타내는 경우도 있다(Helbig 1986:156).
　(1) Wir werden das Manuskript bis zum März abliefern.
　　이 경우 의지를 나타내는 es ist meine Absicht를 가지고 다음과 같이 (1)a, b 와 동일한 의미를 가진 문장으로 바꿀 수 있다.
　(1′) Wir werden das Manuskript bis zum März abliefern. →
　　Es ist unsere Absicht, das Manuskript bis zum März abliefern.
　　조동사 werden이 갖는 다른 하나의 의미로 우리는 강한 명령을 나타내는 경우를 들 수 있다.
　(2) a. Du wirst jetzt schlafen gehen.
　　　b. Ihr werdet die Hefte morgen zurückbringen.
　　물론 (2)a, b는 다음과 같이 명령문으로 바꾸는 것이 가능하다.

(22) a. Hans wird im Krankenhaus sein. ⟶
   (한스는 병원에 있을 것이다.)
   Hans ist wahrscheinlich/wohl/vermutlich im Krankenhaus.
   (한스는 아마도/혹/추측컨데 병원에 있을 것이다.)
  b. Hans wird mit seiner Magisterarbeit beschäftigt sein. ⟶
   (한스는 그의 석사논문을 쓰고 있을 것이다.)
   Hans ist wahrscheinlich/wohl/vermutlich mit seiner Magisterarbeit beschäftigt.
   (한스는 아마도/혹/추측컨데 그의 석사논문을 쓰고 있을 것이다.)
  c. Hans wird an einem Roman schreiben. ⟶
   (한스는 소설을 쓰고 있을 것이다.)
   Hans schreibt wahrscheinlich/wohl/vermutlich an einem Roman.
   (한스는 아마도/혹/추측컨데 소설을 쓰고 있을 것이다.)

이제 인지적 해석의 문제를 도외시 할 경우 독일어에서는 현재시제가 미래의 시간부사를 동반함으로써 미래시제를 대신하는 것으로 가정할 수 있다. 이러한 점에서 영어의 미래시제를 나타내는 조동사 will과 shall의 문법적인 기능을 독일어의 조동사 werden은 갖고 있지 못하다.

다음으로 (4f)의 미래완료 Futur II가 지칭하는 시간문제를 논의하여 보자. Futur II는 형태상으로는 영어의 미래완료시제에 해당하지만 의미상으로는 미래에 완료된 사건의 시간을 지시할 뿐만 아니라 이밖에도 과거의 사태에 대한 추측을 나타내거나 과거의 사태에 대한 결과를 나타낸다. 이제 차례로 이들의 의미를 논의하여보자.

(23) a. Morgen wird er seine Hausarbeit fertig geschrieben haben.
   (내일 그는 그의 숙제를 다 써버릴 것이다.)

---

(2) a. Du wirst jetzt schlafen gehen.
   → Geh jetzt schlafen!
  b. Ihr werdet die Hefte morgen zurückbringen.
   → Bring die Hefte morgen zurück!
이러한 의지나 명령을 나타내는 경우 이들이 시제와 상에 어떤 영향을 미치는가에 대한 연구는 찾아보기 어렵다. 이 논문에서는 다만 의지나 명령이 수행되는 실제의 시간이 현재 혹은 미래라는 것을 제시할 뿐 이들이 발화시간에 대해 갖는 관계는 미해결의 문제로 남겨둔다.

    b. Unser Land wird bis nächstes Jahr das Energieproblem gelöst haben.
       (우리나라는 내년까지 에너지 문제를 해결해 놓을 것이다.)
    c. Er wird das Auto bis Montag repariert haben.
       (그는 그 자동차를 월요일 까지 수리해 놓을 것이다.)

  '그가 숙제를 끝마치다'는 사건은 분명히 (23a)를 발화하는 화자의 시간에서 보면 현재의 발화시간과 *morgen*이 지칭하는 미래의 시간 사이에 위치하게 될 것이다. 동일한 이유로 (23b)의 '우리 나라가 에너지 문제를 해결하다'는 사건은 현재의 발화시간과 *bis nächstes Jahr*가 지칭하는 미래의 시간 사이에 일어날 것이다. (23c)에서도 '그가 자동차를 수리하다'는 사건은 현재의 발화시간과 *bis Montag*이 지칭하는 미래시간 사이에 주어질 것이다. 이상과 같은 경우 독일어의 미래완료시제는 미래를 지시하는 조동사 *werden*과 완료시제 형태의 결합으로 표현된다고 말할 수 있다. 이 경우 *morgen, bis nächstes Jahr, bis Montag*이 조동사 *werden*과 함께 사용되는 것이 필수적이다. 만일 이들 시간부사를 생략한 다음의 경우 (23)a~c는 미래에 완료되는 사태를 지칭하는 것이 아니고 다만 과거의 사태에 대한 추측을 나타낼 뿐이다.

    (24) a. Er wird seine Hausarbeit fertig geschrieben haben.
        (그는 그의 숙제를 끝마치었을 것이다.)
      b. Unser Land wird das Energieproblem gelöst haben.
        (우리 나라는 에너지 문제를 해결하였을 것이다.)
      c. Er wird das Auto repariert haben.
        (그는 자동차를 수리해 놓았을 것이다.)

  '그가 숙제를 끝마치다', '우리 나라가 에너지 문제를 해결하다', '그가 자동차를 수리하다'는 사건은 (24)a~c에서 각각 과거의 사태를 말하고 조동사 werden은 이 사태에 대한 추측을 나타낸다. 이러한 주장의 타당성은 (24)a~c에 과거를 지칭하는 시간부사가 나타나는 다음의 문장들이 문법적이라는 사실에 의해 증명된다.

(25) a. Er wird *gestern/schon längst/vor einigigen Stunden* seine Hausarbeit
fertig geschrieben haben.
(그는 어제/훨씬 전에/몇시간 전에 그의 숙제를 끝마치었을 것이다.)

b. Unser Land wird *schon längst/vor einigen Jahren/neuerlich* das
Energieproblem gelöst haben.
(우리 나라는 훨씬 전에/몇년전에/ 최근에 에너지 문제를 해결해 놓았을 것이다.)

c. Er wird vor *einer Woche/gestern/am letzten Montag* das Auto
repariert haben.
(그는 일주일 전에/어제/지난 월요일 자동차를 수리해 놓았을 것이다.)

만일 독일어의 werden이 영어의 미래시제를 나타내는 will, shall과 같은 것이라면 이는 결코 (25a)에서 과거시간을 지시하는 시간부사 *gestern/schon längst/vor einigigen Stunden*, (25b)에서 *schon längst/vor einigen Jahren/neuerlich*, (25c)에서 *vor einer Woche/gestern/am letzten Montag* 등과 함께 사용될 수 없을 것이다. 여기서 우리는 조동사 werden 이 시제를 나타내는 조동사가 아니라 추측을 나타내는, 인지적 의미를 갖는 조동사라는 것을 다시 한번 확인하게 된다. 사실 (25)a~c는 *werden*이 생략되고 그 대신 추측을 나타내는 부사 *wohl, wahrscheinlich, vermutlich* 가 들어가는 다음 문장과 동일한 의미를 갖는다.

(26) a. Er hat **wohl** *gestern/schon längst/vor einigigen Stunden* seine
Hausarbeit fertig geschrieben.

b. Unser Land hat **wahrscheinlich** *schon längst/vor einigen Jahren/
neuerlich* das Energieproblem gelöst.

c. Er hat **vermutlich** *vor einer Woche/gestern/am letzten Montag*
das Auto repariert.

이상에서 우리는 조동사 werden과 완료시제의 결합이 현재완료 시제의 의미에 추측의 의미를 더한 것과 같다고 하는 것을 보았다. 이때의 현재완료 시제는 과거시제와 대치할 수 있는 경우이다. 그러나 앞서 우리는 현재완료 시제가 과거사태의 현재 결과를 지칭하고 따라서 과거시제와 대치할 수 없는 경우가 있음을 보았다. 편의상 다시 한번 앞서 제시한 (13)~(14)의 예문들을 고찰해 보자.

> (13) a. Das Baby ist eingeschlafen. ⟶
>   b. Das Baby schläft jetzt.

> (14) a. Das Baby schlief ein. ⟶̸
>   b. Das Baby schläft jetzt.

만일 우리가 Futur II의 의미를 완료 시제의 의미에 고정시키고 조동사 werden을 통해 추측의 의미를 첨가한 것으로 생각한다면 (13)a, b의 함의 관계는 다음과 같이 기술될 수 있다.

> (27) a. Das Baby wird eingeschlafen sein.
>   b. Das Baby ist **wohl/wahrscheinlich/vermutlich** eingeschlafen.
>   → Das Baby schläft **wohl/wahrscheinlich/vermutlich**.

동일한 방법으로 앞서 보았던 과거사태의 결과를 나타내는 현재완료의 시제는 모두 추측을 나타내는 werden과 완료시제의 결합으로 나타낼 수 있다.

> (28) a. Der deutsche Linguist wird in Seoul angekommen sein. =
>   b. Der deutsche Linguist ist **wohl/wahrscheinlich/vermutlich** in Seoul angekommen.
>   → Der deutsche Linguist ist jetzt **wohl/wahrscheinlich/vermutlich** in Seoul.

> (29) a. Er wird sich einen neuen Hut gekauft haben. =
>   b. Er hat sich **wohl/wahrscheinlich/vermutlich** einen neuen Hut gekauft.
>   → Er besitzt jetzt **wohl/wahrscheinlich/vermutlich** einen neuen Hut.

> (30) a. Karl wird vom Stuhl gefallen sein. =
>   b. Karl ist **wohl/wahrscheinlich/vermutlich** vom Stuhl gefallen.

$\rightarrow$ Karl liegt jetzt **wohl/wahrscheinlich/vermutlich** auf der Erde.

(31) a. Es wird geschneit haben. =
  b. Es hat **wohl/wahrscheinlich/vermutlich** geschneit.
  $\rightarrow$ Es liegt jetzt **wohl/wahrscheinlich/vermutlich** Schnee.

지금까지 살펴본 조동사 *werden*과 완료 Perfekt시제 형태의 결합은 현재완료 시제와 다를 바 없고 이는 다시금 과거사태를 나타내거나 과거사태의 현재결과를 나타내는 것으로 결론을 지을 수 있었다. 따라서 독일어의 werden은 미래시제를 나타내는 것이 아니라 현재에서 바라본 미래나 과거 사태에 대한 인지적 의미의 동사로 분류되어야 할 것이다.

 마지막으로 (4e)에서 제시한 과거완료 Plusquamperfekt의 문장 *Hans hatte getanzt*가 지시하는 시간을 고찰해 보자. Reichenbach의 시제이론으로 기술할 경우 독일어의 과거완료는 영어의 과거완료와 다를 바 없이 다만 다른 사건시간에 비추어 상대적인 사건시간을 지시하는 것으로만이 의미가 있다. 다음 예문을 보자.

(32) a. Hans hatte schon seine Wohnung verlassen, als Maria ihn besuchte.
   (마리아가 한스를 찾아갔을 때 그는 벌써 집을 나서고 없었다.)
  b. Maria war schon eingeschlafen, als Hans spät nach Hause kam.
   (한스가 집으로 돌아왔을 때 마리아는 이미 잠이 들어 있었다.)

 (32a)의 경우 주문장의 과거 완료시제가 지칭하는 사건시간은 부문장의 과거시제가 지칭하는 사건시간 보다 앞선다. 이 경우는 Reichenbach의 시제이론에 의하면 정확히 E $\langle$ R $\langle$ S의 순서로 배열된 것을 알 수 있다. 그러나 이러한 지시시간이 과거완료 시제의 기술에 있어서 항상 주어진 것은 아니다. 다음과 같은 경우, 과거완료 시제가 지칭하는 사건에 대해 지시할 수 있는 사건이 부문장의 과거시제로 주어지지 않고 있지만 완전히 문법적인 문장이다(Helbig 1986:153).

(33) a. Im vorigen Jahr hatte er seine Mütze verloren.
   (지난해에 그는 모자를 잃어버렸다.)

    b. Im letzten Jahr war er ins Ausland abgereist.
      (작년에 그는 외국으로 여행을 떠났다.)
    c. Der zweite Weltkrieg war (1939) ausgebrochen.
      (제 2차 세계대전은 (1939년에) 발발하였다.)
    d. Der Junge hatte den Schirm bereits verloren.
      (그 젊은이는 벌써 우산을 잃어버렸다.)

예문 (33a)에서는, 발화시간에 앞선 '그가 모자를 잃어버리다'는 과거의 사건을 지시할만한 어떠한 사건도 주어지지 않고 있으며, 다만 과거의 시간 구간을 한정하는 시간부사 *im vorigen Jahr*만이 주어져 있다. (33b)도 동일하게 다만 과거의 시간을 지칭하는 시간부사 *im letzten Jahr*만이 주어져 있고 '그가 외국으로 여행을 떠나다'라는 과거의 사건을 지시할 만한 어떠한 사건도 주어져 있지 않다. (33c) 경우 과거완료 시제이외에 심지어 과거의 시간을 지칭하는 부사 1939마저도 수의적으로 주어진다. 끝으로 (33d)는 '그 소년이 우산을 벌써 잃어버리다'는 사건에 대해 지시할 만한 어떠한 사건도 그리고 이 사건이 과거의 사건으로 한정시키는 시간부사조차도 등장하지 않는다. 우리는 다만 정동사 *hatte*에 의한 과거시제와 *verlieren*의 과거분사 형태를 통해 '그 소년이 우산을 벌써 잃어버리다'는 사건이 완료되었다는 상적인 정보를 얻을 수 있을 뿐이다. 이제 지시시간에 대한 정의가 애매하고 상에 대한 연구가 주어지지 않는 상태에서, 독일어의 6개 시제형태를 기술하는 종래의 전통문법에서 흔히 볼 수 있는 방법은 이론적으로 지극히 불분명하다는 것은 자명한 것이다. 다음으로 우리는 앞서 (2)a~f에서 주어진 독일어의 6개 시제구분을 지양하고, 이들 현상들을 시제와 상의 결합으로 기술할 수 있는 새로운 시상체계의 패러다임을 제시할 것이다. 이러한 작업에 선행해서 먼저 상의 개념을 전통문법에서 어떻게 취급하고 있는 가를 고찰해보는 것이 중요하다.

3. 상(Aspekt) : 전통문법에서의 표준적인 상의 특성

서론에서 개괄적으로 설명한 상의 개념을 좀더 정확히 하고 그 문제점을 알아보기 위해 전통문법에서 정의된 상의 개념을 다음과 같이 요약해 보자.7)

- 상이란 상황이 '종결된' 것으로 보는 것과 상황이 '종결되지 않은' 것이거나 '진행' 되고 있는 것으로서의 대립을 말한다.
- 상이란 상황을 '밖'으로부터 보는 것과 상황을 '안'으로부터 보는 것으로의 대립을 말한다.

첫 번째 그리고 두 번째의 정의는 모두 상에 대한 정의를 비유적으로 설명하고 있다. 첫 번째의 정의에서 '보다'라는 것은 이 문맥에서 무엇을 의미하는가? 이 말이 전하고자 하는 것은 상황 그 자체는 동일하지만 변하는 것은 단지 배경이라는 생각이 바로 그것이다. 언어를 통해 화자(혹은 청자)의 위치와 배경에 관한 내용이 표현될 수 있다는 것은 분명하다. 공간적으로 우리는 지시사를 통해, 동일한 관계를 화자의 위치에 따라 왼쪽에(links) 혹은 오른쪽에(rechts) 또는 여기에(hier) 혹은 저기에(dort)로 기술한다. 여기에 대해 시간적으로 직시 - 관계적인 deiktisch-relational 시제가 역시 배경에 관계한다. 그러나 언어학자들의 공통된 견해는 상은 직시적인 범주가 아니라는 것이다. 즉 상은 화자를 중심으로 그 의미가 달라지지 않는다고 말한다. 다음으로 종결되었다고 하는 것은 무엇을 의미하는가? die verblühte Rose (시들어진 장미)는 어떤 특정한 시간에 die Rose verblüht(장미가 시들다)는 사건이 끝나버린 것이다. 그 이전 어떤 시간에는 '장미가 시드는 일이 끝나지 않았을 것이다. 즉 이러한 사건은 변화의 종결점이 있다.8) 그러나 이러한 종결점은 무엇인가? 이것은 앞서 말한 발화시간인가 아니면 주제시간인가?

---

7) 상에 대한 정의는 전통문법에서 다양하게 주어져 있지만 이 책에서는 Klein(1986:28)이 요약한 정의를 따르기로 한다.

8) 클라인은 상황의 변화를 다음과 같이 기술한다. "삶은 달걀은 어떤 특정한 시간에 삶은 일이 끝나버린 달걀이다. 그 이전 시간에는 삶은 일이 끝나지 않았을 것이다. - 이 두 시간이 언제이던 간에 다시 말해 어떤 것도 어떤 특정한 시간에 완성됨이 없이 완성되는 것이라곤 없다.(Klein, 1994:109 참조)"

아니면 이 두시간 모두에 관계하는가? 여기에 대해 전통문법은 말하는 바가 없다.

이제 두 번째의 정의를 보자. 여기에서 '안으로부터'와 '밖으로부터'라는 용어는 무엇을 의미하는가? 사건 Ereignis, 과정 Prozess, 상태 Zustand들과 같은 상황들은 공간적인 속성이 없다. 이들은 단지 시간적 경계를 가질 수 있으며 정의에 주어진 '안으로부터'와 '밖으로부터'라는 용어는 이러한 경계들을 지칭하는 것으로 이해 할 수 있다. 사건이란 상태와 대조적으로 이러한 경계가 있는 것으로 특징 지을 수 있다.9) 다음 예문을 보자.

---

9) Comrie(1976:3)는 이런 문제들을 고려하여 '안으로부터/밖으로부터' 정의와 관련된 기본적인 상의 구분을 '안으로부터/밖으로부터'의 정의의 대립을 직접적으로 사용하지 않고 기술할 것을 제안하였다. 즉 '상은 상황의 내적인 시간구성을 바라보는 상이한 방법들'이다. 상황은 내적 시간구성에 관한 명확한 지시 없이 전체적으로 제시될 수 있거나('완결상'), 또는 내적 시간구성에 대한 지시를 포함할 수도 있다('미완료상'). 후자의 경우 그렇게 할 수 있는 여러 가지의 방법이 있기 때문에 미완료에 대한 다음과 같은 여러 가지의 하위 유형을 가지게 된다(Comrie 1976: 1장 참조).

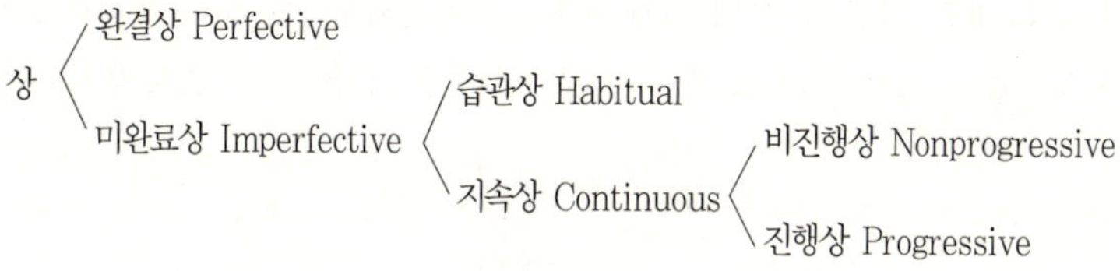

그러나 이러한 분류는 내적 시간구성에 관한 관조적인 비유를 사용하여 정의로서 만족스럽지 못하다. 둘째, '내적 구성'이 상의 차이를 허용하는 구체적인 예들이 분명하지 못하다. 이점에 대해 클라인은 다음과 같은 예문을 들어 논박하고 있다.

    (1) a. He aimed for a better solution
        b. He was aiming for a better solution
    (2) a. He didn't mean it
        b. He wasn't meaning it
    (3) a. It stood on the market place
        b. It was standing on the market place
    (4) a. He was silly
        b. He was being silly
이 형태들 사이에는 분명히 상의 대조가 있지만, 이러한 대조는 상황의 내적인 시간구성

(34) a. Der Mann tanzt in jenem Saal.
   (그 남자는 저 방에서 춤을 추고 있다.)
   b. Die Frau arbeitet in der Küche.
   (그 여자는 부엌에서 일하고 있다.)
   c. Der Mädchen lacht.
   (그 소녀가 웃고 있다.)

(35) a. Das Buch liegt auf dem Tisch.
   (그 책이 책상위에 놓여 있다.)
   b. Hans steht vor dem Tür.
   (한스가 문앞에 서 있다.)
   c. Der Mann wohnt in Berlinerstraße.
   (그 남자는 베르린 거리에서 살고 있다.)

예문 (34)에서 *tanzen, arbeiten, lachen*은 현재시제로서 진행상을 나타낸다. 독일어에서는 영어와 같은 'be+V-ing'에서 볼 수 있는 바와 같은 진행상을 나타내는 형태소 -ing가 없기 때문에 현재시제가 이를 대신하고 있다. 이러한 진행상은 좌측경계와 우측 경계가 열려진 상태로 되어있다. 이를 도표로 나타내면 다음과 같다(이때 사건의 실제 상황시간은 +++++로 표시하고, 좌 우측 경계는 { , }로, 그리고 좌 우측 경계의 전후시간은 ....로 표시한다.).

(36) ....{++++[+++++]+++}.....................
        상황시간   주제시간

예문 (34a)에서 '그 소년이 이 방에서 춤을 추고있다'는 사건의 실제 상황시간은 춤을 추기 시작한 처음 시간과 춤을 더 이상 추지 않는 마지막 시간이 있을 것이다. 그리고 현재시제는 이러한 춤을 추는 전체상황에 대해서 이야기하는 것이 아니라 다만 화자가 주장하고자 하는 사건의 시간을 발화시간을 포함한 주위시간으로 국한하고 있다. 이러한 시간이 바로 괄호 〔 〕로 표

에 관한 차이가 될 수 없다. aim, mean, stand, be silly 등은 모두 상태를 나타내지만, 그래서 단순히 진행상을 허용하지 말아야 하는 대에도 이들은 모두 진행형으로 만들 수 있다. 따라서 콤리의 분류는 정확하고 분명한 정의라기보다는 은유적인 한계를 벗어나지 못하고 있다.

시된 **주제시간**인 것이다. 다음으로 ――으로 표시된 부분은 화자가 목격한 사건시간 이외의 시간으로서 '그 소년이 춤을 추다'는 사건에 대해 화자는 어떠한 입장도 보이지 않는다. 그러나 분명히 이러한 시간구간들은 주제시간과 대조를 보이는 시간구간이 될 수 있을 것이고 '그 소년이 춤을 추다'와는 또 다른 사건을 주장하는 시간이 될 것이다. 이 경우 우리는 **주제시간이 외적 대조**를 이룬다고 말한다. 다음으로 (34)b, c에서는 화자가 '그 여자가 부엌에서 일을 하다' 그리고 '그 소녀가 웃고 있다'는 사건을 발화를 통해 주장하는 시간이 현재이지만 이러한 주장을 할 수 없는 시간이 이 사건의 실제상황 전후로 있을 것이 분명하다. 따라서 이들도 주제시간의 외적대조를 보인다고 말할 수 있다. 다음으로 (35)a~c에서 *liegen, stehen, wohnen* 따위와 같은 상태동사들도 주제시간의 외적인 대조를 이루는 동사들이다. 화자는 현재의 발화를 통해 '그 책이 책상 위에 놓여있다'고 주장할 수 있지만, 이러한 주장이 성립하지 않는, 즉 이러한 주제시간과 대조를 이루는 과거의 주제시간이 있을 수 있고, 또한 미래의 주제시간이 있을 수 있다. 동일한 이유로 *stehen, wohnen*의 어휘내용이 지칭하는 상황에 대해 주제시간의 대립을 이루는 경우를 상상할 수 있다. 우리는 *tanzen, arbeiten, lachen* 등 동작동사와 *liegen, stehen, wohnen* 등과 같은 상태동사의 어휘내용이 지칭하는 실제상황과 이 상황의 전후를 통해 주제시간의 외적인 대조를 이루는 동사들을 1-상태 동사라 부르려한다.[10]

주제시간의 대조가 어휘내용이 지칭하는 상황시간과 이 상황시간 밖에서가 아니고 이 상황시간 안에서 이루어지는 예들을 보자.

    (37) a. Die Rose erblühte schnell in diesem Frühling.
           (그 장미가 올해는 빨리 피기 시작하였다.)
       b. Der Zug fuhr langsam ab.
           (그 기차가 천천히 출발하기 시작했다.)
       c. Der Mann erblindete.
           (그 남자가 눈이 멀기 시작했다.)

---

10) Klein(1994)에서 영어의 어휘내용분석에 적용된 이론은 이 책에서 독일어의 경우 동일하게 적용될 수 있음을 논의의 전개과정에서 볼 수 있을 것이다.

    (38) a. Hans öffnete die Tür.
        (한스가 창문을 열었다.)
      b. Der Professor erfand eine Theorie der Biotechnik.
        (그 교수는 생명공학의 어떤 이론을 만들어 내었다.)
      c. Die junge Frau bestieg den steilen Berg.
        (그 젊은 여자가 가파른 산을 올라갔다.)

(37a)에서 '장미가 올봄에는 빨리 피기 시작하다'는 사건의 실제 상황을 보자. *erblühen*은 다음과 같이 꽃이 피지 않은 상태와 꽃이 핀 상태를 동시에 포괄하는 어휘내용을 가지고 있다(이때 상황시간은 ——와 +++++로 표시하고, 좌 우측 경계는 { , }로, 그리고 좌 우측 경계의 전후시간은 …………로 표시한다.).

    (39) …………{——[—+++++]+++++++}…………/…………
         주제시간   상황시간   발화시간
    —— = die Rose blüht nicht ; ++++++++ = die Rose blüht

    도표 (39)는 장미가 피지 않은(——로 표시된) 초기상태에서 피게 되는(+++++로 표시된) 결과상태로의 사태변화를 나타낸다. 화자는 과거시제를 통해 자신의 발화시간에 앞서는 과거의 어떤 시간구간에서 이러한 사태에 대한 주장을 하고 있다. 즉 *erblühen*의 어휘의미는 좌 우측 경계 { , }가 그어진 상황시간에서 서로 모순되는 두 개의 상태(die Rose blüht nicht – die Rose blüht)가 연속된 변화를 나타내고 있다. (38)b, c의 *abfahren, erblinden*도 *erblühen*과 동일한 두 가지의 대립되는 상태, 즉 der Zug fährt nicht ab – der Zug fährt ab과 der Mann ist nicht blind – der Mann ist blind의 대립을 나타낸다. 동일한 방법으로 우리는 (38)a~c의 *öffnen, erfinden, besteigen*의 어휘내용을 die Tür war nicht geöffnet – die Tür war geöffnet(문이 열려지지 않았다 – 문이 열려졌다), eine Theorie der Biotechnik war nicht erfunden – eine Theorie der Biotechnik war erfunden(생명공학의 어떤 이론이 만들어지지 않았다 – 생명공학의 어떤 이론이 만들어 졌다), der steile Berg war nicht bestiegen – der steile Berg war bestiegen(가파른 그 산을 올라가지 않았다 – 가파른 그 산을 올라갔다) 등에서 볼 수 있는 것처럼

어휘내용이 모두 서로 모순되는 두 개의 상태를 포함하고 있다. 따라서 주제시간은 이들 각각의 상태에 연결될 수 있고, 한 어휘내용이 지칭하는 상황속에서 주제시간의 내적인 대조가 생기게 된다. 이러한 주제시간의 내적인 대조를 허용하는 어휘내용을 갖는 동사들을 2-상태 동사라고 칭하겠다.

지금까지 논의된 1-상태와 2-상태의 동사들은 주제시간의 대조가 어휘내용에 의해 지칭되는 상황시간의 경계 밖에서 이루어지는가 아니면 경계 안에서 이루어지는가에 따라 서로 구분된다. 그러나 어휘내용이 이러한 주제시간의 대조를 전혀 용납하지 않는 것들이 있다. 다음 예를 보자.

(40) a. Die Erde bewegt sich um die Sonne.
   (지구는 태양의 주위를 돈다.)
 b. Heidelberg liegt am Neckar.
   (하이델베르크는 넥카강 가에 놓여있다.)
 c. Gold wiegt schwer als Silber.
   (금은 은보다 무겁다.)

(40)a~c는 일반적인 진리나 불변의 사태를 나타낸다고 믿어왔다. 인간이 살아가고 있는 짧은 삶에 비추어 볼 때, 이들이 지칭하는 사태를 부인하는, 즉 지구가 태양의 주위를 돌지 않게 되고, 하이델베르크가 넥카강 가에 놓여있지 않게 되고, 금이 은보다 무겁지 않게 되는, 그래서 주제시간의 대조가 나타나는 그러한 경우는 없을 것이다. 이들은 비 시간적인 사태를 지칭하고 현재시제로 표현된다. 그러나 일반적인 진리라고 할지라도 다음과 같은 경우 과거시제를 사용하는 특이한 경우가 있다.

(41) a. Wir hatten Mühe beim Aufstieg, denn *die Nordflanke des Materhorn war steil.*
    (우리가 등산을 하는데 힘이 들었다. 왜냐하면 마테호른의 북측면이 매우 경사가 심했기 때문이다.)
 b. Wir kamen über die Autostrada. *Florenz lag in einem breiten Tal.*
    (우리는 아우토스트라다를 넘어갔다. 프로렌스는 넓은 계곡 속에 놓여있었다.)
 c. Ich multiplizierte 1345 mit 1321. Das Resultat war 1574899.
    (나는 1345를 1321과 곱하였다. 결과는 1574899가 되었다.)

예문 (41a)에서 마태호른의 북측면이 경사가 심하다는 것은 어제와 오늘의 일이 아닌데도 정동사 *war*에 의해 과거시제로 표현하였다. (41b)에서도 프로렌스 시가 넓은 계곡에 놓여있는 것은 불변의 사실로 받아들여야만 하는데에도 (적어도 우리가 살아가는 동안에는) 현제시제를 사용한 것이 아니라 과거의 시제를 사용하였다. 끝으로 (41c)에서 숫자 1345를 1321에 곱하면 그 결과는 시간에 관계없이 항상 1574899이 나오는 데에도 정동사 war에 의한 과거시제를 사용하였다. 만일 우리가 이들 문장이 지칭하는 사건을 단순히 Reichenbach의 시제이론에 따라 과거시간에 국한한 것으로 한다면 참으로 불합리한 주장을 하게 될 것이다. 이들 문장에 있어서의 과거시제는 이러한 주장이 타당한 시간과 타당하지 않는 시간에 대한, 주제시간의 대조를 보이는 것이 아니고 과거의 어떤 시간에 이 주장이 성립하는 것과 성립하지 않는 것의 대조를 보이는 것이다. 이러한 관점에서 볼 때 (41a)의 과거시제는 우리가 마태호른의 북측면을 등산할 때 그 산이 경사가 심하다고 주장/단언하는 시간이 과거이며 결코 '마태호른의 북측면이 경사가 심하다'는 사태가 과거에만 한정된다는 것을 지칭하는 것이 아니다. 동일하게 '프로렌스가 넓은 계곡에 놓여있다', '1345에 1321을 곱하면 1574899이다'라는 사태가 시간에 따라 달라진다는 것이 아니고 화자가 이 사태를 주장하는 시간, 즉 주제시간이 과거시간으로 국한되며, 이 주제시간을 정동사에 의해 표현하는 것이 시제의 기능인 것이다.

4. 시·상 체계에 대한 새로운 페러다임

4.1 시제의 정의 : 주제시간을 발화시간에 연결하기

시제는 문법화된 시간적인 관계이다. 시간관계란 시간을 분절하여 얻게 되는 시간구간을 전제로 하는데, 이 시간구간들은 위상적. 순서적 관계를 갖는다. 예를 들어, 두 개의 시간구간 a, b가 있다고 할 때 이 시간구간들 사이에는 a가 b를 앞서거나(a VOR b), b가 a를 앞서거나(b VOR a), a가 b를 부분적으로 앞서거나(a ZUM TEIL VOR b), 혹은 a가 b에 포함되거나(a ist in b ENTHALTEN) 등과 같은 가능한 관계들이 있다. 시제는 자연언어에서 이러한 두 시간구간의 관계가 전형적으로 기능적인 비대칭성을 보이는 경우이다. 이들 중 하나가 기준으로 주어진 시간구간으로 이를 관계항(**Relatum**)이라고 하며, 다른 하나는 이 관계항에 관련된 시간구간으로 주제항(**Thema**)이라고 말한다. 클라인(1974:121)은 관계항의 특성을 원칙적으로 다음 세 가지의 것으로 기술하고 있다.

> (42) 1. 관계항은 **직시적 deiktisch**으로 주어지고, 발화시간이 될 수가 있다.
> 2. 관계항은 **조응적 anaporisch**으로 주어지고, 앞선 발화의 주제시간이 될 수가 있다.
> 3. 관계항은 어떤 중요한 역사적 사건의 시간(**연대기적 시간지칭**)이 될 수 있다.

자연언어에서는 관계항이 갖는 이상의 특성에 따라 직시적, 조응적 그리고 연대기적 시간관계가 성립한다. 이들 관계 중 시제란 직시적 시간 관계를 말하고, 주제시간을 발화시간에 연관시킨다.[11]

시제의 기능이 발화시간을 근거로 하여 직시적으로 주제시간을 결정한다고 하면, 이 주제시간은 단순히 현재, 과거, 미래의 막연한 시간에 위치하게 될 것이다. 그러나 화자는 이러한 막연한 과거나 미래의 시간을 시간부사나 문맥을 수단으로 하여 주제시간의 범위를 한정시킬 수 있다(주석 5 참조). 다음 예문을 보자.

> (43) a. Hans spielte Fußball gestern nachmittag von drei bis fünf Uhr.
> (한스는 어제 오후 세 시부터 다섯 시까지 축구를 했다.)
> b. Maria aß zu Abend, als ich sie besuchte.
> (마리아는 내가 그녀를 방문하였을 때 저녁을 먹고 있었다.)

---

11) 대부분 언어에서 기호화 된 가장 대표적인 시제들은 기본시간 개념인 시간의 위상적. 순서적인 특성에 따라 발화시간 이후에 놓인 주제시간, 발화시간 이전에 놓인 주제시간, 주제시간 안에 포함된 발화시간과 같은 매우 단순한 것들이다. 이러한 시제들은 가장 기본적인 것들이지만 특정언어에서는 상대적인 거리개념을 또한 포함할 수 있는데, 예를 들어 먼 과거와 가까운 과거(혹은 직접 접한 과거)사이의 구분이 한 예일 것이다.

예문 (43a)에서 과거시제를 나타내는 정동사 *spielte*에 의해 주제시간은 막연히 그 범위가 정해지지 않는 과거시간으로 위치하게 된다. 그러나 이 과거시간은 시간부사 *gestern nachmittag von drei bis vier Uhr*에 의해 주제시간의 범위가 한정되는 것이다. 예문 (43b)에 의해서도 과거시제를 나타내는 정동사 aß에 의해 주제시간은 막연히 과거시간에 위치하게 된다. 그러나 이러한 막연한 주제시간은 문맥에 의해, 즉 '내가 그녀를 방문하게 된' 그 시간으로 범위가 한정되는 것이다.

지금까지의 논의를 근거로 독일어의 시제를 정의해 보면 다음과 같다.

> (44) 현재시제(Präsens) : 발화시간이 주제시간에 포함된다.
> 과거시제(Präteritum) : 발화시간이 주제시간 이후에 놓인다.
> 미래시제(Futur) : 발화시간 이후에 주제시간이 놓인다.

이 세 개의 시제들은 정동사의 굴절형태소나 간모음 변화 혹은 (미래의 경우) 정동사 werden과 부정형 동사의 복합구조에 의해 표현된다 : Hans tanzt(Präsens), Hans tanzte(Präteritum), Hans wird tanzen(Futur). 이 체계는 앞서본 미래시제로 사용되는 werden이 추측을 나타내는 인지적 의미를 갖기 때문에 간혹 이중의미를 가질 수 있다. 그러나 원칙적으로 이런 체계는 분명하고 투명한 체계이다.

4.2 발화시간, 주제시간, 상황시간

지금까지의 논의를 바탕으로 이 절에서는 문법적인 수단인 시제와 상을 통해 문장으로 기술되는 상황이 구체적으로 시간 축 상에 연결되는 과정을 논의해 보자. 통사적인 단위로서 문장의 구성을 생각해 볼 때 문장이란 시제의 기능을 담당하는 정형 FIN(= Finitum)부분과 순수한 어휘들의 결합으로 이루어진, 즉 어휘적인 내용을 담은 부정형 INF(= Infinitum)으로 구성된다고 가정한다. 이때 FIN은 정동사로 표출되고 INF는 심리상태나 세상사태를 지칭하는 명제로 나타낼 수 있다(주석 5 참조). 여기서 우리가 주의해야할 점

은 INF의 어휘적인 내용은 심리상태나 실제 세계의 사태를 그대로 반영하는
것이 아니고 이들 중의 일부분을 선별적으로 기술한 것이다. INF의 어휘적
인 내용이 실재상황의 선별적인 기술이라는 의미를 Klein은 다음과 같은 영
어의 발화문장을 가지고 설명하고 있다.

(45) Napoleon slept on the floor.
　　(나포레온은 방바닥에서 잠을 잤다.)

실제로 "나포레온이 방바닥에서 잠을 잤던 상황 자체는 'Napoleon sleep
on the floor'의 어휘적인 의미에 의해 기술되는 것보다 더 많은 속성을 가
지고 있다고 가정할 충분한 이유가 있다. 예를 들어 이 상황은 좌측경계와
우측경계인 시작과 끝을 가지고 있을 것이다. 그러나 이 발화문장에서는 이
들 경계에 대해서 어떤 것도 말해진 바가 없다. 또한 이 상황은 시간적인 지
속을 가지고 있다. 그러나 역시 발화문장에서는 지속성에 대해서 아무런 것
도 말해지지 않았다. 이와 유사하게 이 특정한 상황 속에서 나폴레옹이 담요
를 덮고 잤는지 아닌지, 그가 잠을 설치지 않고 계속해서 잤는지 혹은 그렇
지 않는지, 혹은 그가 나쁜 꿈을 꾸었는지 아닌지, 혹은 방바닥이 젖어 있는
지 아닌지에 대해서는 아무 것도 말해지지 않고 있다."(Klein 1994:10) 따라
서 어휘내용 'Napoleon sleep on the floor'에 의해 표현되는 발화상황은
이상 인용문에서 언급된 실제상황의 선별적인 기술인 것이다
　　어휘내용 그 자체는 시간구간을 형성하지 않기 때문에, INF의 어휘내용
은 다른 INF의 어휘내용에 대해 전혀 시간관계를 갖지 않는다. 어휘내용을
기호 〈 〉 안에 표시할 때, 예를 들어 〈die Rose erblüh-〉는 〈Hans spiel-
Fußball〉에 대해 앞서거나 뒤따르는 것이 아니다. 한편 시간은 질적인 속성
을 갖고 있지 않다. "우리는 시간이 작은 단위들, 다시 말해 시간 간격들이나
시간 구간들로 나누어 질 수 있다고 생각한다. 그리고 이러한 시간구간은(부
분적이든 혹은 전체적이든) 다른 시간구간의 이전에 위치하거나 이후에 위치할
수 있다. 〔...〕 시간이란 단지 추상적인 위상적·순서적 속성만을 지닐 뿐이
라고 가정할 것이다. 시간구간은 그 자체로서는 붉거나 푸르거나 더럽거나
하지 않으며, 혹은 모스크바에 위치하거나 물로 가득 차 있는 것일 수도 없

다. 시간구간은 다른 시간구간의 이전에 놓이거나 이후에 위치할 수 있으며 혹은 서로 포함될 수 있을 뿐이다.”(Klein 36f)

이제 시간구간을 형성하지 못하는 어휘내용과, 질적 속성이 없고 단지 위상적·순서적 속성만을 가진 시간구간을 연결하는 방법을 우리는 언어에서 찾아볼 수 있는데 시제, 상과 같은 문법적인 수단이 바로 그것이다. 간단한 예문을 가지고 INF의 어휘내용이 시간 축 상에서 어떻게 시간구간을 점유하게 되는 가를 기술하여 보자.

(46) Ein Buch lag auf dem Tisch.

먼저 (46)과 같은 발화에서 우리는, 한편으로는 실제로 어떤 책이 책상 위에 놓여있던 시간과 다른 한편으로는 이러한 주장이 국한되는 시간이 구분된다. INF에 해당하는 어휘내용 〈ein Buch lieg- auf dem Tisch〉은 실제로 어떤 책이 책상 위에 놓여있는 상황의 선별적인 기술이며, 이에 대응되는 실제상황을 시간 축 상에서 점유하는 시간구간이 **상황시간**인 것이다. 이제 FIN에 해당하는 정동사 *lag*의 과거시제 표지로 인해 ‘책이 책상 위에 놓여있다’고 하는 주장이 과거의 어느 시간구간으로 국한되는 주제시간을 얻게된다. 주제시간과 상황시간은 둘 다 발화가 이루어지는 시간 즉 발화시간과 구분된다. (46)에서 주제시간은 정동사 *lag*에 마크된 과거시제 표지로 인해 분명히 발화시간에 앞선다. 즉 시제는 앞서 언급한 바와 같이 발화시간과 주제시간 사이의 직시적인 관계를 말한다. 그러나 발화시간과 상황시간 사이에는 이와 같은 직접적인 관계가 주어지지 않는다. (46)을 발화하는 현재 시간에도 여전히 그 책이 책상 위에 놓여있는 상황이 배제되지 않는다. 예를 들어 ‘그 책이 책상 위에 놓여있다’고 주장하는 시간, 즉 주제시간에서의 상황은 ‘그 책이 책상 위에 놓여있다’이지만 이러한 상황은 주제시간에만 국한된 것이 아니고 계속되었을 지도 모른다. 그렇다면 이러한 주제시간은 상황시간에 포함될 것이다. 그러나 발화시간에 ‘그 책이 책상 위에 놓여있다’라는 상황이 실제로 존속되는가 하는 문제는 ‘ein Buch lag auf dem Tisch’이라는 발화로부터 추리되지는 않는다. 따라서 발화의 어휘내용을 통하여 우리가 직접 접하게 되는 시간은 상황시간 – 라이헨바흐의 경우는 사건시간– 이 아니고 주제시간이며, 이 주제시간을 통해서 상황이 어떠했는가를 간접적으로 추리할 뿐이다. 이렇게 볼 때 주제시간은 한편으로는 발화시간에, 그리고 다른 편으로는 상황시간에 연결되어 있으며 발화시간과 상황시간 사이의 직접적인 관계는 성립되지 않는다. 이 관계를 Klein(1994)에 따라 다음과 같이 도식화하여 보자.

(47)

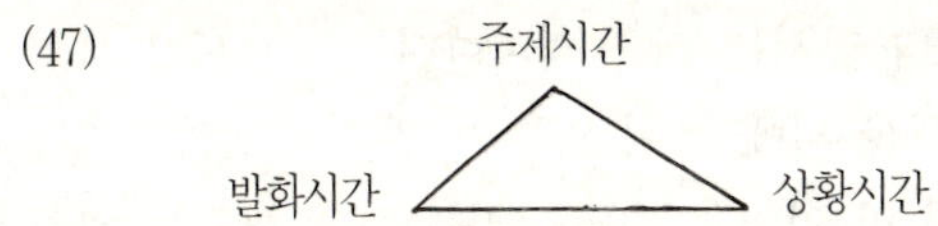

도표 (47)에서 발화시간과 주제시간은 앞서 언급한 시제를 통해 직접 연결된다. 주제시간과 상황시간은 위상적 topologisch인 시간의 속성에 따라 주제시간이 상황시간에 포함되는 경우도 있고 상황시간에 앞서거나 뒤따르면서 다양한 상의 종류, 예를 들어 진행상 Progressiv, 완결상 Perfektiv 혹은 완료상 Perfekt등을 형성한다. 그러나 발화시간과 상황시간은 주제시간을 통해 간접적으로 연결되어 있을 뿐이다. 이제 문법적인 범주로서의 상을 논의하여보자.

4.3 상 Aspekt : 상황을 주제시간에 연결하기

우리는 앞의 (44)에서 시제를 문법화된 시간관계로 정의하고 현재, 과거, 미래의 시제를 발화시간과 주제시간의 상관관계로 정의하였다. 또한 시제는 전통적인 문법에서 표준화된 발화시간과 (전통문법의 사건시간에 해당하는) 상황시간과의 관계가 아니라는 것, 즉 이들 사이에는 아무런 직접적인 관계가 없다는 것을 논의하였다. 상황시간과 관련된 시간은 발화시간이 아니라 바로 주제시간인 것이다. 그리고 이들의 관계가 상 Aspekt에 의해 맺어지게 된다. 이제 다양한 상의 종류, 예를 들어 진행상, 완결상, 완료상과 같은 상에 의해 이들의 관계를 구체적으로 기술하기 위해 앞서 제시한 예문 (39)을 다시 한번 보자.

    (48) a. Ein Buch lag auf dem Tisch.
        b. Maria schrieb einen Brief an ihre Eltern.
          (마리아는 부모님께 편지 한통을 썼다.)
        c. Maria schrieb einen Brief, machte die Wohnung sauber, und ging
          einkaufen.

발화문 (48a)에서 lag에 마크된 정형성(Finitum)은 과거시제를 나타내며, 이는 주제시간이 발화시간 보다 앞서는 것을 의미한다. 그러나 이 사실은 발화시간에도 여전히 그 책이 책상 위에 놓여 있는 경우를 배제하지 않는다는 것을 앞서 우리는 이미 언급한 바 있다. 우리는 (48a)를 발화하는 화자가 발화시간 이전의 어떤 시간구간에서 '어떤 책이 책상 위에 놓여 있다'라는 사태를 주장하고 있으며, 이러한 사태는 주장이 국한되는 시간 전후를 포함한다고 가정한다. 이 관계는 다음과 같이 도표로 나타낼 수 있다. 이때 +++++는 '책이 책상 위에 놓여있다'는 상황시간을, { , }는 상황시간의 좌 우측 경계를, ...는 상황시간 이전과 이후시간을 그리고 [ ]는 주제시간을 가리킨다.

    (48) a′. ....{++++++[+++++++]++++++}............./..............
                  주제시간   상황시간 발화시간

이 도표에서는 주제시간이 상황시간 속에 포함되어 있다. 화자는 발화시간 이전에 위치한 주제시간에서 '책이 책상 위에 놓여있다'는 사태를 주장하는 것이다. 이때 이러한 사태는 주제시간에만 국한된 것이 아니고 주제시간을 포함하고 있음이 분명하다. 이처럼 상태나 과정을 나타내는 상황시간 속에 주제시간이 포함되는 경우를 가지고 다음과 같은 **진행상/미완료상**의 정의를 얻게된다.

    (49) **진행상/미완료상**은 시제에 의해 주제시간이 정해지면, 이 주제시간을 어휘내용이 지칭하는 상황시간 안에 포함되게 한다.

다음은 (48b)의 발화에 어휘내용을 주제시간에 관련하여 시간 축 상에서

기술하여 보자.

    (48) b′. ——{+++++{+++++}—]——————/——————
          상황시간   주제시간   발화시간

    만일 화자가 (48b)를 오늘 아침에 말했다고 한다면 시간부사 heute morgen은 *schrieb*의 과거시제에 의해 고정되는 주제시간을 '오늘 아침'이라는 시간구간 안으로 국한시킬 것이다. 그리고 이 시간구간은 주제시간의 범위를 한정하는 틀을 제공한다. 이 시간구간 안에서 화자는 마리아가 편지를 쓰고 있는 것을 보고 그리고 그 편지를 쓰는 일이 끝나는 것을 보았을 때, 다시 말해 주제시간 이전에 마리아가 편지를 쓰는 상황이 지속되어 오다가 주제시간 안에서 그 상황이 끝나는 경우 (48b)와 같은 발화를 할 수 있다. 이처럼 주제시간 안에서 상황이 완결되는 것을 완결상 Perfektiv이라고 한다. 그러나 완결상은 예문 (48c)가 의미하는 바와 같이 주제시간이 충분히 길어 이 주제시간 안에서 여러 개의 상황이 전개되다가 종결되는 경우도 있다. 이 관계를 다음 도표를 통해 설명해 보자.

    (48) c′. ——{——{+++++} — {+++++} — {+++++}—]——/——
      주제시간 상황시간   상황시간   상황시간   발화시간
        상황-1 = Maria schreib- einen Brief
        상황-2 = Maria mach- die Wohnung sauber
        상황-3 = Maria geh- einkaufen

    이 도표에서는 하나의 주제시간이 여러 개의 상황시간을 포함하고 있다. 이러한 상황은 화자가 발화시간 이전에 위치한 주제시간에서 Maria와 관련된 사건들을 하나하나 관찰하는 경우가 될 것이다. 예를 들어 주제시간을 어제 오후라고 가정했을 때 이 주제시간의 범위 내에서 Maria는 편지를 썼고 (상황-1), 집안 청소를 하였고(상황-2), 그리고 시장을 보러 갔다(상황-3). 즉 이러한 상황-1, 상황-2, 상황-3으로 표현되는 사건들은 주제시간의 범위 내에서 완결된 것이다. 이처럼 주제시간 속에 상황시간이 포함되는 것도 역시 완결상 Perfektiv이라고 말하며, 완결상을 위한 다음과 같은 정의가 주어진다.

(50) 완결상 Perfektiv은 과거시제에 의해 지시되는 주제시간이 상황시간을 (완전히 혹은 부분적으로)포함하는 경우를 말한다.

(48)a, b, c는 주제시간이 상황시간에 포함되거나(진행상/미완료상 47a), 역으로 주제시간이 상황시간을 부분적으로 혹은 완전히 포함 (48b, c)하는 경우이다. 그러나 다음은 주제시간과 상황시간이 서로 배타적인 경우이다.

(51) a. Das Kind ist eingeschlafen.
     b. Der Mann hat den ganzen Tag getrunken.

(51a)는 ⟨das Kind einschlaf-⟩의 2-상태 어휘내용을 가진 문장으로서 두 가지의 모순된 상태, 즉 '그 아이가 잠이 들지 않다' 와 '그 아이가 잠이 들다'를 하나의 어휘내용 속에 포함하고 있다. 정동사 *ist*는 현재시제를 나타내고 (44)의 정의에 따라 발화시간이 주제시간에 포함된다. 다음으로 과거분사 *eingeschlafen*은 einschlafen에 의한 사태변화가 완료된 완료상 을 나타낸다. 이 관계를 다음과 같은 도표로 나타내보자. 이때 ----는 'das Kind schläft nicht ein(그 아이가 잠이 들지 않다)' +++++는 'das Kind schläft ein(그 아이가 잠이 들다)'와 같은 모순되는 두 개의 상태를 포함하는 상황시간을, { , }는 상황시간의 좌 우측 경계를, ...는 상황시간 이전과 이후를, 그리고 〔 〕는 주제시간을 가리킨다.

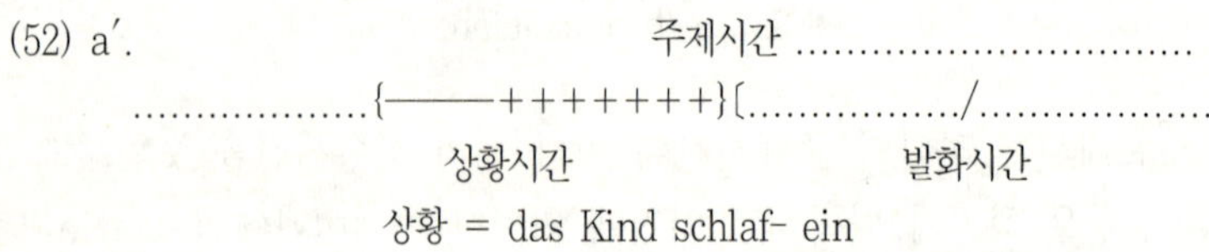

(52) a′.   주제시간 ....
............................{————+++++++}〔................/..................
              상황시간   발화시간
       상황 = das Kind schlaf- ein

이 도표에서 상황시간은 그 아이가 잠이 드는 시간이고 이 상황시간 이후에 주제시간이 오게 되는데 이처럼 상황시간 이후에 주제시간이 오도록 하는 기능을 조동사 sein이나 haben이 갖고 있는 것으로 가정한다. 앞으로 이들 sein, haben과 같은 조동사를 Klein(1974)에 따라 (즉 주제시간을 상황시간 이후에 두도록 하는)이후시간 연산자라고 부르겠다. 여기에서 우리는 완료상에 관한 다음과 같은 두 개의 정의를 얻게 된다.

> (53) a. 완료상 Perfekt는 과거분사 ge-V-t 에 의해 상황시간이 종결되었음을 나타내
> 고 주제시간을 상황시간 이후에 오도록 한다.
> b. 조동사 sein과 haben은 주제시간을 상황시간 이후에 오도록 하는 이후시간
> 연산자이다.

독일어에서는 영어에서와 마찬가지로 완료상은 과거분사 ge - V - t 단독
으로 사용되는 것이 아니라 시제표지를 갖는, 이후시간 연산자인 sein,
haben의 정동사와 함께 사용된다.12)

예문 (51b)에서는 단일한 상태인 어휘내용, 즉 〈der Mann trink- den
ganzen Tag〉은 1-상태의 어휘내용에 속하며 ++++에 의해 지시되는 상
황시간을 갖고, 과거분사 형태 ge-V-t에 표지된 완료상은 상황시간이 종료
됨을 나타낸다. 이제 이후 시간연산자인 haben에 의해 주제시간이 상황시간
이후에 오는 것을 알 수 있다. 이 관계를 시간 축 상에서 기술하여보자.

(53) b′.   주제시간 ....
.............{++++++++++++++}〔................./.................
               상황시간   발화시간

예문 (51b)의 어휘내용 〈der Mann trink- den ganzen Tag〉에서
trink-는 1-상태동사로서 동작을 나타내며 시간적인 경계, 즉 시작점이나
끝점과 같은 경계가 없다. 이는 앞서 본 *einschlafen*이 변화의 시간적인 경
계를 갖는 2-상태의 어휘내용인 것과는 대조된다. 따라서 상황시간의 시작

---

12) 현대독일어의 과거분사 형태인 ge-V-t 형태는 독어사에서 접두어 ga-(gi-)에서 찾아볼
수 있다. 이 접두어는 상태를 나타내는 동사에 붙어 상태를 야기시키는 상의 역할을 한
것으로 볼 수 있다. 예를 들어 liggen(liegen), sitzan(sitzen), standan(stehen),
swigan(schweigen) 등을 어간으로 하여 접두어 ga를 붙여 galiggen, gasitzan
gastandan, gaswigan 등을 만들면 어간의 동작태가 Perfektiv로 바뀌게 된다. ga-
이외에도 현대 독일어에서 볼 수 있는 Perfektiv의 동작태를 나타내는 다양한 전철과
비분리 전철이 있었다: af-(ab-), bi-(be-), fra-/far-(ver-), and-(ent-), ir-(er-) 등 비
분리 전철 ; ana-(an-), in-(ein-), uf-(auf-), uz-(aus-). los-(los-) 등 분리전철
(Behagel 1924:99,100).

점이나 끝점은 예를 들어 den ganzen Tag과 같은 특정한 시간부사에 의해 구체화 될 수 있다. 또한 상황시간 내에서도 단일한 동작, 즉 *trinken*하는 동작이 지속되기 때문에 ++++++로 기호화하였다.

이제 우리는 이후시간 연산자 sein과 haben을 선택할 수 있는 다음과 같은 정의를 얻게된다.

> (54) a. 만일 어휘내용이 두 개의 모순된 상태를 갖는 2–상태의 자동사이면 완료상의
>   이후시간 연산자로 sein을 택하라.
>   b. 기타 모든 어휘내용의 경우 완료상의 이후시간 연산자로 haben을 택하라.13)

이상에서 우리는 진행상(혹은 미완료상), 완결상, 완료상이 어휘내용에 의해 지칭되는 상황이 주제시간과 관련하여 어떻게 상황시간을 얻게 되는 가를 논의하여 보았다. 이제 2.3에서 논의한 시제와 2.4에서 논의한 상의 내용을 다음과 같이 정리하여 보자.

> (55) – 발화를 통해 두가지의 시간관계 유형이 구분된다.
>   a. 주제시간과 발화시간의 관계,
>   b. 주제시간과 상황시간의 관계
>   – 시제표지는 상황시간과 발화시간 사이의 관계가 아니라 주제시간과 발화시간
>   사이의 관계이다

---

13) Behagel(1924:271)은 조동사 sein을 이용한 완료는 주어의 현재상태에 의미중심이 놓여지고 haben을 이용한 완료형은 주어와 소유관계를 나타내는 목적어가 필요하다는 것을 주장했다. 다음 예를 보자.

Er ist gestorben → Er ist ein Gestorbener.

Er hat es bekommen → er besitzt es als bekommen.

그러나 이러한 기술은 목적어가 과거의 어떤 사건의 결과로서 간주될 수 있는 경우 이외에는 맞지 않는 것이 대부분이다.

Er hat seinen Freund besucht. → *Er hat seinen Freund als besucht.

Die Arbeitskollegen haben sich allmählich angefreundet. →

   *Die Arbeitskollegen haben sich allmählich als gefreundet.

또한 목적어가 없는, 사태의 변화를 나타내지 않는 자동사가 왜 완료형을 만들 때 조동사 sein과 결합하는 것이 아니고 haben과 결합하는 지가 설명되지 않는다.

Die Rose hat geblüht. →

   Die Rose hat ? als geblüht. (Su - Rin Ryu, 1996:71ff. 참조)

- 상은 주제시간과 상황시간 사이의 관계를 취급한다. 즉 상은 시간이 없는 어휘
  내용을 주제시간에 관계시켜 어휘내용이 지칭하는 상황시간으로 만든다.
- 상황기술은 어휘내용에 따라 가능한 주제시간들의 차이를 보인다. 어휘내용의
  상황은 주제시간의 대조를 보이는 것과 보이지 않는 것이 있다 : 1-상태 어휘
  내용은 외적인 주제시간들의 대조를 보이고 2-상태의 어휘내용은 내적인 주제
  시간의 대조를 보인다. 0-상태의 어휘내용은 주제시간의 대조를 보이는 경우
  는 없다.

5. 시간 일치

이 단원의 끝으로 우리는 주절의 정동사와 이 정동사가 지배하는 부정사
구의 시간일치 문제를 논의하려고 한다. 먼저 다음과 같은 단순한 부정사구
를 포함한 발화들을 생각해보자.

(56) a. Der Mann überquert die Straße, ohne auf den Verkehr zu achten.
    (그 남자는 거리의 교통을 주의하지도 않고 도로를 횡단하고 있다.)
b. Der Mann überquerte die Straße, ohne auf den Verkehr zu achten.
    (그 남자는 거리의 교통을 주의하지도 않고 도로를 횡단하였다.)
c. Der Mann wird die Straße überqueren, ohne auf den Verkehr zu
achten.
    (그 남자는 거리의 교통을 주의하지도 않고 도로를 횡단할 것이다.)
(Helbig-Buscha, 1986:659f 비교)

(56a)의 주절이 현재시제를 나타내는 정동사 *überquert*를 갖고 있기 때
문에 우리는 주제시간이 바로 발화시간을 포함하고 있음을 알 수 있다. 또한
(56b)에서는 주제시간이 과거이고 그리고 (56c)에서는 미래라는 것을 가정
하게 된다. 이러한 가정은 단순히 (56a)에서는 주제시간이 발화시간을 포함
하며 (56b)에서는 주제시간이 발화시간에 앞서고 그리고 (56c)에서는 주제
시간이 발화시간에 뒤따른다는 사실로부터 결과된 것이며, 부정사구 *ohne
auf den Verkehr achten*의 어휘내용 속에 있는 어떤 것에도 기인하지 않
는다. 그러나 (56)a~c의 부정사 구문의 의미를 보면 '당신을 방문할 수 있

게 되다'고 하는 상황이 각각 현재이고, 과거이며 그리고 미래라고 하는 사실은 정동사의 주제시간이 부정사구에 '전이'되고 있음을 알 수 있으며, 이러한 전이과정을 통해서 부정사구가 본래 갖지 못한 시간지시를 할당받게 된다는 것을 알 수 있다. 이런 현상으로부터 우리는 다음과 같은 정의를 얻을 수 있다.

(57) 시간 일치의 원칙
만일 정동사 FIN이 어떤 비정형 구성소인 INF를 지배하면, FIN-시간은 INF-시간 안으로 전이된다.

이러한 주절의 정동사의 FIN - 시간과 이 정동사가 지배하는 부정사구의 INF - 시간사이의 시간일치는 주제시간의 전이로부터 정의되고 이러한 정의를 위배하면 다음과 같은 비문법적인 발화를 하게 된다.

(58) a. *Hans freut sich, gestern Inge zu besuchen.
(한스는 어제 잉에를 만나서 기쁘다.)
b. Hans freut sich, gestern Inge besucht zu haben.
(한스는 어제 잉에를 만나서 기쁘다.)

(59) a. Hans freute sich, gestern Inge zu besuchen.
(한스는 어제 잉에를 만나서 기뻤다.)
b. Hans freute sich, gestern Inge besucht zu haben.
(한스는 어제 잉에를 만나서 기뻤다.)

(58a)의 발화가 비문법적인 이유는 부정사구 *Inge zu besuchen*이 시간부사 *gestern*과 양립할 수 없는 고유한 시제 의미, 예를 들어 비 시간적인 의미를 갖는데 있다고 주장할 수 없다. 이러한 주장은 문법적인 발화문인 (59a)에 의해 부정된다. 따라서 (58a)의 발화문이 비문법적인 이유를 시제 일치의 정의에서 찾게 되는데, 즉 정동사인 *freut*에 마크된 FIN-시간이 발화시간을 포함하는 현재이고 이 현재시제가 부정사구로 전이되어 INF-시간을 만든다. 그러나 부정사구의 어휘내용은 시간부사 *gestern*에 의해 과거시간을 마크함으로 FIN-시간과 INF-시간의 불일치로 (58a)는 비문법적인 발화문이 된다. (58b)가 문법적인 이유는 무엇인가. 그 이유는 (58a)와 (58b)의

INF가 각각 다른 구조의 어휘내용을 가지고 있기 때문이다. (58b)에서 *haben*은 어휘내용을 갖지 않고 과거분사에 의해 완료상으로 마크되는 상황의 이후시간만을 나타내는 연산자의 역할을 한다. 따라서 바로 지금 기쁘게 느껴진다고 주장하는 시간, 즉 주제시간은 어제 너를 만난 것이 아니고, 어제 너를 만난 상황시간 이후에 놓여있으며 이 시간은 현재시간을 포함하고 있기 때문에 주절의 FIN-시간과 INF-시간 사이에 일치관계가 유지되어 문법적이다. 다음으로 (59a)가 문법적인 이유도 FIN-시간과 INF-시간의 일치에서 찾을 수 있을 것이다. 내가 기뻐했던 것은 어제 너를 만났기 때문이며, 내가 기뻐한 일과 너를 만난 시간은 동시적이기 때문에 주절의 과거시제에 의한 FIN-시간과 INF의 과거시간이 서로 일치하여 문법적이다. 끝으로 (59b)가 문법적인 것은 주절의 과거시제에 의한 FIN-시간은 INF의 상황시간이후로 위치하게 된다. 내가 기뻐했던 것은 어제 너를 만났었기 때문이며, 내가 기뻐한 일은 너를 만난 시간이후에 놓이게 되는, 인과적인 시간관계를 이룬다. 즉 주절의 과거시제에 의한 FIN-시간이 INF로 전이되어도 INF의 상황시간의 이후시간과 불일치를 이루지 않기 때문에 역시 문법적이다.

다음의 예들은 시제일치에 있어서 또 다른 문제점을 제시한다.

    (60) a. *Es ist mir verboten, gestern ins Kino zu gehen.
              (*어제 영화관에 가는 것은 지금 나에게 금지되어 있다.)
        b. *Es ist mir verboten, gestern ins Kino gegangen zu sein.
              (*어제 영화관에 갔던 것은 지금 나에게 금지되어 있다.)

(60a)의 정동사 *ist*에 마크된 현재시제는 주제시간이 발화시간을 포함하고 있으며 따라서 이 주제시간이 *gestern*에 의한 과거시간을 나타내는 부정사구 속으로 위치할 수가 없다. 따라서 (60a)가 비문법적인 이유가 (44)의 시간일치 원칙의 위배로 잘 설명이 된다. 그러나 (60b)에서는 주제시간이 분명히 어제 일하는 것의 이후시간에 위치할 수가 있기 때문에 FIN-시간과 INF-시간의 불일치가 생기지 않는다. 그럼에도 불구하고 이 문장이 비문법적인 분명한 이유는 화용론적인 것으로 보아야 할 것이다. 영화관에 가고 난 이후의 시간에 영화관에 가는 것을 금지한다는 것은 의미가 없다. 다시 말해

내가 영화관에 가는 것을 그 순간에 누군가 막을 수는 있지만 내가 영화관에 가고 난 이후에 그러한 상황을 막을 수는 없는 것이다.

다음으로 hoffen, planen, versprechen, bitten, raten 따위와 같은 동사들은 이들이 지배하는 부정사구가 미래의 행위를 요구하기 때문에 앞서본 금지를 나타내는 'ist verboten'과 유사한 시간일치의 제약이 따른다. 다음 예문을 보자.

(61) a. *Hans hofft, gestern nachmittag seine Eltern zu besuchen.
      (*한스는 어제 오후 자기의 부모를 방문할 것을 바란다.)
    b. Hans hofft, morgen vormittag seine Eltern zu besuchen.
      (한스는 어제 오후 자기의 부모를 방문할 것을 바란다.)
    c. Hans hofft, seine Eltern zu besuchen.
      (한스는 자기의 부모를 방문할 것을 바란다.)

첫 번째의 발화는 시간일치를 위배하기 때문에 비문법적이다. (61b)도 정동사 *hofft*의 현재시제로 인해 주제시간이 발화시간을 포함하고 또한 INF의 시간이 시간부사구 *morgen vormittag*에 의해 미래가 된다. 따라서 FIN-시간과 INF-시간사이의 불일치가 발생하여 비문법적이 될 것으로 기대된다. 그럼에도 불구하고 이 문장은 문법적이며 그 이유도 분명하다. hoffen과 같은 종류의 동사들은 그들의 주제시간을 INF-시간 안으로 전이시키기는 것이 아니라 INF-시간의 이전시간 속으로 전이시킨다. 우리가 현재 어떤 상황이 발생할 것을 희망한다고 할 때, 희망을 나타내는 시간은 실제로 상황이 발생하는 시간 이전이 될 것이다. 즉 FIN의 주제시간이 INF-시간으로 직접 전이된다기보다 INF-시간의 이전시간으로 전이되고 따라서 (61b)가 정상적인 해석을 얻게 된다. (61c)에 있어서도 우리는 *hofft*에 마크된 주제시간이 비록 미래의 시간이 명시되지는 않았지만 INF의 이전시간으로 전이되는 것으로 가정한다. hoffen과 같은 종류의 동사들을 이전시간 동사라고 부르기로 한다. 이전시간 동사에 속하는 예로서 몇 가지 화법동사들을 들 수 있다.

다음은 독일어의 화법조동사 dürfen이 정동사로 사용된 문장에서 시간일치의 문제를 다룬 예들이다.

(62) a. *Hans darf gestern Inge besuchen.
　　　　(*한스는 어제 잉에를 방문해도 된다.)
　　b. *Hans darf gestern Inge besucht haben.
　　　　(*한스는 어제 잉에를 방문했어도 된다.)

(63) a. Hans durfte gestern Inge besuchen.
　　　　(한스는 어제 잉에를 방문해도 되었다.)
　　b. Hans durfte gestern Inge besuch haben.
　　　　(한스는 어제 잉에를 방문했어도 되었었다.)

(62a)가 비문법적인 이유는 단순히 시간일치를 위배하기 때문이다. 그러나 (62b)가 비문법적인 이유는 시간일치의 문제뿐만이 아니라 그 원인이 화용론적인 데에도 있다. 만일 독일어에서 현재완료 Perfekt형태를 구어체에서 단순히 과거시제 Präteritum와 동일한 시간을 지칭하는 것으로 간주할 경우 시간일치의 원칙을 위배하게 된다. 그러나 Perfekt가 영어의 현재완료와 동일한 시간, 즉 현재 시제와 완료상을 나타내는 경우라면 정동사 *darf*의 FIN-시간과 INF-시간, 즉 *besucht haben*의 이후시간은 시간적인 불일치 문제가 생기지 않는다. 그러나 잠을 자고 난 후에 잠자는 것에 대한 허락을 받는다는 것은 의미가 없다. 이것은 앞서 (60b)에서 영화관에 가고 난 이후에 영화관에 가는 것을 금지하는 것이 화용론적으로 의미가 없는 것과 마찬가지이다. (63a)와 (63b)는 모두 정동사 *durfte*가 과거시제를 나타내기 때문에 FIN-시간과 INF-시간인, 어제 잠을 자는 상황시간과 시간적인 불일치를 일으키지 않는다. 다만 (63b)에서 *durfte*에 의해 표지된 FIN-시간은 *gestern Inge besucht haben*의 INF-시간보다 이전이어야 한다. 그렇지 않다면 이 발화문은 (62b)와 같은 화용론적인 모순을 범하게 된다. 이 경우 dürfen은 이전시간 동사이다. dürfen이 이전시간 동사가 될 수 있는 경우를 Klein(1994:174ff)은 다음 예문을 들어 논증하고 있다.

(64) Arnim darf jetzt, morgen schlafen.
　　　(아르님은 내일 잠을 자는 것이 지금 허락된다.)

이 발화문은 *Arnim*이 내일 잠을 자기 위한 허락을 지금 받은 것이다. 이

러한 상황은 그가 그 이전에는 잠을 자기 위한 허락을 받지 못한 것을 의미
하며 주제시간의 외적 대조를 나타낸다. 또한 지금시간에서의 이러한 허락은
내일 잠을 자는 실제의 행위에 앞서는 것이다. 따라서 (64)는 시간일치의 문
제를 일으키지 않는다.

　다음으로 독일어의 화법조동사 wollen이 사용되는 문장에서 시간일치의
문제를 논의하여 보자.

　　(65) a. *Hans will gestern Inge besuchen.
　　　　　　(*한스는 어제 잉에를 방문하려고 한다.)
　　　　 b. Hans will gestern Inge besucht haben.
　　　　　　(한스는 어제 잉에를 방문했다고 할 것이다.)

　　(66) a. Hans wollte gestern Inge besuchen.
　　　　　　(한스는 어제 잉에를 방문하기를 원했다.)
　　　　 b. Hans wollte gestern Inge besucht haben.
　　　　　　(한스는 어제 잉에를 방문했다고 하였다.)

　　(67) a. Hans will morgen Inge besuchen.
　　　　　　(한스는 내일 잉에를 방문하기를 원한다.)
　　　　 b. Hans will morgen Inge besucht haben.
　　　　　　(한스는 내일 잉에를 방문했다고 할 것이다.)

　(65a)는 정동사 *will*에 마크된 FIN - 시간과 *gestern Inge besuchen*의
INF-시간이 불일치하기 때문에 비문법적이다. (65b)는 FIN-시간이 현재시
간이고 INF-시간은 이후시간 연산자 haben에 의해 '잉에를 방문한' 시간 이
후가 되어 현재시간을 포함하기 때문에 역시 시간일치에 있어서 문제가 없다.
그러나 이러한 이후시간의 해석에는 문제가 있다. 한스가 어제 잉에를 방문
한 이후시간에 있기를 희망한다는 것은 화용론적으로 불합리하다. 만일 그가
어제 잉에를 방문하지 않았다고 가정한다면 그러면 어제 잉에를 방문 했기를
희망한다는 것은 시간적으로 이미 늦은 것이고 만일 어제 그가 잉에를 방문
했다면 그러한 희망을 갖는다는 것은 불필요한 것이다. 독일어에서 (65b)가
문법적인 경우는 주어의 강한 주장을 나타내는 인지적 epistemologisch인
해석이 주어지기 때문이다. 즉 이 문장의 해석은 '한스는 어제 잉에를 방문했

다고 주장한다'의 의미를 가질 때, 다시 말해 '주장'이라는 인지적 해석을 가질 때에 만 화용론적으로 타당한 것이다. (66a)에서는 시간 일치의 문제가 발생하지 않는다. 정동사 *wollte*의 FIN-시간과 *gestern Inge besuchen*의 INF-시간은 과거시간에 위치하여 서로 시간적인 불일치를 일으키지 않는다. 그러나 (66b)에서는 *wollte*의 FIN-시간은 과거시제 표지에 의해 마크되기 때문에 과거의 어떤 시간이라도 될 수 있다. 만일 FIN-시간이 그저께라고 한다면 *gestern Inge besucht haben*의 INF-시간보다 앞서는 경우로 이때는 '어제 잉에를 방문했기를' 한스가 원한다는 wollen의 의미를 갖는다. 그러나 만일 FIN-시간이 어제 이후의 시간이라면 이 경우는 (65b)와 같이 인지적인 해석, 즉 '한스는 어제 잉에를 방문했다고 주장하였다'와 같은 해석을 갖는다. 다음으로 (67)a, b는 wollen이 이전시간 동사라는 것을 보여주는 예이다. 이 발화문에서 한스는 내일 잉에를 방문하는 시간 이전에 (67a) 혹은 방문을 마치고 난 시간 이전에 자신의 희망을 말할 수 있다.

  끝으로 독일어의 화법조동사 müssen이 정동사로 사용되는 발화문에서 시간일치의 문제를 논의하여 보자.

> (68) a. *Hans muss gestern Inge besuchen.
>   (*아르님은 어제 잠을 자지 않으면 안 된다.)
>   b. Hans muss gestern Inge besucht haben.
>   (아르님은 어제 잠을 잤음에 틀림없다.)
>
> (69) a. Hans musste gestern Inge besuchen.
>   (아르님은 어제 잠을 자지 않으면 안 되었다.)
>   b. Hans musste gestern Inge besucht haben.
>   (아르님은 어제 잠을 잤음에 틀림없었다./잠을 잤어야만 했었다.)
>
> (70) a. Hans muss morgen Inge besuchen.
>   (아르님은 내일 잠을 자지 않으면 안 된다.)
>   b. Hans muss morgen Inge besucht haben.
>   (아르님은 내일 잠을 잤어야만 할 것이다.)

  화법조동사 müssen이 의무를 나타내는 양상적 modal인 해석과 확실성을 나타내는 인지적인 해석사이의 이중의미를 갖는다는 가정 하에 이들 문장들의 문법성을 논의해 보자. (68a)는 정동사 *muss*의 FIN-시간과 *Inge besuchen*의 INF-시간사이에 시간적인 불일치가 없기 때문에 문법적이다. (68b)의 경우 정동사 *muss*의 FIN-시간이 현재이기 때문에 INF-시간인 *gestern geschlafen haben*의 이후시간과 시간적인 불일치를 나타내지 않는다. 그러나 muß가 '…을 해야한다'고 하는 양상적인 의미를 나타낸다면 이는 화용론적으로 불합리한 해석을 얻게 된다. 즉 한스가 어제 잉에를 방문하고 난 이후 그에게 지금 잉에를 방문해야만 하는 의무를 부과한다는 것은 별 의미가 없기 때문이다. 그러나 이러한 발화문이 추측이나 확실성을 나타내는 인지적인 해석을 가질 경우 문법적이다. 화자는 한스가 어제 잉에를 방문했다는 것을 현재 시간에서 확실성을 가지고 주장할 수 있기 때문이다.

다음으로 (69a)는 정동사 *musste*의 FIN-시간이 과거이고 이 과거시간은 INF-시간인 *gestern Inge besuchen*의 상황시간과 시간적인 일치관계를 갖기 때문에 문법적이다. 이제 (69b)의 경우를 보자. 정동사의 FIN-시간은 과거시제 표지에 의해 단순히 과거에 위치하기 때문에 이 시간은 부정사구의 시간부사 *gestern*이 지칭하는 시간보다 그 이전이 될 수 있다. 이 경우 *musste*는 이전 시간 동사로서 의무를 나타내는 양태적인 해석을 갖는다. 다른 한편 FIN-시간은 gestern보다 이후시간이 될 수 있다. 이 경우는 확실성을 나타내는 인지적인 해석을 갖는다.

끝으로 (70a)에서 정동사 *muss*는 이전시간 동사로 FIN-시간이 INF-시간, 즉 morgen Inge besuchen의 상황시간 이전에 위치하게 되는 경우이다. 이 때 *muss*는 미래의 사태에 대한 책임이나 의무를 현재에 부과하는 양태적 의미를 갖기 때문에 시간일치를 위배하지 않는다. 즉 *muss*는 이 경우 이전 시간 동사로서 앞서본 dürfen, wollen과 동일한 시간적인 지시기능을 갖는다. (70b)의 *muss*는 미래에 완료되는 사태에 대한 의무를 현재시간에 부과하는 당위적인 해석을 갖고 FIN-시간과 INF-시간과의 시간일치를 위배하지 않는다.

이상에서 우리는 주절의 정동사가 지배하는, 비록 시제표지를 갖지 않는 부정사구의 경우에도 그리고 화법조동사가 정동사로서 지배하는 부정형의 경우에도 FIN-시간과 INF-시간 사이에 시간일치가 가능한 조건들을 고찰하여 보았다.

참고 문헌

Behagel, O.(1923), *Deutsche Syntax. IV, Band : Wortstellung.* Heidelberg.

Comrie, B.(1976), *Aspects : An Introduction to the Study of Verbal Aspect and Related Problems*, Cambridge.

__________(1985), *Tense*, Cambridge.

Duden(1984), *Grammatik der deutschen Gegenwartssprache*, Mannheim u.a.

Eisenberg, P.(1986), *Grundriß der deutschen Grammatik*, Stuttgart.

Egg, M.(1994), *Aktionsart und Kompositionalit?*, Berlin. (= Studia Grammatika XXXVII).

Flämig, W./K. Heidelph/W. Motch(1981), *Grundzüge einer deutschen Grammatik*, Berlin

Grebe, P.(1966), *Der große Duden : Grammatik*, Mannheim

Helbig, G.(1989), Das Passiv und kein Ende. In : *DaF 26.4*, 2 15~221.

Helbig, G./J. Busch(1986), *Deutsche Grammatik*, Berlin.

Klein, W.(1994), *Time in Language*, London · New York.

__________(1998), *An Analysis of the German Perfekt* ms.

Paul, H.(1920), *Deutsche Grammatik*, Halle a.S.

Pustejovsky, J.(1991a), The Syntax of Event Structure, In : *Cognition 41*.

Shin, S.-S.(1976), Probleme der Nominalisierung auf -er im Rahmen der Transformationsgrammatik, In : *Linguistische Berichte 43*. Braunschweig.

__________(2000a), Some derivational Constraints for German -ungnominals, In : *Language Research 36(2)*, Seoul National University.

__________(2000b). On the event structure of -ung-nominals in German. In : *Linguistics 39(2)*. Berlin/New York.

Smith, C.(1991), *The parameter of aspect*, Dordrecht.

Steinitz, R.(1981), *Der Status der Kategorie "Aktionsart" in der Grammatik*, Berlin.

Storch, G.(1978), *Semantische Untersuchungen zu den inchoativen Verben im Deutschen*, Braunschweig.

Vendler, Z.(1957), Verbs and Time, In : *The Philosophical Review LXVI*.

__________(1967), Facts and Events, In : *Linguistics and Philosophy* : Ithaca, NY, Cornell University Press.

제 7 부

독일어의 습득
형태론 지식 습득의 인지과정

홍 우 평 (건국대학교)

1. 들어가는 말

7부에서는 언어습득론의 핵심적 쟁점과 이 쟁점을 해소하기 위한 경험적 연구의 양상을 독일어 형태론 지식의 습득을 중심으로 살펴보기로 한다. 언어습득은 말 그대로 인간이 하나의 언어, 혹은 복수의 언어를 습득하는 인지과정을 가리킨다. 인간은 일정한 언어 환경에 노출되어 생물학적 성장을 하는 과정에서 청각장애, 뇌성마비 등의 선천적인 인지 장애가 없는 한, 누구나 하나의 언어를 자연스럽게 모국어로 습득해간다. 뿐만 아니라, 하나의 모국어를 습득해 가는 과정 중에, 혹은 하나의 모국어를 습득한 이후에 제2, 제3의 언어까지 습득하는 경우가 많다. 이러한 인지과정의 특성에 대한 가설을 세우고, 이 가설들의 타당성을 실증적으로 검증하고자 하는 시도가 바로 언어습득에 대한 연구이다.

아래에서는 우선 언어습득의 인지과정에 관련된 핵심적 쟁점을 소개하고, 이러한 쟁점을 해소하는 데 어떤 실증적 증거들이 유용할 수 있는지를 영어 형태론, 특히 굴절 형태론 지식의 습득에 대한 연구를 통해 알아본다(2장). 이어서 영어 형태론 지식의 습득에 대한 논쟁이 언어습득의 쟁점을 해소하는 데 부적절한 것으로 드러난 이유를 검토하고, 대안으로 이루어진 독일어 형태론 지식의 습득에 대한 연구의 방법과 결과를 논의한다(3장).[1] 이러한 논의를 통해 언어습득론의 본질에 대한 이해를 도모하고 독일어의 습득에 대한 실증적 연구가 언어습득론의 쟁점을 해소하는 데 어떻게 기여할 수 있는지를 살펴보는 것이 이 부의 목적이다.

2. 언어습득론의 핵심적 쟁점과 실증적 증거

2.1 언어습득론의 연구영역과 쟁점

언어습득 연구의 대상은 음성학, 음운론, 형태론, 통사론, 의미론, 화용론으로 나뉘는 이론언어학의 기본적인 분류에 준해 설정된다(Goodluck 1991 참조). 이러한 분류는 언어라는 현상을 용이하게 이해하기 위한 것이기 때문에, 언어가 습득되어 가는 과정을 탐구하는 데에도 분명 유효하다.

우선 언어습득론은 목표어 target language의 음성학적/음운론적 특징이

---

1) 논의의 범위를 형태론으로 제한하는 데는 장점과 단점이 있다. 장점은 언어습득의 핵심적 쟁점과 이를 해소하기 위한 상이한 유형의 실증적 증거들을 한 가지 현상을 매개로 살펴 볼 수 있다는 것이다. 반면 단점은 언어의 다른 영역, 무엇보다도 통사론 지식의 습득에 관련된 풍부한 연구결과들(예를 들어 O'Grady 1997, White 1989, Crain·Lillo-Martin 1999 등 참조)이 논의의 대상에 포함되지 못한다는 것이다. 그럼에도 불구하고 통사론 지식의 습득에 대한 논의는 언어습득론에 대한 상반된 관점(아래의 2.1, 2.2 참조)들을 쉽게 이해하기에 적절하지 않다는 것이 글쓴이의 판단이다. 독일어 통사론을 매개로 하는 언어습득에 대한 입문적 논의로는 홍우평(2000b) 참조.

습득되어 가는 인지적 과정에 대한 설명을 포함해야 한다. 이론언어학에서 이루어진 음성학적/음운론적 연구들은 낱소리의 성격과 소리조합을 지배하는 규칙성에 드러나는 언어보편성과 언어개별성을 밝히고자 한다. 이에 상응하게 음성학적/음운론적 지식의 습득에 대한 연구는 언어습득자들이 목표어가 가지는 개별 낱소리의 특징과 소리조합에 나타나는 규칙성을 습득하는 과정에 대한 가설을 세우고 이를 경험적으로 검증하고자 한다. 따라서 음성학/음운론에 대한 이론언어학적 접근과 언어습득론적 접근은 동전의 양면과 같은 밀접한 관계를 가지게 된다.

이러한 상관관계는 언어의 다른 영역에서도 성립한다. 우선 형태론적 지식의 습득을 대상으로 하는 연구는 목표어의 형태론적 특성에 대한 이론에서 출발한다. 즉, 목표어가 지니는 굴절, 파생, 합성 등의 다양한 형태론적 과정의 특성들이 습득되는 인지과정을 설명하고자 한다. 통사론적 지식의 습득에 대한 연구 역시 목표어 통사지식이 어떤 원리들로 이루어지는지에 대한 아이디어를 가지고 이 원리들이 습득되는 인지과정을 추적한다. 의미론적, 화용론적 지식의 습득에 대한 연구들 역시 마찬가지이다. 의미론적 지식, 화용론적 지식의 핵심적 구성성분과 조직원리에 대한 이론을 토대로 이 요인들이 습득되는 인지과정에 대한 가설을 세우고 검증할 수 있다.

언어습득에 대한 연구가 습득되어지는 대상으로서의 언어지식에 대한 일정한 이론에서 출발해야 한다는 점에는 이론의 여지가 없으나, 언어지식의 정체가 무엇인가에 대해서는 여러 가지 상이한 관점들이 있을 수 있다. 그리고 언어지식의 정체에 대해 취하는 관점에 따라 언어습득과정의 근본속성에 대한 인식도 달라질 수 있다. 이러한 상이한 인식들은 그 기술적 차이점에도 불구하고 크게 생득설과 경험설로 양분할 수 있다.

우선 합리주의의 맥에 닿아있는 생득설은 언어지식의 핵심적인 부분들은 인간에게 선험적으로 주어진다는 주장을 개진한다. 이 관점에 의하면 탄생 후 하나의 일정한 언어 환경에 노출되는 인간은 선험적으로 주어진 언어지식에서 출발하여 이 언어지식의 일정 부분들을 실제의 목표어에 맞도록 조정해 간다.[2] 이때 언어 환경을 이루는 목표어 자료와의 접촉은 생득적 언어지식

---

2) 생득설이 언어습득과정에서 경험의 역할을 완전히 부인하는 것은 아니다. 일정한 언어환경

이 목표어의 언어지식으로 변해 가는 과정을 도와주는 부수적인 역할만을 담당한다. 이와 달리 경험주의의 맥에 닿아있는 경험설은 선험적인 언어지식이 있음을 부인하고 언어습득이 언어자료와의 지속적인 접촉을 통한 반복 훈련에 의해, 즉 순전히 후천적인 경험에 의해 이루어지는 것으로 파악한다.3)

이러한 대립적 관점 중 어떤 관점이 옳은지는 단지 개념적으로 확인할 수 있는 문제가 아니며, 선험적 지식과 후천적 경험 중 어떤 요인이 주된 역할을 하는 것인지에 대한 실증적 연구를 언어습득의 전 영역에 걸쳐 수행하고 그 결과를 분석함으로써 비로소 알아낼 수 있다.

이러한 과정은 앞으로도 많은 시간을 요구할 것이지만, 형태론적 지식의 습득 문제를 대상으로 시작된 구체적 논쟁을 이미 볼 수 있다. 특히 독일어 형태론 지식 습득의 문제는 최근에 이루어지고 있는 생득설과 경험설 간의 논쟁에서 매우 흥미롭고도 중요한 위치를 차지하고 있다. 이에 대한 논의에 들어가기 전에 우선 생득설과 경험설의 핵심적 측면들을 살펴보고, 각 입장을 지지하는 실증적 증거가 각각 어떻게 축적될 수 있는지를 영어 형태론 지식 습득에 대한 연구를 통해 구체적으로 알아보기로 한다.

2.2 생득설 Nativism

인간에게 선험적으로 주어지는 언어지식이 언어습득과정에서 핵심적인 역할을 담당한다는 관점은 주로 언어학의 진영에서 취하는 관점이다. 특히 Chomsky를 중심으로 하는 생성문법의 진영에서는 인간이 공유하는 언어능력 competence

---

에 지속적으로 노출되지 못한 인간들이 언어를 습득하지 못함을 보여주는 일화들은 많이 있다(Harley 2001:67 이하 참조). 단지 생득설은 경험의 역할이 선험적 지식의 역할에 비하면 매우 미미하다는 관점을 취하고 있는 것이다.

3) 경험설에 속하는 언어습득에 대한 관점들은 강조하는 경험요인에 따라 세분될 수 있다. 예를 들어 행동주의 이론에서는 자극-반응의 도식으로 언어습득을 설명하고자 하여 강화의 경험을 강조하는 반면, 최근의 연결주의 이론에서는 언어자료에 대한 경험의 빈도를 매우 중시 한다(아래의 2.3.1 참조). 반면 의사소통의 경험을 언어습득의 가장 중요한 요인으로 강조하는 관점도 있다. 이 관점들의 공통점은 경험을 언어습득을 가능케 하는 핵심적인 요인으로 간주한다는 점이다.

을 이루는 정신문법 mental grammar의 특징을 밝히고, 이 정신문법이 습
득되는 인지과정을 동시에 설명하는 것을 언어이론이 궁극적으로 이루어야 할
목표로 간주한다(Chomsky 1981, 1986, 1995). 언어능력, 혹은 정신문법에 대
한 이론이 정신문법의 습득까지도 설명할 수 있어야 하는 이유는 무엇인가?

Chomsky(1965)에 의하면 언어학자가 한 언어의 자료를 토대로 단 하나
의 정확한 정신문법을 구성해내야 하는 과제는 아동이 언어습득과정에서 접
하는 언어자료를 토대로 단 하나의 정신문법을 획득해야 하는 것과 본질적으
로 동일한 과제이다.4) 다시 말해 언어자료와 양립 가능한 정신문법은 여러
가지가 있을 수 있지만5) 이 중 실제로 습득되는 정신문법은 단 하나일 수밖
에 없기 때문에, 옳은 정신문법론은 가능한 정신문법들 중 해당 이론이 설정
하는 정신문법이 선택되는 인지과정, 즉 언어습득과정에 대한 설명도 제공해
야 한다.6) 이러한 맥락에서 구성된 언어습득에 대한 가설은 생득설의 전형
에 해당한다. 이제 언어습득에서 생득적 요인이 결정적인 역할을 한다는 주
장의 논거가 무엇인지에 살펴보기로 하자.

2.2.1 언어습득의 논리적 문제점7)

Chomsky(1986)에 의하면 언어습득은 인간의 지식획득에 나타나는 고전
적 문제인 플라톤의 문제 Platos Problem, 즉 인간이 주변세계에서 찾을
수 있는 증거들로부터 추론해 낼 수 있는 것 보다 훨씬 많은 양의 지식을 궁
극적으로 얻을 수 있는 이유는 무엇인가의 문제를 가장 극명하게 보여주는
하나의 전형적인 예이다.8) 이 말은 성인의 정신문법에 아동이 언어습득과정

---

4) 이러한 맥락에서 Chomsky는 아동을 어린 언어학자 little linguist로 본다.
5) 이러한 정신문법을 제시하는 정신문법론들을 기술적 타당성이 있는 descriptively adequate
   이론이라 한다.
6) 이러한 정신문법을 제시하는 정신문법론을 설명적 타당성이 있는 explanatorily adequate
   이론이라 한다.
7) 이 절의 내용은 홍우평(1999, 3.1)을 토대로 한 것이다.
8) 여기에서 언어습득은 인간이 태어나서 아동기를 거치면서 모국어를 습득해가는 제1언어습
   득을 말한다. 모국어 이외에 추가의 언어를 습득하는 인지과정을 지칭하는 제2언어습득의

에서 접하는 언어자료가 제공하는 정보로부터 추론해낼 수 없는 언어지식이 포함됨을 뜻한다. 이러한 견해를 뒷받침하는 핵심적 논거는 이른바 언어습득의 논리적 문제점으로서, 이는 다음의 세 가지 관찰로 요약된다(Hornstein·Lightfoot, 1981 참조).

(1) 언어습득이 종료된 후 인간이 산출할 수 있는 언어자료의 양은 언어습득과정에서 제공된 언어자료의 양보다 많다.

(2) 언어습득과정에서 제공되는 언어자료는 질적으로 고르지 않다. 즉, 문법적으로 정확한 자료와 부정확한 자료가 뒤섞여있다. 그럼에도 불구하고 인간은 목표어 자료의 문법성에 대한 정확한 지식을 획득한다.

(3) 인간은 언어습득과정에서 제공되지 않는 자료에 대한 언어지식도 획득한다.

(1)은 언어습득의 논리적 문제점 중 양적 불일치의 문제에 해당하는 문제로서, 인간이 실생활에서 자신이 언어습득과정에서 접했던 양 보다 더 많은 양의 언어자료를 실제로 산출한다는 말이 아니고, 무한한 양의 언어자료를 산출할 수 있는 능력을 획득하게 된다는 말이다. 예컨대 한 언어를 아는 인간에게 어느 한 시점을 기준으로 더 이상 언어자료와 접촉하지 못하도록 하는 가상적 상황을 설정해 보자. 이러한 상황에서 이 인간에게 계속 언어를 구사하도록 요구한다면 그동안 접했던 양 보다 많은 양의 언어자료를 산출하게 되는 분기점이 있을 것이라는 것을 쉽게 상상할 수 있다.

(2)는 실생활에서의 언어수행이 항상 100% 정확한 자료의 산출로 이루어지지 않음에도 불구하고 이 자료들에 접함으로써 얻게 되는 정신문법에는 정확한 자료, 즉 문법적인 자료와 부정확한 자료, 즉 비문법적인 자료를 구분할 수 있는 지식이 포함된다는 질적 불일치의 문제를 지적하고 있다. 일상생활에서의 대화를 10분 정도만 녹취하여 대화참여자 스스로 분석하게 해본다면, 거기에 문법적 결함이 있는 언어자료가 포함되어 있는지, 있다면 어느 부분이 그에 해당하는지를 쉽게 찾아낼 수 있을 것이다. 이때 분석에 참

연구와 제1언어습득 연구의 관계에 대해서는 아래의 3.2.3과 3.3.3의 논의 참조.

여한 당사자 역시 이러한 부분적으로 결함이 있을 수 있는 언어자료를 근거로 해당 언어지식을 습득했다는 사실이 논리적인 문제점이 된다는 것이다.

(3)은 인간의 언어지식 중 언어자료의 비문법성에 대한 지식, 즉 어떤 표현이 그 언어에서 비문법적인가에 대한 판단은 언어자료로부터 얻을 수 없다는 점을 지적하고 있다. 아동은 자신이 접하는 목표어의 언어자료가 문법적이라는 가설을 토대로 언어습득에 임할 수밖에 없으며, 주변인 중 누구도 어떤 표현이 목표어에서 비문법적인지를 지속적으로 예를 들어가며 알려주지 않는다(실제로 그러한 일을 한다고 하더라도 해당 언어에서 비문법적인 언어자료의 양은 무한하므로 모든 비문법적 언어자료들을 예시한다는 것은 불가능하다).

이러한 문제제기와 관련하여 고려해야 할 점은 아동의 언어습득과정에서 주변인, 특히 어머니가 아동에게 언어자료의 비문법성에 대한 명시적인 정보를 실제로 주는 경우가 있다는 사실이다. 문제는 주변에서 제공되는 언어자료의 비문법성에 대한 정보를 아동이 어떻게 처리하는가이다. 다음의 대화를 보자(McNeil 1966:69).

> (4) Child : Nobody don′t likes me.
> Mother : No, say "Nobody likes me."
> Child : Nobody don′t likes me.
> 〔eight repetition of thie dialogue follow〕
> Mother : No, now listen carefully, say "NOBODY LIKES ME"
> Child : Oh! Nobody don′t likes me.

이 대화에서 아동은 어머니가 지적해 준 문법적 오류(Nobody를 don′t+동사 원형과 같이 쓴 점)를 고집스럽게 수정하지 않다가 결국 엉뚱한 부분을 수정함으로써(like를 likes로 바꾼 점) 오히려 문법에 더 크게 벗어나는 문장을 산출하고 말았다. 이와 같이 아동이 비문법성에 대한 명시적 정보를 제공받더라도 이를 토대로 자신의 잘못된 가설을 즉각 수정하지는 않는다는 사실을 보여주는 증거는 많이 있다(Harley 2001:94 이하 참조). 따라서 언어자료의 비문법성에 대한 정보는 비록 명시적으로 제공된다 하더라도 해당 자료의 비문법성에 대한 지식을 습득하는 데는 직접적인 도움이 되지 않는다고 보아야 한다.

  결론적으로 언어습득의 논리적 문제점은 주변세계에서 주어지는 언어자료
로부터 얻을 수 있는 증거가 언어습득을 종료한 인간의 정신문법을 구성하는
언어지식에 양적, 질적으로 크게 미치지 못함을 말하는 것으로, 정신문법의
일정부분은 생득적이라는 주장의 논거가 되는 것이다. 문제는 정신문법에서
생득적인 요인이 무엇일 수 있는가이다. 이를 밝히지 못한다면, 언어습득의
논리적 문제점을 인정한다 하더라도 생득적 언어습득론은 절반의 이야기가
될 수밖에 없을 것이다. 이제 정신문법의 구성요인들 중 어떤 요인이 생득적
일 수 있는지, 그리고 이 요인들을 찾아내기 위한 실증적 연구는 어떤 방법
에 의해 이루어질 수 있는지를 구체적으로 알아보자.

2.2.2 영어 형태론 지식의 습득

  Gordon(1985)은 언어습득론이 생득설에 입각해야 함을 보여준 선구적 연
구의 하나이다. 이 연구에서는 영어를 습득하는 아동들이 영어 형태론 지식
중 명사굴절에 대한 지식을 어떻게 습득하는지를 보여주는 언어실험을 수행
하고 그 결과를 분석하였다. 연구의 대상이 된 현상은 명사굴절 중 명사복수
화였다.

  영어의 명사복수화에는 두 가지 유형이 있다. 우선 규칙복수형은 명사의
어간에 어미 –s를 부착함으로써 유도되며(book-books, rat-rats), 불규칙복수
형은 어간모음을 포함한 자, 모음의 불규칙적인 변화에 의해 유도된다
(teeth-tooth, mouse-mice). 누구에게나 상식적으로 잘 알려져 있는 이러한 일
반적인 현상으로부터 언어습득의 '생득성'과 관련된 어떤 연구주제가 설정될
수 있는가? 다음 자료를 보자.

    (5) a. mice-eater
       b. *rats-eater

  (5)는 굴절현상에 속하는 명사복수화가 적용된 표현(mice, rats)이 합성어
의 비핵심어를 이루었을 때9) 문법성에 어떠한 변화가 일어나는지를 예시하

고 있다. 흥미롭게도 'X-eater'형식의 합성어에서 비핵심어 X가 불규칙 복수형은 될 수 있지만 규칙복수형은 될 수 없음이 드러나 있다. 영어 원어민의 정신문법에 들어있어야 할 이러한 종류의 지식은 어떻게 습득될 수 있을까?

2.2.1에서 논의하였듯이 언어자료의 비문법성에 대한 지식은 언어자료로부터 얻을 수 없다고 전제해 보자. 즉, 영어를 습득하는 아동이 주변인을 통해 (5b) 유형의 표현이 비문법적이라는 명시적인 정보를 얻을 수 없거나, 얻더라고 즉각 활용하지 않는다고 전제해 보자. 이러한 전제 하에 Gordon은 아동이 (5b)와 같은 언어표현을 만들어내는지 만들어내지 않는지를 언어실험을 통해 확인하였다. 이 실험에서는 우선 아동들이 주어진 명사의 복수형(mouse-mice, rat-rats)을 만들도록 유도한 후, 그 명사가 나타내는 표현을 잡아먹는 괴물의 이름을 '-eater'라는 표현을 이용해 말하도록 했다.

실험결과의 분석에 의하면 아동들이 mice-eater 유형, 즉 불규칙복수형이 합성어의 비핵심어를 이루는 표현은 만들어냈지만, -s 복수형, 즉 규칙복수형이 합성어의 비핵심어를 이루는 표현은 거의 만들어내지 않았다. 다시 말해 아동은 규칙복수형이 합성어의 비핵심어로 사용될 수 없다는 사실을 경험으로부터 알아낼 수 없음에도 불구하고 알고 있는 것이다. 이에 대해 어떤 설명이 가능한가?

Gordon은 불규칙굴절이라는 형태론적 과정과 규칙굴절이라는 형태론적 과정, 그리고 합성이라는 형태론적 과정이 일정한 순서에 입각해 일어난다고 하는 소위 유순제약 level-ordering(Kiparsky, 1982)이 인간에게 생득적으로 주어지는 정신문법의 한 요소라는 가설에 의해 자신의 언어실험결과를 설명한다. 유순제약에 의하면 합성은 불규칙굴절과 규칙굴절이 일어나는 사이에 일어난다. 다시 말해 세 유형의 형태론적 과정 사이에는 불규칙굴절-합성-규칙굴절의 순서가 성립한다. 이러한 가설이 옳다면 불규칙 굴절형은 합성의 적용대상이 될 수 있기 때문에 합성어의 비핵심어 자리에 나타날 수 있으나, 규칙 굴절형은 합성이 적용된 후에 유도되는 굴절형이기 때문에 합성의 적용대상이 될 수 없다. 즉, 규칙 굴절형 rats와 eater를 합성한 결과인

---

9) 영어 합성어는 비핵심어＋핵심어의 기본구조를 가진다. 예를 들어 mice - eater에서 eater가 핵심어, mice가 비핵심어가 된다.

rats-eater라는 표현은 비문법적이지만, 불규칙 굴절형 mice와 eater를 합성한 결과인 mice-eater라는 표현은 문법적이다. 물론 mice-eater에 규칙 굴절규칙을 적용해 유도되는 mice-eater-s와 같은 표현은 얼마든지 가능하다.10)

결론적으로 Gordon(1985)은 경험으로부터 얻을 수 없는 영어 형태론 지식이 영어를 습득하는 아동에게 이미 내재함을 입증함으로써, 언어습득에서 선험적 지식이 결정적인 역할을 담당한다는 생득설의 관점을 지지하고 있다.

2.3 경험설 Empiricism

언어습득에서 생득적 요인이 결정적인 역할을 하는 것으로 보는 언어학의 진영에서와는 달리 심리학의 진영에서는 전통적으로 언어습득에서 후천적 경험의 역할을 중시해 왔다. 경험의 역할을 극단화했던 행동주의 언어관에 의하면 언어는 어떤 자극에 대한 반응으로 언어표현이 발화되고 이에 대한 강화(예를 들어 칭찬)가 주어지는 자극-반응-강화의 도식에 의해 습득된다. 인간의 언어습득과정을 동물의 행동습득과 동일한 원리에 의해 설명하고자 한 이러한 견해는 Chomsky(1959)에 의해 통박되었고, 적어도 언어습득에 관한 한 행동주의 방식의 설명은 설득력을 잃게 된다.

그럼에도 불구하고 Chomsky의 등장이 심리학의 경험설을 궁극적으로 쇠퇴 시켰다기 보다는 경험설이 과학적 엄밀성을 갖추는 방향으로 나아가도록 하는 하나의 계기가 되었다고 보는 관점이 옳다. 즉, Chomsky의 등장은 행동주의 심리학에 대한 전면적인 반성을 촉발함으로써, 역으로 행동주의에서 불필요하고 불가능 한 것으로 간주하였던 심적 과정에 대한 과학적 탐구를 목표로 하는 인지심리학이 태동하는 데 하나의 중요한 계기가 되었던 것이다.11) 인지심리학은 언어학, 철학, 신경과학, 컴퓨터과학 등과 함께 마음에 대한 과학적 이론을 구성하고 이를 기계(컴퓨터)에 의해 검증하고자하는 현대

---

10) Gordon 실험결과의 다른 해석 가능성에 대해서는 Clark(1993) 참조..
11) Chomsky의 언어학이론과 심리학의 상호관계, 그리고 그 변천사에 대해서는 이정모
    (1998a, 1998b) 참조.

인지과학의 중추적 역할을 담당하게 되며12), 인지심리학의 틀 내에서 인간의 인지를 보는 하나의 새로운 관점으로 등장한 것이 바로 연결주의이다.

2.3.1 경험주의의 새로운 지평 : 연결주의13)

연결주의모델은 인간의 정보처리 information-processing14) 전반, 즉 시각정보, 청각정보, 촉각정보, 언어정보 등의 처리 일체를 설명하기 위해 고안된 모델이다. 이렇게 이질적인 정보의 처리를 하나의 모델로 설명할 수 있다고 보는 것은 인간의 고등인지도 궁극적으로는 두뇌에서 일어나는 물리적, 전기 화학적 작용의 집합으로 이해할 수 있으며, 이러한 의미에서 인간 두뇌의 기능방식은 인지의 종류를 막론하고 질적으로 동일할 것이라는 판단에 따른 것이다.

여기에서 '습득'은 습득되어지는 대상의 종류에 관계없이 '반복적인 경험을 토대로 정보처리의 방식에 변화가 일어나는 과정'을 뜻한다. 언어습득의 경우를 예로 들면, 언어습득은 일정한 언어자료에 대한 반복적인 경험에 의해 해당 자료의 처리 방식에 변화가 일어나는 과정을 뜻한다. 결국 연결주의 모델은 경험주의 언어습득론의 전형적인 예가 되는 것이다.

그렇다면 언어습득에 대한 연결주의모델과 행동주의모델의 차이점은 무엇인가? 언어습득의 핵심적 변수를 '경험'으로 보았다는 점에는 두 입장간에 차이가 없다. 그러나 연결주의는 경험이 인간의 지식에 어떠한 변화를 일으킬 수 있는지에 대한 수학적 모델을 구성하고, 이를 컴퓨터 모의실험에 의해 검증하고자 한다는 점에서 마음에 대한 설명을 불가능한 것으로 보았던 행동주의와 본질적으로 다르다. 여기에서 연결주의모델의 구성원리에 대해 좀 더 상세히 살펴보기로 하자.

---

12) Stillings et al.(1995), 한광희 외(2000) 참조.
13) 여기에 소개하는 연결주의의 기본 특성은 홍우평(1999) 2절을 토대로 하고 있다.
14) 정보처리는 인지과학에서 인간 인지의 본질을 규정하는 용어이다. 즉 인간이 주변세계에서 받아들이는 각종 정보를 접수, 해석, 변형, 저장하거나 저장되어있는 정보를 인출하여 사용하는 과정, 혹은 정보를 방출하여 전달하는 제반 과정을 지칭한다. 결국 '정보처리'는 인지과학의 틀 내에서의 인간 인지에 대한 정의에 해당한다.

연결주의모델은 뇌에서 각종 정보의 처리가 일어나는 방식을 본뜬 몇 가지의 간단한 원리를 기반으로 한다. 우선 뇌에 대한 신경과학적 연구에 의해 지금까지 알려진 바에 의하면 뇌의 기본구조는 정보처리의 단위에 해당하는 수많은 뉴런들과 이 뉴런들을 서로 연결시켜주는 시냅스로 이루어진 네트워크구조이다(【그림 1】).

【그림 1】

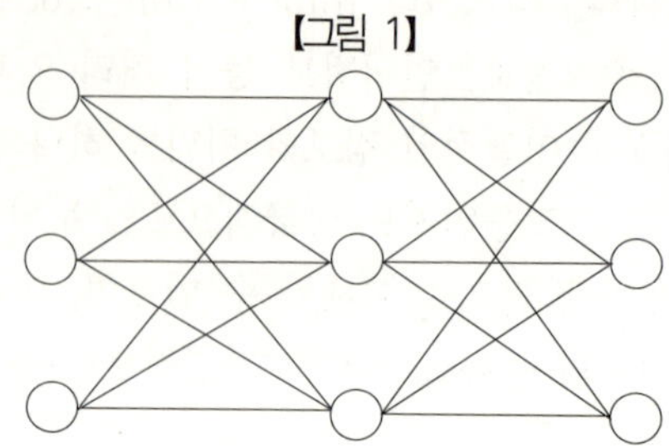

따라서 인간 인지의 모델 역시 가능한 한 이러한 단순한 네트워크구조와 이 구조에서 정보가 처리되는 방식을 모방하는 것이 모델의 신경과학적 타당성을 높이는 길이라는 것이 연결주의의 입장이다.15)

이러한 입장에서 구성된 연결주의모델은 상이한 종류의 정보(시각, 촉각, 청각, 언어 등)에 대한 처리방식 뿐 아니라, 처리의 종류, 즉 정보의 접수, 해석, 저장, 인출, 변형, 산출, 전달 등의 총체적 인지활동을 수학적 방법에 토대를 둔 단일하고도 간단한 원리로 설명하고자 한다. 이제 연결주의모델에서 토대로 삼고 있는 뇌의 정보처리방식에 대한 몇 가지 가정과 이러한 가정들을 수학적으로 해석하여 구성한 인지모델의 주요특성을 언어습득의 문제를 중심으로 개관하도록 하자.16)

우선 뇌의 정보처리단위에 해당하는 뉴런의 활동은 그 뉴런에 입력되는 촉발적 excitatory, positive, (+), 혹은 억제적 inhibitory, negative (-)인

---

15) 연결주의모델이라는 이름도 이 모델이 뉴런들이 서로 연결되어있는 뇌의 구조를 충실히 모방하고자 한다는 점에서 나온 것이며, 동일한 맥락에서 이 모델을 인공신경망 Artificial neural network 모델이라고도 한다.

16) McLeod et al.(1998), 11쪽 이하 참조. 이 외에도 연결주의에 대한 상세한 소개로는 이정모(1996), 한광희(1996), 이인식(1992, 제2부) 등 참조..

전기화학적 신호들을 접수하는 단계와, 이 신호들이 지니는 값의 합을 다시 일정한 방식으로 변환시켜 얻어지는 값을 출력신호로 발생시키는 단계, 그리고 발생시킨 신호를 다른 뉴런에 전달하는 단계의 세 단계로 이루어진다. 이에 상응하게 연결주의모델에서는 하나의 뉴런이 받아들이는 촉발적 신호는 양수로, 억제적 신호는 음수로 표현하며, 이 수치들을 합산하여 해당뉴런에 대한 입력 값을 얻는다(【그림 2】). 그리고 이 입력 값을 해당 뉴런으로부터 나가는 출력 값으로 변환시키는 과정은 일정한 함수에 의해 이루어지는데, 연결주의모델에서 가장 흔하게 사용되는 함수는 Sigmoid 함수이다. 이 함수에 따르면 입력 값이 음수인 단계에서는 출력 값이 거의 증가하지 않다가 입력 값이 0에 육박하여 0을 넘는 순간 출력 값이 폭발적으로 증가하고, 이 단계를 지나서는 다시 서서히 증가하거나 거의 증가하지 않는다(【그림 3】).

【그림 2】

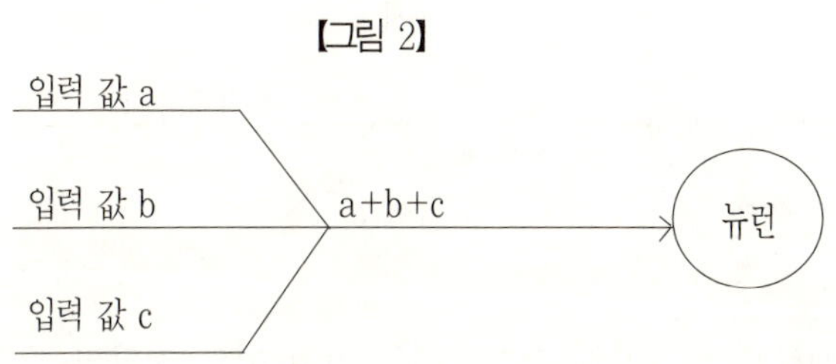

【그림 3】

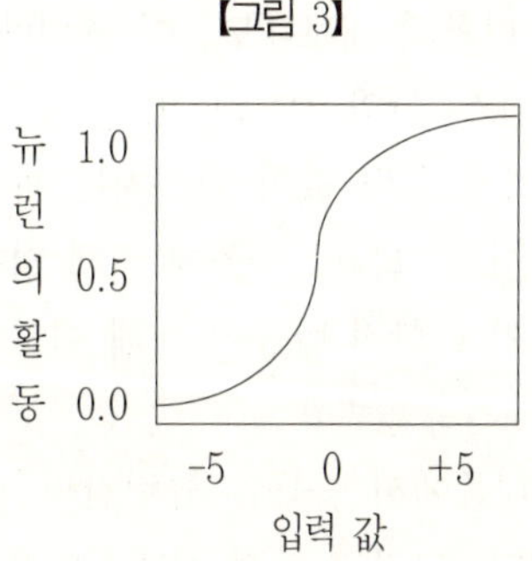

이러한 함수의 이용은 뉴런이 이른바 역치 threshhold에 미치지 못하는 입력 값에 대하여는 거의 반응하지 않다가, 입력 값이 역치를 넘어서는 순간

점화 fire하여 활성화한다는 사실을 충실히 반영한 것이다.

뉴런이 출력 값을 낸다는 것은 이제 정보전달자의 입장이 됨을 뜻한다. 점화한 뉴런이 방출하는 출력 값은 이 뉴런과 이 뉴런에 연결되어 정보를 전달받게 되는 또 다른 뉴런과의 연결강도에 비례하여 다시 한번 증감된다. 즉, 한 뉴런의 다른 뉴런에 대한 영향력은 양자간의 연결 강도에 의해 가감된다. 연결주의모델에서는 이 강도 역시 수치화 하여 무게 weight로 표현한다. 그리고 한 뉴런이 방출한 출력 값은 이 무게 값에 곱하여져 다른 뉴런에 전달된다(【그림 4】).

【그림 4】

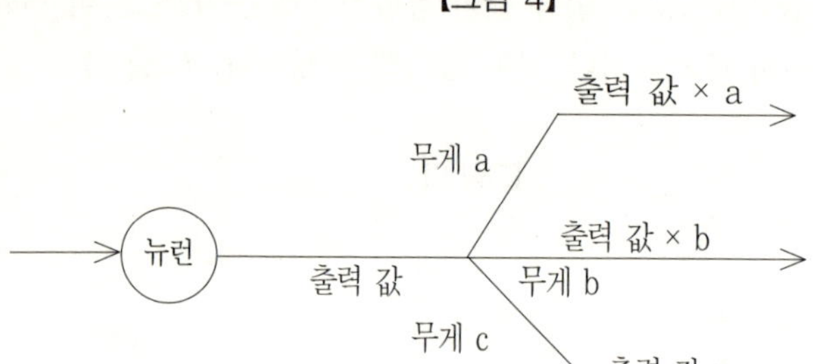

외부세계로부터 다양한 감각기관을 거쳐 뇌로 전달되는 정보가 처리되는 과정은 결국 이 정보를 최초로 접수하는 뉴런(들)이 이 정보를 처리하여 새로운 전기화학적 신호로 변환해 내보내면, 이 뉴런에서 다른 뉴런으로 그물망처럼 연결되어있는 시냅스(들)의 강도에 따라 이 신호가 증감되어 전달되는 연속적 과정을 거쳐 최종 출력 값이 얻어지는 과정으로 이해할 수 있다. 따라서 뇌의 정보처리는 서로 그물망 구조에 의해 얽혀있는 수많은 뉴런들이 거의 동시에 일으키는 전기 화학적 반응에 의해 이루어진다는 점에서 병렬적 parallel이다.

이상의 정보처리 메커니즘에서 습득은 뉴런간의 시냅스의 강도를 변화시켜 가는 과정으로 이해된다. 그리고 특정 시냅스의 강도가 변화하게 되면 이 시냅스를 거쳐가는 정보가 처리되는 방식 역시 변화하게 될 수밖에 없다. 이는 다시 특정 입력 값에 대한 출력 값이 계산되는 방식에 변화가 일어났음을 의미하며, 바로 이것이 특정 정보의 처리방식이 달라졌음, 즉 새로운 지식이 습득, 저장되었음을 의미한다. 이 말은 결국 뇌에는 정보가 뉴런, 그리고 시냅스에 분산 distributed 저장 됨을 뜻한다. 또한 뇌에서 정보는 물리적으로 서로 독립되어있는 일련의 구조들을 거쳐가는 활동 activity 의 흐름에 의해 처리되는 것으로 알려져 있다. 이 말은 뉴런들의 그물망 구조가 【그림 1】에 표현된 바대로 다수의 층 layer을 이루고 있음을 뜻한다. 따라서 이 구조를 모방하는 연결주의모델 역시 다층 multi-layered 구조를 가지게 된다.

요약하자면 인지과정은 뉴런들에 의해 병렬적으로 수행되는 계산의 합으로 이해할 수 있으며, 정보는 뉴런들 및 뉴런들 간의 연결망에 분산된다. 뉴런은 다른 뉴런들로부터 전달받은 신호들의 합에 해당하는 정보를 또 다른 뉴런에 전달하며, 습득은 뉴런들 간의 연결강도가 변화함을 의미한다. 그렇다면 뉴런들 간의 연결강도는 어떻게 변화하는 것인가?

실제로 연결주의모델에서 지식습득을 시뮬레이션하는 과정은 모델을 구성하는 연결망들이 임의치의 무게들을 가짐으로써 어떤 입력에 대하여도 그릇된 출력을 내는 단계와 각 입력에 어떠한 출력이 상응하는지를 훈련을 통하여 배움으로써 양자간의 연결망들의 무게가 적절히 수정되어 가는 단계, 그리고 어떤 입력에 대하여도 올바른 출력, 혹은 이에 근사한 출력을 낼 수 있는 습득 이후의 단계의 세 단계로 이루어진다. 여기에서 첫 번째 단계는 해당 지식이 습득되기 이전의 단계, 그리고 두 번째 단계는 습득이 진행되는 단계, 그리고 세 번째 단계는 습득이 종료된 이후의 단계에 해당한다.

습득이 진행되는 단계에서 연결망들의 무게가 조정되어 가는 것은 이른바 후진전파 back-propagation에 의해 이루어진다. 후진전파는 원하는 출력과 실제로 얻은 출력의 차를 계산하여 이것을 정보가 흘러온 연결망들에 다시 되돌려 전함으로써 연결망들의 강도가 차를 좁히는 방향으로 조절될 수 있도록 하는 메커니즘이며, 따라서 연결주의모델에서 습득이 이루어질 수 있도록 하는 실질적 방편이다. 다음 그림을 보자.

【그림 5】

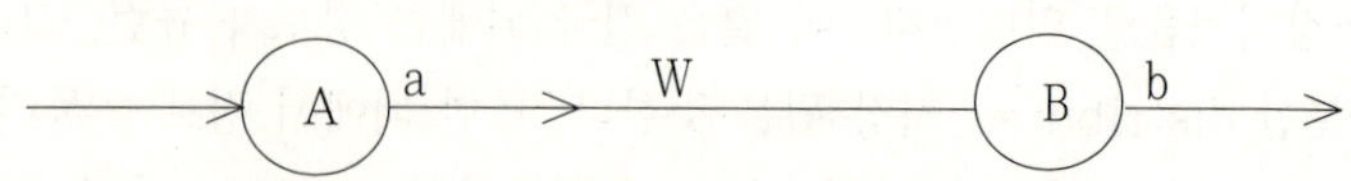

【그림 5】는 입력 값으로부터 출력 값이 얻어지는 반복적 과정을 2개의 뉴런을 이용하여 단순화해서 나타내고 있다. 뉴런 A가 내보내는 값을 a, 뉴런 A와 B간의 연결의 무게를 W, 그리고 뉴런 B가 습득과정의 임의의 단계에서 내보내는 출력 값을 b라 하고, 뉴런B가 궁극적으로 내보내야 하는 출력 값을 b′이라 하면 W로부터 가감되어야 하는 양 △W는 다음의 공식에 의해 얻는다.

$$\triangle W = [b′-b]a\varepsilon$$

여기에서 ε는 상수로 습득율을 나타내는 매개변수이다. 결국 위의 공식은 B가 궁극적으로 내보내야 할 출력과 실제로 내보낸 출력을 차를 A의 출력에 곱한 만큼 W를 수정한다는 계산법을 표현하고 있다. 이때 A의 출력을 곱하는 이유는 원하는 출력과 실제로 얻은 출력의 차가 발생하는 과정에서 A가 가담했던 부분을 상쇄하는 효과를 얻기 위해서이다.

종합적으로 연결주의모델에서 습득은 습득의 대상에 관계없이 인간에게 선험적으로 주어지는 생득적 지식에 결정적으로 의존하기보다는 후천적 경험을 바탕으로 이루어지는 것이며, 언어습득 역시 여기에서 예외가 될 수는 없다.

2.3.2 영어 형태론적 지식의 습득

2.3.1에서 살펴보았듯이 연결주의모델은 뇌가 활동하는 방식을 그대로 모방한다. 이는 연결주의모델이 인지의 하드웨어 모델에 해당함을 뜻하기 때문에, 연결주의모델과 동일한 방식으로 움직이면서 인간과 동일한 정보처리능력을 보이는 기계를 만들 수 있을 지의 문제가 초미의 관심사가 된다. 만일

이것이 가능하다면 연결주의모델의 타당성이 궁극적으로 입증될 것이기 때문이다.

언어습득의 문제와 관련하여서는 연결주의모델에 입각해서 언어를 습득할 수 있는 기계, 즉 컴퓨터를 설계할 수 있을 것인가의 문제가 연결주의모델의 타당성과 관련하여 큰 논쟁을 불러일으켰는데, 이 논쟁의 출발점은 Rumelhart · McClelland(1986)(이하 RM)가 제공하였다.

RM은 연결주의방식에 의한 인지모델이 반복훈련을 통해 영어 동사의 과거형을 습득할 수 있다는 것을 컴퓨터 시뮬레이션을 통해 보여주었다. RM의 모델은 기본적으로 2.3.1에 설명한 메커니즘에 의해 움직이는 인공신경망모델로, 이 모델에 영어 동사의 현재형을 입력 값으로 주었을 때 어떤 과거형 출력 값으로 나와야하는가에 대한 반복된 훈련을 거쳐 결국에는 임의의 현재형에 상응하는 과거형을 출력 값으로 낼 수 있는 단계에 도달하게 된다.

이러한 '경험에 입각한 습득'의 과정에서 동사의 현재형과 이에 상응하는 과거형은 이른바 유형연결자 pattern associator에 의해 연결되는데, 연결의 방식은 일대일의 방식이 아닌 자질연결, 즉 연상기억 associative memory의 방식을 취한다. 다시 말해 동사의 현재형이 음운론적 자질로 해체되어 여러 정보처리단위에 분산표상되고,17) 이 자질들이 해당 동사의 과거형을 역시 음운론적 자질로 해체하여 분산표상하고 있는 여러 정보처리단위에 각각 연결망에 의해 연결되는 것이다.

이러한 연상기억의 방식은 우선 영어 동사의 불규칙 과거형이 대부분 현재형과 음운론적 자질을 상당부분 공유한다는 점을 이용한다. 예를 들어 불규칙 과거형 'rang'은 현재형 'ring'과 모음을 제외한 모든 음운론적 자질을 공유한다. 또한 ring-rang에서 보이는 i-a의 교체는 sing-sang, spring-sprang, drink-drank 등에서도 찾을 수 있다. 따라서 모델의 중추적 구성부분을 이루는 유형연결자는 말 그대로 현재형과 과거형간에 존재하는 여러 음운론적 '유형'을 파악해내는 역할을 담당하는데, 이는 앞에서도 언급하였듯

---

17) 예를 들어 kiss라는 단어는 이 단어에 포함되는 음성자질 /k/, /i/, /s/로 분해되고, 이 자질들은 다시 음성학적 미세자질들로 해체되어 표상된다. 따라서 예컨대 k는 [+velar], [+stop], [-voice] 등의 자질에 상응하는 정보처리단위의 활성화에 의해 표상된다.

이 반복되는 훈련에 의해 이루어진다. 즉, 모델은 훈련에 의해 영어 동사의 불규칙 과거분사형을 '습득'하게 되며, 이 훈련은 모델에 동사의 현재형과 과거형의 쌍을 반복적으로 제시함으로써 양자간의 연결망이 점점 강화될 수 있도록 하는 과정으로 이해된다. 훈련, 즉 습득이 종료되면 모델에 임의의 현재형을 제시했을 때, 필요한 연결망의 활성화를 통해 해당 과거형이 산출된다.

그러나 유형연결자는 규칙과거형을 불규칙과거형과 동일한 방식으로 습득할 수 없다. 동사의 현재형과 규칙과거형 간에는 불규칙과거형의 경우에서와는 달리 음운론적 유형이 존재하지 않기 때문이다. 이러한 문제점을 극복하기 위해 RM의 모델은 규칙과거형의 유형빈도가 매우 높다는 점, 즉 과거형으로 규칙형을 취하는 동사의 수가 대다수라는 영어의 특성을 이용한다. 즉, 모델에 훈련을 시키는 과정에서 규칙변화의 빈도를 영어에서의 실제 빈도와 같이 90% 이상으로 높여줌으로써, 어떤 굴절유형(불규칙과거형)에도 속하지 않는 규칙형 역시 일반화할 수 있도록 만든다는 것이다.

결론적으로 RM의 모델에서 불규칙변화형은 그 음운론적 패턴을 기억하는 유형연결자에 의해, 규칙변화형은 높은 유형빈도를 근거로 하는 일반화과정에 의해 습득되며, 이 과정은 본질적으로 경험에 의한 과정이다. 이러한 과정에 의해 습득된 불규칙형과 규칙형에 대한 정보는 연결망의 여러 정보처리단위에 각각이 지니는 음성학적 미세자질로 해체되어 분산표상되기 때문에 모델의 어디에도 '언어규칙'은 존재할 수 없다.

3. 독일어 형태론 지식 습득의 인지과정

2장에서는 언어습득에 대한 생득설과 경험설의 대립양상을 소개하고 각 입장을 지지하는 실증적 증거의 성격을 살펴보았다.

3장에서는 독일어 형태론 지식 습득에 대한 일련의 연구들이 두 입장들 중 어떤 것을 지지하는지를 살펴봄으로써, 언어습득론 연구의 보다 깊이있는 이해를 도모하고자 한다.

3.1 왜 독일어 형태론인가?

2.3.2에서 살펴본 연결주의의 영어 동사과거형 습득 모델은 두 종류의 '경험'을 토대로 하고 있다. 즉, 불규칙 과거형의 습득은 동사 현재형과 과거형 사이에 존재하는 음운론적 유형에 대한 '경험'을 바탕으로, 규칙 과거형 습득은 규칙과거형을 만드는 동사의 높은 유형빈도에 대한 '경험'을 바탕으로 이루어지는 것이다.

이제 연결주의모델이 인간의 일반적 인지에 대한 모델이라는 점을 고려할 때 연결주의모델의 보편타당성에 대한 질문이 제기되는데, 이 질문은 두 측면을 가진다. 우선 연결주의모델에서 형태론 지식 습득의 핵심적 요인으로 간주하고 있는 '유형'과 '빈도'라는 두 가지 이질적인 정보를 토대로 영어가 아닌 다른 언어의 형태론 지식 습득도 가능할 것인가의 문제를 제기할 수 있다. 다음으로 연결주의모델에서 말하는 것처럼 언어습득이 종료된 후에도 언어규칙이 내재화되지 않는가, 즉 정신문법이 어떤 종류의 언어규칙도 포함하지 않는가의 의문을 제기할 수 있다. 특히 언어규칙의 심리적 실재성을 당연한 것으로 간주해 온 언어학의 진영에서는 어떤 식으로든지 언어규칙의 심리적 실재성을 입증함으로써 연결주의를 반박하고자 할 것임을 예측할 수 있다.

독일어 형태론 지식의 습득 문제는 앞에 제기한 두 가지 의문점을 해소하여 연결주의모델의 보편타당성을 비판적으로 검증하고자 하는 일련의 연구의 중심에 서 있다. 이제 이 두 가지 의문점을 계속 염두에 두면서 독일어 형태론 지식 습득에 대한 실증적 연구의 방법과 결과를 명사영역의 연구와 동사영역의 연구로 나누어 살펴보기로 하자.

3.2 명사굴절 : 명사복수화의 경우

형태론 지식의 습득이 '유형'과 '빈도'의 두 요인에 대한 '경험'만으로 충분히 이루어질 수 있는가, 그리고 습득의 결과 어떠한 형태론 규칙도 내재화되지 않는가의 문제에 직결되는 독일어 명사굴절에 대한 연구로 명사복수화에 대한 일련의 연구들이 있다.

영어의 명사복수형이 단 하나의 규칙어미 -s를 이용해 유도되는 규칙형과 여타의 불규칙형으로 나뉘는 것과 달리, 독일어의 복수명사형은 다섯 개의 어미(-0, -e, -er, -(e)n, -s)와 어간모음 변모음화의 조합으로 이루어진다. 이러한 현상은 독일어 복수명사가 규칙형을 포함하고 있는가, 만일 그렇다면 어느 부분이 규칙형에 해당하는가의 의문을 제기하는 것조차 무의미한 일로 보이게 만들기에 충분하다.

그러나 독일어 명사복수화에 대한 최근의 이론적, 실증적 연구들의 결과는 흥미롭게도 독일어의 명사복수화가 엄연히 규칙 복수화와 불규칙 복수화로 양분되며, 규칙복수형은 연결주의에서 말하는 것과는 달리 명사 어간에 복수어미를 부착하는 정신규칙에 의해 유도됨을 보여주고 있다. 이 연구들은 또한 독일어 규칙 복수형의 빈도가 불규칙 복수형의 빈도에 비해 현저히 낮음에도 불구하고, 독일어를 습득하는 아동들이 일찍부터 명사복수형을 규칙 복수형과 불규칙 복수형으로 양분한다는 증거를 얻었다. 이러한 연구결과들은 연결주의모델에 대한 심각한 타격이 아닐 수 없다.

3.2.1 독일어 명사복수화의 특성[18]

복잡하게만 보이는 독일어 명사복수화를 규칙 복수화와 불규칙 복수화로 양분할 수 있는 근거는 무엇인가? 만일 그러한 근거가 있다면 어떤 복수형이 규칙형이며 어떤 복수형이 불규칙형에 해당하는가? 결론부터 말하자면, 독일어 명사복수형 중 가장 빈도가 낮은 -s 복수형은 심리적으로 실재하는 명사복수화 규칙의 적용에 의해 유도되는 반면, 나머지 복수형들은 규칙적용에 의해 유도되지 않고 모두 기억에 저장되는 불규칙형에 해당한다는 여러 가지 증거들이 있다.

---

18) 이 절의 내용은 홍우평(1995)을 토대로 한 것이다.

우선 Bornschein·Butt(1986)은 어미 -s에 의한 복수형의 생산성이 통시적으로 점차 증가하는 양상의 특성, 그리고 공시적으로 어미 -s의 분포에 나타나는 특성을 상론하고 있다. 독어사에서 s-복수형이 증가추세에 있다는 것은 우선 외국어로부터의 차어 borrowing (Hotel, Café, Kiosk 등)나 약어 acronym (GmbH, LKW, LPG 등), 그리고 삭제어 truncation (Sozi(= Sozialist)), Wessi(Westdeutsche), Uni, Info 등))들의 복수형에 예외 없이 어미 -s가 사용된다는 데에서 그 원인을 찾을 수 있다. 이러한 어휘들은 독일어 어휘목록에 새로이 추가되는 것들로서 어떤 방식으로든지 그 복수형이 결정되어야 한다. 이때 차어나 약어, 삭제어 등의 그 속성상 기존의 독일어 명사와 형태 음운론적 공통점을 지니지 못하는 경우가 대부분이기 때문에, 기존의 독일어 명사 복수형에 대한 유추에 의해 그 복수형이 결정될 수 없다. 이러한 경우 예외 없이 -s에 의한 복수형이 선택된다는 것은 -s 복수형이 '다른 모든 가능성이 차단될 때 최후 수단으로 적용되는' 이른바 최종규칙 default-rule의 적용에 의해 유도됨을 뜻한다. 이는 독일어에서 -s 복수형만이 규칙에 기반하는 rule-based 굴절형, 다시 말해 규칙 굴절형이라는 것을 뜻한다.

이 외에도 -s 복수형이 명사어간에 어미 -s를 부착하는 정신규칙에 의해 유도되는 복수형임을 보여주는 증거는 많이 있다. 예를 들어 의성명사(Kuckkuck-Kuckkucks, Wauwau-Wauwaus), 접속사(wenn-wenns, aber-abers), 이름(Mann-Mann(*Männer), Wiese-Wieses, Kadett(자동차 이름)-Kadetts (*Kadetten)) 등의 어휘들의 복수형들이 항상 어미 -s를 취하는 것은 이들 명사들의 형태 음운론적 특징이 보통 명사들과 확연히 구분되기 때문에 복수형을 보통 명사들을 토대로 유추해 내는 것이 불가능하다는 데 기인한다. 이와 유사하게 동사구가 명사화해서 핵어(= 동사)의 문법자질이 전체에 투사될 수 없는 경우에도 어미 -s가 복수형을 만드는 데 동원된다(Vergißmeinnicht- Vergißmeinnichts, Rührmichnichtsan-Rührmichnichtans).

또한 복수어미 중 -s만이 규칙어미이고 그 외의 복수어미는 불규칙어미라는 생각은 2.2.2에서 논의했던 유순제약과 관련된 흥미 있는 예측으로 이어진다. 이 예측은 복수어미 -s는 결코 합성어의 비핵심어에 나타날 수 없는 반면, 복수어미 -e, -(e)n, -er는 합성어의 비핵심어에 나타날 수 있어야 한다는 것인데,[19] 다음의 자료는 이러한 예측이 들어맞음을 보여준다.

    (6) a. *Auto-s-berg[20]
       b. Schwein-e-stall / Frau-en-laden / Kind-er-garten

    따라서 영어에서와 마찬가지로. 독일어에도 형태론적 과정 사이에 '불규칙 굴절-합성-규칙굴절'의 적용순서가 존재함을 알 수 있다.[21]

    독일어 명사복수화의 인지적 과정에 대한 실증적 연구의 결과 역시 -s 명사복수화만이 규칙굴절에 해당함을 입증하고 있다. 이러한 연구의 대표적인 것 중의 하나인 Marcus et al.(1995)에서는 독일어 원어민(성인)을 대상으로 인공단어(명사)의 여러 가지 복수형에 대한 직관적 선호도를 확인하였다. 이 언어실험에서 피험자들의 과제는 주어진 인공단어(명사)의 복수형으로 가장 적합한 것으로부터 가장 적합하지 못한 것까지의 순위를 매기는 것이다. 예를 들어 독일어에 존재하지 않는 인공명사 Pleik가 들어가는 적당한 문장을 만들어 피험자들이 Pleik가 독일어의 명사인 것으로 생각하게 만든 후, 그 복수형 Pleik, Pleike, Pleiker, Pleiken, Pleiks가 각각 들어가는 문장을 그 아래에 제시하고 가장 적합한 복수형에서 가장 부적합한 복수형의 순서로 순위를 매기도록 한다. 이때 실험에 사용된 실험문항(인공명사)은 보통명사, 차어, 이름의 세 종류로 구성하고, 각각 독일어의 명사와 음운구조가 유사한 것과 유사하지 않은 것으로 나누었다. 즉, 실험문항은 (+보통명사, +유사음운구조), (+보통명사, -유사음운구조), (+차어, +유사음운구조), (+차어, -유사음운구조), (+이름, +유사음운구조), (+이름, -유사음운구조) 중 한 가지에 속한다.

    실험문항으로 사용될 인공단어의 종류를 위와 같이 정한 이유는 무엇인

---

19) 복수화에 사용되는 무어미 -0가 합성어의 비핵심어에 나타날 수 있는지 없는지를 따지는 것은 무의미하다.
20) 다음의 예에서는 합성어의 비핵심어에 -s가 나타나 있으나 이때의 -s는 복수어미가 아니고 이른바 연결형태소 Fugenmorphem이다.
    Liebe-s-kummer, Verlubung-s-ring, Freundschaft-s-preis
21) 유순제약과 비슷한 방법으로 유순제약이 가져오는 것과 동일한 효과를 얻을 수 있는 가능성에 대한 논의로는 Wiese(1996), Borer(1988) 참조..

가? 연구의 중심주제는 어떤 환경에서 -s 명사복수화가 다른 어미에 의한 명사복수화보다 선호되는가의 문제이다. 물론 이러한 주제설정의 이면에는 복수어미 -s만이 규칙적용에 사용되는 규칙어미인가를 언어실험에 의해 확인하고자 하는 의도가 있다. 만일 -s 복수형만이 규칙적용에 의해 유도되는 복수형이라면, -s 복수형은 한편으로는 보통명사로 제시된 인공단어에서보다 차어나 이름으로 제시된 인공단어에서, 그리고 다른 한편으로는 독일어 명사와 유사한 음운구조를 가진 인공단어에서보다는 그렇지 않은 인공단어에서 더욱 선호될 것이라는 가설이 성립한다. 앞에서도 살펴보았듯이 같은 인공단어라 하더라도 보통명사에서보다는 이름이나 차어의 경우 어미 -s에 의한 명사복수화의 경향이 강해져야 한다. 왜냐하면 이름이나 차어의 경우 이미 기억 속에 존재하는 복수형을 그냥 인출해 사용할 가능성이 보통명사의 경우보다 낮아지기 때문이다. 또한 독일어 명사와 비슷한 음운구조를 가진 인공단어에서보다 그렇지 않은 음운구조를 가진 인공단어에서 -s 복수형이 더 강하게 사용될 것이라는 가설은 것은 후자의 경우 피험자가 알고 있는 명사복수형에 대한 유추에 의해 복수형을 결정하는 것이 차단된다는 점으로부터 도출된다. 자연히 남은 한 가지 가능성은 어간에 -s를 부착하는 규칙적용에 의한 -s 복수형의 유도 밖에 없다. 앞에서 제시한 6가지 조건의 인공단어들을 각각 4개씩 만들어 총 24개의 인공단어를 구성하고, 각각의 복수형에 대한 직관적 선호도를 확인한 실험의 결과는 이러한 가설들이 실제로 모두 들어맞음을 보여주었다.

종합적으로 독일어 명사복수형들 중 어미 -s를 가지는 명사복수형들은 규칙형이고 기타의 어미를 가지는 명사복수형들은 불규칙형이라고 결론지을 수 있다.[22]

그렇다면 독일어를 습득하는 아동들은 독일어 명사의 이러한 형태론적 특성을 어떻게 습득할 수 있는가? 연결주의모델에 의한 설명은 독일어의 명사의 형태론적 특성 역시 영어 동사과거형 습득의 경우와 마찬가지로 불규칙형

---

22) 이러한 논의에 변모음에 의한 명사복수화는 고려의 대상에 포함되어있지 않다. 이러한 입장은 변모음화가 명사복수화에 가담하는 형태론적 현상이 아니고 음운론적 현상이라는 Wiese(1996)의 주장을 따른 것이다.

은 유형연결자에 의해, 규칙형은 높은 유형빈도에 입각한 일반화에 의해 습득되는 것으로 파악할 것이다. 여기에서 문제는 불규칙형의 습득이 아니라 규칙형의 습득이다. 과연 독일어 -s 복수형의 유형빈도가 영어 동사의 규칙 과거형의 경우처럼 다른 어미를 사용하는 복수형의 유형빈도보다 압도적으로 높은가? 다음의 표를 보자(Clahsen 1999:1012).

【표 1】 독일어 명사복수어미의 빈도

어미	성인 구어 (200개의 가장 보편적인 명사)	성인 문어/구어(CELEX) 개별출현빈도(유형빈도)	아동이 접하는 언어자료 개별출현빈도(유형빈도)
-0	12	없음	없음
-e	35	28%(22%)	30% (33%)
-er	10	5% (2%)	15% (8%)
-en	42	65%(68%)	49% (53%)
-s	1	2% (7%)	6% (5%)

　위 표에는 다양한 코퍼스에서 확인한 독일어 명사복수형의 개별출현빈도와 유형빈도가 나타나있다. 수치로 확인할 수 있듯이(2%, 7%) 독일어의 -s 복수형은 유형빈도가 다른 복수형보다 절대적으로 낮다. 이러한 통계수치는 연결주의모델이 독일어 명사의 규칙복수형의 습득을 설명할 수 없다는 것을 함의한다. 앞에서도 살펴보았듯이 독일어 복수어미 중 -s가 규칙형을 유도하는 어미임에도 불구하고, 그 유형빈도는 다른 어떤 복수어미보다도 낮기 때문이다. 따라서 규칙형의 습득이 높은 유형빈도에 의해 이루어진다는 연결주의의 설명은 독일어에는 적용될 수 없다.
　그러면 독일어를 습득하는 아동은 어떤 방법으로 규칙형과 불규칙형을 습득하는가? 그들은 언어습득 초기부터 규칙형과 불규칙형을 구분하는가? 이제 이러한 문제에 대한 해답이 될 수 있는 실증적 연구의 결과들을 살펴보기로 하자.

3.2.2 아동의 독일어에 나타나는 증거[23]

3.2.1에서 논의한 바에 의하면, 독일어 명사의 규칙복수형을 연결주의모델에서 예견하는 방식에 의해 습득하는 것은 어려워 보인다. 그러나 이것이 연결주의모델의 설명력을 직접적으로 감소시키는 것은 아니다. 실제로 독일어 명사의 규칙복수형이 유형빈도가 매우 낮기 때문에, 독일어 습득의 초기 단계에 속하는 아동들이 독일어에는 명사의 복수형을 유도하는 규칙이 없고 일일이 암기해야하는 불규칙 복수형 밖에 없다고 판단할 수도 있다. 따라서 연결주의모델의 설명력을 더욱 엄밀하게 평가하기 위해서는 아동의 독일어에 나타나는 명사복수화의 특성을 실증적으로 확인하는 연구가 필요하다.

우선 Clahsen et al.(1996)에서는 Feder, Tuch, Fassung 등 독일어에서 출현빈도가 낮은 명사에 해당하는 물건 16개를 이용해 아동의 명사복수화에 대한 직관의 성향을 확인하였다. 먼저 아동으로 하여금 각 물건의 명칭을 말하게 하고, 바로 이어 해당 물건 4개를 보여주며 직전에 발화한 명칭의 복수형을 발화하도록 했다. 여기에서 출현빈도가 낮은 명사를 이용한 것은 아동으로 하여금 오류를 범하게 하여 오류에 나타나는 성향을 분석하기 위한 것이다. 만일 아동이 비록 독일어의 명사복수화 규칙과 일치하지는 않지만 일종의 명사복수화규칙을 가지고 있다면, 이는 아동이 그 복수형을 알고 있을 가능성이 떨어지는 단어들, 즉 이 실험에 사용된 출현빈도가 매우 낮은 단어들에 대한 복수형을 유도할 때 그 규칙을 적용하게 될 것이라는 것이 이 연구의 기본 가설이다.

이때 잘못된 규칙이 적용되어 발생하는 오류를 과잉일반화 overgeneralization 오류라고 하는데, 과잉일반화오류는 어떤 언어규칙이 심리적으로 실재하는가를 확인할 수 있는 도구가 된다. 만일 어떤 아동이 '독일어 복수명사에는 어미 -n을 이용해 유도하는 규칙형과 이를 제외한 (기억에 저장되는) 불규칙형으로 나뉜다'라는 (잘못된) 언어지식을 가지고 있다고 가정해 보자. 이 아동이 예컨대 출현빈도가 낮아 잘 들어보지 못한 Feder라는 단어의 복수형을 만들어보라는 요구를 받는다면 Federn이라는 복수형을 만들게 될 것이

---

23) 이 절의 내용은 Clahsen(1999) p.1008 이하의 내용을 토대로 하고 있다.

다. 그리고 복수형을 잘 모를 때마다 -n 복수형을 만들 것이기 때문에 전반적으로 -n 복수형으로 나타나는 오류를 높은 비율로 범하게 될 것이다. 이러한 결과는 결국 해당 아동이 비록 정확한 규칙은 아니지만 나름대로 명사복수화의 심리적 규칙을 가지고 있다는 것을 보여주게 되는 것이다.

실험의 결과 전체적으로 18.5%의 오류가 확인되었는데, 이 중 -s 복수형을 취하지 않는 명사의 복수형으로 -s 복수형을 제시한 오류가 58.5%로 가장 높았다. 이 말은 아동이 복수형을 정확히 알지 못하는 경우 주로 -s 복수형을 산출했음을 뜻한다. 다시 말해 아동은 어미 -s를 부착하는 명사복수화 규칙을 기억, 혹은 기억에 대한 유추에 의해 명사복수형을 알아낼 수 없을 때 사용하는 최종규칙으로 활용했다. 이는 결국 연결주의모델에 따르면 습득이 용이하지 않아야 하는 독일어 명사복수화의 특성을 아동들이 이미 알고 있음을 뜻한다.

다음으로 Bartke et al.(1996)을 보자. 이 연구에서는 성인 독일어 원어민을 대상으로 했던 Marcus et al.(1995)(앞의 3.1.1 참조)의 실험과 흡사한 실험에 의해 독일 아동의 명사복수화에 대한 직관의 성향을 확인했다. 독일어의 명사와 음운구조가 맞는 인공단어와 그렇지 않은 인공단어를 만들고, 이 인공단어들이 보통명사, 혹은 이름으로 이해될 수 있는 이야기를 구성해 그림이 곁들여진 카드에 써서 아동에게 보여준다. 바로 이어서 해당 이야기에 나온 인공단어의 복수형으로 어미 -s 혹은 -n을 취하는 두 가지를 보여주고 어느 것이 더 적합한지 판단하도록 했다. 이 둘 중 답이 없으면 제3의 복수형을 제시해 보도록 독려했다. -s 복수형에 대한 경쟁자로 -n 복수형을 선정한 것은 독일어에서 -n 복수형의 출현빈도가 가장 높기 때문이었다. 이는 불규칙 복수형 중 가장 강력한 경쟁자가 될 수 있는 복수형이 있을 때에도 -s 복수형이 쓰일 곳에 제대로 쓰이는지를 확인함으로써 규칙형으로서의 -s 복수형의 위상을 더욱 정확히 확인하자는 의도에 의한 것이다.

언어실험의 결과는 Marcus et al.(1995)에서와 유사하게 나타났다. 즉, 보통명사로 제시된 인공단어의 복수형으로 -s 복수형이 선택된 비율은 인공단어가 독일어의 명사와 동일한 음운구조를 가지고 있을 때 보다 그렇지 않을 경우가 더 높았다. 반면 -n 복수형이 선택된 비율은 인공단어가 독일어의 명사와 동일한 음운구조를 가지고 있을 때가 그렇지 않을 때 보다 높았다. 그리고 전체적으로 -s 복수형에 대한 선호도가 -n 복수형에 대한 선호도보다 높았다. 이러한 실험결과는 인공단어가 이름으로 제시된 경우에서도 동일하게 나타났다. 이것은 아동이 전반적으로 인공단어에 대해 -n 복수형보다 -s 복수형을 선호하며, 이러한 성향은 기억에 대한 유추에 의해 복수형을 정하는 것이 힘들어질수록 더 강해진다는 것을 의미한다.

　이상의 연구들이 한 시점에서 한꺼번에 많은 수의 아동들을 대상으로 수행된 언어실험을 토대로 하고 있는 반면,[24] Clahsen et al.(1992)에서는 소수의 아동들의 언어발달과정을 장기간에 걸쳐 추적하면서 일정한 시간간격으로 녹취한 아동의 발화 자료를 분석하고 있다.[25] 여기에서는 아동의 명사복수화에 나타나는 주된 오류를 먼저 확인한 후, 이 오류에 사용된 복수어미가 합성어의 비핵심어에 쓰이는가 쓰이지 않는가를 확인했다. 이러한 관찰은 2.2.2에서 살펴보았던 영어 형태론 지식 습득에 대한 Gordon의 연구와 맥을 같이 하는 것이다. 앞에서도 논의하였듯이 아동의 명사복수화에서 과잉일반화되는 어미가 있다면, 이 어미를 규칙어미로 볼 수 있다.[26] 다음 단계로 이 어미가 아동이 발화하는 합성어의 비핵심어에 나타나지 않는 것을 확인할 수 있다면, 독일어를 습득하는 아동 역시 유순제약을 생득적으로 알고 있다는 결론을 내릴 수 있다.

　실제로 Clahsen et al.(1992)은 아동의 독일어에서 두 개의 복수어미 -s, -n이 과잉일반화되는 단계가 있으며, 이 단계에서는 이 두 개의 어미가 합성

---

24) 이러한 방식의 연구를 횡단연구 cross-sectional study라 한다. 횡단연구는 한시점에서 언어습득의 여러 단계에 속하는 피험자들을 동시에 테스트함으로써 언어습득과정에 대한 프로필을 얻을 수 있는 방법이며 장기간 피험자를 관찰할 필요가 없다는 이점이 있다.

25) 이러한 방식의 연구를 종단연구 longitudinal study라 한다. 종단연구는 언어습득단계를 일일이 추적하여 수집한 풍부한 분량의 발화 자료를 토대로 하기 때문에 발달과정을 직접 확인할 수 있다는 이점을 가진다. 또한 한번 수집된 발화 자료는 특정주제에 대한 1회적 연구의 대상으로 한정되지 않으며, 시간과 공간의 제약 없이 언어습득에 관련된 다양한 주제에 대한 연구를 가능케 하는 토대가 된다.

26) 이때 이 어미가 반드시 독일어 명사복수화의 규칙어미, 즉 -s일 필요는 없다. 독일어의 습득과정에 있는 아동들은 독일어 명사복수화의 규칙어미가 -s라는 것을 모르고 다른 어미를 규칙어미로 (잘못) 사용할 수도 있기 때문이다.

어의 비핵심어에서 일관적으로 탈락됨을 확인하였다. 이는 독일어를 습득하는 아동이 영어를 습득하는 아동과 마찬가지로 유순제약을 알고 있음을 의미한다.

이상의 연구결과들은 독일어를 습득하는 아동들이 유순제약을 포함한 독일어 명사복수화의 주요특성을 알고 있음을 보여준다. 무엇보다도 빈도가 다른 어미에 의해 현저히 떨어지면서도 규칙어미의 역할을 담당하는 -s의 특성을 아동들이 알고 있다는 사실은 연결주의모델의 설명력에 문제가 있음을 뜻하는 것이라 하겠다.

이와 달리 생득설의 관점 하에서는 Gordon(1985)에서와 유사한 설명이 가능하다. 즉, 아동은 유순제약 뿐 아니라 명사복수화에 관련된 최종규칙을 선험적으로 가지고 태어나며, 독일어의 습득과정에서는 최종규칙에 사용되는 규칙어미가 무엇인지를 언어자료를 통해 확인하고 이를 토대로 유순제약도 정확히 적용할 수 있게 된다는 설명이 가능하다는 것이다. 이때 아동은 3.2.1에서 살펴본 독일어의 자료들을 토대로 어미 -s가 규칙어미라는 것을 확인할 수 있을 것이다.

3.2.3 제2언어로서의 독일어에 나타나는 증거

1980년대의 중반 이후 제2언어의 정신문법에 대한 관심이 증대되면서 아동이 모국어를 습득해 가는 제1언어습득의 과정과 성인이 모국어를 습득한 이후에 또 하나의 언어를 습득해 가는 제2언어습득의 과정에 대한 비교연구가 활기를 띠고 있다.[27] 이러한 맥락에서 지금까지의 논의를 제2언어로서의 독일어의 경우로 확대시켜보는 것은 매우 중요한 의미를 가진다.[28]

---

27) Hong(1995)와 그곳에 인용된 참고문헌, 그리고 학술지 Second Language Research 에 발표되는 논문들을 참고하시오.

28) 7부의 핵심적 논제가 언어습득의 생득설과 경험설의 대립이라는 점, 그리고 이 대립은 결국 언어학과 인지심리학의 대립구도 속에서 성립한다는 점을 고려해 보면 우리의 논의는 이미 언어학의 제한된 틀을 벗어나 언어학과 인지심리학의 지붕 역할을 하는 인지과학의 틀 속에서 이루어지고 있음을 알 수 있다. 이러한 맥락에서 인간의 매우 중요한 인지활동에 속하는 제 2언어의 습득이나 처리의 문제는 분명 우리의 관심 영역 속에 있다.

우선 Hong(1998)은 Marcus et al.(1995)에서 수행한 실험과 유사한 실험을 제2언어로 독일어를 습득하는 과정의 성인 한국인을 대상으로 실시한 결과를 논의하고 있다. 이 실험은 2언어로서 독일어를 습득하는 사람들이 복수어미 -s만이 규칙어미라는 사실을 알고 있는가를 확인하고자 한 것이었다.

실험의 결과는 독일어 제2언어습득자들은 규칙복수형, 즉 -s 복수형이 사용되어야 하는 환경에서 -s 복수형을 선호하지 않음을 보여준다. 오히려 독일어의 제2언어습득자들은 인공단어의 종류에 관계없이 독일어에 각 복수어미가 출현하는 빈도의 순서와 유사한 순서로 인공단어의 복수형을 선호하였다. 인공단어는 Marcus et al.에서와 마찬가지로 보통명사, 차어, 혹은 이름으로 제시되었으며, 절반은 독일어와 유사한 음운구조를, 절반은 독일어에서 찾을 수 없는 음운구조를 가진 것들이었다. 이러한 차이에 관계없이 피험자들은 대체로 -e, -(e)n, -er, -s, -0의 순서로 복수어미를 선호하였다. 이러한 선호도의 순서는 -e와 -en의 순서를 바꾼다면 444쪽의 【표 1】에 제시된 출현빈도와 동일한 것이다.29) 이러한 결과는 독일어가 제2언어로서 습득되는 경우에는 생득적인 언어지식보다는 습득자들의 독일어 언어자료에 대한 경험이 더 중요한 역할을 한다는 생각을 뒷받침하는 증거로 해석할 수 있다.

홍우평(2000a)은 Gordon(1985)과 유사한 방법에 의해 제2언어로서의 독일어에 나타나는 명사복수화의 특성을 조명하고 있다. 앞에서도 살펴보았듯이 Gordon의 아이디어는 아동의 독일어에서 명사복수화가 습득되는 양상에 대한 연구에서도 중요한 역할을 한 바 있으며, 독일어의 제2언어습득에서도 유순제약이 어떤 역할을 하는지를 확인하는 데 사용될 수도 있다. 즉 피험자에게 일정한 명사의 복수형을 일단 산출하게 하고(Stein-Steine), 이어서 그

---

29) 【표 1】에 의하면 -e 복수형과 -(e)n 복수형의 출현빈도의 합이 전체의 80~90%에 해당한다. 피험자들의 복수형에 대한 선호도에서 두 경우가 뒤바뀌어 나타난 것은 이러한 측면에서 이해될 수 있다. 즉, -e 복수형과 -(e)n 복수형에 피험자들이 가장 자주 접했다면 피험자들이 복수형 어미로 둘 중 하나를 선택하는 전략을 택했을 것으로 볼 수 있으며, 이러한 양자택일의 결정에서는 피험자들이 실제로 접한 빈도의 순서와 피험자들의 결정이 뒤바뀔 가능성이 충분히 있다. 실제로 두 어미에 대한 선호도의 차이는 매우 미미한 것으로 나타났다(Hong 1998:464 참조).

복수명사가 비핵심어로 쓰이는 합성어를 유도하게 한다(Steine-fresser). 이러한 방법에 의해 피험자가 주로 범하는 오류에 사용되는, 즉 과잉일반화하는 복수어미가 무엇인지 확인함과 동시에 이 복수어미들이 합성어의 비핵심어에서 일관되게 탈락되는지를 확인할 수 있다.[30]

실험문항, 즉 피험자들이 복수형을 유도해야 할 명사로는 -0를 제외한 4개의 복수어미를 취하는 4개씩의 명사, 즉 총 16개의 명사가 사용되었다. 언어실험의 결과는 Hong(1998)의 결과와 양립한다. 즉, 피험자들이 특정 어미를 사용하여 오류를 범하는 횟수에 대해 해당 어미를 합성어의 비핵심어에서 탈락시키는 횟수의 비율은 12.5%~30%로 미미하였다. 다시 말해 피험자들은 과잉일반화한 어미 중 12.5%~30% 만을 합성어의 비핵심어에서 탈락시켰다. 특히 -e의 과잉 사용이 110회 중 56회, -(e)n의 과잉 사용이 110회 중 34회로 두 경우의 합이 전체의 80%를 상회한 반면, -s의 과잉사용은 110회 중 10회로 10%에도 미치지 못하였다. 이러한 연구결과는 결국 독일어의 제2언어습득자들의 정신문법에는 -s가 독일어 명사복수형에 사용되는 규칙어미라는 지식과 유순제약 모두 들어있지 않음을 뜻한다.

결론적으로 제2언어로서의 독일어에 나타나는 명사복수화의 특성에 대한 지금까지의 연구의 결과는 제2언어습득에서 생득적 언어지식보다는 경험요인이 더 중요한 역할을 한다는 생각을 뒷받침한다 하겠다.

3.3 동사굴절 : 동사 과거분사화의 경우

여기에서는 관심을 독일어 동사굴절 현상으로 옮겨 독일어 명사굴절을 대상으로 진행하였던 것과 유사한 논의를 진행하기로 한다.

---

30) 제2언어로서의 독일어에서도 아동의 독일어에서와 마찬가지로 오류가 흔할 수 있다. 따라서 -s 복수어미가 규칙어미임을 알고 있는지를 직접 확인하기 보다는, 제2언어습득자가 규칙어미로 간주하는 어미가 존재하는지를 확인하는 것이 더 적합한 접근법이 된다.

3.3.1 독일어 동사 과거분사화의 특성

독일어 동사의 굴절은 전통적으로 강변화, 약변화, 혼합변화의 세 가지 방식에 의해 파악되어왔다. 현재형-과거형-과거분사형의 변화의 예를 보자.

    (7) a. 강변화 : singen-sang-gesungen
        b. 약변화 : machen-machte-gemacht
        c. 혼합변화 : denken-dachte-gedacht

위의 보기에서 알 수 있듯이 강변화는 어간모음의 변화를 동반하며(i-a-u) 과거분사에서 어미 -n을 취한다. 이에 반해 약변화에서는 어간모음의 변화가 일어나지 않으며 과거분사의 어미로 -t가 쓰인다. 혼합변화는 어간모음이 변화한다는 측면에서는(e-a) 강변화와 유사하지만, 과거분사의 어미로 -t가 쓰인다는 점에서는 약변화와 유사하다. 과거분사의 전철 ge-는 항상 나타나는 것이 아니며(studieren-studierte-studiert), 그 유무 여부를 음운론적으로 예측할 수 있기 때문에 과거분사화라는 형태론적 과정에 가담하는 현상으로 보기 힘들다.[31] 따라서 극소수의 동사에 해당하는 혼합변화를 논외로 한다면 독일어 동사의 굴절은 약 160개의 동사에 적용되는 강변화와 그 밖의 모든 동사에 적용되는 약변화를 크게 양분할 수 있으며, 변화의 예측가능성에 비추어 볼 때 예외 없이 어미 -t만을 취하는 약변화형을 규칙형으로, 어미 -n과 동사에 따라 달라지는 모음변화에 의해 특징 지워지는 강변화형을 불규칙형으로 볼 수 있다.

한편, Marcus et al.(1995)은 독일어 동사의 -n 과거분사형은 기억에 저장되어있는 반면, 규칙굴절형에 해당하는 -t 과거분사형은 접사부착규칙에 의해 유도됨을 보여주는 여러 가지 현상들을 열거하고 있다. 그 중 몇 가지만 보면 우선 -t 과거분사형은 동사 어간이 아예 기억에 저장되어 있지 않거나, 저장되어 있더라도 저장의 강도가 약할 수밖에 없는 경우에 쓰인다. 예를 들어 사용빈도가 극히 낮은 동사들은 거의 -t 과거분사형을 가지며(löten-gelötet), 어

---

31) Wunderlich(1996), Wiese(1996)에 의하면 동사 과거분사형의 ge-는 바로 다음 음절에 강세가 있는 경우에 쓰인다.

근이 동사가 아니어서 어근에 (과거분사형에 대한) 굴절정보가 들어있지 않은 경우에도 -t 분사형이 쓰인다. 이러한 예로는 명사파생동사(angeln(명사 Angel에서 파생)-geangelt), 형용사파생동사(säubern(형용사 sauber에서 파생)-gesäubert), 그리고 의성어(brummen - gebrummt) 등이 있다. 뿐만 아니라, 과거분사형을 아직 기억에 저장하지 못한 경우에는 -t 분사형이 쓰이는데, 예컨대 아동의 언어습득에 나타나는 동사 과거분사형의 과잉일반화는 주로 어미 -t를 이용한다(gesingt 등, 아래의 3.3.2 참조).

이상의 현상들은 독일어 동사의 과거분사형을 기억으로부터 인출해 내는 것이 힘든 환경에서는 규칙굴절형에 해당하는 -t 분사형이 선호됨을 뜻하며, 이는 다시 불규칙과거분사형은 기억에 저장되는 반면 규칙과거분사형은 굴절형이 기억에 저장되지 않은 경우에 적용되는 접사 -t를 부착하는 최종규칙에 의해 유도됨을 의미한다.

그렇다면 이러한 규칙은 어떻게 습득될 수 있는가? 여기에서는 독일어 명사복수화의 습득의 경우에서와는 달리 연결주의모델이 타당한 설명을 제공할 수 있는가?

이러한 가능성의 타진 역시 독일어 동사 과거분사의 두 유형의 출현빈도를 따지는 것에서 출발해야 한다. 만일 -t 과거분사형의 유형빈도가 -n 과거분사형의 유형빈도보다 월등히 높은 것으로 나타난다면, 각 과거분사형의 사용에 나타나는 규칙성의 습득을 연결주의모델에 입각하여 설명할 수 있는 가능성이 생길 것이다. 다음의 표를 보자(Marcus et al. 1995:221 참조).[32]

---

32) 【표 2】는 Marcus et al.(1995)에 제시된 표에서 점유율이 미미한 혼합변화동사의 출현빈도를 제외하고 인용한 것이다. 따라서 불규칙변화의 비율과 규칙변화의 비율의 합이 100%가 되지 않는다.

【표 2】 독일어 동사과거분사형의 빈도

	불규칙형(강변화형)	규칙형(약변화형)
Meier(1964)		
유형빈도	68%	23%
Ruoff(1981)		
유형빈도	50%	45%
개별출현빈도	29%	18%
CELEX		
유형빈도	20%	78%
개별출현빈도	46%	39%

【표 2】에는 다양한 통계관련 문헌에 드러나는 독일어 규칙동사와 불규칙동사의 빈도가 제시되어 있다. 유형빈도로 보나 개별출현빈도로 보나 영어에서처럼 규칙동사의 빈도가 불규칙동사의 빈도보다 높지 않으며, 오히려 낮은 경우가 더 많음을 알 수 있다. 따라서 연결주의모델에서처럼 높은 유형빈도에 의해 동사의 규칙과거분사형을 습득할 수 있는 가능성은 차단된다.

그렇다면 어떤 방법에 의해 독일어 동사의 과거분사화에 나타나는 규칙성이 습득될 수 있는가? 독일의 아동은 명사 복수화의 경우에서와 마찬가지로 일찍부터 동사 과거분사형이 규칙형과 불규칙형으로 양분되며 규칙형만이 접사부착규칙에 의해 유도된다는 점을 알고 있을까? 이제 이러한 의문점에서 출발한 다양한 실증적 연구의 방법과 결과를 살펴보기로 하자.

3.3.2 아동의 독일어에 나타나는 증거[33]

Clahsen · Rothweiler(1993), Weyerts(1997), Weyerts · Clahsen(1994) 등의 연구에서 밝혀진 바에 의하면 독일의 아동들은 이미 -t 과거분사형은 규칙적용에 의해 유도하는 반면, -n 분사형은 기억에 저장한다,

먼저 Clahsen · Rothweiler(1993)은 독일 아동언어의 발달과정을 녹취한

---

33) 이 절의 내용은 Clahsen(1999) p.1007 이하의 내용을 토대로 하고 있다.

자료를 분석한 결과를 제시하고 있는데, 이에 의하면 독일의 아동들은 동사의 과거분사형을 산출할 때 -n 과거분사형보다는 -t 과거분사형을 훨씬 높은 비율(93%)로 과잉일반화한다. 즉, -t 분사형을 쓸 자리에 -n 분사형을 쓰는 경우(*gemachen)보다는 -n 분사형을 쓸 자리에 -t 분사형을 쓰는 경우(*gekommt)가 훨씬 빈번하다. 이것은 아동이 이미 기억에서 과거분사형을 인출할 수 없는 경우, 즉 아직 그 과거분사형을 습득하지 못한 동사의 과거분사형으로 -t 분사형을 선호함을 뜻하며, 이는 다시 아동이 -t 과거분사형 유도규칙을 내재화하고 있음을 의미한다.

Weyerts·Clahsen(1994)와 Weyerts(1997)은 언어실험에 의해 아동들이 여러 동사의 과거분사형을 산출하도록 함으로써, 아동의 정신문법에 동사 과거분사화형 유도규칙이 포함되어 있는지를 확인하였다. 언어실험의 결과는 Clahsen·Rothweiler (1993)의 분석결과와 동일하다. 다시 말해 아동의 과잉일반화오류는 대부분(90%) -n 과거분사형을 쓸 자리에 -t 과거분사형을 쓰는 유형임이 확인되었다.

한 가지 흥미로운 사실은 아동의 -t 과잉일반화는 출현빈도가 높은 강변화동사보다 출현빈도가 낮은 강변화동사에 대해 더 자주 적용되었다는 점이다. 이러한 현상은 강변화동사의 과거분사형인 -n 과거분사형은 불규칙형으로 모두 기억에 저장되어 있는 반면, 약변화동사의 과거분사형인 -t 과거분사형은 기억에 저장되지 않고 매번 어간에 접사 -t를 부착하는 규칙에 의해 유도된다고 가정하면 쉽게 설명된다. 즉 이러한 가정이 아동의 정신문법에 대해서도 성립한다면, 아동은 출현빈도가 높아 그 과거분사형을 기억에서 바로 찾을 수 있는 강변화동사에 대해서보다 출현빈도가 낮아 그 과거분사형이 기억에 저장되어있을 가능성이 떨어지는 강변화동사에 대해 -t 과거분사형을 더 선호할 것이라는 결론이 자연스럽게 도출되는 것이다.

결국 독일 아동언어에 대한 실증적 연구들의 결과는 아동의 정신문법에 이미 동사 과거분사형 유도규칙이 포함되어 있음을 입증하고 있으며, 연결주의모델은 이러한 증거와 양립하기 힘들다.

연결주의모델에서와 달리 생득설에서는 명사복수형 습득의 경우에서와 유사한 설명이 가능하다. 즉, 아동은 동사과거분사화에 관련된 최종규칙을 선험적으로 가지고 태어나며, 독일어의 습득과정에서는 최종규칙에 사용되는 규칙어미가 무엇인지를 언어자료를 통해 확인하기만 하면 된다는 것이다. 이때 아동은 3.3.1에서 살펴본 독일어의 자료들을 토대로 어미 -t가 규칙어미라는 것을 확인할 수 있을 것이다.

3.3.3 제2언어로서의 독일어에 나타나는 증거

독일어가 제2언어로 습득되는 경우에도 습득자들의 정신문법에 동사 과거분사형을 유도하는 규칙이 심리적으로 실재할 것인가의 문제에 대한 실증적 연구로는 홍우평·박민경(2001)이 있다. 이 연구에서는 독일어를 제2언어로 습득하는 과정에 있는 한국인 성인에게 인공단어(동사)를 화맥을 통해 제시하고, 이어지는 문장에서 빈칸에 인공단어의 과거분사형을 채워 넣어 현재완료형 문장을 완성하도록 하는 테스트를 실시하였다.

이 테스트에 사용된 동사는 출현빈도가 높은 강변화 동사와 약변화동사, 그리고 이 동사들과 각각 음운구조가 맞는 동사 4개씩 총 16개에 독일어 동사와 음운구조가 맞지 않는 동사 4개를 추가한 20개였다. 즉, 테스트에는 독일어에 실재하는 동사들과 인공동사들이 섞여있었다. 독일어에 실재하는 동사들을 테스트에 포함시킨 것은 피험자들이 독일어 동사의 과거분사형을 유도하는 기본 방식들을 알고 있는가를 확인하기 위한 것이었다.

테스트 결과의 분석에서 핵심적인 관심사가 되는 문제는 인공동사의 과거분사형으로 -n 분사형과 -t 분사형 중 어떤 것이 선호되는가 이다. 만일 제2언어로서의 독일어에서도 동사의 규칙 과거분사형은 규칙에 의해 유도되는 반면 불규칙 과거분사형은 기억에 저장된다면, 피험자들이 강변화 동사와 동일한 음운구조를 가지는 인공동사에 대해서보다는 약변화 동사와 동일한 인공동사에 대해 -t 분사형을 선호하는 경향이 강해야 한다. 강변화 동사와 음운구조가 동일한 인공동사에 대해서만 기억에 저장된 과거분사형을 대상으로 하는 유추가 가능하기 때문이다. 동일한 이유에서 -t 과거분사형에 대한 선호도는 독일어의 어떤 동사와도 운이 맞지 않는 인공동사에 대해서 가장 강해야 한다.

테스트의 결과는 이러한 예측들이 모두 들어맞음을 보여주었다. 이는 동사 과거분사형의 유도에 관한 한 제2언어습득자들도 규칙을 활용한다는 것을 의미한다.

이러한 연구결과는 제2언어로서의 독일어에서 명사의 복수형이 처리되는 방식에 대한 연구결과와 다르다. 3.2.3에서 논의하였듯이 독일어를 제2언어로 습득하는 한국인 성인의 인공명사 복수형에 대한 선호도는 독일어에서 실제로 여러 명사복수형이 등장하는 빈도를 반영한다는 증거가 있다. 따라서 제2언어로서의 독일어에서 명사굴절(복수화)과 동사굴절(과거분사화)에 대한 지금까지의 연구 결과는 두 형태론적 과정을 지배하는 정신문법의 원리가 상이하다는 것을 시사하고 있다.34)

4. 나오는 말

언어습득의 본질은 책상 앞에 앉아 진행하는 고민과 성찰에 의해서보다는 언어습득과정에 있는 인간을 대상으로 하는 현장 연구들에 의해 비로소 밝혀질 수 있다. 이 부의 논의가 언어습득에 관련된 핵심적 쟁점을 소개하는 부분을 제외한 모든 부분에서 인간을 대상으로 이루어진 실증적 연구들의 방법과 결과를 그 주요 내용으로 삼았다는 점은 바로 이러한 맥락에서 이해될 수 있을 것이다.

한국어 원어민인 우리 중의 누구라도 영어권에서 태어나 자랐다면 영어의 원어민이, 독일어권에서 태어나 자랐다면 독일어 원어민이 되었을 것이라는 점을 고려한다면 언어습득론이 얼마나 큰 과제를 해결해야 하는지가 분명해진다. 즉, 언어습득론은 무엇보다도 지구상의 어떤 언어라도 자기의 것으로 만들 수 있는 인간 능력의 비밀이 무엇인지를 밝히고, 여기에서 더 나아가 이 능력이 모국어를 습득하는 과정에서만 발휘되는 1회적인 것인지의 문제

---

34) 제2언어로서의 독일어에서의 명사굴절과 동사굴절에 대한 연구는 이제 시작 단계에 있기 때문에, 이 형태론적 과정들이 어떤 원리에 의해 지배를 받는지의 문제를 궁극적으로 해명하기 위해서는 많은 후속연구가 있어야 할 것으로 본다.

에 대한 답을 얻어내야 하는 것이다. 이 부의 목적은 이러한 인간 능력이 경험설에서 말하는 것처럼 무에서 출발하여 후천적 경험을 탁월하게 소화하는 능력인가, 아니면 생득설에서 말하는 것처럼 이미 가지고 있는 생득적 지식에 최소한의 경험지식만을 추가하는 능력인가의 문제를 영어와 독일어 형태론 지식의 습득을 매개로 살펴보는 것이었다.

논의의 결과는 인간의 언어습득과정, 특히 형태론 지식의 습득이 생득적 지식을 토대를 이루어진다는 점을 시사한다. 반면 이러한 결론은 제2언어로서의 독일어에 대해서는 아직 유보되어야 할 것으로 보인다.

그러나 어떠한 결론도 어디까지나 '지금까지 이루어진 연구의 결과에 의하면'이라는 조건을 포함하는 잠정적인 것으로 이해되어야 한다. 연결주의모델이 지금까지의 어떤 모델보다도 강력한 경험주의모델이기 때문에 독일어 형태론 지식 습득에 대한 연구의 결과에 의해 간단히 논박하고 논의를 끝낼 수 있는 성질의 모델은 아니기 때문이다(Bybee 1995, Elman et al. 1996 참조). 즉, 이 장에서 상세히 다루지는 않았지만 연결주의모델은 지금까지 나타난 문제점을 해결할 수 있는 방향으로 계속 발전하고 있으며, 이러한 맥락에서 인지심리학의 연결주의가 대변하고 있는 경험설과 언어학의 Chomsky 문법이론이 대변하고 있는 생득설의 본격적 논쟁은 이제 시작 단계에 있다고 해도 과언이 아니다. 이 장의 논의는 이러한 논쟁의 본질과 쟁점을 해소할 수 있는 실증적 증거의 성격을 이해하는 데 도움을 주기 위한 것이었다.

참고 문헌

이인식(1992), 『사람과 컴퓨터』, 까치.

이정모(1996), 「연결주의 : 이론적 특성과 문제점(이정모(편))」,
　　　　『인지심리학의 제문제(I) : 인지과학적 연관』, 성원사, 115~129.

______(1998a), 「언어심리학 형성사(I) : Chomsky 이전 언어학과의 상호작
　　　　용)」, 『이정모·이재호(편) 인지심리학의 제문제(II) : 언어와
　　　　인지』, 학지사, 15~47.

______(1998b), 「언어심리학 형성사(II) : Chomsky 언어학과의 상호작용」,
　　　　『이정모/이재호(편) 인지심리학의 제문제(II) : 언어와 인지』,
　　　　학지사, 49~75.

한광희(1996), 「신경망적 접근」, 『이정모(편) 인지심리학의 제문제(I) : 인지
　　　　과학적 연관』, 성원사, 85~115.

한광희 외(2000), 『인지과학. 마음·언어·기계』. 학지사.

홍우평(1995), 「독일어 복수명사화의 (불)규칙성에 대하여」, 『독일문학 56』,
　　　　353~368.

______(1999), 「연결주의와 제 2언어습득」, 『인문과학논총 32』, 건국대학교,
　　　　67~80.

______(2000a), 「제 2언어로서의 독일어에서 굴절과 합성의 관계」,
　　　　『독일문학 73』, 229~244.

______(2000b), 「언어습득론과 독일어의 습득」, 『독어학 2』, 343-370.

홍우평·박민경(2001), 「제 2언어로서의 독일어에서 동사굴절형의 표상과 처
　　　　리」, 『독어학 4』, 351~372.

Bartke, S.,Marcus, G. & Clahsen, H.(1996), Acquiring German noun
　　　　plurals, In : *Proceedings of the 19th Annual Boston
　　　　University Conference on Language Development*, 6~16.

Bornschein, M. & Butt, M.(1986), Zum Status des s-Plurals in
　　　　gegewärtigen Deutsch, In : Abraham, W. & Arhammar,
　　　　R. (Hrsg.) : *Linguistik in Deutschland. Akten des 21.
　　　　Linguistischen Kolloqiums*. Tübingen, 135~154.

Borer, H.(1988), On the parallelism between compounds and
　　　　constructs, In : Booij, G. E. & van Marle, J. (eds.) :

　　　　　Yearbook of Morphology 1988, 45~66.

Bybee, J. L.(1995), Regular morphology and the lexicon」, In ː *Language and Cognitive Processes 10*, 425~255.

Chomsky, N.(1965), *Aspects of the theory of syntax*, Cambridge.

＿＿＿＿＿＿(1981), *Lectures on government an binding*, Dordrecht.

＿＿＿＿＿＿(1986), *Knowledge of language*, New York.

＿＿＿＿＿＿(1995), *The minimalist program*, Cambridge.

Clahsen, H.(1999), Lexical entries and rules of grammar ː A multidisciplinary study of German inflection」 In ː *Behavioral and Brain Sciences 22(6)*, 1646~1060.

Clahsen, H, Rothweiler, M., Woest, A. & Marcus, G.(1992), Regular and irregular inflection in the acquisition of German noun plurals」, In ː *Cognition 45*, 225~255.

Clahsen, H. & Rothweiler, M.(1993), Dissociations in SLI children's inflectional systems. A study of participle inflection and subject‐verb agreement, In ː *Journal of Logopedics and Phoniatrics 18*, 169~179.

Clahsen, H., Marcus, G., Bartke, S. & Wiese, R.(1996), Compounding and inflection in German child language」, In ː *Yearbook of Morphology 1995*, 115~142.

Clark, E.(1993), *The lexicon in acquisition*, Cambridge.

Crain, S & Lillo-Martin, D.(1999), *An introduction to linguistic theory and language acquisition』* Oxford.

Elman, J., Bates, E., Johnson, M., Karmiloff‐Smith, A., Parisi, D., & Plunkett, K.(1996), *Rethinking Innateness. A connectionist perspective on development*, Cambridge.

Goodluck, H.(1991), *Language acquisition ː A linguistic introduction*, Oxford.

Gordon, P.(1985), Level‐ordering in lexical development, In ː *Cognition 21*, 73~93.

Hornstein,, N. & Lightfoot, D.(1981), Indroduction, In ː Hornstein, N. & Lightfoot, D. (eds.) ː *Explanation in linguistics.*

   The logical problem of language acquisition, London, 9~31.

Harley, T.(2001), *The psychology of language (2nd)*, Hove.

Hong, U.(1995), *Null‑Subjekte beim Erst‑und Zweitspracherwerb des Deutschen. Eine vergleichende Untersuchung im Rahmen der Prinzipien‑und Parametertheorie.* Tübingen.

__________(1998), Zum Erwerb des deutschen Pluralsystems durch Koreaner, In : *Asiatische Germanistentagung 1997, Dokumentationsband 1*, 456~469.

Kiparsky, P.(1982), From cyclic phonology to lexical phonology, In : Hulst, h. v. d. & Smith, N. (eds.) : *The structure of phonological representations. Part I*, Dordrecht, 131~175.

Marcus, G., Brinkmann, U., Clahsen, H., Wiese, R. & Pinker, S.(1995), German inflection : The exception that proves the rule, In : *Cognitive Psychology 29*, 189~256.

McLeod, P., Plunkett, K., & Rolls, E. T.(1998), *Introduction to connectionist modelling of cognitive processes*, Oxford.

McNeil, D.(1966), The genesis of language, In : Smith, F & Miller, G. (eds.) : *Developmental psycholinguistics*, Cambridge, 15-84.

Meier, H.(1964), *Deutsche Sprachstatistik*, Hamburg.

O'grady, W.(1997), *Syntactic development*, Chicago.

Rumelhart, D. & McClelland, J.(1986), On learning the past tenses of English verbs. Implicit rules or parallel distributed processing?, In : McClelland, J., Rumelhart, D., and the PDP research group : *Parallel distributed processing : Explorations in the microstructure of cognition*, Cambridge, 216~271.

Ruoff, A.(1981), *Häufigkeitswörterbuch gesprochener Sprache*, Tübingen.

Stillings, N., Weisler, S.E., Chase, C.H., Feinstein, M.H., Garfield, J.L. & Rissland, E.L.(1995), *Cognitive science. An introduction*, Cambridge.

Weyerts, H. & Clahsen, H.(1994), Netzwerke und symbolische Regeln im Spracherwerb : Experimentelle Ergebnisse zur Entwicklung der Flexionsmorphologie, In : *Linguistische Berichte 154*, 430~460.

White, L.(1989), *Universal grammar and second language acquisition*, Amsterdam.

Wiese, R.(1996), *The Phonology of German*, Oxford.

Wunderlich, D.(1996), Minimalist Morphology : the role of paradigms, In : *Yearbook of Morphology 1995*, 93~114.

Weyerts, H.(1997), *Reguläre und irreguläre Flexion : Psycholinguistische und neurophysiologische Ergebnisse zu Erwerb, Verarbeitung und mentaler Repräsentation*, Dissertation, Heinrich - Heine - Universität Düsseldorf.

제 **8** 부

전산독어학의 이해
- 디지털 시대의 커뮤니케이션

이 민 행 (연세대학교)

1. 들어가는 말

　우리는 주저하지 않고 21세기를 디지털 시대라 부른다. 안락함과 편의성을 추구하는 인간의 본능적 속성이 인류의 과학기술 및 문화의 진보를 이루게 한 원동력으로서 디지털 시대의 도래를 가능하게 하였다. 그 진보의 방향은 한마디로 인간이 경험하는 시간과 공간의 한계의 극복에 있다 할 것이고, 편안함이란 바로 시간과 공간의 한계로부터 보다 자유로운 상태를 의미한다. 인터넷의 광범위한 확산 및 영향력의 증대로 컴퓨터 사용 인구가 급속히 증가하면서 인간의 생활은 예전에 비해 놀라울 정도로 변화를 경험하고 있다. 공항의 탑승대기석에서 인터넷 접속을 통해 업무용 팩스를 보내고 상대방이 회신한 팩스의 내용을 핸드폰의 음성으로 전달받는 한편, 종목별 증권시세에 대한 정보도 또한 핸드폰의 자동음성안내를 통해 얻을 수 있어서 거리의 카페에서도 증권거래를 하는 비즈니스맨들을 목격할 수 있는 경이로운 시대에 살고 있다. 이러한 생활의 단면을 우리는 디지털 시대의 커뮤니케이션의 한 유형으로 정의하고자 하며, 사람들이 상호간의 의사소통을 위해 사용하는 언어, 곧 자연언어의 처리기술이 디지털 시대의 커뮤니케이션을 뒷받침하고 있다.

디지털 시대의 커뮤니케이션의 특성 중의 하나는 사람들이 컴퓨터와 커뮤니케이션을 하면서 보내는 시간이 매우 많다는 데에 있다. 이러한 인간과 컴퓨터간의 커뮤니케이션 과정에 있어서, 사람들이 자신들의 언어가 아니라 컴퓨터가 이해할 수 있는 언어, 곧 컴퓨터언어를 사용해야 한다는 점이 커뮤니케이션의 장애요인이 되고 있다. 이러한 장애를 제거하기 위해서는 컴퓨터에 인간의 언어를 이해하고 생성할 수 있는 언어능력을 부여할 수 있어야 하고, 그 목표를 이루는 것이 21세기에 인류가 해결해야 할 가장 중대한 과제이다. 전산언어학은 사람이 사용하는 언어, 즉 자연언어의 전산적 구현을 목표하고 있다.

이러한 시대적, 기술적 배경을 염두에 두고, 본 장에서는 독일어를 분석대상으로 삼아 전산언어학의 핵심영역인 자동 문장분석(Parsing, 이하 파싱) 방법론에 초점을 맞추어 전산언어학의 기초이론을 문장차원과 담화차원으로 구분하여 각각 살펴보고, 전산언어학과 관련된 국내의 연구동향을 다루고자 한다.

2. 독일어 한정절 문법과 자동 문장분석

이 절에서는 전산언어학적인 언어분석의 기초가 되는 독일어의 문장을 분석/생성하기 위한 구구조 문법을 제시하고 이 문법에 기반한 자동 문장분석 (Parsing)을 위해 사용되는 한정절 문법(Definite Clause Grammar, DCG)에 대해 기술한다.

한정절 문법은 Pereira · Warren(1980)에 의해 제안된 문법형식으로, 구구조 문법이 인공지능 언어 프롤로그(Prolog)에 의해 해석가능한 형식으로 수정변형된 것이다. 따라서 한정절 문법을 기반으로 문장분석을 할 경우에 프롤로그 자체가 자동 문장분석기(Parser)의 기능을 하게 된다. 이 절에서 한정절 문법을 토대로 한 자동 문장분석 방법론을 소개하는 이유는 다음의 두 가지이다. 첫째, 한정절 문법은 구구조 문법의 형식과 유사하기 때문에 구구조 문법을 이해하는 언어학도는 누구나 쉽게 자동 문장분석을 시도할 수 있다. 둘째, 한정절 문법은 프롤로그 언어를 기반으로 하는데, 윈도우 환경에서 운용되는 프롤로그 해석기를 누구나 인터넷상에서 비용을 지불하지 않고도 구할 수 있다[1].

이제 다음의 (1)에 제시된 독일어를 위한 구절구조 문법에 대해 논의해 보자.

   (1) DEU-G 1

       N = {S, NP , VP, DET, N, PN, V}

       T = {ein, Mädchen, Buch, Hans, Inge, schläft, liebt}

       P = { p1 : S → NP VP,

             p2 : NP → PN,

             p3 : NP → DET N,

             p4 : VP → V NP,

             p5 : VP → V,

             p6 : DET → ein,

             p7 : N → Mädchen,

             p8 : N → buch,

             p9 : PN → Inge,

             p10 : PN → Hans,

             p11 : V → schläft,

             p12 : V → liebt

               ..... }

---

1) 프롤로그 해석기중의 하나인 SWI-Prolog은 웹사이트 (http://www.swi-prolog.org/) 에서 내려받을 수 있다. 프로그램 파일 (w32pl508.exe)를 설치한 후에 문장분석을 위해 사용하는 방법은 이 장의 〈부록〉에 정리되어 있다.

위 문법에서 N은 비종단어휘의 집합이고, T는 종단어휘의 집합이며, P는 생성규칙들의 집합이고, S는 초기기호이다. 이 독일어문법 DEU-G 1에 의해 다음의 독일어문장 (2)a, b가 문법적인 것으로 인식된다.

    (2) a. Hans liebt ein Mädchen.
        b. Inge liebt Hans.

곧 어떤 하나의 문장이 주어진 문법에 의해 생성가능한 문장이면, 그 문장은 그 문법에 의해 인식된다고 할 수 있다. 위의 예 (2a)가 생성되는 과정은 다음의 (3)과 같이 기술될 수 있다.

    (3) i. S   (초기기호)
         ii. NP   VP   (규칙 p1)
        iii. PN   VP   (규칙 p2)
        iv. PN   V   NP   (규칙 p4)
        v. PN   V   DET N   (규칙 p3)
        vi. Hans V   DET N   (규칙 p9)
        vii. Hans liebt DET N   (규칙 p12)
        viii. Hans liebt ein N   (규칙 p6)
        ix. Hans liebt ein   Mädchen (규칙 p7)

위의 문장생성과정은 생성규칙의 화살표 왼편의 비종단기호가 오른편의 기호들로 대치되는 과정이 반복됨으로써 하나의 독일어 문장이 생성되는 것을 보여준다. 이러한 기호들의 대치과정을 다시쓰기라 부르며, 다시쓰기에 이용되는 생성규칙을 다시쓰기 규칙이라 부르기도 한다. 곧 문장 "Hans liebt ein Mädchen"은 위의 문법 DEU-G 1에 의해 생성이 되는 문장이기 때문에 문법적인 문장으로 인식된다고 할 수 있다. 마찬가지로 위 문장(2b)도 이 문법에 의해 생성되는 문장이고 문법적으로 인식된다. 반면 "Hans ein Mädchen liebt"는 문법 DEU-G 1에 의해 생성되지 않으며, 문장 "ein Mädchen schläft ein Buch"는 이 문법에 의해서는 생성되어 문법적인 것으로 인식이 되지만, 실제적으로 독일어의 모국어화자에게는 비문법적이다. 이런 맥락에서 우리는 두 가지 종류의 문법을 구분해 볼 수 있는데, 그것은 언어학자에 의해 인공적으로 만들어져서 어떤 언어표현의 분석, 생성과 문법성판정에 이용될 수 있는 인공문법(Künstliche Grammatik)과 천부적으로 언어표현을 분석하고, 생성하며 그 문법성 여부를 판정할 언어능력을 갖춘 모국어화자를 지칭하는 자연문법(Natürliche Grammatik)이다. 이는 우리가 언어를 자연언어와 인공언어로 구분하듯이 문법도 자연문법과 인공문법으로 구분지을 수 있다는 의미이다. 이론언어학자나 전산언어학자의 과제중의 하나는 바로 자연문법에 가까운 인공문법을 설계하는 일일 것이다.

이와 같이 독일어문장의 생성과 분석에 사용되는 문맥자유문법 DEU - G 1을 프롤로그가 이해할 수 있는 형식으로 바꾸어 표현할 수 있다면, 곧 바로 프롤로그의 해석기나 컴파일러의 도움으로 주어진 문장들을 인식하거나 분석할 수 있을 것이다. 한정절문법의 제안자들인 Pereiara · Warren는 문맥자유규칙 혹은 생성규칙을 프롤로그의 한정절로 바꾸어 표현함으로써 이러한 방향의 시도를 한 것이다. 예컨데 다음 (4a)에 제시된 문맥자유규칙이, 곧 문법 DEU-G 1의 생성규칙 p1이 한정절 문법에서는 (4b)와 같이 표현된다. (4b)는 프롤로그에서 내부적으로 (4c)로 이해된다.

    (4) a. S → NP VP
         b. s → np, vp.
         c. s(X,Z) :- np(X,Y), vp(Y,Z).

한편, 생성규칙의 화살표 오른쪽에 종단어휘가 나타나는 규칙의 경우에는 한정절 문법에서 다음의 (4b)에서와 같이 표현된다. 또한 (5b)는 프롤로그에서 내부적으로 (5c)로 이해된다.

    (5) a. DET → ein
         b. det → [ein].
         c. det([ein|R],R).

하나의 문맥자유규칙이 한정절 문법의 규칙으로 변환되는 관계는 일반화시켜 다음과 같이 얘기할 수 있다. 화살표의 오른쪽에 비종단어휘가 나타나는 문맥자유규칙의 경우에는 한정절 문법에서 다음의 (5b)의 형태로 바뀌고, 이 한정절 문법의 규칙은 프롤로그에서 내부적으로 (5c)로 이해된다. 화살표의 오른쪽에 종단어휘가 나타나는 문맥자유규칙의 경우에는 한정절 문법에서 아래의 (6b)의 형태로 바뀌고, 이 한정절 문법의 규칙은 프롤로그에서 내부적으로 (6c)로 이해된다.

 (5) a. NT → A_1, A_2, ..., A_n
   b. nt → a_1, a_2, ..., a_n.
   c. nt(L,Ln) :- a_1(L,L1), a_2(L1,L2), ... , a_n(Ln_1,Ln).

 (6) a. NT → T
   b. nt → [t].
   c. nt([t|R],R).

 위에 제시된 일반화된 변환규칙에 의해 앞서의 문맥자유문법 DEU-G 1의 생성규칙들을 한정절 문법의 규칙들로 바꾸면 다음의 (7a)~(7l)과 같다.

 (7) 가. /* DEU-DCG 1 */
   a. s → np, vp.   /* S → NP VP */
   b. np → pn.   /* NP → PN */
   c. np → det, n.   /* NP → DET N */
   d. vp → v, np.   /* VP → V NP */
   e. vp → v.   /* VP → V */
   f. det → [ein].   /* DET → ein */
   g. n → [maedchen].   /* N → Mädchen */
   h. n → [buch].   /* N → Buch */
   i. pn → [inge].   /* PN → Inge */
   j. pn → [hans].   /* PN → Hans */
   k. v → [schlaeft].   /* V → schläft */
   l. v → [liebt].   /* V → liebt */
  나.
   a′. s(L,L2) :- np(L,L1), vp(L1,L2). /* S → NP VP */
   b′. np(L,L1) :- pn(L,L1).   /* NP → PN */

c′. np(L,L2) :- det(L,L1), n(L1,L2).   /* NP → DET N */
d′. vp(L,L2) :- v(L,L1), np(L1,L2).   /* VP → V NP */
e′. vp(L,L1) :- v(L,L1).   /* VP → V */
f′. det([ein|R],R).   /* DET → ein */
g′. n([maedchen|R],R).   /* N → Mädchen */
h′. n([buch|R],R).   /* N → Buch */
i′. pn([inge|R],R).   /* PN → Inge */
j′. pn([hans|R],R).   /* PN → Hans */
k′. v([schlaeft|R],R).   /* V → schläft */
l′. v([liebt|R],R).   /* V → liebt */

위의 규칙들 중 (a)에서 (e)까지는 (5b)의 패턴을 따라서 변환된 것이고, (f)에서 (l)까지는 (6b)의 패턴을 따라 변환된 것이다. 이 한정절 문법의 규칙들이 프롤로그에서 내부적으로는 각각 위의 (7a′)~(7l′)으로 이해된다. 한정절 문법 DEU-G 1을 하나의 지식베이스 (8a)로 간주하여 다음의 (8b)과 같이 컴파일한 다음, (8c) 와 같이 ?-s([hans, liebt, ein, maedchen], [ ]).라는 질의를 하면 프롤로그의 해석기는 yes라는 답을 내보낼 것이다.

(8) a. /* gdcg1.pl (DEU-DCG 1) */
        s → np, vp.
        np → pn.
        np → det, n.
        vp → v, np.
        vp → v.
        det → [ein].
        n → [maedchen].
        n → [buch].
        pn → [inge].
        pn → [hans].
        v → [schlaeft].
        v → [liebt].
    b. ?- consult(gdcg1).
        yes

    c. ?- s([hans, liebt, ein, maedchen], [ ]).
       yes.

위의 질의 ?- s([hans, liebt, ein, maedchen], [ ]).의 의미는 리스트 [hans, liebt, ein, maedchen]에서 빈 리스트 [ ]를 제하고 남은 리스트가, 곧 [hans, liebt, ein, maedchen]이 s라는 범주에 속하는 표현인가를 묻는 것이다. 곧 주어진 한정절 문법 DEU-G 1에 의해 [hans, liebt, ein, maedchen]이 문장으로 인식되는지를 묻는 것이다. 이에 대해 프롤로그 해석기는 yes라는 답을 내 보낸다. 그러나 이 한정절문법 DEU-DCG 1은 하나의 표현체가 어떤 범주에 속하는 언어표현인지 아닌지의 여부만을 판정해 줄 뿐, 그 표현체의 통사구조에 대한 정보를 제공하지는 않는다. 그런 의미에서 이 문법은 인식기("Recognizer")의 기능만 가질 뿐 분석기(Parser)로서 기능하지 못한다고 얘기할 수 있다. 그런데, 이 한정절 문법을 다음의 DEU-DCG 2와 같이 확대할 경우에 분석기의 기능도 갖게 된다.

```
(9) /* gdcg2.pl (DEU-DCG 2) */
    s(s(NP,VP)) → np(NP), vp(VP).
    np(np(PN)) → pn(PN).
    np(np(DET,N)) → det(DET), n(N).
    vp(vp(V,NP)) → v(V), np(NP).
    vp(vp(V)) → v(V).
    det(det(ein)) → [ein].
    n(n(maedchen)) → [maedchen].
    n(n(buch)) → [buch].
    pn(pn(inge)) → [inge].
    pn(pn(hans)) → [hans].
    v(v(schlaeft)) → [schlaeft].
    v(v(liebt)) → [liebt].
```

이제 이 한정절 문법을 기반으로 하여, 다음의 (10a)와 같은 질의를 하면 (10b)와 같은 답을 얻게 된다.

(10) a. ?- s(STRUKTUR, [hans,liebt, ein, maedchen], [ ]).
　　　b. STRUKUTR = s(np(pn(hans)),vp(v(liebt),np(det(ein),n(maedchen)))).

우리는 유틸리티 프로그램을 사용하여 위의 (10b)의 술어-논항구조를, 문장구조를 나타내기 위해 언어학에서 많이 이용되는 수형도로 어렵지 않게 표현할 수 있다(Lehner 1990).

(11)

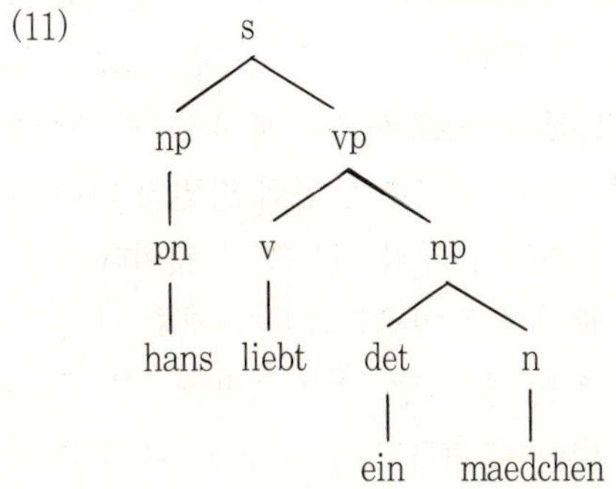

이러한 분석을 위한 한정절 문법은 언어표현의 생성에도 이용될 수 있다. 예컨데, 구조를 제시하고 그 구조에 상응하는 언어표현체를 찾아내라는 주문을 할 수도 있다. 이 경우에 프롤로그 해석기는 통합기재에 의해서 적당한 표현체를 찾아낸다. 다음의 예를 보자.

(12) a. ?- s(np(pn(hans)),vp(v(liebt),np(det(ein),n(maedchen)))), DEU_SATZ, [ ]).
　　　b. DEU_SATZ = [hans,liebt,ein,maedchen].

위 (12a)의 질의는 구조 s(np(pn(hans)), vp(v(liebt), np(det(ein), n(maedchen)))) 를 갖는 독일어문장 DEU_SATZ는 무엇인지를 묻는다. 이에 대한 답으로 [hans, liebt, ein, maedchen]가 제시된다. 이처럼 한정절 문법장의 인식과, 분석에 사용될 수 있을 뿐만 아니라 문장의 생성에도 쓰일 수 있다. 그러나 독일어 한정절 문법 DEU-DCG2은 하향식 문장분석기이기 때문에, 좌측순환성을 가지는 등위접속구문의 분석과 생성에 한계를 보인다.

3. 자동 문장분석 방법 – 챠트파싱

이 절에서는 파싱방법론의 표준이라 할 수 있는 챠트파싱(chart parsing) 방법에 대해 상세히 서술한다.[2] 1970년대 초 Martin Kay에 의해 제안된 챠트파싱은, 주어진 문장을 왼쪽에서 오른쪽으로 개별 어휘별로 단계적으로 분석해 나가면서, 중간분석결과를 챠트형식으로 저장한다. 따라서 중의적인 성분들의 분석과정에서 이미 한번 인식된 부분은 매번 새로이 분석되지 않도록 설계되어 있다. 이러한 알고리즘을 토대로 한 챠트파싱은 효율성이 가장 뛰어난 분석방법론으로서 평가받고 있다. 챠트파싱은 분석의 진행방향에 따라 상향식과 하향식 방법으로 구분되는데 우리는 상향식 방법에 대해 알고리즘을 중심으로 독일어 문장 분석 과정을 단계적으로 보일 것이다.

자연언어 문장에는 구조적으로 중의적인 어휘연결들이 자주 나타나기 때문에, 한 문자열의 모든 가능한 구조들 중 어떤 것이 적합할 지는 분석단계 중 비교적 나중에서야 결정될 수 있다. 역추적(Backtracking)과 같은 다중적 분석과정을 거칠 때에는 이미 분석이 이루어진 부분도 다시 분석됨으로써 효율성을 저하시킨다. 예를 들어 보자.

(13) Der Mann beobachtet eine Frau mit einem Fernglas.

(14) a. vp → v, np
    b. vp → v, np, pp

위의 문장 (13)을 하향식 방법으로 분석해나가는 과정에서 'Der Mann beobachtet eine Frau'까지를 분석할 경우에, 규칙 (14a)를 적용하여, 단어연속체 'beobachtet eine Frau'가 v인 'beobachtet'와 np인 'eine Frau'로 이루어진 vp라는 중간결과를 얻는다. 그런데, 이런 단계에 이르렀을 때 아직 분석이 안된 단어연속체인 'mit einem Fernglas'가 분석을 기다리기 때문에, 역추적 방법을 사용하여 (14b)와 같은 다른 규칙을 써서 분석을 시

---

2) 이 절의 내용은 주로 최재웅·이민행(준비중)의 제3.3장에 바탕을 두고 독일어 분석을 위해 약간 수정한 것이다.

도하게 되는데, 이 경우에 단어연속체 'beobachtet eine Frau'가 다시 분석되어야 한다. 곧 이미 얻어진 분석결과인 'beobachtet'가 v 범주에 속하고 'eine Frau'가 vp범주에 속한다는 사실을 활용하지 못하는 결과를 낳는다. 이러한 점이 역추적 방법의 비효율성으로 지적되어 왔다. 반면에, 챠트파싱 기법을 사용할 경우에 이미 분석된 부분은 새로이 분석되지 않게 함으로써, 인식에 성공한 모든 부분들은 챠트에 저장되며, 이렇게 저장된 중간분석결과들은 문장분석과정상에서 언제든지 참조될 수 있도록 설계된다. 챠트를 단순히 한 문장의 모든 가능한 구조수형도들의 집합으로서도 상정할 수 있는데, 이때에 여러 상이한 수형도들 중에서 동일한 부분수형도들은 단 한번만 그려지는 것이라고 생각하면 된다. 정리하자면, 챠트파싱 기법은 분석의 대상이 되는 문장을 왼쪽에서 오른쪽으로 개별 어휘별로 단계적으로 분석해 나가면서, 중간분석결과를 챠트형식으로 저장하여 다음 단계의 분석에 활용하는 파싱방법이다. 챠트파싱방법을 구체화한 것으로는 Earley(1970)에 의해 제안된 알고리즘(algorithm)이 가장 기본이 되기 때문에 여기서도 Earley의 챠트파싱 알고리즘을 소개하기로 한다.

(15) Earley 챠트파싱 알고리즘

    입력 : 문맥자유문법(CFG) $G = \langle N, \Sigma, P, S \rangle$

              입력기호연쇄 Σ^*안에 들어 있는 $w = a_1\ a_2 \cdots a_n$

    출력 : 항목-리스트 $I_0,\ I_1, \cdots, I_n$

    방법 : 먼저 I0가 다음과 같이 구성되어 진다:

    단계1 : $S \rightarrow \alpha$ 가 집합 P안에 있는 하나의 규칙이면, $[S \rightarrow .\alpha\ ,\ 0]$를 I_0에 첨가하라. 다음에는 새로운 항목(item)들이 더이상 I_0에 첨가되지 않을 때까지 단계 2와 3을 수행한다.

    단계2 : $[B \rightarrow \gamma.,\ 0]$ 이 I_0안의 하나의 항목이면 모든 $[A \rightarrow \alpha.B\beta,\ 0]$에 대해서 $[A \rightarrow \alpha B.\beta,\ 0]$을 I_0에 첨가하라.

    단계3 : $[A \rightarrow \alpha.B\beta,\ 0]$이 I_0안의 한 항목이라고 가정하자. 집합 P 안의 모든, $B \rightarrow \gamma$ 형태의 규칙에 대해서 $[B \rightarrow .\gamma,\ 0]$를 (만약 이 항목이 이미 I0안에 들어있지 않을 경우에) I_0에 첨가하라.

        $I_0,\ I_1, \cdots, I_{j-1}$을 구성한 다음에는 I_j를 구성한다.

    단계4 : $a = a_j$인 각각의 항목 $[B \rightarrow \alpha.a\beta,\ i]$ 가 I_{j-1}안에 들어있는 경우에 $[B \rightarrow \alpha a.\beta,\ i]$를 I_j에 첨가하라. 새로운 항목들이 더이상 I_j에 첨가

되지 않을 때까지 단계 5와 6을 수행한다.

단계5 : $[A \rightarrow v.,\ i]$가 I_j안의 한 항목이라고 하자. $[B \rightarrow a.A\beta,\ k]$ 형태의 항목들에 대해서 I_i를 검사하라. 각각에 대해서 어떤 것이 발견되면, $[B \rightarrow aA.\beta,\ k]$를 I_j에 첨가하라.

단계6 : $[A \rightarrow a.B\beta,\ i]$이 I_j안의 한 항목이라고 하자. 집합 P 안의 모든 $B \rightarrow v$ 형태의 규칙에 대해서 $[B \rightarrow .v,\ j]$를 I_j에 첨가하라.

이 알고리즘에서, 적어도 하나의 항목 $[S \rightarrow a.\ ,\ 0]$ 이 I_n 안에 존재하면, 바로 그러한 경우에만 입력기호연쇄가 주어진 문맥자유문법 G에 의해서 인식된 것으로 간주된다.

위의 Earley 알고리즘에서 사용된 구구조규칙의 특징은 분석진행 상황을 점검하기 위하여 전통적인 규칙에 상황점(.)을 첨가한데 있다. 예를 들어 상황점이 부착된 규칙 NP → DET . N의 의미는 현재의 분석진행 상황은 관사 DET까지 분석이 완료된 상태이고 앞으로 명사 N을 더 분석해야 한다는 것이다. 보다 구체적으로 항목 [NP → DET . N, 0]이 I_1에 속한다고 할 경우에, 이는 시작교점 0에서부터 현재교점 1까지는 규칙 NP → DET . N과 관련하여 관사 DET까지만 분석이 완료된 상태라는 의미이다. Earley 알고리즘은 다음의 (16)a~d에 기술된 4가지 절차를 근간으로 한다(Dörre 1987:19).

(16) a. 초기화(Initialization) :
규칙부 P에 속하는 모든 규칙 S → a에 대해서 S → .a ∈ Chart[0, 0]로 하라.

b. 예측(Prediction) :
$0 \leq i \leq j \leq n$에 대해서
A → a.Bβ ∈ Chart[i,j]이면,
규칙부 P에 속한 모든 규칙 B → v 에 대해서 B → .v ∈ Chart[i,j]가 되록 하라.

c. 어휘인식(Scanning) :
$0 \leq i \leq j \leq n$에 대해서
A → a.ajβ ∈ Chart[i,j-1]이면,

A → αaj.β ∈ Chart[i,j]가 되도록 하라.

d. 완료(Completion) :

0≤i≤k≤j≤n에 대해서

A → α.Bβ ∈ Chart[i,k]이고 B → v. ∈ Chart[k,j]이면,

A → αB.β ∈ Chart[i,j]가 되도록 하라.

이러한 네가지 절차를 알고리즘 (16)의 각 단계에 대응시켜 보면, 다음의 표와 같은 결과를 얻는다.

(17)

Earley 알고리즘	절차
단계 1	초기화
단계 2	완료
단계 3	예측
단계 4	어휘인식 및 완료
단계 5	완료
단계 6	예측

이제 이해를 쉽게 하기 위해 챠트파싱에 관여되는 네가지 절차를 Dörre (1987:20)를 따라 그래프형식으로 나타내자면 다음과 같다.

(18) a. 초기화

(0)

S → .α

b. 예측

A → α.Bβ

(i) . . . (j) ⇒ ( ) . . . ( )

B → .v

c. 어휘인식

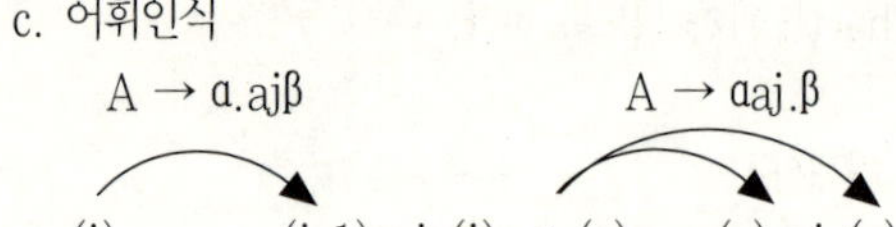

d. 완료

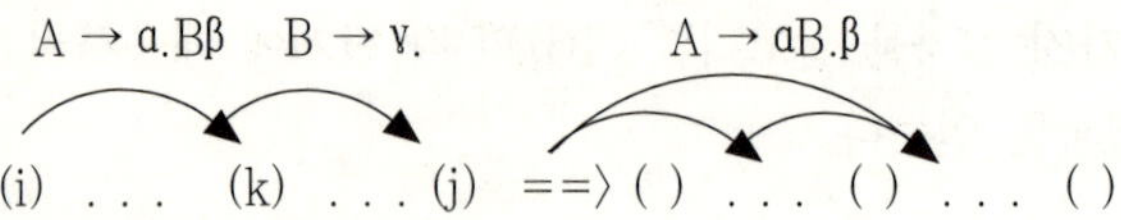

이 네 가지 절차를 설명하기 위해 다음의 (19)와 같은 독일어 구구조문법 (DEU - PSG 2)을 구성해 보자.

(19) 독일어 구구조문법(DEU-PSG 2)
   N = {S, NP, VP, DET, N, PN, V}
   T = {ein,Kind,Mimi,Hans,schläft,liest,Buch}
   P = { p1 : S → NP VP,
         p2 : NP → PN,
         p3 : NP → DET N,
         p4 : VP → V NP,
         p5 : VP → V,
         p6 : DET → ein,
         p7 : N → Kind,
         p8 : N → Buch,
         p9 : PN → Mimi,
         p10 : PN → Hans,
         p11 : V → schläft,
         p12 : V → liest
         ⋯⋯ }
   S : S

이 독일어 문법을 토대로 문장 "Mimi schläft"가 Earley 알고리즘에 의해 어떠한 절차를 거쳐 문법적인 문장으로 인식되는 지를 살펴보자.

먼저 (17)의 단계 1에서 작동하는 초기화절차를 통해 초기기호 S가 규칙의 왼쪽편에 나타나는 구구조규칙 S → NP VP의 오른쪽 첫 구성성분앞에 상황점 (.)이 표기된 구구조규칙, 곧 S → . NP VP이 Chart[0, 0]에 기록된다. 이를 도식으로 표현하면 아래의 (20)과 같다.

(20)

Chart					
교점번호	0				
	S → . NP VP				

규칙 S → NP VP외에는 초기기호 S가 규칙의 왼쪽편에 나타나는 구구조규칙이 더 없으므로, 단계 2로 넘어가는데, 이 단계에서는 완료절차가 작용하는데, 이 절차를 적용할 조건이 마련되어 있지 않으므로 바로 단계 3으로 이동한다. 예측절차가 단계 3에서 적용될 수 있는데, 우리 예의 경우에 Chart[0, 0]에 올라와 있는 규칙의 오른편 상황점 바로 다음 기호가 NP 이다. 예측절차의 정의에 따라서, NP가 규칙의 왼쪽편에 나타나는 구구조규칙 NP → PN의 오른쪽 첫 구성성분앞에 상황점(.)이 표기된 구구조규칙, 곧 NP → .PN이 Chart[0, 0]에 기록된다. 이를 도식으로 표현하면 아래의 (21)과 같다.

(21)

Chart					
교점번호	0				
	S → . NP VP				
	NP → . PN				

이 상태에서 다시 단계 3의 예측절차가 적용될 수 있는 지를 보기 위해, NP가 규칙의 왼쪽편에 나타나는 구구조규칙이 더 있는 지를 검토하는데, 규칙 NP → DET N이 있으므로 이 규칙의 오른쪽 첫 구성성분앞에 상황점(.)이 표기된 구구조규칙, 곧 NP → .DET N을 또 Chart[0, 0]에 등재한다. 이를 도식으로 표현하면 아래의 (22)와 같다.

(22)

Chart					
교점번호	0				
	S → . NP VP				
	NP → . PN				
	NP → . DET N				

　여기에서 다시 단계 3의 예측절차가 적용될 수 있는 지를 보기 위해, NP 가 규칙의 왼쪽편에 나타나는 구구조규칙이 더 있는 지를 검토하는데, 그러한 규칙이 더 이상 없으므로 다음 단계로 넘어간다. 단계 4에서 적용되는 절차는 어휘인식 및 완결인데, 현재상태에서 어휘 'MImi'가 인식되므로 이 어휘를 규칙의 오른편에 가지고 있는 규칙 PN → Mimi을 찾는다. 어휘인식 절차에 의해 이 규칙의 오른쪽 구성성분뒤에 상황점(.)을 표기한 규칙, 곧 PN → Mimi .를 Chart[0, 1]에 먼저 기록한다. 이를 도식으로 표현하면 아래의 (23)과 같다.

(23)

Chart				
교점번호	0		1	
	S → . NP VP			
	NP → . PN			
	NP → . DET N			
	PN → Mimi .			

　이제 규칙 PN → Mimi .이 Chart[0, 1]에 올라와 있다는 사실을 단계 4 에서 곧바로 반영하여, Chart[0, 0]에 기재되어 있는 규칙 NP → . PN과 규칙 Chart[0, 1]의 PN → Mimi .를 결합하여 완료절차에 따라 Chart[0, 1]에 규칙 NP → PN .을 올린다. 이를 도식으로 표현하면 아래의 (24)와 같다.

(24)

Chart				
교점번호	0		1	
	S → . NP VP			
	NP → . PN			
	NP → . DET N			
	PN → Mimi .			
	NP → PN .			

이 상태에서 다시 단계 4를 적용할 만한 조건이 더 이상 마련되어 있지 않으므로, 단계 5로 넘어가는데 단계 5에서는 완료절차가 작동한다. 이제 완료절차가 적용될 수 있는 조건이 충족되는지를 검토하기 위해 규칙의 오른편 상황점 (.) 바로 다음에 NP가 나타나는 규칙이 Chart〔0, 0〕에 기록되어 있는 지를 검토한다. 그런데, 규칙 S → . NP VP가 Chart〔0, 0〕에 있으므로 완료절차에 따라 이 규칙의 오른쪽 첫 구성성분 NP 다음에 상황점(.)이 표기된 구구조규칙, 곧 S → NP . VP를 Chart〔0, 1〕에 올린다. 이를 도식으로 표현하면 아래의 (25)와 같다.

(25)

Chart				
교점번호	0		1	
	S → . NP VP			
	NP → . PN			
	NP → . DET N			
	PN → Mimi .			
	NP → PN .			
	S → NP . VP			

이 상태에서 다시 단계 5를 적용할 만한 조건이 마련되어 있는지를 검토하는데, 더 이상 해당 규칙이 존재하지 않으므로. 단계 6으로 넘어간다. 단계 6에서는 다시 예측절차가 작동한다. 이 상태에서 예측절차가 적용될 수 있는 지를

보기 위해, VP가 규칙의 왼쪽편에 나타나는 구구조규칙이 규칙부내에 하나라도 존재하는 지를 검토하는데, 규칙 VP → V NP가 있으므로 이 규칙의 오른쪽 첫 구성성분앞에 상황점(.)이 표기된 구구조규칙, 곧 VP → . V NP를 이제 Chart〔1, 1〕에 등재한다. 이를 도식으로 표현하면 아래의 (26)과 같다.

(26)

Chart				
교점번호	0		1	
	S → . NP VP		VP → . V NP	
	NP → . PN			
	NP → . DET N			
	PN → Mimi .			
	NP → PN .			
	S → NP . VP			

현재 상태에서 다시 단계 6을 적용할 만한 조건이 충족되는 지를 검토하기 위해 VP가 규칙의 왼쪽편에 나타나는 구구조규칙이 규칙부내에 하나라도 존재하는 지를 살펴본다. 그런데, 규칙 VP → V가 있으므로 이 규칙의 오른쪽 첫 구성성분앞에 상황점(.)이 표기된 구구조규칙, 곧 VP → . V 를 또 Chart〔1, 1〕에 등재한다. 이를 도식으로 표현하면 아래의 (27)과 같다.

(27)

Chart				
교점번호	0		1	
	S → . NP VP		VP → . V NP	
	NP → . PN		VP → . V	
	NP → . DET N			
	PN → Mimi .			
	NP → PN .			
	S → NP . VP			

이 상태에서 다시 단계 6을 적용할 만한 조건이 더 이상 마련되어 있지 않으므로, 단계 4로 되돌아간다. 단계 4에서 적용되는 절차는 어휘인식 및 완결인데, 현재상태에서 어휘 'schläft'가 인식되므로 이 어휘를 규칙의 오른편에 가지고 있는 규칙 V → schläft를 찾는다. 어휘인식절차에 의해 이 규칙의 오른쪽 구성성분뒤에 상황점(.)을 표기한 규칙, 곧 V → schläft .를 Chart[1, 2]에 먼저 기록한다. 이를 도식으로 표현하면 아래의 (28)과 같다.

(28)

Chart				
교점번호	0		1	2
	S → . NP VP		VP → . V NP	
	NP → . PN		VP → . V	
	NP → . DET N			
	PN → Mimi .			
	NP → PN .			
	S → NP . VP			
			V → schläft .	

여기에서 규칙 V → schläft .가 Chart[1, 2]에 올라와 있다는 사실을 단계 4에서 곧바로 반영하여, Chart[1, 1]에 기재되어 있는 규칙 VP → . V NP와 규칙 Chart[1, 2]의 V → schläft .를 결합하여 완료절차에 따라 Chart[1, 2]에 규칙 VP → V . NP을 올린다. 이를 도식으로 표현하면 아래의 (29)와 같다.

(29)

Chart				
교점번호	0		1	2
	S → . NP VP		VP → . V NP	
	NP → . PN		VP → . V	
	NP → . DET N			
	PN → Mimi .			

			NP → PN .		
			S → NP . VP		
				V → schläft .	
				VP → V . NP	

이 상태에서 다시 단계 4의 예측절차가 적용될 수 있는 지를 보기 위해, V 가 규칙의 왼쪽편에 나타나는 구구조규칙이 Chart〔1, 1〕에 더 존재하는 지를 검토하는데, 규칙 VP → . V가 있으므로 이 규칙과 Chart〔1, 2〕의 V → schläft .를 결합하여 완료절차에 따라 Chart〔1, 2〕에 규칙 VP → V .를 올린다. 이를 도식으로 표현하면 아래의 (30)과 같다.

(30)

Chart					
교점번호	0		1		2
	S → . NP VP		VP → . V NP		
	NP → . PN		VP → . V		
	NP → . DET N				
	PN → Mimi .				
	NP → PN .				
	S → NP . VP				
				V → schläft .	
				VP → V . NP	
				VP → V .	

이제는 다시 단계 4를 적용할 만한 조건이 더 이상 마련되어 있지 않으므로. 단계 5로 넘어가는데 단계 5에서는 완료절차가 작동한다. 이제 완료절차가 적용될 수 있는 조건이 충족되는지를 검토하기 위해 규칙의 오른편 상황점(.) 바로 다음에 VP가 나타나는 규칙이 Chart〔0, 1〕에 등재되어 있는 지를 검토한다. 그런데, 규칙 S → NP . VP가 Chart〔0, 1〕에 있으므로 완료절차에 따라 이 규칙의 오른쪽 첫 구성성분 NP 다음에 상황점(.)이 표기

된 구구조규칙, 곧 S → NP VP .를 Chart[0, 2]에 올린다. 이를 도식으로 표현하면 아래의 (31)과 같다.

(31)

Chart				
교점번호	0		1	2
	S → . NP VP		VP → . V NP	
	NP → . PN		VP → . V	
	NP → . DET N			
	PN → Mimi .			
	NP → PN .			
	S → NP . VP			
			V → schläft .	
			VP → V . NP	
			VP → V .	
	S → NP VP .			

이 상태가 되면, 초기기호 S가 규칙의 왼편에 위치하는 규칙 S → NP VP . 가 Chart[0, 2]사이에 등재된 것이므로 Earley 알고리즘에 비추어 문장 "Mimi schläft"는 독일어 구구조문법(DEU-PSG 2)에 의해 문법적인 문장으로 인식된 것이다.

프롤로그로 구현한 챠트파싱 방법에 기반한 독일어 등위접속구문의 분석 결과를 일부만 보이면 아래의 (32)와 같다.

(32) 챠트파싱에 의한 문장분석결과

```
% Der Mann und sein Sohn schenken einer Frau die Blumen.
?- item(i, j, dom, proof, activ)
    ① item(0, 0, s, [ ], [np, vp])          % item 0     ・initialization
    ② item(0, 0, np, [ ], [art, noun])                   ・predictor

        .....
    item(0, 0, art, [ ], [der])

        .....
```

③ item(0, 1, art, [der], [])   % item 1   • scanner
   item(0, 1, np, [art], [noun])
   item(0, 1, np, [art], [adj, noun])
④ item(1, 1, noun, [], [mann])   • predictor

   .....

⑤ item(1, 2, noun, [mann], [])   % item 2   • scanner
⑥ item(0, 2, np, [art, noun], [])   • completer ③ & ⑤
   item(0, 2, s, [np], [vp])⑨
   item(0, 2, np, [np], [coord, np])
   item(2, 2, vp, [], [verb])
   item(2, 2, vp, [], [aux, vp2])
   item(2, 2, vp, [], [verb, np])
   item(2, 2, vp, [], [verb, np, np])
   item(2, 2, vp, [], [verb, pp])
   item(2, 2, coord, [], [und])

   ....

⑦ item(2, 3, coord, [und], [])   % item 3
   item(0, 3, np, [np, coord], [np])
   item(3, 3, np, [], [art, noun])

   ....

   item(3, 3, art, [], [der])
   item(3, 3, art, [], [die])
   item(3, 3, art, [], [sein])
   item(3, 3, art, [], [einer])
⑧ item(3, 4, art, [sein], [])   % item 4
   item(3, 4, np, [art], [noun])
   item(3, 4, np, [art], [adj, noun])
   item(4, 4, noun, [], [mann])
   item(4, 4, noun, [], [sohn])
   item(4, 4, noun, [], [blumen])
   item(4, 4, noun, [], [frau])
⑨ item(4, 5, noun, [sohn], [])   % item 5
   item(3, 5, np, [art, noun], [])
   item(0, 5, np, [np, coord, np], [])

   .....

⑩ item(0, 5, s, [np], [vp])

    .....

    item(5, 5, vp, [], [verb])

    item(5, 5, vp, [], [aux, vp2])

    item(5, 5, vp, [], [verb, np, np])

    .....

⑪ item(5, 6, verb, [schenken], [])　　% item 6

    .....

    item(5, 6, vp, [verb], [np, np])

    item(6, 6, np, [], [art, noun])

    .....

    item(6, 6, art, [], [einer])

⑫ item(6, 7, art, [einer], [])　　　% item 7

    item(6, 7, np, [art], [noun])

⑬ item(7, 8, noun, [frau], [])　　　% item 8

    item(6, 8, np, [art, noun], [])

    item(5, 8, vp, [verb, np], [np])

    item(8, 8, np, [], [art, noun])

    item(8, 8, art, [], [die])

    item(8, 9, art, [die], [])　　　% item 9

    item(8, 9, np, [art], [noun])

    item(9, 9, noun, [], [blumen])

    item(8, 10, np, [art, noun], [])　　% item 10

⑭ item(5, 10, vp, [verb, np, np], [])

⑮ item(0, 10, s, [np, vp], [])　　　　　　　　　　• completer ⑩ & ⑭

위에 제시된 챠트파싱의 분석결과는 일반적으로 기계적인 분석에 있어 어려움을 야기시키는 구문으로 알려진 독일어 등위접속구문에 속하는 문장 "Der Mann und sein Sohn schenken einer Frau die Blumen."을 프롤로그로 구현된 챠트파싱 기반 문장분석기에 의해 분석된 결과의 일부이다. 이 결과의 각 단계를 살펴보면 챠트파싱을 구성하는 네 단계, 곧 초기화 (Initialization), 예측(Prediction), 어휘인식(Scanning), 그리고 완료(Completion) 과정이 반복적으로 수행되었음을 확인할 수 있다. 예를 들어 ①로 표기된 첫 단계에서는 초기화과정이 수행되었고, ②로 표기된 단계에서는 예측과정이 수행되었으며, ③으로 표기된 단계에서는 어휘인식과정이 수행되었음을 알 수 있다. 그리고 ⑥과 ⑮로 표기된 단계에서는 완료과정이 수행된 것을 알 수 있다. 완료과정의 경우 중간 분석결과를 이전의 분석결과에 반영하여 한 단위의 분석을 마무리하는 단계이다. 예를 들어 단계 ⑮는 ⑭에 정리된 동사구 단위의 중간분석결과를 이전의 명사구단위의 분석결과를 보이는 ⑩단계에 반영하여 분석대상이 된 문장전체의 분석이 완료되었음을 나타낸다. 여기에서 보인 챠트파싱 방법은 분석의 방향을 기준으로 할 때 초기기호(S)로 출발하여 어휘단위로 내려가면서 분석하는 하향식 분석방법에 속하는데, 반대방향의 분석도 가능하면, 어떤 방향의 분석방법을 택하든 일반 하향식 분석방법의 문제로 지적된 바 무한 루프상태에 빠지는 일은 없다. 서론에서 언급한 바와 같이 기계번역 시스템 등 자연언어처리 응용시스템에서 가장 널리 사용되고 있는 자동 문장 분석 방법론이 챠트파싱 기법이라는 사실을 다시 한 번 강조하고자 한다.

4. 담화분석 – 대명사의 선행사 탐색

이 절에서는 담화차원의 전산언어학적인 핵심과제라 할 수 있는 대명사의 선행사 탐색 방법론에 대해 상세히 기술한다. 다음의 예 (33)~(35)는 독일어에 나타나는 대명사의 분포를 보인 것이다.

(33) Dass *Peter* das Examen nicht bestanden hat, hat <u>ihn</u> bedrückt (Grewendorf, 1988).

(34) Dann wurde eines der Mädchen krank und *Dr. Wedekind* wurde gerufen. <u>Ich</u> wartete neugierig auf ihn in der Halle(Canetti, 1977).

(35) Achim wollte *seiner Mutter* etwas ganz Besonderes schenken. Er hatte einen kostbaren Ring aus Platin mit einem großen Rubin gekauft. Rund um den Edelstein waren in mehreren Ringen kleine

glitzernde Diamanten angeordnet. <u>Sie</u> sollte sehen, wie dankbar er ihr war(Pause, 1991).

위의 (33)에는 대명사의 선행사가 대명사와 동일한 문장내에 위치하는데, 이와 같은 분포를 보이는 대명사에 대해서는 이 책에서 논의하지 않는다. 두 개의 문장으로 구성된 담화 (34)의 경우, 두 번째 문장에 나타난 대명사 ihn 의 선행사는 앞 문장의 *Dr. Wedekind*인데, 이처럼 선행사가 대명사가 위치한 문장의 인접문장에 나타나 있을 때에 그 대명사를 국지적 대용어(lokale Anapher)라고 부른다. 이와 달리, 담화 (35)의 마지막 문장에 나타난 대명사 sie의 선행사는 두 문장앞에 위치해 있다. 이처럼 대명사의 선행사가 인접하는 문장에 나타나지 않고 몇 문장을 건너뛰어 위치하는 경우에 그 대명사를 광역적 대용어(globale Anapher)라 부른다. 이 장에서는 국지적 대용어와 광역적 대용어의 선행사를 탐색하는 알고리즘에 대해 논의한다.

담화차원에서의 대명사 선행사탐색을 위한 표준이론으로 널리 알려져 있는 이론이 Grosz 등에 의해 제안된 중심화 이론(Centering Theory)인데3), 이 이론에 따르면 담화전개 양상과 문법기능들간의 우선순위가 선행사결정에 있어 매우 중요한 역할을 한다.

전산언어학에서는 80년대 초반부터, 담화상에서 대명사, 정관사가 이끄는 한정명사구의 선행사가 어떠한 메커니즘에 의해 결정되는가에 깊은 관심을 가져왔다. 이 문제에 대한 한 가지 해답으로 초점모형(focus model)이 Sidner(1979)에서 최초로 제안되어졌다. 그 후 Sidner(1983), Grosz · Sidner(1986), Carter(1987) 등을 통해서 이 초점모형이 수정되어 오다가, Brennan et. al.(1987), Grosz et al.(1995), Walker · Iida · Cote(1990, 1994)에서의 논의를 통해 최근에는 중심화이론(centering theory)으로 정립되었다. 초점모형에서의 초점개념이 중심화이론에서 중심(center) 개념으로 바뀌고, 이 개념을 축으로 한 새로운 알고리즘이 Brennan et. al.(1987)에서 구체적으로 제시되었다.

중심화모형에서 설정된 기본가정들은 다음의 (36a)~(36d)에 제시된다.

---

3) 중심화이론에 대한 서술은 대부분 최재웅 · 이민행(1999)에 기반하고 있다.

(36) 기본가정
    a. 하나의 담화분절체는 U1, U2,...,Um 등의 개별발화들로 구성된다.
    b. 각 발화 Ui는 일련의 담화지시체들의 집합을 포함하고, 이것들이 바로 전향적
       중심(forward-looking centers) 리스트를 구성하며, 이 리스트는 {Cf(Ui)}로 표
       기된다.
    c. 이 전향적 중심들의 리스트안에는, 후향적 중심(backward - looking center)이라
       불리우는 부각된 담화지시체가 정확히 하나 들어 있다. 이 중심은 Cb라고 표
       기된다.
    d. 중심리스트에 속하는 요소들간에는 일정한 기준에 따른 서열이 존재한다. 그리
       고, 리스트 {Cf(Ui)} 안에서 가장 높은 서열을 차지하는 요소는 선호중심
       (preferred center)이라고 명명되며, Cp로 표기된다.

중심화모형은 위에 기술된 기본가정에서 출발하되, 중심 개념과 관련한
몇가지 제약을 설정한다.

(37) 중심화제약
    개별 발화들인 U1,...,Um으로 이루어진 담화분절체에 속한 각각의 발화 Ui에
    대해서 다음과 같은 제약이 적용된다:
    a. 그 발화안에는 후향적인 중심, Cb가 최대한 하나 들어 있다.
    b. 전향적 중심(forward-looking centers) 리스트 {Cf(Ui)}에 속한 모든 요소는 Ui
       안에서 실현되어야 한다.
    c. 발화 Ui의 후향적인 중심, Cb는 Ui 안에서 실현되는 요소들 중에서, 직전 발
       화(Ui - 1)의 전향적 중심(forward-looking centers) 리스트 {Cf(Ui-1)}에 속하
       는 상대적으로 가장 높은 자리를 차지하는 요소이다.

위의 (37b)에서 사용되고 있는 개념 "실현한다(realize)"는 중심 Cf가 발화
U에 의해 기술되어지는 상황에 속하는 경우에, 발화 U는 중심 Cf를 실현한
다고 말할 수 있다. 따라서 개념 "실현한다"는 영조응사와, 담화상에 명시적
으로 나타나는 담화지시체와 담화상황으로부터 추론가능한 개체들을 기술하
기 위한 방편으로 쓰인 것으로 이해할 수 있다. 위 (37c)에서 언급된 전향적
인 중심들간의 서열은, 영어의 경우에 문법적인 관계를 기준으로 하여 다음
의 (38)과 같이 정의된다4).

---

4) 홍훈기(2002)에서는 개별 동사의 결합가를 반영한 독일어 대명사 탐색을 위한 전향적인 중

(38) 전향적인 중심들의 서열기준(Walker & Prince, 1997:6)
주어 〉 간접목적어 〉 직접목적어 〉 기타

이상에서 논의한 기본가정과, 제약 그리고, 서열기준 등을 기반으로 하여, 중심화모형에서는 다음의 (39)와 같은 대명사 규칙이 제안된다(Grosz, et al., 1995:214).

(39) 대명사 규칙(Pronoun Rule)
직전 발화(Ui-1)의 전향적 중심(forward‑looking centers) 리스트 {Cf(Ui-1)}에 속하는 어떤 요소가 Ui안에서 대명사로 실현된다면, 그것은 바로 발화 Ui의 후향적 중심인 Cb이다.

위의 대명사 규칙에 따르면, 어떤 발화의 전향적인 중심리스트안에서 가장 상위를 차지하는 요소가 다음 발화에서 대명사로 실현될 가능성이 가장 높다. 이제 독일어의 담화를 예로 들어, 중심화모형의 틀안에서 대명사의 선행사가 어떻게 결정되는지 살펴보자.

(40) a. Johanna umklammerte mit beiden Händen die Tasse mit dem dampfenden Getränk.
b. Langsam trank **sie** Schluck um Schluck.
c. **Ihr** Blick war ins Wesenlose gerichtet(Jäger,R., Mutti komm doch wieder; mami: Bd.341).

담화 (40)에 속한 개별 발화 (40a), (40b)와 (40c)의 Cb와 {Cf}는 각각 다음의 (41a)~(41c)에 제시된 바와 같다.

(41) a. Cb = 〔 ? 〕   {Cf} = 〔Johanna, Tasse, Getränk, Hände〕
b. Cb = Johanna   {Cf} = 〔Johanna〕
c. Cb = Johanna   {Cf} = 〔Blick, Johanna〕

심들의 서열 기준이 새롭게 제안되어 있다.

최초 발화 (40a)는 담화분절체의 최초의 발화이므로 Cb가 존재하지 않고, {Cf}는 〔Johanna, Hände, Tasse, Getränk〕이다. 이 리스트안에서 Johanna가 가장 상위의 서열을 차지하고 있기 때문에, 제약 (37c)에 따라서, 그 다음 발화 (40b)의 후향적 중심인 Cb가 된다. 그리고 대명사규칙에 의해, 발화 (40b)의 후향적 중심 Johanna는 대명사의 선행사로 해석된다. 위의 (37)에 제시된 중심화제약은 이처럼 대명사의 선행사가 바로 앞문장에 나타나는 담화들의 설명에 적합하다. 그러나 아래의 담화 (44)에서 보듯이 전통적인 중심화모형은 대명사의 선행사가 여러 문장앞에 놓인 담화, 곧 광역담화에 나타난 대명사의 선행사탐색에는 부적합하다.

(44) a. U1 : Achim wollte seiner Mutter etwas ganz Besonderes schenken.
　　 b. U2 : Er hatte einen kostbaren Ring aus Platin mit einem großen
　　　　　　 Rubin gekauft.
　　 c. U3 : Rund um den Edelstein waren in mehreren Ringen kleine
　　　　　　 glitzernde Diamanten angeordnet.
　　 d. U4 : Sie sollte sehen, wie dankbar er ihr war.

위에서 발화 (44d)에 나타난 대명사 sie는 (44a)의 seiner Mutter를 지시한다. 그런데, 국지성원리에서 출발하는 중심화이론은 이런 사실을 설명하지 못한다. 왜냐하면, (44d)의 대명사가 이 원리를 어기고 있기 때문이다. 이 문제와 관련하여 학자들간에 합의되어 있는 사실 중 하나는 여기에 담화구조가 개입되어 있다는 점이다. 이를테면, 발화 U2와 U3가 속한 담화층위와 U1과 U4가 속한 담화층위가 다르다고 할 수 있다. 담화의 흐름으로 볼 때 발화 U2와 U3는 주 담화인 U1과 U4의 내용을 보충해 주는 기능을 한다. 발화 U1과 U4가 속한 담화분절체를 DS1이라 하고, 발화 U2와 U3가 속한 담화분절체를 DS2라 하며 이 두 담화분절체를 모두 포함하는 보다 큰 단위의 담화분절체를 광역담화 GD라 명명한다면, 이들간의 위계관계는 아래의 수형도와 같이 기술될 수 있다.

(45)

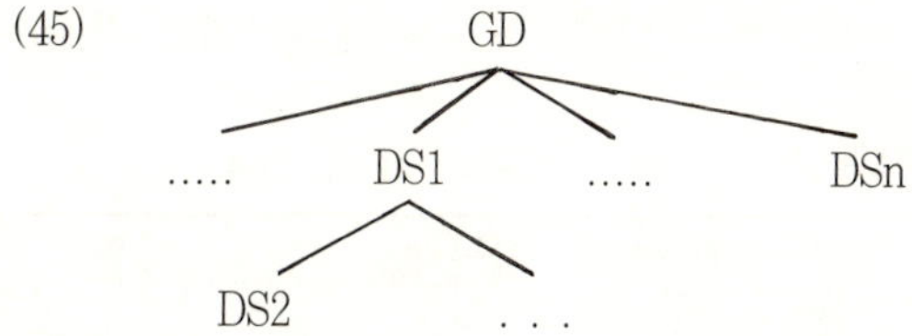

위 수형도에는 DS1과 DS2간의 위계관계가 명시적으로 드러나 있는데, DS2가 DS1에 종속되어 있는 위계관계이다. 이제 (44d)의 대명사와 (44b)의 선행사간의 조응관계에 대해 논의해 보자. 이 경우에 대명사와 선행사사이에 끼여있는 담화분절체 DS2를 제쳐두고 이들간의 관계를 국지적인 중심화이론에 의해 설명한다면 문제가 단순해진다.

(44a)에 제시된 발화 U1의 다음과 같다 :

(46) Cfs(U1) = 〔 Achim, seiner Mutter, Besonderes 〕

이 리스트는 앞서 (38)에 제시된 전향적인 중심들의 서열 기준에 따라 구성된 것이다.

(47) 〔T Achim 〕〔F wollte 〕〔G seiner Mutter 〕〕〔F etwas ganz Besonderes schenken 〕.

위 리스트 (46)에 속하는 담화개체중에서 *Achim*과 *seiner Mutter*가 발화 U4에 다시 나타나는데, 이 중에서 *Achim*이 가장 높은 서열을 차지하고 있다. 따라서 *Achim*이 발화 U4의 후향적 중심으로 간주되어 발화 U4의 대명사 *sie*의 선행사가 될 수 있는 영순위 후보이다. 그런데, 남성을 가리키는 고유명사 *Achim*이 대명사와 문법적으로 어울리지 않으므로 *seine Mutter*가 차선후보로 선택되는데 문법적으로 양립가능하므로 선행사로 간주된다.

지금까지 논의한 중심화이론의 대명사 해석규칙은 담화전개 양상이 네 가지 유형으로 분류될 수 있으며, 이들 유형은 상대적으로 더 선호되는 유형과 덜 선호되는 유형이 존재한다는 경험론적인 전제로부터 출발한다. 아래의 (48)에는 네 가지 유형의 담화전개 양상이 전향적 중심(Cf), 후향적 중심

(Cb)과 선호되는 중심(Cp) 상호간의 관계를 통해서 정의되어 있다.

(48) 네 가지 유형의 담화전개 양상(transition) (Walker, et al., 1994:8)

	$Cb(Ui) = Cb(Ui-1)$ 혹은 $Cb(Ui-1) = [?]$	$Cb(Ui) =/= Cb(Ui-1)$
$Cb(Ui) = Cp(Ui)$	지속(continue)	약전환(smooth-shift)
$Cb(Ui) =/= Cp(Ui)$	유지(retain)	급전환(rough-shift)

위의 표에 따르면, 직전발화가 담화상의 첫 발화이어서 그 발화의 후향적 중심이 규정되어 있지 않거나 현재발화의 후향적 중심과 같고, 동시에 현재발화의 후향적 중심이 현재발화의 선호되는 중심과 동일할 때, 담화의 전개양상은 '지속'되고 있는 것으로 규정된다. 반면, 직전발화의 후향적 중심이 현재발화의 후향적 중심과 같지 않고, 또한 현재발화의 후향적 중심도 현재발화의 선호되는 중심과 동일하지 않을 때, 담화의 전개양상은 '급전환' 된 것으로 규정된다. 앞서 언급 한 바와 같이 이러한 담화전개의 네 가지 양상간에는 선호성간에 차이가 있다고 가정된다(Walker, et al. 1994:7). 다음 (49)에는 이러한 선호성에 대한 규칙이 정의되어 있다.

(49) 담화전개의 양상에 관한 중심화규칙
　　네 가지 유형의 담화전개 양상간에도 서열이 있다.
　　"지속"은 "유지"보다 선호되고, "유지"는 "약전환"보다 선호되며, 또한 "약전환"은
　　"급전환"보다 선호된다.

지금까지 논의한 중심화이론은 형식적인 관점에서 볼 때에 대명사 탐색 알고리즘을 기초로 한 이론이지만, 그 알고리즘은 철저히 대량의 자료분석을 토대로 한 통계적인 연구의 결정체라고 할 수 있다. 이처럼 최근의 전산언어학적인 연구는 대량의 전산코퍼스에서 추출한 언어자료에서 출발하는 경향이 매우 강한데, 독일 만하임에 위치한 독일어연구소(IDS, Institut für Deutsche Sprache)는 방대한 양의 독일어 전산코퍼스를 인터넷상에서 공개하고 있다. 연구목적을 위해서는 연구자가 서버에 접속하여 분석에 필요한 언어자료를 전산코퍼스로부터 수집하여 파일의 형태로 저장하여 편리하게 사용할 수 있

도록 한다. 아래의 그림은 이렇게 얻어진 워드파일을 보여준다.

(50)

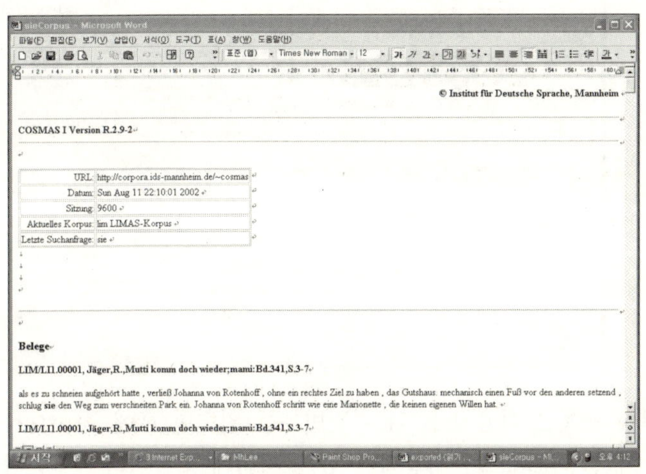

위 그림은 전산코퍼스로부터 대명사 sie에 관한 자료를 추출한 결과를 워드파일의 형식으로 저장한 결과이다. 이제 연구자가 IDS의 전산코퍼스로에 접근하여 사용하기 용이한 형태의 언어자료를 추출하고 저장하는 전 과정을 단계적으로 기술하겠다.

첫 단계에서는 주소 http://corpora.ids-mannheim.de/~cosmas를 가지고 인터넷에 접속한다. 그 결과로 얻게되는 화면은 아래의 (51)과 같다.

(51)

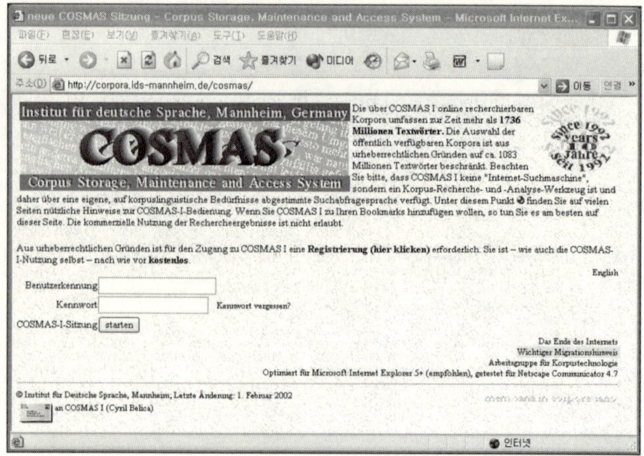

   두 번째 단계는 사용자 ID와 비밀번호를 입력한 후에 "starten"을 클릭하여 대량의 전산코퍼스가 저장되어 있는 서버에 접속한다[5]. 이 결과로 다음의 (52)와 같은 화면이 나타난다.

(52)

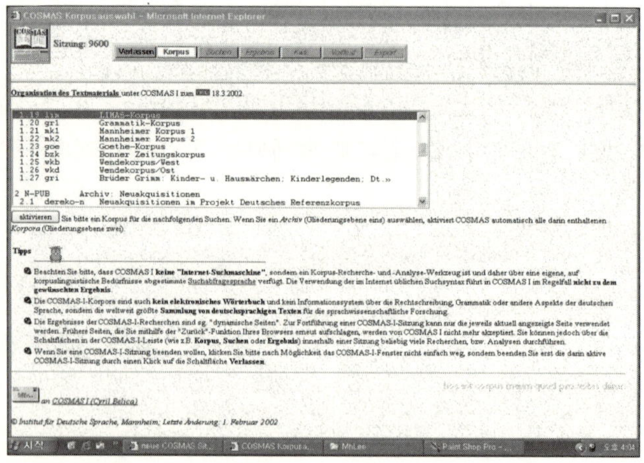

---

5) 이 코퍼스를 이용하기 위해서 먼저 간단한 절차를 거쳐서 인터넷상에서 사용자 등록을 미리해야 한다. 등록을 하면 몇 시간내에 전자우편으로 등록사실을 확인하는 메일을 받음으로써 서버사용자격을 획득하게 된다.

  세 번째 단계에서는 코퍼스의 이름이 열거된 상자로부터 사용자가 원하는
코퍼스를 선택한다. 위의 그림에서처럼 LIMAS-코퍼스를 선택하고 실행
(aktivieren)버튼을 누르면 다음 단계로 이동하여 아래와 같은 화면이 나타난다.

(53)

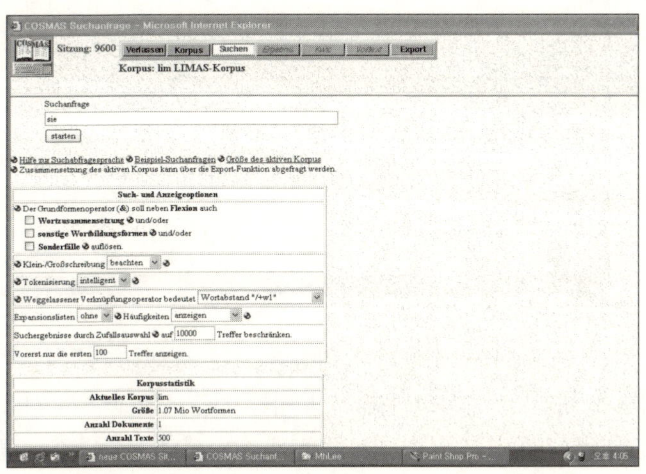

  위의 그림에서 쉽게 볼 수 있듯이 이 단계, 곧 네 번째 단계에서는 검색어
질의(Suchanfrage)를 통해서 사용자가 원하는 언어 자료를 추출해낼 수 있
다. 위의 그림에는 대명사 sie가 검색창에 입력되어 있는 것으로 나타나 있
다. 검색창에 원하는 검색어를 입력한 다음 시작(starten)버튼을 누르면 다음
단계로 이동하고, 그 결과 다음 화면이 나타난다.

(54)

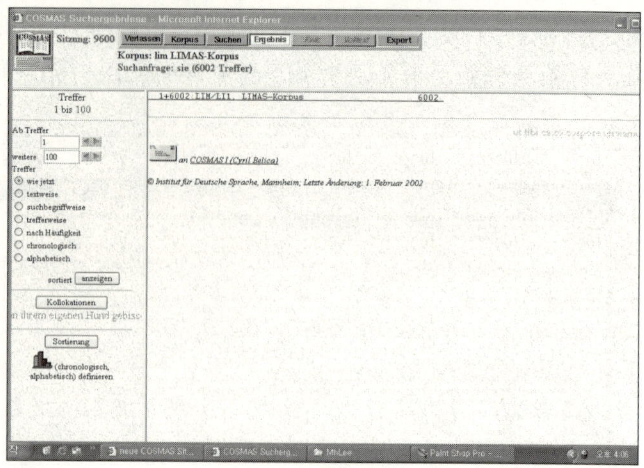

다섯 번째 단계에서는 사용자가 지정한 모든 조건을 만족시키는 검색결과
물이 화면에 나타난다. 화면 우편에 보이는 자료목록 중에서 사용자가 원하
는 검색결과를 포함하고 있는 자료를 선택하여 해당 목록명칭을 클릭하면 아
래에 제시된 화면이 나타난다.

(55)

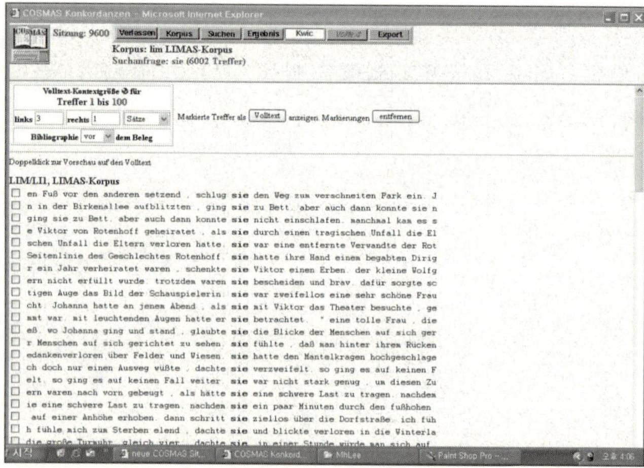

 여섯 번째 단계에서 결과로 얻게 될 자료, 곧 전문(Volltext)이 나타날 문맥을 구체적으로 지정할 수 있는데, 예컨데, 검색어를 포함하는 문장의 왼쪽으로 3개 문장과 오른쪽으로 1개의 문장을 문맥으로 지정하고자 하면 좌측 상단의 왼쪽(links)에 숫자 3을, 오른쪽(rechts)에 1을 표시하면 된다. 그리고 하단에 제시된 간단한 용례들 중 관련되는 것으로 보이는 용례들을 체크한 후에 전문(Volltext)표시를 클릭하면 다음 단계로 이동한다. 다음 일곱 번째 단계에서는 아래와 같은 화면을 얻는다.

(56)

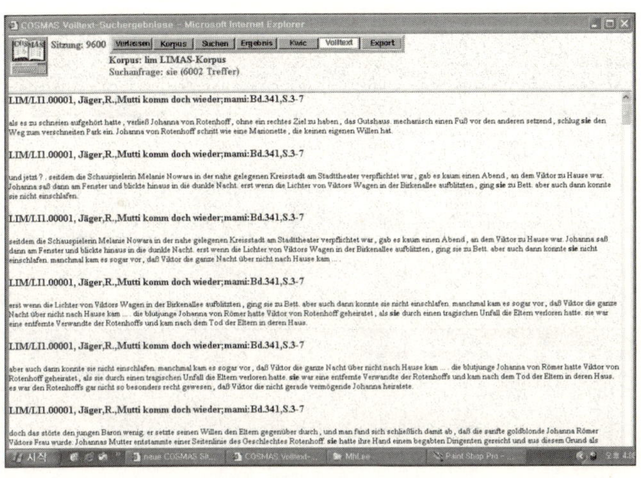

 이 단계에 이르면 이미 우리가 원하는 언어자료를 모두 추출한 것이다. IDS에서는 사용자의 편의를 위해 이렇게 전산코퍼스로부터 추출된 자료를 사용자가 자신이 가공하기 편한 형태로 저장/관리할 수 있도록 인터넷 브라우저와 연결이 되어있는 문서 편집용 응용프로그램으로 전달하는 기능을 마련해 두었다. 이 기능은 상단의 수출(Export)을 클릭함으로써 실행되는데. 중간단계에서 결과물의 관리와 관련한 옵션이 주어지는데, 이 중간과정을 거친 후에 다음의 (57)과 같은 화면을 결과로 얻게 된다.

(57)

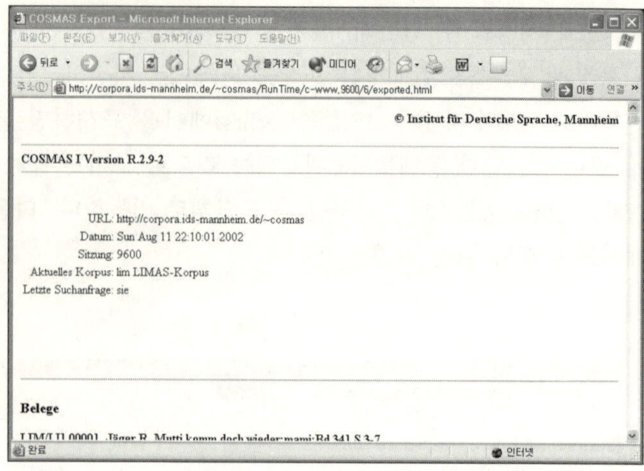

　　이 단계에서 상단의 MS-워드 아이콘을 클릭하면 추출해낸 자료가 모두 MS-워드 프로그램으로 전달되어 최종적으로 아래와 같은 화면을 얻게 된다.

(58)

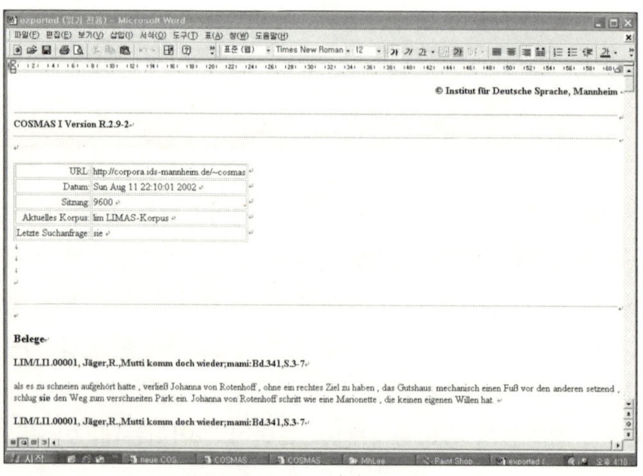

　　최종 단계인 이 상태에서 MS-워드 파일의 형식으로 추출한 자료를 저장해 놓으면 나중에도 여러 가지 방식으로 사용할 수 있어 편리하다.

이제까지 우리는 담화상에서의 대명사의 선행사 탐색을 위해 제안된 중심화이론에 대해 살펴보았고, 통계적인 언어연구에 필수적인 전산코퍼스를 이용하는 방법에 대해 기술하였다.

5. 국내 연구동향과 앞으로의 전망

이 절에서는 국내에서 독일어를 분석대상으로 한 전산언어학적인 연구들의 성과를 정리하고 앞으로의 연구방향을 전망한다. 전산언어학적인 연구방향은 크게 이론중심의 연구와 응용중심의 연구로 나눌 수 있는데, 이론중심의 연구에 머무를 경우에 컴퓨터언어에 대한 이해를 전제로 하지 않는 반면, 응용중심의 연구의 경우에는 어떤 언어이든간에 컴퓨터언어에 대한 지식을 필요로 할 뿐만 아니라 프로그래밍 기법에 대한 이해도 요구된다.

이론중심의 전산언어학 연구의 예로는 신수송·류수린(1996), 박여성·이민행(1998), 박혜은·이민행(1998), 류병래(2001), 홍훈기(2002) 등이 있다. 이 연구들에서는 주로 이론전산언어학의 기반이 된 어휘기능문법(LFG)과 중심어 기반 구구조 문법(HPSG)이론의 틀안에서 독일어의 통사현상이나 어휘의미관계를 다루고 있다.

반면, 응용중심의 전산언어학 연구로는 이민행(1994, 1999), 이민행·최승권·최경은(1998), 최승권(1995, 1996), 조자경(1995, 1997), 최병진(1998, 2000, 2001) 등이 있다. 이들 연구들에서는 Prolog를 이용하여 독일어의 어형변화나 독일어 문장을 분석하거나 독-한 기계번역 시스템을 설계하는 방법론이 제안되어 있다.

지금까지 우리는 독일어의 컴퓨터에 의한 분석방법론을 소개하는 과정에서 문장층위에서의 분석방법으로서 챠트파싱 방법과 담화층위에서의 대표적인 접근방법의 하나로 중심화이론을 살펴보았다. 챠트파싱 방법이 문법규칙에 기반한 대표적인 방법론이라고 한다면, 중심화이론은 경험적인 자료로부터 일반화한 방법론으로 볼 수 있기 때문에 대량의 전산코퍼스를 이용하여 독일어분석을 할 수 있도록 만하임의 전산코퍼스를 활용하는 방법도 함께 소개했다.

이제 마무리를 하자면, 전산학자들과의 공동연구에 필요한 최소한의 전산적 지식을 독어학 연구자들에게 체계적으로 전달하는 것이 본 장의 서술목표였는데, 이러한 목표가 달성되기 위해서는 이 책에서 다루어진 독어학의 여러 하위분야들, 곧 음운론, 통사론, 의미론, 화용론 등에서의 심도있는 기반지식이 뒷받침되어야 한다는 점을 강조하고자 한다.

참고 문헌

노용균(1991), A centering approach to the *[case][topic] restriction
in Korean, *Linguistics 29*, 653~668.

류병래(2001), 「현대 독일어 제2형 분사의 형용사 전환에 대한 제약」,
『언어와 정보 6(1)』, 41-69.

문화관광부(1998), 『21세기 세종계획 - 국어 기초자료 구축』,
학술 용역 과제보고서

박여성·이민행(1998), 「대화행위개념과 열차좌석 예약대화의 분석」,
『1998년도 한국 인지과학회 학술발표대회논문집』, 57~61.

박혜은·이민행(1998), 「대화행위와 연쇄관계에 대하여
-'일정협의 대화(Terminabsprache)'를 중심으로-」,
『1998년도 한국 인지과학회 학술발표대회논문집』, 38~44.

신수송·류수린(1996), 『어휘기능문법』, 서울대 출판부.

이민행(1994), 「국어와 독일어의 대조통사론과 기계번역
- 격정보와 시제정보 표현의 대조성을 중심으로」,
『독일문학 35권 1호』, 480~507.

_____(1995), 「Shieber의 통사분석 알고리즘의 몇 가지 문제점
- 독일어 어순기술과 관련하여-」, 『독일언어문학 3』, 138~156.

_____(1999), 「멀티미디어를 이용한 독일어 교육 - 외국어교육의 통합모형」,
『독일언어문학 11』, 84-93.

이민행·최승권·최경은(1998), 「독일어 명사구 기계번역 시스템의 구축」,
『언어와 정보 2(1)』.

조자경(1995), 「의미선택의 제약기술」, 『독일문학 36권 3호』, 367~386.

_____(1997), 「선형구구조문법에 의한 독일어 문장분석」,
『독일언어문학 8』, 43~67.

최병진(1998), 「독일어 형태정보습득의 전산언어학적 접근」,
『독일언어문학 9』, 165~191.

_____(2000), 「한국어 문장분석과 어휘정보의 연결에 관한 연구」,
『언어와 정보 4권 2호』, 55~68.

_____(2001), 「QPATR를 이용한 독일어 파생어의 어휘구조 분석
- 통합에 기반한 어휘통사론적 접근-」, 『독어학 3』, 303~326.

최승권(1995), 「한국어-독일어 자동번역」, 『독일문학 37권 1호』, 323~338.

______(1996), 「한국어와 여러 언어 통합기반 기계번역

　　　　　-기능동사구문을 중심으로-」, 『어학연구 31권 1호』, 139~164.

최재웅·이민행(1999), 「초점」. In : 강범모 외, 『형식의미론과 한국어기술』,

　　　　　157~205, 한신문화사.

최재웅·이민행(준비중), 『전산언어학』.

홍훈기(2002), 『독일어 대명사의 선행사 탐색 연구

　　　　　-코퍼스 기반 통계적 접근-』, 연세대 석사학위 논문.

Brennan, S. E./Friedman, M. W./Pollard, C. J.(1987), A Centering
　　　　　Approach to Pronouns」. In : *Proceedings of the 25th
　　　　　Annual Meeting of the Association for Computational
　　　　　Linguistics*, 155~62, Stanford University.

Gazdar, G. und C. Mellish(1989), *Natural Language Processing in
　　　　　Prolog*, Wokingham.

Grosz, B. J./Joshi, A. K./Weinstein, S.(1995), Centering : A Framework
　　　　　for Modelling the Local Coherence of Discourse,
　　　　　Computational Linguistics 21(2), 203~225.

Grosz, B. J./Sidner, C. L.(1986), Attentions, intentions, and the structure
　　　　　of discourse, *Computational Linguistics 12(3)*, 175~204.

Lee, M. -H.(1992), *Kontrastive Syntax und maschinelle Sprachanalyse
　　　　　im Rahmen einer Unifikationsgrammatik — Untersuchungen
　　　　　zum Deutschen und Koreanischen*, Frankfurt a. M.

Lee, Minhaeng(1999), Ein Ansatz zur Auflösung der Diskuranaphern
　　　　　-im Rahmen der Theorie der Kontrollierten Information-
　　　　　sverpackung, *Dokil Munhak. Vol. 70*, 135~159.

Lehner, C.(1990), *Prolog und Linguistik*, München.

Lloyd, J.W.(1984), *Foundations of Logic Programming*, Springer -
　　　　　Verlag.

Maier·Warren.(1988), *Computing with Logic*, The Benjamin/Cummings
　　　　　Publishing Company, Inc.

McEnery, T. ·Wilson, A.(1996), *Corpus Linguistics*, Edinburgh University
　　　　　Press.

Pereira, F. -C.N. und D. Warren(1980), Definite clause grammars for natural language analysis -a survey of the formalism and a comparison with augmented transition networks, *Artificial Intelligence 13*, 231~278.

Pereira, F. -C.N. und S.-M. Shieber(1987), *Prolog and Natural-language Analysis*, CSLI Lecture Notes Nr. 10. Stanford University.

Shieber, S.-M.(1987), *Unification and Grammatical Theory*, CSLI Report. Stanford University.

Sidner, C. L.(1979), Toward a computational theory of definite anaphora comprehension in English discourse, *Technical Report 537*, AI Lab., MIT, Cambridge/Mass.

__________(1981), Focusing for interpretation of pronouns, *American Journal of Computational Linguistics*, 217~231.

__________(1983), Focusing in the Comprehension of Definite Anaphora, In M. Brady and R. Berwick, eds., *Computational Models of Discourse*, 267~330. Cambridge, Mass. : MIT Press.

Strube, M. & Hahn, U.(1996), Functional Centering, *Proc. of ACL - 96*, 270~277.

__________(1999), Functional Centering - Grounding Referential Coherence in Information Structure, *Computational Linguistics 25(3)*, 309~344.

Walker, M. A.·Joshi, A. K.·Prince, E. F.(1998), Centering in naturally occurring discourse : An overview. In : Marilyn Walker, Aravind K. Joshi, and Ellen Prince, editors, *Centering Theory in Discourse*, 1~28. Oxford.

부록 SWI-Prolog의 사용법

1. 프로그램을 실행시키면 다음과 같은 화면이 나온다.

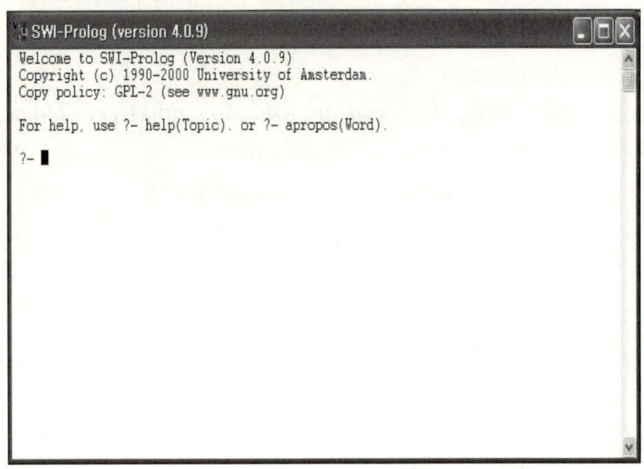

2. 프롤로그의 프롬프트 상태(?-)에서 consult(gdcg1).이라고 입력하면 아래
   와 같은 결과를 얻는다.

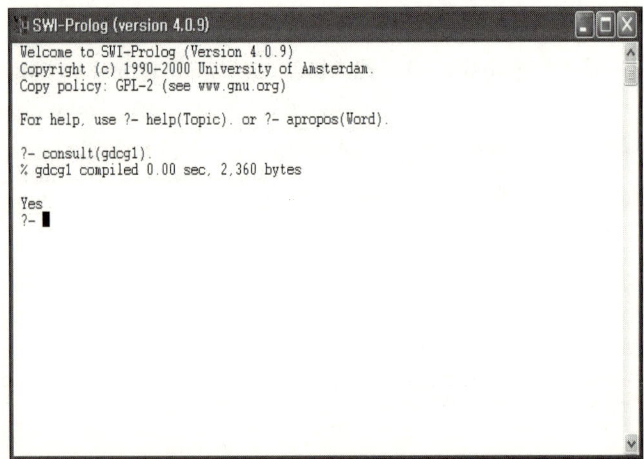

3. 다시 프롬프트 상태(?-)에서 s(〔hans, liebt, ein, maedchen〕, 〔 〕).라고
   물으면 다음과 같은 결과를 얻는다.

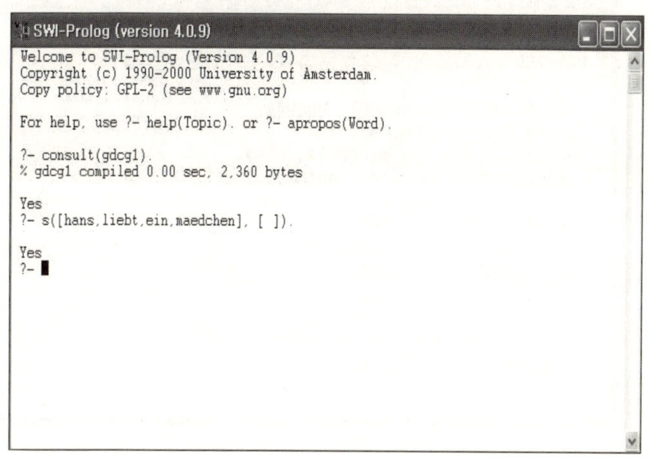

4. 프롤로그 해석기내에서 문법파일을 편집하기 위해서는 다음과 같이 해당
   파일(여기서는 'gdcg1.pl'파일)을 불러낸다.
   ?- edit(gdcg1).

5. 윈도우 편집기 '메모장' 화면이 아래와 같이 나타난다.

6. 이 상태에서 파일을 아래와 같이 수정한다.

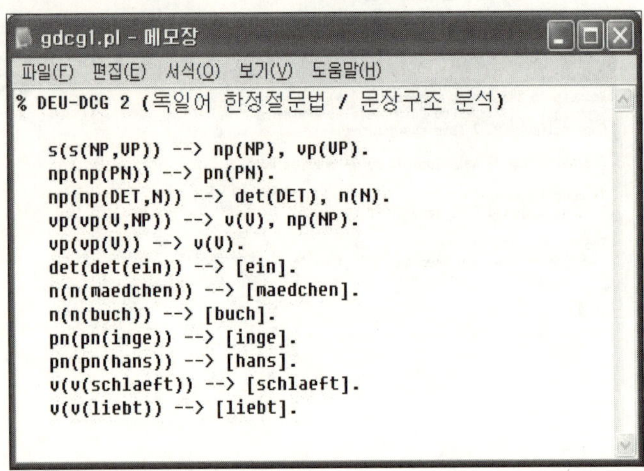

7. 수정이 완료된 후에 메뉴의 〔편집-다른 이름으로 저장〕을 선택해 새로운 이름(예를 들어 'gdcg2.pl')로 저장한 후 메모장 윈도우 우측상단의 종료버튼을 눌러 메모장을 빠져나오면 다음과 같은 화면을 얻는다.

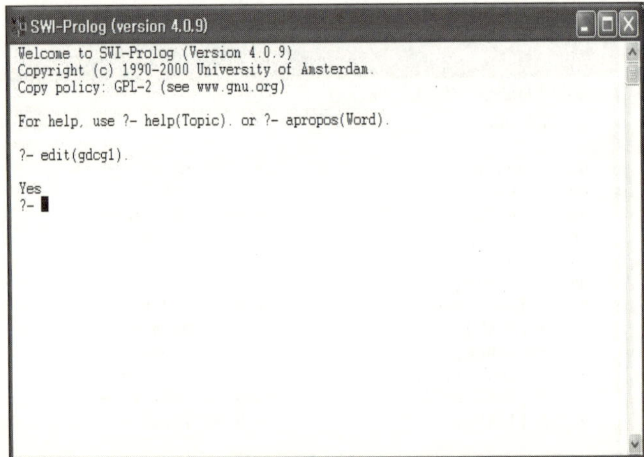

8. 이 상태에서 "gdcg2.pl"파일을 컴파일하기 위해 ?-consult(gdcg2)라고 입력하면 아래와 같은 화면이 나타난다.

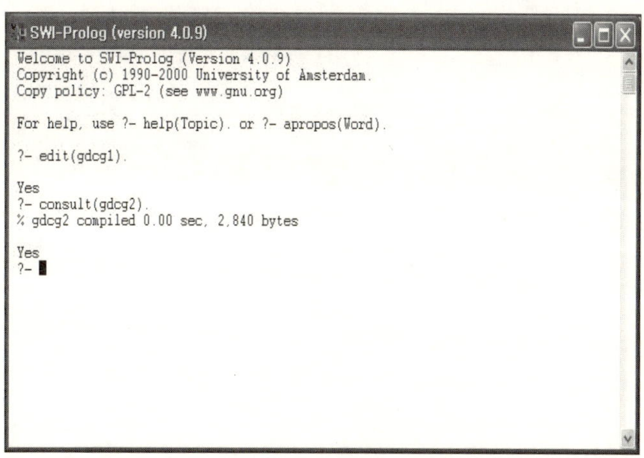

9. 여기에서 독일어 문장 "Hans liebt ein Mädchen."의 구조를 알아보기 위해 프롬프트 상태(?-)에서 s(STRUKTUR, 〔hans,liebt,ein,maedchen〕, 〔 〕).라고 입력하면 다음과 같은 결과화면을 얻는다.

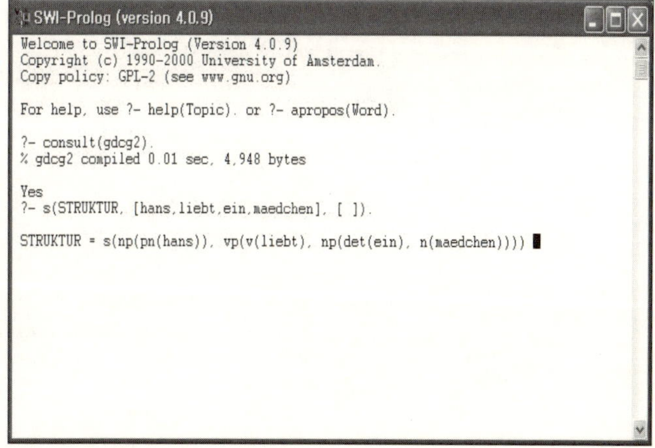

10. 프롤로그를 종료하기 위해서는 윈도우 상단의 종료표시를 누르면 된다.

찾아보기

【ㅅ】

【ㅇ】

【ㅈ】

【ㅊ】

• 신수송 (편집인)

· 서울대학교 독어독문학과 학사
· 미국 일리노이대학교 대학원 수학
· 독일 하이델베르크대학교 석사(독어학)
· 독일 하이델베르크대학교 박사(독어학)
· 현 서울대학교 독어독문학과 교수

【주요 논문】

· On long distance movement in German. Linguistische Berichte 115, 1988.
· Zur leeren Kategorie im Deutschen. Zeitschrift für Sprachwissenschaft 7.1, 1988.
· On the event structure of -ung-nominal in German. Linguistics 39-2, 2002.

【주요 저서】

· 현대독어학. 교육과학사, 1988.
· 어휘기능문법. 서울대학교 출판부, 1995.

• 강창우

· 서울대학교 독어독문학과 학사
· 서울대학교 대학원 독어독문학과 석사(독어학)
· 독일 뮌스터대학교 독어독문학과 박사(독어학)
· 현 서울대학교 독어독문학과 부교수

【주요 논문】

· 화행과 언어적 단위의 관계에 대하여. 독일어 인과문을 중심으로. 텍스트언어학 4, 1997.
· 현대 독일어 인과문에 있어서의 주문장 어순 경향에 대하여. 독일문학 80, 2001.
· 화행의 하위 분류 가능성에 대한 고찰. '이유 말하기'를 중심으로. 독어학 5, 2002.

【주요 저서】

· Die sogenannten Kausalsätze des Deutschen: Eine Untersuchung erklärenden, begründenden, rechtfertigenden und argumentierenden Sprechens. Waxmann, 1996.

• 구명철

· 서울대학교 독어독문학과 학사
· 서울대학교 대학원 독어독문학과 석사(독어학)
· 독일 빌레펠트대학교 박사(독어학)
· 현 숙명여자대학교 독어독문학과 초빙교수

【주요 논문】

· Kausative Situationen, Kausationstypen und Kausativkonstruktionen im Deutschen. 독일문학 72, 1999.
· 결과구문으로서 'sein + 과거분사' - 'sein + 과거분사' 구문의 인지언어학적, 통사적, 유형학적 특성. 독일문학 81, 2002.
· 디지털사전 구현을 위한 방향 설정 및 모델링 - 독일어 어휘사전을 예로 들어. 외국어교육 9-2, 2002.

【주요 저서】

· Kausativ und Passiv im Deutschen. Peter Lang, 1997.

• 류병래

· 서울대학교 독어독문학과 학사
· 서울대학교 대학원 독어독문학과 석사(독어학)
· 서울대학교 대학원 독어독문학과 박사과정 수료(독어학)
· 독일 부퍼탈대학교 독어독문학과/언어학과 박사과정 수학
· 독일 튀빙엔대학교 언어학과 박사(언어학)
· 현 충남대학교 언어학과 조교수

【주요 논문】

· Structure Sharing and Argument Transfer. SfS-Report-04-93, Seminar für Sprachwissenschaft, Universität Tübingen, 1993.
· 현대 독일어 비대격성과 비대격성 가설의 모순.

독일문학 66, 1998.
· 현대 독일어 제2형 분사의 형용사 전환에 대한 제약. 언어와 정보 6, 2002.

【주요 저서】
· Argumentstruktur und Linking im constraint-basierten Lexikon. 한국문화사, 2003.

· 신효식

· 전북대학교 독어교육과 학사
· 서울대학교 대학원 독어독문학과 석사(독어학)
· 독일 레겐스부르크대학교 언어학과 박사(언어학)
· 연세대학교 대학원 컴퓨터공학과 석사(자연언어처리)
· 현 한국과학기술원 전산학과 초빙교수/전문용어 언어공학연구센터 연구원

【주요 논문】
· 최소주의 문법에 입각한 소위 계사 sein의 통사적 접근. 독일문학 56, 1995.
· 독어의 동격부사구에 대한 통사적 접근. 독일언어문학 11, 1998.
· A Model for Korean Terminology Maintenance in Scientific Domains. 5th East Asia Forum of Terminology, 2002.

【주요 저서】
· Kasus als Funktionale Kategorie: Das Verhältnis von Morphologie und Syntax. Niemeyer, 1993.

· 유시택

· 부산대학교 독어독문학과 학사
· 부산대학교 대학원 석사
· 독일 쾰른대학교 독어독문학과 박사(독어학)
· 현 충남대학교 독어독문학과 부교수

【주요 논문】
· Partizip Perfekt-Formen und Constraintrankings im Deutschen. 독일문학 66, 1998.
· Multi-Strata Lexikon vs. Constraintranking: Degemination im Deutschen. Linguistische Berichte 186, 2001.
· Der velare Nasal im Deutschen: Eine optimalitaetstheoretische Analyse. 독어학 3, 2001.

【주요 저서】
· Unterspezifikation in der Phonologie des Deutschen. Niemeyer, 1992.

· 이민행

· 서울대학교 독어독문학과 학사
· 서울대학교 대학원 독어독문학과 석사(독어학)
· 독일 뮌헨대학교 독어독문학부 박사(이론언어학)
· 현 연세대 문과대학 부교수

【주요 논문】
· Ein Ansatz zur Auflösung der Diskursanaphern. 독일문학 72, 1999.
· Anaphora Resolution and Discourse Structure: A Controlled Information Packaging Approach. Language and Information 4(1), 2000. (공저자: Ik-Hwan Lee)
· 독일어 담화상에서의 시간정보 표상에 관한 연구. 독일문학 79, 2001.

【주요 저서】
· Kontrastive Syntax und maschinelle Sprachanalyse im Rahmen einer Unifikationsgrammatik. Peter Lang, 1992.
· 형식의미론과 한국어 기술. 한신문화사, 1999. (공저)

• 이혜윤

· 서울대학교 독어독문학과 학사
· 서울대학교 대학원 독어독문학과 석사(독어학)
· 독일 뮌헨대학교 독어독문학부 박사(이론언어학)
· 현 한국과학기술원 전산학과 초빙교수

【주요 논문】
· 독일어의 공 주어와 허사주어: 최적성 이론을 기반으로. 독일문학 40, 1999.
· The Typology of Active Languages: An Optimal Theoretical Approach. 언어 26, 2001.
· 화제: 영어/독일어의 양화사구문과 한국어의 분류사 구문에서. 독어교육 22, 2001.

【주요 저서】
· Ellipsen in Satzkoordinationen. Peter Lang, 1998.

• 홍우평

· 서울대학교 독어독문학과 학사
· 서울대학교 대학원 독어독문학과 석사(독어학)
· 독일 뒤셀도르프대학교 언어학과 박사(언어학)
· 현 건국대학교 독어독문학과 부교수

【주요 논문】
· Agreement and null-subjects in German L2 development: new evidence from reaction time experiments. Second Language Research 11, 1995. (공저자: Harald Clahsen)
· 언어습득론과 독일어의 습득. 독어학 2, 2000.
· 제2언어로서의 독일어에서 동사굴절형의 표상과 처리. 독어학 4, 2001. (공저자: 박민경)

【주요 저서】
· Null-Subjekte beim Erst- und Zweitspracherwerb des Deutschen - Eine vergleichende Untersuchung im Rahmen der Prinzipien- und Parametertheorie. Gunter Narr, 1995.

독일어의 구조와 의미

인　쇄　2003년 03월 06일
발　행　2003년 03월 10일
지은이　신수송 편
펴낸이　이 대 현
편　집　이은희·안현진·조유미·박진희
펴낸곳　도서출판 역락 / 서울 성동구 성수2가 3동 301-80
　　　　(주) 지시코 별관 3층 (우133-835)
Tel 대표·영업 3409-2058 편집부 3409-2060 FAX 3409-2059
E-mail　yk3888@kornet.net / youkrack@hanmail.net
등　록　1999년 4월 19일 제2-2803호
ISBN 89-5556-184-9-93750

가격 23,000원

*잘못된 책은 교환해 드립니다.